U0139765

先秦儒家

性情思想发微

欧阳祯人 著

人民出版社

新 版 序

　　癸卯正月初一，欧阳兄把即将在人民出版社出版的《先秦儒家性情思想发微》书稿呈送到我的手里，索序于我。春节期间，我反复翻阅，深感喜悦。这是我在这次春节期间收到的最厚重的礼物。人民出版社看重本书的出版，这件事情本身就说明了这部著作的影响力。1999 年，欧阳兄正式开始攻读我的博士，是缘分，也是命运。20 多年来，我们亦师亦友，共同经历了风霜雨雪，令人唏嘘。在此，我首先要向欧阳兄表示最诚挚的祝贺！

　　23 年前，欧阳兄开始以《先秦儒家性情思想研究》为题，撰写他的博士论文，当时他的孩子才刚刚出生，工资很低，工作任务极端繁重。但是他能够克服各种困难，以坚定的信念和定力，完成了这部学术著作的撰写。其克服困难的决心、超常的领悟能力、专心研究的毅力以及笔头功夫，都值得我们学习。他发表了多篇学术论文，还在台湾古籍出版社出版了他的第一部学术专著《郭店儒简论略》（庞朴先生主编的简帛文献研究丛书之一，2003 年版）。2005 年他的博士论文获得了湖北省人民政府优秀博士论文奖，2008 年获得全国百篇优秀论文提名奖。2005 年，本书在武汉大学出版社正式出版。2006 年武汉大学出版社再次重印。近二十年来，本书获得了学术界的关注和首肯。很多年前，我居然在台北的一家书店里看到他的著作《先秦儒家性情思想研究》正在出售。

　　欧阳兄是经历过"文革"的人，又在西藏经过我们常人无法想象的边疆生活。在攻读博士学位之前，刚刚结束他在美国的访问学者经历。在我们正式成为师生关系之前，欧阳兄的生活可谓精彩与失落并举，艰难与梦想交织，跌宕起伏，大起大落。他经历的很多事情，是我们现在的很多案头学人完全无法想象的。篇幅有限，我在这里也无法向各位详细描述。

但是，我要特别强调的是，欧阳兄的特殊经历和曲折的人生，为他研究性情思想这一特殊的论题奠定了雄厚的阅历基础。阅读这部修订之后的著作，我的感受还是一如既往。第一，人的性情，其实是这个世界上最难以把握，而我们又不能不每天面对的存在。《尚书》说"人心惟危，道心惟微。惟精惟一，允执厥中"，王阳明视作心学之源。历朝历代，中国学人都把它视为圭臬，确实是一个非常重要、与时俱进的论题。由欧阳兄精心结撰，作为博士学位论文来全力撰写，实在是得其所哉，得其时哉（当时郭店楚墓竹简文献刚刚公布出版）！作为百篇优秀博士论文的提名奖获得者，这部著作当初是受到了很多著名学者认真审阅了的。从论题、材料、论证、文字表达到性情思想本身的深度发掘、分析、研究、整合和融汇贯通都是令人钦佩的。阅读之后，我深深地为20年前欧阳兄深入的研究工作所付出的辛勤耕耘感到钦佩。2003年，当时还没有现在的电脑技术，他在答辩之际，给我出示了他白纸黑字撰写的整整11本读书笔记，至今历历在目，犹在眼前。当时撰写这部著作的时候，他是已经进入到了彻底忘我、惟精惟一的境界的。第二，本书立足于先秦传世文献，并以此为研究对象，打通出土简帛文献与中国历代相关文献，特别是宋明理学、陆王心学的材料与观点，尤其是特别关注西方哲学的相关论述，点到为止，谨慎小心，实在是独具慧眼。第三，特别重视经典之中文字的甄别、概念的辨析，进而是思想和学派的比较，把哲学与文字学、训诂学、美学、艺术学、历史学、心理学等结合起来，层层推进，步步为营，逐步展开。由是可见本书作者的基础和实力！

完成博士论文写作之后，欧阳兄马上就获得了国家社科基金项目"郭店简与上博简中的政治哲学研究"（2005）。这使他在先秦儒家思想的研究又有了进一步拓展的空间和领地。他由此对先秦诸子百家之间的沟渠连环，对先秦儒家整体的生存环境和思想深度有了较为全面的认识。2010年他的研究成果《从简帛中挖掘出来的政治哲学》（45万字）获得了武汉大学人文社科丛书基金的支持，在武汉大学出版社正式出版。这部著作的出版标志着他完成了从心性到政治研究体系的建立。他后来研究刘咸炘、陆九渊、王阳明和阳明后学，都是沿着这一条重要的理路不断开拓的。与此同时，他陆陆续续申请到了贵阳孔学堂、贵州省社科院、四川省社科院和国家重点人文基地的重大课题10多项，都有相关的学术成果发表或出版。而且他还应邀担任了北京大学哲学系王中江教授主持的2012年度国家社科基金重大攻关项目"简帛文献与古代中国哲学新发现综合研究"（11&ZD086）"政治哲学"子课题负责人。据我所知，仅仅是在这个重大课题中，在王中江教授的引导下，欧阳兄就已经出版了两部政治哲学的相关专著。

从2011年开始，欧阳兄应聘担任贵州省中国阳明文化园总控规文化总顾问，在修文龙场，一干就是4年。他勤恳踏实，诚恳待人，广结善缘，广做善事。在贵州鹤友旅游投资集团有限公司的鼎力支持下，欧阳兄在武汉大学成立了武汉大学阳明学研究中心，创办了《阳明学研究》杂志，组建起了武汉大学阳明学研究团队，经常举行象山学、阳明学和宋明理学的经典会读，主持召开了一系列重要的全国性学术会议。他团结学者与学生，以文会友，以友辅仁，为推动武汉大学的阳明学研究添砖加瓦。尤为可喜的是，欧阳兄最近获得了2022年度国家社科基金冷门绝学专项学术团队重大项目"钱绪山学派、龙溪学派与近溪学派文献整理及思想研究"（22VJXT001），由此我们也可以看到，他的相关研究工作已经越来越专业，越来越深入，相关的成果可以期待。这些年来，欧阳兄的研究工作是卓有成效的，我们大家，特别是我本人真是由衷喜悦！我们诚挚希望欧阳兄再接再厉，有更多卓越的成果嘉惠学林。

是为序。

郭齐勇

癸卯春节于珞珈山麓

目　录

第二版自序

完全没有想到我的《先秦儒家思想研究》会在人民出版社再版发行。本书由武汉大学出版社于 2005 年第一次出版发行,至今已经 19 个年头了。此书曾经在武汉大学出版社重印过两次,台湾也以繁体字出版过此书。人民出版社本次邀请我修订再版拙著,我觉得这是进一步完善此书,并向专家们学习的机会,十分欣慰,倍感荣幸。

先秦儒家性情思想是整个中国古代心性学的重要组成部分。没有性情思想的深入挖掘与研究,心性学是不深刻、不丰满和不完整的。先秦儒家的性情思想不仅以其丰富的理论资源,完整构建了由天到人,再由人到天,下学上达,天人冥合的理论体系,而且特别注重人之所以为人的本真情感、独特性和宗教性的内在超越性。相关的研究不仅可以形成传统意义上心性学的不同面向,不仅对于认识我们民族自本自根的,亦哲学亦宗教的信仰体系具有重要的意义,而且可以纠正长期以来有些人以为中华民族从来就没有信仰的谬误。尤其是,在此基础之上我们可以进一步探究此后历代相关思想的走向,为研究此后各种思想家和学派的不同特征提供重要的坐标。

基于内圣外王的原因,在过去的中国学界,人们比较重视心性学的研究,对性情思想的研究却有所忽视。原因有五:第一,中华民族本来就是一个特别注重内敛、低调、谦虚的民族。这是农业社会安土重迁、和合为重、谨小慎微的必然结果。荀子学派以后,学界往往把七情六欲当成了恶。这是一种由来已久的深层次的文化心理问题。第二,秦汉以后,原始儒学发生了蜕变,三纲五常成了社会伦理的主体,对人之所以为人的自然情感本质上是压抑的。相对于第一点来讲,这是雪上加霜。第三,社会的特殊导向,导致了性情思想的相关文献越来越少，即使是先秦时期曾经有过的文献，后来也都被历史的烟尘所沦埋，成为佚籍，有的甚至完全消失。于是相关的研究当然就会越来越少。第四，中国的当代学界对性情思想的独特性研究也有所忽视，有其时代的特殊原因。改革开放以来，还受到了西方哲学，特别是德国古典哲学把情感排除在传统哲学之外的观念影响。其实，中国文化的主体儒、释、道，都是以情感为中心的思想体系，离开了情感以及情的宇宙观，是不可能真正深入研究中国传统思想的。第五，西方哲学之精神哲学中的"情感"，在很大程度上是一个心理学的概念，但是，先秦儒家的"情"却是相对于"性"提出的一个主体性的范畴，在很多情况下，它并不仅仅是指情感的"情"，虽然这个"情"，又往往与情感的"情"有关。尤其是，这个"情"，是在"天、命、性、情"的互动流转中实现人的主体实在，精致而神秘；在孔颜之乐中，扩充人之所以为人的赤子之心，宽广、深邃而天地位焉。角度一变，理论的侧重点和研究价值就不一样了。所以，心性学与性情学貌似相近或相同，实际上它们之间你中有我、我中有你，同中有异、异中有同，既是一个整体，也有不同的面向，相互发明补充。

先秦儒家的性情思想在先秦哲学乃至整个中国哲学史上都一直占据着重要的地位。先秦儒家哲学始终都有一条从心性到政治的路径。这种路径的本质就决定了它始终都是在围绕着人的性情世界来发现问题、研究问题和解决问题的。因此，在《五经》和《四书》中都有丰富的资源。继董仲舒的《春秋繁露·深察名号》《实性》，王充的《论衡·率性论》《性本论》，班固的《白虎通义·性情》，刘昼《刘子·清神》《防欲》《去情》《慎独》，荀悦的《杂言》，韩愈的《原性》，李翱的《复性论》的基础上，宋明理学各家各派对先秦性情思想都借海扬波，针对当时的社会现实提出了自己别具一格或与众不同的哲学体系，尤其是陆王心学在宋明理学"性即理"的基础之上提出并极大地发展了"心即理"的思想，把人之所以为人良知之心的真切笃实、明觉精察，整全性地落实在视、听、言、动之中，从事事物物之中致其良知，在克治省察之中呈现良知。从整个中国哲学的内在发展脉络来讲，这种转型就是从传统的内圣外王之学向注重个人的独特性、不可替代性、发明本心、自立主宰的重大转变。性即理，主要是根源于传统的心性学，内圣外王之学在宋元明清时期的拓展；心即理，更多的是借助了性情学的思想资源，在天、命、性、情的流转之中，在一举手一投足的知行合一之中呈现自我主体实在。它尊重了人所以为人的主观能动性，这既是阳明学在中晚明盛行的原因，也是目前中国学术界陆王心学逐步受到重视的底层动力。而且，如果没有陆王心学与程朱理学，特别是与朱子学数百年的纠缠与涵化，与道家、佛教彼此的争斗与融合，此后的王夫之、黄宗羲、颜元、戴震、章学诚、阮元、章炳麟、陈澧、王国维、傅斯年等以各自独特的方式揭开中国学术史重大转型的新的一页，其实也就不可能了。

晚清以来，在先秦儒家人性论的研究上做出了重要贡献的，有阮元、傅斯年、冯友兰、张岱年、徐复观、牟宗三、唐君毅等先生。新生代的学者中，还有李明辉、袁保新、杨儒宾、蒙培元、黄俊杰、信广来、池田知久、杨泽波等显示了强劲的实力：钱穆的《孟子要略》（1923）、牟宗三的《中国哲学的特质》（1963）、《心体与性体》（1968）、《从陆象山到刘蕺山》（1979）、唐君毅的《中国哲学原论·原性篇》（1968）、徐复观的《中国人性论史》（先秦篇，1969）、李明辉的《儒家与康德》（1990）、蒙培元的《中国心性论》（1990）、黄俊杰的《孟子思想史论》（卷一）（1991）、《孟子思想史论》（卷二）（1997）、袁保新的《孟子三辨之学的历史省察与现代诠释》（1992）、韩强的《现代新儒学心性思想研究》（1993）、池田知久的《马王堆汉墓帛书五行篇研究》（1993）、杨泽波的《孟子性善论研究》（1995）、杨儒宾的《儒家身体观》（1996）等。不过，它们都是在郭店楚墓竹简文献和上海博物馆藏战国楚竹书等相关材料没有出土、整理发行之前的成果。特别需要介绍以下几位巨擘，因为这是我们研究先秦儒家性情思想的前期基石。

阮元的《性命古训》涉及了《尚书》、《周易》、《易传》、《诗经》、《左传》、《论语》、《孝经》、《孟子》中有关性、命、情、才、天道等基本概念，群经相互发明，全文以《孟子》为中心进行了横向比较，以为《尚书·召诰》之节性、《诗经》之弥性、西伯戡黎之虞天性、《周易》之尽性、《礼记·中庸》之率性，"皆范围曲成，无不合矣"。①《性命古训》的第一个优点，在于把天、命、性、情一以

---

① 阮元撰：《揅经室集》（上），中华书局 1993 年版，第 234 页。

贯之,重点探讨性与命(隐含天与情)的互动。阮氏文献熟悉,体会深刻,因而能够抓住问题的实质。由此而导致资料之汇集、论题之所向在无形之中启迪人的思维;第二个优点,抓住了先秦儒家性命之学的核心,以孟子"口之于味也,目之于色也,耳之于声也,鼻之于臭也,四肢之于安佚也,性也,有命焉,君子不谓性也。仁之于父子也,义之于君臣也,礼之于宾主也,知之于贤者也,圣人之于天道也,命也,有性焉,君子不谓命也"①(《尽心下》)来衡量先秦儒家性情思想的各条言说,这实际上是以思孟仁义礼智圣之"五行"学说为参照系,以义理论性命、性情。不论阮元的这一参照系是否最终正确,但是他的这种思想的方法对后代学者是有启发作用的。第三个优点,阮元探讨性命古训,并以探讨"性"为主,凡是文献中涉及"性""命"的突出思想点,阮氏都予以了解剖,从《诗经》、《尚书》、《周易》、《论语》、《左传》、《孝经》到《礼记》的《中庸》、《乐记》、《王制》等篇,还有《孟子》等,均有涉及,筚路蓝缕,是有开创之功的。第四个优点,其中有《威仪说》一节,极称"威仪"乃"定命保性"之途,虽有阮元所置身的时代烙印,但仅就先秦性情思想来讲,这实际上涉及了儒家身心观、身体观,也隐含了天人观,以礼乐节情治性等论域,对后学也是有启发意义的。第五个优点,全部的行文,都笼罩在反对李翱"复性论"的框架之下,崇儒而排佛,其目的是倡导有生皆有情,以利贞为情,性不可绝,情不可绝的思想,这当然也是极富价值的所在。

傅斯年的《性命古训辨证》一书,在阮元之《性命古训》那里获取了灵感与启发是肯定的。傅氏所谓"以语言学的观点解释一个思想史的问题",②虽然局限性极大,但是,它在广泛搜集证据的前提下,对由生而性、由令而命的文字演变,做出了富有成效的工作;特别是傅氏将先秦之"命"的义项,划分为命定论、命正论、命运论、俟命论、非命论"五种趋势",这无疑是有贡献的。在笔者看来,这五种趋势的划分,比王充的"正命、随命、遭命"说(《论衡》)、王国维的"定命论、定业论"(《原命》)、唐君毅的"上命、内命、中命、外命、下命"(《中国哲学原论·原命篇》)都要言简意赅,基本上能够与冯友兰先生之"天"的五

---

① 朱熹撰:《四书章句集注》,中华书局1982年版,第4页。
② 傅斯年著:《性命古训辨证》,见刘梦溪主编:《中国现代学术经典·傅斯年卷》,河北教育出版社1996年版,第49页。

个义项相贯通。① 但是,《性命古训辨证》一书存在严重的缺点。第一,傅氏因为受了进化论的影响,称阮元的发展意识淡薄。其实是傅氏以西方哲学的观念来裁剪中国思想,削足适履,底气不足。在笔者看来,阮氏从根本上抓住了先秦儒家性命之学的核心,经典功夫深厚,处处不离文献本身的语境,因而大方向是正确的。但是,傅斯年以语言学的观点来解释一个思想史的问题,把阮元的方法推向了极端,完全脱离了文本本身,来研究先秦之"性""命",就必然要走向荒唐的境地:"《左传》、《国语》中之性字,多数原是生字,即以为全数原为生字,亦无不可也。"②荀子之《性恶篇》"与其写作《性恶篇》,故不如写作《生恶篇》之足以显其义也。""古初以为万物之生皆由于天,凡人与物生来之所赋,皆天生之也。故后人所谓性之一词,在昔仅表示一种具体动作所产之结果,孟、荀、吕子之言性,皆不脱生之本义。必确认此点,然后可论晚周之性说矣。"③后来的出土简帛文献,一再证明了傅氏的论断是错误的。第二,诚如他在《性命古训辨证·序》中所言,撰写此书之时,正值日本侵华,战事频繁,写作时断时续,再加上他自己"非官非学",所以全书的思想很难做到深入,它对先秦儒家性情思想基本上没有一个起码整全性的把握。比方,他说:"在人论上,遵孔子之道路以演进者,是荀卿而非孟子。"④这说明傅斯年的学术路径是有问题的。后来牟宗三先生就认为,孟子与荀子分别代表的是孔子内圣与外王的两翼。⑤ 这样定位就冷静客观一些。

冯友兰先生在其 20 世纪 30 年代出版的《中国哲学史》第四章第五节"直、仁、忠、恕"中,专门讨论了孔子的性情思想。他说,孔子讲礼,但注重"礼之本",谓"盖人必有真性情,然后可以行礼","不仁之人,无真性情,虽行礼乐

---

① 傅斯年著:《性命古训辨证》,见刘梦溪主编:《中国现代学术经典·傅斯年卷》,河北教育出版社 1996 年版,第 60 页。
② 傅斯年著:《性命古训辨证》,见刘梦溪主编:《中国现代学术经典·傅斯年卷》,河北教育出版社 1996 年版,第 71 页。
③ 傅斯年著:《性命古训辨证》,见刘梦溪主编:《中国现代学术经典·傅斯年卷》,河北教育出版社 1996 年版,第 71 页。
④ 傅斯年著:《性命古训辨证》,见刘梦溪主编:《中国现代学术经典·傅斯年卷》,河北教育出版社 1996 年版,第 123 页。
⑤ 王兴国著:《哲学地建立中国哲学》,中国社会科学出版社 2022 年版,第 170 页。

之文,适足增其虚伪耳。"①因此,孔子崇尚人之所以为人者应该有真性情,恶虚伪,尚质直。只有仁者才有真性情,并以此视为"礼"的根本。但是,真实性情的流露,只有合乎礼,才能合乎仁义的要求,因此这就要求要做到"忠"与"恕",己立立人,己达达人;己所不欲,勿施于人,一以贯之,文质彬彬,然后君子。在第六章第四、五、六节中,冯先生阐述了孟子的性情思想。冯先生谓:"孔子注重个人性情之自由,同时又注重人之行为之外部规范。前者为孔子新意,后者为古代之成规。孟子则较注重于个人性情之自由。""孟子所谓性善,只谓人皆有仁义礼智之四'端';此四'端'若能扩而充之,则为圣人。人之不善,皆不能即此四'端'扩而充之,非其性本与善人殊也。"②扩充善端的结果是浩然之气充塞于天地之间,以抵达"大丈夫"的境界。冯先生又指出:"孟子言义理之天,以性为天之部分,此孟子言性善之形上学的根据也。荀子所言之天,是自然之天,其中并无道德的原则,与孟子异。其言性亦与孟子正相反对。"③总之,冯先生对先秦儒家的性情思想,主要是绍述了一些基本的事实,相对而言,张岱年先生的挖掘就要深刻得多。

张岱年先生在其《中国哲学大纲》第二编"人性论"的第一章中,比较了孟子的性善论与荀子的性恶论。张先生说:"孟子讲性善,荀子讲性恶,适相对垒。不过孟子所谓性与荀子所谓性,实有大异。""孟子所谓性善,并非谓人生来的本能都是善的,乃是说人之所以为人的特殊要素即人之特性是善的。孟子认为人之所以异于禽兽者,在于生来即有仁义礼智之端,故人性是善。荀子主性恶,认为人之性是好利多欲的,性中并无礼义,一切善的行为都是后来勉强训练而成。"张先生进而指出:"孟子言性善,乃谓人之所以为人的特质是仁义礼智四端。荀子言性恶,是说人生而完具的本能行为中并无礼义;道德的行为皆必待训练方能成功。孟子所谓性,与荀子所谓性,实非一事。孟子所注重的,是性须扩充;荀子所注重的,是性须改造。虽然一主性善,一主性恶,其实亦并非完全相反。究竟言之,两说未始不可以相容;不过两说实有其很大的不

---

① 冯友兰著:《中国哲学史》(上),华东师范大学出版社 2002 年版,第 58—63 页。

② 冯友兰著:《中国哲学史》(上),华东师范大学出版社 2002 年版,第 95、103 页。

③ 冯友兰著:《中国哲学史》(上),华东师范大学出版社 2002 年版,第 217 页。

同。"①张岱年先生在其《中国哲学大纲》"人生问题论"一章中还说:"孔子是一个感情丰富的人,他很注重情之正当的流露",过的是"一种合理的感情生活"。"哀乐好恶,都是孔子所不排斥的",但孔子很注重消除忧、惧两种情绪。"君子不忧不惧","君子坦荡荡,小人长戚戚",因此,"乐以忘忧,不知老之将至"就成了"君子"的至高境界。张先生认为,孟子对情的态度与孔子大致相同。恻隐、羞恶、辞让、是非之"四端","可以说都是情","是道德的基本"。孟子的"不动心之道"在于"养勇",在于"持其志,勿暴其气","志是心之所有,气是身之所有。持守其志使勿间断,致养其气使勿受伤损。如此涵养久之,自然不动心了。不动心即是主宰情绪不因外物而动之境界。"荀子与孔子、孟子是不相同的,主张"矫饰人之情性而正之",扰化人之情性而导之,注重节制性情。"怒不过夺,喜不过予"。张先生认为《中庸》"喜怒哀乐之未发,谓之中。发而皆中节,谓之和。中也者,天下之大本也;和也者,天下之达道也。致中和,天地位焉,万物育焉"②的论述代表了儒家对情感的基本态度,"喜怒哀乐未发,既不喜亦不怒,既无哀亦无乐,此时的心境是中立的,故谓之中。此中非中庸之中,而亦与中庸之中相通。及喜怒哀乐已发,而皆合乎节度,谐和而无所乖戾,故谓之和"。"儒家对于情,主要是求其发而中节。"③令人遗憾的是,张岱年先生并没有将天、命、性、情贯通起来讲。"性"放在"人性论"一章中,"情"放在"人生问题论"一章中,基本上没有在性与情的互动上展开富有力度的深入探讨。

真正在先秦儒家性情思想研究史上做出了系统贡献的人物,还有新儒家代表之一的徐复观先生。徐复观的《中国人性论史》(先秦篇)吸收了阮元、傅斯年的理论优点及教训,紧扣文本,对先秦时期人性论的历史背景,孔、孟、荀发展的历史源流进行了前无古人、深刻而卓有成效的阐发。对中国上古宗教的人文化过程、孔子的重大贡献及历史地位、《中庸》中各种概念的交相互动,《易传》、《大学》、《孟子》、《荀子》人性论思想的研究,探幽表微,力透纸背。

---

① 张岱年著:《中国哲学大纲》,中国社会科学出版社 1982 年版,第 183、187—188、192 页。
② 朱熹撰:《四书章句集注》,中华书局 1982 年版,第 18 页。
③ 朱熹撰:《四书章句集注》,中华书局 1982 年版,第 467、468、471、472 页。

特别值得称道的是,徐先生对"生"、"性"、"命"、"天命"、"性命"、"道"等概念的阐释,对《中庸》的"中与庸"、"命与性"、"性与道"、"道与教"、"慎独"、"中和"、"诚与仁"、"诚与明"的各种关系的分析,以及《孟子》心、性、情、才的梳理与研究高屋建瓴,见解独到,点铁成金,每每给人以深刻的启示。

但是,徐复观的论述具有不可忽视的缺点,第一,史料的缺乏,使他不能够认清《易传》、《大学》的思想价值,他构筑了一套深受傅斯年演进思想影响的体系,仿佛整个先秦人性论的历史就是从天命观走向"天人分途"的里程。他不知道《易传》的主体与孔子本人有密切关系的史实,①把《大学》的问世时间推迟到秦代与汉代之间,他企图在残缺的史料基础上,强行地构筑起一幢完美的理论大厦,根基就成了问题。第二,徐复观由于受到"演进思想"的影响,对先秦儒学的宗教性始终没有从正确的视点上予以正视,因此,这种思想的"视域"不仅束缚了他篇章结构的安排,而且也影响了他对作品本身的分析与研究,例如对《孟子》的"践行观"没有站在天人合一、身心互正的高度来审视;对《易传》的思想精髓以及它与《中庸》、《孟子》的关系在认识上不得要领,并由此而导致了对整个先秦儒家哲学总体把握的偏差;对《大学》与《中庸》的宗教性避而不谈,并且声称它们没有受到孔子天命观的影响。第三,对荀子的形上哲学体认不够,概括为"经验主义的人性论"。笔者以为,荀子哲学中毫无疑问是有很浓重的经验主义气息的,但是,其《劝学》、《礼论》、《天论》、《解蔽》等各篇的思想背后仍然是宗教性的提升和超越。《荀子》的问题是文本错简较多,甚至可能有其后学的增删,导致各个篇章之间不太圆融。因此,后人对他的误解太多。

值得注意的是,上面引述的各部著作都不是完全针对先秦儒家性情思想而进行的专门性研究。它们或者研究性命论,或者研究心性论,对性情思想实

---

①　根据长沙马王堆帛书《易传》所提供的材料,我们现在已经不能完全否认孔子传《易》的事实,由此我们也不能否认传世文献《系辞传》中的核心思想属于孔子的事实。李学勤先生根据传世文献以及长沙马王堆出土的帛书资料研究指出:"孔子晚年对《周易》十分爱好,而且自己撰成了《易传》(至少其中一部分)。"李学勤先生还说:"(我)当然不是认为先秦的《易传》和今天我们看到的完全相同。古书的定形总是有一个较长过程的,但《易传》的主体结构形成应和《论语》处于差不多的年代,其与孔子的关系是很密切的。"(李学勤:《古文献丛论》,上海远东出版社年版1996年版,第5—6页)

际上并没有系统的研究。毫无疑问,性情思想是一个与性命论、心性论相关的范畴,但是,作为一个论题,作为一个专门的思想视域,性情思想与性命论、心性论是同中有异的。性情思想包括了宇宙观、价值观、性命论和境界论等,把整个理论建立在天→命→性→情彼此流转、互动的框架之下,有天的贯注,又有下学的上达,落脚点是在"性情"之上的。性情思想从理论上来讲应该隶属于心性论,但是在实际的研究中,心性论与性情思想却是交叉的关系,因为传统的心性学相对而言没有给予"情"以足够的重视,尤其是在天→命→性→情彼此流转、互动上,没有自觉的意识,更没有个体性情的特殊性关照。从这一点上来讲,上面各位专家都有所偏重,有所专长,但是毕竟终究没有集中精力,正面、全面、系统地探讨先秦儒家的性情思想。

真正系统探讨先秦儒家的性情思想,或者说,这一论域真正受到海内外学者的足够重视,是在郭店楚墓竹简和上海博物馆战国楚竹书出版之后的事情。庞朴的《竹帛〈五行〉篇校注及研究》(2000)、丁四新的《郭店楚墓竹简思想研究》(2000)、李天虹的《郭店竹简〈性自命出〉研究》(2002)、丁原植的《楚简儒家性情说研究》(2002)、欧阳祯人的《先秦儒家性情思想研究》(2005)等论著,是第一批对先秦儒家性情思想,筚路蓝缕,进行富有深度研究的成果。此后还有李明辉的《四端与七情:关于道德情感的比较哲学探讨》(2008)、马育良的《中国性情论史》(2010)、叶青春的《儒家性情思想研究》(2011)、华军的《性情与礼教:先秦儒学利人思想研究》(2016)以及一些相关论文。随着新近更多的出土简帛文献的进一步出版发行,学界的相关研究还在进一步深化,理论深度和研究视野也在进一步拓展。尤其是人们正在此基础之上逐步涵化、融合西方哲学中的相关思想,这是我们要特别注意和期待的新趋势。

在中国哲学史上,儒家、道家与禅宗的性情思想都是异常深刻而发达的,其中蕴含着厚重的人生哲理和人文精神。因为特殊的现实条件,中国古代具有独立精神的知识分子奉行"天下有道则见,无道则隐"(《论语·泰伯》)、"隐居以求其志"(《论语·季氏》)、"大泽焚而不能热,河汉沍而不能寒,疾雷破山而不能伤,飘风振海而不能惊"(《庄子·齐物论》)、"自心地上觉性如来,放大智惠光明,照耀六门清静"(《坛经》三十五)的处世原则,洁身自好,不与污漫奸诈的统治者同流合污,来昭示主体人格的尊严和清白!儒家的"孔颜之乐",道家的"归真返璞"和禅宗的"明心见性",以及宋明以降尊德性与道问学的争辩,性即理与心即理的纠缠,本体论与工夫论的角力,诸如此类,一波三折,天、命、性、情的流转互动,心、性、情、气的离合纷呈,都从各个层面体现了中国独立知识分子的铮铮铁骨和充满辛酸而又无可奈何的价值取向。

对先秦儒家的性情思想,笔者有如下三方面的深度关照:第一,先秦儒家性情思想的体系中始终洋溢着一种始原于天道的生生不息的刚乾精神。这也是《四书》《五经》中的基本精神。孔子曰:"君子无终食之间违仁,造次必于是,颠沛必于是"①(《论语·里仁》),"下学而上达,知我者其天乎?"②(《论语·宪问》)孟子曰:"尽其心者,知其性也。知其性,则知天矣。存其心,养其性,所以事天也。殀寿不贰,修身以俟之,所以立命也。"③(《孟子·尽心上》)我们的成功与幸福都是我们自己"立命"的结果。具体到先秦儒家的学说中,这种刚乾精神是以人格的精神"境界"体现出来的。对此,冯友兰先生在其《中国哲学史》之"天、性及浩然之气"一节中已有阐述,④笔者在此不赘。值得一提的是,张世英先生称:"中国的儒家传统把道德实践归属于'天人合一',其实是没有根据的。""天本无道德意义,所谓天人合一可以使人成为圣人之说,纯系儒家的虚构。"⑤把儒家哲学完全归于道德实践,而忽略深藏其中的超越道德的维度,这是对儒学,乃至对整个中国文化的重大偏见;况且,否定中国文化之"天"的义理性、创生性和超越性,实际上就是完全用西方基督教的模型来削足适履式地宰割中国哲学的特殊性,进而否定了整个中国哲学赖以存有的形上基础,这是一种看似有理,而实际上却又非常不妥的观点。笔者在此无暇做大块的文章来论证,抽掉了"天"之后,中国人的性情世界是多么偏枯而凡庸,以及由此而产生的其他方面的危害,只是想仅仅叩问一句,对西方很多哲学家(包括很多一流的科学家)如笛卡尔、培根、斯宾诺莎、莱布尼茨、康德,甚至黑格尔、费尔巴哈等巨擘,都试图用哲学与科学去反对神学,而

---

① 朱熹撰:《四书章句集注》,中华书局1982年版,第70页。
② 朱熹撰:《四书章句集注》,中华书局1982年版,第158页。
③ 朱熹撰:《四书章句集注》,中华书局1982年版,第356页。
④ 冯友兰著:《中国哲学史》(上),华东师范大学出版社2000年版,第102—103页。
⑤ 张世英著:《哲学导论》,北京大学出版社2002年版,第26页。

最后又不得不为宗教保留一个不可逾越的位置,世人都以为深刻而别无选择,为什么单单对儒家哲学的宗教性就视若寇仇,称其为"纯系虚构"而不屑一顾呢?其实在这一点上,笔者认为,人同此心,心同此理,不论东方人还是西方人,他们关心的根本问题具有深刻的一致性。中国式的内在宗教性超越,往往把理性、情感和知识糅合在了一起,既有诚者天之道的信仰,又没有基督宗教的迷狂,在笔者看来,刚好是中国儒学宗教性极大的优点。导致当下有些中国人没有宗教性和敬畏之心而胡作非为,没有底线的并不是儒学。先秦儒家性情思想的研究,正好在这一点上可以正本清源,以正视听。

第二,宗教性与美学性彼此激发。毋庸置疑,先秦儒家性情思想植根于人伦日用之间,极具道德的践履性、人情的世俗性、生活的哲理性和人性的艺术境界。精骛八极,心游万仞,思接千载,神交古人,中国人的精神世界始终是与大自然的山川河流、鸟兽虫鱼、古往今来的一切令人浮想联翩的故事联系在一起的。我们应该去看一看中国古人的诗歌,从《诗经》、《楚辞》开始,两汉魏晋南北朝、唐诗宋词,一直到晚清的纳兰性德、苏曼殊等,时时刻刻,从来都没有离开过对大自然的依赖与隐喻,仿佛离开了大自然,诗人们都无法表达自己的内心世界了。琴棋书画都莫不如此。这是一种与生俱来的"与天地合其德,与日月合其明,与四时合其序,与鬼神合其吉凶"①(《周易·乾卦·文言》)的民族精神,是向往天道的维度。由于这一维度在时间和空间上的无限性,因此,儒家的性情世界被扩展得非常高远、深邃,而且体现在方方面面。在凡俗中见博厚高明,即凡即圣,在视听言动之中寻求天道之诚,即体即用。隐居以求志,居易以俟命,如切如磋,如琢如磨,善信美大圣神,层层提升,天生人成,天人合一。如此,先秦儒家的性情思想便丰富多彩起来。"善言天者必有征于人"②(《荀子·性恶》),先秦儒家的宗教性始终是为了人的现实性服务的,它无时无刻无不以人的性情作为立论的前提与根据。由于在孔子那里,最终与道德性、宗教性融合为一的是"游于艺"和"成于乐",所以,先秦儒家性情思想的制高点是宗教性与美学性彼此激发的超越的精神境界,就是孔颜之乐。

---

① 王弼注,孔颖达疏:《周易正义》,北京大学出版社 2000 年版,第 27 页。
② 王先谦撰:《荀子集解》,中华书局 1988 年版,第 440 页。

所以,先秦儒家的性情思想被设置成为了一种人性的审美和净化过程,这是十分高妙而明智的设计。

第三,先秦儒家的性情思想,自始至终就不是一个心理学的问题,而是一个意蕴极为深刻的人文、人道体系。以此为元点,又进一步渗透到了儒家哲学各个其他的层面之中去,随时随地地释放着儒家性情思想的原创性光辉。这种原创性的根本出发点,在并不一味地经验性地刻意探究性与情的心理理据,而是认定性与情都是由天而降的主体禀赋的显现。在天与人冥合为一的总框架之下,寻求个体与社群、仁与礼、礼与乐、忠与恕的高度统一。因此,先秦儒家一方面不遗余力地推崇真情、诚信、正直、端悫的品格,另一方面又极力争取这种品格在社群的复杂关系(以五伦为中心)中何以得到充分的主体实现。然而,这还只是形而下的道德实践的第一步。先秦儒家性情思想的理路是在己立立人,己达达人;己所不欲,勿施于人和"絜矩之道"的基础上,扩而充之,成人成己,合外内之道,最后民贵君轻,把人民的利益置放在君主与国家的权利之上,与人民休戚与共,最后上下与天地同流,复情以归太一的思路。这一点,在《大学》、《中庸》与《孟子》的理论深处是一以贯之的。由于这一理想千百年来受到了现实的压制与扭曲而成为中国知识分子"永恒的乡愁"。① 这里面蕴含着太多的理论教训值得我们今天去认真地挖掘、反省和研究。由于新近出土和发行了先秦时期的简帛文献,丰富了这方面的研究材料,所以,立足于性情思想,进一步丰富和发展传统的心性学理论已经成了可能。

因此,笔者认为,对于先秦儒家性情思想的研究,应该首先洗刷我们当代学人心中长期以来积淀的各种成见。我们首先要做的事情,就是要认真、扎实地深究原典,在尽量充分、系统地占有第一手材料的前提下,挖掘并把握原始概念的基本含义,疏通各个范畴之间的逻辑关系,掌握各个范畴自我发展的理据。把事实弄清楚,是我们的第一要务。其实从这个层面上讲,新近出土的简帛文献中凡是涉及到性情思想的材料,都是我们必须首先要关注到的问题。在此基础之上,把简帛文献与传世文献打通,整合起来研究这个问题,就会有重大的突破。其次,在先秦儒家思想的总框架下,在"天、命、性、情"脉络流转

---

① 黄俊杰著:《儒学与现代台湾》,中国社会科学出版社 2001 年版,第 271 页。

的人文精神辐射下，不限于"性"或"情"的字眼，而是从先秦儒家哲学的整体思想以及各个相关范畴之间的关系着手，系统研究先秦儒家的性情思想，力求避开枝叶，直指性情思想的根本精神，始终以寻求先秦儒家人学的真谛为指归，要始终抓住中华民族的大本大原来展开我们的思路。再次，人类的文化其实都有相关性，最终关注的问题，其实是有相通性的。山川异域，风月同天。我们的时代已经与过去大不相同了。我们应该尽量扩大学术视野，在比较中推进研究的触角，努力寻找到先秦儒家性情思想中普适性的人文价值。与此相照应的是，我们自然而然，就会加大价值选择的力度，力求在理论与现实之间、古代哲学与当代人文精神的建设之间找到对话、交融的窗口。正因为如此，先秦儒家性情思想研究的维度是无限的，具有广阔的前景。笔者认为，我们研究的相关维度如下：

第一个维度，是不能不承认先秦儒家的性情思想中"天"的超越性、先验性和宗教性。要否定先秦儒家经典曾经是受到了非常非常漫长的上古时期"万物有灵"的影响，最后，在人文主义的转化过程中脱颖而出的铁定事实，是很困难的事情。《四书》《五经》中都具有成体系的宗教性证据。子曰："下学上达，知我者其天乎"①（《论语·宪问》）、还有"君子有三畏"②（《论语》）、"明明德"③（《礼记·大学》）、"天命之谓性"（《礼记·中庸》），朱熹注曰："命，犹令也。"④都是在主宰之天、意志之天的层面上来界定天的概念的。相关的例证俯拾即是。冯友兰先生把先秦经典中的"天"划分为五类，并且将孔子在《论语》中的"天"全部划入了"主宰之天"⑤。饶宗颐先生云："无宗教之国家，即无精神文明。"⑥这是我们研究先秦儒家性情思想的基础与前提。《穷

---

① 朱熹撰：《四书章句集注》，中华书局 1982 年版，第 158 页。

② 朱熹撰：《四书章句集注》，中华书局 1982 年版，第 173 页。

③ 朱熹撰：《四书章句集注》，中华书局 1982 年版，第 3 页。

④ 朱熹撰：《四书章句集注》，中华书局 1982 年版，第 17 页。

⑤ 冯友兰先生把先秦时期的文献中涉及"天"字的意涵划分为五类："物质之天、主宰之天、命运之天、自然之天、义理之天"。见冯友兰著：《中国哲学史》（上册），华东师范大学出版社 2000 年版，第 35 页。此论又见氏著：《中国哲学史新编》（第一册），人民出版社 1964 年版，第 89 页。

⑥ 饶宗颐著：《固庵文录·稽古稽天说》，辽宁教育出版社 2000 年版，第 64 页。

达以时》中有"有天有人,天人有分,察天人之分,而知所行矣"①,因为我们的先哲们很清楚,没有阴阳大化、周流六虚、品物流形的天,没有博厚、高明、悠久的造化之天,人之所以为人者就没有生命之源,进而也就没有生命的敬畏之心,其视听言动、七情六欲都无处安放,其性情世界也就由此而变得异常的偏枯和狭隘。孙星衍在其《尚书今古文注疏》训释"曰若稽古帝尧"时引郑康成曰:"稽古,同天。"又引《后汉书·范升传》曰:"生不稽古,无以承天。"由尊老而尊古,由尊古而尊天。古则久,久则天。这是中国学人的思维定式。②

第二个维度,既然先秦儒家经典之中有"天命之谓性"的判断,其中的"命",郑康成与朱熹都训为动词,以令训命,明也,显豁也,下贯也,于是"天"与"命"是两个词。也就是说,人的"性",来自于"天"的周流六虚、阴阳摩荡,是造化的结果。这使我们自然而然地想起了《周易》乾卦中《彖》的文字:"大哉乾元! 万物资始,乃统天。云行雨施,品物流形。大明终始,六位时成,时乘六龙以御天。乾道变化,各正性命,保合大和,乃利贞。"③这是一种纯粹至精的摩荡、造化结果,其本性是与生俱来的,其表现形式只能是赤子之心。著名宗教学家麦克斯·缪勒在转述费希特的宗教观时说:"宗教是一种知识。它给人以对自我的清澈洞察,解答了最高深的问题,因而向我们转达一种完美的自我和谐,并给我们的思想灌输了一种绝对的圣洁。"④所以,人之所以为人的首要特征本来就应该是神性,这是上天神性的延伸,是一种与天地相感知的"自我和谐"生命境界,在性情的本源上是"绝对的圣洁"。这正是《礼记·礼运》所谓:"故人者,其天地之德,阴阳之交,鬼神之会,五行之秀气也"⑤的本义,它说的是人之所以为人者,乃是天地之精华,万物之灵长。这正是《礼记·中庸》所谓"诚者,天之道也,诚之者,人之道也"⑥的内在超越的基础。

第三个维度,诚如《五行》所载:"君子之为善也,有与始,有与终也。君子

---

① 刘钊著:《郭店楚简校释》,福建人民出版社 2005 年版,第 168 页。
② 孙星衍撰:《尚书今古文注疏》,中华书局 1986 年版,第 2—3 页。
③ 王弼注、孔颖达疏:《周易正义》,北京大学出版社 2000 年版,第 8 页。
④ 麦克斯·缪勒著:《宗教的起源与发展》,上海人民出版社 1989 年版,第 10 页。
⑤ 孙希旦撰:《礼记集解》,中华书局 1989 年版,第 608 页。
⑥ 朱熹撰:《四书章句集注》,中华书局 1982 年版,第 31 页。

之为德也,有与始,无与终也。金声而玉振之,有德者也。"①"有与始,有与终"就是指现实生活中的乐善不倦的践履;"有与始,无与终",是指长期持久、出神入化之后的形上超越。在"有与始,有与终"的阶段,人的性情提升是与人的外在形体相融合的;而在"有与始,无与终"的阶段,却是指人的性情剥离了人的形体,脱离了现实的羁绊,上达于天人玄冥的神圣之境,是为过化存神、金声玉振。郭店简《五行》写道"【不】仁,思不能精。不圣,思不能轻。"②只有具备了"仁"的人才能做到"精";只有具备了"圣"的人,才能够做到"轻"。什么是"轻"?《五行》写道:"圣之思也轻,轻则形,形则不忘,不忘则聪,聪则闻君子道,闻君子道则玉音,玉音则形,形则圣。'淑人君子,其仪一也'。能为一,然后能为君子,【君子】慎其独也。"这段话有几个关键的地方,一是"聪"(古汉字中,聖字从耳从口,这是金声玉振的条件)。二是"玉音"(表面上说的是圣者听到的声音,实际上说的是圣者辨析万事万物的超越能力。《五行》原文是:"金声,善也。玉音,圣也。善,人道也。德,天【道也】。唯有德者,然后能金声而玉振之。"③)。三是"形则圣"(这当然是存神过化,是"见于面,盎于背,施于四体,四体不言而喻"④的圣人境界)。四是"一"(郭店楚简《五行》篇的原话是:"'淑人君子,其仪一也'。能为一,然后能为君子,【君子】慎其独也。"⑤由此可见,"慎其独"的心理前提是"一",《尚书》有"惟精惟一",《五行》有"不仁,思不能精",可知这篇《五行》与《尚书》是有关系的。子曰:"唯仁者能好人、能恶人。"故知"一"是仁者的层面,"慎其独"是更高的、圣者的层面)。五是"慎其独",只有慎独之后才能够进入到"轻"的境界。《大学》《中庸》中都有"慎独"之说,现在看来,不仅说明了它的重要,而且说明了它的难以抵达。上述五个环节最终成就了"轻"。"轻"应该是一个由"为善"到"为德"的提升的超越,最后是玄妙、飘逸而神圣的圣人境界。把这几个关键地方联系起来,我们看到了思孟学派,确实是对儒学的内在超越有切身体悟地解释。

---

① 刘钊著:《郭店楚简校释》,福建人民出版社 2005 年版,第 70 页。
② 刘钊著:《郭店楚简校释》,福建人民出版社 2005 年版,第 70 页。
③ 刘钊著:《郭店楚简校释》,福建人民出版社 2005 年版,第 70 页。
④ 朱熹撰:《四书章句集注》,中华书局 1982 年版,第 362 页。
⑤ 刘钊著:《郭店楚简校释》,福建人民出版社 2005 年版,第 70 页。

第四个维度,郭店楚简《成之闻之》载曰:"君子慎六位,以祀天常。"①一语穷尽了儒学的精神。这是《礼记·中庸》即凡即圣、鸢飞鱼跃的路数。一方面是极其现实的君臣、父子、夫妇、兄弟、朋友的五伦关系,另一方面却是"天地位焉,万物育焉"的内心世界。对于这种无比丰富高妙的内心世界,《中庸》的表述异常精彩:"仲尼祖述尧、舜,宪章文、武;上律天时,下袭水土。辟如天地之无不持载,无不覆帱,辟如四时之错行,如日月之代明。万物并育而不相害,道并行而不相悖,小德川流,大德敦化,此天地之所以为大也。唯天下至圣为能聪明睿知,足以有临也;宽裕温柔,足以有容也;发强刚毅,足以有执也;齐庄中正,足以有敬也;文理密察,足以有别也。溥博渊泉,而时出之。溥博如天,渊泉如渊。……"②这段文字能表面上说的是孔子,但其实说的是通过坚实修炼之后的成圣以后的理想人格及其广远的政治理想,是先秦儒家理想人格和政治的奋斗目标。在《中庸》中孔子说自己连最寻常的事情都没有做好,③意思是说,我们每一个人就做最寻常的事情都是不容易的,这种思路,对后来的宋明理学,特别是陆王心学及其弟子的影响极其深远,即使是对当下的我们,依然具有重大的研究价值。

第五个维度,先秦儒家的性情思想中是有工夫论的。孟子曰:"乃若其情,则可以为善矣,乃所谓善也。若夫为不善,非才之罪也。"④(《告子上》)这个"情"字,是质实的意思。意谓,通过教化,是可以引导人们走向"善"的。但是人们之所以走向了恶,并非天生之"才"的原因。这还是接着孔子"性相近也,习相远也"⑤来说的。从工夫论的角度上来讲,孟子、荀子都花了大量的篇幅来讲养心、养性、养情。孟子强调的是"尽心,知性,知天,存心,养性,事天"的立命过程,而荀子更强调隆礼重法,化性起伪。郭店楚墓竹简的《性自命出》之所以影响非常大,就是因为该文本对"性"、"情"都有专门的探讨。在性

---

① 刘钊著:《郭店楚简校释》,福建人民出版社 2005 年版,第 138 页。

② 朱熹撰:《四书章句集注》,中华书局 1982 年版,第 38—39 页。

③ 子曰:"君子之道四,丘未能一焉:所求乎子以事父,未能也;所求乎臣以事君,未能也;所求乎弟以事兄,未能也;所求乎朋友先施之,未能也。"(朱熹撰:《四书章句集注》,中华书局 1982 年版,第 23 页)

④ 朱熹撰:《四书章句集注》,中华书局 1982 年版,第 334 页。

⑤ 朱熹撰:《四书章句集注》,中华书局 1982 年版,第 176 页。

与情的修炼工夫上提出了我们前所未见的各种观点。文章一开始,就提出"性自命出,命自天降"等一系列高论,进而还提出了锤炼性情的不同面向和作用:"凡动性者,物也;逆性者,悦也;交性者,故也;励性者,义也;出性者,势也;养性者,习也;长性者,道也。"①然后从礼乐入手,分析礼乐教化对人的性情的影响,可圈可点处令人应接不暇。《性自命出》非常重视礼乐对性情的教化作用,最后提出了"君子身以为主心"②的结论,可圈可点。

总之,先秦儒家性情思想研究的维度是很多的,随着将来出土文献资料的逐步增多,时代的发展也没有止境,相关的研究维度就应该更多。《礼记·大学》提出了三大纲领、八大条目,那是内圣外王之学笼罩下了传统"人性论"基本套路。《礼记·中庸》则提出了"尊德性而道问学,致广大而尽精微,极高明而中庸"③的纲领性主张。根据朱熹的意见,《大学》是一个框架,而《中庸》则精微至极。从这种思路来讲,性情思想的研究比传统的心性学研究要困难得多,内容也更加丰富,而且也更有价值。如果不仅仅只是局限于先秦儒家,而是立足于先秦,把眼光投向秦汉以后的各个时期,面对各种思想家和思想学派的跌宕起伏,我们顿感任重而道远。

由于本书的初版已经整整 19 个年头了,加之本次重新出版的修订力度也比较大,所以,责编洪琼先生建议我把过去的书名改为《先秦儒家性情思想发微》,一是表示极大的不同,二是表明本次的研究成果更加深入、细致。本次修订主要有三个方面的内容,第一,对本书过去已经过了时的表述和相关文字进行了修改,充分吸收了近 20 年来性情思想以及相关的简帛文献思想研究的新成果,使之更加连接地气,与时偕行;第二,在过去的基础之上增加了 6 万多字的新成果。主要是《大学》、《中庸》、《易传》和《乐记》的相关研究。其实我还有《尚书》性情思想研究的新成果,但都已经发表了。一篇是《从〈尚书〉中走出来的哲学流派》,发表在《中原文化研究》2013 年第 2 期,《中国社会科学文摘》2013 年第 10 期全文转载。该文主要是研究《尚书》与思孟学派的关系,受到了学术界的广泛关注。另一篇是《〈尚书〉的性情思想研究》,发表在《人

---

① 刘钊著:《郭店楚简校释》,福建人民出版社 2005 年版,第 89 页。
② 刘钊著:《郭店楚简校释》,福建人民出版社 2005 年版,第 106 页。
③ 朱熹撰:《四书章句集注》,中华书局 1982 年版,第 36 页。

文论丛》2015年卷,全文从概念、范畴和思想出发,对《尚书》的性情思想进行了系统全面的研究。但是,由于本书已经远远超出了笔者与人民出版社合同规定的字数,所以,这次依然没有加入此书。有兴趣的同人可以去相关的杂志上查阅。第三,本次修订最大的特色是增加了陆王心学的视野、背景和参照系。这样一来,本书的格局千里伏脉,就有了横岭侧峰新的定位。本书始终认为,先秦儒家哲学是整个儒家哲学的重要源头和核心坐标,此后,中国古代的中国哲学史,包括整个宋明理学、陆王心学以及其他各种相关学派,从本质上都没有走出它的格局、框架和阴影。一方面,我们始终为中国有先秦儒家思想之博大精深而自豪;另一方面,我们也为秦汉以后,中国学人始终都只是在孔、曾、思、孟的阴影里修修补补而惭愧。本次修订出版,其实主要还是希望这本书提出的各种问题能够引起学界的注意,希望我们学界的年轻学者超越我们,甚至超越孔曾思孟,使相关的研究走向世界,走向现代,走向深入。我本人眼高手低,力所不逮。书中的很多观点只能是抛砖引玉,各种值得进一步深入研究地方还是很多的,诚挚希望得到各方同仁的批评指正。

　　是为序。

欧阳祯人

癸卯正月十五于珞珈山麓

第一章 先秦儒家天、命、性、情
范畴总说

张岱年先生指出:"对于过去哲学中的根本概念之确切意谓,更须加以精密的解析。古人的名词,常一家一谊。其字同,其意谓则大不同。"①殷革夏命,周革殷命之天地翻覆以及春秋战国礼崩乐坏的形势在人的性情世界里引起的巨大震荡,迫使先秦时期的思想家们不得不对人的性情做出深入的思考;并且,由于人本身的性情之进出、取舍的复杂性,也由于中国哲学的感悟性特征大于分析性特征,先秦时期诸子百家的性情思想,流派众多,异彩纷呈。因此,先秦时期有关性情思想的资源相当丰富、庞杂。特别是先秦时期的性情思想并没有,也不可能形成一门独立的学科,所以,相关的概念与范畴,以及由此而形成的思想体系都掩埋在浩繁的各类著作中,云遮雾挡,鳞爪隐约,致使我们不得不首先做一些基础性的工作,把相关的概念、范畴和理论上的条理弄清楚,然后才具有进行先秦儒家性情思想研究的话语前提与基础。

第一节 说 天

关于"天"范畴的探讨,海内外专家已经作出了艰苦的、卓有成效的努力。但是,在目前相关资料十分有限的条件下,想对先秦时期之"天"范畴的起源与发展梳理得特别的明晰,在笔者看来,是不可能的。不过为了本书论题的需

---

① 张岱年著:《中国哲学大纲·自序》,中国社会科学出版社1982年版,第18页。

要,笔者以传世文本以及出土简帛资料为事实根据,在前贤、时彦所取得的成果的基础上,以先秦儒家性情思想研究为中心,对"天"范畴的形成与发展作一些相关的探讨,尽力为论题的展开创造条件。

一、"天"范畴由殷商到周代

罗振玉指出:"《说文解字·天》从一大,卜辞中有从二者。二即上字,大象人形,人所戴为天,天在人上也。"①这是在说,早在殷商甲骨文的时代人们就有了"天"的观念,并且已经有了"天"的汉字字形。武汉大学古文字学家夏渌先生曾撰写过一篇题为《卜辞中的天、神、命》的文章,提出商代存在至上神之"天"的观念。②笔者认真拜读之后以为,夏先生的论据虽稍显单薄,但是并不能说没有道理。近来又有学者进一步研究指出,甲骨文中已经有了至上神之"天"的用法,③但是总的来说,说服力都十分有限。实际的情况是,在现有已经公布的甲骨文的所有的文字资料中,很难找到确凿无疑的表示至上神"天"的字。

所以,陈梦家先生指出:"卜辞的'天'没有作'上天'之义的。'天'之观念是周人提出来的。"④郭沫若先生也曾指出:"卜辞称至上神为帝,为上帝,但决不曾称之为天。"郭沫若先生还说:"大戊称为'天戊',大邑商称为'天邑商'都是把天当为了大字的同义语。天者颠也,在卜辞作𠂇,在周初的金文如大丰簋作𠂇,大盂鼎作𠂇,都是画一个人形,特别显示着有巨大的头脑。那头脑便是颠,便是天。颠字是后起的。因为人脑在人体的最高处,故凡高处都称为颠,树顶称颠,山顶称颠,日月星辰所运行着的最高的地方称天。天字被太空所独占了,又才有颠字出来,连山颠也都另外造出了一个巅字。天字在初本没有什么神秘的意思,连《说文》所说的'从一大'都是臆说。卜辞既不称至上

① 李孝定编述:《甲骨文字集释》(卷首),"中研院"历史语言研究所1970年版,第13页。

② 夏渌:《卜辞中的天、神、命》,《武汉大学学报》1980年第2期。

③ 陈炜湛先生举出了"弗疾朕天"(见氏著:《甲骨文简论》,上海古籍出版社1987年版,第30页)一个例子;徐锡台先生又举出了"天乍(祚)其牛九……"、"天乍(祚)其……"(见氏著:《周原甲骨文综述》,三秦出版社1987年版,第47页)两个例子。

④ 陈梦家著:《殷墟卜辞综述》,中华书局1992年版,第581页。

神为天,那么至上神称天的办法一定是后起的,至少当得在武丁以后。我们可以拿来做一个标准,凡是殷代的旧有的典籍如果有对至上神称天的地方,都是不能信任的东西。"①胡厚宣先生云:"殷人已有至上神的观念,武丁时卜辞名之为帝,因其高居在天,故亦称上及上子。至廪辛、康丁以后,又称上帝。迄帝乙、帝辛时止,莫不皆然。惟终殷之世,未见天称。卜辞虽亦有天字,但若'天邑商'、'天戊'之天,借用为大,与天帝之天无关。称帝为天,盖自周武王时之《大丰簋》言'天亡尤王'始。"②张光直先生也说:"卜辞中关于'帝'或'上帝'的记载颇夥,上帝一名表示在商人的观念中帝的所在是'上',但卜辞中决无把上帝和天空或抽象的天的观念联系一起的证据。"③

　　但是,陈来先生在近著《古代宗教与伦理——儒家思想的根源》中引述傅佩荣先生的观点指出,已有资料和讨论尚不足以使我们能对"帝"、"天"观念的起源作出确定无疑的论断。陈来先生并且指出:"我们认为甲骨卜辞即使未发现'天'字或未发现以'天'为上帝的用法,至少在逻辑上,并不能终极地证明商人没有'天'为至上神的观念。"④这是很精辟的观点。根据现代人类学之父,英国学者E.B.泰勒(1832—1917)的《原始文化》,我们知道,世界上各个原始部落的人们,以及众多的宗教信徒,都有崇拜天空、天国的观念。爱德华·泰勒写道:"在祖鲁人关于淡青色天空是个笼罩着大地的穹隆的观念中也流露着类似的思想,他们认为在穹隆的里面有太阳、月亮和星星,它的外面住着神仙。北方的黑人们也同样是这么想,天空的穹隆像布衣一般地紧紧张在他们上面。在芬兰的叙事诗中讲述着,伊里玛利南用最薄的钢创造了苍穹,并在它里面镶上了月亮和行星。新西兰人认为天是一个坚硬的穹隆……,希伯来人认为'天是一面铸成的镜子'……。在那些存在有关于苍穹的特定理论的民族中,关于肉体旅游和灵魂飞升到天国的叙述,具有不是象征的,而是十分严肃的性质。在原始社会里,把离去的灵魂的家宅安放在天上的意愿,较

---

① 郭沫若著:《青铜时代·先秦天道观之进展》,人民出版社1954年版,第5—6页。

② 胡厚宣:《殷代之天神崇拜》,见氏著《甲骨学商史论丛初集》(上),河北教育出版社2002年版,第238—239页。

③ 张光直著:《中国青铜时代》,生活·读书·新知三联书店1983年版,第264页。

④ 陈来著:《古代宗教与伦理——儒家思想的根源》,生活·读书·新知三联书店1996年版,第162页。

之把它安放在地上或地下的意愿，从表现看显然是小得多。但是，在蒙昧人那里，具有对天国的一些十分肯定的记述，其中的一些，我将在这里谈到。甚至某些澳大利亚人这样想，在死的时候，灵魂就耸入云天，它在那里吃、喝、狩猎和捕鱼，就像在地上一样。在北美，温尼贝戈人把自己的极乐世界安置在天国，灵魂们沿着那条我们称为天河的'死亡之路'到达那里。现代的易洛魁人在太阳神话的影响下说，灵魂还没有同人、树木及其他地上的事物升达奇异的天国原野之前，先向上飞到西方。在南美，将从前的瓜拉约人部落的状况提到某种水准的瓜劳诺人，崇拜天国长老、保家神，塔莫依。……，在古代雅利安人的诗中有关于天堂的思想，这可以从《梨俱吠陀》的赞美诗中看出。……，在对自然之诗的崇拜的鲜明而同时又含糊的境界里，或者在古代天文学那具有辽阔无边的辉煌的天国宫殿的宇宙图解中，或者在狂热的神秘的幻象里，或者在那些关于未来生活的较为平和的神学学说里，可以探索婆罗门教徒、佛教徒、拜火教徒、最近的犹太教徒、伊斯兰教徒等等中关于有福灵魂在天国的安息地的描述。"[1]这种现代人类学的调查资料，从某一个层面说明中国远古时期的先民一定也像其他原始部落的人们一样，是崇拜"天"的。这从人类学的发展规律上来讲，是应该没有例外的，只不过还有待于将来进一步的证据支持罢了。

所以，笔者同意傅佩荣、陈来两位先生的观点，并且与陈来先生一样，笔者也认为，从历史文献本身出发来探讨这一问题，可能较从考古学、训诂学出发会得到更多的启发或收获。讨论"天"范畴的演变，我们不能不借助于《尚书》。而《尚书》的真伪问题又是一个让人费神的问题。梁启超曾在《古书真伪及其年代》一书中说："关于它的问题最为复杂，自古到今，造伪辨伪的工作，再没有比它费力的。"[2]例如，《盘庚》三篇历来似乎是《商书》中最靠得住的真实文献，但是，它的真伪问题就困扰着我们。像上文甲骨文中"帝"与"天"的问题一样，专家们也是莫衷一是的。范文澜先生说："《盘庚》三篇是无

---

①　爱德华·泰勒著：《原始文化》，上海文艺出版社1992年版，第542—545页。

②　梁启超：《古书真伪及其年代》，见《梁启超国学讲录二种》，中国社会科学出版社1997年版，第206页。

可怀疑的商朝遗文。"①疑古派学者中,顾颉刚先生的疑古精神是最强的,但是他也说,《盘庚》是一篇"在思想上,在文字上,都可信为真"的原作。② 这似乎成定论了,可是,陈梦家先生的论断却又令人不得忽视:"今文《盘庚》三篇共一千二百八十三字,较之《周书》中之命书更长。晚殷金文,长者不过数十字,如何在盘庚之时有如此巨作? 此篇与上述《甘誓》、《汤誓》皆较《周书》易读,两誓为战国时拟作,此亦战国宋人之拟作,犹《商颂》矣。"③三位学者孰是孰非,笔者是无法判断的,然而,我们通过《盘庚》中有关的文字,也许可以分析出一些令人始料不及的问题:

> 先王有服,恪谨天命,兹犹不常宁;不常厥邑,于今五邦。今不承于古,罔知天之断命,矧曰其克从先王之烈? 若颠木之有由蘖,天其永我命于兹新邑,绍复先王之大业,底绥四方。(《盘庚》上)④

> 呜呼! 古我前后,罔不惟民之承保。后胥慼鲜,以不浮于天时。(《盘庚》中)

> 予迓续乃命于天,予岂汝威,用奉畜汝众。(《盘庚》中)

《盘庚》中的"天"仅此五见。对《商书》中大量出现"天",作为至上神的情况,陈来先生有较为系统的解释:

> 殷商和西周世界观的重要区别,不在于商人是否以"天"为至上神,因为如果"天"只有人格的"皇天震怒"的天,那么在信仰实质上,与"帝"的观念并无区别。事实上,在许多文献中二者是等同的,或可以互换的,很难明确分别。商周世界观的根本区别,是商人对"帝"或"天"的信仰中并无伦理的内容在其中,总体上还不能达到伦理宗教的水平。而周人的理解中,"天"与"天命"已经有了确定的道德内涵,这种道德内涵是以"敬德"和"保民"为主要特征的。天的神性的渐趋淡化和"人"与"民"的相对于"神"的地位的上升,是周代思想发展的方向。用宗教学的语言来说,商人的世界观是"自然宗教"的信仰,周代的天命观则已经具有"伦理

---

①　范文澜著:《中国通史简编》(修订本),中华书局1972年版,第114页。
②　顾颉刚主编:《古史辨》(第一册),上海古籍出版社1982年版,第201页。
③　陈梦家著:《尚书通论》,河北教育出版社2000年版,第230—231页。
④　本书引文中的着重号,均为笔者本人所加,后不再注出。

宗教"的品格。①

陈来先生的论述旁征博引,深得麦克斯·缪勒《宗教学导论》与卡西尔《人论》中有关"自然宗教"向"伦理宗教"发展的理论精髓。以此为标准,来衡量《盘庚》中的"天"范畴,我们则发现,除第四例外,全是主宰、意志之天。第四例,实为自然之天。② 这正说明《盘庚》文本的真实性。但是,陈来先生又说"周人的理解中,'天'与'天命'已经有了确定的道德内涵,这种道德内涵是以'敬德'和'保民'为主要特征的",然而我们在《盘庚》的文本中,却发现了相对于它的"天"而言,出现频率相当高的"敬德"与"保民"的例证:

> 非予自荒兹德,惟汝含德,不惕予一人。予若观火,予亦拙,谋作乃逸。(《盘庚》上)

> 若网在纲,有条而不紊;若农服田力穑,乃亦有秋。汝克黜乃心,施实德于民,至于婚友,丕乃敢大言,汝有积德。(《盘庚》上)

> 世选尔劳,予不掩尔善。兹予大享于先王,尔祖其从与享之。作福作灾,予亦不敢动用非德。(《盘庚》上)

> 无有远迩,用罪伐厥死,用德彰厥善。邦之臧,惟汝众;邦之不臧,惟予一人有佚罚。(《盘庚》上)

> 故有爽德,自上其罚汝,汝罔能迪。(《盘庚》中)

> 古我先王,将多于前功,适于山,用降我凶德,嘉绩于朕邦。今我民用荡析离居,罔有定极,尔谓朕:"曷震动万民以迁?"肆上帝将复我高祖之德,乱越我家。朕及笃敬,恭承民命,用永地于新邑。(《盘庚》下)

> 今我既羞告尔于朕志,若否,罔有弗钦。无总于货宝,生生自庸。式敷民德,永肩一心。(《盘庚》下)

《盘庚》中"天"只有 5 见,而"德"却有 10 见,相对于"天"而言,殷商的统治者应该是很重视德性的培养的。"邦之臧,惟汝众;邦之不臧,惟予一人有佚罚",是说,如果国家治理得好,是你们大家的功劳;如果国家治理得不好,则

---

① 陈来著:《古代宗教与伦理——儒家思想的根源》,生活·读书·新知三联书店 1996 年版,第 168 页。

② 本书采用了冯友兰先生关于天的义项分类观点,下文笔者将有系统的阐述。

是我一个人的过失。从《盘庚》全文的行文语气来看，这些话应该说是诚恳的，与被顾颉刚先生判为"决是东周间的作品"的《汤誓》"其尔万方有罪，在予一人；予一人有罪，无以尔万方"的口气如出一辙。如果说盘庚等殷商的统治者完全不讲德性的修养，从文献的实际来看，是说不过去的。

正是由于《盘庚》的作者重视"德"，因此，我们就不能完全确凿无疑地说，其中的"天命观"就一定完全属于自然宗教。毫无疑问，《盘庚》中的"德"与西周时代的"德"相比较，在内涵上是有区别的，但是这难道就可以说《盘庚》中的"德"没有伦理的成分？第一例，作者反对"荒德"，提倡"含德"；第二例，提倡"积德"，并且要"施实德于民"；第三例之"作福作灾，予亦不敢动用非德"，是说，"动用非德"会导致"灾"难，"作福作灾"，取决于自己的道德修养。第四例，倡导以德彰善；第五例，是说"爽德"、违德，将受到惩罚；第六例，要发扬我"高祖之德"，以"笃敬"之心，"恭承民命"；第七例，更是要与民同心同德，"永肩一心"。可见，如果说殷周在天命观上的区别是不敬德与敬德，显然不妥。

如此一来，这就出现了两种可能，第一，诚如陈梦家先生所言，《盘庚》是一篇伪作；第二，陈来先生所采用的理论错了。但是，笔者以为，《盘庚》不可能是伪作，因为顾颉刚先生的眼睛是不会放过伪作的。而且，如果连《盘庚》都是假的，那《尚书》中又有几篇是真的？而且，完全以字数的多少来断定一篇文献的真假，显然是有失偏颇的，因为在中国自古重史和王权高于一切的传统下，《盘庚》的产生是一点都不奇怪的。陈来先生所采用的理论也是不会错的，他的理论如果错了，那连带麦克斯·缪勒、卡西尔的理论就都错了，由此会导致宗教学界的一场理论危机。那么，问题在哪里呢？笔者以为，问题在于殷商与周代初年之文化思想的连接，本来就没有可以截然分开的鸿沟，它们之间的文化传承之链从来就没有真正被斩断过，所以，将殷商的世界观视为"自然宗教"，将周人的天命观视为"伦理宗教"，作为一种宏观的发展趋势来讲，从宗教史发展的必然逻辑来说，是正确的；然而，试图将这种理论的框架套在中国商周交替之际，特殊的历史状况之上，并且想将它们截然分开的做法，则恐失之于轻率，多少有割裂之嫌。

诚然，荀子说过："若有王者起，必将有循于旧名，有作于新名。"（《荀子·正名》)范畴的研究必然要重视其继承的一面,也要重视其发展的一面,在旧与新的更替、改变之中,寻求它们之间的演变与发展。但是,每一个概念的萌生、发展,在整个历史文化的长河中,是一件非常、非常缓慢的事情,而由一般性的概念发展成为内容相对稳定的哲学范畴,又需要极漫长的时间让大家来吸收与认同。改朝换代的战争的胜负,政治人物的变更,有时甚至包括政治体制的变革,也许在一个相对短暂的时间内,是可以一蹴而就的;但是,作为一种精神文化发展的现象,思想范畴的演变却是相当滞后的。黑格尔指出:"从一个范畴,通过缺点的指出,推进到另一个范畴,在我们是很容易的,——但是在历史的历程中,这却是很困难的。[精神世界从一个范畴到另一个范畴,常常需要好几百年。]"①黑格尔又说:"哲学是在发展中的系统,哲学史也是在发展中的系统。""全部哲学史是一有必然性的、有次序的进程。这进程本身是合理的,为理念所规定的。偶然性必须于进入哲学领域时立即排除掉。概念的发展在哲学里面是必然的,同样概念发展的历史也是必然的。"②商周之间的政治更替,从哲学史的发展逻辑来看,实际上是一起政治上的突发事件,它对精神上之概念与范畴的发展与形成的影响,就深层次来说,并不是"采取最短的道路以达到它的目的",而是"间接的,是曲折的"。"在世界史里,进步是很迟缓的"。③ 小邦周战胜大国殷,即便是在周人自己看来,他们也并不认为自己是在进行一场翻天覆地的革命。④ 周人推翻殷朝的理由很简单:

> 今商王受惟妇言是用,昏弃厥肆祀弗答,昏弃厥遗,王父母弟不迪,乃

---

① 黑格尔著:《哲学史讲演录》(一),商务印书馆 1983 年版,第 101 页。
② 黑格尔著:《哲学史讲演录》(一),商务印书馆 1983 年版,第 33、40 页。
③ 黑格尔著:《哲学史讲演录》(一),商务印书馆 1983 年版,第 39、40 页。
④ 或曰:《易传·革象》云:'汤武革命,顺乎天而应乎人。'说明了周人革命之自觉性的目的。"但是,笔者以为,《象传》的成文时代相当晚,至少晚于《彖传》,对此,刘大均先生、廖明春先生有专论。《象传》的这一表述,明显是后代儒者对武王克殷的一个寄托了自己思想理想的说法,史料的价值是不大的(请参见本书"易传的性情思想研究"一章)。而且,张光直先生曾经明确指出:"从宗教上来看,商人宗教的几个根本特征,在武王伐纣以后,多为周人所承继。例如,繁缛的祖先崇拜与上帝的观念都是自商到西周一贯相承的。周人的统治,与商相同,也是一姓的朝代,因此周人之把上帝的至尊地位与上帝和统治氏族的祖先的密切关系加以继续维持,毋宁说是个自然的现象。"(见氏著:《中国青铜时代》,三联书店 1999 年版,第 416 页)

惟四方之多罪逋逃,是崇是长,是信是使,是以为大夫卿士,俾暴虐于百
姓,以奸宄于商邑。今予发惟恭行天之罚。(《周书·牧誓》)

《牧誓》是一篇消灭商王的誓师之辞。姬发的理由是:现在商王只听妇人的,
不祭祀自己的先祖,轻蔑地抛弃了他同父、同宗的兄弟,而只是信任、重用那些
从四面八方因犯罪而逃来的人,来助其暴虐百姓,为非作歹,我姬发现在是奉
行上帝的惩罚。这里的"天"当然带有道德的意味,"天之罚"代表了正义的力
量。然而,"昏弃厥肆祀弗答,昏弃厥遗,王父母弟不迪"却成了姬发灭商的重
要的理由。笔者完全相信,《牧誓》中的这些价值观念,就是流行于商代的观
念。而且笔者还相信,在周代初年,周朝的统治者就是在这些价值观念的指导
下,完成了开国建制的大业。因为自殷而周,在思想上它们始终是一个斩不断
的"系统"。这一点应该是确凿无疑的。黑格尔说:"每一个哲学属于它的时
代,受它的时代的局限性的限制,即因为它是某一特殊的发展阶段的表现。个
人是他的民族,他的世界的产儿。[他的民族和世界的结构和性格都表现在
他的形体里。]个人无论怎样为所欲为地飞扬伸张——他也不能超越他的时
代、世界。因为他属于那唯一的普遍精神,这普遍精神就是他的实质和本质,
他如何会从它里面超越出来呢?"①笔者的意思并不是说,中国哲学史在殷周
之际就完全没有变化。笔者也知道,王国维曾经指出过:"中国政治与文化之
变革,莫剧于殷周之际。""殷周间之大变革,自其表言之,不过一姓一家之兴
亡与都邑之移转;自其里言之,则旧制度废而新制度兴,旧文化废而新文化兴;
又自其表言之,则古圣人之所以取天下及所以守之者,若无以异于后世之帝
王;而自其里言之,则其制度文物与立制之本意,乃出于万世治安之大计,其心
术与规模迥非后世帝王所能梦见也。"(《观堂集林·殷周制度论》卷十)但笔
者以为,这种政治与文化的变革,不是一夜之间突然出现的,而是在殷商时期
就有一个漫长的积淀的过程,在周代又有一个漫长的渐变的过程。例如,据
笔者统计,《诗经》中的"天"字(包括题目中的"天"字),凡170见,其中绝
大多数为主宰、意志之天。孔子曰:"周监於二代,郁郁乎文哉!吾从周。"
(《八佾》)冯友兰先生说:"孔子之所谓天,乃一有意志之上帝,乃一'主宰

---

① 　黑格尔著:《哲学史讲演录》(一),商务印书馆1983年版,第48页。

之天'也。"①这至少说明,历史的锁链不是轻易地就能挣脱掉的。所以,傅斯年先生的话很有道理:"殷商文化今日可据遗物遗文推知者,不特不得谓之原始,且不得谓之单纯,乃集合若干文化系以成者,故其前必有甚广甚久之背景可知也。"周革殷命,不仅不可能斩断其文化的源流,而且在官员的聘任上,典章制度的沿袭上,都不得不"继承殷代王朝之体统,维持政治之结构。"②文化上的沿袭,更加滞后、更加缓慢,就更不用多说了。社会的结构是复杂的,社会的精神层面也是多维度的,王国维先生的论述注重了商周之际政治制度的更替带来的巨大变化,本来是不错的,但是,他忽视了文化的传承在一个古老民族的精神世界中具有多么深沉而持久的记忆。

但是,殷商与西周的区别毕竟是存在的,我们先来看一看这种区别。《尚书·康诰》相传是周公摄政之后鼎盛时期的重要作品,很能代表周公及其时代的思想,故笔者试图绌绎出其中关于"天"的思想,与上面引述的《盘庚》中的"天"作一些比较,来看一看殷商的"天"与周代的"天"在理论的关怀上有什么不同:

> 惟时怙冒,闻于上帝,帝休。天乃大命文王。殪戎殷,诞受天命,越厥邦厥民,惟时叙。

> 别求闻由古先哲王,用康保民。弘于天,若德,裕乃身,不废在王命!

> 小子封,恫瘝乃身。敬哉! 天畏棐忱;民情大可见。

> 已! 汝惟小子,乃服惟弘。王应保殷民,亦惟助王宅天命,作新民。

> 于弟弗念天显,乃弗克恭厥兄;兄亦不念鞠子哀,大不友于弟。惟吊,兹不于我政人得罪。天惟与我民彝大泯乱,曰:乃其速由。

> 今惟民不静,未戾厥心,迪屡未同。爽惟天其罚殛我,我其不怨,惟厥罪。无在大,亦无在多,矧曰其尚显闻于天?

根据孙星衍的《尚书今古文注疏》,《康诰》中"天"凡9见,相对于《盘庚》的5见而言,《康诰》的"天"从频率上来讲,大为增加。在第一例里,"上帝"与

_____

① 冯友兰著:《中国哲学史》(上),华东师范大学出版社2000年版,第51页。笔者并不完全同意冯先生的这一界定,详见后文。

② 傅斯年:《性命古训辨证》,见刘梦溪主编:《中国现代学术经典·傅斯年卷》,河北教育出版社1996年版,第98页。

"天"实际上就是一回事，而"文王"则成了因为勤勉修德而享受"大命"、"天命"的人。这种关系与在《盘庚》中高高在上的"先祖"、"帝"、"天"彼此纠结不清的关系已经大不相同了。所以，《盘庚》与《康诰》的根本区别，实际上是在对"祖先神"的精神依托之上。据笔者统计，《盘庚》中的"先祖""先王""高后丕"之类的词语，共 19 见，而《康诰》中却连一个"祖"字都没有，仅仅提到"文王"5 次，尤其是，这个"文王"已经与"上帝"分开，文本提到"文王"完全是为了绍述、继承文王的"德"，其目的是加强现世中人们的"德"。而《盘庚》中的"祖先神"却与"上帝"裹挟在一起，共同形成对人间现世的宰制力量。二者确有因时代的不同而导致的"德"之内涵的不同，但是《盘庚》与《康诰》，前者是劝说臣民迁居，后者是告诫何以收取民心，主题是不一样的，这是不是也加大了二者之"德"的面向差距呢？

不过，《康诰》提出了"惟命不于常"的重要命题，与《君奭》之"天不可信"具有相同的理趣，说的是皇天授予的"大命"是不会永恒地眷顾我们的，因此必须修德。《礼记·大学》引《康诰》曰："惟命不于常。"其《说》云："道善则得之，不善则失之矣。"所以，"天"在《康诰》中的第一大特点是，与人更加亲切了，已经变得通情达理，是奖善罚恶的正义象征。《康诰》曰："小子封，恫瘝乃身。敬哉！天畏棐忱；民情大可见。"孙星衍疏曰："民之痛病如在汝身，戒其慎刑罚。""敬之哉！天威之明，惟诚是辅，验之民情，大可见也。"[①]《康诰》又曰："惟时怙冒，闻于上帝，帝休。天乃大命文王。"怙与祜声相近，《释诂》云："祜，厚也。"冒，懋勉也。孙星衍疏曰："惟时怙冒，言惟是大懋勉也。"所以，"天乃大命文王"是因为文王"惟时怙冒"。《康诰》中的"天"之所以有这种亲切的感觉，是因为相对于《盘庚》中的"天"来说，它更加抽象，义理性明显加强，而《盘庚》中的"天"还纠缠于"祖"、"帝"、"天"的关系之中，主宰一切的蛮横性似乎高于一切。《盘庚》"肆上帝将复我高祖之德"的意思实际上是，"上帝"与我的"高祖"站在一起，因此，上帝是我的上帝，不是你的上帝。"汝有戕，则在乃心。我先后绥乃祖乃父，乃祖乃父乃断弃汝，不救乃死"，《释诂》云：绥者，"安也。"此谓，"我先王迁居以安汝祖、父，今汝不从令，汝祖、父将绝

---

① 孙星衍撰：《尚书今古文注疏》，中华书局 1986 年版，第 362 页。

弃汝,不救其死,何止有伤乎?"①这是在说,因为我的先祖势力强大,因此即便是在另一个世界里,你们的祖先都得听我的祖先的调遣,最终成为我政治斗争的工具。《康诰》的"天",却因"惟命不于常"一句,而发生了根本的变化。天属于我们每一个敬德修业的人,天畏棐忧,惟德是辅,因此,天,绝不偏袒任何人,与《盘庚》中的"先祖神"相比,它显得铁面无私。即便是统治者,也不得不随时随地地小心谨慎:"无在大,亦无在多,矧曰其尚显闻于天?"亦即曰"罪无在大,亦无在多,不可不责躬也,况曰其上能明达于天乎?"②由此一来,周代的"天"中,明显增加了理性的内容,人之所以为人的地位得到了提升,在"天",这一神灵中,我们看到了人类自己的尊严和精神。恩斯特·卡西尔说:"一切高级宗教的至关重要的功能之一,就是要在所谓神灵的东西中发现和揭示这样的人格因素。"③从《盘庚》到《康诰》正是显示了这种发展的理路。

这种提升的理路,还可以从《盘庚》与《康诰》的"德"的比较中看得更加清楚。上文已经指出,《盘庚》中"德"凡10见,而其中的"天"却仅5见;《康诰》中"德"凡9见,比《盘庚》还少1见,其中的"天"亦9见。如此看来,仅从数量与出现的频率上完全看不出个子丑寅卯来。但是,《盘庚》中的"德"与《康诰》中的"德",具有很大的区别,这是我们不能否认的事实。请看《康诰》中有关"德"的例证:

> 惟乃丕显考文王,克明德慎罚,不敢侮鳏寡,庸庸,祗祗,威威,显民。
> 呜呼!封,汝念哉!今民将在祗遹乃文考,绍闻,衣德言。往敷求于殷先哲王,用保乂民。汝丕远,惟商耇成人,宅心知训。别求闻由古先哲王,用康保民。弘于天,若德,裕乃身,不废在王命!
> 已!汝惟小子,未其有若汝封之心,朕心朕德,惟乃知。
> 亦惟君惟长,不能厥家人,越厥小臣、外正,惟威惟虐,大放王命,乃非德用乂。
> 封,爽惟民迪吉康。我时其惟殷先哲王德,用康乂民作求。矧今民罔

---

① 孙星衍撰:《尚书今古文注疏》,中华书局 1986 年版,第 236 页。
② 孙星衍撰:《尚书今古文注疏》,中华书局 1986 年版,第 370 页。
③ 恩斯特·卡西尔著:《人论》,甘阳译,上海译文出版社 1985 年版,第 124 页。

迪不适,不迪则罔政在厥邦。

封,予惟不可不监,告汝德之说于罚之行。今惟民不静,未戾厥心,迪屡未同,爽惟天其罚殛我,我其不怨,惟厥罪。无在大,亦无在多,矧曰其尚显闻于天?

呜呼!封,敬哉!无作怨,勿用非谋、非彝,蔽时忱。丕则敏德,用康乃心,顾乃德,远乃猷裕,乃以民宁,不汝瑕殄。

我们知道,关于"道德"的诠释,在世界上各个时代,各个地区,都有不同的内涵。不同的阶级有不同的道德,不同时代的道德就更是大相径庭。《盘庚》的"德"涵括在主宰神"先祖"、"帝"与其相关的"天"体系中,就必然地要打上那个时代的烙印:"肆上帝将复我高祖之德",是说盘庚的"德"是以他的"高祖"为根本性的标准的,当然,"上帝(天)"也是这种"德"的体现。由于这个"帝(天)"的力量过于强大,笼罩在它下面的"人"又过于渺小,致使每人心中所涵持的这个"德"充满了盲目的虔诚和巫术般的迷狂,"天",在这样的时候实际上是一种至高无上的命令,而人的自身道德修养与后天的努力也就消解到这一至高无上的命令之中去了。人的主体性由此而完全被抽空,"于是,原初对于上帝之命的敬戒转而变成为对个体生命无穷的鞭笞与责罚,是丧失生命终极关怀与理念的鞭笞与责罚。"①

《康诰》中的"德",明显地已经打破了这种封域。在第一例中,周公倡导"明德",所谓"明德"就是说"德"已经有了明确的可以依据的标准。而且这个"明德"显然与中山王鼎之"以明其德"、《大学》之"明明德"有同样的路径,有把外在的道德规范与内在的精神融为一体的可能。因此,"明德"是内在的要求,"慎罚"是由此而导致的外在表现。"慎罚,不敢侮鳏寡,庸庸,祗祗,威威,显民",意谓谨慎地使用刑法,不要欺负无依无靠的人,提拔贤才,尊敬贤才,处罚丧德之人,并且一定要让民众知道你所做的一切。这就是当时应该尊崇的"德"的内容。第二例中的"德"指的是文王的传统"今民将在祗遹乃文考,绍闻,衣德言",但是,根据下文"用保乂民"、"用康保民"来看,这个"德"

---

①　丁四新:《论殷周的宗教观念及其转变》,见武汉大学人文科学学院哲学系、宗教系编:《珞珈哲学论坛》(第四辑),湖北人民出版社 2000 年版,第357—358 页。

说的是治理国家,使人民安居乐业。尤其是,这一例中还有"弘于天,若德,裕乃身,不废在王命"的话,应该引起我们的注意。《荀子·富国》云:"弘覆乎天,若德,裕乃身。"杨倞注曰:"弘覆如天,又顺于德,乃所以宽裕汝身。"可见,《康诰》对孔子之"下学上达",孟子的身心"践形"观都不能说没有影响。之所以如此,是因为《康诰》中的"德"指的是人自身修持的内容,它被"敬"的心态所涵咏。在周初,"敬"的观念很发达。《康诰》中"敬"字凡6见,最著名的句子,就是"敬哉!天畏棐忱"。孙星衍的疏曰:"畏与威通。棐者,《说文》云:'辅也。'忱者,《释诂》云:'诚也。'……,敬之哉!天威之明,惟诚是辅。"要"明德",首先得"敬德",没有敬,也就谈不上德。这实在是周人伟大的发明与创造!因为"敬"与"德"的有机结合,使人的精神世界产生重大的变化,或者说产生了一种互动的张力。敬,是一种承受天命的心态,是涵养"德性"的心理前提,更是对修养德性的一种导向、限定;而德,则是之所以能够永祈天命的保障,生命之性的形成又反过来加强、刺激了敬的心态的涵持。由于"天畏棐忱","惟诚是辅",因此,修养德性就是争取天命的保持,于是《盘庚》中"以祖配天"的外在规定在这里就改变成了"以德配天"、"自强不息"的内在修持。这是人的觉醒,是天与人的冥合,它昭示着一个新的世纪的到来。

但是,诚如上文所言,《盘庚》并不是不重"德"的,而且更不能排除其中敬德、保民的因素,尤其是,《盘庚》是在劝说"安土重迁"的殷民"迁居"、迁都,所以,不得不以毒攻毒,必然要在说词中加强其祖先宰制的意味,加强其道德意涵中宰制的、传统的成分;而《康诰》却是刚刚经历了小邦周战胜大国殷的战争之后,探讨何以收取民心、永保国祚,因此,必然要加强其道德意涵中"以德配天"、"惟命不于常"的成分。笔者的意思是,殷商之"天"与西周之"天",从总的趋势上来讲,区别是根本的;但是,在实际情况中,却又不能一刀两断。上引王国维先生在《殷周制度论》中所表述的观点,只能是一个方向性的把握,而在具体的文本中,却又要具体情况具体对待,不能简单化。

张荣明博士根据唐兰先生的《西周青铜器铭文分代史徵》①的正文和"附

---

① 该书由中华书局1986年12月出版,大十六开本,图文并茂,资料翔实,分代叙述,是古文字学家唐兰先生的力作。

件一"的资料,将该书中所征引的西周各个时期的青铜铭文中有关"天"、
"祖"、"帝"的出现频率,按百分比作了一个详细的统计,大致情况如下:①

	成	康	穆	孝	厉
祖	57%	58%	73%	75%	50%
天	43%	33%	27%	19%	25%
帝	—	9%	—	6%	25%

从这个表中,我们已经看到,西周各个时期在"祖"、"天"、"帝"的观念上并没
有太大的变化,在西周人的私人生活中,或者说在他们的精神世界深处,"天"
的观念仍然居于次要的位置,与《盘庚》和《康诰》之间比较的情形截然相反。
钟鼎之赐来之不易,故其铭文更能反映人们思想深处的个人情感和价值选择。
而且,唐兰先生书中所选西周青铜铭文主人,基本上都是多少与西周王室之核
心集团有关系的人物,他们的思想系统,应该属于精英文化,或者说,是属于统
治阶级的文化,可是,与《尚书·周书》相较,为什么反差那么大? 这是值得我
们深思的问题。这是不是说明了中华民族的性格中有一种深层的记忆? 不管
怎么说,我们目前的学界对先秦时期天命观的研究也许还相当不够。

二、先秦儒家文献中"天"的义项梳理

　　冯友兰先生在其《中国哲学史》(上)中指出:"在中国文字中,所谓天有五
义:曰物质之天,即与地相对之天。曰主宰之天,即所谓皇天上帝,有人格的
天、帝。曰命运之天,乃指人生中吾人所无可奈何者,如孟子所谓'若夫成功
则天也'之天是也。曰自然之天,乃指自然之运行,如《荀子·天论篇》所说之
天是也。曰义理之天,乃宇宙之最高原则,如《中庸》所说'天命之谓性'之天
是也。《诗》、《书》、《左传》、《国语》中所谓之天,除指物质之天外,似皆指主
宰之天。《论语》中孔子所说之天,亦皆主宰之天也。"②

---

① 张荣明著:《中国的国教》,中国社会科学出版社 2001 年版,第 107 页。
② 冯友兰著:《中国哲学史》(上册),华东师范大学出版社 2000 年版,第 35 页。此论又见
氏著:《中国哲学史新编》(第一册),人民出版社 1964 年版,第 89 页。

庞朴先生对冯友兰先生的划分进行了一定的修正,将命运之天并入主宰之天,将义理之天归入自然之天,因而浓缩成了物质之天(天空、大自然)、精神之天(主宰、至上神),以及本然之天(本然意义上的物质,如牛马四足;被当成本然意义上的精神,如天理;以及本然意义上的气质,如天真)。并称它们分别为形而下的、形而上的和形而中的。① 笔者认为,庞先生将命运之天并入主宰之天,是有道理的,因为二者都体现了"天"的主宰性和不可知性;将义理之天并入自然之天,也是有道理的,因为二者都似乎有规律可循,都是先秦儒家试图尽心、知性,进而认知天命的产物。但是,为什么庞先生是将"命运之天"并入"主宰之天",将"义理之天"并入"自然之天",而不是将"主宰之天"并入"命运之天"、将"自然之天"并入"义理之天"呢? 笔者以为,回答这个问题的本身,对我们探讨先秦时期"天"之义项的划分,是有启发意义的。命运之天的理论背景是孔、孟、荀在义理之天的感召下,修身以"俟命"(此之谓"俟命论"②),遭到不公正待遇之后,无可奈何而倡导的"节遇谓之命"(《荀子·正名》)以安慰自己的产物,这是相对于义理之天而言的。"大德配天"解释不了现实的不公、不平,就只好归之于命运之天。主宰之天的理论背景,是始于西周伦理宗教觉醒之前,殷商时期的自然宗教。它不分贤愚、好坏,趋炎附势。所以,从学理上来讲,庞先生的这个划分,是错误的。义理之天,是西周伦理宗教的产物,是德性的精神觉醒,是人之所以为人者。自然之天是人类认识自己,进而认识自然的产物,它起源相当久远。在笔者看来,《尚书·盘庚》中就有一例自然之天("后胥戚鲜,以不浮于天时"),因此,自然之天的内涵,一直在发生变化。《盘庚》中的"天时"与《孟子·梁惠王上》中的"斧斤以时入山林"的"时",基本上没有区别,都是对自然规律的掌握;但是,《盘庚》之"天时"与《周易》之"天",明显差悬了很大的距离;《荀子·天论》的"天功"之"天",显然又比《周易》之天进步一些,因为《周易》主旨是在探求天,而荀子虽然写道,"列星随旋,日月递炤,四时代御,阴阳大化,风雨博施,万物各得其

---

① 庞朴著:《天人之学述论》,见陈明主编:《原道》第二辑,团结出版社 1995 年版,第 289—290 页。

② 本书基本上采用了傅斯年先生"命定论,命正论,俟命论,命运论,非命论"对先秦时期文献中"命"的界定系统,详见后文"说命"一章。

和以生,各得其养以成,不见其事而见其功,夫是之谓神。皆知其所以成,莫知其无形,夫是之谓天功",深得《周易》精神,但是,他的落脚点是"唯圣人为不求知天"(《荀子·天论》)。先秦儒家的义理之天,必须仰仗自然之天而求存,亦即人道必须以天道为归依,否则,其性情的博厚高明就无所依附;而且没有自然之天的四时代御、大化流行,博厚高明又从何而来呢?但是,自然之天,亦须义理之天来规约,否则,它就将失去人学的意义,其结果会导致人全部在"生之谓性"的框架下存有,实际上是人不成其为人(见后文"孟子"一章的详述)。例如,"天命之谓性,率性之谓道,修道之谓教",循环提升的终点是"天",这个天到底是义理的,还是自然的?如果仅仅是义理的,其"性"必然偏枯;如果仅仅是自然的,其"性"必然"流连荒亡"而无德性之实。由此可见,冯友兰先生将"天命之谓性"归之于义理之天,就过于草率了。但是,冯友兰先生关于天的五个义项的划分,作为一种学理的厘清,学脉的梳理,是有必要的,而且也是准确的。庞朴先生的修正,在更多的情况下是在为庞先生自己所谓形而下、形而上、形而中的哲学框架服务。作为一种哲学的构想这无疑是富于创意的;但是,作为针对先秦原典、对中国哲学史的研究来讲,这个修正却不一定准确。

朱熹对"天"也有一个界定:"又僩问经传中天字。曰:'要人自看得分晓,也有说苍苍者,也有说主宰者,也有单训理时'。"①这是在说,天有三个义项,自然之天,主宰之天以及义理之天。笔者以为,相比之下,冯友兰先生的界定较为全面一些,而且在有的时候,其界定更能够突出各个义项之间的特点。比方说,朱熹的苍苍之天,就说得很笼统,而冯友兰先生将此划分为"物质之天"与"自然之天",前者相对于地,是一个纯客观的实物,不含人的任何主观因素,例如《诗经·绸缪》"三星在天"之"天",孟子的"天油然作云,沛然下雨"(《孟子·梁惠王上》)之"天",②荀子之"不登高山,不知天之高也"(《荀子·劝学》)之"天"。③ 自然之天指的是生化流行之天:例如上文所引荀子之

---

① 黎靖德编,王星贤点校:《朱子语类》(一),中华书局1994年版,第5页。(沈僩录)

② 本书中《孟子》的引文均摘自杨伯峻先生著的《孟子译注》(中华书局1960年版),后不再注。

③ 本书所引用的《荀子》引文,均摘自王先谦撰的《荀子集解》(中华书局1988年版),后不再注。

"天"。二者分开来讲,理论的深度和历史背景显然是不同的。而且只有对冯友兰先生这五个义项有了一个全面的了解,我们才有可能对先秦儒家的天命观有真正通透的把握。

下面就从先秦历史文献的具体文本出发,以冯友兰先生的五个义项为先导,笔者对先秦儒家之"天"(特别是《论语》),进行进一步的解说与归类(由于具体文本的每一个"天"都必须有上下文的具体解说,才能定位,因此,限于时间与版面,行文中涉及面就不可能拓展得太宽)。笔者的意思是,有了一个样板型的划分以后,其他文本中的"天",也就可以迎刃而解了。

第一类:主宰之天。

对主宰、意志之天,庞朴先生曾经有一个解说:

> 在中国,至上神的观念用天空之天来表示,最早见于现存夏(约前21—前16世纪)商(约前16—前11世纪)文献。《尚书·甘誓》有"今予惟恭行天之罚";《尚书·汤誓》有"有夏多罪,天命殛之","尔尚辅予一人,致天之罚,予其大赉汝";《汤诰》佚文:"惟予小子履,敢用玄牡,告于上天后";《高宗肜日》:"惟天监下民,典厥义,降年有永有不永,非天夭民,民中绝命"等等。可以看出这是一位有意志有人格的最高主宰,他能够发布命令指挥人们的行动,他赏善罚恶,密切注视"下民"的行为以决定其寿夭,他接受人间的奉献听取祷告。这是一位活灵活现而又至尊至贵的天神上帝。①

"天"的这种至高无上的地位,实际上一直在先秦儒家的著作与思想之中或近或远,或隐或显地伫立着。中国远古时期的人们对"天"的崇敬之心与依赖之心是很强的。孙星衍在注疏《尚书·虞夏书·尧典》的"昊天"时写道:"今文欧阳说,春曰昊天,夏曰苍天,秋曰旻天,冬曰上天,总曰皇天。古文说,天有五号,各用所宜称之。尊而君之则称皇天,元气广大则称昊天,仁覆闵下则称旻天,自上监下则称上天,据远视之苍苍然,则称苍天。"《尔雅·释天》又云:"春为苍天,夏为昊天,秋为旻天,冬为上天。"邢昺在《尔雅注疏》以其形状之殊,将"天"分为六等:一曰"盖天",二曰"浑天",三曰"宣夜",四曰"昕天",五曰

---

① 庞朴撰:《天》,见《中国大百科全书·哲学》,中国大百科全书出版社1987年版,第870页。

"穹天",六曰"安天"。① 朱骏声撰《说文通训定声》释"天"之"九重"云:"第一重宗动天,最高无所见;二经星天,三填星天,四岁星天,五荧惑天,六日轮天,七太白天,八辰星天,九月轮天,最卑近人,离地四十八万余里。"各种各样的界定,正说明了先秦时期人们对天深情的想象与精神的寄托。天,在先秦思想史中的崇高地位是任何其他事物都不能够替代的。饶宗颐先生因此指出:"夫天为至高无上之宇宙大神。'面稽天若'是谓'天教'。'天命不可错',三代以来,莫不惶惶汲汲于是。"②

上文已经说了,冯友兰先生将孔子在《论语》中的"天"全部划入了"主宰之天",但是,有些专家是有不同意见的。例如,张岱年先生与冯先生的观点就有明显的不同。张先生指出:"哲学家中,孔子所谓天,仍有最高主宰的意义。如说'天之将丧斯文也,后死者不得与于斯文也。天之未丧斯文也,匡人其如予何!'(《论语·子罕》)文化的兴衰,个人的安危,都是天所决定的。但孔子讲天,有时亦指广大自然而言,如说:'大哉尧之为君也,巍巍乎!惟天为大,惟尧则之'(同书《泰伯》)。所谓'惟天为大',不能理解为唯有上帝最伟大,而是说天是最广大的,这所谓天乃指广大的苍苍之天。"③再如,冯友兰先生将"获罪于天,无所祷也"(《论语·八佾》)中的"天"在其《中国哲学史》(上)中归于主宰之天,④而杨伯峻先生则在《论语译注·序言》中将其释为"义理之天"。⑤ 之所以导致这样的结果,笔者以为,首先是冯友兰先生自己并没有一个条贯性的理论表述,所以,连他自己的划分都经不起他自己设定的原则的推敲;其次是后来的学者也并没有在这个问题上进行深入的研究,进行通盘的考虑,划分的时候,即时性、偶然性的因素多,全面性、系统性的因素少,因而最后只能是众说纷纭,莫衷一是。

从理论的来源看,主宰之天来自于上引陈来先生所说的殷商时期的"自

---

① 《尔雅注疏》(卷六),见阮元校刻:《十三经注疏》,中华书局1980年版,第2606页。
② 饶宗颐:《稽古稽天说》,见氏著:《固庵文录》,辽宁教育出版社2000年版,第64页。饶先生还在文中干脆提出了"无宗教之国家,即无精神文明;今吾华已无宗教,宜恢复皇古之'天教'","重建'天教'"的思想。
③ 张岱年著:《中国古典哲学概念范畴要论》,中国社会科学出版社1989年版,第20页。
④ 冯友兰著:《中国哲学史》(上),华东师范大学出版社2000年版,第51页。
⑤ 杨伯峻译注:《论语译注》,中华书局1980年版,第10页。

然宗教"。从纯理论的角度上来考察,它的特点应该是不分贤愚,不分好坏,高高在上的"天之命(令)"。它粗暴、残忍,而不讲任何情面。它偏袒有权有势的人。所以,当姬昌已经兵临城下,商纣却还在说:"呜呼!我生不有命在天?"(《尚书·西伯戡黎》)这个长期以来保护商纣的"天",就是主宰之天。苍苍之天,指的是自然之天。自然之天的理论背景应该是来自广大劳动人民对天体流行、运转的观察,《周易》的生化流行、创生万物的"天",荀子的"天功"之天,都是自然之天。但是由于属于自然天道,是人道的范本,其中仍然隐含着主宰的意味,所以冯先生没能把主宰之天与"惟天为大,惟尧则之"的天区别开来。义理之天的理论来源应该是陈来先生所说的"伦理宗教",是商周之际翻天覆地的革命之后"以德配天"思潮的产物,因此"获罪于天,无所祷也",就肯定是义理之天,而非主宰之天了。

以这样的标准来衡量,冯友兰先生所说的,《论语》中孔子的"天"全是主宰之天的论断,显然就值得商榷了。在笔者看来,在《论语》中真正称得上是主宰之天的,只有以下四例:

文王既没,文不在兹乎?天之将丧斯文也,后死者不得与于斯文也;天之未丧斯文也,匡人其如予何?(《子罕》)[1]

固天纵之将圣,又多能也。(《子罕》)

颜渊死,子曰:"噫!天丧予!天丧予!"(《先进》)

天要"丧斯文"或"未丧斯文",都不是人力所能左右的。这只能是不以人的主观意愿为转移的意志、主宰之天。孔子多能,是"固天纵之将圣",并非孔子自己刻意能够做到的。颜渊好学,是"闻一而知十"的难得的人才,而"天"却让他夭折了,这就是主宰之天要"丧我",而我是一点办法都没有的。这是天的意志。《孟子》谓:"夫天,未欲平治天下也;如欲平治天下,当今之世,舍我其谁也?"(《公孙丑下》)天并不因为百姓命如倒悬而拯救人民于水火,此为不讲理的主宰之天。《荀子》亦谓:"皇天隆物,以示施下民,或厚或薄,常不齐均。"(《赋》)常不齐均,是天不知贤愚,主宰一切导致的结果。由此看来,我们不能

_____

[1] 本书引用《论语》中的引文,均摘自杨伯峻译注,中华书局 1980 年版《论语译注》,后不再注出。

将某一个先秦思想家笔下所有的天都归入某一个义项,我们必须根据具体的上下文作具体的分析。

第二类,物质之天。

物质之天之所以在顺序上排列第二,乃是因为"物质之天"是相对于"人"自己来说的,是相对于人的存在来说的,亦即,人必须认识到有自己的存在,才有可能进而认识到有物质之天的存在。即便如此,它的起源仍然相当早,远在命运之天、义理之天和自然之天之前。此三者都是人的觉醒之后的产物,而物质之天的产生,却是随着人对自己的认识过程而逐步形成的一个概念,它有一个由蒙昧到清晰的过程。与命运之天、义理之天、自然之天三者不同,主宰之天是人不知道自己是谁的产物:只知有天,而不知有人(己)。人类的历史,是人类自己不断寻求解放的历史。因此,冯友兰先生在其关于天的五个义项的行文中,将"物质之天"排列在第一位,似乎有"此义项首先出现"的暗示,如果笔者推测不错,那么冯友兰先生的观点就是值得商榷的了。根据万物有灵论的观点,①物质之天当在主宰之天之后,这是毋庸置疑的。正因为如此,我们就不能够简单地将"物质之天"视为一个"纯客观的实物"。《论语》中"天下"一词23见,《孟子》的"天下"174见,《荀子》的"天下"370见,虽然这个词本来不是指的天,但是,它指的是"天"覆盖之下的土地,有的时候在具体的语境中,也不是指的天涵盖之下的土地,但是"天下"的"天"作为一个词素,与"地"相对,实际上就是物质之天。而与此似乎相类的"天子"则是指的上天生的儿子,上天能生儿子,当然是把天拟人化了,指的是"上帝",这就不是物质之天,而是主宰之天了。《孟子》"以直养而无害,则塞于天地之间"的"天"(《公孙丑下》),《荀子》"礼之敬文也,乐之中和也,诗书之博也,春秋之微也,在天地之间者毕矣"(《劝学》)的"天",都是物质之天。值得注意的是,"天"之"下"、"天"与"地"之间,实际上还隐含着与天地并立的"人",此其一;既然

───────────────

①　朱狄先生指出:"原始思维的核心观念也就是灵魂观念以及由它演化的万物有灵观念。几乎没有一个人类学家是在抛开灵魂观念去论证原始思维的,不管他从哪一方面去强调原始思维的特征,灵魂观念总是构成其最基本的特征。"这个"万物有灵观念"正是伴随着人类从"自然状态"走向"道德状态"的精神前提,这个过程花去了人类几百万年的时间,而人类从"道德状态"过渡到"审美状态",充其量只不过几万年的时间。(见氏著:《原始文化研究》,生活·读书·新知三联书店1988年版,第20、30页)

天地的天,也就是写作主宰之天、义理之天、命运之天、自然之天的天,那么物质之天,也就必然带有一定的神性。郭店楚简《语丛·一》有"有天有命,有物有名"(第2简)的句子,说的是"物",在先秦时期,也是由天命定性、定名而成的,它对万物之灵的人有什么影响,物质之天与人之间是一种什么关系,在很多情况下,令人深思,此其二;在具体的文本中,由于语境的不同,上下文的暗示,物质之天的"天",还可能有别的变数:例如,《诗经·绸缪》"三星在天"之"天",如果完全从词法结构上来看,由于有"三星在隅"、"三星在户"的照应,把它归属于物质之天,是不会有错的。但是,深究之,认真体味一下上下文:"绸缪束薪,三星在天。今夕何夕?见此良人。子兮子兮!如此良人何!"以诗的意境带动人之性情神境,带动人对美好生活的憧憬,充满了浪漫的想象,这就不是一个物质之天所能涵括得了的了,此其三。

第三类,命运之天。

命运之天,是指意想不到的,无可奈何非人力所能左右的一种不可知、不可抗拒的力量。就是荀子所说的"节遇谓之命"(《荀子·正名》)。荀子又曰:"遇不遇者,时也。"(《宥坐》)算是对命运之天的一个解释。命运之天是人觉醒之后的产物,它的理论关怀是,我是谁?我为什么是我?我看(遭)到了社会的不公、不平,我想作出解释。儒家是积极入世的哲学,所以由主宰之天生发出来的命定论、命运之天生发出来的命运论,由于其无常性,无规律性,就走向由义理之天、自然之天生发出来的俟命论;而道家在生死、是非、寿夭无常的命运之天的捉弄下,终究走向了"知不可奈何而安之若命"(《庄子·德充符》),逆来顺受,任其自然而求得内心的宁静。廖名春先生谓郭店楚简《穷达以时》为孔子所作,[1]笔者不置可否,但是,《穷达以时》中有几句话,却深得孔子思想的精髓:"遇不遇,天也。动非为达也,故穷而不怨,隐非为名也,故莫之智而不吝。[芝兰生于幽谷],[非以无人]嗅而不芳。"(第11—13简)[2]实

---

[1] 姜广辉著:《荆门郭店楚简与先秦儒学》,见姜广辉主编:《中国哲学》(第二十辑),辽宁教育出版社1999年版,第69页。

[2] 本书所引用的郭店楚简简文,均引自文物出版社1998年版《郭店楚墓竹简》,必要的时候,往往参照李零先生的《郭店楚简校读记》(增订本,北京大学出版社2002年版)以及清华大学思想文化研究所廖名春先生编的《清华简帛研究》(第一辑,2000年8月)中廖名春先生的有关释文。后不再注出。

际上就是孔子"隐居以求其志"(《季氏》)思想的深化,非常符合《论语》中孔子的精神追求。主宰之天是就天的意志言,而命运之天是就人的命运言,是对义理之天的一种补充:

五十而知天命。(《论语·为政》)

死生有命,富贵在天。(《论语·颜渊》)

君子有三畏:畏天命,畏大人,畏圣人之言。小人不知天命而不畏也,狎大人,侮圣人之言。(《论语·季氏》)

若夫成功,则天也。君如彼何哉? 强为善而已矣。(《孟子·梁惠王下》)

吾之不遇鲁侯,天也。(《孟子·梁惠王下》)

上文说了,命运之天来自主宰之天,因此从本质上来讲是不可知的;但是,先秦儒家在面对命运之天的时候,并不是消极地等待,而是积极地"俟命"、"立命",并且倡言曰:"不知命,无以为君子也。"(《尧曰》)一方面是无可无不可,"若夫成功则天也",亦即"死生有命,富贵在天",另一方面,则尽心知性,进而知天,就是孔子十五而有志于学,最后"五十而知天命"。"畏天命"的"畏"字,独显先秦儒家的精神,朱熹《集注》引尹氏曰:"三畏者,修己之诚当然也。小人不务修身诚己,则何畏之有?"这涉及人与天的互动,亦即人与天彼此之间"诚者,天之道也;思诚者,人之道也"(《孟子·离娄上》)互相激励的张力。笔者以为,"畏天命"的"畏",还有另外的意思。亦即,义理之天并不能完全指向"修德"的归宿,因为在孟子看来,天是博大的,只有圣人才能践形、知天,命运之天是不可知的,但并不是不合理的。"成功"不"成功",固然在"天",但是,对"我"来讲,则要"强为善"以俟天命;虽然不遇鲁侯是天的旨意,但是,天一定有天的道理,"我"只能以"畏"天命的心态去敬持修德,涵咏天道,才能最终在完善自己的同时,成就天命的赐予。这实际上就是荀子说的"全其天功"。所以,命运之天的理论指向,最后仍然是义理之天。

第四类,义理之天。

义理之天,毫无疑问其中有意志之天的背景。上文所引述庞朴先生对主宰、意志之天的解说中,实际上并没有真正把义理之天从主宰之天中分开,可能就是基于这种考虑。但是，这个"意志之天"在这个时候是讲德性的，是奖善惩恶的。它有情感，有良知，无所不知，无所不晓，无所不能，因此，有不可战胜的道德力量：

> 获罪于天，无所祷也。（《八佾》）
>
> 天下之无道也久矣，天将以夫子为木铎。（《八佾》）
>
> 天厌之！天厌之！（《雍也》）
>
> 天生德于予，桓魋其如予何？（《述而》）
>
> 吾谁欺？欺天乎？（《子罕》）
>
> 不怨天，不尤人，下学而上达，知我者其天乎？（《宪问》）
>
> 咨！尔舜！天之历数在尔躬。允执其中。四海困穷，天禄永终。（《尧曰》）

根据庞朴先生的说法，义理之天，实为先秦儒家的一个大的创造，它将社会的规则与义理归之于天，因此，义理之天是先秦儒家对"社会"或"社会力"的"一种古典表述，是被赋予了神圣外观的社会秩序。譬如他们说'天命之谓性'，实际上是在说，社会规定了人性；'天纵之将圣' 实际上是在说，社会需要我来启示；[①]'获罪于天，无所祷也'，是说，违抗社会法则必然失败。如此等等。当然，既然叫做'天'，就还有它高高在上的意思，所以叫做'天'，也是假其高高在上的余威；这是本义的社会本来所没有的，也是当时的时代使然"。[②] 所以，义理之天实际上是意志之天与儒家道德规则的结合。义理之天在《孟子》之中最为突出。

孟子曰："尽其心者，知其性也。知其性，则知天矣。存其心，养其性，所以事天也。殀寿不贰，修身以俟之，所以立命也"（《尽心上》）直接将"俟命"、"立命"与尽心、知性、知天，存心、养性、事天联系起来，存、养、知、事的过程，也就是"命"的充实过程、提升过程。之所以能够"俟命"、"立命"，完全是"知性"、"知天"的原因，这个"天"，首先当然是义理之天。但是，这个天，果真只是义理之天吗？为什么尽心就可以知性？为什么知性就可以知天？是因为早

---

① 笔者不同意庞先生将"天纵之将圣"之"天"归属于义理之天，因为前面还有一句"夫子圣者与！何其多能也？"是不可知的，尤其是一个"固"字，把天的主宰性强调了出来。

② 庞朴：《天人之学述论》，见陈明主编：《原道》第二辑，团结出版社1995年版，第299页。

在孟子之前,类似《性自命出》之"性自命出,命自天降。道始于情,情生于性。始者近情,终者近义"(第2—3简)、《中庸》之"天命之谓性,率性之谓道,修道之谓教",由天而命而性而情而道而教的下贯、生发模式给孟子的思想已经作出了理论的预设。这个"天",是一个於穆不已、生化万物的天,是《周易》的乾坤、阴阳之天与《尚书·周书》的道德之天的密切结合。从《论语》的文本来看,这个磨合的过程,虽肇始于《尚书》(如《召诰》的"今天其命哲",详见后文阐述),但是孔子具有承前启后之功。《论语》中颜渊"一箪食,一瓢饮,在陋巷,人不堪其忧,回也不改其乐"(《雍也》),以及孔子"饭疏食饮水,曲肱而枕之,乐亦在其中矣。不义而富且贵,于我如浮云"(《述而》),就是义理之天与自然之天完美结合的理念下产生出来的人生精神的境界,映衬在背后的天,就是"天生人成"的"天"。

第五类,自然之天。

张岱年先生的"苍苍之天",朱熹所谓"运转周流不已"、生化万物的"天"之"苍苍者"(《朱子语类》卷一)都是自然之天。它是中国先民已经走出了蒙昧的狩猎时代,随着生产力的发展,进入农耕时代的标志。上文所引《尔雅》"春为苍天,夏为昊天,秋为旻天,冬为上天"等各种说法,都是早期从事农业生产的人们结合他们的生产实际,对其春夏秋冬的四季变化与流转深刻的体验与把握。在上面的行文中,笔者将《盘庚》"不浮于天时"的"天"归属于自然之天,笔者是有深入考虑的。亦即,笔者以为,自然之天的义项,也有一个从无到有、从蒙昧到明晰的过程。《周易》到底萌生于什么时候,现在是很难说的,但是我们至少可以断定,它肯定不是在西周一夜之间突然拔地而起,横空出世的产物,它应该有一个极为漫长的生发、积淀和形成的过程。而这个过程正是"自然之天"的义项逐步形成的过程。《周易》之大化流行、创生万物的"天"、荀子之"天职"、"天功"的"天"都是自然之天。自然之天,在《论语》中仅3见:

> 夫子之文章,可得而闻也;夫子之言性与天道,不可得而闻也。(《公冶长》)
>
> 惟天为大,惟尧则之。(《泰伯》)
>
> 天何言哉?四时行焉,百物生焉,天何言哉?(《阳货》)

"性与天道"一句中的"天道",是指天之道,是从道的角度言天,是天与道的融合,意谓这个"天"实指自然规律之"天",它透露了郭店楚简《性自命出》之"性自命出,命自天降"的"天",《中庸》之"天命之谓性"的"天"都是自然之天的秘密。但是,先秦儒家的"自然之天"中,融贯了天道与人道的内容,"惟天为大"的"天",并不仅仅是自然之天,"惟尧则之"的"天"显然还融贯了更加深刻的内容,这里面有神性,也有义理性。因此,从这样的一个角度上来讲,自然之天就不可能脱离义理之天而完全独立,实际上,自然之天与义理之天的融合才是先秦儒家最高的理想。这正是"命自天降"之"天"、"天命之谓性"之"天"的确解。《礼记·哀公问》中有一段哀公向孔子请教,孔子作答的对话,使我们的相关理解将更加透彻,现转述于次:

> 公曰:"敢问何谓成亲?"孔子对曰:"君子也者,人之成名也。百姓归之名,谓之君子之子,是使其亲为君子也。是为成其亲之名也已。"孔子遂言曰:"古之为政,爱人为大。不能爱人,不能有其身。不能有其身,不能安土。不能安土,不能乐天。不能乐天,不能成其身。"
>
> 公曰:"敢问何谓成身?"孔子对曰:"不过乎物。"
>
> 公曰:"敢问君子何贵乎天道也?"孔子对曰:"贵其不已。如日月东西相从而不已也,是天道也。不闭其久,是天道也。无为而物成,是天道也。已成而明,是天道也。"

君子达则能居其位,穷则能全其德。成亲且成己,成身而爱人,安土而乐天。涵咏性情,体认天道,如日月东西相从而不已,开生万物,贵其不已;无为而物成,长久不息,参赞天地而著明天道。由是可知,君子成己成物的过程,就是天道与人道不断磨合的过程。所以,孔子"性与天道"的本质在于努力摆脱人面对主宰之天与命运之天时,无可奈何的尴尬境地。正因为如此,孟子的四端说,实际上是在追求天道的完美,是人道与天道的合一。于是,孟子的"天",并不仅仅是义理之天,道德之天,其中还蕴藏着由孔子"性与天道"而来的自然之天的背景。认识到这一点是很重要的,因为,它说明了孔子、孟子之思想体系中并非只有"血团宗亲"的层面,而且这个所谓"血团宗亲"的层面,只是出发点,是途径,并非归宿。所以,张岱年先生说:"所谓'唯天为大',不能理解为唯有上帝最伟大,而是说天是最广大的,这所谓天乃指广大的苍苍之天。孔子这句话,可能是晚年讲的。孔子关于天的思想可能有一个转变。"①这里的所谓"转变"现在已经被长沙马王堆出土的帛书《周易》所证实,张岱年先生的眼力之犀利,非常人所能及也。关于孔子对道德的超越,笔者在孔子一章中还有涉及,此不赘。不过在此有必要补充一句的是,孔子的一生是充满探索和追求的一生,因此他敢于否定自己,他的思想是发展的。由于近年来出土的简帛文献中关于孔子晚年研究《周易》的材料不断被披露,致使我们认识到,不仅孟子的四端说中有孔子的思想背景,而且荀子的自然之"天"实际上也是来源于孔子。

《荀子》"天",自然之天的成分是很重的,但是,如果我们错误地以为,《荀子》所有的天都是自然之天,那就大错特错了。荀子曰:"礼有三本:天地者,生之本也;先祖者,类之本也;君师者,治之本也。无天地,恶生?无先祖,恶出?无君师,恶治?三者偏亡,焉无安人。故礼,上事天,下事地,尊先祖,而隆君师。是礼之三本也。"(《礼论》)这个"天",明显是与上引《性自命出》、《中庸》的天一脉相承的。所以,天地者,生之本,是说天是可以"生"的,是一切万事万物之本源。关于天的义项的划分,一定要具体情况具体对待,不能够走教条主义的路。

第二节　说　命

傅斯年先生说:"东周之天命说,大略有下列五种趋势","一曰命定论,二曰命正论,三曰俟命论,四曰命运论,五曰非命论。"②这个划分实际上与上一节中"天"的五个义项是有联系的。主宰、意志之天与命定论相对应;命运之天与命运论相对应;义理之天、自然之天与命正论相对应;物质之天、自然之天

---

① 张岱年著:《中国古典哲学概念范畴要论》,中国社会科学出版社1989年版,第20页。
② 傅斯年:《性命古训辨证》,见刘梦溪主编:《中国现代学术经典·傅斯年卷》,河北教育出版社1996年版,第101页。

与非命论相对应。① 所以这一节基本上可以承接着上一节的思路来写。孔子一生讲天命,曾子、子思、孟子、荀子等先秦儒家的传人,没有不讲"命"的,因此,"命"在中国思想史上的影响至为深远。从先秦儒家性情思想的角度上来讲,"命"是"天"与"性"之间的中介,一方面是"天"之显,另一方面又是"性"之根,是一个重要的性情思想的范畴,不能不予以足够的重视。

一、"命"范畴与"德"的关系

甲骨文中令、命不分,均写作令,作 、、 等等,其 ,象古代发号施令之宫殿、帐幕、屋宇等;其 ,象一人屈身踞于屋宇之下,引领受命之状。甲骨文之令,多为动词,然不出于王令、天令之二端,而以王令为主。命的概念,当在甲骨文的时代就出现了,但写作令。命字乃令字之旁多一口字而形成,一开始,口在令字之外,后来才合而为一。命字形成的时间,傅斯年先生考证说,当在西周中叶。由令至命的字形演变之过程,大致来说,是这样的:→→→→。由于傅斯年先生在《性命古训辨证》一书中已经详细地考证了"命"在形体上的演变过程,因此,本书就没有赘述的必要了。②

《说文解字》曰:命,"使也。"《玉篇》曰:"教令也。"在历代的字书中隶属口部,是支配者对被支配者的差遣、命令。当这种差遣、命令不是来自人,而是来自上天、上帝的时候,这个命也就转化成了天命。所谓天命,就是天,作为至

---

① 到目前为止,笔者尚未发现学界有比傅氏之"五命论"更好的界定。但是,傅氏的这一组界定是有缺陷的。第一,命正论与俟命论均见于《孟子·尽心上》,容易引起歧义;而且从内涵到外延,这两个概念都有交叉之处,如果不是对先秦思想史很熟悉,往往会不知所云。孟子的意思是想从多个角度解释命运的表现形式。不过,在傅氏,它们代表了两个时代,前者指西周初年至孔子之前;后者指包括孔子在内的先秦儒家的时代。这个划分说明,"德"在不同阶段对人之所以为人的精神境界之出现的催化过程,因此,它又是准确的。第二,"非命论"的界定是不准确的。墨子非命而崇天志,在理论上是不能自圆其说的,而且墨子所非之"命"与前面的四条命论所指的儒家之"命"不是在一个层面上而言的(此论见张岱年著:《中国古典哲学概念范畴要论》,中国社会科学出版社1989年版,第124页)。而且,由于诚如上文所言,中国先秦时期的物质之天,自然之天均未摆脱神性,并不存在绝对纯客观的物质之天与自然之天,因此,与此相应的"非命论",就不可能真正产生。所以,本书对此暂时存而不论。

② 傅斯年:《性命古训辨证》,见刘梦溪主编:《中国现代学术经典·傅斯年卷》,河北教育出版社1996年版,(上卷释字)第63—71页。

上神,对人生、现世各种遭遇的一种先天性的规定,也就是上天之神对人的吉凶祸福、穷达寿夭的预先确定,简言之,就是上帝的旨意和命令。天命的观念起源很早,大约中国上古时期的人对自然和自己的命运无能为力,因而归之于上帝的旨意与命令,而统治者则以天命为自己的统治依据。所以,《礼记·祭法》一言以蔽之曰:"大凡生于天地之间者皆曰命。"把天地之间的一切全部归之于命,那人的精神中就没有任何主动性了,一切都成了上帝的前定:《诗经·商颂·玄鸟》"天命玄鸟,降而生商"中的"天命",《尚书·盘庚》"今不承于古,罔知天之断命"中的"断命",所指的正是这种皇天上帝的旨意。后来汉代的王充在《论衡》的《命禄篇》、《气寿篇》、《幸偶篇》、《命义篇》、《无形篇》、《率性篇》等篇章中,充分全面地发展了这种命定论、宿命论的思想,[1]应该说,如果中国的天命观仅仅只是停留在这样的一个层面上,那中国文化在这一方面就再也没有任何原创的力量了,因为它最终将剥夺人的一切。

但是,根据侯外庐、冯友兰等前贤的研究,先秦儒家,自古以来并没有真正被这种异己的力量所征服,他们一直在固有的文化轨道上探索着中国人精神的出路。据笔者所知,夏、商、周三代,都一以贯之地重视"德"与命的辩证关系,在《尚书》中命与德的论述总是胶着在一起的。《尚书》(包括古文)中,"德"字凡211见,其中,《虞夏书》25见,《商书》63见,而《周书》却有123见,从使用的频率上就可以看到,夏商周三代的统治者是一代比一代更加重视"德"的修养。早在夏代,人们就重视"德"的修养和培护:"克明俊德"(《大学》引《帝典》),"皋陶迈种德,德乃降"(《左传·庄公八年》引《夏书》),"天子之德,广运乃神,乃武乃文"(《吕氏春秋·谕大篇》引《夏书》)。《尚书》的《商书》中,这种重德的精神更加显明,在《盘庚》中,就有"无戏怠,懋建大命"的思想,戏,谑也;怠,懈也;懋,勉励也;大命即天命。提倡"积德",反对"荒

---

[1] 《论衡·命禄篇》曰:"凡人遇偶及遭累害,皆由命也。有死生寿夭之命,亦有贵贱贫富之命。自王公逮庶人,圣贤及下愚,凡有首目之类,含血之属,莫不有命。命当贫贱,虽富贵之,犹涉祸患矣。命当富贵,虽贫贱之,犹逢福善矣。故命贵从贱地自达,命贱从富位自危。故夫富贵若有神助,贫贱若有鬼祸。命贵之人,俱学独达,并仕独迁;命贱之人,俱求独得,并为独成。贫贱反此,难达,难迁,难得,难成;获过受罪,疾病亡遗,失其富贵,贫贱矣。是故才高行厚,未必保其必富贵;智寡德薄,未可信其必贫贱。或时才高行厚,命恶,废而不进;知寡德薄,命善,兴而超逾。故夫临事知愚,操行清浊,性与才也;仕宦贵贱,治产贫富,命与时也。"

德"，以"懋建大命"，是《盘庚》的基本的主题之一。在上一节中笔者已经作了统计，《盘庚》中"天"字凡5见，而"德"字却有10见，商人重视德性修养的程度由此可见一斑。到了周代，周文王"於昭于天"，"其命维新"，血淋淋的历史事实已经使周初统治者清醒地认识到了"天命靡常"的本质，并将"天命"与"德"的关系义理化，"无念尔祖，聿修厥德。永言配命，自求多福。"（《诗经·文王》）发现了"天命"与"德"之间相互激发的辩证关系，认为人间现世的吉凶祸福都是人们自身的德性修养导致的。于是，人们就更加重视"德"在日常生活中的作用了。《尚书·周书》十二诰中关于"德"的文句俯拾即是。人们普遍认为，天命之是否永保于身、永保国祚，关键在于你修德的程度。夏、商、周三代的统治者一代比一代重视"德"的修养，从文献的实际来看，其根本的目的是永保天命，除此以外他们并没有更加高尚的目的，对此我们应该有清醒的认识。但是，从另一个角度来看，统治者的重德精神，实际上是人民反抗残暴的统治者，用鲜血铸就的结果，因此这种发展的过程也就不能不说是人之所以为人之提高的过程。"皇祖有训，民可近，不可下。民惟邦本，本固邦宁。予视天下，愚夫愚妇，一能胜予。一人三失，怨岂在明，不见是图。予临兆民，懔乎若朽索之驭六马。为人上者，奈何不敬！"（《五子之歌》）《五子之歌》历来被视为伪作，但是，行文的语气，有如《召诰》，尤其是"奈何不敬"一句，模仿的痕迹很明显。所以即便《五子之歌》是伪作，也很生动、准确地描画出了统治者害怕人民的恐惧心理。不过，这种固有的文化发展的惯性，被原始儒家所利用，依山点石地发挥出了一套德礼相依以承天命、尽心知性、存心养性以俟天命的哲学思想，赋予了天命、德性以新的内涵，就与这种统治者与被统治者之间的互动，不在同一个层面上了。

先秦时期，道德的德字写作"悳"。但是这个"悳"字与"德"在一开始并不是同一个字。从彳，从悳的德字，早在甲骨文中就有，写作"㵗"、"㣛"、"㘂"，《说文》曰：德，"升也，从彳，悳声。"段玉裁注云："升，当作登。"罗振玉曰：德在"卜辞中皆借为得失字，视而有所得也，故从㘂。"①《说文》谓"彳"："小步也，象人胫三属相连也。"段玉裁注云："三属者，上为股，中为胫，下为足

---

① 李孝定编述：《甲骨文字集释》，"中研院"历史语言研究所1970年版，第563页。

也。"所以,甲骨文的德字,本义为登高望远,视而有所得也,与道德的德并无关系。道德的"德"的本字是"悳",从直从心。《说文》曰:"外得于人,内得于己也。"段玉裁注云:"内得于己,谓身心所自得也;外得于人,谓惠泽使人得之也。"此当为"悳"的本义。直者,从十、从目、从乚。从十从目,就是用十只眼睛仔细看;乚,无所逃也。那么,悳字从直从心,就成了一种特殊的心理体验,是一种端正诚悫的主体精神,这种精神贯通天地,具有宗教性。令狐壶"承受屯悳"、中山王鼎"敬顺天悳"、"以明其悳"中,都具有这种特殊的意涵。《殷周金文集成》中,"悳"字凡 110 见,其中,称"明悳"者多达 20 余处。① 所以,笔者以为,"悳"为心上之见,是一个体认天命的宗教性动词,指人心与天神相沟通的状态。从"承受屯悳"、"敬顺天悳"的引文中我们可以轻易地感到其中的宗教意蕴。② 不过,仅凭这个"德"字很难弄清其中的意义,笔者的意思是说,这个"德"实际上跨越了自然宗教与伦理宗教两个时期。我们现在只能看到,在原始的道德的"悳"字与甲骨文中的"德",由于假借而融为一体的时候,"悳",这一纯心理的体验之上又赋予了新的宗教的意味:由道德的实践功夫,下学上达。显然这已经加入了人的主观觉醒,有意识的修为。"悳"与"德"的融汇,也许是在西周立国以后的事,因为它代表了人的精神自觉。所以,王筠在其《说文解字句读》曰:德,"上达也。"并引《玉篇》曰:"德,福升也。"在解释"从彳"时王筠又曰:"行道而有得也。"故笔者以为,孔子"君子无终食之间违仁,造次必于是,颠沛必于是"(《论语·里仁》),拳拳服膺,以德配天的理路,

---

① 参见张亚初编著:《殷周金文集成引得》,中华书局 2001 年版,第 491—492 页。

② 费尔巴哈指出:"究竟有什么力量使得一种自然对象转变为人性的东西呢? 是幻想、想象力! 幻想使得一件东西在我们面前表现出与本来面目不同的样子:幻想使得人在一种让理智昏迷和眼睛眩惑的光辉中去看自然界。人的语言就称这种光辉为神性、神;可见,幻想给人类造成了神。我已经说过,'神'这个字起初不是主语而是述语,即不是本质而是属性,这属性得适合或应用于那幻想光辉中对人现出神性的、给人以所谓神性印象的每个对象。所以,每个对象都能够成为一个神,或者(这是一样的)成为宗教崇拜的一个对象,我说:这是一样的,神也好,宗教崇拜的对象也好;因为除了受宗教崇拜以外,没有别的东西可以作为神性的特征;一个神,就是一个受宗教崇拜的东西。但是,一个对象,唯有在它成为幻想或想象力的一个本质、一个对象时,它才被人拿来做宗教崇拜的对象。"(见《费尔巴哈哲学著作选集》,生活·读书·新知三联书店 1962 年版,第 680 页)在"承受屯悳"与"敬顺天悳"的表述中,我们看到人类早期的想象力,已经把他们的性情世界扩展得相当高远,此是后话。

就是这一宗教性心理体验的发展和提升。

《周易·说卦传》说得最为透彻："和顺于道德而理于义,穷理尽性,以至于命。"道者通物之名,德者得理之称,命者生之极,穷理则尽其极。《周易正义》曰:"蓍数既生,爻卦又立,《易》道周备,无理不尽。圣人用之,上以和协顺成圣人之道德,下以治理断人伦之正义。又能穷极万物深妙之理,究尽生灵所禀之性,物理既穷,生性又尽,至于一期所赋之命,莫不穷其短长,定其吉凶,"幽赞于神明,和顺于性命,"是以立天之道,曰阴与阳;立地之道,曰柔与刚;立人之道,曰仁与义。"(《说卦传》)天、地、人上下贯通,兼三才而两之,易六位而成章,其核心乃在一"德"字之上。"德"是一个贯通天人、上下的枢纽,是之谓:以体天地之撰,以通神明之德。刘宝楠在《论语正义》释"五十而知天命"曰:"'命'者,立之于己而受之于天,圣人所不敢辞也。他日桓魋之难,夫子言'天生德于予',天之所生,是为天命矣。惟知天命,故又言'知我者其天',明天心与己心得相通也。"因为内在之德的修养,圣人之视听言动,与天地之节、天地之性相结合,已经达到了与天地同为一体的境界,天心与人心已经相与为一了。有关"德"范畴之具体的变化过程,笔者无暇在此作出更加细密的考证,但是我们通过上面的分析,已经很明确地看到,"德"范畴,是随着时代思潮的演变而演变的,它的演变标志着、并且也催化着天命观、天人观的演变与发展。

下面笔者就从"德"的角度以《召诰》为例来分析一下天命观从殷商到西周的发展。《召诰》是《周书》中的一篇重要的文诰,它总结了夏、商两代灭亡的教训,并且"曰命,曰天,曰民,曰德,四者一以贯之",曾经得到了王国维先生高度的评价:"此篇乃召公之言,而史佚书之以诰天下,文武周公所以治天下之精义大法,胥在于此。故知周之制度典礼,实皆为道德而设;而制度典礼之专及大夫士以上者,亦未始不为民而设也。"(《观堂集林》卷十)①值得注意的是,虽然皆为道德、为民而设,但是《召诰》中却有"王来绍上帝,自服于土中"的句子,"绍",孙诒让训"助";"服",为奉天命服政之意(《论衡·率性》引"王乃初服"作"今王初服厥命")。这一句的意思是说,成王已经开始亲自服

---

① 王国维著:《观堂集林》(二),中华书局1959年版,第476—477页。

政了,是来帮助上帝治理天下的。也就是说,周代初年的统治者仍然是很注重皇天上帝的。

但是,他们在看待天命观的时候角度已经不同了。徐复观先生说得很好:"周之克殷,乃系一个有精神自觉的统治集团,克服了一个没有精神自觉或自觉得不够的统治集团。"①周初的统治者们普遍地有一种浓郁的忧患意识,正是从这种忧患意识中,我们看到了三代时期天命观的分水岭:亦即在此之前为夏与商之自然宗教的命定论占主导地位,在此之后就以西周"敬天保民"的伦理宗教的"命正论"占主导地位了。这一点在《召诰》中体现得较为突出:

> 呜呼! 皇天上帝,改厥元子兹大国殷之命。惟王受命,无疆惟休,亦无疆惟恤。呜呼! 曷其奈何弗敬?

元子,天子也;休,庆也;恤,忧也;曷,何也。面对着强大的殷朝一夜之间土崩瓦解、丧德败命的事实,召公感到的是一种沉重的历史责任:"无疆惟休,亦无疆惟恤",承受天命对我们小国周来说,是无比的荣幸,也是无比的忧虑啊!如果不从夏、商两代的失败中及时地吸取教训,认真修德,体恤天下苍生的疾苦,帮助上帝治理好国家,那"天"就随时有可能转移它的成命。天命靡常,天不可信哪!徐复观先生说:"忧患意识,乃人类精神开始直接对事物发生责任感的表现,也即是精神上开始有了人地自觉的表现。"又云:"只有自己担当起问题的责任时,才有忧患意识。这种忧患意识,实际是蕴蓄着一种坚强的意志和奋发的精神。""在忧患意识跃动之下,人的信心的根据,渐由神而转移向自己本身行为的谨慎与努力。这种谨慎与努力,在周初是表现在'敬'、'敬德'、'明德'等观念里面。"②周人重"德"可能确有徐先生所说的效果,但是笔者始终以为,周人重德,是被英勇抗击残暴统治的殷商人民给吓的。所以,"呜呼!曷其奈何弗敬"一句,真挚、沉痛、荡气回肠的语调,把"敬德"的思想推到了不可动摇的地步:

> 我不可不监于有夏,亦不可不监于有殷。我不敢知曰,有夏服天命,惟有历年,我不敢知曰,不其延;惟不敬厥德,乃早坠厥命。我不敢知曰,

---

① 徐复观著:《中国人性论史》(先秦篇),台湾"商务印书馆"1969 年版,第 19—20 页。

② 徐复观著:《中国人性论史》(先秦篇),台湾"商务印书馆"1969 年版,第 21—22 页。

有殷受天命，惟有历年，我不敢知曰，不其延；惟不敬厥德，乃早坠厥命。今王嗣受厥命，我亦惟兹二国命，嗣若功。王乃初服。呜呼！若生子，罔不在厥初生，自贻哲命。今天其命哲、命吉凶、命历年。知今我初服，宅新邑，肆惟王其疾敬德。王其德之，用祈天永命。（《召诰》）

夏、殷两代"早坠厥命"的唯一原因，只是在于"不敬厥德"，现在皇天上帝"命哲，命吉凶，命历年"，使我们初服新邑，我们怎么能够不"疾敬德"，"祈天永命"呢？一方面是皇天上帝的代理人，另一方面又是接受上帝监督的"承运"者，双重的身份，使本来取得了彻底胜利的西周统治者过得诚惶诚恐。

这种以德配天的天命观，就是傅斯年所说的"命正论"。天命观从"命定论"走向"命正论"实际上是中国文化史上的一次重大飞跃，前者是在主宰之天的威慑之下人的主体精神诉诸神的自然宗教的信仰，其结果是人的主体精神被消解到神的光环之中去；而"命正论"，则是人们试图通过自己了解与把握自己的行为，进而了解和把握天命（皇天上帝）的好恶，其结果是人在天与人的磨合、互动之中，逐渐地取得了一定的自主的权利。

不过，《召诰》中还有"命哲"的说法，是值得注意的。《尚书·皋陶谟》有"知人则哲"。哲，《说文》谓："知也。"孙星衍以"明"饰"哲"，是为"明哲"。[1]这与"天生烝民，有物有则。民之秉彝，好是懿德"（《诗经·荡之什·烝民》）相通。秉，天生禀赋；彝，常理；懿，美也。陈奂《传疏》云："民之秉好性善也。"孟子在《告子上》中以此诗句形容"四端说"。也就是说，《召诰》在认定"天""命吉凶，命历年"的同时，还能"命哲"，亦即赐给人以美好的禀赋。而且命哲，摆在"命吉凶，命历年"之前，显然比命吉凶、命历年更重要。"命哲"蕴含的意蕴是，"天"在赐予人以生命的同时，还赐给了人天生的纯正禀赋。这当然还远远没有达到性善论的水平，但也不能不说已经有了性善论的萌芽。因为，它所显示的文献意义在于，《召诰》正在把"天"义理化，或者说《召诰》中有把"天"义理化的蒙昧思想趋向，并且试图在超现实的层面上把人的精神、禀赋、智慧与天的品行联系起来。

人与天的合而为一，实际上是中国哲学的开始。它把高高在上、对人间现

---

[1]　孙星衍撰：《尚书今古文注疏》，中华书局 1986 年版，第 399 页。

世具有绝对主宰地位的"天命"拉到了人的生活之中,使人们能够通过自己的努力来回应"天"的博厚与高明。应该说,《召诰》的"命哲"的思想(它实际上还只是仅限于"知")对孔子"性相近也,习相远也"(《论语·阳货》)的判断是有无形的启发与影响的。从天命论的角度来诠释孔子的这一思想则为:天命给予我们的先天禀赋虽然是一致的,但是,后天的成长环境、受教育的程度导致了人与人之间的差别。孔子的意思是,人在自己命运的形成过程中,掌握着相当大的主动权。我们应该清醒地认识到,《召诰》与孔子的思想并不在同一个层面上,《召诰》的"敬德"是为了"上下勤恤"、"受天永命",要努力避免殷商末代统治者所遭遇的结局,而孔子的思想则是哲学的自觉,他是在探讨什么是人? 人何以提高自己的内涵? 人与人之间的区别到底是怎样形成的? 我们应该设置一个怎样的社会以有利于他的发展? 但是,即便如此,从《召诰》到孔子仍然有一条由蒙昧到自觉,从小到大、由低到高,由政权本位到人本位的发展过程。所以,我们仍然应该把从《召诰》以及《周书》其他各篇中的思想到孔子的发展过程视为人的主体精神不断得到扩展的过程,也就是原始的天命观不断人性化的过程。

　　但是,上文说了,孔子一生讲天命:"子罕言利,与命与仁。"(《论语·子罕》)这条记载的精神实质是在讲,孔子的天命观是仁之"德"与天命的互动。孔子的仁之"德"发展到孟子的时候就成了仁之"性",也就是性与天命的互动。孟子曰:

　　　　口之于味也,目之于色也,耳之于声也,鼻之于臭也,四肢之于安佚也,性也,有命焉,君子不谓性也。仁之于父子也,义之于君臣也,礼之于宾主也,知之于贤者也,圣之于天道也,命也,有性焉,君子不谓命也。(《尽心下》)

阮元的《性命古训》认为,《召诰》与《孟子》之间能够进行比较的共同基础在于它们二者都讲"性"与"命"的关系。《召诰》曰:"节性,惟日其迈。王敬作所,不可不敬德。"节性,主要是在主观意志上控制自己的情绪和无休止的欲望,专注于"德",以"敬"的诚心诚意去修养身心,去治理国家,去回应天命的赐予,使你的德性与你的国家蒸蒸日上。而孟子的意思则是,"口之于味也,目之于色也,耳之于声也,鼻之于臭也","此皆人性之所欲也,得居此乐者,有命禄,人不能皆如其愿也。凡人则有情从欲而求可身,君子之道,则以仁义为先,礼节为制,不以性欲而苛求之也,故君子不谓之性也"。"仁者得以恩爱施于父子,义者得以义理施于君臣,好礼者得以礼敬施于宾主,知者得以明知知贤达善,圣人得以天道王于天下,此皆命禄,遭遇乃得居而行之,不遇者不得施行,然亦才性有之,故可用也。凡人则归之命禄,在天而已,不复治性。以君子之道,则修仁行义,修礼学知,庶几圣人亹亹不倦,不但坐而听命,故曰君子不谓命也"。① 赵岐的注释清楚地告诉我们,孟子已经看到,人的性情欲望是不能骄纵无收的,人之所以为人者,当"以仁义为先,礼节为制"故"君子不谓性也";仁义礼智圣是人的天性,努力扩充,那就是"命",在孟子的思想中,"命"已经被仁义礼智圣之"德"所包,故"君子不谓命也":只要诚心求道,命也就在其中了。

孔子曰:"学而优则仕。"(《论语·子张》)可是颜渊"学而优"却夭折;孔子又曰:"获罪于天,无所祷也。"(《论语·八佾》)但作恶如瞽叟弟象者,又受到了什么样的惩罚呢?孔子整个的生命都投身到"克己复礼"和"性与天道"的事业之中去,为中国文化的发展建立了不可言喻的功勋,可是周游列国,不能见用于诸侯,困于陈蔡……,最后终究没有实现自己的理想与抱负。精神固然可嘉,影响固然久远,但并没有现世的回报。所以以德配天的"命正论"是解释不了人间的不公、不平的。于是孔子把人的追求置放到了精神的境界中去:"饭疏食饮水,曲肱而枕之,乐亦在其中矣。不义而富且贵,于我如浮云。"(《述而》)天命是外在的,是人无法左右的异己力量,人,不能不认命。但是,命运的不公、不平却并没有使孔子低头:"隐居以求其志,行义以达其道。"(《论语·季氏》)就是修养德性,涵咏天道,以俟天命。

孔子的"无可无不可"(《论语·微子》),孟子的"莫之为而为者,天也;莫之致而至者,命也"(《孟子·万章上》),实际上都是与其"俟命论"同时并存的"命运论",命运论后来被荀子给了一个直接的界定:"节遇谓之命。"(《正名》)荀子的思想相当深刻。荀子在其《天论》中写道:

———————

① 赵岐注语。见《孟子注疏》(卷十四上),见阮元校刻:《十三经注疏》(下册),中华书局1980年版,第2775页。

大天而思之,孰与物畜而制之?从天而颂之,孰与制天命而用之?望时而待之,孰与应时而使之?因物而多之,孰与骋能而化之?思物而物之,孰与理物而勿失之也?愿于物之所以生,孰与有物之所以成?故错人而思天,则失万物之情。

据此,唐君毅先生在其《中国哲学原论·原命篇》中将荀子的天命思想界定为"制命论",这是笔者不能同意的。笔者以为,荀子完全没有"宰制性命"的想法,对上面的这段引文,我们绝对不能断章取义地理解,①在整个先秦儒家思想史上,荀子只是在纠偏(笔者在本书"荀子"一章中还有详论)。荀子在《天论》中,强调的是天有天的职分,人有人的职分,天人相分,各行其是。荀子并不是排天的,在荀子的笔下没有丝毫亵渎上天的倾向,他只是要求人们不要"舍其所以参,而愿其所参"(《天论》)。在荀子看来,那种不注重自己的德性修炼,而把一切人生的祸福、国家治乱的功过全部归之于"天"的人,就是害人害己的"人祆"。所以荀子的思想只是在强调孔子的实践性思想,与孔子"获罪于天,无所祷也",孟子所引《尚书·商书·太甲》"天作孽,犹可违;自作孽,不可活",虽然理论指向不同,但其实质是一样的。请再看一看荀子下面的表述,问题也许就更加清楚了:

自知者不怨人,知命者不怨天,怨人者穷,怨天者无志。失之己,反之人,岂不迂乎哉!(《荣辱》)

人之命在天,国之命在礼。(《强国》、《天论》)

孔子南适楚,厄于陈、蔡之间,七日不火食,藜羹不糁,弟子皆有饥色。子路进问之曰:"由闻之:为善者天报之以福,为不善者天报之以祸,今夫子累德、积义、怀美,行之日久矣,奚居之隐也?"孔子曰:"由不识,吾语女。女以知者为必用邪?王子比干不见剖心乎!女以忠者为必用邪?关龙逢不见刑乎!女以谏者为必用邪?伍子胥不磔姑苏东门外乎!夫遇不遇者,时也;贤不肖者,材也;君子博学深谋不遇时者多矣。由是观之,不遇世者众矣,何独丘也哉!且夫芷兰生于深林,非以无人而不芳。君子之

---

① 《说文解字》云:"制,裁也。"制天命,亦即《荀子·王制》之"序四时,裁万物"之"裁"。由此可知,荀子的意思是在强调人与天的和谐、协调,以便"全其天功"(《荀子·天论》)。有关于此的进一步论述,请参见本书荀子一章。

学,非为通也;为穷而不困,忧而意不衰也,知祸福终始而心不惑也。夫贤不肖者,材也;为不为者,人也;遇不遇者,时也;死生者,命也。今有其人不遇其时,虽贤,其能行乎? 苟遇其时,何难之有? 故君子博学、深谋、修身、端行以俟其时。"孔子曰:"由! 居! 吾语女。昔晋公子重耳霸心生于曹,越王勾践霸心生于会稽,齐桓公小白霸心生于莒。故居不隐者思不远,身不佚者志不广。女庸安知吾不得之桑落之下!"(《宥坐》)

《荣辱》中的表述明显与孔子"不怨天,不尤人。下学而上达。知我者,其天乎"(《论语·宪问》)和孟子的"万物皆备于我矣。反身而诚,乐莫大焉"(《孟子·尽心上》)一脉相承,都是俟命论。"人之命在天"与《论语》"死生有命,富贵在天"(《颜渊》)完全一致,属于命运论。《宥坐》的这一段文章可以视为先秦儒家隐居以求其志,居易以俟天命的宣言。这个故事的思想,见于郭店楚简之《穷达以时》,又见于《孔子家语·在厄》、《韩诗外传》卷七之六、《说苑·杂言》十六、十七,由此可见,"节遇谓之命"的命题,以及《宥坐》中的观点,绝非仅仅只是荀子所独有,而是先秦儒家共同持有的观点。王先谦云:节遇,"节,犹适也。""节,时也。当时所遇,谓之命。"①既讲节遇之"时",又讲修身以俟"时"(天命),这就把俟命论与命运论融汇在一起了。

二、"命"范畴在性情思想中的地位

命定论在殷周之际天翻地覆的革命中被历史所淘汰,代之以命正论;但是,命正论并不能对人间现世的诸多现象作出合理的解释。② 于是出现了儒家超然于命运之外的"俟命论"、"命运论"。《论语》讲天命,但是真正落到"仁学"的实处,却只有"学而时习之"(《学而》),"发愤忘食,乐以忘忧,不知老之将至云尔"(《述而》)上文所引孟子"……,性也,有命焉,君子不谓性也。……,命也,有性焉,君子不谓命也"(《尽心下》)之谓,以仁义礼智圣为性、为命,实际上是地地道道的道德修养论。戴东原云:"存乎材质所自为,谓

---

① 王先谦撰:《荀子集解》(下),中华书局 1988 年版,第 413 页。

② 郭店楚简《穷达以时》云:"孙叔三射恒思少司马,出而为令尹,遇楚庄也。初韬晦,后名扬,非其德加。子胥前多功,后戮死,非其智衰也。骥厄张山,骐塞于邵来,非亡体壮也。穷四海,致千里,遇造故也。"(第8—11简)射,裘锡圭读为"斥"。这段引文据李零而有改动。

之性;如或限之,谓之命。存乎材质所自为也者,性则固性也,有命焉,君子不以其性而求逞其欲也;如或限之也者,命则固命也,有性焉,君子不以命而自委弃也。"①在性与命的辩证关系中寻求君子人格的最终实现。但是,即便是看到了人间现世的不公,先秦儒家始终都没有真正放弃"命",这一在现实生活中事实上是虚设的范畴。②

所以,命范畴之所以能够保存在先秦儒家的思想体系中,在很大程度上,是因为"俟命论"实际上是性情的修养论,性情必须博、厚、高、明、悠、久才能显发出充实、丰富、辽阔的人生,人的性情境界才有不断提高的可能。所以,在先秦儒家看来,没有宗教性的天,没有宗教性的命,人的性情修养就完全是一件不可想象的事情。于是,郭店楚简《唐虞之道》云:"夫唯顺乎肌肤血气之情,养性命之正,安命而弗夭,养生而弗伤,知天下之政者,能以天下禅矣。"(第10—12简)直接把"顺乎肌肤血气之情"视为"养性命之正"的基础。郭店楚简《尊德义》又曰:"知己所以知人,知人所以知命,知命而后知道,知道而后知行。由礼知乐,由乐知哀。有知己而不知命者,无知命而不知己者。"(第9—10简)知己、知人是习得的人伦范畴;知礼、知乐、知哀,是性情的修养范畴。但是,这一切的最高境界是"知命":"不知命,无以为君子也。不知礼,无以立也。不知言,无以知人也。"(《论语·尧曰》),知命,是一切"知"的极限。把这一章置放到整个《论语》的最后用以收尾,在编者,当然是有深意的。

在先秦儒家性情思想体系中,"命"范畴是与天、道、性、情、教、文、物、名等各种概念与范畴联系在一起的:

1. 性自命出,命自天降。(郭店楚简《性自命出》第2—3简)

2. 天命之谓性,率性之谓道,修道之谓教。(《礼记·中庸》)

3. 有天有命,有物有名。(郭店楚简《语丛·一》第2简)

---

① 戴震著:《孟子字义疏证》,中华书局1961年版,第65页。

② 郭店楚简《五行》篇正文没有一个"命"字;《性自命出》中除了"性自命出,命自天降"一句提到外,对"命"也未加任何论述。程颐曾有一段"不必言命"的言论,说出了先秦儒家们想说,但是却囿于时代的局限而终究没有说的话:"贤者惟知义而已,命在其中。中人以下,乃以命处义。如言'求之有道,得之有命',是求无益于得,知命之不可求,故自处以不求。若贤者则求之以道,得之以义,不必言命。"(程颢、程颐著:《二程集》卷二,中华书局1981年版,第18页)当然,"命在其中"并不是不言命。可是,语气中有无可奈何者。

4. 有命有文有名,而后有伦。(郭店楚简《语丛·一》第 4—5 简)

5. 有天有命,有地有形,有物有容,有家有名。(郭店楚简《语丛·一》第 12—13 简)

6. 知天所为,然后知道;知道然后知命。(郭店楚简《语丛·一》第 30 简)

"性自命出,命自天降",将"天"置放于性情概念与范畴之系统的最根本的所在,是一切生化流行之源。但是,它已经完全脱离了自然宗教的"上帝"拟人义,人格化的成分已经非常淡薄,而义理化的意涵却成了它的主体。因此,《释名》云:"天,显也。在上高显。"又云:"坦也,坦然高远。"高远深邃、生机勃发的天,显发而为"命"。命的原始意义,诚如段玉裁云:"命者,天之令也。"(《说文解字注》)但这属于自然宗教的范畴。而郭店楚简与《中庸》中的命,却是贯通天与性情的中介。它上显于天,下化成性。故《广雅·释诂三》载:"命,名也。"王念孙《广雅疏证》曰:"命即名也,名、命古同音同义。"又云:"名、鸣、命,古亦同声同义。"①《尚书·泰誓》云:"天有显道,厥类惟彰。"天显为道,命者道之分。道显而命名,隐然相通。丁原植先生亦云:名,"指显名、显明、显发。"②准此,上引郭店楚简中的"命"就成了一种流动的、双向显发的过程,这个过程是一种由天而命、而性、而物、而地、而形的流转,它一方面把天的博厚高明贯注于现世的人性之中、贯注于万事万物之中,为万物定性、定名,另一方面又将人性的体验、修持的效果显发给天,从而成就天的生机,此之谓"天生人成(co-creator)"。所以,从义理上来说,是天显发而为命,但是,如果没有"命",天也就不可能体现出它的博大、深邃。

《周易·说卦传》云:"穷理尽性以至于命。"朱骏声《说文通训定声》引注云:"命者,生之极也。"朱熹在注孟子"莫非命也,顺受其正"(《尽心上》)时,舒畅其论云:"人物之生,吉凶祸福,皆天所命。然惟莫之致而至者,乃为正命,故君子修身以俟之,所以顺受乎此也。"③顺命、正命、立命者,尽心、知性、修身也。而顺命、正命、立命,最终都是要上达于天,与天冥合为一的。《左

---

① 《广雅疏证》,见《小学名著六种》,中华书局 1998 年版,第 70 页。
② 丁原植著:《楚简儒家性情说研究》,(台北)万卷楼图书有限公司 2002 年版,第 42 页。
③ 朱熹撰:《四书章句集注》,中华书局 1983 年版,第 349—350 页。

传·昭公二年》曰："周礼尽在鲁矣。"《论语·雍也》曰："齐一变,至于鲁;鲁一变,至于道。"是说鲁国的文化完全继承了周文王的精华。杨向奎先生指出:"以德、礼为主的周公之道,世代相传,春秋末期遂有孔子以仁、礼为内容的儒家思想。宗周→春秋,周公→孔子,构成三千年来儒家思想之完整体系。"①深刻地反映了孔子与周文王的关系。孔子曰:"殷因於夏礼,所损益,可知也;周因於殷礼,所损益,可知也。其或继周者,虽百世,可知也。"(《为政》)孔子又曰:"周监於二代,郁郁乎文哉! 吾从周。"(《八佾》)也说明了孔子深得周代文化真传的事实。蒙文通先生指出:"《诗》、《书》多言命,罕言性。"②仔细研读《论语》,我们会发现在孔子平实、悠远、沉静的文风后面,一直在孜孜以求地探求着一种西周以来一直为世人关注的重大问题——天命,孔子"五十而知天命"、"不知命,无以为君子"的理论境界,正是《诗》、《书》文化传承的结果。但是,由"天之令"的"命",转变成为显名、显明、显发的命,这是先秦儒家性情思想的重大发展,反映了先秦儒家先哲们的睿智。出现这种转变,看似简单、平易,但是就整个中国文化发展来讲,实际上是其机体内部所涌动的生命活力不断生化、创新导致的结果。上面所述《召诰》的"命哲"之"明哲",就注重"命"的智的、明的面向,代表了一种文化发展的方向,一种人生价值的选择,在由自然宗教向伦理宗教不断转化的大背景下,它必然要引发重大的理论革命。

1973 年底到 1974 年初,我国考古工作者在长沙马王堆三号汉墓中出土了大量帛书。其中帛书《周易》的传文部分有一篇题为《要》,记载了"夫子老而好《易》,居则在席,行则在橐"的研究状况,证实了司马迁记载孔子晚年深究《周易》而"韦编三绝"的真实性。这些帛书还记载了孔子与他的学生子贡的关于《周易》研究的一段对话。子贡对孔子说:"夫子他日教此弟子曰:'德行亡者,神灵之趋;知谋远者,卜筮之繁。'赐以为然矣。以此言取之,赐缗行之为也。夫子何以老而好之乎?"孔子回答说,"《尚书》多於矣,《周易》未失也,且又(有)古之遗言焉。"孔子还说,我研究《周易》并不是为了占卜,而是要

---

① 杨向奎著:《宗周社会与礼乐文明》,人民出版社 1997 年版,第 285 页。
② 蒙文通著:《古学甄微》,见《蒙文通文集》第一卷,巴蜀书社 1987 年版,第 68 页。

研究其中的哲理。"《易》，我后其祝卜矣！我观其德义耳也。幽赞而达乎数，明数而达乎德；又仁（守）者而义行之耳。赞而不达于数，则其为之巫；数而不达于德，则其为之史。史巫之筮，乡之而未也，好之而非也。后世之士疑丘者，或以《易》乎？吾求其德而已，吾与史巫同涂而殊归者也。"①这些内容以及马王堆帛书的相关资料，在很大程度上增加了由来已久的传世文献中有关孔子研究《周易》史料的真实性，②这是我们目前所见的一笔极端宝贵的研究材料。它们说明了孔子曾经对天命思想有长时间的关注与深刻的研究，孔子在继承周代人文传统的同时，分明也在对其进行重大的改造。"后世之士疑丘者，或以《易》乎？吾求其德而已，吾与史巫同涂而殊归者也"的话，蕴含着孔子不为时俗所囿，敢于为天下先的理论勇气。

绕了这么大一个圈子，笔者的意思是说，先秦时期"天之令"的"命"转化成为"显名、显明、显发"的"命"，实际上经历了以孔子为首的一批理论家艰苦地努力工作才得以完成。而这个"完成"的过程，就是人类自身寻求主体精神进一步解放的过程。关于《易传》人们已经说得很多了，笔者在此只是指出两个事实；第一，《易传》中的天，已经完全哲理化、义理化了。它已经不是一种自然现象或事物，而是一种理想化的观念。《易传》的精神在于以乾坤为天地、阴阳、刚柔的基础，把天描述成了一个"刚柔相摩，八卦相荡，鼓之以雷霆，润之以风雨。日月运行，一寒一暑。乾道成男，坤道成女。乾知大始，坤作成物"，生生不息、生化流行的动态之天。一阖一辟，往来无穷，变动不居，周流六虚，是其存在的方式；刚柔相易，阴阳大化，氤氲化醇，开物成务，是其施化的目的。"阴阳合德而刚柔有体，以体天地之撰，以通神明之德"，讲的是人，阴阳、刚柔互为推动，涵化性情的状态。《说卦传》的总结尤其全面而深刻："昔

---

① 引自廖名春：《帛书〈要〉释文》，见朱伯崑主编：《国际易学研究》1995 年第 1 期。

② 第一，《论语·述而》载：子曰："加我数年，五十以学《易》可以无大过矣。"第二，《子路》又载：子曰："南人有言曰：'人而无恒，不可以作巫医。'善夫，不恒其德，或承之羞。""不恒其德"的记载，援引自恒卦·九三，卦辞随口而出，并且把它用于人生性命、现实生活的分析之中，正说明孔子对《易经》的研究极深。第三，司马迁《史记·仲尼弟子列传》又载："孔子传《易》于瞿，瞿传楚人馯臂子弘（一为弓），弘传江东人矫子庸疵，疵传燕人周子家竖，竖传淳于人光子乘羽，羽传齐人田子庄何，何传东武人王子中同，同传菑川人杨何。河元朔中以治《易》为汉中大夫。"（见司马迁撰，裴骃集解，司马贞索隐，张守节正义：《史记》，中华书局 1959 年版，第 2211 页）

者圣人之作《易》也,幽赞于神明而生蓍,参天两地而倚数,观变于阴阳而立卦,发挥于刚柔而生爻,和顺于道德而理于义,穷理尽性以至于命。"使我们更为清楚地看到,这是先秦儒家为我们打通了一条人的性命、性情由天而降,天之大德贯注于人的身心,而人又"穷理尽性以至于命",上达于天的循环通道。没有这条生化不息、成终成始的通道,先秦儒家的性情思想实际上是无法真正展开的。

第二,日本德川古学派大师伊藤仁斋说:"盖一阴一阳往来不已之谓天道,吉凶祸福不招自至之谓命。"[①]天道,是就天之所以为天而言,是就其自身流演、自身显发出来的规律而言。由天而降的命,是就天之神、天之几显豁、显明、训诰给人间现世的符命。天道,指的是宇宙规律,万事万物运动变化、发展的必然性,它不以人的喜怒哀乐为转移,一定会将天的规律丝毫不爽的显发出来:"夏王灭德作威,以敷虐于尔万方百姓。尔万方百姓,罹其凶害,弗忍荼毒,并告无辜于上下神祇。天道福善祸淫,降灾于夏,以彰厥罪。肆台小子,将天命明威,不敢赦。敢用玄牡,敢昭告于上天神后,请罪有夏。"(《尚书·汤诰》)天道"福善祸淫,降灾于夏",是因为夏违反了天道,违背了自然规律,因此,以天道的形式,"以彰厥罪"。而命则是天根据人的具体表现而下降赋予人的有德之征。只有"承天而时行"(《周易·坤·文言》),"燮理阴阳"(《尚书·周官》),"因天之常,与之俱行"(《国语·越语下》),才能够真正赢得天命的赐予。《左传·襄公十八年》的一个故事对我们理解天道与天命之关系的启发是很大的:"晋人闻有楚师,师旷曰:'不害。吾骤歌北风,又歌南风。南风不竞,多死声。楚必无功。'董叔曰:'天道多在西北,南师不时,必无功。'叔向曰:'在其君之德也。'"初读之,似为天道不可企及的神秘,但是细究之,则为有德的天命之征。"南风不竞,多死声"的原因是楚国人的德性世界出了问题。这是以德动天,天道与人道混而为一的境界,最后的结果却是因"德"而导致的"天"之"命"。天道的义理化,进而也导致了"天命"的义理化。

如果天命没有义理化,人之性之仰承于天之"生"就不会成为可能。上文已经提及的由《性自命出》到《中庸》之天、命、性、道、教的转化,就是在这样的

---

① 伊藤仁斋著:《语孟子义》,见《日本思想大系》,(东京)岩波书店1971年版,第120页。

理论前提下得以实现的。《中庸》"天命之谓性,率性之谓道,修道之谓教"的组合判断,发展了上引郭店楚简《性自命出》"性自命出,命自天降"的思想,对我们探讨有关"天命"的思想来说,是很有启发的。"性自命出,命自天降",描绘了一个由天而命而性的流转过程,但并没有将"命"直接界定为"性";而《中庸》的"天命之谓性",虽然也有"性"之根源性的面向,但是,作为命题,它是由主项与谓项直接构成的无条件的直言、定言判断,亦即,天命就是性。何以"性"成了天命? 上文有引孟子言曰:"仁之于父子也,义之于君臣也,礼之于宾主也,智之于贤者也,圣人之于天道也,命也,有性焉,君子不谓命也。"(《尽心下》)指的是,君子修道,以仁义礼智圣为性,天道流行,於穆不已,映照天命。牟宗三先生曾经指出,西方哲学是一种以知识为中心的理智游戏,有很好的逻辑思辨与工巧的架构,而人成了首席动物,生命不得不沦为一团漆黑。但是,中国哲学却以"生命"为中心,拥有天道贯注给人的生命光辉,担负起了敬天明德的忧患意识,在道德的践履中没有隐曲之私,通体光明莹澈,以仁智与圣来遥契天道。① 因此,天道、天命,都在个人下学上达的修为扩充时,涵化在主体的性情之中。从这个天人合一的角度来讲,"天命之谓性",当然是一个极为出色的判断,因为它充分强调了人的主体尊严,把匍匐在皇天上帝脚下的"人",改造成了一个顶天立地、自强自救的人,并且使他的精神、他的"性",充满了於穆不已的生机和"神性"。

不过,仔细考量,总觉得这个判断无论如何还是比较突兀。"天命"高不可及,何以遽然为性? 作者似乎是故作悬念,所以,后面就紧接着有"率性之谓道,修道之谓教"的解释和补充说明。"率性之谓道"是说要"率""天命"之"性",才可以称得上是"道",这个"天命"之"性"当然是指义理化的"天"之"命",亦即天之理的显明、显豁。前面说了,"天命"实际上已经天道化了,是生化不息、开物成务的义理之源,所以这个"道",包含着天道与人道,既有天的义理生气,又有人的伦常实践,它的意思是,要通过人的道德实践以践履天道的博大,把后天的血气心知之性逐步融化、升华到先天的仁义礼智圣生化流行之中去,这就是郭店楚简《五行》的"金声而玉振",及其"说"所言"舍其

---

① 牟宗三著:《中国哲学的特质》,上海古籍出版社 1997 年版,第一至第五讲。

体而独其心"的德性境界。郭店楚简《语丛·一》有两支简的内容是值得注意的,因为它们透露了"道"与"命"的关系:"知天所为,知人所为,然后知道。知道然后知命。其智博,然后知命。"(第29—30,28 简)第28 简"其智博,然后知命"是李零先生在《校读记》里面作出的调整,进一步加强了第29—30 简的内容,可以信从。① 何以知天、知人,简文没有直接交代,但是从后面"然后知道"来看,当是指的天道、人道,就是《中庸》中的"五达道"之贯通天人的状态。"知道然后知命",是一个重要的判断,它是说,在先秦儒家的性情思想中,"道"处于低于"命"的层面,因为"凡道,心术为主。道四术,唯人道为可道也"(《性自命出》第14—15 简),"道四术"就是《诗》、《书》、《礼》、《乐》,就是各种历史文化的典章制度、传统典籍以及先秦儒家的哲学著作,在《性自命出》中称为"故"。不努力学习就不可能知"道"。只有知道了"道",也就是说,只有按《中庸》说的那样,"诚之者,择善而固执之者也。博学之,审问之,慎思之,明辨之,笃行之",拳拳服膺,学思并用,知行结合,才有可能下学上达,最终知天、知命。

"修道之谓教",首先是对"率性"的一个"道"的规定,"修"的内容为"道"。此"道"当然就是《诗》、《书》、《礼》、《乐》。但是,"《诗》、《书》、《礼》、《乐》,其始出皆生于人","礼作于情"(《性自命出》第15—16、18 简),其本质思想就是孔子一以贯之的忠与恕。忠,个人的性情之诚;恕,群体的人伦之爱。"修道"就是修忠与恕之道,就是忠与恕的统一。具体到《中庸》而言,就是以"三达德"实现"五达道",以内在的仁、智、勇,完成人道的磨砺,以抵达天道的里程。转了一个圆圈以后,最后又回到了"天命之谓性"上。"修道之谓教"的另一个意涵,是所谓"教"。这个"教"字与我们现在教学的"教"、教化的"教",写法是不一样的。这个"教"字,在先秦时期写作"敩",它的本义是老师与学生、同学与同志一起,教学相长,情知摩荡的修、习过程,《论语》开篇第一章的内容算是对它最为透彻地诠释了:"学而时习之,不亦说乎?有朋自远方来,不亦乐乎?人不知而不愠,不亦君子乎?"(《学而》)关于这段文字的诠释,笔者将安排在"孔子"一章里,故在此不赘。但是,笔者需要指出的是,"修

---

① 李零著:《郭店楚简校读记》(增订本),北京大学出版社 2002 年版,第 159 页。

道之谓教"的本义,是说通过"敩",这种习得、修德的特殊方式,有志于君子道的人既可以打通人与我的疆域,打通忠与恕的疆域,而且还可以打通天与人的疆域,通过知道,进而知天、知命。朱熹曾经批评某学者在理解《学而》第一章时有过度诠释之嫌:"谓第一节是心与理一,第二节是己与人一,第三节是人与天一,以为奇论。可谓作怪!"①笔者同意朱熹的说法,但是,这个诠释仍然是对我们有启发的,第一句,讲温故知新时自己的心灵之"说";第二句,讲与友人共同切磋圣道之"乐";第三句,实际上是指内在"忠",外发而为的"恕",而"恕"的理论极点是郭店楚简《成之闻之》一文的终极结论:"君子慎六位以祀天常"(第40简)。李零先生在其《校读记》中,将这一篇原题为《成之闻之》的文章,改成了以《教》为题,谓此篇内容是"推人性以言教化"②显示了教与天道的关系,这是应该引起我们注意的。

第三节　说　性

在目前有关中国先秦时期的传世文献和出土简帛资料中,笔者还没有发现写有"性"字(从心从生)的原始材料。1993年出土郭店楚简中的"性"字写作:𡔷(《语丛·二》第10简)、𡴍(《语丛·三》第68简)、𡴍(《老子》丙第2简)、𡵀(《缁衣》第5简)、𡴍(《成之闻之》第26简)、𡴍、𡴍(《性自命出》中的"性"虽然有细微的变化,但是基本上都是同样的造型),就是现代汉语中的"眚"字。《语丛》中的"性"写得较为写实,从生从目,上生下目,而在《老子》、《缁衣》、《成之闻之》、《性自命出》中则较为飘逸。2001年11月出版的《上海博物馆藏战国楚竹书》第一册中的"性"字,也写作"眚",但是,造型上已经发生了变化:𡴍(《孔子诗论》第16、20、22简)、𡴍、𡴍(《性情论》中的"性",全部写成这个样子),这可能是书写手法的不同导致的(但也可能是"省",见下文的诠释)。

①　黎靖德编,王星贤点校:《朱子语类》(二),中华书局1990年版,第455页。
②　李零著:《郭店楚简校读记》(增订本),北京大学出版社2002年版,第127页。

　　值得注意的是，上述两部出版物中，百姓的姓也写作"眚"。百姓的"姓"字，据徐灏《说文解字注笺》云："姓之本字谓生，故古通作生，其后因生以赐姓，遂为姓氏字耳。"《白虎通》又曰："姓者，生也。人所禀天气所以生者也。"故《管子·君臣上》载："道者，诚人之姓，非在人也，而圣王明君善知而道之者也。"戴望《管子校正》注曰："姓，生也。"《国语·周语中》载："而帅其卿佐，以淫于夏氏，不亦嬻姓矣乎？"韦昭注曰："姓，命也。"所以，姓与生、性，本来相通，都写作"眚"。另外，《说文解字》曰："省，视也，从眉省从屮。"由于这个"省"字在甲骨文中写作""，从屮从目，会意字；睡虎地楚简中将这个字完全写成了从生从目、上生下目的""，与郭店简中的"眚"几乎一样了。值得注意的是，在金文中，如舀鼎、盂鼎等铭文的"省"，可以通"生"。由此可见，在当时，省、眚、生、性、姓，都是相通的。

　　鉴于这种情况，我们就不能够绝对地断定这个"眚"字到底是形声字、会意字，还是假借字了。① 但是，笔者不能不提出一点疑虑，向专家们请教。从汉字之造字的表意体系角度，完全看不出这个从生从目的"眚"字有任何有关眼病的暗示。《说文解字》的"目病生翳也"的界定未必就完全囊括了先秦时期所有的义项。倒是"眚"（包括"省"字）之从生从目的上下结构，给人在理解"性"之本义上有深刻的启发。从生，表示生命，是不言自明的；从目，实际上也大有讲究。《孟子·离娄上》曰："存乎人者，莫良于眸子。眸子不能掩其恶。胸中正，则眸子了焉；胸中不正，则眸子眊焉。听其言也，观其眸子，人焉廋哉？"所以古人一开始就把"目"当成了心灵的窗户。《礼记·郊特牲》曰："目，气之清明者也。"《韩诗外传》曰："目，心之符也。"《释名》曰："目，默也，默而内识也。"都是在讲"目"与"心"有一种天然的联系。这难道就是郭店楚简与上海博物馆藏战国竹书中将"性"都写成了"眚"（省）字的原因？笔者推测，这个从生从目的"眚"字，很可能就是当时性情之"性"的本字，是后来儒家的教化势力加强之后，以从心从生的"性"字才代替了"眚"，而"眚"之本字却不好闲置，故挪作他用了。当然，这只是一种推测，没有进一步的材料作为佐证。不过笔者就此字的这一想法，向庞朴先生请教时，庞先生也说很有可能。

---

① 笔者就此向廖名春先生请教时，廖兄称此字当为假借字。

庞先生写过一篇题为《郢燕书说》的文章,专门研究郭店楚简中的心旁文字,对我们研究先秦儒家的性情思想是很有价值的。①

李天虹博士说:"郭店简里的性,并作眚,属于同音假借,本不足为奇。但郭店简从'心'之字很多,而与心颇有关联的'性'字却均用不是从'心'的同音字来替代,似乎有点特殊。"②但是,为什么特殊,李博士却没有深究。笔者也认为,这确实是特殊得很。但是,在一篇讨论"性情"的文章里面,通篇不用本字,却只是用假借字,就不是不足为奇,而是非常奇怪的事了。而且这种状况一直至少拖延到了整个先秦时代的终结。笔者认为,《性自命出》中的性,没有写成从心从生的"性",而是写成了"眚"(下文还要专门谈到,情字,时而写作"青"——，时而写作上青下心的"情"——)，关键原因在于这两个哲学范畴中蕴藏着深厚的宗教性,它们是人之所以为人的天赋性、天生之质。"性自命出,命自天降"的判断说得再清楚不过了,"性"是一种内涵在人的生命之中的,只有通过心志物取才能表现出来的生命原体,因此,它不能与后天的心志教化之"心",混同在一起。从心从生的"性"字,完全是后期的概念。傅斯年先生在其《性命古训辨证》中说,先秦时期《诗经》、《尚书》、《论语》、《左传》、《国语》、《孟子》、《荀子》、《吕氏春秋》等典籍"之言性,皆不脱生之本义。必确认此点,然后可论晚周之性说矣",这是值得商榷的观点,但是,他说在字的形体上,先秦时期并没有从心从生的"性",现在看来,十有八九是对的。③ 可是,其原因并不是他所说的"不脱生之本义",而是在于先秦时期的人们习以为常、日用而不知的"天命观"、天人观以及对人之性的独特理解。

中国先秦时期的"天命观",贯通天地神人,是儒家性情思想的灵魂,它不仅使人的精神世界具有了超越的情怀,而且即便是凡俗的伦理生活中,也赋予了它以丰富、高远的内涵,这使得人们的生活避免了枯燥与烦琐、庸俗与无味,一下子就进入豁然开朗、空明澄澈的境界。郭店楚简《性自命出》的性情思想

---

① 庞朴:《郢燕书说》,见《郭店楚简国际学术研讨会论文集》(《人文论丛》特辑),湖北人民出版社 2000 年版,第 37—42 页。

② 李天虹著:《郭店竹简〈性自命出〉研究》,湖北教育出版社 2002 年版,第 61 页。

③ 傅斯年:《性命古训辨证》,见刘梦溪主编:《中国现代学术经典·傅斯年卷》,河北教育出版社 1996 年版,第 71 页。

正说明了这一点。为了彻底把问题弄清楚,我们还得把研究的触角延伸到遥远的甲骨文与金文的时代,从头开始说起。

一、"性"范畴原始

甲骨文中没有性字,只有"生"字。"生"字在甲骨文中作 ✦,象草(✦)从地(一)下生长出来之形,属会意字。本义为名词。引申为正在生长。因此,甲骨文生与死相对而言,有活的意思:"✦✦"(生鸡)(乙 1052)"✦✦"(生鹿)(粹951)。这是用象形、会意的办法来表示一个较为抽象的意义。卜辞中,生字有时加在表示月份的月或某月之上,以表示时间,如"生月"、"生八月"、"生十一月"等,确切的意思目前尚未明了,但是表示将来时,则是肯定的。① 用生来表示时间,属于假借字。这足见甲骨文时代的人们已经认识到,生长是一个生命延续的过程,因此,生命在不同的时期就有不同的内涵。值得注意的是,这说明在甲骨文之后,从心从生的"性"字还没有出现之前,在"生"字的形体之下,人们可以随时地根据自己对生命、性情、欲望等的理解不同而赋予"生"以新的意义。也正因为如此,我们对这一时期的"生"字就不能一成不变地全部诠释为生长之生、生命之生,要具体情况具体对待。人类的认识水平是不断提高,不断发展的,认识上的不断深化,是"性",作为一个哲学上的范畴,不断丰富、并且最终出现的前提。

殷周两季的金文中没有"性"字,也只有"生"字。其字形与甲骨文的"生"字一样,只是有时多一横,作"✦"(《颂》、《齐子中姜镈》等),但是,内涵有重大的扩展:"用求考命弥生。"(齍镈)傅斯年先生以孙诒让之《古籀拾遗》、徐中舒之《金文古辞释例》为据,言此"弥生"为"祈求长生之词也"。深究当时中国文化祈求长生的历史背景,笔者以为,这应该是没有多大问题的。但是,问题在于傅先生在叙述齍镈的铭文时还说了一句"按,金文之'弥厥生'即《诗·卷阿》三见之'弥尔性'。"② 为了便于讨论,笔者现将《诗经·大

---

① 此说据赵诚编著:《甲骨文简明词典》(卜辞分类读本),中华书局1988年版,第268页。
② 傅斯年:《性命古训辨证》,见刘梦溪主编:《中国现代学术经典·傅斯年卷》,河北教育出版社1996年版,第14页。

雅·卷阿》全诗抄录于下：

> 有卷者阿，飘风自南。岂弟君子，来游来歌，以矢其音。
>
> 伴奂尔游矣，优游尔休矣。岂弟君子，俾尔弥尔性，似先公酋矣。
>
> 尔土宇畇章，亦孔之厚矣。岂弟君子，俾尔弥尔性，百神尔主矣。
>
> 尔受命长矣，茀禄尔康矣。岂弟君子，俾尔弥尔性，纯嘏尔常矣。
>
> 有冯有翼，有孝有德，以引以翼。岂弟君子，四方为则。
>
> 颙颙卬卬，如圭如璋，令闻令望。岂弟君子，四方为纲。
>
> 凤皇于飞，翙翙其羽，亦集爰止。蔼蔼王多吉士，维君子使，媚于
> 天子。
>
> 凤皇于飞，翙翙其羽，亦傅于天。蔼蔼王多吉人，维君子命，媚于
> 庶人。
>
> 凤皇鸣矣，于彼高冈。梧桐生矣，于彼朝阳。菶菶萋萋，雝雝喈喈。
>
> 君子之车，既庶且多。君子之马，既闲且驰。矢诗不多，维以遂歌。

程俊英、蒋见元先生说："这是周王与群臣出游卷阿，诗人陈诗颂王的歌。""从内容看，这是歌颂周王礼贤求士无疑。"而且对《卷阿》一诗也分析得相当透辟："全诗十章，首章以'来游来歌，以矢其音'领起，末章以'矢诗不多，维以遂歌'收束，首尾呼应，神气完足。中间八章，叙出游则祝颂并起，叙求贤则赋兴兼用，布局匀称谐调。单凭这一点，亦可证明这不是周初的创作。"[1]应该说，从诗歌之布局方式、表现手法和艺术水平来确定诗歌作品本身诞生的时代先后，这是最靠得住的结论了。这个结论的潜在话语是，由殷商之自然宗教转变成西周之伦理宗教后，"德"，作为一种上达天命的人性内涵被时代凸显了出来。殷商时期匍匐在喜怒无常的"上帝"脚下，人只能祈求上帝赐予符命，所以要祈求长生；而现在，人已经能够通过自己的努力，与"天"对话了，由于自己心中之德的显发，人的精神面貌已经大为改观（《周书·康诰》："天畏棐忱"）。所以，从思潮的发展规律来讲，在中国哲学史上，人的性情之"性"，不论是种属的概念，还是个体的概念，都已经在与"德性"精神的相互映衬之下，

---

[1] 程俊英、蒋见元著：《诗经注析》（中国古典文学基本丛书），中华书局 1991 年版，第 831—832 页。

早就诞生了,尽管这时的"性"字还写作"生",或是写作什么别的字。对此,我们只有在由善恶不分的"上帝"向劝善罚恶的"天"的转化、由百神之君的主宰之"天"向义理之"天"的转化过程中才能够真正感悟到这种时代思潮的改变。况且,《毛诗正义》把"岂弟"释为"和乐平易",历来没有任何争议。这是一个有关性情的词。反复阅读《卷阿》全诗,我们无不被它灵动飘逸、轻松和乐的气息所感染。我们知道,人之是否长寿并不能说明一个人的贤德优秀。只有具备丰富的知识、高尚的品德、高远的追求的人士才是周王要去礼遇的人。笔者在此要说明的是,既然上一句说的"岂弟君子"是讲"和乐平易"之性情的,怎么下一句又讲延长寿命呢? 既然这是一首歌颂"礼贤求士"的诗,必然就会在诗歌中始终把德性精神的追求放在显著的核心位置。所以,郑玄笺曰:"弥,终也。"又曰:"乃使女终女之性命。"虽然有不尽意处,但是,傅斯年说"此处之性字必为生字明矣","俾尔弥尔性","即谓俾尔终尔之一生"①的说法实在是与《卷阿》的文本意义有较大的距离。

二、《尚书》中的"性"

《尚书》中的"性"凡五见,《汤诰》有"惟皇上帝,降衷于下民,若有恒性,克绥厥猷惟后",《太甲》有"习与性成",《西伯戡黎》有"不虞天性,不迪率典",《召诰》有"节性,惟日其迈",《旅獒》有"犬马非其土性不畜"。其中只有《西伯戡黎》与《召诰》是今文,其他三篇都是古文。历来学者们以为,今文的真实性较大,古文的真实性较小。《汤诰》、《太甲》、《西伯戡黎》属于《商书》,根据陈来先生的《古代宗教与伦理——儒家思想的根源》一书,我们可以知道,西周人对《商书》有过重大的调整与删改,其目的是让思想都统一到西周的统治者这里来,因此,在现在的今、古文《商书》中都有一些殷人本来不可能具备的思想;另外,东周人又对所有《尚书》的内容进行过进一步的调整和改削,注入了当时的人们以为最符合他们意愿的东西。② 所以,现在我们在对

---

① 傅斯年:《性命古训辨证》,见刘梦溪主编:《中国现代学术经典·傅斯年卷》,河北教育出版社 1996 年版,第 40 页。
② 陈先生的有关论述请参见氏著:《古代宗教与伦理——儒家思想的根源》,生活·读书·新知三联书店 1996 年版,第 161—223 页。

《尚书》中的五个"性"字进行分析的时候,就不可能在时代的划分上弄得非常清楚,而且,难免就会与此后的某些思想家的思想联系起来。这是《尚书》成书过程的特殊性导致的特殊结果。

《汤诰》的"恒性"与《西伯戡黎》"天性"说的实际上是一回事,虽然这两个概念的界定角度和理论指向是不同的,后者是就人"性"之生发处着眼,前者是就人"性"之修持上着眼。但是在具体的文本中,理论的思路是一致的。"惟皇上帝,降衷于下民",《尚书正义》说:"天生烝民,与之五常之性,使有仁义礼智信,是天降善于下民也。天既与善于民,君当顺之,故下传云,顺人有常之性,能安立其道教,则为君之道。"这后面的两句,就是指的"若有恒性,克绥厥猷惟后"。孙星衍《尚书今古文注疏》在注释《西伯戡黎》之"天性"时写道:"天性,谓天命之性,仁义礼智信也。"①其思路与郭店楚简《性自命出》的"性自命出,命自天降",《中庸》之"天命之谓性,率性之谓道,修道之谓教"在思想理路上是相同的,只不过《性自命出》与《中庸》的理论更加精致罢了。降字,在先秦儒家的著作中,是一个特殊的概念,在《尚书》中居然总共用了48次之多,现选取几例如下:

> 后胥慼鲜,以不浮于天时。殷降大虐,先王不怀;厥攸作,视民利用迁。(《商书·盘庚》)

> 猷大诰尔多邦越尔御事,弗吊天降割于我家,不少延。(《周书·大诰》)

> 天降威,用宁王遗我大宝龟,绍天明。(《周书·大诰》)

> 惟天降命,肇我民,惟元祀。天降威,我民用大乱丧德,亦罔非酒惟行;越小大邦用丧,亦罔非酒惟辜。(《周书·酒诰》)

---

① 《西伯戡黎》与此有关的上下文是:"非先王不相我后人,惟王淫戏用自绝,故天弃我,不有康食,不虞天性,不迪率典。今我民罔弗欲丧,曰:'天曷不降威?'大命不挚,今王其如台?"就是说,不是先王之灵不佑助我们后人,因为您国王放纵游逸,沉湎于酒色而自绝于先王、先祖,所以皇天抛弃了我们,使我们得不到安宁的生活,大王您不能感悟到上帝的天性,不遵守常规法典。现在我们国家的人民没有不希望国家灭亡的,他们说:"上帝为什么不惩罚我们的国王呢?"天命是不可能永远眷顾我们的,现在您打算怎么办呢? 孙星衍本将"大命不挚"置于引号内,笔者以为不妥,故将其移出来,表示是西伯的话,不是"民"说的话。引号内的话是民众泄愤,引号外的话是西伯的理性总结。

　　君奭！弗吊天降丧于殷，殷既坠厥命，我有周既受。（《周书·君奭》）

值得注意的是，《尚书》中的"降"基本上都是与这些引文一样，叙述由天而降的天命灾祥、吉凶祸福的，它们说明先秦儒家天命性情的由天而下贯于人，而人又仰承于天，回旋互动的理论模式，早在《尚书》中就已经出现了。我们通过《左传》和《孟子》化解《尚书·泰誓上》中"天佑下民，作之君，作之师，惟其克相上帝，宠绥四方。有罪无罪，予曷敢有越厥志"的句子为："天生民而作之君，使司牧之，勿使失性"（《襄公十四年》）以及"天降下民，作之君，作之师。惟曰其助上帝，宠之四方。有罪无罪，惟我在，天下曷敢有越厥志"（《梁惠王下》）的细微改动，就可以深刻地了解到，《尚书》的性命由天而降，人间君、师又从而教化之，以保其天性、恒性的理路对后代的儒家有多么大的影响！①

　　"恒"字在儒家经典中有一条贯穿始终的传统，它是专门用来形容心性的。在《论语》中"恒"字凡4见："善人，吾不得而见之矣；得见有恒者，斯可矣。亡而为有，虚而为盈，约而为泰，难乎有恒矣。"（《学而》）"南人有言曰：'人而无恒，不可以作巫医。'善夫！""不恒其德，或承之羞。"子曰："不占而已矣。"（《子路》）在郭店楚简中，"恒"字除引用了上述孔子引用过的话以外，《尊德义》还有"凡动民必顺民心，民心有恒，求其永"。《性自命出》又曰："未言而信，有美情者也。未教而民恒，性善者也。"更为醒目的莫过于《孟子·梁惠王上》中的活用："无恒产而有恒心者，惟士为能。若民，则无恒产，因无恒心。苟无恒心，放辟邪侈，无不为已。及陷于罪，然后从而刑之，是罔民也。焉有仁人在位，罔民而可为也？"《尚书》中的"恒性"，在《尊德义》和《孟子》中都变成了"恒心"，我们是否可以从这种细微的变化中感受到"心"与"性"之间的某种发展、变迁的秘密，并且进而窥视先秦儒家的性情思想中，性情与教化之间日益密切的关系呢？在笔者看来，"恒性"的指向是人从天而降的本始主体，反身而诚，回归天性的纯朴与厚道；而"恒心"的指向则多侧重于后天的修为、践履和义理性的道德提升。由"恒性"而"恒心"的理论倾斜，正说明了先

---

　　①　《性自命出》之"性自命出，命自天降"，《成之闻之》之"天降大常"等，都无不是这种理路的延伸。

秦儒家教化在中国社会不断深入人心的发展。

《太甲上》曰:"兹乃不义,习与性成。"原话的意思是说,如果长期多行不义,就会影响人的性情。但是,这句话如果反过来说,那就是,如果人们长期居仁由义,修习儒家的道德礼仪,耳濡目染,就会俯仰屈伸皆合于天地之性。因此,这里的"成"字,我们不妨把它理解为相辅相成的意思,更可以视为孔子之"成人"之"成"。也就是说,性虽然上承天命,禀赋天成,非人力所能改变,但是注重教育,注重后天的习染,性,就是可以养,可以化,可以成的。《礼记·月令》曰:"习合礼乐。"可见"习"在后来的儒家那里,成了专门锻炼性情的手段。习礼、习乐,都只是途径,其目的都是习性、养情,习天地之性,养中正之情。"习与性成"与《召诰》的"节性,惟日其迈"①是相通的。习性,是为了成性,成就天地之性;而天地之性的本质在于"和"。孙星衍《尚书今古文注疏》引《吕氏春秋·重己篇》"节乎性也"之注云:"节,犹和也。性者,天命五常之性。""和",就是调和,中和,进而言之就是节制、限制,再引申、延展之就成了改造。《召诰》中的原话是"今休,王先服殷御事,比介于我有周御事,节性,惟日其迈。王敬作所,不可不敬德。"用现代汉语来表达,当为:"现在一切都还顺利,我们的大王很重视任用殷商的旧臣,要使他们亲近我们周朝的大臣。我们要节制、并且改造他们的习性,使他们的性情每天都有所改造、提升。大王要谨慎地做自己的事情,不可不敬德啊。"所以,由上下文意可知,召公的话,实际上是一箭双雕的。根据先秦时期人性思想发展的轨迹,我们不会忘记,《论语》的"礼之用,和为贵。先王之道斯为美,小大由之。有所不行。知和而和,不以礼节之,亦不可行也"(《学而》),《中庸》的"喜怒哀乐之未发,谓之中;发而皆中节,谓之和。中也者,天下之大本也;和也者,天下之达道也。

① 傅斯年在其《性命古训辨证》中说,《吕氏春秋·重己》中的"节乎性","应题'节生',其曰'节性'、曰'安性'者,后人传写,以性字代生字耳。(吕子全书皆然,详下)节性之义既如是,则《召诰》之云'节性',在原文必作节生明矣。"(见刘梦溪主编:《中国现代学术经典·傅斯年卷》,河北教育出版社1996年版,第34—35页)后人改写是有可能的。传世文献中均写作"性",而新出郭店简与上博简均写作"眚",就是证明。但问题是,傅氏以为,所有改写均由"生"而"性",这显然不符合事实;并且以此为据,又冒然曰,先秦之"性"字,均不脱"生"之本义,则大错矣!对此徐复观先生有系统而翔实的批判,请参见《中国人性论史》(先秦篇)第一章"生与性——一个方法上的问题"。徐先生的批判是中肯的。

致中和,天地位焉,万物育焉",虽然它们先后时间不同,理论层面和指向也不一样,但是,都是《尚书》"习性"、"节性"基础之上不断深化的结果。

《旅獒》"犬马非其土性不畜"中的"性"字是从物性的角度来使用的。这是应该引起我们高度注意的一个重要的现象。它的思想前提是人性与物性的对举。只有在认识到万物皆有性,狗有狗性,牛有牛性的时候,人类自己才有可能真正认识到自己的种属之"性"。《大戴礼记·易本命》曰:"万物之性各异类:故蚕食而不饮,蝉饮而不食,蜉蝣不饮不食,介鳞夏食冬蛰。龁吞者八窍而卵生;咀嚼者九窍而胎生。四足者无羽翼,戴角者无上齿。无角者膏而无前齿,有角者脂而无后齿。昼生者类父,夜生者类母。"但是,毕竟人是万物之灵长,"其天地之德,阴阳之交,鬼神之会,五行之秀气也"(《礼记·礼运》),没有对物性的考察,人性就凸显不出来,郭店楚简《语丛·一》曰:"天生百物,人为贵",此之谓也。它给予我们的理论启示在于,告子的"生之谓性"同时包括了人性与物性,它没有从人文主义的角度划分出人与禽兽的区别。它使我们从一个更为宽广的视野,更加清楚地看到,在"生之谓性"的理论涵盖下,人形同禽兽的重大缺点。这正是先秦儒家的思想者们之所以香火不断、代代相传,深入研究人之性情的理论动力。因为儒家要把人超拔出禽兽的境地,[①]用人伦精神的不断丰富与宗教信仰的超越、提升去塑造出人文化的理想人格,进而去塑造一个大同的世界。

值得一提的是,《旅獒》在此提出了"犬马"与"土性"的关系问题。推而言之,人之性情的形成,也是受到了与之相关的水土、自然环境的习染的。这是先秦儒家性情思想中的一个重要的观点,它表明了先秦儒家性情思想中人之性情与天生的水土之间的关系,它透露了天人合一思想的某些朴素的理论

---

① 从先秦时期青铜器造型由狞厉之美到理性之美的发展历史中,我们可以领略到人类逐步脱离动物界,最后进入理性天地的进程:夏代"铸鼎象物",其"各式各样的饕餮纹样及以它为主体的整个青铜器其他纹饰和造型,特征都在突出这种指向一种无限深渊的原始力量,突出在这种神秘威吓面前的畏怖、恐惧、残酷和凶狠。"战国时期青铜器之美在于,"宗教束缚的解除,使现实生活和人间趣味更自由地进入作为礼器的青铜领域。于是,手法由象征而写实,器形由厚重而轻灵,造型由严正而'奇巧',刻镂由深沉而浮浅,纹饰由简体、定式、神秘而繁杂、多变、理性化。"(李泽厚著:《美的历程》,文物出版社1981年版,第36、46—47页)这种理路与先秦儒家性情思想从"生之谓性"的观念中脱颖而出,不断人文化、理性化、中和化、与天道相融为一的发展进程是相一致的。

思想之来源。金、木、水、火、土及阴阳观念在先秦儒家性情的修养中,始终占据着重要的地位。《周易》"在天成象,在地成形"之谓,按金景芳先生的分析本来就是含括了五行思想的,①是指在天为阴阳,在地为柔刚,在人为仁义。而人之喜、怒、哀、乐、惧,德之仁、义、礼、智、信,等等,又都是阴阳、五行、八卦之各种因素彼此推化而生成的结果。落实到现实生活中,它显示了天地山川、风物习俗对人之性情铸造的影响。因此,孔子"知者乐水,仁者乐山;知者动,仁者静;知者乐,仁者寿"(《雍也》)的思想,简明之中透露着深刻,浅近之中显发着悠远,是对传统文化的充分的继承和创造性的发挥。

三、《左传》、《国语》中的"性"

《左传》中性情的"性"字凡九见。虽历代注家注疏多有称其"性"为"生"者,但是,据笔者对具体文本的认真考察,九个"性"字基本上都是性情的"性":

> 晋侯问于师旷曰:"石何故言?"对曰:"石不能言,或冯焉。不然,民听滥也。抑臣又闻之曰:作事不时,怨讟动于民,则有非言之物而言。"今宫室崇侈,民力凋尽,怨讟并作,莫保其性。石言,不亦宜乎?(《昭公八年》)

> 楚人城州来。沈尹戌曰:"楚人必败。昔吴灭州来,子旗请伐之。王曰:'吾未抚吾民。'今亦如之,而城州来以挑吴,能无败乎?"侍者曰:"王施舍不倦,息民五年,可谓抚之矣。"戌曰:"吾闻抚民者,节用于内,而树德于外,民乐其性,而无寇仇。今宫室无量,民人日骇,劳罢死转,忘寝与食,非抚之也。"(《昭公十九年》)

杨伯峻先生在上引第一个"性"子下面,根据王引之的《经义述闻》引王念孙之说"性之言生也,莫保其生,言无人能保其生活或生存",直写道:"性同生。"②这是值得商榷的。第一个"性"字,用在"怨讟并作"之后,讲的是人民面对统治者搜刮民财,骄奢淫逸的状态,不能按捺心中的愤怒,因而没有人能保其

---

① 金景芳先生说:"'在地成形','形'是什么? 我认为'形'是五行,就是水火木金土。"(见《〈周易·系辞传〉新编详解》,辽海出版社 1998 年版,第 6 页)

② 杨伯峻编著:《春秋左传注》(修订本 四),中华书局 1981 年版,第 1300、1405 页。

"天性"之常。愤怒之极,自然就会丧失天生之"恒性",所以才有下面叔向所说的话:"子野之言,君子哉! 君子之言,信而有征,故怨远于其身。小人之言,僭而无征,故怨咎及之。《诗》曰:'哀哉不能言,匪舌是出,唯躬是瘁。哿矣能言,巧言如流,俾躬处休。'其是之谓乎? 是宫也成,诸侯必叛,君必有咎,夫子知之矣。""怨谤"到极点,就是反"叛",在统治者看来,这就是丧失天性。可见,《左传》并不是在"生活或生存"的层面上来用"性"。第二个"性"字,用在"节用于内,而树德于外"的"节用"与"树德"内外双修的语境中,而且与"无寇仇"相对而出,这明明是在讲性情,讲的是由修养内外德行,以达到移风易俗、"民乐其"天地之"性"的目的。或曰,此引文中有一"抚"字,此为抚养、抚爱、抚恤义,故"抚民"者,养民也。则此"性"同生命之"生"、"生活之生"。但是笔者以为,此言差矣! 抚民之谓,固然有抚养之义,但是,教化百姓,体恤苍生,身体的温饱固然重要,可精神的提升对于一个道德昌明的国家来讲则更为重要,所以,这里的"抚民",我们也可以从儒家教化的层面上来理解,它意在修养人民的德性、培护社会的良心,加强社会的凝聚力,同心同德,一致对外。

《左传》中还有两次用到"天地之性",而且根据上下文来分析,其中的思想所来有自,具有先秦儒家深厚的根源,值得我们深究:

> 师旷侍于晋侯。晋侯曰:"卫人出其君,不亦甚乎?"对曰:"或者其君实甚。良君将赏善而刑淫,养民如子,盖之如天,容之如地。民奉其君,爱之如父母,仰之如日月,敬之如神明,畏之如雷霆,其可出乎? 夫君,神之主而民之望也。若困民之主,匮神乏祀,百姓绝望,社稷无主,将安用之? 弗去何为? 天生民而立之君,使司牧之,勿使失性。有君而为之贰,使师保之,勿使过度。是故天子有公,诸侯有卿,卿置侧室,大夫有贰宗,士有朋友,庶人、工、商、皂、隶、牧、圉皆有亲昵,以相辅佐也。善则赏之,过则匡之,患则救之,失则革之。自王以下各有父兄子弟以补察其政。史为《书》,瞽为《诗》,工诵箴谏,大夫规诲,士传言,庶人谤,商旅于市,百工献艺。故《夏书》曰:'道人以木铎徇于路。官师相规,工执艺事以谏。'正月孟春,于是乎有之,谏失常也。天之爱民甚矣,岂其使一人肆于民上,以从其淫,而弃天地之性? 必不然矣。"(《襄公十四年》)

子大叔见赵简子，简子问揖让、周旋之礼焉。对曰："是仪也，非礼也。"简子曰："敢问，何谓礼?"对曰："吉也闻诸先大夫子产曰：'夫礼，天之经也，地之义也，民之行也。'天地之经，而民实则之。则天之明，因地之性，生其六气，用其五行。气为五味，发为五色，章为五声，淫则昏乱，民失其性。是故为礼以奉之：为六畜、五牲、三牺，以奉五味；为九文、六采、五章，以奉五色；为九歌、八风、七音、六律，以奉五声；为君臣上下，以则地义；为夫妇外内，以经二物；为父子、兄弟、姑姊、甥舅、昏媾、姻亚，以象天明，为政事、庸力、行务，以从四时；为刑罚威狱，使民畏忌，以类其震曜杀戮；为温慈惠和，以效天之生殖长育。民有好恶、喜怒、哀乐，生于六气。是故审则宜类，以制六志。哀有哭泣，乐有歌舞，喜有施舍，怒有战斗；喜生于好，怒生于恶。是故审行信令，祸福赏罚，以制死生。生，好物也；死，恶物也。好物，乐也；恶物，哀也。哀乐不失，乃能协于天地之性，是以长久。"简子曰："甚哉，礼之大也!"对曰："礼，上下之纪、天地之经纬也，民之所以生也，是以先王尚之。故人之能自曲直以赴礼者，谓之成人。大，不亦宜乎!"简子曰："鞅也，请终身守此言也。"(《昭公二十五年》)

笔者以为，《左传》的这两段话，其思想的根源仍然是《尚书·泰誓上》中"天佑下民，作之君，作之师，惟其克相上帝，宠绥四方。有罪无罪，予曷敢有越厥志"，其思想的理路是一样的。在上文笔者通过对"降"字的分析，已经指出，先秦儒家天命性情的由天而降，下贯于人，而人又仰承于天的理论模式，早在《尚书》中就已经出现了。也就是说，《尚书》以来的这种天命性情由上而下贯注于人的模式是以思想体系的形态从根本上贯注于《左传》的思想之中的。《左传》的思想前提是，人的性命是由天而降的，因此，人的"性"也是上天铸就的。上天不仅"生民"，造就了人的生命、筋血骨肉，而且也随之赋予了自然的天"性"，这种"性"是人的天生之质，是天地造化、阴阳交会、六气鼓荡、五行相生而激荡出的灵性之物，具有与生俱来的善质。上承天命，担负着治理国家、人民的君师、有司之首要的任务就是以身作则，"勿使过度"，"勿使失性"，广开言路，体察民情，广泛地实行教化，进而使人民勿"失其性"，"乃协于天地之性"。作者以为这是治国安邦、长治久安的根本法宝。如果仔细地对照上面《左传》的引文，我们惊奇地发现，《汤诰》的"惟皇上帝，降衷于民，若有恒性，克绥厥惟后"、《太甲》的"习与性成"、《西伯戡黎》的"不虞天性,不迪率典"、《召诰》的"节性,惟日其迈"以及《旅獒》的"犬马非其土性不畜"与之在思想的本质上是完全一致的,或者更为确切地说,是《尚书》性情思想合乎逻辑的发展。

上面这两段引文,展示了先秦儒家的性情思想,是与其天人之学、伦理学、教化理论、政治学互为唇齿、互相依持、彼此裹挟在一起的。理论形态的混沌性、互渗性,使我们看到在先秦儒家思想主导下的社会形态中,性情思想是重视社会政治、伦理教化的归宿。把丧失"天地之性"看成是国家败亡、丢失禄命的关键原因,把人的生死、好恶、哀乐全部与天地之性相结合,从人学的总体结构上来讲,实际上是给人的性情世界中注入了宗教性的、形上性的质素,并且由此而丰富了人之所以为人的精神世界。

上面《昭公二十五年》的引文,在当时生产力发展水平的基础上,广泛吸收了天文学、音乐、阴阳五行的研究成果,以"礼"为修习之由,以"协于天地之性"为终极的目的,全部拿来为扩充人的精神内涵服务。性情的"性",作为一个人学的概念,在这里已经发展得非常成熟,它涵盖天地万物,十分廓大、丰富,象天之明、因地之性,法天经、则地义,从四时、制六志,哀乐不失,天人合一。特别是它把"礼"与"性"作为一个矛盾的统一体提了出来,尤为引人注目(虽然这个"礼"似乎与《周礼》、《仪礼》中的"礼"不同,具有泛化的性质)。很明显,这里的"礼"并不是束缚人的桎梏,而是由《尚书·召诰》"节性,惟日其迈"之"节"发展而来的一个"和"字。性情之"和"的精神,在孔子《论语》与子思子《中庸》之中有透彻的阐发,上文已有引述,下文还有详细的论证,但是,"礼,上下之纪、天地之经纬也,民之所以生也,是以先王尚之。故人之能自曲直以赴礼者,谓之成人"之谓,言人本其性情以赴礼,性与礼相摩相荡、相辅相成、相生相克,以成就人之所以为人者,乃深得先秦儒家人学之精神!

《左传》中还有"小人之性"的说法,这是先秦儒家"君子之性"的反面:

> 许灵公如楚,请伐郑,曰:"师不兴,孤不归矣!"八月,卒于楚。楚子曰:"不伐郑,何以求诸侯?"冬十月,楚子伐郑。郑人将御之,子产曰:"晋、楚将平,诸侯将和,楚王是故昧于一来。不如使逞而归,乃易成也。夫小人之性,衅于勇,啬于祸,以足其性而求名焉者,非国家之利也。若何

从之?"子展说,不御寇。(《襄公二十六年》)

杨伯峻先生注云:"釁即釁隙之釁,见有釁隙,则凭血气之勇,应曰勇于釁,此倒其句,言曰釁于勇。嗇,贪也。小人惟恐不乱,……,古嗇于祸,即贪祸之义。"①孔颖达疏引《正义》曰:"郑国勇夫皆欲御寇败楚,以成己名,故子产为此言以破之。夫此郑国欲得战者,小人之性奋动于勇贪于祸乱,冀得战斗以足满其性,而自求成武勇之名焉。欲得御寇者,皆自为其身,非为国家之利也。"②由此可知,"足其性而求名焉"的"性"字,当为"欲望"义。《左传》作者把不考虑国计民生,而一味争强斗狠,以成武勇之名的人的"性"视为"小人之性"。从国家的长治久安来衡量人性的正与偏,究其实,仍然是在论述人性在调整欲望、情感与外物的诱惑之间何以摆正自己的位置。

《国语》也有相同性质的论述:"君子不自称也,非以让也,恶其盖人也。夫人性,陵上者也,不可盖也。求盖人,其抑下滋甚,故圣人贵让。"(《周语中》)盖,掩也。徐元诰先生云:"如能在人上者,人欲胜陵之也,故君子尚礼让而天下莫敢陵也。"欲掩盖人之美者,人必弃君而陵上,此人性之必然也。"是则圣人知民之不可加也。故王天下者,必先诸民,然后庇之,则能长利。"(同上)徐元诰先生又云:"先诸民,先求民志也。庇,犹荫也。言王者先安民,然后自庇荫也。长利,长有福利也。"③这种思路并没有脱离《尚书·周书》相关思想的轨道。

但是,《国语》关于"正其德而厚其性"、"利器明德,以厚民性"、"膏粱之性"的思想,却更具有具体而微的指导意义:

先王之于民也,懋正其德而厚其性,阜其财求而利其器用,明利害之乡,以文修之,使务时而避害,怀德而畏威,故能保世以滋大。(《周语上》)

公属百官,赋职任功,弃责薄敛,施舍分寡。救乏振滞,匡困资无。轻

---

① 杨伯峻编著:《春秋左传注》(修订本 三),中华书局1981年版,第1123页。

② 《春秋左传正义》(卷三十七),见阮元校刻:《十三经注疏》,中华书局1980年版,第1992页。

③ 徐元诰撰:《国语集解》,中华书局2002年版,第75页。

关易道,通商宽农。懋穑劝分,省用足财。利器明德,以厚民性。举善援能,官方定物,正名育类。(《晋语四》)

　　夫膏粱之性难正也,故使惇惠者教之,使文敏者导之,使果敢者谂之,使镇靖者修之。惇惠者教之,则遍而不倦;文敏者导之,则婉而入;果敢者谂之,则过不隐;镇靖者修之,则壹。(《晋语七》)

徐元诰先生注"懋正其德而厚其性"曰:"懋,勉也。性,情性也。"又注"利器明德,以厚民性"曰:"明德,明德教。厚民性,厚其情性。"①可见,上引三例中的"性",都是性情的"性"。毫无疑问,《国语》对人性的认识已经相当深刻了。第一,作者认为"厚民性",首先要满足人民基本的生活要求,统治者必须"救乏振滞,匡困资无",人民才有可能"懋穑劝分,省用足财、利器明德",在此基础之上,人民"厚性"才成为可能。在"厚性"的基础上,"善"与"能",才真正能够"举"、"援"得起来。第二,上引三例的思想中,都不脱"懋正其德"的教化模式,"懋正其德而厚其性","利器明德,以厚民性",最终的归宿只能是以仁、义、礼、智、信的道德原则取代性情的原始质朴内涵。可为什么又以"厚"饰"性"呢?笔者以为这个"厚",就是淳厚、厚实、厚道的"厚",就是说,仁义礼智信之德,本来就来自天道,故与人的天性毫无悬隔之处,是先天之质朴、淳厚,与后天之道义的统一。第三,"夫膏粱之性难正也",是一句对人性有深刻体察的肺腑之言。但是,作者"教之,导之,谂之,修之"的教化路径已经设计得相当精密,提出了对教者、导者的德性要求,对修养性情的过程中微妙的心理也刻画得比较准确。这是很可贵的,这似乎与《荀子》之修身养性、治气养心之术已经相去不远了。②

　　值得重视的是,在上面的引文中,《左传》提出了"民有好、恶、喜、怒、哀、乐,生于六气"的命题,又曰:"六气曰阴、阳、风、雨、晦、明也。"阴阳六气的生化流行,在《左传》作者看来可以分毫不爽地影响人的一切:"分为四时,序为

----

① 徐元诰撰:《国语集解》,中华书局 2002 年版,第 2、350 页。

② 《荀子·修身篇》曰:"治气养心之术:血气刚强,则柔之以调和;知虑渐深,则一之以易良;勇胆猛戾,则辅之以道顺;齐给便利,则节之以动止;狭隘褊小,则廓之以广大;卑湿、重迟、贪利,则抗之以高志;庸众驽散,则刦之以师友;怠慢僄弃,则炤之以祸灾;愚款端悫,则合之以礼乐,通之以思索。"

五节,过则为灾。阴淫寒疾,阳淫热疾,风淫末疾,雨淫腹疾,晦淫惑疾,明淫心疾。"(《昭公元年》)我们不妨把它视为在探讨人性的原始。令人醒目的是,《昭公二十五年》的"哀有哭泣,乐有歌舞,喜有施舍,怒有战斗;喜生于好,怒生于恶"中,哀、乐、喜、怒、好、恶,似乎并不是指的"情",而是指的"性"。郭店楚简《性自命出》中有"喜、怒、哀、悲之气,性也。"(第2简)《性自命出》比《左传》更加理论化、抽象化,但是没有《左传》讲得那么全面。《左传》首先是在探讨人性的来源,把天道的变化与人性的各种表现结合起来,进而再描述"情"何以从"性"中表露出来。这与《性自命出》是可以互相诠释的。通过《左传》这种探讨性情的思想路径,我们可以看到,《左传》与《性自命出》以气论性的做法,与生命的起源是联系在一起的,所以,这种性论与告子的"生之谓性"似乎有什么关系。尤其是,孔子"性相近也,习相远也"(《阳货》)的判断,可能与《左传》、《国语》有同样的理论背景,也有"生之谓性"的影子,不过,孔子的思想承上启下,开创了儒家礼乐教化的新时代,被孟子与荀子发扬光大了。拙著将在以后的各章中对此逐步展开论述。

第四节　说　情

由于近些年来有关"性情"思想的简帛文献的一再现世,"情",这一重要的哲学范畴越来越引起了学界的关注。引起人们广泛关注的原因,并不仅仅在于它的重要性,更在于对它本身理解的歧义性。由于在探讨这一概念时,大家研究的角度不同,探讨的层面也不一样,因此,人们对"情"之内涵与外延的挖掘程度也是不一样的。笔者认为,有必要对目前相关的研究成果,站在先秦思想史,特别是儒家哲学史的高度作一次鸟瞰性的学术表述,以便努力地找出其中的条理性、相通性和内在必然性。

一、"情"范畴原始

仅仅从传世文献来看,先秦儒家历来就是极端重视"情"的。《尚书·禹夏书·大禹谟》曰:"惟德动天。"这个"德"字,从性情思想的角度上讲,就是

《禹夏书·皋陶谟》的"九德"。所谓"九德"就是"宽而栗,柔而立,愿而恭,乱而敬,扰而毅,直而温,简而廉,刚而塞,强而义"。孙星衍疏曰:"宽绰近缓而能坚栗,柔顺近弱而能对立,愿悫无文而能谦恭,治事多能而能敬慎,驯扰可狎而能果毅,耿直不挠而能温克,简大似放而能廉约,刚者内荏而能充实,发强有为而能良善,此似相反而实相成,五行生克之用,圣人发阴阳以治性情之学也。"①"惟德动天"的"天",在《皋陶谟》中有一个很著名的解释:"天聪明,自我民聪明;天明畏,自我民明畏。"原来,这个语境中的"天",就是"我民"。如此,"惟德动天"就是以仁义之德,性情之真赢得民心,打动民心,说到底就是以情动人。一方面对"情"有准确的认识,另一方面又不排情,因势利导,以"德"治"情",其目的就是要所谓的"大人、君子"能够体察人民的疾苦。《大戴礼记·哀公问》曰:"所谓贤人者,好恶与民同情。"《礼记·礼运》的相关思想更加深刻:

> 故人者,天地之心也,五行之端也,食味、别声、被色而生者也。故圣人作则,必以天地为本,以阴阳为端,以四时为柄,以日星为纪,月以为量,鬼神以为徒,五行以为质,礼义以为器,人情以为田,四灵以为畜。以天地为本,故物可举也。以阴阳为端,故情可睹也。以四时为柄,故事可劝也。以日星为纪,故事可列也。月以为量,故功有艺也。鬼神以为徒,故事有守也。五行以为质,故事可复也。礼义以为器,故事行有考也。人情以为田,故人以为奥也。四灵以为畜,故饮食有由也。何谓四灵?麟、凤、龟、龙谓之四灵。故龙以为畜,故鱼鲔不淰。凤以为畜,故鸟不獝。麟以为畜,故兽不狱。龟以为畜,故人情不失。

"食味、别声、被色而生者也",这是对人的生命特质进行的界定,圣人的教化标准是"必以天地为本,以阴阳为端,以四时为柄,以日星为纪",打通天地神人、天道与人道之间的隔限,最后又落脚在人道之上:"以天地为本,故物可举也。以阴阳为端,故情可睹也。以四时为柄,故事可劝也。以日星为纪,故事可列也。月以为量,故功有艺也。鬼神以为徒,故事有守也。五行以为质,故事可复也。礼义以为器,故事行有考也。人情以为田,故人以为奥也"。善言

---

① 孙星衍撰:《尚书今古文注疏》(上),中华书局1986年版,第80页。

天者,必有征于人。从"食味、别声、被色而生",到圣人"以天地为本","人情以为田"的教化思路,笔者已经看到,《礼运》对人之"情"的评价并不高。天地、阴阳、四时、日月、鬼神、五行、礼义、四灵都是为了在"人情之田"上苦心耕作而精心设置的。①《礼运》又云:"圣王修义之柄,礼之序,以治人情。故人情者,圣王之田也,修礼以耕之,陈义以种之,讲学以耨之,本仁以聚之,播乐以安之。"圣人为什么要对"人情""耕之、种之、耨之、聚之、安之"?关键是当时的经典作家们大多以为,人之"情",走血气心知之路,难以把握,稍不留神就会流于偏失。先秦时期的各种经典中类似的记载是很多的:

　　隐情奄恶,蔽陷其上。(《晏子春秋·内谏篇上》)

　　好其色,必授之情。彼得其情以厚其欲,从其恶心,必败国且深乱。(《国语·晋语一》)

　　因人之情而为之节文,以为民坊者也。(《礼记·坊记》)

　　辞不越情,情不越义。(《孔丛子》)

　　人情不二,故民情可得而御也。审其所好恶,则其长短可知也;观其交游,则其贤不肖可察也;二者不失,则民能可得而官也。(《管子·权修》)

　　夫民有血气心知之性,而无哀乐喜怒之常。(《礼记·乐记》)

---

　　① 笔者以为,先秦时期的哲学家们之所以非常注重对人之情的研究,关键还是出于对人才的选用与管理,因为"夫民有血气心知之性,而无哀乐喜怒之常"(《礼记·乐记》),很难捉摸,况且,"人之情,食欲有刍豢,衣欲有文绣,行欲有舆马,又欲夫徐财蓄积之富也;然而穷年累世不知不足,是人之情也"(《荀子·不苟》),人们往往因一己之私,"隐情奄恶,蔽陷其上"(《晏子春秋·内谏篇上》)"生民有雾阳,人有多隐其情,饰其伪,以赖于物,以攻其名也。有隐于仁质者,有隐于知理者,有隐于文艺者,有隐于廉勇者,有隐于忠孝者,有隐于交友者。如此者不可不察也。""小施而好大得,小让而好大事,言愿以为质,伪爱以为忠,面宽而貌慈,假节以示人,故其行以攻其名。如此者隐于仁质也。"(《大戴礼记·文王官人》)。于是先秦时期君主对臣下的审查就非常细密:"父子之间观其孝慈,兄弟之间观其和友,君臣之间观其忠惠,乡党之间观其信诚。省其居处,观其义方,省其丧худ,观其贞良,省其出入,观其交友,省其交友,观其任廉。设之以谋以观其智,示之以难以观其勇,烦之以事以观其治,临之以利以观其不贪,滥之以乐以观其不荒,喜之以观其轻,怒之以观其重,醉之酒以观其恭,从之色以观其常,远之以观其不二,昵之以观其不狎,复征其言以观其精,曲省其行以观其备,此之谓观诚。"(《逸周书·官人》,《大戴礼记·文王官人》中也有类似的记载)

笔者过去误以为,在先秦时期,除了老子、庄子以外,①先秦各家各派似乎都认为"情"在人性中是一种负面影响的因素。但是,郭店楚简的问世,改变了笔者的看法。在本节中,笔者试图以历史发展的轨迹为线索,把"情",作为一个重要哲学范畴的演变过程展现出来,努力探究"情"在内涵与外延上的转变规律,以及这种演变的过程对中国哲学史,特别是中国性情思想史的影响,以就教于专家。

根据郭店楚简,我们知道,至少在公元前 300 年以前,②性情的"情"字在形体上还没有定型。时而写作"青(㳠)",③时而写作"情(㥁)"(上青下心)。再根据甲骨文与金文,我们还知道,"青"字的出现要比"情"字的出现早得多,实际上,"青"就是"情"的本字。"青"字之是否已经出现于甲骨文中,现在还不能肯定。笔者目前发现之确凿的"青"字,首见于西周金文"䒼"(墙盘),从生,井声。本义为草之青色。或作"䒺"(吴方彝)。《说文》曰:"青,东方色也。木生火,从生丹。丹青之信言必然。"许慎这里"丹青之信言必然",是说"青"字本身还有显明、显示的意思,所以,段玉裁注曰:"俗言信若丹青,谓其相生之理有必然也。"④郭店楚简中的"情"有时仍然写作"青",透露了"青"字的意义指向。正如"生"与"性"之间的演变过程,显示了人性的概念之内涵与外延不断扩展一样,"青"在引申为情感之"情"后的很长时间里,可能一直写作"青",而真正的从心从青之"情"字则是随着人的内涵被逐渐认

---

①　老、庄将"性命之情"与具体的喜、怒、哀、乐分开对待,认为前者是"善"的,而后者是"恶"的,与郭店楚简中的相关思想比较接近。庄子曰:"人之不以好恶内伤其身,常因自然而不益生也。"(《庄子·内篇·德充符》)"悲乐者德之邪,喜怒者道之过,好恶者德之失。"(《庄子·外篇·刻意》)郭店楚简《性自命出》云:"凡用心之躁者,思为甚。用智之疾者,患为甚。用情之至者,哀乐为甚。用身之弁者,悦为甚。用力之尽者,利为甚。目之好色,耳之乐声,鬱陶之气也,人不难为之死。"(郭店楚简《性自命出》第 42—44 简)但是,前者的理论归宿是"有人之行,无人之情"(《庄子·内篇·德充符》),纯任自然,而《性自命出》的理论归宿却是以礼乐节之,"身以为主心"(第 67 简)。

②　李学勤先生指出:"包山一、二号墓及郭店一号墓估计都不晚于公元前三〇〇年。说郭店一号墓是公元前四世纪末的墓葬,是合适的。"[《先秦儒家著作的重大发现》,见《郭店楚简研究》(《中国哲学》第二十辑),辽宁教育出版社 1999 年版,第 13 页]

③　2003 年 12 月由上海古籍出版社出版的《上海博物馆藏战国楚竹书》(第三册)《中弓》一文中的"情"字也写作"青"(第 20 简)。

④　段玉裁注:《说文解字注》,浙江古籍出版社 1998 年版,第 215 页下。

识之后,特别是在儒家教化盛行之后才从"青"字里面逐步分化出来的。

值得注意的是,"生"的本义是草生于地,"青"则为"生"(所生植物的颜色)之显现。从"生"与"青"的本义来讲,从形体到意涵,我们都可以看到,这本来是一对孪生的姐妹,"生"是"青"的本体,"青"是"生"的表现形式;青为生质,生由青显,生、青互证。这两个原始的字,似乎从它们诞生的那一天开始,就已经奠定了日后"性"与"情"之间互动的基调。徐复观先生指出:"在先秦,情与性,是同质而常常可以互用的两个名词。在当时一般的说法,性与情,好像一株树生长的部位。根的地方是性,由根伸长上去的枝干是情;部位不同,而本质则一。所以先秦诸子谈到性与情时,都是同质的东西。人性论的成立,本来即含有点形上的意义。"①所谓"形上的意义",指的就是所谓终极关怀。就是说,先秦时期的"性"与"情"的思想不仅刻画出了心性的渊源,而且也概括了人之所以为人的终极意义和目的,它从本体论的角度指出了终极的实体与原因,它是人由之生化而又向之复归的始基,是人之生命的奥秘和底蕴。因此,郭店楚简的出土,为我们提供的并不仅仅是探讨性与情两个字形体上的起源与构造的机会,更重要的是,它为我们再一次反思先秦儒家人学思想的宗教性,提供了契机。

中国先秦时期的传世文献中,"情"字的意涵绝大多数并不是情感的"情",而是情实、质实的意思:"鲁有名而无情,伐之必得志焉。"(《左传·哀公八年》)"与人交,多伪诈,无情实,偷取一切,谓之乌集之交。"(《管子·形势解》)"慎维深思,内观民务,察度情伪,变观民能,历其才艺,女维敬哉。"(《大戴礼记·文王官人》)丁四新博士最近撰文指出:"目前关于郭店楚简《性自命出》篇的'情'大概有三种意见,第一种意见说此'情'是情感义;第二种看法认为它既有情实义,又有情感义;第三种观点认为'情'属于此性与外在世界相关连接的有倾向的反应,并且具有强烈的情感意味。"②这种思想的游弋不定,或者说左右摇摆的状态,增加了目前人们理解的难度。这种情况反映在"情"字的书写上,就时而写作"青",时而写作"情"了。

---

① 徐复观著:《中国人性论史》(先秦篇),台湾"商务印书馆"1969 年版,第 233 页。
② 丁四新著:《论郭店楚简"情"的内涵》,待刊。此文为丁四新博士从美国哈佛大学给笔者寄来的 E-mail 文本。

郭店楚简中把"情"字写作从青从心，上青下心的情的地方就很多了：✦（《性自命出》第 29 简）、✦（《语丛·一》第 31 简）、✦（《语丛·二》第 1 简，共四例）、上海博物馆藏《战国竹书·缁衣》中的这个字写作✦，较为特别）。① 同样的造型我们在长沙马王堆帛书《老子》（甲一二一）中也看到过，写作✦，很明显，这个情字是发展到后来的、比较规范化后的造型。从郭店竹简到马王堆帛书，这个字大致差不多，都是从青从心，上青下心，很富于直观性。② 这个上下结构的原始造型，使我们一眼就看出，这是一个表示心理情绪的字，其本义就是由内心直接显明、表现出来的情绪、情感。③ 因此，《礼记·礼运》所称"何谓人情？喜、怒、哀、惧、爱、恶、欲，七者弗学而能"，"情"字的本义已经演化为可以抽象概括所有具体情感的表现形式了。"弗学而能"者，天生之质也。可见，《礼运》的作者是在强调"情"也是人与生俱来的本性。《荀子·正名》曰："性之好、恶、喜、怒、哀、乐谓之情。"直接称谓情是性之好恶、喜怒、哀乐的显发。虽然从整个的判断来看，可以直接断定，性就是情，但是，毕竟情是性的表现形式，二者已经有了根本的区别。

---

①　马承源先生主编的《上海博物馆藏战国竹书》（一）之《孔子诗论》、《缁衣》和《性情论》三篇文章中所有的"情"字，毫不例外地均为从青从心、上青下心的结构形式，与郭店楚简中时而写作"青"，时而又写作的"情"的状态是不一样的，这也许可以说明上海博物馆藏战国竹书（至少上述三篇）的书写年代，比郭店楚简的书写时代晚。

②　《大戴礼记·文王官人》曰："喜色油然以生，怒色拂然以侮，欲色呕然以偷，惧色薄然以下，忧悲之色萦然而静。诚智必有难尽之色，诚仁必有可尊之色，诚勇必有难慑之色，诚忠必有可亲之色，诚絜必有难污之色，诚静必有可信之色。"由内而外，内在之情必显发于色，算是对上青下心之造型的诠释。

③　现代心理学家的试验表明，人类的表情比他们的言语更富于真实感。"心理学家阿尔伯特（Albert）研究了使用英语的人们交往现象后，惊奇地发现，在日常生活中，55%的信息是靠非言语表情传递的，38%的信息是靠言语表情传递的，只有 7%的信息才是靠言语传递的。国外有人分析了上百万份资料，也做过类似的统计：在日常生活中，人们平均每一句话只用 2.5 秒钟，平均每天只讲 10—11 分钟话，而大量的信息交流是靠非言语表情承担的。在两人以上的互动场合中有 65%的'社会意义'是通过非言语表情的交流方式传递的。"而脸部表情则最为丰富、复杂、直观、真实。另外，现代人类学也证明，原始人类极为重视人的表情，把它们视为人们心灵秘密的真实显现。大约古人生活简单，情感世界质朴纯真，比不得现代人的复杂。（卢家楣等主编：《心理学》，上海人民出版社 1998 年版，第 302 页）《大戴礼记·文王官人》、《逸周书·官人》等古籍都有大量例证说明这一点。

二、"情"范畴各种义项的梳理

由于"青"字与"生"字一开始就是一对孪生的姐妹,所以当它们作为一对农业性的名词,被引申进性情思想的世界里来的时候,实际上它们具有比喻义。生,是天生之实体,而青,则为它的质实显现,它具有直观、清晰、原初、真实的特征,没有丝毫的虚假、做作成分。因此,当翻开先秦时期诸子百家的文献时,我们发现"情"(青)字在很多情况下,为"质实"义:

尺寸寻丈者,所以得长短之情也。(《管子·立政》)

循名而督实,按实而定名。名实相生,反相为情。(《管子·九守》)

无问其名,无窥其情,勿固自生。(《庄子·在宥》)①

礼乐之情同,故明王以相沿也。(《礼记·乐记》)

虚静无为,道之情也;参伍比物,事之形也。(《韩非子·杨㩲》)

在先秦文献的一些语境中,"情"虽然是相对于"性"提出的一个有关性情思想的概念,"情"从属于"性",是"性"的表现形式,但是,在有些具体的文献表述过程中,由于它的"质实"义,转用在"性"、"命"之上,就成了"性命之情"。不过,这个"情"字与"性情"的"情"(情感)有距离,是一种自然而然的"真"、"实":

上神乘光,与形灭亡,此谓照旷。致命尽情,天地乐而万事销亡,万物复情,此之谓混冥。(《庄子·天地》)

古之治道者,以恬养知;生而无以知为也,谓之以知养恬。知与恬交相养,而和理出其性。夫德,和也;道,理也。德无不容,仁也;道无不理,义也;义明而物亲,忠也;中纯实而反乎情,乐也;信行容体而顺乎文,礼也。礼乐遍行,则天下乱矣。彼正而蒙已德,德则不冒,冒则物必失其性也。(《庄子·缮性》)

乐也者施也,礼也者报也。乐,乐其所自生,而礼反其所自始。乐章德,礼报情反始也。(《礼记·乐记》)

凡礼始于脱,成于文,终于隆。故至备,情文俱尽;其次,情文佚兴;其

---

① 本书中所有《庄子》引文,均摘自郭庆藩撰的《庄子集释》(中华书局 1961 年版),后不再注。

下,复情以归大一。(《大戴礼记·礼三本》)

学者所以反情治性尽才者也,亲贤学问,所以长德也,论交合友,所以相致也。(《说苑·建本》)①

在第一例中,"命"与"情"直接相接,而且是由"致命"而"尽情","致命"是第一步,"致命"是"尽情"的途径。这两个"情"字,都不能简单地释为"情感"的"情",按照庄子的理论体系,这两个"情",虽然不能不说有"(真)情"的层面,但是笔者以为,最好是释为"真",就是"自然而然"。在第二例中,"性"可以"和理"而"出",而"情"则是"性命之情"的"情","中纯实而反乎情"的"中纯实",指内在的性情之端悫、纯实,对自然之"真"的回归。在第三例中"报情"与"反始"为互文,情就是始,始就是情,当然是人最原初的天赋之灵。第四例中的"复情以归大一",同见于《荀子·礼论》。王聘珍诂《大戴礼记》曰:"复情以归大一,谓反本修古,不忘其初者也。"王先谦解《荀子》曰:"虽无文饰,但复情以归质素,是亦礼也。""质素"当然指的是人之原初的性命之始源。而在第五例中,"情"、"性"、"才"相辅相成,你中有我,我中有你,虽然情、性、才各有指向的偏重点,但是,在这里似乎更注重三者的原初义。在这一组例证中,虽然"情"为质实义,似乎与性情的"情"没有多大关系,但是,上文已经说了,"情"字的原形为"青",是"生(性)"的显现形式,因此,我们就不可能完全把在这个语境中的"情"与性情之"情"字分开了。没有这么一个最基本的理解,我们就无从知道《庄子》为什么要把"性命之情"作为生命最纯真、最本原的理想究竟去呵护、去追求;当然也就无从知道,"情"的"质实"为什么能够与"情"的其他义项沟通。

"质实"运用在性情思想之中,就会基于"青"的本义(青为生质,此"质"为材质、填充料),对人性之"情"进行准确的概括,就出现了"情实"义。"质实"往往指事物,而"情实"往往是针对性情、人品、德性而言:

言实之士不进,则国之情伪不竭于上。(《管子·七法》)

中无情实,则名声恶矣。(《管子·形势解》)

---

①　刘向的《说苑》本来是西汉时期写成的,但是,根据李学勤先生的论证,它是一本古代圣人之言之事的儒家著作汇编,从中可以窥测到很多先秦时期原始著作的某些思想与状态。(见其《古文献丛论》,上海远东出版社 1996 年版)这里的引文仅供参考用。

> 与人交,多诈伪,无情实,偷取一切,谓之乌集之交。(《管子·形势解》)

> 君子反古复始,不忘其所由生也,是以致其敬,发其情,竭力从事,以报其亲,不敢弗尽也。(《礼记·祭义》)

> 面誉者不忠,饰貌者不情。(《大戴礼记·文王官人》)

> 泰氏其卧徐徐,其觉于于。一以己为马,一以己为牛。其知情信,其德甚真,而未始入于非人。(《庄子·应帝王》)

于是,由质实、情实,引申出"情理"就顺理成章了:

> 敬为上,哀次之,瘠为下。颜色称其情,戚容称其服。(《礼记·杂记》)

> 三年之丧,何也?曰:称情而立文,因以饰群,别亲疏贵贱之节,而弗可损益也。(《礼记·三年问》)

> 小大之狱,虽不能察,必以情。(《左传·庄公十年》)

> 令国子以情断狱。(《管子·匡君大匡》)

> 国之所以乱者,废事情而任非誉也。(《管子·明法解》)

> 乱天之经,逆物之情,玄天弗成,解兽之群而鸟皆夜鸣,灾及草木,祸及止虫。意!治人之过也。(《庄子·在宥》)

值得注意的是,先秦诸子百家的传世经典文献中,"情"字多用作质实、情实、情理,但是,它的本义来自"生",它天生地具有显明、显示的品质,因此,情感的因素始终是它不可替代的重要义项。尤其不可忽略的是,古人的生活简单、质朴,性情淳厚、耿介、忠诚、真实,极少人为的虚假与做作。因此,古人认为,情,只需要用"青"字来表达。从心从青的"情"字,是经过了人的"心"过滤、思考过的并非本原的东西。《荀子·正名》说得最为透彻:"情然而心为之择谓之虑,心虑而能为之动谓之伪。"道出了"情"字发展、变迁过程中的某些秘密。所以,可能在郭店楚简抄写的时代以前的某个时期,中国的古人只用"青"字,而不用"情"字。可能在他们看来,这个"青"字,才是最纯真的情感显现:

> 今人之治其形,理其心,多有似封人之所谓,遁其天,离其性,灭其情,亡其神,以众为。(《庄子·则阳》)

> 颜渊之丧,既祥,颜路馈祥肉于孔子,孔子自出而受之,入,弹琴以散

情,而后乃食之。(《孔子家语·曲礼》)

五情好恶,古犹今也。(《列子·杨朱》)

无情者不得尽其辞,大畏民志,此谓知本。(《礼记·大学》)

此营于物而失其情者也,愉于淫乐而忘后患者也;故设用无度,国家踣,举事不时,必受其菑。(《管子·七主七臣》)

礼者,所以貌情也,群义之文章也,君臣父子之交也,贵贱贤不肖之所以别也。(《韩非子·解老》)

虽然这里的"情"(青),都是指与"性"相对之"性情"的"情",为情感义,但是,它与质实之情、情实之情有相通之处,其最大的特征就在于真诚,唯其如此,原始、真实、质朴、诚信就成了它主要的内涵。所以,"青"只是表明了一个抽象的、超越于具体感情的表现形式之上的概念。如此一来,先秦诸子百家中的"情"(青)就往往与具体的情感(喜、怒、哀、乐、惧、忧等)相对而言,具有抽象的性质:

凡民从上也,不从口之所言,从情之所好者也。(《管子·八观》)

所谓贤人者,好恶与民同情。(《大戴礼记·哀公问》)

民夺之则怒,与之则喜,民情固然。(《管子·轻重乙》)

五气诚于中,发形于外,民情不隐也。(《大戴礼记·文王官人》)

生之所以然者谓之性,性之和所生,精合感应,不事而自然谓之性。

性之好、恶、喜、怒、哀、乐谓之情。(《荀子·正名》)

第一、第二例,情与好、恶对;第三例,情统怒、喜;第四例,情统发形于外的"五气"(《左传·昭公二十五年》曰:"民有好、恶、喜、怒、哀、乐,生于六气。"《性自命出》又将喜、怒、哀、悲定为"气");第五例,一语破的,情统一切具体的情感现象,这说明"情",作为一个哲学的概念又有了新的发展。在新出土的郭店楚简《语丛·二》中有一段关于性情的语录,值得我们注意。整理者根据文义,作了如下的编排:

情生于性,礼生于情,严生于礼,敬生于严,望生于敬,耻生于望,悚生于耻,廉生于悚。(第1—4简)

爱生于性,亲生于爱,忠生于亲。(第8—9简)

欲生于性,虑生于欲,倍生于虑,争生于倍,党生于争。(第10—12简)

智生于性,卯生于智,悦生于卯,好生于悦,从生于好。(第 20—22 简)

慈生于性,易生于慈,肆生于易,容生于肆。(第 23—24 简)

恶生于性,怒生于恶,胜生于怒,惎生于胜,贼生于惎。(第 25—27 简)

喜生于性,乐生于喜,悲生于乐。(第 28—29 简)

愠生于性,忧生于愠,哀生于忧。(第 30—31 简)

惧生于性,监生于惧,望生于监。(第 32—33 简)

强生于性,立生于强,断生于立。(第 34—35 简)

弱生于性,疑生于弱,北生于疑。(第 36—37 简)

从整个文本来看,这实际上是一篇论述"情"的文字。笔者认为这个编排的顺序是符合其中由"性"而"情"等各种具体情感的思想理路的。周凤五先生的《郭店竹简〈语丛二〉重编新释》(达园会议所赠之打印稿)一文没有改变这种顺序,说明周先生也是认同这种编排的。李零先生《郭店楚简校读记》虽然对此有细微改变,但是基本上遵循了上面的顺序,特别是以情领冠其他情绪的框架,完全未动。[1] 情,明显与"爱、欲、智、慈、恶、喜、愠、惧、强、弱"是并行的,都是直接生于"性"者。这里的"情"一方面是一个高于其他情感因素,与"性"的关系更为紧密,另一方面,它又不能不是"爱、欲、智、慈、恶、喜、愠、惧、强、弱"的总代表,然而它是一个抽象的,表示情感的总概念。

三、先秦诸子关于情感的诸多思考

从知、情、意的逻辑结构来讲,情感具有双重性。它对意志的贯彻而言,在一定的条件下可以起积极的作用,但是,在有的时候却又起着消极的作用。这是现当代心理学著作常常讨论的一个耳熟能详的话题。中国先秦时期的学者们曾经也对这个问题进行过深入的研究。从先秦时期一些相关的论述中,我们可以窥测到先哲们对这一问题曾经有过长时间的思考:

凡用心之躁者,思为甚。用智之疾者,患为甚。用情之至者,哀乐为

---

① 李零著:《郭店楚简校读记》(增订本),北京大学出版社 2002 年版,第 169 页。

甚。用身之弁者,①悦为甚。用力之尽者,利为甚。目之好色,耳之乐声,
鬱陶之气也,人不难为之死。（郭店楚简《性自命出》第42—44简）

先财而后礼,则民利;无辞而行情,则民争。（《礼记·坊记》）

有直情而径行者,戎狄之道也。（《礼记·檀弓下》）

人迫于恶,则失其所好,怵于好,则忘其所恶,非道也。故曰:不怵乎
好,不迫乎恶,恶不失其理,欲不过乎情,故曰君子恬愉无为,去智与故,言
虚素也。（《管子·心术上》）

凡心之刑,自充自盈,自生自成;其所以失之,必以忧乐喜怒欲利。能
去忧乐喜怒欲利,心乃反济。彼心之情,利安以宁,勿烦勿乱,和乃自成。
（《管子·内业》）

人大喜邪? 毗于阳;大怒邪? 毗于阴。阴阳并毗,四时不至,寒暑之
和不成,其反伤人之形乎! 使人喜怒失位,居处无常,思虑不自得,中道不
成章。于是乎天下始乔诘卓鸷,而后有盗跖曾史之行。故举天下以赏其
善者不足,举天下以罚其恶者不给。故天下之大不足以赏罚。自三代以
下者,匈匈焉终以赏罚为事,彼何暇安其性命之情哉!（《庄子·在宥》）

在上面的引文中,虽然各家谈的话题并不相同,理论指向也大相径庭,但是,他
们都有一个基本的立足点,那就是个人的情感不可能任意而为。这不仅是一
个个人的性情修养问题,而且也是建设一个安定的社会必须首先考虑到的问
题。人之所以为人者,就是个人的情感必须符合社会的共同利益,个人必须与
社群统一,否则,它将给人类的社会、人伦关系等诸多方面带来危害。

先秦诸子基本上都有一个共识,那就是承认人类情感有积极的一面,而且
在很多情况下,这在人之所以为人的根本点上,还起着决定的作用,孟子讲:
"人之所以异于禽兽者几希。"（《离娄上》）人与禽兽之间的不同虽然只有一
点点,但是,它对成就人之所以为人的儒家教化功业来讲,却是至关重要的。
实际上这并不仅仅限于儒家,道家要"反性命之情",如果这个"情"是禽兽之
"情",那如何"反（返）"得? 所以,先秦时期的诸子百家都希望能够保持人的

---

① 《郭店楚墓竹简》的整理者释"弁"为"變";李零先生读为"忭急"之"忭"。见氏著:《郭
店楚简校读记》(增订本),北京大学出版社2002年版,第110页。

原始情感中质朴真实、诚悫本色的天生之质,应该说,这是诸子各家各派立论的前提。① 因为哲学的目的是人,而质朴真实、诚悫本色则是人最基本的、优秀的品质,任何哲学家离开了这一基本的立足点,他的哲学就不成其为哲学了:

> 中情信诚,则名誉美矣;修行谨敬,则尊显附矣。中无情实,则名誉恶矣。(《管子·形势解》)

> 子曰:"君子不以色亲人。情疏而貌亲,在小人则穿窬之盗也与?"子曰:"情欲信,辞欲巧。"(《礼记·表记》)

> 夫子家事治,言于晋国,竭情无私,其祝史祭祀,陈言不愧;其家事无猜,其祝史不祈。(《晏子春秋卷七》)

> 泰氏,其卧徐徐,其觉于于。一以己为马,一以己为牛;其知情信,其德甚真,而未始入于非人。(《庄子·应帝王》)

但是他们在寻找人的性情之出路时,思想方法是大不相同的。庄子的理路是,"道与之貌,天与之形,无以好恶内伤其身",不外乎神,不劳乎精(《德充符》),物我两忘,不损乎其真,不失性命之情。而儒家的理路则是,以孝弟为本,以问学为基,"大乐与天地同和,大礼与天地同节","平好恶而反人道之正也"。(《礼记·乐记》)天地位焉,万物育焉,小德川流,大德敦化,成己成物,赞化天地。

但是,诚如上文所言,情感在知、情、意的结构中是有消极作用的,原始情感中质朴真实、诚悫本色的天生之质既有可爱、积极的一面,也有危险、消极的一面。因此,《左传·襄公十四年》提出了"使师保之,勿使过度"的"度"这一重要的性情思想概念。度,本来是一个度量衡方面的词语,表示长短。但是,先秦儒家活用之,把它与天命论、性情论挂钩,使之成了一个哲学化的名词,引

---

① 《商君书·垦令》曰:"重刑而连其罪,则褊急之民不斗,很刚之民不讼,怠惰之民不游,费资之民不作,巧谀恶心之民无变也。五民者不生于境内,则草必垦矣。"法家也同样要去掉怠惰褊急、巧谀恶心之情。但是商鞅走的是"民不贵学问则愚,愚则无外交,无外交则国勉农而不偷",以"以刑去刑"的基本手法采取有效的恐怖主义和愚民政策,使民归于"静"、归于"愚",忽视了人七情六欲的基本需求和人之所以为人的基本权利。所以,《商君书》中的性情思想是中国先秦性情思想历史上的一股逆流。但是,法家并非完全排情,《商君书》与《韩非子》都承认孝亲之情是人的天性。

申为一种天命的常规、限额,情感释放的限度、不走极端的尺度。战国时期的儒家给它下的定义是:"度,依物以情行之者。"(《郭店楚墓竹简·语丛·三》)在这一定义的范围中,新出土的郭店楚简反复地出现了这个词:(1)"有命有度有名。"(《语丛·一》)(2)"恸,哀也。三恸,度也。"(《语丛·三》)(3)"命与度与。"(《语丛·三》)①第一个命题阐述的是,由天而降的禄命,只有在有节制的修持之中才可能在生命中得以彰显(名,彰显之谓也,已见前注)。第二个命题是讲情感的自我控制。在丧葬礼仪中,不可过于悲伤有伤身体、有伤中和之美的性情教化。《礼记·檀弓》"孔子恶野哭者",此之谓也。第三个命题讲的是在儒家人学的神人通贯之中,命下降于人的主体而成为性,发而中节者以为情。中节者,适度也。在先秦儒家的传世文献中,"度"用在性情思想中的地方也是不少的:

> 天地节而四时成,节以制度,不伤财,不害民。(《易经·节卦》)

> 欲败度,纵败礼,以速戾于厥躬。天作孽,犹可违;自作孽,不可逭。(《尚书·太甲中》)

> 孔子曰:"中人之情也,有余则侈,不足则俭,无禁则淫,无度则逸,从欲则败。"(《孔子家语·六本》)②

> 天子处位不端,受业不敬,言语不序,声音不中律,进退节度无礼,升降揖让无容,周旋俯仰视瞻无仪,安顾咳唾趋行不得,色不比顺,隐琴瑟,凡此其属太保之任也。(《大戴礼记·保傅》)

> 刑罚之源,生于嗜欲好恶不节。故明堂,天法也;礼度,德法也;所以御民之嗜欲好恶,以慎天法,以成德法也。刑法者,所以威不行德法者也。(《大戴礼记·盛德》)

---

①　这个"度"字,裘锡圭先生读为"度"或"序"(请参见荆门博物馆:《郭店楚墓竹简》,文物出版社1998年版,第182页)、李天虹博士读为"文"(见氏著:《郭店竹简〈性自命出〉研究》,湖北教育出版社2002年版,第19页)。笔者认为,二者有相通之处,但本书从裘说。

②　此论又见于刘向《说苑·杂言》:"孔子曰:'中人之情,有余则侈,不足则俭,无禁则淫,无度则失,纵欲则败。饮食有量,衣服有节,宫室有度,畜聚有数,车器有限,以防乱之源也。'故夫度量不可不明也,善言不可不听也。"《说苑》多次出现这种与《孔子家语》相同或相近的地方,从一个侧面说明,《孔子家语》在一定程度上审慎地加以运用,对研究先秦思想史也是有一定参考价值的。

是故清明象天,广大象地,终始象四时,周还象风雨。五色成文而不乱,八风从律而不奸,百度得数而有常。小大相成,终始相生,倡和清浊,迭相为经。故乐行而伦清,耳目聪明,血气和平,移风易俗,天下皆宁。(《礼记·乐记》)

由天命而降的性,表现为喜怒哀乐之情的时候,很难说每一个人都能表现得俯仰屈伸皆中天地之节,而要做到这一点,就非要进行长时间永不停息的修养不可。"节以制度",就是在社会的方方面面,"因人之情"予以适可而止的限制,勿使过度,这样,公共的社群生活才有可能正常地维持下去。就个人的生活来讲,"中节"、"制度",同样重要,"欲败度,纵败礼"只能让纵欲者自取灭亡,从这个角度上来看,"天作孽,犹可违;自作孽,不可逭"就成了一个性情上的判断。因此在生活中,每一个人都应该避免过侈,过俭,过淫,过逸的生活,以及由此导致的性情纵逸。在这样的理念指导下,一个国家的国君之所作所为,一个国家的刑法、政教的相关法律及政策,都要归结到"御民之嗜欲好恶"上来,因为只有这样,"五色成文而不乱,八风从律而不奸,百度得数而有常。大小相成,终始相生,倡和清浊,迭相为经。故乐行而伦清,耳目聪明,血气和平,移风易俗,天下皆宁"的教化理想才能得以实现。

对于人之情如何"中节"、"制度"的方法,《左传》、《国语》有很著名的论述。《左传·昭公二十年》载:"先王之济五味,和五声也,以平其心,成其政也。声亦如味,一气,二体,三类,四物,五声,六律,七音,八风,九歌,以相成也。清浊,小大,短长,疾徐,哀乐,刚柔,迟速,高下,出入,周疏,以相济也。君子听之,以平其心。心平,德和。故《诗》曰:'德音不瑕。'今据不然。君所谓可,据亦曰可;君所谓否,据亦曰否。若以水济水,谁能食之? 若琴瑟之专一,谁能听之? 同之不可也如是。"《左传·昭公三十二年》载:"物生有两,有三,有五,有陪贰。故天有三辰,地有五行,体有左右,各有妃耦。王有公,诸侯有卿,皆有贰也。"《国语·郑语》又载:"夫和实生物,同则不继。以他平他谓之和,故能丰长而物归之;若以同裨同,尽乃弃矣。故先王以土与金木水火杂,以成百物。是以和五味以调口,更四支以卫体,和六律以聪耳,正七体以役心,平八索以成人,建九纪以立纯德,合十数以训百体。出千品,具万方,计亿事,材兆物,收经入,行姟极。故王者居九畡之田,收经入以食兆民,周训而能用之,和乐如一。夫如是,和之至也。于是乎先王聘后于异姓,求财于有方,择臣取谏工而讲以多物,务和同也。声一无听,物一无文,味一无果,物一不讲。"虽然原作者并非直接论述性情,但是,笔者以为,其中却无不包含了性情的调和与修养的原则,而且这正是最富有中国民族特色的、调节性情的现实原则。在论述到《尚书·皋陶谟》之"九德"(见上文引述)时,金履祥《尚书表注》曾说:"九德凡十八字,而合为九德者,上九字其资质,下九字则进修,亦有德性之全美者,宽者易弛,宽而坚栗则为德;柔则易弱,柔而卓立则为德;谨厚曰愿,愿者易同流合污而不庄,愿而严恭则为德;治乱曰乱,乱者恃有治乱解纷之才则易忽,乱而敬谨则为德;扰者驯熟而易夭,扰而刚毅则为德;直者径行而易讦,直而温和则为德;简者多率略,简而有廉隅则为德;刚者多无蓄,刚而塞实则为德;强者恃勇而不审直宜,故意强而义为德也。"《左传》以味喻声,实际上也可以用以喻情,性情的"疾徐,哀乐,刚柔,迟速,高下,出入,周疏"也是需要"相济"的,不过,这绝不是一件容易的事。《皋陶谟》采取了以德配性情的做法,一一加以修炼,有深刻的道理,并且笔者相信那一定是现实经验的有效总结。否则,"和实生物,同则不继"的理想在性情的修养上就很难实现。

在先秦的儒家先哲们看来,人的"性情"要达到"和"的境界,还有一条有效的途径,那就是进行礼乐的教化。① 程树德《论语集解》至"礼之用,和为

---

① 《韩非子·解老》中也论述过"礼"与"情"的关系:

礼为情貌者也,文为质饰者也。夫君子取情而去貌,好质而恶饰。夫恃貌而论情者,其情恶也;须饰而论质者,其质衰也。何以论之? 和氏之璧不饰以五采,隋侯之珠不饰以银黄,其质至美,物不足以饰之。夫物之待饰而后行者,其质不美也。是以父子之间,其礼朴而不明,故曰:"礼,薄也。"凡物不并盛,阴阳是也。理相夺予,威德是也。实厚者貌薄,父子之礼是也。由是观之,礼繁者实心衰也。然则为礼者,事通人之朴心者也。众人之为礼也,人应则轻欢,不应则责怨。今为礼者事通人之朴心,而资之以相责之分,能毋争乎? 有争则乱,故曰:"礼者,忠信之薄也,而乱之首乎!"

商鞅与韩非子的理论失误之关键处,在于把国家的利益看得比人民的权利更为重要。韩非的论述中不能不说其中有一些朴素的合理之处,他的目的是要消除生活中因为欲望的驱使而引起的争斗。但是,他没有继承三代以来"民为邦本"的基本传统,更没有想到,在一个复杂而文明的社会里,文质互渗的道理,作为荀子的学生,韩非完全没有领会到先祖孔子"质胜文则野,文胜质则史。文质彬彬,然后君子"(《论语·雍也》)的深刻含义和社会作用,把人简单化,把社会简单化,由此而犯下了实在不应该犯下的错误。

贵。先王之道,斯为美。小大由之,有所不行。知和而和,不以礼节之,亦不可行也"时,引邢昺疏曰:"夫礼胜则离,谓所居不和也。故礼贵用和,使不至于离也。"又引程子曰:"先王之道,以斯为美,而小大由之。乐胜则流,故有所不行也。知和而和,不以礼节之,亦不可行。"礼胜则离,乐胜则流,可谓抓住了先秦儒家礼乐思想的核心。故皇侃疏曰:"人君行化必礼乐相须。用乐和民心,以礼检民迹。迹检心和,故风化乃美。"如此看来,礼乐只是手段,耕耘于"人情之田"上,达到中和的境界才是目的。《周礼·大司乐》指六德云:"中、和、祗、庸、孝、友。"以中和之德为先。《逸周书·度训》云:"和非中不立,中非礼不慎,礼非乐不履。"在性情修养的过程中,礼与乐不可有丝毫的分离。因此,礼、乐与人之"情"之间就具有了一种非常特殊的关系:

> 夫礼,天之经也。地之义也,民之行也……,民有好恶、喜怒、哀乐,生于六气。是故审则宜类,以制六志。哀有哭泣,乐有歌舞,喜有施舍,怒有战斗;喜生于好,怒生于恶。是故审行信令,祸福赏罚,以制死生。生,好物也;死,恶物也。好物,乐也;恶物,哀也。哀乐不失,乃能协于天地之

《墨子》一书的作者站在小生产者的角度,提出了尚同、节用、非乐等思想,对先秦儒家的礼乐思想进行了彻底的否定:

> 子墨子曰:"圣王不为乐。""昔者尧舜有茅茨者,且以为礼,且以为乐;汤放桀于大水,环天下自立以为王,事成功立,无大后患,因先王之乐,又自作乐,命曰护,又修九招;武王胜殷杀纣,环天下自立以为王,事成功立,无大后患,因先王之乐,又自作乐,命曰象;周成王因先王之乐,又自作乐,命曰骓虞。周成王之治天下也,不若武王,武王之治天下也,不若成汤,成汤之治天下也,不若尧舜。故其乐逾繁者,其治逾寡。自此观之,乐非所以治天下也。"(《三辩》)且夫繁饰礼乐以淫人,久丧伪哀以谩亲,立命缓贫而高浩居,倍本弃事而安怠傲,贪于饮食,惰于作务,陷于饥寒,危于冻馁,无以违之。是若人气,鼹鼠藏,而羝羊视,贲彘起。君子笑之。怒曰:"散人焉知良儒。"(《非儒下》)

墨子的批评未必就完全没有丝毫的道理,但从整体来看,墨子的批评,个人意气太重,过于偏激,没有学术的客观精神;而且以历史的退化论来非乐,以恶意的中伤来反对儒家的礼乐、哀丧和修身,这实际上是没有说服力的。郭齐勇师指出:"墨家主张的以兼易别和整齐划一的'尚同'思想,反对多样化,不适应社会各阶层表达自己的愿望,反而加剧了社会的矛盾。墨家的'尚同'与儒家的'和而不同',与秦汉以后统治者要求的集中都不相同。这也就是荀子所批评的'墨子有见于齐,无见于畸';'有齐而无畸,则政令不施。'"(见郭齐勇、吴根友著:《诸子学志》,上海人民出版社1998年版,第246页)人与人之间本来就因各种因素而导致不同,此乃千古不易之规则,墨子要彻底否定它,出发点也许是好的,但是,毕竟是异想天开。值得注意的是,他的根本问题是忽略了人的个性,忽略了人与人之间不同的自由意志,因而也就忽略了人本身,其后果是严重的。

性,是以长久。(《左传·昭公二十五年》)

乐者,天地之和也。礼者,天地之序也。和,故百物皆化;序,故群物皆别。乐由天作,礼以地制,过制则乱,过作则暴。明于天地,然后能兴礼乐也。论伦无患,乐之情也;欣喜欢爱,乐之官也。中正无邪,礼之质也;庄敬恭顺,礼之制也。若夫礼乐之施于金石,越于声音,用于宗庙社稷,事乎山川鬼神,则此所与民同也。(《礼记·乐记》)

是故先王本之情性,稽之度数,制之礼义,合生气之和,道五常之行,使之阳而不散,阴而不密,刚气不怒,柔气不慑,四畅交于中而发作于外,皆安其位而不相夺也。(《礼记·乐记》)

德者,性之端也。乐者,德之华也。金石丝竹,乐之器也。诗,言其志也。歌,咏其声也。舞,动其容也。三者本于心,然后乐器从之。是故情深而文明,气盛而化神,和顺积中,而英华发外。唯乐不可以为伪。(《礼记·乐记》)

天地以合,四海以洽,日月以明,星辰以行,江河以流,万物以倡,好恶以节,喜怒以当。以为下则顺,以为上则明,万变不乱,贰之则丧。(《大戴礼记·礼三本》)

《左传》与《乐记》的作者将"揖让周旋"之"礼"、"欣喜欢爱"之"乐"与人的性情联系起来,好、恶、喜、怒、哀、乐,是为六志,任其发展,则情同禽兽,故须"审则宜类,以制六志"。"哀乐不失,乃能协于天地之性"。《乐记》与《左传》一样主张恰当地表达人的情感,但是必须以礼乐来节制,要做到"阳而不散,阴而不密。刚气不怒,柔气不慑",只有这样才能"情深而文明,气盛而化神,和顺积中,而英华发外","天地以合,四海以洽,日月以明,星辰以行,江河以流,万物以倡,好恶以节,喜怒以当",达到天人合一的境界。

《说文》曰:礼者,"履也,所以事神致福也。"《礼记·礼器》有云:"礼也者,反本修古,不忘其初者也。""礼也者,反其所自生;乐也者,乐其所自成。"《乐记》又云:"乐由中出,礼自外作。乐由中出故静,礼自外作故文。大乐必易,大礼必简。乐至则无怨,礼至则不争。揖让而治天下者,礼乐之谓也。""礼乐之极乎天而蟠乎地,行乎阴阳而通乎鬼神,穷高极远而测深厚。乐著大始,而礼居成物。著不息者天也,著不动者地也。一动一静者,天地之间也。

故圣人曰礼乐云。""礼"可以反本修古;"乐"可以通乎"大始",大始者,"百物之始主也"(《礼记正义·乐记》)。这些论述,都从现实的层面,强调了"礼乐不可斯须离身"的重要性。但是,值得说明的是,这些论述,也同时是从宗教的层面,给人的性情归宿给出了一个界定。它们的意思是,天不仅由上而下给人贯注了生命,同时也注入了与天地神人相与为一的"性情",因此,儒家人学中的"性情"与天地之性情融为一体,就具有了与生俱来的天赋性、神圣性。在对天地神灵的祭祀过程中,在由中而出的音乐陶冶中,人们秉持礼仪规范,心怀敬畏、虔诚的态度,上事天,下事地,以天地为准,报本反始,就可以回归到人之原初的本始之善,扩充自我、开发善端,与天道合而为一。这就是"反其所自生","反本修古,不忘其初者也"的真正意涵。在永无止息的体悟与扩充过程中,"兴于诗,立于礼,成于乐"(《论语·泰伯》),与《礼记·文王世子》中的思想一样,以为礼乐可以成就、实现人生的价值:"凡三王教世子,必以礼乐。乐所以修内也,礼所以修外也。礼乐交错于众,发形于外,是故其成也怿",在性情上达到至高无上的修养境界,进入一个理性笼罩下的、在精神上却又趋于自由的天地。然而,在现实的生活中,绝对自由的天地是没有的,儒家的先哲们只能借助宗教的情怀在性情思想上走一条创造性的超越之路,才能达到他们的目的。

第二章　孔子的性情思想研究

《论语》载曰：

子曰："学而时习之，不亦说乎？有朋自远方来，不亦乐乎？人不知而不愠，不亦君子乎？"（《学而》）

"子温而厉，威而不猛，恭而安。"（《述而》）

"老者安之，朋友信之，少者怀之。"（《公冶长》）

子贡曰："如有博施于民而能济众，何如？可谓仁乎？"子曰："何事于仁，必也圣乎！尧舜其犹病诸！夫仁者，己欲立而立人，己欲达而达人。能近取譬，可谓仁之方也已。"（《雍也》）

子曰："志于道，据于德，依于仁，游于艺。"（《述而》）

子曰："兴于诗，立于礼，成于乐。"（《泰伯》）

这几段话，基本上勾勒出了孔子性情思想的一个大概。从中我们可以大致绌绎出孔子性情思想的一些特点：第一，以自己的生命实践来锤炼自己的人生哲学。作为一位伟大的哲学家、教育家，孔子自己身教重于言教（《说文解字》曰："教，上所施，下所效也。"《春秋元命苞》亦云："天垂文，象人行其事谓之教。教，效也。上为下效，道之始也。"），温而厉，威而不猛，恭而安，就是孔子把"中庸"之"至德"落实在自己的视听言动之中，这当然是万世师表的风范。第二，内在的性情之诚，在孔子谓之"忠"，显发于外，融注于"老者"、"朋友"、"少者"等各方面的人伦关系之中，为温、良、恭、俭、让，是之谓"恕"。这种"忠恕之道"推而极之，则是由"己欲立而立人，己欲达而达人"进而抵达"博施于民而能济众"的境界，是由"仁"而"圣"之情怀合乎逻辑的提升。第三，孔子的性情思想，无疑是植根于道德的。但是，"兴于诗，立于礼，成于乐"，却是人格境界的不断扩充,其中既有宗教的层面,也有艺术审美的层面,这使孔子的性情思想下学而上达,为先秦儒家性情思想的发展留下了发展的空间。匡亚明先生指出:"孟子除了对孔子有一定补充和发展外,更多的是遵循孔子思想的基本原则;而荀子除了遵循孔子思想原则外,更多的则是对之有所补充,有所修正,有所发展。"①这个表达是审慎而准确的。现在我们就从孔子开始说起。

第一节　性相近也,习相远也

由于经历了无数人生的坎坷与磨难,对人间现世有非常人所及的理解,所以,孔子的性情思想可谓千锤百炼,极为深刻。朱熹云:"《论语》,愈看愈见滋味出。"②以此来形容对孔子性情思想的挖掘过程,真是再恰当不过了。作为一位教育学家,孔子深知教与学的过程,就是情与知交融的过程,就是教师与学生、同学与同志之间彼此砥砺的过程,因此,他采取了以性情论"教"的方法,不仅把"教"直接视为养性情之正的途径,而且把"教"也同时视为一种特殊的性情选择和生活方式。

孔子有关性情思想最直接、最著名的判断,是"性相近也,习相远也"(《阳货》)。"性相近也",虽未脱自甲骨文以来"生之谓性"的背景,但是,它在先秦儒家性情思想史上的意蕴却远非到此为止。它的潜台词是,天命赐予我们每一个人的天性,都是差不多的,因此,人接受教育、提升人格境界的权力是"相近"的。但是,人之所以是人,就在于他们都是不同的,而这种不同,不是天生的种姓、阶级、血缘造成的,而是后天的习惯、学习与环境的熏陶导致了他们之间形似天渊的区别,此之谓"习相远也"。匡亚明先生指出:"孔子在两千多年以前提出的教育可以革新人的'性习说',强调和承认人的后天习染的作用,亦即教育的重要作用,这对于运用教育手段来改变人,提高人的道德、知识水平,对于教育可以缩小以至基本消灭人类社会普遍的人与人之间在道德、知

---

① 匡亚明著:《孔子评传》,南京大学出版社1990年版,第371页。
② 黎靖德编:《朱子语类》(二),中华书局1990年版,第434页。

识水平上的差距,是具有重大意义的。"①匡先生的高论对我们研究孔子的性情思想也是有启发作用的,也就是说,孔子一方面昭示人与人之间天赋人权的平等,把所有的人都安置在同一起跑线上,另一方面又将人与人之间地位不同的原因全部锁定在"习相远"之上,认定只要你认真学习,提高道德品质的修养,社会就会全面地承认你的价值。由此一来,就给社会营造了一个积极向上、催人奋进的人文氛围。

换句话来讲,孔子一方面承认人性的天赋性,另一方面又特别强调后天学习、修养的重要性。作为一位伟大的教育家,孔子是十分注重教育与学习的。据笔者统计,在《论语》中,"学"字凡 65 见,其出现的频率仅次于"仁"字。随着本书的展开,我们会发现,《论语》中的"学"字并不是一个单纯的动词或名词,而是一个重要的哲学概念。《论语》开篇即写道:"学而时习之,不亦说乎?有朋自远方来,不亦乐乎?人不知而不愠,不亦君子乎?"(《学而》)以"说(悦)"、"乐"、"不愠"来概括学习过程中的情感变化,实际上就是孔子的性情思想。陆德明《经典释文》曰:《论语》"以'学'为首者,明人必须学也。"也就是说,孔子认为,学习对于性情的修养来讲,并非可有可无的东西,因为"学,礼义之府"(《说苑·建本》)。知识的丰富,礼仪的训练,道德的提升,可以拓展人的视野、开阔人的心胸,提高人的精神境界。所以,《论语》载曰:"君子学以致其道。"(《子张》)言"道",如果不借助"学",就不可能"致"。这不能不说是孔子思想的深刻体现。桂馥云:"言用先王之道,导人情性使自觉悟而去非取是,积成君子之德也。"②不仅点明了《论语》中"学"与"道"的关系,而且也点明了《论语》中"学"与"性情"的关系。

"学"在先秦时期,与"教"本来就是一个字,写作"斅"。《说文解字》云:"学之为言,觉悟也。从教,从冂。冂尚朦也。臼声。学,篆文'斅'省。"《广雅·释诂》云:"斅,识也。"《白虎通义·辟雍》云:"斅之为言,觉也,以觉悟所未知也。"可见,《论语》中的"学"字,与我们现代汉语中的"学"字之意涵并不一样。其不一样的原因,不仅仅在于它是"教"与"学"的结合、互动,而且还在

---

① 匡亚明著:《孔子评传》,南京大学出版社 1990 年版,第 294 页。
② 桂馥撰:《说文解字义证》(上),中华书局 1987 年版,第 269 页。

于"觉"这一诠释上。王筠《说文解字句读》云："敩,觉悟也。"《左传·文公四年》有"以觉报宴",杜注"觉"云："明也";《春秋繁露·郊祭》云："觉,著也。"李隆基注《孝经》"有觉德行,四国顺之"之"觉"为"大也"。《诗经·小雅·斯干》有"殖殖其庭,有觉其楹。"毛传云："有觉,言高大也。""觉"的含义由觉悟,而明;由明而著,再由著而大,这里面是有语义引申的逻辑关系的。因为在先秦时期,"敩"是君子之学,《礼记·文王世子》曰："学之为父子焉,学之为君臣焉,学之为长幼焉。""敩"的内容是人伦五常,也就是《中庸》"五达道"、"三达德"等相关的内容。《孟子》有言曰："天之生此民也,使先知觉后知,使先觉觉后觉也。予,天民之先觉者也;予将以斯道觉斯民也。"(《万章上》)这不得不使人想起《中庸》中博、厚、高、明、悠、久之类的相关思想。因为《论语》"君子学以致其道"的"道",是天道与人道的合称,指的是下学上达的超越过程。没有觉,没有悟,人不可能会天道人道,当然就更不可能博、厚、高、明、悠、久了。

孔子曾经反复地要求他的学生要努力地学习。他说："生而知之者,上也;学而知之者,次也;困而学之,又其次也。困而不学,民斯为下矣!"(《季氏》)"民斯为下"的原因,并不在别人,而是在于你自己"困而不学"。在孔子看来,学习要能举一反三,要闻一知十,这才是温故而知新,才是创造性的学习。这就是"觉",就是"悟",就是对所学知识的融会贯通。子思子曰："吾尝深有思而莫之得也,于学则寤焉。"(《孔丛子》)这里的"寤"通"悟",指的是一种在学习的过程中,学与思彼此激发之后豁然开朗的境界。孔子又曰："学而不思则罔,思而不学则殆。"(《为政》)"敩",是一种思与学交替激发、彼此推动的"觉、悟"运动,是自我的人格境界得以不断提升的过程。从"罔"与"殆"的反面,我们看到了学与思的结合,其结果就是"明",就是"著",就是"大"。一个通过刻苦学习掌握了丰富知识,在思想境界上已经由觉、悟,最终抵达了明、著、大的人,与"困而不学","民斯为下"的人相比较,他的性情世界当然是大不一样的。

"敩",之所以能够由"觉"、"悟"抵达"明"、"著"、"大"的性情境界,在先秦儒家看来,是因为"敩"可以通过对传统文献的学习,习今、知古进而知天。用孔子的话来讲,就是"温故而知新"(《为政》)。《说文》曰："古,故也。从十口,识前言者也。"《墨子·经上》曰:"故,所得而后成也。"郭店楚简《性自命出》中有"交性者,故也"(第11简)与"有为也者之谓故"(第13简)两个命题。"交",裘锡圭先生释为"实";"故",孙希旦《礼记集解》云:"故,谓有为为之也。"陈宁先生释简文中的"故"为"《诗》、《书》、《礼》、《乐》"。①《诗》、《书》、《礼》、《乐》皆儒家教化的工具,当然是"有为为之"者。"有为为之"与《经上》之"所得而后成"实际上是相通的。但是,仔细琢磨,孔子的"温故而知新"却更富于哲理,更富于超拔的精神。《论衡·谢短篇》曰:"知古不知今,谓之陆沈。知今不知古,谓之盲瞽。"程树德《论语集释》引孔氏《礼记叙》曰:"博物通人知今温古,考前代之宪章,参当时之得失。""识前言者",君子博学多闻,以古为鉴,心胸豁达,眼界高远,面对纷繁复杂的人事关系,面对人生的各种喜怒哀乐、穷达贵贱、生老病死,就可以高瞻远瞩,视之如浮云了。段玉裁《说文解字注》引《逸周书》曰:"天为古,地为久。"古则久,久则天,天长地久,雷霆震荡,风雨博施,负阴抱阳,成己成物。故"《春秋》之道,奉天法古"(《春秋繁露·楚庄王》),"主不稽古,无以承天"(《后汉书·范升传》),法古就是奉天,稽古就是承天。所以,孔子"信而好古"的学术道路,实际上是"下学上达",向"天之大德"不断提升的道路。

先秦儒家的"性情"思想,意蕴是深厚的。它是人学,是哲学,而不是心理学。但是,不可忽略的是,先秦儒家的性情思想,不能没有心理学的相关知识作为基础,这种关于性情的学说,也不可能完全与现代心理学脱节。先秦儒家的性情思想之所以还值得人们去学习与研究,其中一个关键性的因素,就在于它是符合人性的一些最起码的规律的。"性情"一词,肯定不能简单地与现代心理学中的"性格"、"气质"、"情感"、"人格"、"情绪"、"意志"等相关的词语相比附,内涵与外延都是有区别的,但是,如果我们把它们视为完全没有任何关系的概念,则又违背了历史发展之传承性的基本事实。现代心理学家认为:

"情感(affect)是人对客观与现实的态度的体验。"②

"情操(sentiment)是道德感(moral feeling)、理智感(rational feeling)、

---

①　陈宁:《〈郭店楚墓竹简〉中的儒家人性言论初探》,《中国哲学史》1998年第4期。
②　卢家楣等主编:《心理学》,上海人民出版社1998年版,第286页。

审美感(aesthetic feeling)的统一。"①

"认知评价是决定情绪发生的关键因素。"②

"复杂情绪是个体在社会生活实践中,在基本情绪的基础上发生、发展的。"③

"气质(temperament)是天赋性、稳定性、与可变性的统一。"④

"性格(character)的四个层面(态度特征attitudinal characteristics、认知特征cognitive characteristics、情感特征emotional characteristics、意志特征volitional characteristics)不是独立存在的,而是彼此紧密联系,相互影响的。"⑤

"意志(will)产生的过程就是认知(cognition)的过程。""离开了认知过程,意志就无从产生。"⑥

"无论是人格(personality)的整体结构,或是代表人格的某方面人格特质(personality trait),都是在遗传(heredity)与环境(environment)两因素交互作用之下逐步发展形成的。"⑦

这一组现代心理学中与性情有关的判断,没有哪一条是可以脱离了知识的学习之后而能够成立的。郑玄以为,《中庸》是"孔子之孙子思伋作之,以昭明圣祖之德。"⑧程伊川亦曰:"《中庸》之书,是孔门传授,成于子思。"⑨这是在说,《中庸》的思想是直接传承孔子而来。换言之,在"天命之谓性,率性之谓道,修道之谓教"中也蕴藏着孔子的思想资源,其中的第一句,言其天赋性;第二句,言其稳定性;第三句,言其可变性,最终是三者的统一。从科学的角度上来讲,完全符合上述心理学家卢家楣、张春兴等先生的一系列界定。所以,孔子

---

① 卢家楣等主编:《心理学》,上海人民出版社1998年版,第290页。
② 卢家楣等主编:《心理学》,上海人民出版社1998年版,第310页。
③ 卢家楣等主编:《心理学》,上海人民出版社1998年版,第288页。
④ 卢家楣等主编:《心理学》,上海人民出版社1998年版,第373页。
⑤ 卢家楣等主编:《心理学》,上海人民出版社1998年版,第386、387页。
⑥ 卢家楣等主编:《心理学》,上海人民出版社1998年版,第338页。
⑦ 张春兴著:《现代心理学》,上海人民出版社1994年版,第451页。
⑧ 转引自孔颖达:《礼记正义》引《目录》,见阮元校刻:《十三经注疏》(下册),中华书局1980年版,第1625页。
⑨ 程颢、程颐撰:《二程遗书》,上海古籍出版社2000年版,第207页。

认为,"学(敩)"可以直接关涉到性情的修养和人格的提升:

> 好仁不好学,其蔽也愚;好知不好学,其蔽也荡;好信不好学,其蔽也贼;好直不好学,其蔽也绞;好勇不好学,其蔽也乱;好刚不好学,其蔽也狂。(《阳货》)

仁、知、信、直、勇、刚都必须以"学"为基础、为前提。不学(敩),则不能得其正,不能得其纯。学(敩),是知识的积累,是修养性情的过程。没有这种积累的过程,就会愚、荡、贼、绞、乱、狂,在性情上枝叶旁出,斑驳陆离,没有起码的规范与修养。孔子说:"君子不重,则不威;学则不固。主忠信。"(《学而》)如果不重,人格就不威;如果不重,学问就不固。何以做到既威且固呢? 在"主忠信"。"主忠信",完全是一个性情上的要求。"忠"指的是学者自己心中的内在之诚,是人之所以为人者;"信"指的是内在之诚表现出来之后的状态,是"忠"的显发。孔子的意思是,每个人的学习都应该涵咏性情,笃敬以持己,忠信以立诚,居易以俟命。所以,《说苑·建本》曰:"学者,所以反情治性尽才者也。"这是一个对先秦儒家"学"与"性情"之关系的精妙的概括。这里说得很直截,学习,就是用来"反情"、"治性"、"尽心"的。这已经完全超出了"学习知识"这样一个狭窄的范围,而成了一种磨砺性情、提升人格境界的重要途径。《论语》载曰:

> 子曰:"古者民有三疾,今也或是之亡也。古之狂也肆,今之狂也荡;古之矜也廉,今之矜也忿戾;古之愚也直,今之愚也诈而已矣。"(《阳货》)

这是一段借古讽今的话。孔子认为,古代的人之"狂而肆"、"矜而廉"、"愚而直",本来就非性情之正,是之谓"三疾"。但是,有是"三疾"的古之人,虽无性情之正,却质直好德,能够做到"肆"、"廉"、"直",在德性上没有问题,不像现在的人弄虚作假,言不顾行,行不顾言,因而"狂也荡"、"矜也忿戾"、"愚也诈",丧德败性。那么何以才能改变这一现状呢? 当然是在社会上全面地施行儒家的德性教化,也就是教与学的统一,是之谓"敩"。孔子的意思是说,人们必须加强道德的学习,应该知道什么是正确的,什么是不正确的,什么是可以做的,什么是不可以做的。这样,即便人们不能养性情之正,也不至于流于丧德败性,巧言令色,自欺欺人。

所以,孔子说:"唯仁者能好人,能恶人。"(《里仁》)好恶之情的显明、牵发,萌生于道德的修养,激发于仁义的精神;只有在正确的道德原则轨范下,具备了仁的德性、德行的人才能够做到真正的"好"、真正的"恶"。然而,在孔子,仁属于道德之目,又为仁义礼智诸德之首,上承于天,下形于地,充实于人之主体,乃是一种思想的体系。人之所以为人者,仁也。只有具备了丰富的知识,历尽了人生之艰苦的磨难,最后在生活的哲理之中真正悟透并掌握了儒家价值观,既仁且智的人,才能做出"里仁为美",知仁、择仁、处仁的正确选择。所以,"不知命,无以为君子也;不知礼,无以立也;不知言,无以知人也。"(《尧曰》)不知命、不知礼、不知言,人就将不成其为人,而人要成其为人,就必须努力地学习,去知命、知礼、知言,努力在温馨的伦理关系中、复杂的人际关系中,学会做人。《焦氏笔乘》引仲修云:"所谓学者,非记问诵说之谓,非缀章绘句之谓,所以学圣人也。"①如果不努力地学习什么是"仁",如果不把这种德性落实到现实的生活之中去,在道德的践履中,"志于道,据于德"(《述而》)来矫正各种性情之偏,人们就不可能真正地去"好",去"恶",更不可能克服掉"狂也荡"、"矜也忿戾"、"愚也诈"的毛病。

认真阅读、揣摩《论语》全书,笔者以为,孔子固然十分注重德性的实践,并且有"弟子,入则孝,出则弟,谨而信,泛爱众,而亲仁。行有余力,则以学文"(《学而》)的明训,他的"仁学",从某一个层面上来讲,完全就是身体力行的学问:"君子食无求饱,居无求安,敏于事而慎于言,就有道而正焉,可谓好学也已。"(《学而》)但是,从孔子的生平历史来看,从《论语》自始至终倡导的传承历史文化的精神来看,孔子也是十分注重书本学习的。"周监於二代,郁郁乎文哉! 吾从周"(《八佾》),如果不通过书本知识,"郁郁乎文哉"的周代文化如何去"从"呢? 故孔子在叙述自己的心路历程时,"志于学"是放在首位的:"吾十有五而志于学,三十而立,四十而不惑,五十而知天命,六十而耳顺,七十而从心所欲,不逾矩"(《为政》),而且后面的各个阶段都是在"学"的过程不断深化的时候出现的人生境界。《论语》还载:"子以四教:文,行,忠,信"(《述而》)"四教"之首就是"文",就是文化典籍,典章制度,就是《诗》、《书》、《礼》、《乐》的具体文本。只有有了"文"给人们带来的人生范本,"行"才有了

---

① 程树德撰:《论语集释》(一),中华书局1990年版,第4页。

可以依据的前提。而"忠"、"信"也都是从"文"与"行"中超拔出来的品德与精神。《论语》又载子夏言曰："贤贤易色；事父母，能竭其力；事君，能致其身；与朋友交，言而有信。虽曰未学，吾必谓之学矣。"(《学而》)子夏的这段话是在强调学以致用，但"虽曰未学"之谓，正透露了子夏以书本之"学"为学之正宗的思想。程树德引《松阳讲义》曰："辛复元谓此章'不是说学贵实行，是说学问有益。世人只说人能敦伦便是学问，何必读书然后为学。不知学不分明，岂能敦得伦纪？且子夏以文学著名，岂肯为废学之语？'"①这当然是正确的解释。程树德《论语集释》引黄式三《论语后案》曰："盖学者所以学圣人之道，而圣人往矣，道在方策也。"②如果不首先从"方策"中发掘圣人之道，则圣人之学就无从谈起。

孔子不仅完全不承认自己已经抵达"仁"与"圣"的境界，也从来不认为自己的学生达到了这种境界，是一位十分谦逊的长者。但是，在《论语》中，孔子对自己勤奋好学的精神，却是毫不掩饰，自负之情溢于言表："十室之邑，必有忠信如丘者焉，不如丘之好学也。"(《公冶长》)他与子路的一段对话，更清楚不过地揭示了孔子非常注重书本学习的思想：

> 子路使子羔为费宰。子曰："贼夫人之子！"子路曰："有民人焉！有社稷焉，何必读书，然后为学？"子曰："是故恶夫佞者。"(《先进》)

这段对话实际上将"不读书"与"佞"联系起来了。它的意思是，不读书，就不会有端正、诚意、敦笃之心，就会成为"佞者"。"佞"者，强词夺理，奸伪欺诈之谓也。

孔子又说："知之者不如好之者，好之者不如乐之者。"(《雍也》)孔子在这里实际上是把"教"划分成了三个层次，第一个层次是"知"，大约就是"困而学"者，勉力而为之者；第二个层次是"好"，大约是"学而知"者，是爱好所学知识的人；第三个层次是"乐"，大约只有颜回与孔子自己才能达到的那种"一箪食，一瓢饮，在陋巷，人不堪其忧，回也不改其乐"(《雍也》)，"饭疏食饮水，曲肱而枕之，乐亦在其中矣。不义而富且贵，于我如浮云"(《述而》)的境界。于

———————

① 程树德撰：《论语集释》(一)，中华书局1990年版，第32页。
② 程树德撰：《论语集释》(一)，中华书局1990年版，第4页。

是,"敩"的本身就升华成了一种生活方式的选择,是一种性情的存有方式。

孔子的"敩"当然包括书本学习与道德践履两个部分,但是强调前者是极为重要的。因为传承下来的历史文献是经历了历史与时间考验、千锤百炼的经典,学者读书(诠释文本)本来就是一种超越时空的对话,它不仅可以唤醒文本,进行再一次的诉说(Weitersage)①,更为重要的是学者与文本之间形成了视域融合(Horizontverschmelzung),是学者创造性的思维形式。这种思维形式固然源于生活,但是它一定是高于生活,超越生活的存有方式。《论语》载:"子在齐闻《韶》,三月不知肉味。"(《述而》)说的就是孔子所亲身经历的精神境界。

于是,我们发现,《论语·学而》的第一章"学而时习之,不亦说乎?有朋自远方来,不亦乐乎?人不知而不愠,不亦君子乎",实际上就是描述了孔子学习生活中的三个境界。阮元《揅经室集》云:"此章三节皆孔子一生事实,故弟子论撰之时,以此冠二十篇之首也。"也就是说,只有达到了孔子那样的精神境界,才能够以这样一种轻松、愉快而自得其乐的口气,将在很多人看来清苦、枯燥的学习生活描述得如此"其乐也融融"。

朱熹在注释"学而时习之,不亦说乎?有朋自远方来,不亦乐乎"之"说"与"乐"时,引程子曰:"说在心,乐主发散在外。"②解说得非常到位。"学而时习之",在心中引起了不断的、无穷的快乐。孟子曰:"理义之悦我心,犹刍豢之悦我口。"(《告子上》)就是说的这种"理义之悦我心"的心理状态。但是,"学而时习之,不亦说乎"一句的意涵并不仅限于此。在学习的过程中,什么时候能够出现"悦"的景象呢?笔者以为有三个阶段:

第一个阶段,是学习之前心理以及素质上的愉悦。《论语》在这一点上有过著名的描述:

> 子夏问曰:"'巧笑倩兮,美目盼兮,素以为绚兮'。何谓也?"子曰:"绘事后素。"曰:"礼后乎?"子曰:"起予者商也!始可与言《诗》已矣。"(《八佾》)

---

① 本书引用的几个诠释学名词,摘自伽达默尔《真理与方法》(上海译文出版社 1999 年版)一书。

② 程树德撰:《论语集释》(一),中华书局 1990 年版,第 47 页。

如果从性情思想的角度来审查这一段对话，我们也可以诠释为，学习"礼"的人首先要具有"仁"的情怀，没有真诚的情感，没有捍卫道义的精神，"礼"是不可能学好的。孔子曰："礼云礼云，玉帛云乎哉！乐云乐云，钟鼓云乎哉！"（《阳货》）说的就是，礼乐的学习必须要有仁义之真、性情之实。否则，所谓的"礼乐"，就只剩下玉帛与钟鼓了。任何人在学习之前的心理及素质，都不可能是一张没有任何痕迹的白纸。他有历史文化的素养，有家庭、社会环境以及各种教育的熏陶而形成的"视域（Horizont）"，对于一个"有志于道"的"君子"来讲，"朝闻道，夕死可矣"（《里仁》），道义高于一切的"前见解（Vor-Meinungen）"以及"前见（Vor-Urteilen）"在召唤着他，他的心中充满了寻求道义的渴望，这当然是一种非常充实、幸福的"悦"。

第二个阶段，是学习（亦即追求道义）的本身给学者带来了巨大的快乐，用孔子的话来讲，就是"发愤忘食，乐以忘忧，不知老之将至云尔"（《学而》）。"发愤忘食"，是在"前见解"与"前见"的驱使下产生巨大动力导致的"悦"；"乐以忘忧"，是在与文本的交流过程中产生的巨大的快乐。用伽达默尔的话来说，就是理解者与文本之间的"视域融合"。显然，孔子所谓"一箪食，一瓢饮，在陋巷，人不堪其忧，回也不改其乐。贤哉，回也"（《雍也》）的感叹，就是指颜回与孔子自己在学习之中"发愤忘食，乐以忘忧"的精神状态。

第三个阶段，是在自己学有所得、学有所成，出现了超越的时候。子思子曰："唯天下至诚，为能尽其性；能尽其性，则能尽人之性；能尽人之性，则能尽物之性；能尽物之性，则可以赞天地之化育；可以赞天地之化育，则可以与天地参矣。其次致曲，曲能有诚，诚则形，形则著，著则明，明则动，动则变，变则化，唯天下至诚为能化。"（《礼记·中庸》）荀子又曰："积土成山，风雨兴焉；积水成渊，蛟龙生焉；积善成德，而神明自得，圣心备焉。"（《荀子·劝学》）子思子的观点是，尽人性、物性，就可以赞天地之化育、与天地相参，唯天下至诚为能化。这当然包括学习之中日积月累而神明自得的过程；荀子的观点就更加著名，他把学习看作"积土成山"、"积水成渊"，永不停息的过程，由量变而至于质变，那就是"风雨兴焉"、"蛟龙生焉"。这种风雨兴、蛟龙生的境界体现在学习中就是"积善成德，而神明自得，圣心备焉"。孔子之"吾十有五而志于学，三十而立，四十而不惑，五十而知天命，六十而耳顺，七十而从心所欲，不逾矩"就是学有所成而不断出现的阶段性飞跃,由此而引发的"说(悦)",当然是高于前面两个阶段的。

第二句,"有朋自远方来,不亦乐乎"的"朋"字,郑康成注云:"同门曰朋,同志曰友。"就具体的注释来讲,这是不错的,但是,如果结合孔子整个的生平,我们就会感到仅仅这样理解是不够的。《史记·孔子世家》载:"定公五年,鲁自大夫以下皆僭离于正道,故孔子不仕,退而修《诗》、《书》、《礼》、《乐》。弟子弥众,至自远方,莫不受业焉。"很多弟子从远方来,就是"有朋自远方来",亦即孟"得天下英才而教育之"之"乐"也(《孟子·尽心上》)。但是,孔子很谦虚,把他的学生都视为朋、友,把与他们一起参悟大学之道视为一大乐事。上文已经引了程子的注文:"说在心,乐主发散在外。"就是说,内心之"说(悦)",因为朋、友的到来而显发成了外在的人情之"乐",还因为与"朋"、"友"切磋圣道时不同的观点碰撞而激起了思想上的火花而"乐"。关于这一句,笔者也有三方面的理解,第一,孔子周游列国,而不见用于世,于是将自己的思想传于天下后世,此乃与日月争辉之功业也。朱熹《四书集解》引程子曰:"以善及人,而信从者众,故可乐。"从根本上回答了孔子"不亦乐乎"的原因。第二,《礼记·学记》云:"独学而无友,则孤陋而寡闻。"与朋、友一起共同研讨圣道,"博学之,审问之,慎思之,明辨之,笃行之。有弗学,学之弗能弗措也;有弗问,问之弗知弗措也;有弗思,思之弗得弗措也;有弗辨,辨之弗明弗措也;有弗行,行之弗笃弗措也;人一能之己百之,人十能之己千之。"(《礼记·中庸》)没有有志于道的朋、友之间"如切如磋,如琢如磨"(《礼记·大学》引《诗》),彼此相互砥砺、相互帮助,要达到这样的境界是很困难的。所以,与志同道合的人一起切磋圣道,此乐何及? 第三,《中庸》曰:"诚者自成也,而道自道也。诚者物之终始,不诚无物。是故君子诚之为贵。诚者非自成己而已也,所以成物也。成己,仁也。成物,知也。性之德也,合外内之道也,故时措之宜也。故至诚无息。不息则久,久则徵,徵则悠远,悠远则博厚,博厚则高明。博厚,所以载物也;高明,所以覆物也;悠久,所以成物也。博厚配地,高明配天,悠久无疆。如此者,不见而章,不动而变,无为而成。天地之道,可壹言而尽也:其为物不贰,则其生物不测。天地之道:博也,厚也,高也,明也,悠也,久也。"子思子的语言涵括天地之道,空明澄澈,令人仰视而不见其极也,但究其实,却并没有脱离孔子"有朋自远方来,不亦乐乎"的实质。"学而时习之",是成己;"有朋自远方来",是成物。推而极之,合外内之道,"不见而章,不动而变,无为而成",圣人性情博、厚、高、明、悠、久故也。故皇侃《论语义疏》引江熙云:"君子以朋友讲习,出其言善,则千里之外应之。远人且至,况其近者乎?道同齐味,欢然适愿,所以乐也。"

第三句,"人不知而不愠,不亦君子乎?"朱熹曰:"自是不相干涉,要他知做甚!自家为学之初,便是不要人知了,至此而后真能不要人知尔。若锻炼未能得十分如此成熟,心里固有时被它动。及到这里,方真个能人不我知而不愠也。"①孔子说:"古之学者为己,今之学者为人。"(《论语·宪问》)君子之学本来一开始就不是打算要做出来给人看的,"自家为学之初,便是不要人知了",但是真要做到这一点,也并不是一件容易的事情,如果不是经历人生各种各样艰难曲折的磨炼,对天地、人生、现实有极端深刻的理解,即便是"君子",也是很难做到"人不知而不愠"。朱熹又云:"'人不知而不愠',说得容易,只到那地位自是难。不愠,不是大故怒,但心里略有些不平底意思便是愠了。此非得之深、养之厚者,不能如此。"②这里面浸透了孔子辛酸、坎坷的人生体验,也凸显了孔子不为世态炎凉所动的铮铮铁骨。在孔子看来,要做到这一点,就得自重、自持,"言忠信,行笃敬"(《论语·卫灵公》),否则,"学则不固",假求于外也。从先秦儒家的学脉来讲,孔子的这一思想,被孟子超拔成了"万物皆备于我矣。反身而诚,乐莫大焉。"(《孟子·尽心上》)荀子也认识到了这一理路的重要性:"君子之学也,入乎耳,著乎心,布乎四体,形乎动静。端而言,蝡而动,一可以为法则。小人之学也,入乎耳,出乎口;口耳之间,则四寸耳,曷足以美七尺之躯哉!古之学者为己,今之学者为人。"(《荀子·劝学》)二位大师的理论面向不一样,但是继承圣道的精神却完全相同。

从语法的角度来看,孔子"性相近也,习相远也"的主语是"性","习相远也"的主语当然也是"性"。这是说,人们后天的学习、习染使他们的性情发生了变化,产生了很大的差异。钱穆先生的翻译是:"人的天性是相近的,由于

---

① 黎靖德编:《朱子语类》(二),中华书局1990年版,第453页。
② 黎靖德编:《朱子语类》(二),中华书局1990年版,第454页。

习惯而相远。"①杨伯峻先生的翻译是:"人性情本相近,因为习染不同,便相距悬远。"②李泽厚先生的翻译是:"人性本相接近,习俗使之遥远。"③大同小异,三者都认为,通过学习,习染,可以改变人的性情,这应该是贯穿《论语》始终的观点。然而,通过上面对《论语·学而》第一章的分析,我们发现,"敬",在《论语》中,又并不仅仅只是一种抵达性情之正的手段与途径,它更为重要的是一种人生性情的价值选择,是有志之士的一种生活方式。子夏曰:"博学而笃志,切问而近思,仁在其中矣。"(《子张》)此之谓也。

第二节　纯情挚性

在先秦时期,关于性情的最大争议,莫过于性善、性恶之争了。但是在孔子之前,现存传世之中国经典中并无性善、性恶的明确观点。在《诗经》中虽然有"天生烝民,有物有则,民之秉彝,好是懿德";《尚书》中也一再出现"惟皇上帝,降衷于民,若有恒性,克绥厥惟后"(《汤诰》)类似的思想,天道至教,人人皆天赋"赤子"之心,应该说有性善论的趋向。另一方面,也有"弗惟德馨香祀,登闻于天;诞惟民怨,庶群自酒,腥闻在上。故天降丧于殷,罔爱于殷,惟逸。天非虐,惟民自速辜"(《酒诰》)"生则逸,生则逸,不知稼穑之艰难,不闻小人之劳,惟耽乐之从"(《尚书·无逸》)的警告,言人性不可放纵,否则败德丧命,获罪于天,咎由自取,也有性恶论的隐含意。至孔子,总结出了"性相近也,习相远也"(《阳货》)的历史性命题,从心性论、性情论的发展历程来看,这是对上述两种性论思想倾向的总结;从性情论的心理根源上来看,则以"生之谓性"为背景,未脱生之本义。但是,"今若就孔子之将'性相近'与'习相远'对举之旨以观,则其所重者,盖不在克就人性之自身而论其为何,而要在以习相远为对照,以言人性虽相近,而由其学习之所成者,则相距悬殊。人由学习

---

① 钱穆著:《论语新解》,生活·读书·新知三联书店 2002 年版,第 444 页。
② 杨伯峻译注:《论语译注》,中华书局 1980 年版,第 181 页。
③ 李泽厚著:《论语今读》,安徽文艺出版社 1998 年版,第 400 页。

所成就者如何,初系乎人之所志与所学。立志好学则孔子志所恒言。是见孔子之于此言人之性相近,以对照人之所志所学者之相远,而言其相近;以见人性之相近者,即皆为善,犹不可恃,立志好学之为不可少;亦见相近之人性,可为人之不同之志向与学习之所成者之根据,而见此相近之性,可连系于各种可能之形态之志与学。此即孔子不重人性之为固定之性之旨,而隐涵一'相近之人性,为能自生长而变化,而具无定限之可能'之旨者也。"①

在《论语》中,孔子的所谓立志于学,就是立志于仁德的造就,就是要将"习相远也"之"无定限之可能",积极地引导到纯情至性的德性境界之中去。孔子极力倡言人的性情必须真挚诚恳,正直端方,才有可能在纯一之地的精神世界中,"志于道,据于德,依于仁,游于艺"(《述而》),"一箪食,一瓢饮,在陋巷,人不堪其忧,回也不改其乐"(《雍也》),贫穷、富贵、威武,都不足以打动其心、迁移其志,安于仁义,好于仁义,乐于仁义。没有真正诚恳、端直的性情作为最根本的基础,仁之德就不可能建立起来,人之性情的世界中也就不可能建立起真正的善性。而仁之德、善之性,却是"天生人成"(co-creator),与天道融为一体的主观前提。纯情挚性是道德仁义的基础,道德仁义是纯情挚性的超越,二者互为依持,互为激发。

在这里,孔子实际上提出了一个极为深刻的问题,这就是知识与道德的关系到底何以安置?《论语》载:"子以四教:文,行,忠,信。"(《述而》)就是要将知识文化与现世的实践结合起来,将敦厚诚恳的性情与人生价值的理想追求结合起来,使自己成为一个有情有性且有知的人。荀子曾经有一个直截了当的论述,来表述这一思想:"多知而无亲,博学而无方,好多而无定者,君子不与。"(《大略》)"既仁且知,夫恶有不足矣哉?"(《子道》)只有在仁知双修的前提下,人才可能成为完人。刘小枫博士指出:"人的价值不在于他有知识,有智慧,而在于他有道德本性,这种本性本质上就是感情。使人完善的是情操而不是理性。的确,要是一个人知识渊博,却又冷酷无情、毫无内在灵性,他于一个幸福的社会到底又会有多少好处呢?"②所以孔子极力反对仰承于天地之

---

① 唐君毅著:《中国哲学原论·原性篇》,新亚书院研究所1974年版,第13—14页。
② 刘小枫著:《诗化哲学》,山东文艺出版社1986年版,第7页。

灵、五行之会的人，"巧言令色"（《学而》）、"亡而为有，虚而为盈，约而为泰"（《述而》），弄虚作假，矫情、寡情、薄情、绝情。

因此，孔子极为重视性情的简、约、厚、直等古人的品德，"恶虚伪，尚质直"，①把情感的真挚、纯朴、质直视为"仁学"的根基与前提：

> 人而不仁，如礼何？人而不仁，如乐何？（《学而》）

> 林放问礼之本。子曰："大哉问！礼，与其奢也，宁俭；丧，与其易也，宁戚。"（《八佾》）

> 礼云礼云，玉帛云乎哉？乐云乐云，钟鼓云乎哉？（《阳货》）

《礼记·儒行》云："礼节者，仁之貌也。歌乐者，仁之和也。"礼乐的内在精神就是仁。如果没有以仁德为内核的真实情感，礼是虚礼，乐是淫乐，人则为乡愿。礼乐必须以真情为本质，才能得天地之和，人道之情。"一言以蔽之，曰：思无邪。"（《为政》）②故《礼记·仲尼燕居》曰："师，尔以为必铺几筵，升降酌献酬酢，然后谓之礼乎？尔以为必兴缀兆，兴羽籥，作钟鼓，然后谓之乐乎？言而履之，礼也。行而乐之，乐也。"礼，并不仅仅在于你来我往的形式；乐，也并不仅仅限于钟鼓丝竹的演奏，礼乐的本质在纯情挚性之基础上的"仁"。皇侃《论语义疏》引缪播云："玉帛礼之用，非礼之本；钟鼓者乐之器，非乐之主。假玉帛以达礼，礼达则玉帛可忘；借钟鼓以显乐，乐显则钟鼓可遗。以礼假玉帛于求礼，非深乎礼者也；以乐托钟鼓于求乐，非通乎乐者也。苟能礼正，则无恃于玉帛，而上安民治矣；苟能畅和，则无借于钟鼓，而移风易俗也。"故程树德亦云："敬而将之以玉帛则为礼，和而发之以钟鼓则为乐，遗其本而专事其末，则岂礼乐之谓哉？"③敬者，性情之诚也；和者，性情之正也。无诚、无和，则绝无礼乐之实。

礼乐，在孔子那里，只是一种培养性情之正的手段、途径，它的目的就是要既保持先天与生俱来的性情之真挚、质朴，又要符合人类文明社会的各种必要

---

① 冯友兰著：《中国哲学史》（上），华东师范大学出版社 2000 年版，第 58 页。

② "思无邪"，在孔子整个的人性论思想体系中，我们应该把它视为一个交融了艺术论与性情论的概念，因为孔子哲学是生命哲学，是天道与人道彼此互渗，天地神人上与下、形上与形下通体透明的哲学。所以它就是要通过艺术的修养，进入纯情挚性的境界（"三月不知肉味"），在艺术中，在美的世界里寻找到人生的真谛（"成于乐"）。

③ 程树德著：《论语集释》（四），中华书局 1990 年版，第 1217 页。

的秩序。所以,孔子的性情思想就是一个螺旋式上升的净化过程。他要人从天生性情(生之谓性)的真挚、质朴出发,"揖让周旋",俯仰屈伸,皆达到协于天地之和的真挚、质朴,使礼乐既是修养的手段、途径,又是修养的目的与归宿,把仁、义、礼、智、信等各项德目都建立在纯情挚性之上,使"直情径行"(《礼记·檀弓下》)的原始天性,达到提升、超越。①

　　那么我们现在需要着重追问的是,孔子是采取了怎样的方法或通过什么途径来使人们达到"纯情挚性"的境界的呢？根据《论语》文本,笔者以为,其根本性的一条就是孝弟:

――――――――――――

① 相对而言,柏拉图的"理想国"中之音乐与体育锻炼的"内外双修"理路就远远没有孔子思想深刻:

　　苏:你有没有注意到一生专搞体育运动而忽略音乐文艺教育对于心灵的影响是怎么样的？反之,专搞音乐文艺而忽略体育运动的影响又是怎么样的？

　　格:你指的是什么？

　　苏:我指的一是野蛮与残暴,另一是软弱与柔顺。

　　格:啊,很对。我注意到那些专搞体育锻炼的人往往变得过度粗暴,那些专搞音乐文艺的人又不免变得过度软弱。

　　苏:天性中的激情部分的确会产生野蛮;如果加以适当训练就可以成为勇敢,如果搞得过了头,就会变得严酷粗暴。

　　格:我也这样看法。

　　苏:再说,温文是不是人性中爱智部分的一种性质？是不是这种性质过度发展会变为过分软弱,如培养适当就能变得温文而秩序井然？是不是这样？

　　格:确是这样。

　　苏:但是我们说我们的护卫者需要两种品质兼而有之。

　　格:他们应该这样。

　　苏:那么这两种品质要彼此和谐吗？

　　格:当然要。

　　苏:有这种品德和谐存在的人,他的心灵便既温文而又勇敢。

　　格:诚然。

　　苏:没有这种和谐存在的人便既怯懦而又粗野。

　　格:的确这样。(柏拉图著:《理想国》,郭斌和、张竹明译,商务印书馆1986年版,第121—122页)

音乐文艺可以造就气质之美,但是不能造就德性之美,充其量,只不过是德性教育的一个部分;体育锻炼可以造就形体之美,但不能造就行为之美。况且,音乐文艺与体育锻炼造就的人性,缺乏德性的融合,没有天道的贯注,因而没有现世的神性。"生前对别人做过的坏事,死后每一件都要受十倍报应"(《理想国》第十卷)的话,也的确是靠不住的。所以,用牟宗三先生的话来讲,就是其"生命不得不沦为一团漆黑,毫无光辉可言"。(牟宗三著:《中国哲学的特质》,上海古籍出版社1997年版,第22页)这是就先秦儒家性情世界之博厚高明而言的,发人深省。

其为人也孝弟，而好犯上者，鲜矣；不好犯上，而好作乱者，未之有也。君子务本，本立而道生。孝弟也者，其为仁之本与！（《学而》）

弟子入则孝，出则弟，谨而信，泛爱众，而亲仁。行有余力，则以学文。（《学而》）

慎终追远，民德归厚矣。（《学而》）

今之孝者，是谓能养。至于犬马，皆能有养；不敬，何以别乎？（《为政》）

祭如在，祭神如神在。子曰："吾不与祭，如不祭。"（《八佾》）

在孔子的思想体系中，孝弟是仁之本，是基础，是前提。孝是对父母的爱，弟（悌）是对兄长的敬，这是与生俱来的发自内心深处的情感，是人之所以为人的天性。故孝并不仅仅是物质性的供养。在现实道德的践履中，人之子在尽孝道的时候，心中必然要有一个"敬"字当头。《墨经》曰："礼，敬也。"由此可知，"敬"是通过礼表现出来的。敬是一种内在的心理状态，而礼，则是一种外在的表现形式。无敬则必无礼，无礼亦必无敬，二者相辅相成。先秦儒家性情的修炼，说到底，就是敬与礼彼此磨合的过程。① 敬，既然是一种心理体验的情感状态，当然就是性情世界中的一个重要的组成部分，它在现实的亲人面前，是一种日常的世俗教养所表现出来的诚心诚意；在形上的祖宗亡灵、天命天道面前，它又是一种纯净的提升，或者说是由凡俗之情向生之始、性之初的一种超拔，此之谓"万物本乎天，人本乎祖，此所以配上帝也。郊之祭也，大报本反始也"（《礼记·郊特牲》）。孙希旦曰："报本者，报其养人之本；反始者，反其生物之始。"②《礼记本义》曰："人本于祖，物本于天，以配本故也。"先秦儒家的祭祀之礼，正是要通过"报本反始"的追寻与反思，把"敬"的境界推向极端，使之超越现实之情，去原初之质的天命之"情"中寻找安身立命的园地，这就是"善"，就是"止于至善"（《大学》）。孔子曰："孝子之事亲也，居则致其敬，养则致其乐，病则致其忧，丧则致其哀，祭则致其严，五者备矣，然后能事亲。"（《孝经》）生发于孝悌的情，原初，淳厚，是人的性情修养的基础。

敬重父母之生，就是敬重自己生命之始；祭祀父母之亡灵，就是敬重自己

---

① 《论语·为政》载："子游问孝。子曰：'今之孝者，是谓能养。至于犬马，皆能有养；不敬，何以别乎？'"

② 孙希旦撰：《礼记详解》（中），中华书局 1989 年版，第 687 页。

生命之终,慎终追远,成终成始,民德归厚,养性情之正,才可以成就真正的人生。"是故君子合诸天道,春禘秋尝。霜露既降,君子履之,必有凄怆之心,非其寒之谓也;春雨露既濡,君子履之,必有怵惕之心,如将见之。乐以迎来,哀以送往。"(《礼记·祭义》)在凄怆之哀歌、怵惕之悲情的净化、升华之下,让你反观自我的生命之源,回视天命之赐,以证悟天德之纯厚,感受性情之真诚,并且最后反古复始(《礼记·祭义》),与天命、天德浑然而合为一体。"子之所慎:斋、战、疾。"(《述而》)把祭祀活动看得如同一个国家所举行的军事战争一样重要:"祭如在,祭神如神在。"(《八佾》)十分强调主祭者在心灵的深处设置一个主观想象的虔诚氛围、环境,从而最大限度地调动祭祀者凄怆之伤感、怵惕之悲情,通过这种凄怆、怵惕之伤感、悲情的洗礼,使人的性情达到一种绝对赤诚的境界,让它在现实的层面回归到天赋之"孚"、之"衷"的"赤子之心"上;而在形而上的层面则净化、提升为一种宗教的情感,"以通神明之德,以类万物之情"(《系辞上传》)。所以,先秦儒家的孝道,同时裹挟着世俗的情感与宗教的情感,其中世俗的情感是基础,是前提,是形而下者;而后者则是归宿,是主体,是形而上者。世俗的情感为外在的现世服务,家庭的和睦,社会的安定,国家的稳定,均基于此;而人的性情也同时修炼于此。所以《孝经》借孔子之口说:"天地之性人为贵。人之行莫大于孝,孝莫大于严父,严父莫大于配天,则周公其人也。昔者周公郊祀后稷以配天,宗祀文王于明堂,以配上帝。是以四海之内,各以其职来祭。夫圣人之德,又何以加于孝乎? 故亲生之膝下,以养父母日严。圣人因严以教敬,因亲以教爱。圣人之教不肃而成,其政不严而治,其所因者本也。"这种由孝道引发出来的宗教情感本来就是内在的性灵之体,是人格境界不断提升的性情基础。

　　建立在天生淳厚之性——孝弟——之上的纯情挚性,双向撑开,就是所谓"忠恕"之道:

　　　　子曰:"参乎! 吾道一以贯之。"曾子曰:"唯。"子出。门人问曰:"何谓也?"曾子曰:"夫子之道,忠恕而已矣。"(《里仁》)

"忠恕"的基本意义有两个方面:一个是"忠",一个是"恕"。所谓"忠"就是"直",就是忠直、忠诚、直率、坦荡、诚信,就是内在之仁。所谓"恕"就是礼,就是"己立立人,己达达人","己所不欲,勿施于人"的情怀。研究《论语》全书,认真体味孔子的性情思想,包括全书所记载的夫子之一言一行,一颦一蹙,都无不以这种基本的、至高无上的境界为归宿。

孔子的忠恕之道,也就是仁与礼、个人与群体内在张力的统一,或者说,就是个人的人生价值只有在人伦、群体的关系的磨合中才能得以实现。在先秦儒家典籍中,把孔子这方面思想展现得最为系统而透彻的,是相传为曾子所作的《大学》:"古之欲明明德于天下者,先治其国;欲治其国者,先齐其家;欲齐其家者,先修其身;欲修其身者,先正其心;欲正其心者,先诚其意;欲诚其意者,先致其知,致知在格物。物格而后知至,知至而后意诚,意诚而后心正,心正而后身修,身修而后家齐,家齐而后国治,国治而后天下平。自天子以至于庶人,壹是皆以修身为本。"这就是先秦儒家《大学》所归纳出来的有名的"八条目"。实际上就是一个推衍了孔子由"忠"而"恕"的转化、扩充过程。总的来说,这里格物、致知、诚意、正心、修身,为"忠"的范畴;齐家、治国、平天下,为"恕"的范畴。但是这一切又都以"忠"为根本,故《大学》曰:"自天子以至于庶人,壹是皆以修身为本"。同样的思想在《中庸》中就超拔为:"五达道"、"三达德":"天下之达道五,所以行之者三:曰君臣也,父子也,夫妇也,昆弟也,朋友之交也:五者天下之达道也。知、仁、勇三者,天下之达德也,所以行之者一也。"很显然,三达德,是五达道之所以能够得以施行的根本动力。朱熹注"所以行之者一也"曰:"一则诚而已矣。"[1]以"诚"释"一",就点明了三达德的核心就是性情的纯一,就是孔子的"忠"。郭店楚简《性自命出》有"忠,信之方也。信,情之方也。情出于性。"(第39—40简)这就为我们理解孔子之"忠"与其性情思想提供了思路。孟子曾经对"五达道"有具体的诠释:"父子有亲,君臣有义,夫妇有别,长幼有序,朋友有信。"(《滕文公上》)这大概是先秦儒家想象的理想社会中社群的组织成分。个人在这个群体中当然是会得到大家的帮助与关心的,与此相应,群体就是由这样的"个体"亲善地组成的。孟子所描写的"死徙无出乡,乡田同井。出入相友,守望相助,疾病相扶持,则百姓亲睦"(《滕文公上》),大约就是这样的社群中的景象吧。人们在这里各有各的职分,父子之亲,君臣之义,夫妇之别,长幼之序,朋友之信都得到了恰

---

① 朱熹撰:《四书章句集注》,中华书局1983年版,第29页。

如其分地表达。这正是忠与恕统一的完美的体现。

在这样的社群中,大约"乡愿"对个人的性情培养、对社群的道德建设危害是很大的。所以孔子说:"乡原,德之贼也。"(《阳货》)《孟子》载曰:

曰:"何如斯可谓之乡原矣?"

曰:"'何以是嘐嘐也? 言不顾行,行不顾言,则曰:古之人,古之人。行何为踽踽凉凉? 生斯世也,为斯世也,善斯可矣。'阉然媚于世也者,是乡原也。"

万子曰:"一乡皆称原人焉,无所往而不为原人,孔子以为德之贼,何哉?"

曰:"非之无举也,刺之无刺也,同乎流俗,合乎污世,居之似忠信,行之似廉洁,众皆悦之,自以为是,而不可与入尧舜之道,故曰'德之贼'也。孔子曰:恶似而非者:恶莠,恐其乱苗也;恶佞,恐其乱义也;恶利口,恐其乱信也;恶郑声,恐其乱乐也;恶紫,恐其乱朱也;恶乡原,恐其乱德也。君子反经而已矣。经正,则庶民兴;庶民兴,斯无邪慝矣。"(《尽心下》)

孟子在这里晓畅地揭示了"乡愿"的特点:第一,似是而非,以假乱真。"嘐嘐",赵岐曰:"志大言大者也。"但是,狂者"嘐嘐",称古人,是欲之慕之;而乡愿"嘐嘐",称古人,"外欲慕古之人而其心曰,古之人何为空自踽踽凉凉,而生于今之世,无所用之乎?"①第二,"言不顾行,行不顾言",寡廉鲜耻,毫无原则可言,唯一的人生目的就是"阉然媚于世"。第三,"非之无举也,刺之无刺也,同乎流俗,合乎污世,居之似忠信,行之似廉洁,众皆悦之,自以为是,而不可与入尧舜之道,故曰'德之贼'也"。

乡愿之人,以忠信、廉洁之貌取虚伪、贪婪之实。故徐伟长《中论·考伪篇》云:"乡愿无杀人之罪,而仲尼深恶之。"孔子"深恶"乡愿,因为它违反了忠直、诚信的天道精神,也违反了人之所以为人的纯一之德:

子曰:"巧言令色,鲜矣仁!"(《学而》)

子曰:"由! 诲女知之乎! 知之为知之,不知为不知,是知也。"(《为政》)

子曰:"人而无信,不知其可也。大车无輗,小车无軏,其何以行之

---

① 焦循撰:《孟子正义》,中华书局 1987 年版,第 1028、1029 页。

战?"(《为政》)

　　子曰:"巧言、令色、足恭,左丘明耻之,丘亦耻之。匿怨而友其人,左丘明耻之,丘亦耻之。"(《公冶长》)

　　子曰:"狂而不直,侗而不愿,悾悾而不信,吾不知之矣。"(《泰伯》)

　　子曰:"巧言乱的。小不忍,则乱大谋。"(《卫灵公》)

乡愿之人,为了迎合世俗之心,以取名利之私,巧言、令色、足恭,不懂装懂,无信装信,礼仪周备而了无情实,犹如"大车无輗,小车无軏","悾悾"然,伤风败俗,丧性败德,扰乱圣人教化之诚,罪莫大焉。因此,孔子对那些声名极佳,或声名极坏的人,均不轻下断语:

　　子贡问曰:"乡人皆好之,何如?"子曰:"未可也。""乡人皆恶之,何如?"子曰:"未可也。不如乡人之善者好之,其不善者恶之。"(《子路》)

　　子曰:"众恶之,必察焉;众好之,必察焉。"(《卫灵公》)

要认真鉴别各种各样的人品,既要严防欺世盗名之徒混迹于"君子"之中,也要把陷溺于众矢之的的忠直廉洁之士拯救出来。关键的问题是要在全社会树立其道德的正义力量,创建一种社会公认的美德,只有这样真正纯洁的心灵、努力向学的个体才能得到应有的保护。深究孔子关于"乡愿"的理论,我们发现,孔子是站在整个社会的角度,从国家、家庭、人际等各种关系的互动中来论述人之性情的。因此,纯洁人的性情,就是纯洁我们大家整天置身其中的社会人文环境。这里面隐含着一个循环往复,周而复始的由个体的性情而社群、再由社群而个体的性情的净化过程。

　　柏拉图说:"谎言乃是一种不论谁在自身最重要的部分(指心灵)——在最重要的利害关系上——都是不愿意接受的东西,是不论谁都最害怕它存在在那里的。""在自己心灵上一直保留着假象——这是任何人都最不愿意、最深恶痛绝的。"①这个"谁"、"任何人",就是指的具有辨别是非善恶能力的"君子",他们与孔子的人学世界中之希望养性情之正的人在人生理想的追求上是一致的。从这个角度上来讲,"狂"、"狷"虽然失之于性情的偏颇,但是内怀真诚,心口如一,与腐蚀人的心灵、扰乱圣人德治的"乡愿"是完全不在同一个

---

① 柏拉图著:《理想国》,商务印书馆1986年版,第79页。

层面上的：

> 子曰："不得中行而与之，必也狂狷乎！狂者进取，狷者有所不为
> 也。"（《子路》）

狂者，狂放、疏诞、放荡，志大才疏、任性而为，不得其性情之正者也。但是包咸曰：狂者"进取于善道。"赵岐曰：狂者"进取于大道。"狷者，洁身自好，不肯同流合污，但往往气量褊狭，不能从俗，不能容物，性情浮而躁。狂者兼济，狷者独善其身。狂狷之士，虽不得性情之正，然皆无隐曲、伪善之私，与乡愿之欺世盗名、丧性败德者完全不同。"中行"者，不左不右，不偏不倚，文质相辅，文质彬彬，在性情上涵养天地的精神，得中庸、中和之大本。对狂狷之士，孟子还有较为全面的解释：

> 万章问曰："孔子在陈曰：'盍归乎来！吾党之士狂简，进取，不忘其
> 初。'孔子在陈，何思鲁之狂士？"孟子曰："孔子'不得中道而与之，必也狂
> 狷乎！狂者进取，狷者有所不为也'。孔子岂不欲中道哉？不可必得，故
> 思其次也。""敢问何如斯可谓狂矣？"曰："如琴张、曾皙、牧皮者，孔子之
> 所谓狂矣。"①"何以谓之狂也？"曰："其志嘐嘐然，曰'古之人，古之人'。

---

① 笔者以为，《周易》之"道"与《老子》《庄子》之"道"总有一种解不开的结，反映了先秦儒、道两家之间难解难分的关系。《老子》曰："道之为物，惟恍惟惚。惚兮恍兮，其中有象；恍兮惚兮，其中有物。窈兮冥兮，其中有精；其精甚真，其中有信。"《庄子·大宗师》曰："夫道有情有信，无为无形；可传而不可受，可得而不可见；自本自根，未有天地，自古以固存；神鬼神帝，生天生地；在太极之先而不为高，在六极之下而不为深，先天地生而不为久，长于上古而不为老。狶韦氏得之，以挈天地；伏戏氏得之，以袭气母；维斗得之，终古不忒；日月得之，终古不息；勘坏得之，以袭昆仑；冯夷得之，以游大川；肩吾得之，以处大山；黄帝得之，以登云天；颛顼得之，以处玄宫；禺强得之，立乎北极；西王母得之，坐乎少广，莫知其始，莫知其终；彭祖得之，上及有虞，下及五伯；傅说得之，以相武丁，奄有天下，乘东维、骑箕尾而比于列星。"老庄把"道"神话了；孔子关于"道"虽然也有"不可得而闻也"的一面，但是总的来讲，却要朴实平和得多。《庄子·大宗师》中的另外一段记载可能更能说明这一问题：

子桑户、孟子反、子琴张三人相与友曰："孰能相与于无相与，相为于无相为；孰能登天游雾，挠挑无极，相忘以生，无所穷终！"三人相视而笑，莫逆于心，遂相与友。莫然有间，而子桑户死，未葬。孔子闻之，使子贡往侍事焉。或编曲，或鼓琴，相和而歌曰："嗟来桑户乎！嗟来桑户乎！而已反其真，而我犹为人猗！"子贡趋而进曰："敢问临尸而歌，礼乎？"二人相视而笑曰："是恶知礼意！"子贡反，以告孔子曰："彼何人者邪？修行无有而外其形骸，临尸而歌，颜色不变，无以命之。彼何人者邪？"孔子曰："彼游方之外者也，而丘游方之内者也。外内不相及，而丘使女往吊之，丘则陋矣！彼方且与造物者为人，而游乎天地之一气。彼以生

夷考其行而不掩焉者也。狂者又不可得,欲得不屑不洁之士而与之,是狷也,是又其次也。"(《孟子·尽心下》)

夫子遭陈厄,食不果腹而思鲁之狂士(《公冶长》载:"吾党之小子狂简,斐然成章,不知所以裁之。");曾晳为曾参之父,孟子却归之于"狂",曾参是子思子的老师,是孟子的师爷,足见"狂",在孔门的性情概念体系中,有时并不一定就是贬义词。① 它告诉我们,"中行"的境界,亦即性情之正的境界,并不是能够一蹴而就的,从孔子的哲学体系来讲,究其实,只不过是一个理想的性情境界。柴之愚,参之鲁,师之辟,由之喭(《先进》),固然离性情之正相去遥远,即便通过努力学习,达到了果、达、艺(《雍也》),也未必就能够做到性情之正。所以,《汉书·刘辅传》云:"臣闻明主垂宽容之听,崇谏争之官,广开忠直之路,不罪狂狷之言。"我们细细纠察《论语》,孔子对各种乡愿式之不忠、不直、不孝、不廉等等"德之贼"式的人深恶痛绝,而对隐、怪、狂、狷之士却比较宽容,而且往往还很尊重他们,这就是"忠恕之道"的"恕"。

薛瑄《读书录》云:"忠如水之源,恕如水之流。一忠作出千百个恕,一源流出千百道水,即忠恕而一贯之旨明矣。"生动形象地说明了忠与恕的关系,忠是体,恕是用;忠是源,恕是流。皇侃《论语义疏》引王弼曰:"忠者,情之尽也。恕者,反情以同物者也。未有反诸其身而不得物之情,未有能全其恕而不尽理之极也。"可见,忠,指的是情性的纯一之德,故《周语》曰:"中能应外,忠

为附赘县疣,以死为决瘓溃痈。夫若然者,又恶知死生先后之所在!假于异物,托于同体;忘其肝胆,遗其耳目;反复终始,不知端倪;芒然彷徨乎尘垢之外,逍遥乎无为之业。彼又恶能愦愦然为世俗之礼,以观众人之耳目哉!"

据焦循之《孟子正义》(下,中华书局1987年版,第1026—1027页)称,《孟子》中的琴张、曾晳、牧皮就是《庄子·大宗师》中之子桑户、孟子反、子琴张。这条资料首先说明了先秦儒家,特别是孔子的门徒中之"狂"者,与道家的思想本来只是一墙之隔,他们转眼之间就可以成为庄子笔下之体天地、冥变化、一生死的方外之士。更为重要的是,孔子之"彼游方之外者也,而丘游方之内者也"的话,道出了孔子之"道"与老庄之"道"同中有异、异中有同的关系。"道"的异与同,实际上最终会影响性情的选择,也就是说,儒道两家在性情思想上也有相通之处,这还有待于将来进一步研究。

① 例如,以"六经责我开生面"为己任的王船山就称自己为一"老狂":"嬉春迟暮老廉夫,长卧归休旧酒徒。不分传家三传在,从来亡国一身孤。玉前月影窥双鬓,碧海云波认五湖。一尽龙钟供世笑,苍天还识老狂无?"(《王船山诗文集·姜斋七十自定稿·春兴》,中华书局1962年版,第260页)

也。"《曾子大孝》曰："忠者,中此者也。"至忠、至纯、至诚、至信,言行一致,内外一致,上通天人,下含物理,中和人伦就是忠的本质。《大戴礼记·小辨》曰："知忠必知中,知中必知恕,知恕必知外,知外必知德。"阐明了由忠而中,再由中而恕,由内而外的条贯性。"知忠必知中"的意思就是《国语·周语上》中说的"考中度衷,忠也。","知中必知恕,知恕必知外,知外必知德"三句,都是讲的推己及人,把自己的内在性情、德性,"忖度其义于人"。① 程树德《论语集释》引《笔解》李氏曰："参也鲁,是其忠也。参也孝,是其恕也。仲尼尝言忠必恕,恕必忠,缺一不可,故曾子闻道一以贯之,便晓忠恕而已。"②说明"忠恕"之道的内核是仁、是孝、是悌,是在各种人伦、人际关系中显示出来的人之所以为人的根本性品德。由此可知,孔子也是极为重视礼的,孔子曰:"人而不仁如礼何?"(《学而》)这句话反过来说,就是"人而无礼如仁何?"仁与礼是相辅相成的,是仁与礼,忠与恕,个体与群体的统一,而孔子的纯情挚性,就是在仁与礼、忠与恕、个体与群体的交叉点上溢彩流光的。

第三节　吾与点也

在历代关于《论语》之"吾与点也"(《先进》)的诠释中,朱熹《四书集注》从天道之大化流行处着笔,可谓独具慧眼,③影响极大,但是,笔者以为,皇侃

---

① 王聘珍著:《大戴礼记解诂》,中华书局 1983 年版,第 208 页。
② 程树德著:《论语集释》(一),中华书局 1990 年版,第 265 页。
③ 朱熹注曰:"曾点之学,盖有以见夫人欲尽处,天理流行,随处充满,无少欠阙。故其动静之际,从容如此。而其言志,则又不过即其所居之位,乐其日用之常,初无舍己为人之意。而其胸次悠然,直与天地万物上下同流,各得其所之妙,隐然自见于言外。视三子之规规于事为之末者,其气象不侔矣,故夫子叹息而深许之。"又引程子曰:"孔子与点,盖与圣人之志同,便是尧、舜气象也。诚异三子者之撰,特行有不掩焉耳,此所谓狂。子路等所见者小,子路只为不达为国以礼道理,是以哂之。若达,却便是这气象也。"又曰:"三子皆欲得国而治之,故夫子不取。曾点,狂者也,未必能为圣人之事,而能知夫子之志。故曰浴乎沂,风乎舞雩,咏而归,言乐而得其所也。孔子之志,在于老者安之,朋友信之,少者怀之,使万物莫不遂其性。曾点知之,故孔子喟然叹曰:'吾与点也。'又曰:'曾点、漆雕开,已见大意。'"(见朱熹著:《四书章句集注》,中华书局 1983 年版,第 130—131 页)朱熹的这一远见卓识,来自于他深入研究《周易》,视野开阔,对孔子的思想有一宏观、条贯的把握的缘故。其他注家之所以有种种误解,均因为囿于经历、囿于时势,囿于时间的隔阂而一叶障目所致。

— 105 —

《论语义疏》的注释却也韵味悠然，比朱子的诠释更深一层："孔子闻点之愿，是以喟然而叹也。既叹而云吾与点也，言我志与点同也。所以与同者，当时道消世乱，驰竞者众，故诸弟子皆以仕进为心，唯点独识时变，故与之也。"皇侃又引李充云："善其能乐道知时，逍遥游咏之至也。夫人各有能，性各有尚，鲜能舍其所长而为其所短。彼三子者之云，诚可各言其志矣。然此诸贤既以渐染风流，飡服道化，亲仰圣师，诲之无倦，先生之门，岂执政之所先乎？呜呼！遽不能一忘鄙愿而暂同于雅好哉！谅知情从中来，不可假已，唯曾生超然，独对扬德音，起予风仪，其辞清而远，其指高而适，亹亹乎固圣德之所同也。三子之谈，于兹陋矣。"抓住了孔子人学中之性情思想的核心。

孔安国曰："皙，曾参父，名点。"按后代儒家经典的注家说法，此人乃先秦孔门中的一个狂士，为什么孔子偏偏"喟然叹曰：'吾与点也'"呢？难道真像《丹铅录》所云"完全感慨身世，自伤不遇"，抑或像《群经识小》所云"三子承知尔之问，兵农礼乐，言志之正也。点之别调，夫子独许之者，亦以见眼前真乐在己者可凭，事业功名在人者难必。喟然一叹，正不胜身世之感也"吗？① 笔者以为，这种典型的以自己腐儒之心度圣人之腹的误解，是因为这些注家没有从根本上认识到孔子之学乃是一种"为己"的"天人"之学。他们没有从一个更为宽广、超越的视域里看到，前面三子之"规规于事"的抱负，只是一种道德践履的方式，只是孔门人学的一个组成部分，只是一种形而下的修炼，是修、齐、治、平之现实世界的常规路。孔子人学的最终目的是要超越这种常规，超越人伦道德德目本身，乐天知命，乐道知时，其辞清而远，其指高而适，卓异超然，对扬德音，以达到内在与外在超越的统一。②

① 《丹铅录》与《群经识小》的引文摘自程树德著：《论语集释》（三），中华书局1990年版，第813页。

② 这种观点是可以从《论语》成书的过程中取得旁证的。上文我们已经叙述到，竹简记文，极为困难，故以"简约"为其最大的特点，那么为什么"吾与点也"一章的字数雄居《论语》各章之冠，不厌其烦地叙述诸子之志，最后推出曾点之志（莫春者，春服既成。冠者五六人，童子六七人，浴乎沂，风乎舞雩，咏而归）呢？我们知道，曾点之子为曾参，曾参述孔子之志作过《孝经》。孔子说过："父在，观其志；父没，观其行；三年无改于父之道，可谓孝矣。"（《学而》）对曾参不可能没有影响。曾子学派编辑《论语》，不可能不带有某些观点上的偏向，这并不仅仅因为曾皙是曾参之父，更重要的是曾参、子思子、孟子一系之思想，与曾点之志有深刻的承继关系。《论语》的编辑者是想在这里用三子的回答来突出曾点的高远之志与圣人之理想相通。所以笔者以为，皇侃《论语义疏》的诠释更接近《论语》的实际。

这个人学超越的理论背景，是《周易》。牟宗三先生指出："《易经》的中心就是性与天道，因此孔子对性与天道，确曾下了一番研究的心血。"①子贡曰："夫子之文章，可得而闻也；夫子之言性与天道，不可得而闻也。"(《公冶长》)并不是说孔子真的不谈性与天道，而是子贡之学问、性分，践履功夫所下的程度还不足以言"性与天道"。对这种理解，在《论语》中是有佐证的。孔子对子贡就说过"赐也，始可与言诗已矣！"(《学而》)这样的话对子夏也说过："起予者商也！始可与言诗已矣。"(《八佾》)可见孔子之诗教，并不是与任何人都言诗，更不是在任何人的任何阶段都言诗，"不愤不启，不悱不发"(《述而》)才是孔子教育的真谛。同样的道理，在"性与天道"的论题上，孔子也采取了因人而异，因材施教的教学手段。通过《论语》中关于"性与天道"的论述，我们可以窥见，这是孔子理论架构中最高深的层面，是非常人能够轻易抵达的。

也就是说，前三子所从事的是现实的道德践履之"善"，而曾皙所向往的却是与天地贯通之"神"。对此，《孟子》在《尽心下》中的论述，发挥了孔子的理路，展示了人性提升的全部过程：

> 可欲之谓善，有诸己之谓信。充实之谓美，充实而有光辉之谓大，大而化之之谓圣，圣而不可知之之谓神。

所谓"神"，就是人已经与天道相契的精神境界；或者说，是一种超越了道德德目的约束，②进入了精神自由的天道境界。这就是孔子自述时所说的"七十而

---

① 牟宗三著：《中国哲学的特质》，上海古籍出版社1997年版，第28页。

② 对道德的超越问题本人不想在此着重论述，但是，愚以为，道德是不能推向极端的，它必须像孔子一样将道德化解在天道的大化流行之中，用艺术之美来超越它，才能够最后寻找到生命的本真。这才是我们的时代真正应该推崇的孔子。这里可以引用一段尼采针对基督教之道德的论述，供大家参考："基督教是在道德之偏见的深度不能以我所观察到的基督教的小心翼翼与怀有敌意的沉默来估计的——基督教是在道德这个主题之下所产生过的最奢侈的变奏。毫无疑问地，对于此世界之纯粹伦理学的阐释及批判，我所提出的看法是完全不同于基督教之教义的(就绝对标准言，这个教义大体上是关于道德的：上帝的绝对真理，将所有艺术贬黜为虚伪的，并因之判定其罪)。在这种观念及价值的体系里，总是让我意识到一种强烈的暴虐心、报复心以及对于生命的仇视。同时我也意识到，像这种观念体系，为了和它的前提一致，也必然的要厌恶艺术了。因为艺术与生命乃是全然地植根于形相及幻觉之上的。同时更愚钝的也还要建立在错误之上。基督教在根本上就是厌恶生命本身的，而这厌恶只是一层伪装，它以'另一个'、

从心所欲,不踰矩"的境界,但是这种境界必须通过"志学"、"立"、"不惑"、"知天命"、"耳顺"(《为政》)等"造次必于是,颠沛必于是"(《里仁》),拳拳服膺,不断向学,经历了人生无数摸爬滚打的磨炼阶段之后,以自己修炼所得"仁与智"的生命之体,去打通在天之阴与阳,在地之柔与刚,在人之仁与义,才能达到的境界。① 美学家宗白华先生曾经对此有过与孔子、孟子思想完全一致的论述:

> 什么是意境? 人与世界接触,因关系的层次不同,可有五种境界:(1)为满足生理的物质的需要,而有功利境界;(2)因人群共存互爱的关系,而有伦理境界;(3)因人群组合互制的关系,而有政治境界;(4)因穷研物理,追求智慧,而有学术境界;(5)因欲返本归真,冥合天人,而有宗教的境界。功利境界主于利,伦理境界主于爱,政治境界主于权,学术境界主于真,宗教境界主于神。但介乎后二者的中间,以宇宙人生的具体为对象,赏玩它的色相、秩序、节奏、和谐,借以窥见自我的最深心灵的反映;化实景而为虚境,创形象以为象征,使人类最高的心灵具体化、肉身化,这

'更好的'生命的观念来作为哄骗。它仇视这'世间',它诅咒情爱的冲动,它惧怕美及感性,它是一种诬蔑人之存在的超越,它热望于毁灭,停止一切努力,直到伟大的'安息日'到来——这一切歪扭曲解之聚落,以及基督教的不妥协的断言说:除了道德价值外,一切都是无用的,这一切总是令我感觉到它是颓废意志(Will to destruction)的最危险的、最不吉利的形式。总之,它是一个大疾病、坏脾气、枯竭及苍白萎靡的象征。由于根据伦理学(尤其是基督教的绝对道德),生命将永远是一种错误,因此人必须在轻蔑的重压之下,永远否定它;必须将它看成是一种不值得我们眷念的东西,亦即生命本身是无价值的。"(尼采著:《悲剧的诞生》,湖南人民出版社 1986 年版,第 9—11 页)但是,人类终究不能不要道德,只是不能走极端。苏格拉底之"生命无道德则易软,道德无生命则过硬"的思想与孔子较为相近。(参见包利民著:《生命与逻各斯——希腊伦理思想史论》,东方出版社 1996 年版,第 168 页)

① 牟宗三先生说:"仁且智的生命,好比一个莹明清澈的水晶体,从任何一个角度看去都可以窥其全貌,绝无隐曲于其中,绝无半点瑕疵。这样没有隐曲之私,通体光明莹澈的生命,可以经得起任何的引诱与试探,能够抵得住一切的磨折与风浪……","因此,仁的作用内在地讲是成圣,外在地讲的时候,必定要遥契超越方面的性与天道。仁和智的本体不是限制于个人,而是同时上通天命和天道的。《易·文言》说:'大人者与天地合其德,与日月合其明,与四时合其序,与鬼神合其吉凶。'可知要成为'大人',必要与天地合德,那就是说,个人生命应与宇宙生命取得本质上的融合无间(或说和合 Conciliation)。"(《中国哲学的特质》,上海古籍出版社 1997 年版,第27、29—30 页)

就是"艺术境界"。艺术境界主于美。①

曾点之"莫春者,春服既成。冠者五六人,童子六七人,浴乎沂,风乎舞雩,咏而归"的理想实际上是把山水性灵的自然之美、艺术境界之美以及宗教信仰之美融会在一起的人生境界,而且,在这个境界中,前二者为主;但是,从美学的规律而言,最终又将以艺术美为主。所以,曾点之志的最终落脚点,仍然还是宗白华先生所说的主于美的"艺术境界"。在《论语》中,孔子曾经不止一次地强调了这一点:

> 志于道,据于德,依于仁,游于艺。(《述而》)

> 兴于诗,立于礼,成于乐。(《泰伯》)

徐复观先生早就说过,对孔子的政治态度"自当时子路已不能真正了解他的真意。后儒沉没于专制毒焰之中,更河汉其言,并群起而谓《论语》此种记载,与《左》、《史》不合,不可置信……"②云云,但是,需要指出的是,对孔子之误解,或有意的歪曲,又何止是在政治思想上呢?由于当时的孔子已经完全成为一名名副其实的独立的自由知识分子,他思考的各种问题是面对整个人类、整个历史的,他的哲学思想超越了时间、空间,带有深刻的普遍性,所以不要说孔子在中国几千年的历史上一直是一个孤独者,根据《论语》文本,我们就可以清晰地看到,即便是孔子还在世的时候,他已经感到了巨大的孤独,世人没有理解他,他的学生也极少有人真正理解他:

> 子曰:"谁能出不由户?何莫由斯道也?"(《雍也》)

> 子曰:"莫我知也夫!"子贡曰:"何为其莫知子也?"子曰:"不怨天,不尤人。下学而上达。知我者,其天乎!"(《宪问》)

这是一位伟大的思想者的伟大的孤独。尼采说得好:"被理解是很难的,尤其

---

① 宗白华著:《美学散步》,上海人民出版社1981年版,第59页。这里的"神"与《孟子》之"神"是不一样的,前者指的是宗教之神,而后者则是指的《易传》之"阴阳不测之谓神",指的是天地大化之玄机。在孟子看来,只有尧舜才能达到这种境界。宗白华先生的这种递进升层的理论模式,与著名的美国心理学家亚伯拉罕·马斯洛的"需要等级"有相通之处。马斯洛说:"从人的天性中可以看出,人类总是不断地寻求一个更加充实的自我,追求更加完美的自我实现。"(弗兰克·戈布尔著:《第三思潮:马斯洛心理学》,上海译文出版社1987年版,第64页)

② 徐复观著:《中国人性论史》(先秦篇),台湾"商务印书馆"1969年版,第66页。

是当人们单纯地在一些以另外的方式思考和生活的人中间。"①但是,孔子面对着"逝者如斯"的滚滚红尘,他的眼界超越了整个历史,并没有乞求现世短暂的认同,陶醉于世俗肤浅而喧嚣的喝彩声中,而是"不患人之不己知,患其不能也"(《宪问》),"发愤忘食,乐以忘忧,不知老之将至"(《述而》),提升自己的人性内涵,加强自己的性情修养,在天人之际寻找安身立命的灵魂归宿。

"游于艺"的"艺",就是六艺。据《论语注疏》载:"六艺谓礼、乐、射、驭、书、数也。"②《周礼·保氏》曰:"掌养国子,教之六艺,一曰五礼,二曰六乐,三曰五射,四曰五驭,五曰六书,六曰九数。"并且明确指出"六乐",就是指的《云门》、《大咸》、《大韶》、《大夏》、《大濩》、《大武》。③ 据孙诒让《周礼正义》云:"此周所存六代之乐。黄帝曰《云门》、《大卷》,黄帝能成名万物,以明民共财,言其德如云之所出,民得以有族类。《大咸》、《咸池》,尧乐也。尧能禅均刑法以仪民,言其德无所不施。《大磐》,舜乐也。言其德能绍尧之道也。《大夏》,禹乐也。禹治水傅土,言其德能大中国也。《大濩》,汤乐也。汤以宽治民,而除其邪,言其德能使天下得其所也。《大武》,武王乐也。武王伐纣以除其害,

① 尼采著:《论道德的谱系·善恶之彼岸》,漓江出版社 2007 年版,第 167 页。

② 《论语注疏》(卷七),见阮元校刻:《十三经注疏》(下册),中华书局 1980 年版,第2484 页。

③ 《周礼·春官·大司乐》载:"大司乐掌成均之法,以治建国之学政,而合国之子弟焉。凡有道者、有德者,使教焉,死则以为乐祖,祭于瞽宗。以乐德教国子:中、和、祗、庸、孝、友。以乐语教国子:兴、道、讽、诵、言、语。以乐舞教国子:舞《云门》、《大卷》、《大咸》、《大磐》、《大夏》、《大濩》、《大武》。以六律、六同、五声、八音、六舞大合乐,以致鬼神示,以和邦国,以谐万民,以安宾客,以说远人,以作动物。乃分乐而序之,以祭,以享,以祀。乃奏黄钟,歌大吕,舞《云门》,以祀天神。乃奏大蔟,歌应钟,舞《咸池》,以祭地示。乃奏姑洗,歌南吕,舞《大磐》,以祀四望。乃奏蕤宾,歌函钟,舞《大夏》,以祭山川。乃奏夷则,歌小吕,舞《大濩》。以享先妣。乃奏无射,歌夹钟,舞《大武》,以享先祖,凡六乐者,文之以五声,播之以八音。凡六乐者,一变而致羽物及川泽之示,再变而致臝物及山林之示,三变而致鳞物及丘陵之示,四变而致毛物及坟衍之示,五变而致介物及土示,六变而致象物及天神。"美国的音乐理论家理查德·贝克说:"从有生命时起,音乐就一直是同生命的目的、生命的奥秘紧密联系在一起的。"(见理查德·贝克著:《音乐的魅力》,人民音乐出版社 1986 年版,第 4 页)所以,诚如《乐记》所言"乐者,音之所由生也。其本在人心之感于物也。"音乐本来是基于人的生理、心理、情感,感于万事万物而激发起来的、与人的生命之灵互为因果的一种艺术。但是,中国早期的统治者却给它蒙上了一层神秘的宗教外衣。我们只能说先秦儒家哲学具有宗教性,而绝不能说它就是宗教。在上文关于孔子研究《易经》的叙述中已经就这个问题进行阐述,孔子研究《易经》与别人是不同的,我们当然也相信,孔子在欣赏古代音乐时,也是与众不同的。

言其德能成武功。"①《大磬》，即《大韶》。《论语》对此有专门的记载与讨论：

> 子谓《韶》，"尽美矣，又尽善也。"谓《武》，"尽美矣，未尽善也。"②
> （《八佾》）

> 子在齐闻《韶》，三月不知肉味。曰："不图为乐之至于斯也!（《述而》）

> 渊问为邦。子曰："行夏之时，乘殷之辂，服周之冕，乐则《韶》舞。放郑声，远佞人。郑声淫，佞人殆。"（《卫灵公》）

《大韶》之乐，在先秦时期同见于《墨子·三辩》、《庄子·至乐》、《列子·周穆王》、《吕氏春秋·古乐》、《礼记·乐记》等典籍。《尚书·虞书·益稷》载：

> 夔曰："戛击鸣球、搏拊、琴瑟、以咏。"祖考来格，虞宾在位，群后德让。下管鼗鼓，合止柷敔，笙镛以间。鸟兽跄跄；《箫韶》九成，凤凰来仪。夔曰："於! 予击石拊石，百兽率舞，庶尹允谐。"

这里的《箫韶》就是孔子所指的《韶》。通过《尚书》的记载我们可以推想到一些《大韶》乐舞本身的内容以及当时的演奏状况。不管怎么说，孔子对《大韶》是推崇到了极点的，是尽善尽美的典范，闻之则三月不知肉味，舞之则俯仰屈伸皆合天道。③

---

① 孙诒让撰，王文锦、陈玉霞点校：《周礼正义》（第七册），中华书局1987年版，第1725页。

② 《左传·襄公二十九年》载：(吴公子札)"见舞《象箾》、《南籥》者，曰：'美哉! 犹有憾。'见舞《大武》者，曰：'美哉! 周之盛也，其若此乎!'见舞《韶濩》者，曰：'圣人之弘也，而犹有惭德，圣人之难也。'见舞《大夏》者，曰：'美哉! 勤而不德，非禹，其谁能修之?'见舞《韶箾》者，曰：'德至矣哉! 大矣! 如天之无不帱也，如地之无不载也，虽甚盛德，其蔑以加于此矣。观止矣! 若有他乐，吾不敢请已!'"据《周礼》我们知道了"乃奏姑洗，歌南吕，舞《大磬》，以祀四望。"姑洗，南吕，均为十二乐律中的组成部分，"以祀四望"，孙诒让《周礼正义》注曰："四望，五岳、四镇、四窦。"《汉书·郊祀志》载，王莽云："四望，盖谓日月星海也。"可见《大韶》之中有大量关于自然景色的描写，汉代刘向《说苑·修文》又载："孔子至齐郭门之外，遇一婴儿挈一壶，相与俱行，其视精，其心正，其行端，孔子谓御曰：'趣驱之，趣驱之。韶乐方作。'孔子至彼，闻韶三月不知肉味。"孔子诗教，善于比喻。这里分明是孔子将《韶》乐比喻成了一个天真无邪、纯纯天成的婴儿，由此我们可以想见《韶》的内容与形式是多么的优美与纯真。这些史料与《论语》中之"吾与点也"的人学思想是完全一致的，深刻地说明了《韶》乐与孔子性情思想的内在关系。

③ 对孔子极为喜欢音乐、具有高深的音乐修养的史实，我们应该从更深刻的、心理的角度来分析，而不能仅仅停留在概念、教条之上。作为一位伟大的思想家，一位伟大的孤独者，他首先也是一个人，而且是一位在思想上具有旷世孤独的老人。尼采对音乐的欣赏有过一段发人深省的话，供我们参考："只有在漫漫的黑夜中，密密的森林中和幽暗的岩洞里，耳朵，这恐惧的器官，才会进化得如此完美，以适应人类产生以来最长的一个时代，即恐怖时代的生活方式的需要；置身于明亮的阳光下，耳朵就不再是那么必需的了。因此，音乐只能是一种属于黑夜和黄昏的艺术。"(尼采著：《曙光》漓江出版社2000年版，第194页)这从更为深刻的层面展示了孔子到底生活在一个什么样的社会环境之中，以及他内在的追求指向在哪里。

"游于艺"之命题的根本创新在于一个"游"字上。固然,"游"的内容始终没有脱离"道"、"德"、"仁"等非艺术性的因素,但是它们始终以一种艺术的形式愉悦着主体的性情。奥地利音乐理论家爱德华·汉斯立克在所著《论音乐的美》中指出:"情感并不是孤立地存在于心灵之中,好像可以用一种艺术把它从心灵里提取出来,而这种艺术却无法表现其他的精神活动,相反地,情感是以生理和病理状态为其先决条件。它是以观念和判断,即理智和理性思维的全部领域,也就是被人们看作是情感的对立面的那个领域为依据的。"[①]也就是说,"志于道,据于德,依于仁"之道、德、仁本来就是"游于艺"的"依据",没有"道"、"德"、"仁","艺"就无法"孤立地"去"游"。然而,"游"与"成于乐"的"成"一样,毕竟都是一种艺术人生的存有方式,更是一种人生理想的自由境界。由于孔子之道与德,具有天道的背景,仁的美德,也具有形而上的层面,是宇宙精神之大化流行的人道体现,因此致使这种落实在审美活动中的"游",与自然美的境界彼此渗透,具有了通天地鬼神的特殊作用。《乐记》说得很清楚,"及夫礼乐之极乎天而蟠乎地,行乎阴阳而通乎鬼神,穷高极远而测深厚。乐著大始,而礼居成物。著不息者,天也。著不动者,地也。一动一静者,天地之间也。故圣人曰'礼乐'云。"礼之俯仰屈伸皆中阴阳之节,乐之跌宕腾挪皆合天地之会,穷高极远,乐著大始。通乎鬼神,纠合性命,报本反始,以复归其初者也。

关于何以通过艺术的境界,可以达到人生自由的境界,在这个境界中培养性情之正,树立起完整的人格,尼采具有非常深刻的思想,我们可以用来诠释孔子。他说:"艺术乃是人类最高的天职,也是人类真正的形而上学活动。"因为"只有艺术才能将他的厌恶化为想象,并由于此,生命才成为可能。这,一方面是一种崇高的精神,经由艺术的手段而使得恐惧化为乌有;另一方面,是一种愉快的精神,也经由艺术的手段而使得我们从沉闷的荒谬之中得到解放。"[②]所

[①] 爱德华·汉斯立克著:《论音乐的美》,杨业治译,人民音乐出版社 1980 年版,第 28 页。

[②] 尼采著:《悲剧的诞生》,湖南人民出版社 1986 年版,第 18、63 页。对通过艺术修养人性的理路,西方之价值的颠覆与被颠覆者,似乎有共同的见解。柏拉图在其《理想国》中就说:"我们必须寻找一些艺人巨匠,用其大才美德,开辟一条道路,使我们的年轻人由此而进,如入健康之乡;眼睛所看到的,耳朵所听到的,艺术作品,随处都是;使他们如坐春风如沾化雨,潜移默化,不知不觉之间受到熏陶,从童年时,就和优美、理智融合为一。"(柏拉图著:《理想国》,商务印书馆 1986 年版,第 107 页)

以,包咸曰:"乐所以成性。"①刘宝楠又说:"乐以治性,故能成性,成性亦修身也。"②在孔子的自由境界中,通过艺术展现出来的生命形态,充满了宇宙大化之生生不息的刚乾精神,它通体透明,把枯燥的形而上学的哲理都消解到了天地神人贯通为一的和畅之中,并且人之所以为人的根本,正是在于这种和畅传达给人的天地精神:

> 清明以象天,广大以象地,终始象四时,周还象风雨。五色成文而不乱,八风从律而不奸,百度得数而有常。大小相成,终始相生,倡和清浊,迭相为经。故乐行而伦清,耳目聪明,血气和平,移风易俗,天下皆宁。故曰:乐者,乐也。君子乐得其道,小人乐得其欲。以道制欲,则乐而不乱;以欲忘道,则惑而不乐。是故君子反情以和其志,广乐以成其教。乐行而民乡方,可以观德矣。德者,性之端也。乐者,德之华也。金石丝竹,乐之器也。诗,言其志也。歌,咏其声也。舞,动其容也。三者本于心,然后乐器从之。是故情深而文明,气盛而化神,和顺积中,而英华发外,唯乐不可以为伪。(《礼记·乐记》)③

值得注意的是,孔子以乐治性,是诗、礼、乐并提的,这就是"兴于诗,立于礼,成于乐"。但是很明显,这里有一个由下到上,由实到虚,层层递进的过程。孔子说:"《诗》,可以兴,可以观,可以群,可以怨。迩之事父,远之事君。多识于鸟兽草木之名。"(《阳货》)在孔子看来,学习《诗》,对于认识世界、为人处世具有很大的认识作用,所以他又说:"人而不为《周南》、《召南》,其犹正墙面而立也与?"(《阳货》)由此可以看出,孔子的观点是,没有世俗的修炼作

---

① 《论语注疏》(卷八),见阮元校刻:《十三经注疏》(下册),中华书局1980年版,第2487页。

② 刘宝楠撰:《论语正义》(上),中华书局1990年版,第299页。

③ 《隋书·音乐志》引沈约《奏答》曰:"《乐记》取《公孙尼子》。"但是,笔者以为,诚如唐君毅先生所言,孟子言性善固然始于孔子,荀子言性恶又何尝不是始于孔子呢? 孔子太伟大了,太博大了,我们现在看到的孔子只是冰山的一角。在学术的道路上,由于采取的是"述而不作"的方式,孔子的思想主要是通过弟子及再传弟子,口耳相传才得以流传,因此,它们实际上已经广泛地融化在孔子的弟子及再传弟子的著作之中,《论语》只是曾子学派的一个汇集的语录本,实际上并不能全面地反映孔子思想的全貌。根据文献显示,孔子是一位极为精通音乐的思想家,他精通"六乐",并且是他教授学生的教材。他对音乐必然有一套完备的理论。《乐记》一文,以《周易》为经,以礼乐为纬,以人情为田,以风俗为化,深得孔子思想之精髓。

为起码的基础,人的性情是不完善的、人格也是不完整的。实践性始终是孔子最重要的思想前提。

《汉书·艺文志》载:"古者诸侯卿大夫交接邻国,以微言相感,当揖让之时,必称诗以谕其志,盖以别贤不肖以观盛衰焉。"《左传》、《国语》等典籍中也确乎有大量与"必称诗以谕其志"相符的历史记载,于是中国历代文艺理论家(特别是当代)均以为这是先秦时期唯一的诠诗途径:

> ……"诗言志"说必然带有先天缺陷。这种先天缺陷,主要表现在两个方面:内容上,离开诗歌作品本身所表达的审美情感倾向,而代之以运用者与接受者事先怀抱的使用目的,甚至竟把《诗经》直接看作是当时统治阶级政治、伦理思想法则的载体;在方法上,不是整体把握诗歌审美意象,而是断章取义,摘取诗中某些语句,从字面上借以表达符合自己使用目的的用意。①

这种在中国具有极大普遍性的深刻误解,一直到 2001 年 11 月,由马承源先生主编的《上海博物馆藏战国楚竹书》(一)上海古籍出版社出版才有了初步改善的可能。在这部先秦竹书中,有一篇珍贵的《孔子诗论》,一扫数千年来笼罩在先秦诗学之上的浓浓迷雾,让我们通过诗论的文本,看清了孔子诗论、特别是以性情论诗的深刻性、丰富性:

第一,上海竹书中孔子诗论之特点,在于尊重诗歌原作者的创作意图,从整体上把握诗歌的内容:

> 《关雎》之改,《樛木》之时,《汉广》之知,《鹊巢》之归,《甘棠》之保,《绿衣》之思,《燕燕》之情,曷?曰:童而皆贤于其初者也。……《关雎》之改,则其思益矣。《樛木》之时,则以其禄也。《汉广》之知,则知不可得也。《鹊巢》之归,则离者……《绿衣》之忧,思古人也。《燕燕》之情,以其独也。(第一章)②

其中的有些字词之诠释,时下众多专家讨论甚多,笔者不再赘述。但是,我们

---

① 孙家富著:《先秦两汉诗学》,湖南人民出版社 2000 年版,第 10 页。
② 本书所引《孔子诗论》的所有释文,都以李学勤先生的《〈诗论〉与〈诗〉》以及《〈诗论〉分章释文》两篇文章为据。见《经学今诠三编》(《中国哲学》第二十四辑),辽宁教育出版社 2002 年版,第 121、135 页。

分明地清楚看见，孔子论诗，能够言简意赅，一针见血，抓住问题的核心，与《毛诗》的"后妃之德"、"先王之志"之类却是大不相同。

第二，孔子论诗，善于把诗看作生命的一段性情载体，把它视为人之性情的艺术展现，因此他把《诗经》视为生命之诗，是天人之学中"见美反本"的途径：

> 孔子曰：吾以《葛覃》得氏初之诗。民性固然，见其美必欲反（其）本。夫葛之见歌也，则以叶萋之故也；后稷之见贵也，则以文武之德也。吾以《甘棠》得宗庙之敬。民性固然，甚贵其人，必敬其位；悦其人，必好其所为，恶其人者亦然。［吾以］囗囗［得］币帛之不可去也。民性固然，其隐志必有以俞（抒）也……（第二章）

这一段话是可以用德国哲学家伽达默尔的"诠释学"来解读的。也就是说，"吾"是一个具有"前见（前判断）Vorurteil（praejudicium）"的主体，具有自己由来已久的"视域（Horizont）"，作为一个历史与文化的存在，"吾"，是不可能有纯客观的、与自己的"视域"无关的文本解读的。《葛覃》的意义，正是因为有了孔子的"读"而确定了下来——"吾以《葛覃》得氏初之诗"，这种特殊的历史整合，在别人，也许就是大不相同的。"民性固然，见其美必欲反（其）本"，是说欣赏者（吾）在诗歌艺术形象的感悟、熏陶中，唤起了"吾"的主体提升，进而在"吾"的性情世界中产生了创造性的超越。这种理解的模式，在后来的孟子那里，被提升（概括）为"以意逆志"（《孟子·万章上》）。"以意逆志"的"逆"，杨伯峻先生释为"揣测之意"，①刘纲纪先生释为"回溯、追溯"，②二者是可以互补的，但刘公的诠释，审美的意味更强。换句话来说，《葛覃》、《甘棠》之诗的作者，是以诗言志的，赵岐曰："志，诗人志所欲之事。"孔子作为欣赏者，是以自己的主观情感与想象（赵岐又曰："意，学者之心意也。"③）回溯、追溯诗人的文本精神，在这样的情况下，孔子与诗歌之间，就产生了一种特殊的"视域融合"（Horizont-verschmelzung）。有关的思想，在伽达默尔之《真理与方法》中已经阐述得非常清楚，此不赘。但是，需要强调一点的是，孔子诗

---

① 杨伯峻译注：《孟子译注》，中华书局 1960 年版，第 218 页。
② 李泽厚、刘纲纪主编：《中国美学史》（第一卷），中国社会科学出版社 1984 年版，第 193 页。
③ 焦循撰：《孟子正义》（下），中华书局 1987 年版，第 638 页。

论及孟子"以意逆志"中，理解者主体性情的潜移默化、想象力的发挥、情感的体验，在这种融合的过程中，始终起着重要的作用。在伽达默尔看来，这就是理解者之生命的一种特殊的存有方式。"吾与点也"之浩叹中，就隐含着这一层面。

第三，孔子论诗的贡献在于站在诗歌创作者的角度对《诗经》所表现出来的性情特征、文体风格进行美学研究：

《颂》，平德也，多言后，其乐安而迟，其歌引而逖，其思深而远，至矣！《大雅》，盛德也，多言……也，多言难而怨怼者也，衰矣，小矣！《邦（国）风》，其内物也博，观人俗焉，大敛材焉，其言文，其声善。（第八章）

从乐、歌、思三个方面，或者说，从三个层次对《颂》进行了高度凝练的概括，分别得出了"安而迟"、"引而逖"和"深而远"的结论。分析准确，下字精当，没有丰富的生活经历，厚实的思想底蕴，深刻的艺术体验和长期的欣赏、品味，是不可能达到这样的水平高度的。这三个结论，实际上是在分析创作《颂》的诗人的性情投射。也就是说，诗人首先必须自己"安而迟，引而逖，深而远"，才有可能使他的诗歌作品也具有这样的生命的显现。这样的论述，在后代的中国文艺理论家中层出不穷："性情褊隘者其词躁，宽裕者其词平，端靖者其词雅，疏旷者其词逸，雄伟者其词壮，蕴藉者其词婉。涵养情性，发于气，形于言，此诗之本源也。"（范德机《木天禁语·气象》）"陶诗胸次浩然，其中有一段渊深朴茂不可到处。唐人祖述者，王右丞有其清腴，孟山人有其闲远，储太祝有其朴实，韦左司有其冲和，柳仪曹有其峻洁，皆学焉而得其性之所近。"（沈德潜《说诗晬语》）不过，其开山祖宗应该是孔子。

陈鼓应先生在讨论郭店楚简时说，《性自命出》"首先引起我们注意的是《性自命出》之论性与《孟子》不同，其次，它的论情尤与先儒之漠视情或抑情迥异。"①通过上文的分析，我们已经看得很清楚，陈先生的话是值得商榷的。在《论语》中，孔子对诗、乐、文等艺术形式的爱好与修养达到了什么程度，通过他对《韶》乐的评价，对《诗经》风、雅、颂精到的分析，我们已经看得很透彻

---

① 陈鼓应：《〈太一生水〉与〈性自命出〉发微》，见陈鼓应主编：《道家文化研究》（第十七辑），生活·读书·新知三联书店1999年版，第403页。

了。勃兰兑斯说："如果艺术作品的文学价值是在它抗拒时间的力量和在赢得德国疆界之外的读者的能力中表现出来，而这种抗拒和这种传布的能力却不能算是价值的一种标准，那么，价值究竟在于什么呢？它在于精神生活和感情的创造与力量——它们就表现在艺术作品中，它还在于作品把感情传达——宛如传染一样——给我们的能力。所有的艺术都是情感的表现，并有着唤起感情的目的。一块图章石被雕刻得越是深，它印出来的图案就越是精细，越是清晰。在艺术家灵魂中的印象越是深刻，它的艺术表现就越是清晰，越是有意义。一个艺术家的感情有别于他人的仅在于，这些感情在他的灵魂中以一种起作用的方式形成回忆，这种回忆一旦形成就被传达给听众、观众或读者。"①诗、乐、文等艺术作品的本质在于情感的迸发，这应该是一条颠扑不破的真理。

但是，在孔子的性情世界中，这又并不仅仅是一个情感的问题，它更是阴阳大化，三才贯通之"天生人成"（co-creator）的"为己之学"的践履方式、提升方式、生存方式和生命的方式。"六乐"与《诗经》等中国上古时期的艺术经典，在孔子的性情世界里"冉冉地升起了一股芳香，有如神仙之佳肴，一个新的虚幻世界"，使孔子感受到了巨大的审美的快乐："一种纯粹之愉悦的焕发，一种瞠目结舌之狂喜"。"只有在天才的行动里，才能与宇宙的原本的建筑师合一，只有他才能真正了解艺术之永恒的本质为何。只有在此情态之下，他才能象似于那神秘之意象，他才能以自己的眼睛看到自己，他才能同时是主体又是客体，同时是诗人又是行动者，同时又是观赏者了。"②这正是孔子听了《大韶》之乐后，"三月不知肉味"，发出"不图为乐之至于斯也"（《述而》）之感叹的真谛！正是颜回"一箪食，一瓢饮，在陋巷。人不堪其忧，回也不改其乐"（《雍也》）的根本原因，更是孔子自己满足于"饭疏食饮水，曲肱而枕之，乐亦在其中矣"（《述而》）的秘密所在。

---

① 波兰兑斯著：《十九世纪文学主流》（第六分册 青年德意志），人民文学出版社 1986 年版，第 38—39 页。

② 尼采著：《悲剧的诞生》，湖南人民出版社 1986 年版，第 39、50 页。

第三章　《易传》的性情思想研究

　　《庄子·天下》云：“《易》以道阴阳。”因此，《周易》就是一本关于阴阳消长变化的著作。由阴阳衍生出来的乾与坤、刚与柔、动与静等概念，毫无疑问是全面概括天道、人道的，涵盖了人情物理、社会生活的各个方面。但是，阴与阳，其本义应该是指阳光的向背。中国地处北回归线，因此，山之南面向太阳，故称为阳。山之北背着太阳，故称为阴。据《国语·周语上》载，史官伯阳父就曾用阴阳二气来解释地震；春秋时期的医和还用阴阳来解释人体的疾病；《老子》又有“万物负阴而抱阳，冲气以为和”的命题，这就将自然状态中的阴阳逐步引入了人的领域、哲学的领域。《系辞传》云：“一阴一阳之谓道。继之者善也，成之者性也。”①又进一步将阴阳与人性的生成联系在了一起。帛书《易传·要》篇还写道：“夫《易》，刚者使知瞿（惧），柔者使知刚，愚人为而忘（妄），惭人为而去詐（诈）。”（第 15 行）直接将人的品性、性情与阴阳、刚柔挂钩。更为重要的是，如果我们把《周易·易传》置放到整个先秦儒家的思想体系之中去，在与道家思想的比较之中来考察《易传》的阴与阳、乾与坤、刚与柔、动与静等一系列概念，我们会发现，阳、乾、刚、动，可以理解为先秦儒家积极入世的情怀，是儒家思想的根本；即便是在逆境之中，在独善其身的时候，这种情怀仍然激荡于心中。阴、坤、柔、静，可以理解为先秦儒家处于逆境之中采

---

　　①　孔颖达疏云：“‘继之者善’者，道是生物开通，善是顺理养物，故继道之功者，唯善行也。‘成之者性也’者，若能成就此道者，是人之本性。”（《周易正义·上经·乾》，见阮元校刻：《十三经注疏》，中华书局 1980 年版，第 78 页）虞翻亦云：“继，统业。谓乾能统天生物，坤合乾性，养化成之，故继之者善，成之者性也。”（转引自李鼎祚撰：《周易集解》，中国书店 1984 年版，第十六卷）郭店楚简《语丛·一》云：“《易》所以会天道、人道。”（第 36 简）此之谓也。戴震云：“性者，分于阴阳五行以为血气、心知、品物，区以别焉，举凡既生以后所有之事，所具之能，所全之德，咸以是为其本，故《易》曰：‘成之者性也。’”（见氏著：《孟子字义疏证》，中华书局 1961 年版，第 25 页）

取的性情表现方式;这两种相对的力量,在很多情况下,是儒家"经"与"权"的体现。"权"的程度取决于"卦爻"与"时"在具体的卦象中推移的程度。阴、坤、柔、静,包荒含弘,阳、乾、刚、动,纯粹精也。前者是独善其身、运筹帷幄的"隐居以求其志"(《论语·季氏》),后者是君子乾乾、拳拳服膺、"行义以达其道"(《论语·季氏》)的追求。由于每一个卦都是由爻组成的,因此,每一个爻的变化,在先秦儒家的眼里,就是生存环境和方式的变化,就不得不采取一种新的性情表达的形式。有鉴于此,我们可以知道,《周易》,特别是在《易传》中,蕴藏着先秦儒家丰富的人学思想、性情思想。

第一节 《易传》性、情二字解析

《乾象》云:"大哉乾元! 万物资始,乃统天。云行雨施,品物流形,大明终始,六位时成,时乘六龙以御天。乾道变化,各正性命。保合大和,乃利贞。首出庶物,万国咸宁。"

有人认为,按照汉语的发展规律,总是先有单词再有复合词,像《老子》、《论语》、《孟子》、《墨子》、《庄子》内篇等书中,就只是使用"道"、"德"、"精"、"神"、"性"、"命"等单词,凡是用了这些词的复合形式,就说明该作品晚出。《易传》用了"性命"一词,所以它应该属于战国中后期的作品。① 笔者不能同意这种思考问题的方法,因为先秦时期各种著作之成熟过程有其特殊的途径,②

---

① 王博著:《易传通论》,中国书店 2003 年版,第 49 页。
② 刘师培曾经指出:"三代之时,文字勒书于简毕,有漆书刀削之劳。抄胥非易,传播维艰。学术授受,多冯口耳之流传。孔子之以六经教授也,大抵仅录经文以为课本,而参考之语,诠释之词,则大抵以口耳相传。"马宗霍也说过:"孔子治经,述而不作;孔子传经,授而不书。弟子所接闻于师者,互有所记,或举大义,或撢微言,详略偶殊,异同斯出,弟子又各以所得者为传授,承之者其详略异同亦必如之。"(马宗霍著:《中国经学史》,商务印书馆 1936 年版,第 19 页)余嘉锡先生也说过,先秦诸子之书,往往是聚徒讲学而成。先生讲学之言,弟子各有所记录,并予以加工整理,形成各种传本,在学派内部传习,有时还附有各种参考资料和心得体会。其中数传之后,先生的东西和弟子的东西往往难以分辨清楚,所以就推本先师,转相传述曰:此某先生之书。先秦诸子之书,不必如后世作文,必皆本人手著,云某某之作,只是说其学出于某人。(参见余嘉锡著:《古书通例》卷四"古书不必手著"段,上海古籍出版社 1985 年版)按李学勤先生的表述,《易传》是孔子的作品,但是并非每一个字都是孔子亲自写的。我们看到的《易传》是其后学一代代口耳相传绍述其师的结果。

把性与命置放到一起来表述,可能首先是《孟子》:

> 口之于味也,目之于色也,耳之于声也,鼻之于臭也,四肢之于安佚
> 也,性也,有命焉,君子不谓性也。仁之于父子也,义之于君臣也,礼之于
> 宾主也,智之于贤者也,圣之于天道也,命也,有性焉,君子不谓命也。
> (《尽心下》)

文本显示,"性"与"命"正在急剧地靠拢,在思维方式上实际上已经分不开了。在这样的话语背景下,《易传》在阴阳大化、品物流行的思想体系中来使用"性命"一词就似乎并没有什么突兀之感。如果说命是天之命,是天的显明、显豁,而"性者,所受于天也,非人之能为也,武者不能革,而工者不能移"(《吕氏春秋·荡兵》),则命与性实际上就在本质上搭挂起来,并且最终会融通为一。上面《乾象》中的"乾道变化",指的是天道的阴阳鼓荡而显豁为命、为性的过程是"云行雨施,品物流行",但是,"在天成象,在地成形"之后的"性命",只有"保合大合,乃利贞",才能保持其原初、本真的状态。这是对"性"提出的在其与"情"、"物"、"心"、"志"的磨合过程中的天人合一的要求。不论从卦爻体系上来讲,还是《周易》的理论表述来说,天人合一,都是《易传》的真精神。"各正性命"的"各"字,有两层意思,第一,由天而命,再由命而性,这是由上而下的两个阶段;第二,命是天与性之间的中介,是天的显豁;而性则是人仰受于天,通过命贯注于中的人的本质。"正"在这里是一个动词,是使之正的意思。因此,"正"就是天在阴阳大化流行的过程中,给万事万物(包括人,或者说是以人为中心)定命、定性。与《论语》、《孟子》文本不同的是,这里的性命观,注重的是性命思想中天道"云行雨施,品物流形,大明终始,六位时成,时乘六龙以御天"的内涵,它依托于六爻的错、综、复、变,把性与命描述成了一个动态的、生气流行的、与时偕行的过程,这应该是《论语》"性与天道"思想的补充。这在先秦儒家性情思想史上,实际上具有非常重要的地位。

那么,"乾道变化,各正性命"到底在人身上是怎样一步步落实、显发出来的呢?《孔子家语·本命解》中有一段鲁哀公向孔子请教的对话,可供我们参考:

> 鲁哀公问于孔子曰:"人之命与性何谓也?"孔子对曰:"分于道,谓之
> 命;形于一,谓之性。化于阴阳,象形而发,谓之生;化穷数尽,谓之死。故

命者,性之始也;死者,生之终也。有始则必有终矣。人始生而有不具者五焉:目无见,不能食,不能行,不能言不能化。及生三月而微煦,然后有见。八月生齿,然后能食。三年腮合,然后能言,十有六而精通,然后能化。阴穷反阳,故阴以阳变;阳穷反阴,故阳以阴化。是以男子八月生齿,八岁而龀;女子七月生齿,七岁而龀,十有四而化。一阳一阴,奇偶相配,然后道合化成。性命之端,形于此也。"①

这段话不仅回答了命与性是从哪里来的,尤其是引入了道、阴、阳等观念来诠释命与性的生发,而且也间接地交代了命与性的关系,进而描述了命与性形成的过程。从这一段文字,我们发现,先秦儒家孔子的"性相近也"、告子的"生之谓性"到孟子的仁、义、礼、智、圣之性,走向汉代以阴阳论性的转折点,正在于《易传》的传统。不过,"乾道变化,各正性命"中虽然含有以阴阳论性的成分,但它的立足点在于"生生之谓易"、"天地之大德曰生",它的目的是要通过自然之天与义理之天的融合,彻底地将人从主宰之天的牢笼下解放出来。

《系辞传》云:"一阴一阳之谓道也,继之者善也,成之者性也。"这是对《乾象》"乾道变化,各正性命"的一个深化性的诠释。上引虞翻(见注释)之乾"能统天生物,坤合乾性,化而成之"的话,应该与《系辞传》之"在天成象,在地成形"联系起来读,才能将其"会天道人道"融通为一的精神朗现出来。一阴一阳摩荡的结果,成就了天道的运行不息,此之谓自然之天的"天功";但只有"继之者善",加入了义理,亦即仁义礼智圣之后,才能成就人之所以为人的"性"。既避免了"生之谓性"而流连荒亡的隐忧,也避免了没有大化流行的切入而导致的性情世界的偏枯,这是《易传》性情思想在贯通天道、地道、人道之后最大的特色。

《乾·文言》云:"乾元者,始而亨者也。利贞者,性情也。乾始,能以美利利天下,不言所利,大矣哉! 大哉乾乎! 刚健中正,纯粹精也! 六爻发挥,旁通情也。时乘六龙,以御天也。云行雨施,天下平也。"

这是《易传》十翼中有关性情的一段经典性的表述。这是《乾·文言》解释《乾象》的一段话,并且是上述《乾象》相关思想的进一步展开。《子夏传》

---

① 此引据廖名春、邹新明校点:《孔子家语》,辽宁教育出版社 1997 年版。

云："元,始也。亨,通也。利,和也。贞,正也。"虽然总的来讲,这是在说乾卦
之德,但这个"德"毕竟有一个物得以生、嘉美开通、协和万物、各得其正的下
贯过程,既然这里的"利贞"是从元、亨而来,因此这里的"性情"二字首先是指
"乾"德的性情、天的性情。实际上《乾·文言》在这段话中,已经把天乾的性
情内容说得很清楚了:"刚健中正,纯粹精也!六爻发挥,旁通情也"。由于
《乾彖》的"大哉乾元,万物资始,乃统天"的意思指的是,天以乾为性,天的本
质是乾,所以,这里"刚健中正"指的是乾之"正位"(中),"纯粹精也"指的是
乾的一气流行的纯质(诚)。而"六爻发挥,旁通情也"则指的是乾之性假借于
六爻而通"情"的功能。

但是,既然"乾道变化"是万物资始,一气流行而"各正性命",故此性此情
就不仅仅只是指乾之性、乾之情,它通过阴阳相推、八卦相荡的变易之道化入
了千变万化、无奇不有的事物中,因此,这里的性情,也包括了人的性与情。只
有这样来把握《乾·文言》的"性情"之义,才能真正符合"天地感而万物化生,
圣人感人心而天下和平;观其所感,而天地万物之情可见矣"(《咸彖》),人道
本于天道的《易传》理路。

由于"成之者性"的"性"指的是天道一阴一阳的摩荡,"各正性命"而产
生的"性",是天道之"性",也就是通过品物流行,而化成天下万物,同时也成
就的人之性,所以,在诠释"天地设位,而《易》行乎其中矣,成性存存,道义之
门"时,虞翻曰:"'成性'之谓'成之者性也'。"李鼎祚疏曰:"天地消息,乾坤
相续,易以坤成乾之性,故'成性之谓成之者性也'。"①虞翻之谓是从一阴一
阳下贯化成之总体上说;李鼎祚之疏则仅就乾元上说。但是"成性"后面还有
"存存"二字,笔者以为,"存存"是"成性"通向"道义之门"的桥梁。"存存",
"谓存而又存,不已之意也"。② 这是在说,《易》行乎其中而化成人之性,此性
虽有元、亨、利、贞的端质,但是,吾人仍需终日乾乾,不断地存、养这种由天命
下贯而来的"性",才能最终进入"道义之门"。《周易折中》引吴慎曰:"道义
之出无穷,犹《易》之生生不已也,然未有不存存而能生生者。"③通过"存存"

---

① 转引自李鼎祚撰:《周易集解》,中国书店 1984 年版(影印本),第十四卷。
② 朱熹撰:《周易本义》,武汉市古籍书店 1988 年版,第 59 页。
③ 李光地纂,刘大均整理:《周易折中》,巴蜀书社 1998 年版,第 866 页。

而"成性",来进入道义之门,正是先秦儒家"天生人成"的理路,也是《易传》的主旨。

说"六爻发挥,旁通情也"是乾之性的功能,意犹未尽。在《易传》中,在具体的爻卦体系中,实际上更多的是说,在每一个卦象中,随着六爻的消息盈虚,六十四卦的因革损益,《易传》通过对卦爻体系的诠释,在人的面前设置了周流六虚、变化无常的各种层出不穷的人生场景,人们必须本于天道,根据具体的环境设置来调整自己的人生态度和性情选择。从这个层面上来讲,天道之阴与阳,地道之柔与刚,人道之仁与义,都可以称之为"性",而六者彼此之间本于天道的摩荡、发挥,则是"情",如果说孟子以仁义礼智圣为性,以恻隐之心、羞恶之心、辞让之心、是非之心为情,是一种静态与动态的模式,是源与流的关系。那么,《乾·文言》中的表述方式与孟子也是一致的,性是江中奔腾不息的"水",情是水流激荡起伏的"波"。这是先秦儒家性情思想的基本套路。

《说卦传》云:"昔者圣人之作《易》也,幽赞于神明而生蓍,观变于阴阳而立卦,发挥于刚柔而生爻,和顺于道德而理于义,穷理尽性以至于命。"

这是《说卦传》的开篇第一段话,意在开门见山,阐明《周易》之旨在"和顺于道德而理于义,穷理尽性以至于命"。前面有关"蓍、数、卦、爻"的话,如果从纯义理的角度上来把握,正说明了《易传》的理论目的,是要在天与人,天道、地道、鬼神之道和人道的复杂关系中,寻求人之所以为人的来龙去脉,在天、地、人的关系中给"人"定位,并且更为重要的是,其思想的本质是要把"天道"与"人道"统一起来,在此基础之上,把人的主观能动性发挥到极致。

依托于天道,就是要深究"蓍数卦爻"的道理,使人的道、德与理、义,一方面寻求到天道的根据,另一方面也使它们能够彼此兼容,此之谓"和顺于道德而理于义"。但是,儒家之所以为儒家,就在于它的目的并不在于"蓍数卦爻",而在于如何才能做到"穷理尽性以至于命",把人的"性"与"命"通过人为的努力,推向极致。从思想的发展脉络上来讲,这与孔子"不知命,无以为君子也"(《论语·尧曰》)、孟子"尽心、知性、知天"(《孟子·尽心上》)的思想方式是一致的。

　　"穷理尽性以至于命"的根本精神,在于充分强调人后天的能动性。① 这个命题分三步走②,穷理→尽性→至命。穷理,就是要穷"蓍数卦爻"之理,但这里面包括了天道、地道、人道各个方面;尽性,说的是"君子终日乾乾",在六十四卦、三百八十四爻设置的各种处境中自强不息,与时偕行的奋斗历程;至命,《周易折中》引《周易正义》云:"命者,生之极,穷理则尽其极也。"又引何楷云:"穷、尽、至,皆造极之意。性者,理之原,理穷则逢其原,故穷理所以尽性;命者,性之原,性尽则逢其原,故尽性所以至命。只是一事。"③这个表述精微而有条理,特别是"穷、尽、至,皆造极之意"一句,把先秦儒家的人学魅力展现得淋漓尽致,因为穷、尽、至的过程,就是孔子"知命"的过程,孟子"知天"的过程,它把理、性、命统一起来而形成了一体。

　　邵雍云:"天使我有是之谓命,命之在我之谓性,性之在物之谓理。"④界说得非常清楚,而且也比较客观。《周易折中》又引项安世云:"道即命,德即性,义即理。"⑤看似深刻,实为扭曲。命分为道,但命并不完全等于道;性中有德,但性并不完全等于德;理中有义,但理并不完全等于义。《易传》思想的根本,在于自然之天与义理之天的融合,这是后世之儒往往有所忽略的地方。

　　《说卦传》云:"昔者圣人之作《易》也,将以顺性命之理,是以立天之道曰阴与阳,立地之道曰柔与刚,立人之道曰仁与义。兼三才而两之,故易六画而

---

　　① 　《庄子》一书中,有九次提到"性命之情"。这种"性命之情"是由"天"自然而然"委顺"于人的自然天性(《知北游》)。庄子认为,如果人们"盈嗜欲,长好恶,则性命之情病矣"(《徐无鬼》)。庄子还说:"今世之仁人,蒿目而忧世之患;不仁之人,决性命之情而饕贵富。故曰仁义其非人情乎! 自三代以下者,天下何其嚣嚣也?"(《骈拇》)因此,只有避免因功利而产生的一切"悲喜失位,居处无常,思虑不自得,中道不成章"(《在宥》)的行为,无为而无不为,"而后安其性命之情"(《在宥》)。有意思的是,儒、道两家都是在探讨人之所以为人者,而且有些价值观念还是一致的,如这里提到的"中道"、"成章",而且庄子对"今世之仁人"和"不仁之人"都予以否定而崇尚自然。《易传》也崇尚天道和中道,但是,它们因为各种复杂的原因,其价值取向最终不同。

　　② 　程明道有言曰:"'穷理尽性以至于命'三事一时并了,元无次序。不可将穷理作知之事。若实穷得理,即性命亦可了。"(见《宋元学案·明道学案》)此论自然精确,但是,笔者以为,对客观研究《易传》,特别是站在探讨卦爻之象与《易传》之理的关系上来讲,过于玄乎了。

　　③ 　李光地纂,刘大均整理:《周易折中》,巴蜀书社 1998 年版,第 1005 页。

　　④ 　李光地纂,刘大均整理:《周易折中》,巴蜀书社 1998 年版,第 1004 页。

　　⑤ 　李光地纂,刘大均整理:《周易折中》,巴蜀书社 1998 年版,第 1004 页。

成卦。分阴分阳,迭用柔刚,故易六位而成章。"

这段话的要点,在于指出了"性命之理"就是"立天之道曰阴与阳,立地之道曰柔与刚,立人之道曰仁与义"。"性命之理"在卦爻体系中的展现方式就是"兼三才而两之,故易六画而成卦。分阴分阳,迭用柔刚,故易六位而成章"。其"成章"的内容就是天道之阴阳、地道之柔刚、人道之仁义。为了行文的方便,笔者在此先表述后者。"六画而成卦"说的是性命之理在卦象之中非复即变、消息盈虚形成的过程;"分阴分阳,迭用柔刚"是从"中正"之位(爻位)的角度对性命存有状态的一个界定,是对情与心志、万物摩荡的一个描述(其论详见本章《象传》一节的表述)。"六位而成章"是说人的性命包括了天道之阴阳、地道之柔刚、人道之仁义。性命之理就是由这所谓三才的"六位"彼此贯通、互相推荡、渗透而"成章"的。换言之,人道是依据天道而形成的一种生生不息的创生过程,它於穆不已、生气流行,不仅有自然之天与义理之天的融汇,而且有"鼓之以雷霆,润之以风雨。日月运行,一寒一暑"(《系辞传》)的创生机制。据此,我们可以看到,《易传》的人学理论已经相当的成熟。

"立天之道曰阴与阳,立地之道曰柔与刚,立人之道曰仁与义"的理解,须与《系辞传》中"在天成象,在地成形,变化见矣"和"一阴一阳之谓道,继之者善也,成之者性也"两个表述联系起来。阴阳的摩荡,构成"天道"的内容,但是,阴与阳的摩荡之象是"天"的造化之功,是超越感知的"形而上"者。所以,《系辞传》有"仁者见之谓之仁,知者见之谓之知,百姓日用而不知,故君子之道鲜矣",这几句话对"一阴一阳之谓道"进行了进一步的解释。"在地成形"的柔与刚,是"乾道变化"而"各正性命"催生下来的万物呈现,这就是我们所能感知的大千世界的"形而下"者,《系辞传》有"形而上者谓之道,形而下者谓之器",此之谓也。但是,人道的仁与义,必须以天道之阴与阳为依据,并且在人与物的刚柔"感应"中,在仁与义的施行之中显发天道的阴与阳,地道的柔与刚。牟宗三先生云:"在天为阴阳,即以阴阳立天之道。在地为刚柔,即以刚柔立地之道。在人为仁义,即以仁义立人之道。天以气言,故曰阴阳。地以质言,故曰刚柔。人以德言,故曰仁义。此不过就其有形者分别而言之。故如此分属。实则天地可统于一,故阴阳刚柔只是一义,实即一阴阳也。再进一步,统于一而言之,天地人只是一道。此道即是生化之道,道德的创生之道也。此创生之道,就天地而言之,由阴阳变化之不测、不息而见。就人而言之,由仁义之精熟与配合而见。"①牟先生的观点承接二程而来,理论的绅绎也十分到位,但是,笔者要强调的是,《易传》中的"三才"理论不仅仅只是注意了"德"的仁与义,由于它注重了天道之阴阳,地道之柔刚,是"六爻发挥,旁通情也"之卦象思想的提升,因此,它也注重了三者之间、人与物之间、人与人之间的消息盈虚、非复即变的性情摩荡。而且,如果我们在理解上失去了这样的一个经验层面、人性层面的基础,那么,不仅儒家的"性命"之学立刻会失之于偏枯,而且对《易传》本身的性情思想以及其他方面的把握等一系列的问题都会随之而来。

《系辞传》云:"八卦以象告,爻彖以情言。刚柔杂居,而吉凶可见矣。变动以利言,吉凶以情迁。是故爱恶相攻而吉凶生,远近相取而悔吝生,情伪相感而利害生。凡易之情,近而不相得则凶。或害之,悔且吝。"

由于《易传》以"六爻发挥"为"通情"之物,因此随着卦象的阴阳相推、蓍爻的刚柔相荡,有关情感、情绪的描写自然就随处可见而俯拾即是。但是,据笔者准确统计,真正直接用到了性情的"性"字的地方,凡6见,已见于上面的分析;用到"情"字的地方,凡14见。在认真甄别了这十四个"情"字之后,笔者以为,凡用作"情实"的地方有8见:

1. 观其所感,而天地万物之情可见矣!(《咸彖》)

2. 观其所恒,而天地万物之情可见矣!(《恒彖》)

3. 大壮利贞,大者正也。正大而天地之情可见矣!(《大壮彖》)

4. 观其所聚,而天地万物之情可见矣。(《萃彖》)

5. 精气为物,游魂为变,是故知鬼神之情状。(《系辞传》)

6. 圣人立象以尽意,设卦以尽情伪。(《系辞传》)

7. 爻象动乎内,吉凶见乎外,功业见乎变,圣人之情见乎辞。(《系辞传》)

---

① 牟宗三著:《心体与性体》,上海古籍出版社1999年版,第83—84页。

8. 于是始作八卦,以通神明之德,以类万物之情。(《系辞传》)①

以上八例均毫无疑问地属于情实之情,这个"情"字虽然在有的时候包含了情感的成分,如第 7 例就较为突出(单独地看,这个"情"似乎为情感之情,但它与前面的句子一搭配,我们就发现它主要是表示"真实思想"的意思,当然也包含了情感,亦即价值选择的"情"),但是,总的来讲它们的主要用意,在于说明探赜索隐、钩沉致远之后,卦爻所显示、揭发出来的思想和吉凶状态;而且在有的时候还表示事物的实质、天地的玄机,如第 1、2、3、4 例。这是受《周易》一书的特殊性质决定了的必然现象。

另外六例均为情感的情。由于情况有些特殊,故不得不在此作一些必要的剖析:

1. 利贞者,性情也。(《乾彖》)

已见上面的阐述。这是相对于"性"运用的情感的"情"。

2. 六爻发挥,旁通情也。(《乾彖》)

已见上面的阐述。此指爻之情,亦指由"性"而激发出来的人之"情"。

3. 八卦以象告,爻彖以情言。刚柔杂居,而吉凶可见矣。(《系辞传》)

如果从上文"圣人之情见乎辞"的角度来讲,这个"情"字似乎为情实之情,但是,笔者以为,这个"情"还是界定为情感的"情"比较好。第一,爻彖是"六爻发挥,旁通情"的产物,属于"利贞"的范围;第二,"刚柔杂居,而吉凶可见"在《易传》中可以理解为刚柔复变的性情、善恶损益的德性给自己带来的吉凶祸福。第三,从爻本身、彖本身来讲,它们都属形而下者。爻是对人生处境的具体、动态设置;彖是对各种卦象基于社会生活之经验进行的描述,其方而直、圆而神的表述中,透出的是对人之"情"的关注。

4. 变动以利言,吉凶以情迁。(《系辞传》)

这里的"利"字,按李鼎祚的说法,与"变而通之以尽利"、"利见大人"、"利有攸往"之"利"是一样的。② 也就是说,人的变动是在"利"的驱动之下的

---

① 今本《系辞传》"是故夫象,圣人有以见天下之赜,而拟诸其形容……。极天下之赜者存乎卦,鼓天下之动者存乎辞"两句中的两个"赜"字,在帛书《系辞传》中都写作"情"字。这对我们理解这一组"情"字是一个重要的启示。

② 李光地纂,刘大均整理:《周易折中》,巴蜀书社 1998 年版,第 983 页。

一种价值选择,故"变动"是有一定的情感、情绪动力的。在不同的情感、情绪驱动之下产生的变动而带来的吉凶,当然会激发起更大的心理、情绪反应。因此,"吉凶以情迁"的"情"字当为情感义。说这个"情"字是情感义的另一个原因,还在于后面紧接着的"是故爱恶相攻而吉凶生,远近相取而悔吝生,情伪相感而利害生"。爱恶、悔吝、利害都是情感激荡的产物,而"吉凶以情迁"的命题,实际上是在说,人生的吉凶、祸福都是在价值观念的驱动下,情感取向导致的结果。

5. 爱恶相攻而吉凶生,远近相取而悔吝生,情伪相感而利害生。(《系辞传》)

"情伪"一词在先秦典籍中并不多见,其中的"情"字,在很多情况下为情实义:

1)民之情伪,尽知之矣。(《左传·僖公二十八年》)

2)人君泄,则言实之士不进;言实之士不进,则国之情伪不竭于上。(《管子·七法》)

3)慎维深思,内观民务,察度情伪,变官民能,历其才艺,女维敬哉。(《大戴礼记·文王官人》)

4)圣人立象以尽意,设卦以尽情伪。(《系辞传》)

5)内则用六戚四隐,外则用八观六验,人之情伪贪鄙美恶无所失矣。譬之若逃雨汙,无之而非是。此圣王之所以知人也。(《吕氏春秋·论人》)①

但是,《系辞传》"情伪相感而利害生"中的"情伪",虽然在表面上与上面的引文一样,是一个复合词的形式,可实际上它们是两个词,情是情,伪是伪,就像爱是爱,恶是恶,远是远,近是近一样,它们之间是对立的,是一个十分松散的组合结构,是"相感"的关系,它们二者并无复合词词素之间的内在张力。因此,这个表面上看起来好像是"情伪"的词,实际上与上面引文中的"情伪"是不一样的。在"爱恶相攻而吉凶生,远近相取而悔吝生,情伪相感而利害生"的语境中,这个"情"与"伪"明显指的是真诚和虚伪,它们与"爱恶相攻"、

---

① 此引据王利器著:《吕氏春秋注疏》,巴蜀书社 2002 年版,第 354 页。

"远近相取"是成龙配套的一组表达。

在郭店楚简的《性自命出》中，作者将"情"与"伪"相提并论："凡人伪为可恶也。伪斯吝矣，吝斯虑矣，虑斯莫与之结矣。慎，仁之方也。然而其过不恶。速，谋之方也，有过则咎。人不慎，斯有过，信矣。凡人情为可悦也。苟以其情，虽过不恶。不以其情，虽难不贵。苟有其情，虽未之为，斯人信之矣。未言而信，有美情者也。未教而民恒，性善者也。"（第50—52简）这也是两个完全独立的概念。初步接触文献，这个"情"字似乎是"情感"的意思，但是，结合《性自命出》的整个文本和思想体系，我们发现这个"情"字高于一般的情感、情绪的"情"，指的是一种绝对的圣洁，可能是介于孔子与孟子之间，为孟子和子思子之"诚"的前奏或铺垫。[1]《易传》中这个"情伪相感"的"情"与"伪"就与《性自命出》中的"情"与"伪"很相似，指的是性情、情感和品质、德性上的真诚与虚伪。

6. 凡易之情，近而不相得则凶；或害之，悔且吝。（《系辞传》）

相得则吉，不相得则凶的"情"当然是情感之情。韩康伯云："近，况比爻也。《易》之情刚柔相摩，变动相逼者也。近而不相得，必有乖违之患也。或有相违而无患者，得其应也。相须而偕凶，乖于时也，随事以考之，义可见矣。"[2]韩氏的诠释相当深刻，把阴阳、刚柔、仁义与"时"的摩荡中，"情"的相违、相须而导致的吉凶悔吝说得很有生活的厚重感。近而不相得，故凶。为什么不说"远而不相得"呢？因为只有"近"，情感才会产生真正感应的作用，喜怒哀乐，才会引起应有的反应。阴与阳、刚与柔，都只有在一个能够引起彼此排斥或吸引的范围之内，才会相推、相荡，这与情感的感应形式是完全一样的。

将"凡易之情，近而不相得则凶，或害之，悔且吝"之"情"解释为情感的另一个重要佐证，就是在这个表述的后面，《系辞传》紧接着就写道："将叛者其辞惭，中心疑者其辞枝。吉人之辞寡，躁人之辞多。诬善之人其辞游，失其守者其辞屈。"金景芳先生针对这几句话说："这段话与《周易》没有丝毫关系。

---

① 欧阳祯人：《郭店儒简的宗教诠释》，《中国哲学史》（季刊）2001年第3期。
② 转引自李鼎祚撰：《周易集解》，中国书店1984年版（影印本），第十六卷。

总的来看,这一章语无伦次,杂乱无章,肯定不是孔子做的。"①金老的这几句话说得过头了一点,笔者认为值得商榷。

第一,这段文字也见于马王堆汉墓帛书之《系辞传》,说明这几句话已经由来已久,属于先秦文字的可能性很大。第二,我们说《易传》传承了孔子的思想,但是并不是说就一定是孔子亲笔所作,二者的区别是相当大的;孔子的后学良莠不齐是难免的,即便是写得差一点,难道就不是孔子的后学?尤其是,难道就不是传承孔子的学问?第三,这几句话实际上是围绕着"凡易之情,近而不相得则凶,或害之,悔且吝"而发的,其目的一方面是避免"凶、害、悔、吝",另一方面也是总结相得与不相得之情有哪一些表现的方式,与"君子进德修业。忠信所以进德也。修辞立其诚,所以居业也"(《乾·文言》)、"天之所助者,顺也;人之所助者,信也。履信思乎顺,又以尚贤也。是以自天佑之,吉无不利也"(《系辞传》)的思想理路基本上是一致的。也就是说,"辞"是人的性情的直接表现,在它的惭、枝、寡、多、游、屈的背后,隐藏着各种各样的情绪与动机,它们从不同的角度界定了《易传》思想体系中的"情"、"诚"到底是什么性质。所以,不能不引起高度注意。

第二节　透过《易传》看卦爻体系的性情思想

《说卦传》云:"昔者圣人之作《易》也,幽赞于神明而生蓍,参天两地而倚数,观变于阴阳而立卦,发挥于刚柔而生爻,和顺于道德而理于义,穷理尽性以至于命。"这种表述方式,与笔者在本书第一章中梳理天、命、性、情的理路是一致的。《易经》的卦爻体系是一套融汇了中国先民无穷智能的符号系统,不论从每一个卦象具体而微的变化过程来讲,还是从整个六十四卦"刚柔相推而生变化",不断向前推进的轨迹来讲,都显示了中国先民人学的理想追求。如果说,每一个卦代表的是一个时代,每一个爻代表的是一种人生的境遇,那

---

① 金景芳著:《〈周易·系辞传〉新编详解》,辽海出版社 1998 年版,第 182—183 页。

么,人们在不同的卦爻中就必然有大不相同的性情选择。程颐云,《易经》"极其数以定天下之象,著其象以定天下之吉凶。六十四卦,三百八十四爻,皆所以顺性命之理,尽变化之道也。"①正说明《易经》之卦爻体系本身有丰富的性情思想,是值得我们深入研究的。

站在现代科技的角度,我们发现,"易有太极,是生两仪。两仪生四象,四象生八卦"的思维定式,展示的是一个永无止境的发展、裂变序列,它有太极之根、之始,但并无穷尽。从天命、性情之学来讲,它是一个开放的、无限伸展的人学体系。《乾象》曰:"大哉乾元! 万物资始,乃统天。云行雨施,品物流行,大明终始,六位时成,时乘六龙,以御天。乾道变化,各正性命。"王弼注云:"不为乾元,何能通物之始? 不性其情,何能久行其正? 是故始而亨者,必乾元也;利而正者,必性情也。"②"性其情"的命题虽为王弼首先提出,但是,作为一种思想的渊源,它是深刻地浸透在《周易》的思想体系之中的一个基本的观点。乾坤为六十四卦之门,更是六十四卦之蕴,正是由天、由太极显发出来的无限生机,"天之大德曰生"的思想,在《周易》的卦爻体系中,是落脚在"乾道变化,各正性命"之上的。过去,人们在理解王弼之"性其情"时多有"以天制命,以性宰情"的偏失。事实上,这里的"性"来自天,来自命,来自乾元的大化流行,指的是乾元之性,是天地之性,是生化流行可以创造无限生机的性。因此,这不仅不是宰制其情,而且更是扩展其情。孔颖达《周易正义》云:"'变'谓后来改前,以渐移改,谓之变也。'化'谓一有一无,忽然而改,谓之为化。言乾之为道,使物渐变者,使物足化者,各能正定物之性命。性者天生之质,若刚柔迟速之别;命者人所禀受,若贵贱夭寿之属是也。"③孔氏的理解正确与否,笔者暂不理论,但孔氏的诠释以天显而为命,命显而为性的下贯模式作为背景,却是毋庸置疑的。在《易经》的卦爻体系中这种下贯模式,就"象"化为乾、坤、屯、蒙、讼、师、比……,不断向前推进的演化过程。正因为如此,经文"乾:元、亨、利、贞"中,实际上也隐含了由天而命,由命而

---

① 程颐著:《周易程氏传》,见《二程集》,中华书局1981年版,第690页。

② 王弼著,楼宇烈校释:《王弼集校释》,中华书局1984年版,第217页。

③ 《周易正义·上经·乾》,见阮元校刻:《十三经注疏》(卷一),中华书局1980年版,第2页。

性，由性而情的下贯轨迹。《子夏传》云："元，始也。亨，通也。利，和也。贞，正也。"①这描述的正是天以健为用，运行不息，应化无穷的生化之德，此"德""有纯阳之性，自然能以阳气始生万物而得元始亨通，能使物性和谐，各有其利，又能使物坚固贞正得终"。②

说"能使物坚固贞正"是正确的，这正是王弼"性其情"的精神，但"能使物坚固贞正得终"，却错了。因为在《易经》的卦爻体系中，由太极而两仪、四象、八卦……，其周而复始，阴阳消长的顺序排列体现了鲜明的、循环提升的周期性，它是没有终结的，是无穷无尽的。宋代易学家邵雍在其《皇极经世·观物外篇》中写道：

> 太极既分，两极立矣。阳交于阴，阴交于阳，四象生矣。阳交于阴，阴交于阳，而生天之四象；刚交于柔，柔交于刚，而生地之四象；于是八卦成矣。八卦相错，然后万物生焉。故一分为二，二分为四，四分为八，八分为十六，十六分为三十二，三十二分为六十四。故分因分阳，递用柔刚，易六位而成章也。十分百，百分千，千分万；犹根之有干，干之有枝，枝之有叶；愈大则愈少，愈细则愈繁，合之斯为一，衍之斯为万。

在邵雍的笔下，《易经》的卦爻体系实际上已经成了一个可以连续增加，不断递增的完备的开放体系，由太极而两仪，而四象、八卦、十六卦、三十二卦、六十四卦、一百二十八卦……，一直到《易林》的四千零九十六卦，而且还可以不断增加，以至于无穷。汉代易学家称复（䷗）、临（䷒）、泰（䷊）、大壮（䷡）、夬（䷪）、乾（䷀）、姤（䷫）、遯（䷠）、否（䷋）、观（䷓）、剥（䷖）、坤（䷁）为十二消息卦。前面的六卦是阳长阴消，逐步推移，到乾卦时，阳长到极点，然后阴长阳消，又逐步推移，一直到坤卦，阴长到极点。这本来是以十二消息卦来表示一年的月份，这也是一个螺旋上升、无穷递增的体系。如果不把它当作一堆占卜的符号，而把它纳入先秦儒家的人学体系之中来考量，我们是否可以认为这是一个人性不断提升、不断完善、无限扩展以至于无穷的序列呢？笔者以为，

---

① 《周易正义·上经·乾》，见阮元校刻：《十三经注疏》（卷一），中华书局1980年版，第1页。

② 《周易正义·上经·乾》，见阮元校刻：《十三经注疏》（卷一），中华书局1980年版，第1页。

答案应该是肯定的。《彖传》中有一个重要的概念，那就是"损益盈虚，与时偕行"（《损彖》）的"时"。《礼记·中庸》"君子而时中"，就是在《周易》的精神中吸取了丰富的营养之后所推出的精妙的判断。它的意思是，君子就是要法天之道，自强不息地守道、求道，就是要在不同的境遇之中（在不同的卦象设置的人生处境中）坚守自己的"刚中"性情，坚守自己的"大丈夫"人格。这正是先秦儒家人学高远无极的境界。人生吉凶祸福的境遇是时势造就的结果，就像卦爻之消息盈虚之因时而迁一样，往往非人力所能左右，但是，《易经》之卦爻体系所要真正突出的，是在时势的损益盈虚中坚持人之所以为人的一种精神。这种精神实际上就是由"天"（太极）演化而成的"两仪"（阴阳、刚柔）摩荡而成的"中和"精神。先秦儒家正是抓住了《易经》卦爻体系中的这一基本的精神作出了一篇回响千古的文章——《易传》。换言之，"时"与"变"，是两个互为依持的变量，它们以一种不可阻挡的力量随"天"而"化"，左右着我们的世界；不同的人在不同的"时"与"变"营造的境遇中，就有了形似天渊的不同选择。《周易》卦爻辞所追求的"刚中"，《中庸》里讲的"时中"，实际上都是从《易经》之卦爻体系中挈乳出来的一种价值选择。

《乾·文言》云："龙德而正中也。庸言之信，庸行之谨，闲邪存其诚，善世而不伐，德博而化"正中之龙德，上承于天，下开于人，因此，在天为乾，在人为健。正中之德，首要在"正"，此为"庸言之信"的"信"；其次在"中"，此为"庸言之信"之"庸"。庸者，中庸。"庸言之信，庸行之谨"，是说人之所以为人者，在性情上要有一个起码的底线，有一个人之所以为人的"度"。"惩忿窒欲"也罢，"飞龙在天"也罢，都不能过分。"惩忿窒欲"过分，则有失于"和"的原则；"飞龙在天"太过分，就必然"亢龙有悔"。过分，就违背了《易经》卦爻体系所展示的"中和"原则。"言"与"行"是人之所以为人的性情表征，故《系辞上传》云："君子居其室，出其言善，则千里之外应之，况其迩者乎；居其室，出其言不善，则千里之外违之，况其迩者乎。言出乎身，加乎民；行发乎迩，见乎远。言行，君子之枢机。枢机之发，荣辱之主也。言行，君子之所以动天地也，可不慎乎？"只有在性情上刻意地修养、提升自己，人才能够有真正恰当的言行。这正是先秦儒家用《易经》的卦爻体系来矫正人性的秘密。"闲邪存其诚"，是说六十四卦,三百八十四爻,变化万千,纷繁复杂,无不时时刻刻、随时随地扰乱、牵引着人的性情,只有大人、君子才能真正做到正中守道、诚信求道,以静制动、以静制远,此所谓居易以俟命,隐居以求志,越是穷困塞促,越能锤炼人的意志;越是风波不息,越能丰富人性的内涵。如此一来,《易经》的卦爻体系透过孔子为首的易学专家的各种诠释,我们发现,何以度过各种祸福、灾祥的人生关口实际上已经不是作者真正关心的问题,在各种跌宕起伏的人生境遇中提升自己的精神境界,锤炼自己守道、求道、证道的意志,才是《周易》真正的理论指向。

在《易传》的作者们看来,"诚"是《易经》卦爻体系的第一要义。不认识到这一点,《易经》是肯定读不懂的。《乾·文言》云:"乾元者,始而亨者也。利贞者,性情也。乾始,能以美利利天下,不言所利,大矣哉!大哉乾乎,刚健中正,纯粹精也!六爻发挥,旁通情也。时乘六龙,以御天也。云行雨施,天下平也。"完全是修身齐家,治国平天下的理路,只不过其理论的重心是在强调人的性情应该效法天德的精神。它的意思是说,只有在刚健中正、纯粹精诚之后,"六爻"才能够"发挥",时乘六龙、云行雨施也才有实现的可能。"是以君子将有为也,将有行也,问焉而以言。其受命也如响,无有远近幽深,遂知来物。非天下之至精,其孰能与于此?参伍以变,错综其数,通其变,遂成天地之文;极其数,遂定天下之象。非天下之至变,其孰能与于此?易无思也,无为也,寂然不动,感而遂通天下之故,非天下之至神,其孰能与于此?夫易,圣人之所以极深而研几也。唯深也,故能通天下之志;唯几也,故能成天下之务。唯神也,故不疾而速,不行而至"。(《系辞传》)精妙的表述虽然披上了一层神秘的外衣,但是,何以能够"其受命也如响"?何以能够"遂成天下之文"、"遂定天下之象",并且最终"感而遂通天下之故"?实际上就是上承天道、乾德而来的"至精"、"至神",就是上文提到的"闲邪存其诚"的"诚"、就是《系辞传》"情伪相感"的"情"。"至诚无息。不息则久,久则征,征则悠远,悠远则博厚,博厚则高明。博厚,所以载物也;高明,所以覆物也;悠久,所以成物也。博厚配地,高明配天,悠久无疆。如此者,不见而章,不动而变,无为而成。天地之道,可一言而尽也:其为物不二,则其生物不测。天地之道:博也,厚也,高也,明也,悠也,久也。"(《礼记·中庸》)《中庸》的思想内涵上明显发展、提升了

《易传》，因此明眼人一看即知，这段《中庸》中的文字在思路上与上引《系辞传》"不疾而速，不行而至"的主题是一致的。郑玄曰："至诚之德，著于四方。"（《礼记正义·中庸》）是诠释《中庸》的，但是，又何尝不是诠释《周易》的呢？这种"诚"的精神表现在卦爻体系之中，就是刚健中正，不断"发挥"的生化之德。

《中庸》又云："诚者，天之道也；诚之者，人之道也。诚者不勉而中，不思而得，从容中道，圣人也。"《中庸》的作者何以将"诚"与"不勉而中"、"从容中道"联系在一起，这是一个值得我们认真考量的问题。在笔者看来，《易经》的卦爻体系中透露出来的思想理路是，乾者，天也。因此，《乾象》曰："大哉乾元！万物资始，乃统天。"天，是没有任何偏私、偏见的，唯天为大，浩瀚无垠，博大、高明、悠久，"及其无穷也，日月星辰系焉，万物覆焉"（《中庸》）因为它"保合大和，乃利贞"，无声无臭，而无不覆载，因而能够"云行雨施，品物流形，大明终始，六位时成，时乘六龙，以御天。乾道变化，各正性命"。《易传》"保合大和，乃利贞"的思想在后来的《中庸》中提扬为"喜怒哀乐之未发，谓之中；发而皆中节，谓之和。中也者，天下之大本也；和也者，天下之达道也。致中和，天地位焉，万物育焉"的思想。在整个《周易》中，"中"字凡154见，其中"中庸"、"中正"、"中道"、"正中"、"时中"的"中"占据了一大部分，是《周易》最重要的概念之一。"中"早在《尚书》中就已经形成了一个重要的概念："民协于中"、"允执厥中"（《大禹谟》），"王懋昭大德，建中于民"（《仲虺之诰》），"作稽中德"（《酒诰》），在《洪范》中已经具有了五行相生相克，阴阳刚柔彼此中和协调的思想："五行：一曰水，二曰火，三曰木，四曰金，五曰土。水曰润下，火曰炎上，木曰曲直，金曰从革，土爰稼穑。润下作咸，炎上作苦，曲直作酸，从革作辛，稼穑作甘。"①"三德：一曰正直，二曰刚克，三曰柔克。"在《虞书·舜典》中更是直接将乐教与性情的修炼结合起来："帝曰：'夔！命汝典乐，教胄子，直而温，宽而栗，刚而无虐，简而无傲。诗言志，歌永言，声依永，律和声。八音克谐，无相夺伦，神人以和。'夔曰：'于！予击石拊石，百兽率

---

① 从《尚书·洪范》之"水、火、木、金、土"的编排顺序上，我们可以得知，《洪范》作者之综合平衡的思想还处于比较蒙昧的阶段。但我们也不能完全否定其中的某些综合平衡的倾向。例如，对"三德"的表述，就是一个值得深索玩味的命题。

舞'。"这些表述中都隐含了中华民族由来已久的"中和"价值观。《易经》正是全面继承了此前古代文化中有关的思想资源,所以才能够在其卦爻的卦象走向上一方面体现出了"大哉乾元!万物资始,乃统天"、"大哉坤元,万物资生,乃顺承天"的生化模式,另一方面又在乾与坤、阴与阳、刚与柔的磨合中凸显中和、中正之道。

这种"中和"的精神贯注到各个卦象之中,却又有千差万别的具体表现。韩康伯云:"《序卦》之所明,非《易》之缊也。盖因卦之次,托象以明义。"(《周易注疏》)结合《序卦传》的实际,笔者发现,"因卦之次,托象以明义"之谓,实际上是以人理、人事来解释卦象:"物畜然后有礼,故受之以履。履而泰,然后安,故受之以泰;泰者通也。物不可以终通,故受之以否。物不可以终否,故受之以同人。与人同者,物必归焉,故受之以大有。有大者不可以盈,故受之以谦。有大而能谦,必豫,故受之以豫。"每一个卦象的变化,都是在彼时彼刻微妙心理的作用下产生的结果,它们是在人间现世纷繁复杂的情势之中不得不然的价值选择。六十四卦包罗万象,每一卦的变化实际上都是在人事情势之中性情的好恶、喜怒导致的结果,因此,其思想本来就很丰富、而且伸缩性很大的卦爻,在儒家人学思想的诠释之下,就显得十分的精妙。例如,困卦云:"困:亨。贞,大人吉,无咎。"为什么在"困"的情势之下,还会是"亨"呢?因为这是相对于"大人"来说的,小人遭困,则"穷斯滥矣",而"大人"在"困"的境遇下,处"困"而不失其情操,"君子以致命遂志",终究会穷而后通。《困象》释云:"困,刚掩也。险以说,困而不失其所亨。其唯君子乎?贞,大人吉,以刚中也。"这当然是直接描述在"困"的境遇之下,大人,君子的性情选择。亦即,穷厄困顿,道穷力竭,不能自济,却处困而用刚,履正而体大,不失中正之大道,致命遂志,守道而死,遂其高志,与孟子"大丈夫"的人格境界是相通的。《序卦传》云:"困乎上者必反下,故受之以井,井道不可不革,故受之以革。革物者莫若鼎,故受之以鼎。"由困而井,是对"刚中"之德的进一步锤炼,困、井既久,必然要"革去故,鼎取新",鼎,是困、井之后的必然结果,因为整个卦爻的走向都受到了天道"中和"的无形控制。儒家的诠释确实赋予了卦爻以新的人学意义,但是,卦爻本身涵括天地之精神的奇妙组合,却又无不显示了它蕴藏的理论张力。

正是由于"《易》,所以会天道人道也"(《郭店楚墓竹简·语丛一》第36—37简),涵括了人间现世丰富而深刻的道理,儒家学者才有可能香火传递,不断挖掘而新意迭出。在对六十四卦进行了深入的研究之后,明代的易学家来知德在其《周易集注》一书中提出了错卦、综卦的概念。① 由于这两个概念对我们探讨《易经》卦爻体系中蕴含的性情思想有重要作用,因此笔者在此稍作介绍。所谓错卦,就是比较两个卦形,我们可以发现一些卦按其卦序正好阴阳相反,这种爻序正好相反的卦,就称为错卦,如乾与坤、鼎与屯、离与坎等,六十四卦全部可以分成相互交错的三十二对错卦:

比较两个卦形,我们还会发现一些卦之卦爻阴阳序列颠倒,例如随卦颠倒而为蛊卦,否卦颠倒而为泰卦等等,这种次序完全颠倒的卦就是综卦,六十四卦中有二十八对综卦:

---

① 来知德的"错卦",就是汉代京房(公元前77—前37年)的"飞伏"说、东汉虞翻(公元146—233年)的"旁通"说以及唐代孔颖达的"非复即变"命题中的"变";来知德的"综卦"就是孔颖达"非复即变"的"复"卦。

从上面的图像我们直观地发现,不论错卦,还是综卦,从卦形上来讲,首先给我们的第一感观,就是对称美(当然还包括回旋美、重叠美、反复美、动态美等等)。那么六十四卦卦形对称美的义理根源在哪里呢?董光璧先生在其《易图的数学结构》一书中研究指出,六十四卦有阴阳守恒律和阴阳平衡律,所谓阴阳守恒律,说的是"尽管卦有千变万化,但是,在同一卦系中,各卦中的阴阳爻数之和是不变的。这意味着由卦系表示的事物任一可能状态中的阴量和阳量的总和是守恒的,也就是说阴量和阳量是不生不灭的,只能是相互转化,即阴量转化为阳量或阳量转化为阴量,显示阴阳的消长。"所谓阴阳平衡律,指的是"对于两仪、四象、八卦……等卦系,阴爻数的总和等于阳爻数的总和,即各为卦系总爻数之半。""阴阳平衡律意味着,对于任何以 r 级卦系表示其可能状态的事物,尽管在每个可能的状态中阴量和阳量可能不同,但存在于各可能状态中的阴量之总和等于阳量之总和。"①董先生的表述继承和发挥了前贤的相关思想资源,对我们理解《易经》卦爻体系中的性情思想是有很大的启发作用的。

笔者的意思是,人之所以为人,就是因为他有七情六欲。《礼记·礼运》所谓"何谓人情?喜怒哀惧爱恶欲七者,弗学而能",人不可能永远都只是喜、只是怒,或者只是具有各种情绪的某一项,它必然是各种情绪在交替的存有状态之下才能得以正常运转,否则就是精神失常。所以,人之所以为人者,一方面是每一个人都天生地具有喜、怒、哀、惧、爱、恶、欲等各方面情绪表现,这可以最终归结为人之所以为人的阴阳守恒律;另一方面又都是在交替的状态下、

---

① 董光璧著:《易图的数学结构》,上海人民出版社 1987 年版,第 100、101—102 页。董先生设定,p 表示每卦的阳爻数,q 表示阴爻数,那么,r 则表示卦系的等级。

调节的状态下才能存有,这可以归结为人之所以为人的阴阳平衡率。高亨先生云:"《周易》卦爻辞写定在三千年以前,所以可贵。……《周易》卦象所反映的辩证观点,至晚产生于殷代。卦爻辞的作者受卦象的启示,写出这部书,其中含蕴的辩证观点是更加具体、明确,比较广阔、深刻了。"①《周易》的卦象"至晚产生于殷代"的判断,②说明了《易经》的卦爻体系所涵括的思想即便是在先秦时期,就已经受到了理论上的陶冶与考验,后来被先秦儒家开发出一整套深刻的思想来,并不是偶然的。"卦爻辞的作者",当然指的是先秦儒家,是以孔子为首的第一批易学专家对原始的卦象进行了辩证的诠释,具体、明确、广阔、深刻地刷新了《易经》的历史。其刷新《易经》理论面貌的关键,就在于殷周以来的卦爻体系本来就具有一套对立统一、辩证发展的思想,而且其中也包含了性情思想的某些基本规律。

《系辞传》云:"在天成象,在地成形,变化见矣。"金景芳先生说:"'在地成形','形'是什么?我认为'形'是五行,就是水火木金土。"③因为五行相生相克的综合性思维的最终结果是阴与阳的中和,④因此,《系辞上传》的这段话的本质是"中",其思想背景是《乾卦·彖传》中的"保合大和,乃利贞"。《系辞上传》又云:"是故刚柔相摩,八卦相荡。"前一句是讲阴阳刚柔之间的对立统一;后一句则讲八卦之间相互制约的综合平衡:"八卦成列,象在其中矣。因而重之,爻在其中矣。刚柔相推,变在其中矣。系辞焉而命之,动在其中矣"。这是一种动态的平衡,动中有静,静中有动,但是,不论是对立还是统一,不论是变动不居还是综合平衡,它们始终都相处于一个超稳定的系统之中。《中藏经·阴阳大要调中论》云:"阴阳者,天地之枢机;五行者,阴阳之终始。非阴阳,则不能为天地;非五行,则不能为阴阳。"这段话使我们发现,《易

---

① 高亨著:《周易杂论》,齐鲁书社 1979 年版,第 32 页。

② 高亨先生的这一判断实际上是过于保守了。根据万物有灵以及现代人类学的许多理论,我们现在可以肯定地说,《连山》、《归藏》、《周易》的卦爻体系产生的时代,远在文字出现之前,其思想的观念蕴含在卦爻体系之中具有极端漫长的时代。儒家和道家可能都从中吸取了他们所需的营养,也可能都对这些体系进行了有利于学派理论建设的改造。这当然只是推测,还有待于进一步的史料证实。

③ 金景芳著:《〈周易·系辞传〉新编详解》,辽海出版社 1998 年版,第 6 页。

④ 常正光著:《阴阳五行学说与殷代方术》中的相关论述。见《中国古代思维模式与阴阳五行说探源》,江苏古籍出版社 1998 年版。

经》的卦爻体系,并不仅仅只是阴与阳、乾与坤、天与地的彼此摩荡,更为重要的,"易有太极,是生两仪。两仪生四象,四象生八卦",这是一个不断生化,不断裂变,综合涵化,辩证日新的交错体系。认识到这一点,对我们理解卦爻体系中的性情思想具有十分重大的意义。在《尚书·禹夏书·皋陶谟》中有所谓"九德"之说,指的是"宽而栗,柔而立,愿而恭,乱而敬,扰而毅,直而温,简而廉,刚而塞,强而义",仔细品味,实际上这就是九对性情上的矛盾统一体,之所以称为"德",就是要对这些本来是天生的品性,进行"刚柔相摩"、"继之者善"的磨砺,使之成为一种可造福于社会,"老者安之,朋友信之,少者怀之"(《论语·公冶长》)的、具有教化性的儒家中和式的品德。孙星衍对《皋陶谟》的"九德"有很好的疏语:"宽绰近缓而能坚栗,柔顺近弱而能对立,愿悫无文而能谦恭,治事多能而能敬慎,驯扰可狎而能果毅,梗直不挠而能温克,简大似放而能廉约,刚者内荏而能充实,发强有为而能良善,此似相反而实相成,五行生克之用,圣人发阴阳以治性情之学也。"[1]这毫无疑问是植根于《易经》的卦爻体系,在代代相传的儒家学者努力之下逐步阐发出来的十分精微的性情思想的经典性表述之一。究其实,这是《易经》阴阳相推、八卦相荡、触类旁通、气象万千的卦爻体系的一种儒家德性化的表述。

站在这样的角度,我们再来审视邵雍的《伏羲六十四卦方位图》,我们就会感到《易经》之卦爻体系中纵横交错、彼此对应的卦爻关系中实在是隐含了丰富的性情思想,因为这个图的实质不仅仅在于"易有太极,是生两仪。两仪生四象,四象生八卦"以至于无穷,而且在于六十四卦之间彼此交错、守恒,互补、互动的生发关系,联系先秦儒家经典中有关性情思想的内容,我们完全可以说,这也是对由天而命,由命而性,由性而情,情又因物而起,气象万千的一种"象"化、符号化的描述:[2]

---

[1]　孙星衍撰:《尚书今古文注疏》(上),中华书局1986年版,第80页。

[2]　陈梦雷把邵雍的这个图分解为四。薛学潜在其《易与物质波量子力学》一书中,把用卦名表示的这些图改用符号表示出来,使我们明白邵雍六十四卦图是分层对角交错的对称结构。但卦的交综对称性没有显示出来。薛学潜通过调换排列次序而得到了一个新的六十四卦矩阵,不仅保留了分层对角结构的对称性,而且还显示了分层交综的对称性,自综和错综卦分别处于图的两条主对角线上。限于篇幅,本书不能一一详细表述,请参见董光璧先生的《易图的数学结构》,上海人民出版社1987年版,第44—49页。(本注释中的这一段话,参考了董光璧著:《易学科学史纲》,武汉出版社1993年版,第37页,有所改动)

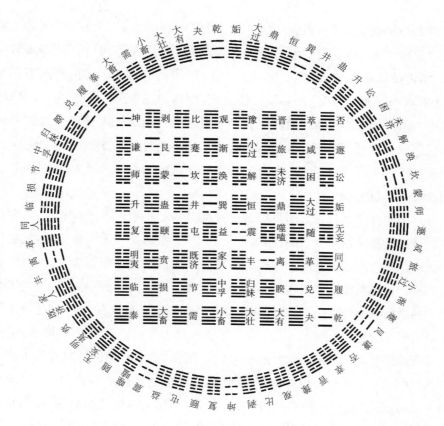

　　邵雍的这个图包含了丰富的性情思想，《泰彖》云："天地交而万物通也，上下交而其志同也。内阳而外阴，内健而外顺"，因此"小往大来吉亨"；如果天与地，阴与阳，上与下"不交"，则"万物不通也"，而"万物不通"的结果，小则"小人道长，君子道消"，大则"天下无邦"，后果不堪设想。换言之，体现在《易经》卦爻体系上，穷通变化，吉凶祸福，实际上就是讲各卦之间、各爻之间是否在空间和时间上，恰当地彼此感应而"有孚在道"、"位正中也"（《象传》）。王弼云："一阴一阳者，或谓之阴，或谓之阳，不可定名也。夫为阴则不能为阳，为柔则不能为刚。唯不阴不阳，然后为阴阳之宗；不柔不刚，然后为刚柔之主。故无方无体，非阳非阴，始得谓之道，始得谓之神。"[1]究其实，不阴不阳，不柔不刚，而为阴阳之宗、刚柔之主者，就是孔子

---

① 王弼著，楼宇烈校释：《王弼集校释》，中华书局 1984 年版，第 649 页。

所说的"中庸"之至德,也就是《乾卦·象传》"保合太和,乃利贞"的通达涵化之景象。朱熹云:"伊川言:'《易》,变易也。'只说得相对底阴阳流转而已,不说错综底阴阳交互之理。言《易》,须兼此二意。"①真正点出了邵雍《伏羲六十四卦方位图》的实质。说到底,邵雍的这个图不仅注重了《易经》思想"阴阳相推"的一面,而且也注重了其中更重要的"八卦相荡"的一面;不仅形象地描述了"易有太极,是生两仪。两仪生四象,四象生八卦"天命性情的生化下贯模式,而且也展示了各种复杂的情绪在现实境遇中物我感应、因时而迁的过程。

六十四卦之卦与卦之间由损而益,否极泰来,乐极生悲,非刚即柔,非复即变的变迁过程是相当复杂的,在每一个卦象中,由初爻到上六极为微妙、精致的演化过程也在很大程度上体现了在具体的境遇中人之所以为人的性情、价值选择。而且从整体来讲,各种卦之间,各种爻之间,还有依托于天地的十分深刻的对应关系,这些关系往往阴阳相推,刚柔相荡,最终使《易经》的卦爻体系形成了一个牵一发而动全身、综合平衡的动态整体。因此,由《周易》的卦爻辞延伸到卦象,再由卦象之刚柔相济、阴阳相推、八卦相荡的角度来审视邵雍的《伏羲六十四卦方位图》,并且将邵雍对卦爻体系的理解与上引《虞夏书·皋陶谟》、《虞书·舜典》、《商书·洪范》等相关内容联系起来,我们就会感到《易经》的卦爻体系实在是精妙绝伦。②

---

① 朱熹著,黎靖德编:《朱子语类》(卷第六十五),中华书局 1994 年版,第 1603 页。

② 何劭的《王弼传》云:"何晏以为圣人无喜怒哀乐,其论甚精,钟会等述之。弼与不同,以为圣人茂于人者神明也,同于人者五情也。神明茂,故能体冲和以通无;五情同,故不能无哀乐以应物。然则,圣人之情,应物而无累于物者也。今以其无累,便谓不复应物,失之多矣。"因此,王弼的《周易注》就很重视卦爻与性情的关系。例如其《周易略例·明卦适变通爻》就写道:"夫时有否泰,故用有行藏;卦有小大,故辞有险易。一时之制,可反而用也;一时之吉,可反而凶也。故卦以反对,而爻亦皆变。是故用无常道,事无轨度,动静屈伸,唯变所适。故名其卦,则吉凶从其类;存其时,则动静应其用。寻名以观其吉凶,举时以观其动静,则一体之变,由斯见矣。夫应者,同志之象也;位者,爻所处之象也。承乘者,逆顺之象也;远近者,险易之象也。内外者,出处之象也;初上者,终始之象也。是故,虽远而可以动者,得其应也;虽险而可以处者,得其时也。弱而不惧于敌者,得所据也;忧而不惧于乱者,得所附也。柔而不忧于断者,得所御也。虽后而敢为之先者,应其始也;物竞而独安静者,要其终也。故观变动者,存乎应;察安危者,存乎位;辩逆顺者,存乎承乘;明出处者,存乎外内。"(见王弼著,楼宇烈校释:《王弼集校释》,中华书局 1984 年版,第 604 页)这完全是以性情论卦爻,充分挖掘出了卦爻体系中的人学魅力。

第三节 《象传》的性情思想研究①

李镜池先生云:"《象传》作者的思想纯粹是儒家思想。"其中的很多表述,"都可以从先秦儒家载籍中找出它的根据来,尤其是《论语》。"②笔者以为,李先生的话是不错的。《象传》在文字上简洁、古朴,以四字句为主,在风格上与《论语》是很接近的。不仅如此,《象传》在思想上特别追求性情上的"以虚受人",思患豫防,恐惧修省,有孚惠心,居德善俗,与《论语》也是一致的。下面,本书就《象传》基于《易经》的卦爻体系所表现出来的"君子以制数度,议德行"、"非礼弗履"、"惩忿窒欲"以致命遂志的理路进行一些初浅的探讨,以就教于方家。

关于象、言、意三者之间的关系,王弼有一段非常著名的论述,可供我们参考:"夫象者,出意者也。言者,明象者也。尽意莫若象,尽象莫若言。言生于象,故可寻言以观象;象生于意,故可寻象以观意。意以象尽,象以言著。故言者所以明象,得象而忘言;象者,所以存意,得意而忘象。犹蹄者所以在兔,得兔而忘蹄;筌者所以在鱼,得鱼而忘筌也。然则,言者,象之蹄也;象者,意之筌也。是故,存言者,非得象者也;存象者,非得意者也。象生于意而存象焉,则所存者乃非其象也;言生于象而存言焉,则所存者乃非其言也。然则,忘象者,乃得意者也,忘言者,乃得象者也。得意在忘象,得象在忘言。故立象以尽意,而象可忘也,重画以尽情,而画可忘也。"③王弼这里指的"象"实际上只是说《周易》的"卦象",这里的"言"指的是诠释卦象的"辞"。由于《周易》的"卦象"法天则地,是一套近乎哑谜的符号,而且披上

---

① 笔者认为,刘大均先生的《周易概论》(齐鲁书社 1980 年版)和廖名春先生的《〈周易〉经传与易学史新论》(齐鲁书社 2001 年版)中有关《彖传》早于《象传》的观点及其论证是正确的,故将《象传》放在《彖传》之前论述。

② 李镜池著:《周易探源》,中华书局 1978 年版,第 308 页。

③ 王弼著,楼宇烈校释:《周易略例·明象》,见《王弼集校释》,中华书局 1984 年版,第609 页。

了一层宗教性的外衣，因此，在卦爻与语言之间就具有了很大的诠释空间。王弼的这段论述，依托于玄学之"无"、"道"，是他哲学思想的反映，但是，他却精妙地道尽了"象→言→意"之间的微妙关系。"从王弼的观点看来，对'意'与'象'的了解不能脱离'象'与'言'，但要真正的'得意'和'得象'，最后却非要'忘象'和'忘言'不可。这实际就是说，真正的对于'意'的了解，是一种既需要'象'但又超脱于'象'的领悟；同样，对于'象'的了解，也是一种既需要'言'但又超脱于'言'的领悟。其所以如此，在于无'象'则无从了解'意'，但'意'又非只能为某一单个的'象'所代表；同样，无'言'则不能了解'象'，但'象'又非只能为某一固定的'言'所述说的。王弼说：'触类可为其象，合义可为其征'，即是说只要符合于所要指谓或象征的意义，那就完全不需要拘泥执着于某一固定的'象'。就'言'对'象'的关系说自然也是这样。由此可见，王弼虽然肯定了'象'能'尽意'，'言'可'明象'，但'象'不应是某一固定的'象'，'言'也不应是某一固定的'言'。"[1] 这就不仅说明了卦爻辞、《易传》十翼的性质，而且也说明了《周易》的诠释历史将永无休止。诚如李光地所言："先圣立象以尽意，而意无穷也。后圣系辞以尽言，而言难尽。存乎学者之神而明之而已矣……。此夫子传《大象》之意也。"[2]

由于《象传》从文风到思想都比《象传》平实、古朴，所以，其意蕴就更加贴近由孔子始创的儒家思想。本书在本章第二节中已经详细论证，《易经》卦爻体系的本质在于不阴不阳、不柔不刚，而为阴阳之宗、刚柔之主，上承于孔子的"中庸"之至德。因此，从性情思想的角度来讲，《象传》的最大价值也正是在这一点上取得了很大的成绩。我们通过《象传》的众多表述，[3]会强烈地感到，《周易》的卦爻体系，并不仅仅只有阴阳、刚柔随着卦位的变化而作上下的运

---

① 李泽厚、刘刚纪著：《中国美学史》(魏晋南北朝编)，安徽文艺出版社 1999 年版，第 121—122 页。

② 李光地纂，刘大均整理：《周易折中》，巴蜀书社 1998 年版，第 638 页。

③ 《象传·乾》云："天行健，君子以自强不息。潜龙勿用，阳在下也。见龙在田，德施普也。终日乾乾，反复道也。或跃在渊，进无咎也。飞龙在天，大人造也。亢龙有悔，盈不可久也。"在这段话里，笔者以为，它的历时性大于空间性，它始终强调的是一种有终有始的过程。这种思想，作为一种精神，是贯穿于《象传》始终的。

动,而且更为重要的是,它还通过卦序显示了这种"中庸"的精神。关于《周易》的卦象序列,从《序卦传》开始,就已经开始研究了:

> 有天地,然后万物生焉。盈天地之间者,唯万物,故受之以《屯》。屯者,物之始生也,物生必蒙,故受之以《蒙》。蒙者,蒙也,物之稚也。物稚不可不养也,故受之以《需》;需者,饮食之道也。饮食必有讼,故受之以《讼》。讼必有人起,故受之以《师》。师者,众也,众必有所比,故受之以《比》;比者,比也。比必有所畜,故受之以《小畜》。物畜然后有礼,故受之以《履》。履而泰然后安,故受之以《泰》。泰者,通也。物不可以终通,从受之以《否》……

《序卦传》的表述方式,一方面是"《易》有太极,是生两仪。两仪生四象,四象生八卦"的理路,另一方面则是天地生发万物,人类社会随之出现,人们为了衣食住行,艰苦奋斗,努力工作,在屯、蒙、需、讼、师、比、小畜而履,具备了起码的生活条件之后,生活就逐渐达到了安泰的水平,但是,安泰是相对的,不是永恒的,到了一定的限度就会向事物的反面转化。因此,由乾坤到既济未既,整个六十四卦之卦爻体系,都是后卦依托于前卦,前卦牵扯着后卦,前后相因,阴阳相辅,刚柔相济,形成的一个细密的因果之链。汉代的京房、扬雄,东晋的韩康伯,唐代的孔颖达,北周的卫元嵩,宋代的邵雍、朱熹等,都在卦序的因果链上做了大量卓有成效的工作,特别是德国的哲学家莱布尼茨从《周易》的卦爻体系中发现了六位二进制数列表,使"《易》以感为体"[1]、非复即变的阴阳相推、刚柔相应、动静相依、八卦相荡的思想在数学领域得到了现代科学的论证。"思维方式是一切文化的主体设计者和承担者",[2]《易经》卦爻体系的逐步形成本身是受到了远古时期中国人的思维方式的制约和影响的结果,反过来,《易传》作者们的思维方式,又同样通过卦爻符号传承了潜藏其中的思维方式。笔者以为,这种思维方式,如果要用先秦儒家的文献表达出来,那就是《礼记·中庸》的那一段著名的话:

> 喜怒哀乐之未发,谓之中,发而皆中节,谓之和。中也者,天下之大本

---

① 刘义庆著:《世说新语·文学第四》。
② 蒙培元著:《中国哲学主体思维》,人民出版社 1993 年版,第 182 页。

也；和也者，天下之达道也。致中和，天地位焉，万物育焉。

《象传》作者的心中始终以"中和"为标准，并且把这一重要的价值观念纳入了他的性情思想体系之中，借助于卦爻体系的推进过程，逐步阐述或者发扬光大了先儒的相关思想。首先，《象传》十分注重"中"，进而十分重视"中位"。在《易传》中，内卦的中位是第二爻，外卦的中位是第五爻，因此，在任何一个卦象中，二、五爻所处的位置便称之为"中位"。在《象传》中，称"中"的地方有："文在中也"（坤六五）、"衍在中也"（需九二）"以中正也"（需九五）、"以中正也"（讼九五）、"以中行也"（师六五）、"位正中也"、"上使中也"（比九五）、"牵复在中"（小畜九二）、"以中直也"（同人九五）、"中不自乱也"（履九二）、"得尚于中行"（泰九二）、"中心愿也"（泰六四）、"中以行愿也"（泰六五）、"积中不败也"（大有九二）、"中心得也"（谦六二）、"以中正也"（豫六二）、"中未亡也"（豫六五）、"位正中也"（随九五）、"得中道也"（蛊九二）、"行中之谓也"（临六五）、"中行独复"（复六四）、"中以自考也"（复六五）、"中无尤也"（大畜九二）、"未出中也"（坎九二）、"中未大也"（坎九五）、"得中道也"（离六二）、"能久中也"（恒九二）、"九二贞吉，以中也"（大壮九二）、"以中正也"（晋六二）、"受兹介福，以中正也"（晋六三）、"大蹇朋来，以中节也"（蹇九五）、"九二贞吉，得中道也"（解九二）、"九二利贞，中以为志也"（损九二）、"得中道也"（夬九二）、"中行无咎，中未光也"（夬九五）、"中正也"（姤九五）、"引吉无咎，中未变也"（萃六二）、"位正中也"（巽九五）、"中有庆也"（困六二）、"以中直也"（困九五）、"中正也"（井九五）、"中心愿也"（中孚九二）、"以中道也"（既济六二）等。在各种卦象中，只要符合这种"中正"、"中道"原则的爻，就称之为"正位"、"当位"，否则就是不当位，或非其位。当位者，阴阳相应，为吉；不当位者，阴阳相乖，为凶。但是，这里的"中"并不仅仅只是说的"中位"，"中"的意思在具体的语境中往往比较有弹性，也就是说，由"中位"，往往可以引申到"中道"、"中德"、"中正"上面去。例如，"巽卦"为两风相随，故物无不顺。九二与九五皆以阳爻处中位，此贞吉之象也："无初有终。先庚三日，后庚三日，吉。"（《巽卦辞》）《象传》释曰："九五之吉，位正中也。"程伊川进而释曰："九五之吉，以处正中也，得正中之道则吉，而其悔亡也。正中，谓不过无不及，正得其中也，处柔巽与出命令，唯得中为善，失中则悔也。"①可见,得其位,就是得中正之位,就是得中正之道,更是得中正之德。

其次,在此中和之美的思维方式涵盖之下,《象传》一方面指出"飞龙在天",固然意气方遒,但是,阳刚却不能太盛,因为"亢龙有悔,盈不可久也";另一方面又强调"潜龙勿用,阳在下也",君子处于微末的境地,徒有凌云之志,却无施展抱负的途径。社会是复杂的,时势是变化的,人生无常,风波不息,关键是要"有孚惠心"、"中以为志"、"中以为实",不为外物所动。要达到这样的人生境界,就只能通过"反身修德"的途径,达到"积中不败"的程度,在生活中"慎言语,节饮食","见善则迁,有过则改","惩忿窒欲"以"致命遂志",提出了系统的性情修养思想。第一,"君子以制数度,议德行"(节卦)。关于这句话,孔颖达与程伊川讲得不同,程伊川讲得更好,故笔录于此与大家分享:"君子观节之象,以制立数度。凡物之大小、轻重、高下、文质、皆有数度,所以为节也。数,多寡。度,法则。议德行者,存诸中为德,发于外为行。人之德行当义则中节。议,为商度求中节也。"②要把大小、轻重、高下、文质都要掂量出一个"中"来,并且切实地贯彻到现实的人伦物理之中去,实际上是非常不容易的,所以,《象传》曰:"君子思不出其位。"③"以虚受人。""恐惧以修德。"恐惧以修德的主题,曾在《论语·泰伯》至第三、第四、第五、第六、第七等诸章中得到过透彻的阐述。曾子的用语令人震撼:

> 曾子有疾,召门弟子曰:"启予足!启予手!《诗》云'战战兢兢,如临深渊,如履薄冰。'而今而后,吾知免夫! 小子!"

> 曾子有疾,孟敬子问之。曾子言曰:"鸟之将死,其鸣也哀;人之将

---

① 程颐著:《周易程氏传》,见《二程集》,中华书局1981年版,第996页。
② 程颐著:《周易程氏传》,见《二程集》,中华书局1981年版,第1006页。
③ 李镜池先生说:"《象传》这些话,差不多从《论语》里头都可以找出它相类似的话来。例如,孔子表明他自己是一个'发奋忘食,乐以忘忧,不知老之将至'的人,这就是'自强不息'的君子。又'果行育德',在《论语》里有个子路:'子路有闻,未之能行,惟恐有闻。'所以孔子在季康子面前称赞他:'由也果,于从政乎何有!'又'多识前言往行以畜其德',《论语》里又有个传孔子衣钵的曾子,他自己说是'吾日三省吾身'的。至于'慎言语,节饮食',即是'君子食无求饱,居无求安;……敏于事而慎于言'之意。'非礼弗履',即是'非礼勿视,非礼勿听,非礼勿言,非礼勿动'那一套。此外所谓'有恒',所用'修德',所谓'迁善''改过',都是《论语》所载孔子的思想。而'君子思不出其位',更是直抄《论语》之文,曾子所说的话。"(见氏著:《周易探源》,中华书局1978年版,第308页)

死,其言也善。君子所贵乎道者三:动容貌,斯远暴慢矣;正颜色,斯近信矣;出辞气,斯远鄙倍矣。笾豆之事,则有司存。"

曾子曰:"以能问于不能,以多问于寡;有若无,实若虚,犯而不校——昔者吾友尝从事于斯矣。"

曾子曰:"可以讬六尺之孤,可以寄百里之命,临大节而不可夺也——君子人与?君子人也。"

曾子曰:"士不可以不弘毅,任重而道远。仁以为己任,不亦重乎?死而后已,不亦远乎?"

如果把《论语·泰伯》中曾子的这一组论断整合起来看,我们就会发现,《论语》在编辑这些话的时候并不是随心所欲的,而是极有章法,有先有后的。曾子之所以"战战兢兢,如临深渊,如履薄冰",全身保命是为了"任重而道远"、"死而后已"的社会、历史使命的实现,不能滥用其锋而招致不必要的牺牲。而且,曾子在《论语》的这一组谈话中,也并不仅仅只是涉及全身保命,还涉及学习的胸怀与方法,身与心的修养与礼仪协调的表现和重要性以及"临大节而不可夺"的人格锤炼。但是,《大戴礼记·曾子大孝篇》载乐正子春云:"吾闻之曾子,曾子闻诸夫子曰:'天之所生,地之所养,人为大矣。父母全而生之,子全而归之,可谓孝矣。不亏其体,可谓全矣。'故君子顷步之不敢忘也。今予忘夫孝之道矣,予是以有忧色。"把全而归之,不亏其体的目的全部局限于"孝"上,由此可见,对孔子及其及门弟子的歪曲性的理解,早在孔子的再传弟子中间,就已经开始了,就像《大戴礼记·曾子大孝篇》乐正子春的这段谈话一样。

《象传》的作者却与乐正子春不同,他在卦爻体系的启发下,进一步发挥了《论语》"士不可以不弘毅"的精神气质,把道义的追求放在了一切的首位。所以,《象传》作者之性情思想的第二个内容,就是要"谦谦君子,卑以自牧","牧",养也。从小事做起,虚心地向有德者学习,"地中生木,君子以顺德,积小以高大"(《象传·升》)程伊川释云:"君子观《升》之象,以顺修其德,积累微小以至高大也","善不积不足以成名","学业之充实,道德之崇高,皆由积累而致,积小所以成高大,升之义也。"①充实学业的过程,也就是树立自己的

---

① 程颐著:《周易程氏传》,见《二程集》,中华书局1981年版,第936页。

志向，坚定自己的信仰，"积中不败"的过程。在《象传》的作者看来，只有知识丰富，眼光远大、胸怀宽阔的人，才能真正正心、诚意、立志，并且进而为他"笃实之志"的最终实现，"见善则迁，有过则改"（《象传·益》），思患豫防、惩其忿、窒其欲、恒其德、而致其命、遂其志。在逆境之中，能够做到"独立而不惧，遯世无闷"（《象传·遯》）；在顺境之中，又能恪守中道。只要人们能够守中正之道，久而必亨，且大明在上而同德，必受大福。在"卑以自牧"的过程中，《象传》的作者以为有两种情况必须注意：一是在"进退皆险，处又不安"的状态下，"来之坎坎，终无功也"（《象传·坎》），此时此刻切不可冒然而进，进则不仅无功，反而有难也。因此，在这样的处境之下，君子必须明哲保身，远离小人而自存，"慎言语，节饮食"（《象传·颐》），要相信邪不压正，黑暗是暂时的，光明是永恒的，是以坚定信念，"不远之复，以修身也"（《象传·复》）。君子在这样的境地中，切忌随波逐流，切忌丧德败志而自失其"中"。《周易本义》云："小人以壮败，君子以罔困。"君子真正的困境，并不在于外界的险恶和命运的蹇促，而在于自己意志的丧失！二是君子心中有冲天之志，就要有必胜的决心。在论述《象传·姤九五》"九五含章，中正也。有陨自天，志不舍命"时，苏轼曰："阴长而消阳，天之命也，有以胜之，人之志也，君子不以命废志，故九五之志坚，则必有自天而陨者，言人之至者，天不能胜。"①由于《周易》以刚乾精神统领六十四卦，刚健而柔顺，因此，"君子不以命废志"就从其思想体系的深处被激发了出来，这是《周易》思想的可贵之处。之所以如此，是因为《周易》始终强调"诚"。在论及《象传·无妄初九》"无妄之往，得志也"时，程伊川云："以无妄而往，无不得其志也。盖诚之于物，无不能动，以之修身则身正，以之治事则事得其理，以之临人则人感而化，无所往而不得其志也。"②《象传·履九二》云，"履道坦坦，幽人贞吉"，此之谓也。

《象传》之性情思想的第三个方面的内容，是君子必须有含弘之度。《象传·明夷》云："明入地中，明夷，君子以莅众，用晦而明。""晦"指艰贞之人。程伊川云："明所以照，君子无所不照，然用明之过，则伤于察，太察则尽事而

---

① 转引自李光地纂，刘大钧整理：《周易折中》，巴蜀书社1998年版，第767页。
② 程颐著：《周易程氏传》，见《二程集》，中华书局1981年版，第824页。

无含弘之度,故君子观'明入地中'之象,于'莅众'也,不极其明察而'用晦',然后能容物和众,众亲而安。是用晦乃所以为明也。若自任其明,无所不察,则己不胜其忿疾,而无宽厚含容之德,人情暌疑而不安,失莅众之道,适所以为不明也,古之圣人设前旒屏树者,不欲明之尽乎隐也。"①做人不太过于精细,以至于斤斤计较,"用明之过,则伤于察,太察则尽事而无含弘之度",只有"能容物和众"的人,才能开创"众亲而安"的局面,为自己的志向之实现创造良好的条件,形成安泰的态势。所以,《象传》的作者以为,在具体的操作的过程中,就要容纳百川之流,鉴谅愚顽之人,认为这是使事业、志向得以实现的前提。《象传·泰卦九二》云:"'包荒','得尚于中行',以光大也。"包荒,虞翻曰:"在中称包,荒,大川也。"②由此可见,"包荒"是"中行"的重要内容,实际上也就是《乾卦·文言》所说的"夫大人者,与天地合其德,与日月合其明,与四时合其序,与鬼神合其吉凶。先天而天弗违,后天而奉天时。天且弗违,而况于人乎,况于鬼神乎"。这当然是一种人与天,人与物,人与人亲密和谐,无所不包,无所不容的理想境界。按《象传》的思想来讲,一方面是"天行健,君子以自强不息";另一方面又是"地势坤,君子以厚德载物",两个方面相辅相成,缺一不可。《周易折中》引林希元云:"'地势坤',言地势顺也。于此就见其厚,故'君子以厚德载物'。盖坤之象为地,重之又得《坤》焉。则是地之形势,高下相因,顿伏相仍,地势之顺,亦唯其厚耳。不厚,则高下相因便倾陷了,安得如此之顺。唯其厚,故能无不持载,故君子厚德以承载天下之物。夫天下之物多矣,君子以一身任天下之责。群黎百姓,倚我以为安。鸟兽昆虫草木,亦倚我以为命。使褊心凉德,其何以济,而天下之望于我者亦孤矣。"③包容天下的第一步须是"诚",至诚不息则有功;第二步是"中",中也者,天下之大本也;第三步是"和",致中和,天地位焉,万物育焉。这正是《象传》的理论指向。

---

① 程颐著:《周易程氏传》,见《二程集》,中华书局1981年版,第879页。
② 转引自李鼎祚撰:《周易集解》(第四卷,周易上经·泰),中国书店影印本1984年版。
③ 李光地纂,刘大均整理:《周易折中》,巴蜀书社1998年版,第641页。

第四节 《象传》的性情思想研究

《周易·系辞下传》云："象者,材也。"材通裁,裁定义。南北朝刘瓛云：
"象者,断也。断一卦之才也。"①断,就是断定。孔颖达《周易正义》云："夫子
所作《象》辞,统论一卦之义,或说其卦之德,或说其卦之义,或说其卦之名。"
并引褚氏、庄氏云："《象》,断也。断定一卦之义,所以名象也。"②《象传》是析
一卦之象,《象传》是析一卦之义。王弼云：《象传》"繁而不忧乱,变而不忧惑,
约以存博,简以济众,其唯象乎？乱而不能惑,变而不能渝,非天下之至赜,其
孰能与于此乎？"③由于《象传》深得儒家哲学思想的精髓,在刚柔之立本、变
通以趋时的关键处紧扣《易经》的根本,圆而神,方而直,探赜索隐,言简意赅,
在理论上达到了相当的深度,故《系辞下传》云："知者观其象辞,则思过半
矣！"给予了高度的评价,值得我们深究。

一、复,其见天地之心乎

《复象》云："反复其道,七日来复,天行也。利有攸往,刚长也。复,其见
天地之心乎？"程颐有别于王弼、孔颖达④云："其道反复往来,迭消迭息。七日
而来复者,天地之运行如是也。消长相因,天之理也,阳刚君子之道长,故利有

① 李鼎祚撰：《周易集解》引刘瓛语,见《周易集解》（第一卷,周易上经·乾）,中国书店影
印本1984年版。
② 《周易正义·上经·乾》,见阮元校刻：《十三经注疏》（卷一）,中华书局1980年版,第
2页。
③ 王弼著,楼宇烈校释：《王弼集校释》,中华书局1984年版,第591页。
④ 王弼云："复者,反本之谓也。天地以本为心者也。凡动息则静,静非对动者也;语息则
默,默非对语者也。然则天地虽大,富有万物,雷动风行,运化万变,寂然至无,是其本矣。故动息
地中,乃天地之心见也。若其以有为心,则异类未获具存矣。"（见王弼著,楼宇烈校释：《王弼集
校释》,中华书局1984年版,第336—337页）这当然是以老庄释《周易》,南辕北辙,不足与议也。
孔颖达氏迷信王弼,茫然信从,亦云："天地养万物,以静为心,不为而物自为,不生而物自生,寂
然不动,此天地之心也。"（见《周易正义·上经·复》,见阮元校刻：《十三经注疏》卷三,中华书
局1980年版,第39页）

攸往。一阳复于下,乃天地生物之心也。先儒皆以静为见天地之心,盖不知动之端乃天地之心也。非知道者,孰能识之?"①天地之大德曰生,因而雷在地中,反复往来,消息盈虚,生化无穷。因此,儒家"天"的本质在动而不在静。②《系辞传》云:"刚柔者,立本者也。"阴阳相推,刚柔相荡,按金景芳先生的说法,是《周易》的根本。③《系辞传》云:"一阴一阳之谓道",既讲了天道,也讲了人道,与老子忽兮恍兮、虚无的"道"不同的是,这里的道是"上下无常,刚柔相易"的道,阴阳、刚柔的本质就是动,这正是儒家之"天"的根本属性。没有阴阳相推、刚柔相荡,儒家的"天"就没有生化之源。故《系辞传》云"八卦成列,象在其中矣;因而重之,爻在其中矣;刚柔相推,变在其中矣;系辞焉而命之,动在其中矣;吉凶悔吝者,生乎动者也。"动,在《周易》就具体表述为"非复即变",没有阴阳、刚柔的推荡变化,就不可能有卦爻相重,消息盈虚而显发出来的吉凶悔吝。吉凶悔吝取决于阴阳刚柔,也就是"天"的"动"。

《象传》之所以能够达到正如王弼所说的"处璇玑以观大运,……据会要以观方来"④的理论高度,关键原因就在于它始终依托于具体的卦爻,在每一个特殊的卦象境遇中,根据阴阳感应,刚柔相济的人学原则,阐发人之所以为人的性情选择,把人学的价值选择整合到历史、时代和性情的宏观构架之中去。张横渠云:"《易》为君子谋,不为小人谋。"⑤《象传》中有关阴阳相推、刚柔相济的所有论述,其根本之处都是在讲中庸之德。《礼记·中庸》云:"君子

---

① 程颐著:《周易程氏传》,见《二程集》,中华书局 1981 年版,第 819 页。

② 《周易正义》卷首引杜子春云:"'《连山》伏牺,《归藏》黄帝。'郑玄《易赞》及《易论》云:'夏曰《连山》,殷曰《归藏》,周曰《周易》。'郑玄释云:'《连山》者,象山之出云,连连不绝;《归藏》者,万物莫不归藏于其中;《周易》者,言易道周普,无所不备。'"通过这些表述,我们知道,《连山》、《归藏》、《周易》在思想体系上具有一致性,但是,因为时势的因革损益而受到不同学派的修改与重铸。道家自称"黄帝",故《归藏》很有可能受到了道家的修改,所以又称为《坤乾》,以坤领乾,以柔克刚,以静制动就成了它的核心。《周易》"无所不备"的意思,也许是从政治学、伦理学、人学上来讲的,很有可能是周代以来的学者在社会更加成熟,人的自我更加觉醒之后,对《归藏》进行修改而成的。现在,我们仍然可以从《周易》,特别是《易传》的很多表述中,寻找到很多改造得并不彻底的痕迹。例如,这里的静与动的问题,还有易与简的问题,阴与阳、柔与刚的表达顺序问题,等等。由于不在本论题之内,故从略。

③ 金景芳著:《〈周易·系辞传〉新编详解》,辽海出版社 1998 年版,第 105 页。

④ 王弼著,楼宇烈校释:《王弼集校释》,中华书局 1984 年版,第 592 页。

⑤ 张载著:《横渠易说》,见氏著:《张载集》,中华书局 1978 年版,第 229 页。

中庸,小人反中庸。君子之中庸也,君子而时中,小人之中庸,小人而无忌惮也。"结合《中庸》的思想,我们可以明确地感到,《周易》的整个思想体系,都是立足于阴阳、刚柔之自然哲学的基础之上,始终追求一种"不偏不倚,无过不及,而平常之理,乃天命所当然,精微之极致"①的古典理性主义人性理想。诚如孔子所言"中庸之为德也,其至矣乎! 民鲜久矣!"(《论语·雍也》)秦汉以后的《易》学家往往把《易经》列为群经之首,其根本的原因可能正在于此。②

阴阳相推、刚柔相济的学问在中国上古时期由来已久,具有深厚的文化土壤,它实际上是从"阴阳数度之学"中生发、演变、提升出来的一种理论,与上古时期天文历法、星度、节气、物候,"四时、八位、十二度、二十四节"之类有极为密切的关系。王夫之《庄子解》卷三十三王敔增注引方以智曰:"盖'数'自有'度',因而制之,秩序变化,尽于《河图》、《洛书》矣。故曰,'数'为藏本末之端几,而'数'中之'度',乃统本末之适节也,道之钥也。"王夫之对《庄子·天运》"吾求之度数,阴阳"句的解释是:"天地人物之化,其阴其阳,其度其数,……有定无定,变与不变,皆有其极,而为其大常,皆自然也。"这些表述可以帮助我们对早期阴阳家的某些思想有进一步的了解。萧萐父先生也曾经指出:

> 《庄子·天下》篇把"旧法世传之史"所讲求的"数度"之学,看作儒、墨之前出现的学术派别,而列于首位,是符合先秦思想发展的历史实际的。所谓"数度"之学,可以说就是早期阴阳家言。《庄子·天运》篇曾寓意孔子"未得道"而向老聃说:"吾求之度数,五年而未得","吾求之阴阳,十又二年而未得"。"度数"、"阴阳",正是早期阴阳家研究的主要内容。

---

① 朱熹撰:《四书章句集注》,中华书局1983年版,第18—19页。

② 关于先秦儒家"六经"的最早记载,应该是刚刚出土的《郭店楚墓竹简》中的《语丛·一》的第36—44简。孔子治"六经"的记载,在先秦传世文献中,《庄子·天运》有云:"丘治《诗》、《书》、《礼》、《乐》、《易》、《春秋》六经,自以为久矣。"同样的排序还见于《礼记·经解》:"其为人也:温柔敦厚,《诗》教也;疏通知远,《书》教也;广博易良,《乐》教也;絜静精微,《易》教也;恭俭庄敬,《礼》教也;属辞比事,《春秋》教也。"汉代将《易经》置于六经之首的有《淮南子·泰族》:"《易》之失也卦,《书》之失也敷,乐之失也淫,《诗》之失也辟,《礼》之失也忮,《春秋》之失也訾。"和《史记·太史公自序》:"易著天地、阴阳、四时、五行,故长于变;礼经纪人伦,故长于行;书记先王之事,故长于政;诗记山川、溪谷、禽兽、草木、牝牡雌雄,故长于风;乐乐所以立,故长于和;春秋辩是非,故长于治人。"

　　这从汉初博学的司马谈所作《论六家要旨》可得到明确的印证。①
在传世文献中，最早提出阴阳概念的人，是西周末年的伯阳父。他说："夫天
地之气，不失其序。若过其序，民乱之也。阳伏而不能出，阴迫而不能蒸，于是
有地震。"（《国语·周语上》）随后，《老子》又作了进一步的提升："万物负阴
而抱阳，冲气以为和。"从这些资料中，我们大致可以猜测得到，中国的先民在
生活之中发现了阴与阳这两种天地间彼此对立的基本物质（气），这两种"气"
如果不失其序，则风调雨顺；如果阴阳不调，则会地震、民乱，天下纷扰。正是
从这些生活的基本经验中，人们上升到了"数度之学"的高度，并且进一步将
生活中的经验扩展到了人学的、性情的领域之中，把天与人融为一体。

　　《象传》的阴阳刚柔之学在表述上提纲挈领，极有章法。有本有末，有源
有流而纲举目张。其《乾卦》与《坤卦》的象辞相对而出，总领全篇："大哉乾
元，万物资始，乃统天。云行雨施，品物流形。大明始终，六位时成，时乘六龙
以御天。乾道变化，各正性命，保合大和，乃利贞。""至哉坤元，万物资生，乃
顺承天。坤厚载物，德合无疆。含弘光大，品物咸亨。牝马地类，行地无疆，柔
顺利贞。""大哉乾元，万物资始，乃统天"此言乾为天之性，天为乾之形，以性
统形，以乾统天。"云行雨施，品物流形"，此乃乾德元、亨、利、贞的生化过程；
"乾道变化，各正性命"，此谓"在天成象，在地成形"，品物流行，而各下贯为性
命，故"保合大和，乃利贞"。《周易折中》引林希元云："各正性命是利，保合大
和是贞。向之资始于元，流形于亨者，今则各效法象，各成形质，而性命于是乎
各正。既而愈敛愈固，生意凝畜而不渗漏，化机内蕴而不外见，则大和于是保
合矣。"②朱熹又释乾之四德云："元亨利贞，譬诸谷可见，谷之生，萌芽是元，苗
是亨，穗是利，成实是贞。谷之实又复能生，循环无穷。"③这正是"时乘六龙以
御天"、生生不息、於穆不已的天之大德。故程伊川云："大哉乾元，赞乾元始
万物之道大也。四德之元，犹五常之仁，偏言则一事，专言则包四者。万物资
始乃统天，言元也。乾元统言天之道也。天道始万物，物资始于天也。云行雨

　　① 萧萐父：《〈周易〉与早期阴阳家言》，见萧萐父著：《吹沙集》，巴蜀书社1991年版，第
168页。
　　② 李光地纂，刘大均整理：《周易折中》，巴蜀书社1998年版，第515页。
　　③ 朱熹著，黎靖德编：《朱子语类》（卷第六十五），中华书局1994年版，第1689页。

施,品物流形,言亨也。天道运行,生育万物也。大明天道之终始,则见卦之六位,各以时成。卦之初终,乃天道终始。乘此六爻之时,乃天运也。以御天,谓以当天运。乾道变化,生育万物,洪纤高下,各以其类,各正性命也。天所赋为命,物所受为性。保合太和乃利贞,保谓常存,合谓常和,保合太和,是以利且贞也。天地之道,常久而不已者,保合太和也。"①笔者以为,伊川的这段话,是诠释乾卦之元亨利贞的经典性概括。

坤卦象地。《说卦传》云:"坤,顺也。"《说文解字》云:"承,奉也,受也。""乃顺承天"谓地顺受天道之变化而生养万物。对坤卦《彖传》的解释,伊川尤其到位:"以含、弘、光、大四者形容坤道,犹乾之刚、健、中、正、纯、粹也。含,包容也。弘,宽裕也。光,昭明也。大,博厚也。有此四者,故能成承天之功,品物咸得亨遂。取牝马为象者,以其柔顺而健行,地之类也。行地无疆,谓健也。乾健坤顺,坤亦健乎? 曰:非健何以配乾? 未有乾行而坤止也。其动也刚,不害其为柔也。柔顺而利贞,乃坤德也,君子之所行也。君子之道合坤德也。"伊川的表述在天地氤氲,天人合一的氛围之中,站在性情思想的角度,相对于乾之刚、健、中、正、纯、粹,准确、细致而圆润地描述了坤卦之含、弘、光、大,承顺天德的性质。

《彖传》作者抓住了《易经》将乾坤置于六十四卦之首的特点,将"《易》有太极,是生两仪。两仪生四象,四象生八卦"、由天道而人道的理路,言简意赅地用圆润的语言表达出来,一方面它注重了"乾坤,阴阳之根本,万物之祖宗"(《易纬·乾凿度》)、万物之始的特点,另一方面它又注重了"乾坤相与俱生"(《易纬·乾凿度》),相对而应,互补共存,彼此激发,相得益彰的内在机制。《彖传》以刚与柔来界定阳爻与阴爻,也就是以刚与柔来解释阳与阴的互动,是世界上两种彼此对立而又彼此依持的力量,在互相推动、摩荡的过程中来维持世界的平衡、推动世界的发展。从上面程伊川精彩的诠释中,我们可以看到,以刚柔来诠释阴阳,究其实,就是从人的性情出发,以"天道"的中和之德为标准来把握"人道"中对立统一规律的一种特殊方法。

自古以来,在先秦传世文献中,刚与柔,这一组对立、相依而又互相转化的

---

① 程颐著:《周易程氏传》,见《二程集》,中华书局1981年版,第697—698页。

概念,一直是关涉到性情的。《诗经·大雅·烝民》有"人亦有言,柔则茹之,刚则吐之。维仲山甫,柔亦不茹,刚亦不吐";《商颂·长发》有"受小球大球,为下国缀旒,何天之休?不竞不絿,不刚不柔,敷政优优,百禄是遒";《尚书·洪范》:"三德:一曰正直,二曰刚克,三曰柔克。平康正直,强弗友刚克,燮友柔克。沈潜刚克,高明柔克。"《国语·越语下》也有范蠡以刚柔形容用兵方法的记载:"古之善用兵者,因天地之常,与之俱行。后则用阴,先则用阳。近则用柔,远则用刚。"认真考量这些引文的上下语境,所有的"刚"、"柔"都是在性情的范围之内来运用的。它们往往将刚柔与福禄、事功、德性以及在特殊境遇之下,相应的处事方式联系起来,间接地表达作者的性情思想。《彖传》不仅依托于天,讲了刚与柔是生化之"天"的本质,而且贯穿整个《周易》,详细描述了刚与柔随着每一个爻位的变化,阴阳消息、损益变化的摩荡过程。

在六十四卦中,刚与柔有相应、相胜、位当位不当、得中不得中、柔从刚与柔乘刚等各种状态,[①]通过卦辞的解释,我们可以把这些不同的状态理解为不同的人生境遇、社会生活的不同情状,但是,进一步来讲,也未尝不是在描述人在特定的境遇中所不得不采取的性情方式。因此,《彖传》在分析上坤下乾,小往大来,"内阳而外阴,内健而外顺"的"泰卦"时,就断之以"天地交而万物通也,上下交而其志同也";在分析上乾下坤,大往小来,"内阴而外阳,内柔而外刚"的"否卦"时,就断之以"天地不交,而万物不通也"。也就是说,命运的好坏,事物的否泰,实际上都取决于天地阴阳二气是否通达,人情物理是否舒畅:"《易》之泰曰:上下交而其志同。其否曰:上下不交而天下无邦。盖上之情达于下,下之情达于上,上下一体,所以为泰。下之情壅阏而不得上闻,上下间隔,虽有国而无国矣,所以为否也。"[②]天地之交,万物之通,实际上都是在讲人与天、人与物、人与人之间的性情、心志是否畅达、通顺。

但是,《诗》无达诂,《易》无达占。由于《易经》是以象卦来显示思想的,因此,对它的诠释就会因人而异。《彖传》的作者首先是对先秦儒家的思想已

---

① 高亨先生对此进行了详细的统计,并且列了一个《〈彖传〉〈象传〉中之爻象爻数备查表》,把《易经》中各种刚与柔的关系交代得十分明确。见氏著:《周易大传今注》,齐鲁书社 1998 年版,第 39—41 页。

② 王鏊著:《亲政篇》,见吴楚材、吴调侯选编:《古文观止》,中华书局 1959 年版,第 546 页。

经烂熟于心,因此在分析和解读《易经》的卦象时,不论其错综复杂到了什么样的程度,他都能够在运动之中,最大限度地展现儒家的思想,以突出人之所以为人的能动性。例如,履卦兑下乾上,其卦之体六三为阴,此为以阴履阳,以柔践刚,是一个凶险的卦象。但是,《履象》却说:"刚中正,履帝位而不疚,光明也。"这是在说,九五之爻以阳刚中正之位,刚健不息,体大中至正之道,处危而无疚,尊"履帝位"而盛德辉煌。明知山有虎,偏向虎山行,这正是先秦儒家拳拳服膺的追求精神、舍生取义的人格力量的最佳体现。

这样一来,整个六十四卦都成了一套变动不居,阴阳推荡的流动、迁化之体。贲卦"观于天文以察时变;观乎人文以化成天下",此亨之极也;极则必反,于是由贲而剥;但"物不可以终尽,剥穷上反下,故受之以复"(《序卦传》)所以,"物无剥尽之理,故剥极则复来,阴极则阳生。阳剥极于上而复生于下,穷上而反下也,复所以次剥也。为卦一阳生于五阴之下,阴极而阳复也。"①在"剥"的态势下,"君子尚消息盈虚",理有消衰,顺之则吉,逆之则凶,所以事天也。但是,对于儒家来讲,消剥永远都是暂时的,"反复其道,七日来复,天行也"。所谓"天行",就是指天地运往,阴阳升复的天的本质。也就是《复象》所说的"复,其见天地之心乎"。朱熹云:复卦"一阳来复,其始生甚微,固若静矣。然动之机日长,而万物莫不资始焉。此天命流行之初,造化发育之始。天地生生不已之心,于是而可见也。若其静而未发,则此心之体,虽无所不在,然却有未发见处。此程子所以以动之端为天地之心,亦举用以该其体尔。"②复卦震下坤上,六阴而一阳,如果静止地看,六二、六五均为阴位,但是在积极入世的儒家看来,一阳复于初爻,内健而外顺,故"利有攸往,刚长也",动机日长,则希望无限,因为"动而以顺行,是以出入无疾"。《周易折中》引胡炳文曰:"天地生物之心,即人之本心也。"③在笔者看来,这句话可能改为"天地生物之心,即儒家之本心也"更为恰当。一阳来复的精神正是儒家积极入世,拯救人民于倒悬之中,实现圣人教化德泽广被于世之理想的思想体现,因此,具有宽广的普适性和永恒性,于是也就更突出了它的人民性。

---

① 李光地纂,刘大均整理:《周易折中》,巴蜀书社 1998 年版,第 210 页。
② 李光地纂,刘大均整理:《周易折中》,巴蜀书社 1998 年版,第 561—562 页。
③ 李光地纂,刘大均整理:《周易折中》,巴蜀书社 1998 年版,第 562 页。

《象传》有关复卦的叙述,深刻反映了先秦儒家人学知难而上、君子终日乾乾的奋斗精神。李光地云:"尧舜相传之心学,皆于复卦见之。"①这是在说,先秦儒家的性情思想与它的人学境界是裹挟在一起的,其性情是其人学理想中闪发出来的道德光辉,而其人学理想又无不随时随地地通过性情思想表现出来。社会的发展需要社会的精英来倡导风气之先,"君子之德,风;小人之德,草。草上之风,必偃。"(《论语·颜渊》)所以在先秦儒家看来,个人的性情、心志问题,就不仅仅是个人的问题,它关涉到社会的风尚,国家的安宁和人民大众的幸福。

二、唯君子为能通天下之志

《象传》作者诠释卦象之德的一个重大的特点,就是在其思想体系中视六十四卦象为六十四个"时",并且进而将这六十四个"时"视为人类生存的六十四种处境,此之谓"豫之时"、"随之时"、"颐之时"等。但是,《象乾》又说:"大明终始,六位时成,时乘六龙以御天。"换言之,《象传》作者实际上是认为每一种卦象的六爻都是在不同的"时义"下形成的不同的"人生境遇"。如此一来,这就不仅使每一个卦象,而且使每一个爻(总共是三百八十四爻)及其变化都具有了哲理性的内涵。《系辞传》云:"六爻相杂,唯其时物也。"就是说的这个意思。人在不同的境遇中当然会因为自己的主体内涵之不同而采取不同的性情态度和价值选择。

中国自古以来就是一个农业大国,故其先民必然重视"时"。《尚书·虞夏书·尧典》有"黎民于变时雍","惟时亮天功"等相关记载;《逸周书·周月》有"凡四时成岁,岁有春夏秋冬,各有孟仲季,以名十有二月";《老子》讲"动善时";《丰象》亦有"天地盈虚,与时消息"等。在此基础之上,"时"的概念迅速引进了人类社会的领域:"天惟时求民主,乃大降显休命于成汤,刑殄有夏。"(《尚书·多方》)新出《郭店楚墓竹简》中有一篇《穷达以时》的文章,其中写道:"有天有人,天人有分。察天人之分,而知所行矣。有其人,无其世,虽贤弗行矣。苟有其世,何难之有哉?"(第1—2简)把人的穷达与时势直

① 李光地纂,刘大均整理:《周易折中》,巴蜀书社1998年版,第563页。

接联系起来,而且把"世"看成了决定的因素。

在《周易·卦辞》中"时"的概念只出现了一次:"归妹愆期,迟归有时"(归妹卦九四),显而易见,其内涵与外延都十分有限。可是在《彖传》中,"时"字出现了三十多次,"时"的观念像灵魂一样贯穿于它的整个诠释体系之中,把安泰局面的出现,人生志向的实现都视为不同时代因、革、损、益,消、息、盈、虚而与时偕行的结果。用《艮象》的话来说,就是"时止则止,时行则行。动静不失其时,其道光明"。要么"因时而惕",要么"与时偕行",只有根据客观时势的消息盈虚来决定主体的动静、行止,顺乎天而应乎人,才能收到事半功倍甚至意想不到的效果。关于"时",在先秦儒家的经典中最有名的是《孟子·万章下》的论述:

> 伯夷,圣之清者也;伊尹,圣之任者也;柳下惠,圣之和者也;孔子,圣之时者也。孔子之谓集大成。集大成也者,金声而玉振之也。

因为孔子是"可以速而速,可以久而久,可以处而处,可以仕而仕"(《孟子·万章下》)的"圣之时者",所以,含容了伯夷之清、伊尹之任、柳下惠之和,并且超拔、提升,金声而玉振,成为集大成者。由于孟子把孔子神话了,令人须仰视才能见其项背,因此,在笔者看来,《孟子》关于"圣之时"的思想,远远不如《彖传》的深刻、客观、细密、全面,而且实际的指导意义非常大。对这个观点,我们如果站在《周易》整个的思想体系上来看这个问题,就会更加明确。总的来讲,《周易》是乾坤、阴阳、刚柔、动静并重的,它注重的是二者彼此之间的互动与激发,但是,毕竟乾、阳、刚、动代表的是天,坤、艮、柔、静代表的是地,整个《周易》无时不在强调阳健而阴顺,刚乾而柔坤。特别是在《彖传》把阳爻处二、五之位均视为"当位"、"正位",视为得"中道"、"中行"之后,《彖传》又进而推波助澜,把这一观念彻底引入了人学的范围里来,使人的刚乾精神在卦爻的推移过程中始终处于决定性的地位。对此笔者已经在《彖传》一节中进行了探讨,此不赘。于是,不论置身于顺境还是逆境,有志于道的人都有了一套相应的顺天应人的处事原则和方法来面对他所遭遇到的人生命运。我们先来看一看《彖传》中的有关表述:

> 豫之时义大矣哉!
>
> 随之时义大矣哉!

颐之时大矣哉！

大过之时大矣哉！

坎之时用大矣哉！

遯之时义大矣哉！

睽之时用大矣哉！

蹇之时用大矣哉！

解之时大矣哉！

姤之时义大矣哉！

革之时大矣哉！

旅之时义大矣哉！

《周易折中》引项安世曰："《豫》、《随》、《遯》、《姤》、《旅》，皆若浅事而有深意，故曰'时义大矣哉'！欲人之思之也。《坎》、《睽》、《蹇》，皆非美事，而圣人有时而用之，故曰'时用大矣哉'！欲人之别之也。《颐》、《大过》、《解》、《革》，皆大事大变也，故曰'时大矣哉'！欲人之谨之也。"①也就是说，不论吉凶悔吝，"时义"、"时用"都是"大矣哉"的机遇，对于有孚于中而恐惧修省的人来讲，都是提升自己的性情境界、加强道德修养、建立大功大业的重大机会。然而，至为重要的是，《象传》虽然只是在上述十二个卦语的字面上提到了"时义大矣哉"、"时用大矣哉"、"时大矣哉"，但是，实际上，作为一种思想的观念，"时之义""时之用"却渗透到了它的思想体系之中，是融汇到它每一个卦义的分析之中去了的。正因为如此，《易经》的六十四卦，三百八十四爻，可以说是一步一景，一爻一象。也就是说，人生的处境在《易经》中变化万千，令人应接不暇，如行山阴道上。这在先秦儒家哲学的历史上具有重大的意义，因为它把过去《尚书》、《论语》等典籍中的抽象理论变成了实用性的教科书。这就为人生的德性修炼提供了义理上的依据和现世操练的想象处境，为先秦儒家人学的理论境界打开了新的空间。

由于注入了"时"的观念，《象传》中有关修习性情、锤炼心志、提升精神境界的理论，都设定了具体的时势、环境、处境，它在天人之际，从性命之学的角

---

① 李光地纂，刘大均整理：《周易折中》，巴蜀书社 1998 年版，第 545 页。

度,把人生的各种际遇都形象地展示了出来,也为它充分发挥儒家的人学理论、性情理论提供了深刻、广泛的论题框架。在全面展示了乾坤两卦的哲学意蕴之后,《彖传》在"屯卦"中写道:"刚柔始交而难生,动乎险中,大亨贞。"上坎下震,坎为险,震为动,此动在险中之象也。《彖传》的意思是,刚柔不交一定是一事无成,刚柔一交则万物通泰。然刚柔二气欲交而未交,欲通而未通之时,天造草昧,始于冥暗,此时此刻,万物初造,其形未著,其体未彰,乃幽冥暗昧之际也。但是,在《彖传》看来,震者,雷也;坎者,水也。雷在水中,虽为险,虽为难,但是,上承乾坤之蕴,下开六十四卦之门,天地之交于兹为始,故元亨利贞,阴阳大化,天地氤氲,生气流行,刚柔鼓荡,雷雨满盈,必然要冲破艰屯草昧,赢得大亨贞。《周易折中》引何楷云:"震之未动,坎气为云,云上雷下郁结而未成雨,所以为《屯》。动则云化为雨,雷上雨下,《屯》之郁结者变而为解,而未亨者果大亨矣。"①《彖传》的意蕴是,相信阴阳相推、乾坤摩荡的天地精神一定是刚健不息的,"日往则月来,月往则日来,日月相推而明生焉。寒往则暑来,暑往则寒来,寒暑相推而岁成焉。往者屈也,来者信也,屈信相感而利生焉。"(《系辞传》)因此虽然目前置身于上坎震下、阴阳始交而举步维艰的境地,但是,震为内,坎为外,内蕴充足而刚健上扬,雷雨博施而品物流行,终究要克服千难万险,获得大通。程伊川云:"当此时运,所宜建立辅助,则可以济屯。虽建侯自辅,又当忧勤兢畏,不遑宁处,圣人之深戒也。"②"忧勤兢畏",把在逆境之中开天下风气之先的君子大人的性情和心理状态,刻画得惟妙惟肖。

虽然都是元亨利贞四德俱足者,随卦与屯卦不同,震刚而兑柔,继豫卦之后,"刚来而下柔,动而说"(《随彖》),因此,必得"大亨贞"。但是,程伊川云:"以阳刚来下于阴柔,是以上下下,以贵下贱,能如是,物之所说随也。又下动而上说,动而可说也,所以随也。如是则大亨而得正,能大亨而得正,则为无咎。不能'亨',不能'正',则非可随之道,岂能使天下随之乎?"③虽然是随豫而来,"刚来而下柔,动而说",但是,如果心中不正,没有"亨"、"正"的德性,

---

① 李光地纂,刘大均整理:《周易折中》,巴蜀书社 1998 年版,第 525 页。
② 程颐著:《周易程氏传》,见《二程集》,中华书局 1981 年版,第 715 页。
③ 程颐著:《周易程氏传》,见《二程集》,中华书局 1981 年版,第 784 页。

同样得不到吉祥的结果,就更不要说"天下云合而响应,赢粮而景从"①了。《左传·襄公九年》的有关记载,正说明了这一点:

> 穆姜薨于东宫。始往而筮之,遇《艮》之八 ䷳。史曰:"是谓《艮》之《随》䷐。《随》,其出也。君必速出!"姜曰:"亡! 是于《周易》曰:'《随》,元、亨、利、贞,无咎。'元,体之长也;亨,嘉之会也;利,义之和也;贞,事之干也。体仁足以长人,嘉德足以合礼,利物足以和义,贞固足以干事。然,故不可诬也,是以虽《随》无咎。今我妇人,而与于乱。固在下位,而有不仁,不可谓元。不靖国家,不可谓亨。作而害身,不可谓利。弃位而姣,不可谓贞。有四德者,《随》而无咎。我皆无之,岂《随》也哉? 我则取恶,能无咎乎? 必死于此,弗得出矣。"②

换言之,在环境恶劣的时候,大人君子虽处幽冥晦暗之中,却能心怀孚惠,如雷在水中,坚持不懈,持之以恒,自然有雷雨满盈,逢凶化吉,郁结大解的那一天;在环境顺畅的时候,大人君子虽处于刚来而下柔,内健而外顺,大亨得正的时势,但是,如果不能正其心、诚其意、性其情而走中正之道,也同样不可能"无咎"。这种观点如果从相反的角度来表述,实际上就成了,一切穷达寿夭、吉凶悔吝,都是身外之物,都是命运给你打造自我而设置的一种特殊的战场,只有吾人自己的精神世界、性情世界的追求与提升才是真正属于我们生命中唯一内在而真实的东西。

既然顺境、逆境都是属于外在的条件,只有我们的精神与性情才是真实的存在,那么,整个六十四卦,三百八十四爻就成了一套循环往复、永无止境的、锤炼性情、心志的场景。当人的心志、性情随着卦爻的推移而逐步展开的时候,这套本来是作为占卜用的符号就在义理上升华成了一套名副其实的人学体系。这套体系推进的原则,实际上只有两个:第一,阴阳相推,刚柔相济,是为中和之道;第二,随境迁化,遇难呈祥,是为与时偕行。前者是以刚健为质,以阴柔为顺,一阴一阳之谓道;后者是秉天道之消息盈虚,日新其德,时乘六龙以御天。这与投机取巧、见风使舵,随波逐流、随遇而安的"乡愿"完全是不同

---

① 贾谊撰,阎振益、钟夏校注:《新书校注》,中华书局 2000 年版,第 2—3 页。
② 杨伯峻编著:《春秋左传注》,中华书局 1981 年版,第 965—966 页。

的,对此,笔者已经在孔子的性情思想研究一章中有专门的论述,此不赘。

《象传》与时偕行的思想可谓深得先秦儒家的人学精神。孔子曰:"可与共学,未可与适道。可与适道,未可与立。可与立,未可与权。"(《论语·子罕》)在孔子看来,人生的境界是由学、道、立、权四个递升的境界组成的,而权,是其中最高的境界。孟子又说:"杨子取为我,拔一毛而利天下,不为也。墨子兼爱,摩顶放踵立天下,为之。子莫执中,执中为近之。执中无权,犹执一也。所恶执一者,为其贼道也,举一而废百也。"(《孟子·尽心上》)故《系传辞》云:"天下何思何虑,天下同归而殊途,一致而百虑。"焦循曰:"途既殊,则虑不可不百,虑百则不执一也。执一则不百虑,不百虑,故废百矣。杨子为我,执一于为我也。墨子兼爱,执一于兼爱也。孟子所以距杨墨,距其执一也,故举一执中之子莫。然则凡执一者,皆能贼道,不必杨墨也。杨子惟知为我,而不复虑及兼爱;墨子惟知兼爱,而不复虑及为我;子莫但知执中,而不复虑及有当为我、当兼爱之事。杨则冬夏皆葛也,墨则冬夏皆裘也,子莫则参乎裘葛之中,而冬夏皆袷也。不知趋时者裘葛袷皆藏之于箧,各依时而用之,即圣人一贯之道也。圣人之道,善与人同,执两端以用其中,故执中而非执一。"①故朱熹云:"道之所贵者中,中之所贵者权。"(《四书集注·孟子集注尽心章句上》)然而,权的内涵,并不仅仅在于道之中,在《象传》的思想体系中,更在于时之中。也就是焦循所说的趋时、依时而用之。《礼记·礼器》云:

> 礼也者,合于天时,设于地财,顺于鬼神,合于人心,理万物者也。是故天时有生也,地理有宜也,人官有能也,物曲有利也。故天不生,地不养,君子不以为礼,鬼神弗飨也。居山以鱼鳖为礼,居泽以鹿豕为礼,君子谓之不知礼。故必举其定国之数,以为礼之大经。礼之大伦,以地广狭,礼之薄厚,与年之上下。是故年虽大杀,众不匡惧,则上之制礼也节矣。礼,时为大,顺次之,体次之,宜次之,称次之。尧授舜,舜授禹,汤放桀,武王伐纣,时也。

先秦儒家注重的是礼的实用性、时效性,追求的是"礼"的内在精神,而不是外在的表现形式。因此,所有的礼,都是要因时而变,因地而宜的。孔子曰:"殷

---

① 焦循撰,沈文倬点校:《孟子正义》,中华书局1987年版,第917—918页。

因于夏礼,所损益,可知也;周因于殷礼,所损益,可知也;其或继周者,虽百世可知也。"(《论语·为政》)时代在前进,社会在发展,天道的消息盈虚,人道的革故鼎新,都无不是千变万化的,所以孔子特别强调"毋意、毋必、毋固、毋我"(《论语·子罕》),就是说要根据社会历史发展的客观规律作为自己修养德性的根据,不可以刻舟求剑,不可以故步自封,否则就会山穷水尽,自取灭亡。上面《礼器》中"礼也者,合于天时,设于地财,顺于鬼神,合于人心,理万物者也"的表述,就是一个典型的执中以虑百的例子。孙希旦云:"君子行礼,必仰合天时,俯合地理,中趣人事。"①但是,深究起来,《象传》对《易经》卦爻体系的诠释,比《礼器》讲得更加深入、更加具体、更加全面。

郭店楚简《五行》云:"圣人知天道也。知而行之,义也;行之而时,德也。"(第26—27简)《象传》的思想,可谓深得其中的精髓:

> 损,损下益上,其道上行。损而有孚,元吉,无咎,可贞,利有攸往……。损刚益柔有时,损益盈虚,与时偕行。(《损象》)

> 益,损上益下,民说无疆,自上下下,其道大光。利有攸往,中正有庆。利涉大川,木道乃行。益动而巽,日进无疆。天施地生,其益无方。凡益之道,与时偕行。(《益象》)

一损一益,情形截然相反,人在其中所采取的处世方式当然也有所不同。损卦之象,山高而泽深,此损下益上之义也。然损之道在"损而有孚",至诚顺理,则大善元吉、无咎。程伊川云:"或损或益,或盈或虚,唯随时而已。过者损之,不足者益之,亏者盈之,实者虚之,与时偕行也。"②益卦之象,风雷相激,相得益彰,此损上益下之义也。此民悦无疆,拯困救济天下苍生之时也,君子"自上下下,其道大光。利有攸往,中正有庆"。损与益,实际上是两种不同的处世方式,或者也可以说是两种性情的表现方式,不论是损下而益上,还是损上而益下,要么"损而有孚",要么"中正有庆",才能殊途而同归——"利有攸往"。用《艮象》的话来讲就是"艮,止也。时止则止,时行则行,动静不失其时,其道光明"。人们的行动并不是随心所欲的,他必须根据外在时势的顺与

---

① 孙希旦撰:《礼记集解》,中华书局1989年版,第625—626页。
② 程颐著:《周易程氏传》,见《二程集》,中华书局1981年版,第908页。

逆来决定自己的行止、动静。应当止而不止，应当行而不行，应当动而不动，应当静而不静，都是事倍功半、凶多吉少的举止；只有行为动静都合乎"时"的态势，才能"其道光明"，才能成为"圣之时"者，并且最终"通天下之志"。

第五节　《系辞传》的性情思想研究

根据裘锡圭先生的断言，长沙马王堆帛书《易传》的抄写时间不会晚于西汉早期，①由于裘先生是从文字学的角度来界定文献的时代，相对而言，这实际上是最靠得住的一种结论。换言之，帛书《系辞传》成书于秦代之前，是一点问题都没有的了。从思想的本质来讲，通行本《系辞传》与帛书《系辞传》基本上没有大的区别，②由此可见，《系辞传》在先秦时期就是一部充分积淀了先秦儒家思想的典籍。宋儒云："圣人用意深处，全在《系辞》。"③如果把孔子周游列国、困厄于陈蔡，不见用于诸侯而反求诸其身的人生经历和人学理想结合起来，我们就会发现，程子的这句话饱和着先秦儒家的人学体验与辛酸。王弼云："吉凶有时，不可犯也；动静有适，不可过也。犯时之忌，罪不在大；失其所适，过不在深。动天下，灭君主，而不可危也；侮妻子，用颜色，而不可易也。"④天道与人道的交错推磨，穷达寿夭、吉凶悔吝的波澜起伏，其中蕴藏着太多的人生感慨与教训，因此就不可能不饱含着丰富的性情思想。所以，虽然《系辞传》"弥纶天地之道，仰以观于天文，俯以察于地理"，充满了大而化之的表述和神秘气息，但究其实仍然是落实在它的人学思想之上的，关键是我们从什么样的角度来理解。

一、一阴一阳之谓道

自古及今，大凡谈到《易传》的人，都无不会在这个题目上做一番文章。

---

① 陈鼓应主编：《道家文化研究》（第十八辑），三联书店 2000 年版，第 284 页。
② 此论请参见陈鼓应主编：《道家文化研究》（第三辑，上海古籍出版社 1993 年版）中的众多论述文章。
③ 程颢、程颐撰：《二程遗书》，上海古籍出版社 2000 年版，第 63 页。
④ 王弼著，楼宇烈校释：《王弼集校释》，中华书局 1980 年版，第 604 页。

过去人们基本上都只是注意到了它天道的内容,特别是对立统一的宇宙规律。但是,笔者以为,除了天道的内容外,"一阴一阳之谓道"这个命题中,特别是把它置放到《易传》整个的思想体系中来考量,其中也包含了丰富的人道思想,说穿了就是性情思想。在《易传》中天道与人道始终是一贯而下,循环往复的。现将《系辞传》中有关"一阴一阳之谓道"的文本展示于此,并且试图作一个条贯的分析:

> 一阴一阳之谓道,继之者善也,成之者性也。仁者见之谓之仁,知者见之谓之知,百姓日用不知;故君子之道鲜矣!显诸仁,藏诸用,鼓万物而不与圣人同忧,盛德大业至矣哉!富有之谓大业,日新之谓盛德。生生之谓易,成象之谓乾,效法之谓坤,极数知来之谓占,通变之谓事,阴阳不测之谓神。

古人勒书于竹简,自然惜墨如金,不可能东一句西一句,不着边际,而是前后掩映、极有章法,千锤百炼之后才开始下笔的。这段文字围绕着第一句话,步步深入,层层揭发,都是在阐释什么是"道"。道家讲阴阳,儒家也讲阴阳,道家的阴阳在寂静无为,而儒家的阴阳在生生、日新而富有。所以这里"一阴一阳"的表述是在说,儒家的"道"是"莫大乎四时、莫大乎日月、莫大乎富贵"与时偕行的生化之体。在读到夫子"逝者如斯夫!不舍昼夜"的感叹时,程子曰:"此道体也。天运而不已,日往则月来,寒往则暑来,水流而不息,物生而无穷,皆与道为体,运乎昼夜,未尝已也。"朱熹亦云:"天地之化,往者过,来者续,无一息之停。"①为变所适,生化不息,是这段文字的根本精神。

　　文本对"一阴一阳之谓道"的第一层揭示,是"继之者善也,成之者性也"。这当然是说,"一阴一阳之谓道"首先是一个关于性情思想的命题,它是自然之天与义理之天,大化流行,融铸人性的一个过程。李光地云:"圣人用'继'字极精确,不可忽过此'继'字,犹人子所谓继体,所谓继志。""天付于人而人受之,其理既无不善,则人之所以为性者,亦岂有不善哉,故孟子之道性善者本此也。"李光地的话,把儒家天道与人道的关系梳理得十分清楚。此谓人的善性是天的善性的流注并在人性中的自然显发,人之性正是仰承于天而"践

---

① 转引自胡适著:《中国哲学史纲》(上),东方出版社 1996 年版,第 67 页。

形"。"仁者见之谓之仁,知者见之谓之知,百姓日用不知;故君子之道鲜矣",只是在说人们知阴,知阳,各得"道"之一隅,故君子之道鲜矣。程子曰:"道者,一阴一阳也,动静无端,阴阳无始,非知道者孰能识之,动静相因而成变化,顺继此道则为善也。成之在人,则谓之性也,在众人则不能识,随其所知,故仁者谓之仁,知者谓之知,百姓则由之而不知,故君子之道,人鲜克知也。"①道,是一种无所不在,无始无终的变化之体,居庙堂之上,无亢龙之悔;处江湖之远,无遁世之闷,因此,其境界、其胸怀都是非常人所能知道的。

"显诸仁,藏诸用,鼓万物而不与圣人同忧"。《荀子·天论》云:"万物各得其和以生,各得其养以成,不见其事,而见其功。"不见其事,就是"藏诸用",而见其功就是"显诸仁",其"阴阳大化"的精神明显化解了《系辞传》中的这句话。《汉书·本传》载翼奉云:"故曰显诸仁,藏诸用,露之而不神,独行则自然矣。""露之而不神,独行则自然"就是百姓日用而不知,"不见其事"的意思;是对"道"的直接描述,不过儒道糅合的倾向十分明显。帛书《系辞传》与通行本《系辞传》不同,将这句话写成了:"圣者仁勇,鼓万物而不与众人同忧",乍一看,似乎令人耳目一新,但是仔细推敲,则远不如通行本的表达深刻、条贯。通行本的表达冷峻而深邃,帛书本的行文却相对肤浅而无厚度。《周易折中》引吴澄曰:"仁之显而生长者,为德之盛,用之藏而收闭者,为业之大,其显者流行不息,其藏者充塞无间,此所谓易简之善,极其至者。"②"富有之谓大业,日新之谓盛德。生生之谓《易》"是承上一句"盛德大业至矣哉"而来,进一步讲"道"的本质在"生生"、"日新"、"富有",这里面隐含了对"一阴一阳"摩荡、生化的诠释:阴阳相推、天运不息,故为"生生";日长日盛,久而无穷,故为"日新";无物不有,无一豪亏欠,故为"富有",它们显发为乾、坤、占、事,变化无穷而"阴阳不测之谓神"。

马王堆帛书《易传·二三子》中有一大段关于"龙大矣"的论述,实际上就是讲的这个"一阴一阳之谓道"的"道":

> 二三子问曰:《易》屡称于龙,龙之德何如?孔子曰:"龙大矣。龙形迁退,宾于帝,伣神圣之德也。高尚齐乎星辰日月而不眺,能阳也;下纶穷

---

① 李光地纂,刘大均整理:《周易折中》,巴蜀书社1998年版,第855页。
② 李光地纂,刘大均整理:《周易折中》,巴蜀书社1998年版,第857页。

深渊之渊而不沫，能阴也。上则风雨奉之，下纶则有天□□方。穷 1 行乎
深渊则鱼鲛先后之，水流之物莫不隋（随）从。陵处则雷神养之，风雨辟
（避）乡（嚮），鸟守（兽）弗干。曰：龙大矣。龙既能云变，有（又）能蛇变，
有（又）能鱼变。鷫鸟蚰虫，唯所欲化，而不失本形，神能之至也。
□□□□□2 行□□□□□□焉，有弗能察也。知者不能察其变，辩者不
能察其义，至巧不能赢其文，□□［不］能察□也。□□焉，化蚰虫，神贵
之容也，天下之贵物也。曰：龙大矣。龙之刚德也，曰□□□□□3 行易
□□□，爵之曰君子。戒事敬合，精白柔和，而不讳贤，爵之曰夫子。或大
或小，其方一也，至用也，而名之曰君子。"①

笔者在认真研究了这一段文本之后，深以为，这是一段对"一阴一阳之谓道"、
"阴阳不测之谓神"的直观描述。龙形迁遰，变化无端，神圣之极。"高尚齐乎
星辰日月而不眺，能阳也；下纶穷深渊之渊而不沫，能阴也"，能云变、蛇边、鱼
变，飞鸟蚰虫，为所欲化而不失"本形"。笔者以为，这里的"本形"，就是"刚
德"，就是"君子终日乾乾"的生生大德。用《系辞传》的话来讲就是"日往则
月来，月往则日来，日月相推而明生焉。寒往则暑来，暑往则寒来，寒暑相推而
岁成焉。往者屈也，来者信也，屈信相感而利生焉"，它的目的是"生"。是以
"知者不能察其变，辩者不能察其义，至巧不能赢其文，□□［不］能察□也。
□□焉，化蚰虫，神贵之容也，天下之贵物也"。日月往来，寒暑相推，屈信相
感，可为天上之飞龙，又可为江海之潜龙。无处不在，无事不显，隐而渊，神而
贵，故知者、辩者、巧者不能察其变化无端之体也。

进一步来讲，如果把这些表述与先秦时期儒家的传世文献联系起来，我们
则发现，这种"龙之德"，实际上就是孟子推崇孔子的"可以仕则仕，可以止则
止，可以久则久，可以速则速"，"圣之时者"（《孟子·公孙丑上》）的形象化体
现。圣之时者，在这样的语境下，当然是一种理想化的人生状态。但真正落实
到六十四卦之中，人物的进退、动静，是外在的时势给人的一种限制、规定而使

① 引自廖名春著：《帛书〈二三子〉释文》，见朱伯崑主编：《国际易学研究》No.1，华夏出版
社 1995 年版，第 7 页。此文在陈鼓应主编：《道家文化研究》（第三辑）中，此文的题目为《二三子
问》（陈松长、廖名春释文），见上海古籍出版社 1993 年版。引文中的个别地方也参考了后者的
释文。为了便于读者阅读，能够采用简体汉字的地方尽量用了简体汉字。

人不得不然的选择。由于不同的选择导致了不同的生活方式和价值走向,因而,"高尚齐乎星辰日月"的时候与"下纶穷深渊之渊"的时候,人们的性情表现是完全不一样的。面对这种反差极大的人生处境,大约只有像孔子那样的圣人才能应付裕如,因为只有他才能在经过了漫长而卓有成效的修炼之后,达到"从心所欲,不逾矩"(《论语·为政》)的境界。"从心所欲,不逾矩"正是上面"龙之德"最精练的概括。这当然是人的一种主体心态的描述,是一种理想的自由精神的境界。

如果从这个角度上来理解《系辞传》中,"阖户谓之坤,辟户谓之乾。一阖一辟谓之变,往来不穷谓之通"、"乾阳物也,坤阴物也。阴阳合德,而刚柔有体,以体天地之撰,以通神明之德"等,很多的表达,都涉及这种龙的精神,也就是说,这些表述在很大程度上,实际上就是地地道道的有关性情思想的表述。它们代表了一种处世的方式,代表了一种"通天下之志"的不屈精神,更代表了一种"含弘"百川的阔大胸怀。《易》道变化无穷,无体无方,"风雨避嚣,鸟兽弗干",为所欲化却以感为体,像"龙"一样唯变所适,"与天地合其德,与日月合其明,与四时合其序,与鬼神合其吉凶。先天而天弗违,后天而奉天时",不论在风光无限的人生高峰,还是在风霜雨雪的艰难时势,都能够正确对待命运给我们营造的每一种机遇与厄运,"时止则止,时行则行,动静不失其时,其道光明"(《艮象》),在最大程度上创造自己的人生,实现自己的价值,完成由内圣而外王的重大转换。

所以,我们完全可以站在性情思想的角度,对"一阴一阳之谓道"的命题进行一种全新的诠释。也就是说,在六十四卦之中,在三百八十四爻不断向前推进的人生境遇中,它的主体实际上是一种阴阳互补、刚柔相济、动静有致的思维方式、生活方式和性情的存有方式。于是,在这种观念的左右下,《系辞传》把六十四卦中所有吉凶悔吝的命运都归之于"爱恶相攻"、"远近相取"、"情伪相感",彼此作用的结果。章太炎先生云:"《易》无体而感为体。人情所至,惟淫泆搏杀最奋,而圣王为之立中制节"。① 所以我们说,《系辞传》的根

---

① 章太炎著:《易论》,见傅杰编校:《章太炎学术史论集》,中国社会科学出版社 1997 年版,第 94 页。

本精神,仍然在于中和之德、中庸之礼,与《礼记》之"富贵而知好礼,则不骄不淫;贫贱而知好礼,则志不慑"(《曲礼》)的思想是一致的。

二、道、器、变、通中的易简之德

《周易折中》引张振渊云:"易道尽于乾坤,乾坤尽于易简。"①由此可见,易与简,作为一种性情的表现方式,在《易传》的思想体系中占据着多么重要的地位。《周易》中的"易"字,在笔者看来有三个意思:第一,为变易。此阴阳相推,刚柔相济,八卦相荡之谓也。第二,为不易。此以乾统天,生生不息,大化流行,无一息之停之谓也。第三,为易简。此易简之善配至德,履信思顺,养承天道,以一制多之谓也。其中,第一、第二个义项为常人所称道,但是第三个义项,人们多有忽略。易简之德是孔子、孟子等原始儒家由来已久的思想,也是《易传》中天道的根本表现形式。我们完全可以说,没有易简之德,也就没有先秦儒家的性情思想。

《系辞传》云:"乾以易知,坤以简能。易则易知,简则易从,易知则有亲,易从则有功,有亲则可久,有功则可大,可久则贤人之德,可大则贤人之业。易简而天下之理得矣,天下之理得,而成位乎其中矣。"孔颖达云:"'易知则有亲'者,性意易知,心无险难,则相和亲。故云'易知则有亲'也。'易从则有功'者,于事易从不有繁劳,其功易就。故曰'易从则有功'。'有亲则可久'者,物既和亲,无相残害,故'可久'也。'有功则可大'者,事业有功,则积渐可大。……,'可久则贤人之德'者,使物长久,是贤人之德,能养万物,故云'可久则贤人之德'也。'可大则贤人之业'者,功业既大,则是贤人事业。行天地之道,总天地之功,唯圣人能。"②从这个表述的理路中,我们可以看到,易与简,是圣人立德、立功的人性基础。它首先是"易道"、"天道"的一种表现形式,也就是说,天道、地道与人道的统一,正体现在易与简的功夫之中。没有易与简,就不能得"天下之公理","天下之理得,而成位乎其中矣"。何楷云:"得天下之公理,以成久大之德业,则是天有是易,吾亦有是易;地有是简,吾亦有

① 李光地纂,刘大均整理:《周易折中》,巴蜀书社 1998 年版,第 835 页。
② 《周易正义》卷七,见阮元校刻:《十三经注疏》(上册),中华书局 1980 年版,第 76 页。

是简,与天地参而为三矣。"①值得高度注意的是,"易简而天下之理得","成位乎其中"的思想,实际上是要用易简之德化解所有认识上的偏蔽,情感上的偏私和思维方式上的险难。它是对儒家"亲亲为上"的发展和提升。所以,易简之德从根本上诠释了原始儒家从亲亲到尊贤的转换过程何以可能,并且通过易简之德达到了"与天地合其德,与日月合其明,与四时合其序,与鬼神合其吉凶",天道、地道、人道上下"一本"的精神境界。

通行本"乾坤,其《易》之缊邪"的句子,在帛书《易传》中写作"键(乾)川(坤),其《易》之经欤"陈松长先生指出:"一字之差,竟说明易学家们千百年来费尽心智所作的解说都是徒劳的。原来《系辞》本来就不玄妙,极其易解。所谓'键(乾)川(坤),其《易》之经欤',无非是强调指出乾坤乃是易学推衍的核心、纲领。"②从诠释学的角度上来讲,自然不能说是"徒劳"的,但是,陈先生的高论对我们的启示在于,"乾以易知,坤以简能","乾健体而动用,故易;坤顺体而静用,故简"③乾坤是六十四卦之经,领冠整个卦爻体系;而乾坤阴阳之天道的大化流行之本质,只在于易与简。"造化之理,则一以易简为归,心一而不贰,故易也。事顺而无为故简也,天地之盛德大业,易简而已矣,贤人之进德修业,圣人之崇德广业,亦唯易简而已矣。"④

一阴一阳的相推,一刚一柔的相摩,乃是至易至简的天道性情,而且天道只有至易至简,才能激发起人道的至繁至复;才能产生巨大的张力,在纷繁复杂的社会事务之中出奇制胜。这里面蕴含着深刻的辩证法。《系辞传》云:"《易》无思也,无为也,寂然不动,感而遂通天下之故。"至深至神之道,实为至易至简之体:至健之乾"德行恒易以知险";至顺之坤,"德行恒简以知阻"。"是故天生神物,圣人则之。天地变化,圣人效之","黄帝尧舜垂裳而天下治,盖取诸乾坤",正是以至易至简的方式,顺成天道的精神,来把握至繁至复的人心和社会。

---

① 李光地纂,刘大均整理:《周易折中》,巴蜀书社 1998 年版,第 834 页。
② 陈松长著:《帛书〈系辞〉初探》,见陈鼓应主编:《道家文化研究》(第三辑),上海古籍出版社 1993 年版,第 162 页。
③ 李光地纂,刘大均整理:《周易折中》,巴蜀书社 1998 年版,第 831 页。
④ 李光地纂,刘大均整理:《周易折中》,巴蜀书社 1998 年版,第 835 页。

在《论语》中，易简之德就一直是孔子所推崇的德性：

子曰："绘事后素。"(《八佾》)

子曰："不仁者不可以久处约，不可以长处乐。仁者安人，知者利仁。"(《里仁》)

子曰："以约失之者鲜矣。"(《里仁》)

仲弓曰："居敬而行简，以临其民，不亦可乎？居简而行简，无乃大简乎？"子曰："雍之言然。"(《雍也》)

子曰："人之生也直，罔之生也幸而免。"(《雍也》)

子曰："贤哉，回也！一箪食，一瓢饮，在陋巷，人不堪其忧，回也不改其乐。贤哉，回也！"(《雍也》)

"素"是"绘"的前提，"素"是至易至简的心理状态，这种"素"的精神，后来在心学大师陆九渊那里得到了淋漓尽致的发挥，称为"纯一之地"；①"绘"是礼乐交织的人生实践，也就是陆九渊之"易简工夫终久大"的"大"。在陆九渊的思想体系中，这个"纯一之地"中，无疑是有禅宗思想的某些成分，但是，如果没有先秦儒家思想中原创性的起点，陆九渊是不可能白手起家的。"居简而行简"就是顺应天道，以至易至简的方式，获得"大简"。以"简""临其民"，就可以在性情上给老百姓树立一个以易简之道为中轴的社会氛围，以此为基础，实现人生"通天下之志"的理想，并进而实现社会安定祥和的重大转换。引文中"约"与"直"的品性，实际上与《系辞》"德行恒易以知险"、"德行恒简以知阻"的易简体验是相通的。② 荀子曰："善言古者，必有节于今；善言天者，必有征于人。"(《荀子·性恶》)"乾以易知，坤以简能"的造化之功在《易传》的思想体系中，最终都是要落实到形而下的层面，它是天道与人道的上下磨合、交荡之中，贯穿于"形而上者谓之道，形而下者谓之器，化而裁之谓之变，推而行之谓之通。举而错之天下之民谓之事业"整个过程之中的一种性情方式和德

---

① 笔者认为，陆九渊在《与邵叔谊》中，将"先立乎其大者"界定为"纯一之地"。并且有他在鹅湖会上吟诵的著名诗作为证："墟墓兴哀宗庙钦，斯人千古不磨心。涓流滴到沧溟水，拳石崇成泰华岑。易简工夫终久大，支离事业竟浮沉。欲知自下升高处，真伪先须辨只今。"见《陆九渊集》(卷三十四)，中华书局1980年版，第427—428页。

② 李光地纂，刘大均整理：《周易折中》，巴蜀书社1998年版，第835页。

性修养。张振渊云："'易简'即在人身,学者求易于天地,又求天地之易于吾身,则易在是矣。通章之意,总是论易书之作,无非发现乾坤之理,要人为圣贤以与天地参耳。"①在深入研究《系辞传》的相关思想之后,笔者以为,"易简即在人身"的表现大约有以下三个方面:

第一,易简,最直白的一个义项,就是与艰深、纷扰相反的"净净洁洁"、②顺应天道、法天则地的德性。在《论语》中孔子"刚、毅、木、讷,近仁"(《论语·子路》)的表述具有同样的道理,刚与毅是指"通天下之志"之君子所必须拥有的坚强意志;木与讷是指为了"通天下之志",而"惩忿窒欲"、减少牵绊、不滥用其锋的"刚健中正,纯粹精也"(《乾·文言传》)的外在表现。所以从这个角度上来讲,帛书《系辞传》中"《易》与天地顺,故能弥论天下之道"的"顺"字,就比通行本"《易》与天地准,故能弥纶天地之道"的"准"字要好得多。因为,它说明了人道顺承天道的《易》学本质。如果用了"准"字,天道与人道之间就无形地竖起了一道阻隔,也就破坏了《易传》的易简精神,更妨碍了天、命、性、情互动流转、天人冥合意境的博、厚、高、明。

道家纯任自然的思想,实际上也是一种易简之德,但是,道家的易简是无为自化,最终的归宿必然是"反性命之情"而归于寂静、虚无。而儒家的易简之德在"刚、毅、木、讷",木、讷的目的是刚与毅在端正诚悫的心理状态下,完成自己的德、业;或者说,是由于刚、毅,所以木、讷。在上面的行文中,笔者已经一再指出,《易传》的根本精神,在于"致命遂志",不论环境是畅和平易,还是风波不息,君子都应该坚持"刚中"之德,"保合大和,乃利贞"。也就是说,在性情上涵养自己,在意志上修持自己,顺承天道的精神,日新其德、终日乾乾,把自己的生命发挥到极致。所以,在《易传》的思想体系中实际上还有一个越是易简,就越是刚毅;越是平淡无奇,就越是专精奋进的辩证层面。这应该是孔子:"贤哉,回也! 一箪食,一瓢饮,在陋巷,人不堪其忧,回也不改其乐。贤哉,回也"(《雍也》)的真正含义。《易传》在很大的程度上援引先秦道家的思想资源,但是,儒家与道家的不同之处在于,它善于涵化道的思想资

---

① 李光地纂,刘大均整理:《周易折中》,巴蜀书社 1998 年版,第 835 页。
② 朱熹语。见李光地纂,刘大均整理:《周易折中》,巴蜀书社 1998 年版,第 834 页。

源而为我所用,并且不失掉自己的根基与精神。这正是儒家学说之所以能够在中国文化史上一直处于宗主地位的根本原因。

易简之德之最本质的地方,在于"一",在于"诚"。这是它的第二大特征。《系辞传》云:"祐者助也。天之所助者顺也,人之所助者信也,履信思乎顺,又以尚贤也。是以自天祐之,吉无不利也。""履信"指的是人的行为准则,也就是孔子的"主忠信";"思乎顺",是"知我者其天乎"的进一步延展,也就是对自己性命的关照,是"惟天为大,惟尧则之"的翻版。简言之,就是天道与人道在人的性情世界中的交融。天地之大德曰生,因此它的本质之性为善,为助,为顺。"君子大人"要成就自己的德也就必须效法天之大德,怀赤子之诚,贞端而一,舍逆取顺,以成就阴阳大化之功。《系辞传》云:"天地之道,贞观者也,日月之道,贞明者也,天下之动,贞夫一者也。夫乾确然示人易矣,夫坤,隤然示人简矣。爻也者,效此者也。象也者,像此者也。"爻效此的"此"和象像此的"此",都是指代前面的"贞夫一者也",乾之易、坤之简也都是体现了这种"恒一之德"。万物得一以生,得一以成,这应该是易简之德的根本意蕴。李光地云:"乾坤者,刚柔之宗也,乾坤定位,而变化不穷也,然其所以立本者,以归于易简之理,所谓天有显道,厥类维彰,万古不易者也。"①乾坤之理的"本"就是"易简"之德。但是,易简之德是变化无穷的,它在各种风波不息的外在时势之中,顺天之道,贞端而一,克服千难万险,"致命遂志",这也才是易简之所以为易简者也。

但是,易简的"一"是"天下同归而殊涂,一致而百虑"的"一"。蔡清云:"天下感应之理,本同归也,但事物则千形万状,而其涂各殊耳,天下感应之理,本一致也,但所接之事物不一,而所发之虑,亦因之有百耳,夫虑虽百而其致则一,涂虽殊而其归则同,是其此感彼应之理,一出于自然而然,而不必少容心于其间者,吾之应事接物,一唯顺其自然之理而已矣,'天下何思何虑'。"②顺应天道,自然而然,却可以收到"虑百"、"涂殊"之功,这是一种深刻的辩证法,这既是一与多的关系,静与动的关系,也是忠与恕的关系。因此,易简之德

---

① 李光地纂,刘大均整理:《周易折中》,巴蜀书社 1998 年版,第 911 页。
② 李光地纂,刘大均整理:《周易折中》,巴蜀书社 1998 年版,第 924 页。

的第三大特征，是要在最大程度上实现人之所以为人的价值，取得德、业上的最大成功。是以不"易"则不足以"刚"；不"简"则不足以"直"，刚直之德才能成就大业。《系辞传》云："日往则月来，月往则日来，日月相推而明生焉。寒往则暑来，暑往则寒来，寒暑相推而岁成焉。往者屈也，来者信也，屈信相感而利生焉。"李光地云："日月有往来，而归于生明，所谓贞明者也。寒暑有往来，而归于成岁，所谓贞观者也。天下之动，有屈有信，而归于生利，顺理则利也，所谓贞夫一者也。"①贞夫一，是日月、寒暑的精神，生明、成岁，贞明、贞观，才是它们生化的目的，由人道效法天道，往、来、屈、信，皆感应自然之常理，其感应生化的根本原因，正在于"恒一之德"的推动下，饱含"穷则变，变则通，通则久"的热忱和"阴阳合德而刚柔有体，以体天地之撰，以通神明之德"的天人精神，极数知来，穷神知化，精义入神，而成有亲可久、有功可大之业。所以《系辞传》又云："夫乾，其静也专，其动也直，是以大生焉。夫坤，其静也翕，其动也辟，是以广生焉。"大生与广生的原因，具体到人生的性情表现中就是专、直有常，翕、辟有方。静专、动直，就是乾之"易"；静翕、动辟，就是坤之"简"。在《易传》的思想体系中，一是为了多，静是为了动，忠是为了恕，一句话，"夫易，圣人所以崇德而广业也"，"圣人以通天下之志，以定天下之业"（《系辞传》），才是《易传》的根本目的。

第六节　帛书《易传》的性情思想研究

从总体上来讲，帛书《易传》与通行本《易传》在思想上没有大的区别。但是，《帛书》中的有些内容对我们全面、深入理解通行本《易传》中的许多问题提供了珍贵的资料和思路，为我们更加准确地把握《易》在先秦时期的发展脉络提供了契机。与通行本《易传》一样，帛书《易传》所涉及的思想也是多方面的。本书只是就性情思想这一个方面，进行一些初步地探讨，以就教于方家。

---

① 李光地纂，刘大均整理：《周易折中》，巴蜀书社 1998 年版，第 925 页。

一、帛书《要》篇的性情思想研究

长沙马王堆帛书中的《要》篇把《周易》的作用看得非常大,它写道:"文王仁,不得其志,以成其虑。纣乃无道,文王作,讳而辟咎,然后《易》始兴也。"(第 15—16 行)①"不得其志,以成其虑"是第一个作用;②为了"作","讳而辟咎"是第二个作用。③ 但是兴《易》的前提必须是"仁"。也就是《要》篇第 8 行所说的"巫之师□□□□□□无德则不能知《易》"。《要》篇的一个核心问题是在探讨"《易》,我后其祝卜矣!我观其德义耳也"。(第 17 行)在讲我与巫、史在运用《易》时的区别。因此,第 8 行虽然掉了六个字,但是其上下文意大致还是猜得出来的,是在说"巫之师"与探求《易》之义理的人是不同的。"无德则不能知《易》"的说法,也就是张载说的"《易》为君子谋,不为小人谋"④的意思。《要》篇第 7 行有"行其义,长其虑,修其□□□□□□□□□□□□□□□易矣。若夫祝巫卜筮龟……"又是将祝巫与哲学家相对而言,在比较之中来讲如何从义理上使用《易》。所以根据上引 15、16 行的内容,再根据"若夫祝巫"云云者,可以推测得出来,"行其义,长其虑,修其……"的后面,紧接着的应该是一个"德"字。⑤ 诚如是,则"义、虑、德"之间,还有一种不断递进的推动关系,无"行义"之举则无真正的"长虑","行义"是为了"长虑";无"长虑"则无真正的"修德",这是从"行"上讲;反过来说,无德则无虑,无虑则无行,这是从"知"上讲。由于文本的行文顺序本身是前者,故强调的是"行"高于"知"。众所周知,孔子是一个奉行实践理性的人,所以,从文本思想的内在脉络上来讲,《要》篇确实是记载了孔子本人的思

---

① 本书所引《要》篇释文,基本上全部采用廖名春先生的《帛书〈要〉释文》(见朱伯崑主编:《国际易学研究》第一辑,华夏出版社 1995 年版)因为,此前由陈松长、廖名春共同署名的释文发表于 1993 年 8 月的《道家文化研究》(第三辑),前者明显吸收了后者的得失,而更加完善,故引用之。但个别地方还是参考了《道家文化研究》(第三辑)释文中的内容而有所调整。

② 此谓《周易》涵括了经天纬地之数。《左传·昭公二年》载:"二年春,晋侯使韩宣子来聘,且告为政而来见,礼也。观书于大史氏,见《易》《象》与《鲁春秋》,曰:'周礼尽在鲁矣。吾乃今知周公之德,与周之所以王也。'"实际上就是说的这个意思。

③ "三陈九德"的根本主题就是"讳而避咎",困中取胜,以兑应乾,一阳来复。

④ 张载著:《横渠易说》,见氏著:《张载集》,中华书局 1978 年版,第 229 页。

⑤ "修德"一词,在先秦文献中据不完全统计:《左传》中凡 7 见,《周礼》《周易》《礼记》各 1 见。

想,这算是一个佐证,①同样性质的文句在《要》篇中还有:"危者安其立(位)者也,亡者保其存者也。是故君子安不忘危,存不忘亡,治不忘乱。是以身安而国家可保也。"(第9行)"逊正行义,则人不惑。"(第14行)为人而"不惑"是《论语·为政》中的一个著名话题(四十而不惑)和人生境界。

从性情思想的角度来考察《要》篇,剔除通行本《易传》中已经具有的成分,笔者以为至少有两个方面值得注意:

第一,"夫《易》,刚者使知瞿,柔者使知刚,愚人为而不忘,慚人为而去諎。"(第15行)瞿为惧;忘为妄;②慚,不见于各种字书。根据上下文意,愚,并非愚蠢,而是愚妄、倔强。如是,则"慚"当为机巧、奸诈义。而"諎"则为"诈"。③ 这段文字的首要贡献在于用"刚"、"柔"这两个概念直接、明确地描述、形容或界定人的性情。通行本《易传》以刚柔形容性情的地方不是没有,但并不是太直接,在那里,刚与柔主要是指万事万物之中存在着阴与阳、刚与柔两种对立统一的互动力量,其中包含了性情,但并不仅仅是性情。而《要》篇中的"刚"与"柔"语义十分明确,"刚者"与"柔者"指的是在性情上表现方式不同的人。因此,这对我们理解通行本《易传》的人学思想,具有极为重要的作用,因为在《要》篇看来,《易》的作用在"行其义,长其虑,修其(德)",因此,在真正的原始儒家那里,《易传》主要是一门关于德性的学问,是人学,而不是所谓的"宇宙规律"之学,于是《易传》中的"刚与柔",本来一开始就是从人的性情出发,逐步扩展,推而广之到其他领域的。如果不认识到这种根源性的思想,我们就无法深入地理解《易传》。

当然,第15行的这一组判断之中心思想,是要用六十四卦的卦爻体系来矫正人的性情之偏,走中和的道路。刚者使知惧,是去其莽撞;柔者使知刚,是

---

① 廖名春云:"从《要》篇'不可以水火金土木尽称也'一语来看,其材料来源肯定早于战国末年。因为先秦秦汉时,五行的排列主要有两种方式:一种是水火木金土,一种是以土居五行之中。……"(见氏著:《帛书〈要〉简说》,见陈鼓应主编:《道家文化研究》第三辑,上海古籍出版社1993年版,第203页)

② 见陈松长、廖名春:《帛书〈二三子问〉、〈易之义〉、〈要〉释文》,见陈鼓应主编:《道家文化研究》(第三辑),上海古籍出版社1993年版,第435页。

③ 见陈松长、廖名春:《帛书〈二三子问〉、〈易之义〉、〈要〉释文》,见陈鼓应主编:《道家文化研究》(第三辑),上海古籍出版社1993年版,第435页。

去其怯懦;愚人为而不妄,是使人增长智慧,不走极端;懦人为而去诈,是使人去掉奸诈之心。刚者知惧,谓不滥用其锋,自存而致命;柔者知刚,谓培护心志,养君子之大勇大仁,奋进以邃志也。与愚而不妄,懦而去诈一样,都必须"修其德",修德是这四者的根本。"无德则不能知《易》"(第8行),此之谓也。孔子在过去已经向弟子们传授了"德行无者,神灵之趋;知谋远者,卜筮之繁"(第13行)的思想,是反对占卜问吉凶,遇事求神灵的做法的,也就是《论语·述而》"子不语怪、力、乱、神"的意思,认定只要"逊正而行义,则人不惑矣"。所以,现在研究《易》的目的,也是与巫史之人大不相同的:

> 《易》我后其祝卜矣! 我观其德义耳也。幽赞而达乎数,名数而达乎德,又(有)仁(守)者而义行之耳。赞而不达于数,则其为之巫;数而不达于德,则其为之史。史巫之筮,向之而未也,好之而非也。后事之士疑丘者,或以《易》乎? 吾求其德而已,吾与史巫同涂而殊归者。君子德行焉求福,故祭祀而寡也;仁义焉求吉,故卜筮而希也。(第17—18行)

赞而不达于数,谓之巫;数而不达于德,谓之史。史与巫都不能真正理解《易经》卦爻的玄机,"向之而未也,好之而非也"。我与他们同涂而殊归,德行以求福,仁义以求吉,"幽赞而达乎数,明数而达乎德",守仁、行义,自然不迷不惑,大吉大利。

第二,"夫《易》,刚者使知瞿,柔者使知刚,愚人为而不忘,懦人为而去詐"的正面意义,主要还是在于用六十四卦之阴阳相推、刚柔相荡的模态来矫正人的性情。所以,笔者以为,《易传》的根本精神还是在于与《论语》一致的尚"礼"精神。"非礼勿视,非礼勿听,非礼勿言,非礼勿动"(《论语·颜渊》)仍然是《易传》最根本的本质。《礼记》云:"孔子恶野哭者。"(《檀弓上》)说的是要用中和之道来节制丧礼之中的悲情。当然,《要》篇的这一组判断还有更为深远、广泛的意义。章太炎云:"人情所至,惟淫泆搏杀最奋,而圣王为之立中制节。"①也就是说,《易》的中和、中庸精神,对刚者、柔者、愚者、懦者都有指导作用。

既然《易经》之卦爻体系对刚者、柔者、愚者、懦者,都有指导作用,换句话

---

① 章太炎著:《易论》,见傅杰编校:《章太炎学术史论集》,中国社会科学出版社1997年版,第94页。

来讲,孔子认为,世界上所有的人都需要进行中庸之道、中和之礼的训练,因为,人出生之后,并不是天生的"性善",而是"可以善,可以为不善"。这里面有两个层面:第一,孔子"性相近也,习相远也"中,本来包含着性善、性恶两种走向,它强调的是后天教育的重要性;第二,孔子极为重视每一个人,作为每一个特殊个体的独立性。《论语·子罕》之"三军可夺帅也,匹夫不可夺志也"的判断,可以与此互相发明。不论是重视教育还是重视人的独立性,都蕴含了丰富的现代人学资源,值得我们认真吸取、学习。

《要》篇在性情思想上的第二大贡献,在于站在天道、地道、人道上下一体的角度论损益之道。孔子云:"损益之道,是以观天地之变而君者之事已。是以察于损益之变者,不可动以忧狲。故明君不时不宿,不日不月,不卜不筮,而知吉与凶,顺于天地之心,此胃《易》道。"(第 20 — 21 行)如果我们对《论语》和通行本《易传》的内容十分熟悉,再反复咀嚼《要》篇的思想,我们会发现,《要》篇"孔子繇《易》至于损益一卦,未尚不废书而叹,戒门弟子曰:'二三子!夫损益之道,不可不审察也。吉凶之门也。'"(第 17 — 18 行)的表述,是从天道、地道、人道之阴阳、柔刚、上下、八卦的宏大背景下发出的,与"乐天知命故不忧"的思维定式是完全一致的。"明君不时不宿,不日不月,不卜不筮,而知吉与凶"是说天道有常,阴阳、柔刚往来反复,有其自身不可抗拒的规律,因此,审察损益之道,足观天地之变的人,就不会轻易地得之喜,失之忧,他会以平易、舒坦的胸怀,来面对春夏秋冬的更替,吉凶悔吝的冲击。

对这种含弘天道的胸怀,《要》篇的表述非常全面,而且深刻:

> 故《易》又(有)天道焉,而不可以日月生(星)辰尽称也,故为之以阴阳;又(有)地道焉,不可以水火金土木尽称焉,故律之以柔刚;又(有)人道焉,不可以父子君臣夫妇先后尽称也,故为之以上下;又(有)四时之变焉,不可以万物尽称也,故为之以八卦。故《易》之为书也,一类不足以亟(极)之,变以备其请(情)者也。故谓之《易》。(第 21 — 23 行)

所谓天道,并不仅仅只是挂在天上的日月星辰,其精神在于以阴阳为动力推动下的生生不息,大化流行;所谓地道,也并不仅仅只是水火金土木,其精神在于以柔与刚为动力推动下的彼此依持、相反相成的协和;所谓人道,并不仅仅只有父子、君臣、夫妇之先后,其精神在于以上下、尊卑为义的"礼"的规约互动;

所谓四时之变,也并不仅仅只有"万物"存在,其精神在于地坤、山艮、水坎、风巽、雷震、火离、泽兑、天乾的彼此摩荡。《易》的精神不在于一成不变的存有,吉与凶、悔与吝、忧与犨,都不是一成不变的,它是在周流六虚,变动不居的状态下来界定世界的本质、人的本质。关键在于人之"德"、人之"志"。

所以,人的主观能动性是至关重要的事。"君子安其身而后动,易其心而后諮,定位而后求……此之谓也"(第 11 行)都是基于人之常情,从现实的经验出发,讲人自己的"行其义,长其虑,修其德"的方法。但是,"安其身","易其心","定其位"都是指我自己的德性修养(或者自我的心理调整),它们是"后动"、"后諮"、"后求"的必要前提。只要前面的三条都做到了家,那后面的三条也就都会顺理成章地达到它们应有的目的而稳操胜券了。与此相反,如果人心中无"中孚"之实,无感人之"诚","危以动,则人弗与也;无立而求,则人弗予也;莫之予,则伤之者必至矣"。(《缪和》第 12 行)这是交际心理学,但更重要的是以人学为中心的性情思想,是孔子"忠恕"思想的具体化。

这就同样达到了"逊正而行义,则人不惑"的人生境界。达到了"不惑"境界的根本原因,是审"察于损益之变,"所以不轻易感动于意料之内与之外的忧伤与欣喜,"顺于天地之心",了悉于变化之"情",坦坦荡荡面对命运的赐予。这就又回到了《论语》"隐居以求其志,行义以达其道"(《季氏》),俟命论的主题上去了。但是,从上面的表述,我们已经清楚地看到了,由损益之道而来的俟命论,实际上是从更为阔大的背景下来探讨君子大人的性情,是一种更为深厚的性情思想。

二、帛书《缪和》的性情思想研究

《缪和》解《易》有三种体例。第一种是以师生问答解《易》;第二种是以"子曰"、"孔子曰"的形式直接解《易》;第三种是以历史故事解《易》。据廖名春先生统计,《缪和》"共五千零七十字左右,其行数约七十,每行平均字数也是七十左右。"①所以,如果它成书于先秦,那么它实为鸿篇巨制。

---

① 廖名春:《帛书〈要〉简说》,见陈鼓应主编:《道家文化研究》第三辑,上海古籍出版社1993 年版,第 207 页。

《缪和》解《易》有以下几个大的特点,令人耳目一新:

第一,文本作者不仅对六十四卦,而且对三百八十四爻的卦爻辞义烂熟于心,信手拈来,却能慧眼识珠,几乎达到了一叶以知秋,滴水见光辉的程度。仅仅做到这一点,那只是巫、史而已,真正令人叹服的是,《缪和》的作者是一位真正心怀中正刚毅之德的儒家斗士,儒家哲学的思想和人学目标非常明确,并且把儒家的理念完全融入到各种卦爻的情景之中去,在具体的吉凶悔吝之中阐述儒家的人学哲理。此人如果不是先秦儒学的大师,是不可能达到这样的人学境界的。从行文的古朴,理念的刚毅,以及在思想上与《论语》的深层次联系来看,《缪和》一文肯定是先秦之物,而且一定是孔子《易》学的直接传人亲自操刀而成的一篇杰作。

第二,《缪和》一文与《昭力》在行文风格和思想内容上完全不同,虽然文章体例分为三种,但贯穿始终的却只有至大至刚的"德"的精神。与《论语》中有关"德"的理念完全一致:既注重个人之德,亦注重治理国家的"君人之德",尤其是注重由个人之德开发出君人之德,追求的是由内圣向外王的转换。《缪和》的作者认为,《易》是"圣君之所尊也"(第28行)的教科书,他梦寐以求的事情就是为"帝王师",字里行间把这一点突出得非常显明,但值得注意的是,由于在他身上只有"博施于民而能济众"(《论语·雍也》)的仁慈,而没有荀子"一天下"、"一制度"、"一四海"的霸气,其君臣之间的关系描述,与郭店简《缁衣》如出一辙,他所追求的是一种"夫明君之畜其臣也,不虚忠臣之事,其君也有实,上下同实,此所以长有令名于天下也"(第44—45行)的境界,在"欢心交同"(第30行)、上下一心的状态下实现自己的政治抱负。他认为只有这样,才能真正建立性情祥和的社会、忠恕交织的社群,否则"群臣虚立,皆有外志,君无赏罚以劝之。其于小人也,赋敛无根,嗜欲无厌,征求无时,财尽而人力屈,不朕上求"(第43—44行),则国无日矣!其中包蕴了深度的忧患意识。

第三,《缪和》在《易》学史上之最大的贡献在于以史实解析《易》理。这在先秦的其他著作中虽然并非完全没有,但是,《缪和》的作者如此系统地以史实诠释《易经》,并且在主题思想上始终都围绕一个"德"字而次第展开,实在是一个创举。于豪亮先生在1984年《文物》第三期上发表《帛书〈周易〉》一文指出,《缪和》所载"太子辰"的史实与《史记》、《左传》不合,夫差这时并非为吴王。于先生的研究是严谨的,但笔者以为,以史解《易》的目的并不是在讲史,而是在解《易》,它的理论指向是通过历史人物和历史故事的吉凶得失,发掘隐含在卦爻之中的人生哲理,因此,以史解《易》的基本思路,就是根据卦爻推移的义理脉络,借用或编选一些人物和故事来证明它的思想,帛书易传《要》篇云:"《尚书》多於矣,《周易》未失也,且有古之遗言焉。"(第14行)现在看来有其特殊的意涵:读《易》学方面的书与读《尚书》之类的史书在思想方法上当有本质的不同,前者为义理,讲的是精义入神;后者为史书,讲的是史料真实、客观,此其一;《周易》通过六十四卦、三百八十四爻的各种卦爻之象,概括了天道、地道、人道的一切道理而无丝毫的偏失,在义理的概括上与史书的思想方法也是大不一样的,此其二;更为重要的是,"且有古之遗言",说的是在孔子之前,已经有了以史解《易》的先例,只是因为各种原因,我们目前暂时还没有看到而已。因此,《缪和》以史解《易》的做法,并非"开了以史证《易》派的先河",①此其三。将以史解《易》之"史",真的当成"历史"事实来读,实际上是说不通的。

关于《缪和》的性情思想,笔者从以下三个方面作出梳理:

《缪和》通过涣卦九二爻云:"古之君子时福至则进取,时亡则以让。夫时至而能既焉,散走其时,唯恐失之。故当其时而弗能用也,至于其失之也。唯欲为人用,动可得也哉!"(第2—3行)《周易·涣卦》九二爻辞云:"涣奔其机,悔亡。"王弼注云:"机,承物者也,谓初也。二俱无应,与初相得,而初得散道,离散而奔,得其所安,故'悔亡'也。"《缪和》亦云:"赍,幾也;时也。"(第2行)"圣人知福之难得而赍也,是以有矣。"(第4行)可见,王弼是吸取了《缪和》等先儒的相关思想资源的。由于先秦儒家奉行的是"天下有道则见,无道则隐。邦有道,贫且贱焉,耻也;邦无道,富且贵焉,耻也"(《论语·泰伯》)的原则,故在时势艰难的情况下,君子往往采取的是"隐居以求其志,行义以达其道"(《论语·季氏》)的生活方针,奉行"遇不遇,天也"(郭店楚简《穷达以

---

① 廖名春:《帛书〈要〉简说》,见陈鼓应主编:《道家文化研究》第三辑,上海古籍出版社1993年版,第208页。

时》第11简）的天人观，把"时"看得非常重要："有天有人，天人有分。察天人之分，而知所行矣。有其人，无其世，虽贤弗行矣。"（《穷达以时》第1—2简）但是，人的主观努力，对于先秦儒家来讲，从来就没有丝毫懈怠过，人与天的步伐永远是相协调的，终日乾乾，无一息之停。《艮象》就云："时止则止，时行则行。动静不失其时，其道光明。"这毫无疑问是对先秦原始儒家思想的继承。《孟子·万章下》云："伯夷，圣之清者也；伊尹，圣之任者也；柳下惠，圣之和者也；孔子，圣之时者也。孔子之谓集大成。集大成也者，金声而玉振之也。"因为孔子是"可以仕则仕，可以止则止，可以久则久，可以速则速"的"圣之时者"（《孟子·万章下》）。对此，本书已经在《象传的性情思想研究》一节中进行了阐述，这里已经没有赘述的必要了。

但是，值得注意的是，帛书《易传》有一篇题为《二三子》的文字，以"龙之德"形容"圣之时者"的风采，其行文上天入地，有天地人上下"一本"的色彩。这段文字的引文请参见前面《〈系辞传〉的性情思想研究》一节。此文讲"龙之德"的"能阳"是一种时势下的状态；"能阴"是另一种时势下的状态。阳，则能"高尚齐乎星辰日月"；阴，则能"下纶穷深渊之渊"。但不论高、下，"风雨避乡，鸟兽弗干"，"既能云变，又能蛇变，又能鱼变，飞鸟蚰虫，唯所欲化，而不失本形，神能之至也"，这实际上就是《缪和》第2—3行"古之君子时福至则进取，时无则以让"之文学性、艺术性、夸张性的描述。

由《周易·涣卦》之九二爻推出"时福至则进取，时亡则以让"的思想在《缪和》中是开篇第一个问答中的内容；而在《二三子》中，畅言"龙之德"，也是开门见山，一下笔就来。这说明了什么问题呢？笔者以为，在先秦儒家看来，整个《周易》的卦爻体系都是不同时势下不断向前推进，给人们制造的各种吉凶悔吝的人生机遇、厄运或境界，在这些无止无尽的、不同的人生境况下，人们就因时势的不同而采取不同的人生选择，当然在情感上自然就会激发起跌宕起伏的波澜。从这个角度上来讲，整个三百八十四爻的卦爻体系，实际上就是一部人与人，人与物，人与世界彼此摩荡的心理、性灵、情绪不断推进的历史。所以，在儒家看来，全部的六十四卦，三百八十四爻，都是"时"的产物，卦爻之消息盈虚、因革损益的走势在很多情况下都是非人力能够左右的。因此，郭店楚简《穷达以时》云："遇不遇，天也。"（第11简）这里的"天"，就是天道流行而下贯到人身上的一种外在的力量,是之谓"命"。

这种"命",或"时"的外在规定,虽然极为重要,但它并不是"穷"与"达"的全部原因。它只能一部分原因,而且是外在的原因。它真正强调的是人的德性修养和人格境界的提升,并且最后又将这种"命"与"时"化解为我的"性"与"情"。帛书《二三子》讲的是"龙之德",其主题是龙的"神圣之德"。上文我们已经说了,贯穿《缪和》始终的,只有一个"德"字,就是这个意思。因此,《穷达以时》云:"有天有人,天人有分,察天人之分,而知所行矣。"(第1简)"动非为达也,故穷而不怨,隐非为名也,故莫之知而不吝。芝兰生于幽谷,非以无人嗅而不芳。无菩葟,逾宝山,石不为开,非以其善负己也。穷达以时,德行一也。"(第11—14简)由此可见,真正能够促使《缪和》"古之君子时福至则进取,时亡则以让"的动力是他心中的"德";真正能够使《二三子》中的龙,因时而动,"高尚齐乎星辰日月而不炋,能阳也;下纶穷深渊之渊而不沬,能阴也"的真正原因,也是"龙"本身的道德的力量,是道德的力量和鼓荡于心中的志向随时在改变人之所以为人的性情存有方式(因为时势变了,故"龙"不得不变)。它们的迁移轨迹是,由道德境界的高下,产生了心志情趣的高低,心志的驱使,就产生了迥然不同的性情方式。因此,帛书《易传·要》篇云:"无德则不能知易。"此之谓也。进一步来讲,《二三子》中的"龙",或"高尚齐乎星辰日月而不眺",或"下纶穷深渊之渊而不沬","风雨辟(避)鄉(嚮),鸟守(兽)弗干",具有强大的道义精神,所向披靡,能云变、蛇变、鱼变,"黧鸟蚰虫,唯所欲化,而不失本形,神能之至也",应该说,这是一种典型的唯意志论观点,而且天马行空,是超人式的英雄主义:"知者不能察其变,辩者不能察其义,至巧不能赢其文",这与孔子之天生人成、孟子之充塞宇宙、至大至刚的自由人格是有内在联系的,深得通行本《易传》"贞下起元"之要义,因为通行本《易传·象传》之"唯君子为能通天下之志"所弘扬的正是这样一种贯通天人的人学理想。在这样的情形下,"命"不仅不是宰制人的至上规定,而且是磨砺人格,打造性情、提升境界的工具。

《缪和》在性情思想上的另一个突出点,是在对蒙卦卦辞思想的提拔中,依据先秦儒家人学,提出了基于卦爻体系的"成人"学说:"夫内之不咎,外之不逆,昔昔然能立志于天下,若此者,成人也。"(第23—24行)关于"成人"的

理论,《论语》中曾经有过多方面的探讨:

> 子曰:"兴于《诗》,立于礼,成天乐。"(《泰伯》)

> 子路问成人。子曰:"若臧武仲之知,公绰之不欲,卞庄子之勇,冉求之艺,文之以礼乐,亦可以为成人矣。"曰:"今之成人者何必然?见利思义,见危授命,久要不忘平生之言,亦可以为成人矣。"(《宪问》)

兴于《诗》、立于礼、成于乐,是一个从现实之鸟兽草木到慎终追远,再到"大乐与天地同和"的迈进。《宪问》的表述,一是在知、不欲、勇、艺的基础之上"文之以礼乐"就"可以为成人"。这是一种高远的"成人"的标准。当今之世,只要做到"见利思义,见危授命,久要不忘平生之言"就行了,其中,第一句讲的是在顺境中要"思义",第二句讲的是在逆境中要挺身而出。"要",按杨遇夫先生的解释,为"约"的借字,"约",为穷困之意。(参见氏著《积微居小学述林》)实际上这正是《系辞传》中"三陈九德"中层层展开的"德性"境界。不同的是,孔子的表述理论性较强,而《周易》之六十四卦之卦爻体系所展现出来的更加直观、细密、具体罢了。

由于《缪和》中关于"成人"的思想是基于卦爻辞对先儒的思想进一步的整合,因此,富于特色。依托于《易经》的卦爻体系,主张成人之路在"日夜不休,终身不倦,日日载载必成而后止"(第26—27行)是《缪和》"成人"思想的第一层意思,明确地贯彻了《论语》中"发愤忘食,乐以忘忧,不知老之将至云尔"(《后而》)、努力学习的理念。从《易经》的思想体系来讲,就是"君子终日乾乾",也就是《缪和》所云:"'恒其德,贞,妇人吉'。□男德不刚,□□又(有)祸。""日夜不休,终身不倦,日日载载必成而后止",学习的内容是《书》、《春秋》、《诗》等经典传承的"仁义之道"(第26行),只有努力学习,才能做到心中有实,"物未梦颣而先知之者,圣人之志也,三代所以治其国也"(第18行),这是心中有德,而且充满智慧的结果。否则,"无实而承之,无血(恤)而卦之,不亦不知乎?且夫求无又(有)者,此凶之所产也,善乎胃(谓)无所利也"(第45—46行)。心中无实,情中无诚,无恤而卦,此大凶之象也。

《缪和》之"日夜不休,终身不倦"的学习内容,还在于可以上达于天的德性,最后的结果是可以"闻其始而知其冬(终),见其本而知其(末)"(第25

行）。这样的人才能称之为"圣人"。商"汤之德及禽兽鱼鳖矣。故共皮敝以进者卅又余国"（第57—58行）"吴王夫差攻，当夏，太子辰归冰八管。君问左右冰□□□□□□注冰江中上流，与士饮其下流。江水未加清，而士人大说。斯坌为三队，而出系荆人，大败之，袭其郢，居其君室，徙其祭器。察之，则从八管之冰始也"（第61—62行）。这就是"闻其始而知其终"的真正含义。以心中之德感人，以性情之诚动天，通过主观的努力，下学而上达，"其思虑举错也，内得于心，外度于义。外内和同，上顺天道，下中地理，中适人心"（第22行），就把天道之阴阳、地道之柔刚、人道之仁义，上下"一本"，融于一身，"与天地合其德，与日月合其明，与四时合其序，与鬼神合其吉凶。先天而天弗违，后天而奉天时。天且弗违，而况于人乎，况于鬼神乎"（《周易·乾·文言》），"昔昔然能立志于天下"。（《缪和》第23行）就是通行本《易传》"唯君子为能通天下之志"的另一种表述，都是"男德"之"刚"的表现，也正是"成人"之所以为"成人"者。

《缪和》在性情思想上的第三大贡献在于："明焉不以□，圣也不自尊，□□世□。谦之初六，谦之明夷也，圣人不敢又（有）立（位）也，以有知为无知也，以有能为无能也，以有见为无见也。动焉无取謟也，以使其下，所以治人请（情），枝群臣之伪也。"（第33—34行）①根据《史记·孔子世家》，我们知道孔子曾问礼于老子，孔子的思想中有一定的道家成分。这里的引述中也包含了一定的道家思想。但是，治人之"情"、"伪"的思想，是原始儒家的核心思想之一，自古有之，这是先秦儒家"礼学"的本质：

> 人有礼则安，无礼则危。故曰：礼者，不可不学也。夫礼者，自卑而尊人，虽负贩者，必有尊也，而况富贵乎！（《礼记·曲礼》）
>
> 孔子曰："夫礼，先王以承天之道，以治人情，故失之者死，得之者生。《诗》曰：'相鼠有体，人而无礼。人而无礼，胡不遄死？'是故夫礼必本于天，效于地，列于鬼神，达于丧、祭、射、御、冠、昏、朝、聘。故圣人以礼示

---

① 枝，《说文》云："木别生条也。"《管子·度地》云："水别于他水，入于大水及海者，命曰枝。"《庄子·骈拇》有"枝指"之谓。阮元《经籍纂诂》云："支"与枝同。""支者，取支条之义。"《说文》云："支，去竹之枝也，从手持半竹。"关于"枝"字，遍查各种字书，似无进一步的解释。整合各家之说，此"枝"字似为分流、化解、消融之意。

之，故天下国家可得而正也。"（《礼记·礼运》）

自卑而尊人，表面上看是为了保位、安身，但是从整个儒家思想体系来讲，这只是第一步，它的真正目的是承天之道，不滥用其锋，引而不发，在整个社会倡导一种好的民风，以"治人请（情），枝群臣之伪"。孙希旦解曰："礼所以治人情，修仁义。尚辞让，去争夺。故人必有礼，然后身安而国家可保也。自天子至于庶人未有无礼而不危者。"①《礼记集解》又引应镛云："礼之大原出于天，故推其所自出而本之。效法之谓地，故因其成法而效之。列于鬼神，充塞乾坤，昭布森列而不可遗。达于丧、祭、射、御、冠、昏、朝、聘，人道交际，周流上下而无不通。法于天地鬼神者，所以承天之道；达于天下国家者，所以治人之情。"②承天之道而治人之情，其中有了更为高深的提拔。

> 孔子曰："我欲观夏道，是故之杞，而不足徵也，吾得《夏时》焉。我欲观殷道，是故之宋，而不足徵也，吾得《坤乾》焉。《坤乾》之义，《夏时》之等，吾以是观之。"（《礼记·礼运》）

这里所说的殷道之《坤乾》，就是指殷代的《归藏》，③其书以坤领乾，以柔为尊。饶宗颐先生云："《归藏》卦名大体与《周易》相同，只有少数差别，足见殷人'阴阳之书'之坤乾，基本上已用六十四卦，因人损益之，改首坤为首乾。"④所以，根据《周易》的成书过程，我们发现，《缪和》"以有知为无知也，以有能为无能也，以有见为无见也"的思想，以及第36行之"聪明睿知守以愚，[博]闻强识守[以浅，尊禄]贵官守以卑。若此，故能君人。非舜，其孰能当之"等从谦卦延伸出来的思想，早在孔子的思想体系中就潜伏着，⑤很难说一定是吸收

---

① 孙希旦撰：《礼记集解》，中华书局1989年版，第12页。

② 孙希旦撰：《礼记集解》，中华书局1989年版，第585页。

③ 湖北荆州王家台已经出土了《归藏》，目前正在整理之中。2000年8月，北京大学文博院主办的"达园会议"上，荆州市博物馆王明钦先生已经提交了一篇题为《王家台秦墓竹简概述》的文章，摹写了《归藏》的卦爻体系和卦辞。

④ 饶宗颐：《殷代易卦及有关占卜诸问题》，见《文史》第二十辑。

⑤ 《论语·卫灵公》载孔子曰："无为而治者，其舜也与！夫何为哉？恭己正南面而已矣。"根据司马迁的《史记·孔子世家》，我们知道，孔子从小就深究"礼"学，而礼学的出发点正在于"自卑以尊人"，这与《坤乾》有没有什么关系，这是很难说的。根据现代人类学理论，"三易"的传统应该比先秦儒家、道家的传统久远得多，儒、道两家也许都从"三易"的传统中吸取了理论上的资源呢？史影迷茫，这还有待于进一步的证据的出现。

了黄老哲学才形成的东西。①

　　上引《缪和》第 33—34 行的内容可以绅绎出以下几条：第一，"以有知为无知，以有能为无能，以有见为无见"的前提，是"君人者"自己必须"惩忿窒欲"，多方面的克制自己，"奢侈广大，游乐之乡不敢渝其身焉"；第二，《缪和》云："'用涉大川，吉'者，夫明夷离下而川（坤）上。川（坤）者，顺也。君子之所以折其身者，明察所以□□。是以能既到天下之人而又（有）之。且夫川（坤）者，下之为也。故曰：'用涉大川，吉。'子曰：能下人若此，其吉也，不亦宜乎？舜取天下也，当此卦也。"（第 34—36 行）折其身、下之为的目的是"明察"人情，进而治理人情，这就与早期的道家思想有了根本的区别。第三，内刚而外柔是其最大的特点。不论是自卑以尊人的"礼"，还是阴阳相推、柔刚相济的《易》，充塞于先秦儒家心中的，始终是贯通天道、地道、人道的道义精神。"唯君子为能通天下之志"才是整个《易传》的根本。《缪和》以历史故事解释《周易》的卦象，领冠各个故事的主线，无不是"德"。它以一种无形的力量左右着天地间一切吉凶祸福的走势。"男人不刚则凶"的思想，正是儒者之所以为儒者的根本。

---

　　①　陈鼓应先生云："《缪和》、《昭力》这两篇古佚易说，就出现了相当浓厚的黄老思想成分。"（陈鼓应：《帛书〈缪和〉、〈昭力〉中的老学与黄老思想之关系》，见陈鼓应主编：《道家文化研究》第三辑，上海古籍出版社 1993 年版，第 216 页）

第四章 《性自命出》的性情思想研究

　　郭店楚简《性自命出》的释文自 1998 年出版以来,引起了海内外学者的广泛关注,各种考释、辨析、研究的专著、文章层出不穷,五年来,取得了众多的成果。但是,笔者以为,《性自命出》作为一篇具有丰富性情思想的奇文的研究,还有待于进一步摆正三个关系:第一,《性自命出》与宗周→春秋,周公→孔子之先秦儒家礼乐文明、德礼相依的文化传统的关系。《左传·昭公二年》载:"二年春,晋侯使韩宣子来聘,且告为政而来见,礼也。观书于大史氏,见《易》、《象》与《鲁春秋》,曰:'周礼尽在鲁矣。吾乃今知周公之德,与周之所以王也。'"杨向奎先生就此指出:"以《易象》与《春秋》代表周礼,这是广义的礼,'周礼尽在鲁矣',等于说'周之文化中心在鲁'。周公及其同僚,建立了宗周的礼乐制度,鲁国继之成为正统,春秋而后,孔子因之有所发展。《易》与《春秋》乃儒家思想之理论渊泉,这是'天人之学',《易》代表天,而《春秋》代表人,天与人互相影响而有一系列表现。"①天人之学实际上是先秦儒家哲学思想的灵魂,也是《性自命出》的命脉,如果不抓住这一根本,《性自命出》的研究是很难做到深入的。第二,《性自命出》与孔子、孔子后学,特别是孟子、荀子的关系。姜广辉先生说:"郭店楚简所反映的是孔子之后一、二传弟子的思想,透过它可以反观孔子学说的核心思想。以此核心思想审察后世的道统说会对儒学传统作出新的诠释。"②根据《论语》,众所周知,孔子一以贯之的核心思想是"忠信之道",是忠与恕、仁与礼、个体与群体的统一。曾子、思孟一

---

① 杨向奎著:《宗周社会与礼乐文明》,人民出版社 1997 年版,第 285 页。
② 姜广辉主编:《郭店简与儒学研究》(《中国哲学》第二十一辑),辽宁教育出版社 2000 年版,第 271 页。

系儒者偏重于忠、诚之内在道德的提升与超越,而子夏、荀子一系却偏重于礼、法的圣王宰制,二者相辅相成、共襄圣道。笔者在后面的行文中将以文本为根据,通过切实地分析研究得出结论指出,《性自命出》既不属于思孟,也不属于荀子,倒是与孔子《论语》的思想较为接近。它是一篇介于孔子与孟子荀子之间的先秦儒家要籍。根据这种界定,我们更加清楚地看到,孔子本人并没有性善性恶的思想意识,但是,《性自命出》已经具有了性善性恶的思想萌芽,然而理论很不成熟,而且有思想上的冲突与矛盾,由此,我们循着孔子实践理性的路径,发现了孟子与荀子之性善与性恶的论题之成立何以成为可能。这种发展的脉络还告诉我们,先秦儒家面对现实社会的无数困境,一直都在试图依托于人的性情,来解决一系列棘手的问题。这一事实也深刻地说明,先秦儒家学说并不是空中楼阁,它在当时具有鲜明的现实性、针对性。第三,《性自命出》与郭店楚简其他文献的关系。庞朴先生指出:"孔子学说主要是强调仁和礼两个方面,仁者内部性情的流露,礼者外部行为的规范。""向内求索的,抓住'人之所以异于禽兽者几希'处,明心见性;向外探寻的,则从宇宙本体到社会功利,推天及人。""郭店楚简属于向内派,其向内面目,在在都有表现,即使当它处理天地这些最大外在对象时,仍然毫不含糊。"①李学勤先生甚至直指郭店儒家简就是《子思子》。② 但是,郭齐勇师指出:"郭店儒家简诸篇并不属于一家一派,将其全部或大部视作《子思子》,似难以令人信服。笔者不是把它作为某一学派的资料,而是把它视作孔子、七十子及其后学的部分言论与论文的汇编、集合,亦即某一阶段(孔子与孟子之间)的思想史料来处理的。"③笔者以为,郭师说是。

关于先秦儒学的研究,历来最伤脑筋的事,莫过于文献奇缺。孔子去世以后,儒家分裂为八个支系,"自孔子之死也,有子张之儒,有子思之儒,有颜氏之儒,有孟氏之儒,有漆雕氏之儒,有仲良氏之儒,有孙氏之儒,有乐正氏之

---

① 庞朴:《孔孟之间——郭店楚简中的儒家心性说》,见姜广辉主编:《郭店楚简研究》(《中国哲学》第二十辑),辽宁教育出版社1999年版,第23、25页。

② 李学勤先生说:"郭店简的出现,对学术史研究的影响是多方面。简的主要内容,属于道家的是《老子》,属于儒家的我认为是《子思子》。"(姜广辉主编:《郭店楚简研究》,辽宁教育出版社1999年版,第18页)

③ 郭齐勇著:《儒学与儒学史新论》,台湾学生书局2002年版,第3页。

儒。"(《韩非子·显学》)如果再加上子夏、子游就至少可以分成十家了。所以先秦儒家在后孔子时代的发展演变是相当复杂的。这种复杂性实际上已经在郭店儒家文献中有所反映。不过,儒家各个派别之间,虽然各立门户、千回万转,但是毕竟都是祖述孔子,根本的源头是一致的,一定要对立到像孟子与荀子的程度,毕竟是少数,也需要一个漫长的积累过程,料想孔子的及门弟子之间大多互有偏重,却也互相吸收、互相发明、彼此渗透,即便是孟子与荀子之间,也不例外。拿《性自命出》来说,近来多有学者考证其出自世子、出自子游、出自公孙尼子、出自子思子等多种说法,不过大都推断猜测的多,真凭实据的少,史影迷茫,实在是勉为其难。在《〈易传〉的性情思想研究》一章之第一节的注释中,笔者引用了刘师培、马宗霍、余嘉锡诸位前贤时彦关于先秦诸子的著作之成书过程的一些论述。也就是说,先秦著作往往是聚徒讲学而成。先生讲学之言,弟子各有所记录,并予以加工整理,形成各种传本,在学派内部传习,有时还附有各种参考资料和心得体会。其中数传之后,先生的东西和弟子的东西往往难以分辨清楚,所以就推本先师,转相传述曰:此某先生之书。先秦诸子之书,不必如后世作文,必皆本人手著,云某某之作,只是说其学出于某人的思想。值得注意的是,这种推本先师的做法,在儒家学派的内部,最终都会推本到孔子那里去。有鉴于此,目前慎重的做法可能是,暂时最好还是不要硬性地断言《性自命出》的学派归属,只是以文本为依托,实事求是,做一些切实的解读工作,或许可以使人少出一些谬误。

第一节　心弗取不出

认真考察《性自命出》的文本思想,笔者发现,很难说它是完全的"向内求索"(虽然它十分注重"向内求索",但是它与《中庸》、《孟子》的理论走向是有距离的),它也非常注重外在的礼乐教化,内在的仁义性情与外在的礼乐教化是兼顾的。因此,它在阐述性情的同时,极度注重"心志"、"心术"的重要性:

　　凡人虽有性,心亡奠(定)志,待物而后作,待悦而后行,待习而后奠(定)。喜怒哀悲之气,性也。及其见于外,则物取之也。性自命出,命自天降。道始于情，情生于性。始者近情，终者近义。知情者[能出]之，知义者能内之。好恶，性也；所好所恶，物也。善不[善，性也]。所善所不善，势也。凡性为宝，物取之也。金石之有声，[弗扣不][鸣。人之]虽有性，心弗取不出。凡心有志也，无与不[可，性之不可]独行，犹口之不可独言也。牛生而长，雁生而伸，其性[使然，人]而学或使之也。凡物无不异也者。刚之柱也，刚取之也。柔之约[也]，柔取之也。四海之内，其性一也。其用心各异，教使然也。（第1—8简）

释文虽然将这一段分为三个自然段，但是笔者以为还是结合在一起来读较为妥帖。这一段首先推出了"性"、"心"、"志"、"物"、"情"等相关概念。第一个句群"凡人虽有性，心亡奠志，待物而后作，待悦而后行，待习而后奠"实际上是一个转折性的多重复句，后面三句是并列兼递进的关系，其语法关系用图解法展示如下：

一个"虽"字，表明"凡人虽有性，心无定志"是一个转折关系的偏正复句，前偏后正，作者的重心是落在"心无定志"之上的，故从语法学的逻辑关系上来讲，"待物而后作，待悦而后行，待习而后奠"三句的主语是"心"，而不是"性"，语意非常明确。这个结论不仅可以从"待习而后定"之"定"与"心无定志"之"定"字的照应中得到印证，而且还可以从紧接着的论述中找到依据。

这一段文字中最著名、最醒目的命题是"性自命出，命自天降"，简文作者认为，性为自天而降，人之承受于天者，是人之所以为人的天赋本质、本原，所以它本身是不可能"待物而后作，待悦而后行，待习而后奠"的，故简文有"凡心有志也，无与不可，性不可独行，犹口之不可独言也"之谓。简文以"喜怒哀悲之气"论性，虽意在论情之出入，但是，这也分明指出了性之不离生之本原的天赋性。故又曰"凡性为宝"。简文的这个"宝"字，写作从"宀"从"主"的"宝"，许慎《说文解字》云："宝，宗庙宝祐。"指的是宗庙中藏神主的石函，神主安置在宗庙之中,而为一切祭祀活动的祭拜中心。在先秦儒家人学体系中,既然已经把人之性抬高至了"宝"的地位,这正说明先秦儒家的人性是自天而降,与命融合而贯注于人的身心,显发为心性情才,并且贯通天人的神性。因此,"凡性为宝,物取之也"的表达背后是有潜台词的,它并不是说"物"可以直接取"性",而是说只有通过"心",物才可以间接地影响性情、摇荡性情。故紧接着有"金石之有声,弗扣不鸣,人之虽有性,心弗取不出"的高论。①

上面的这段引文,从论证的逻辑来讲,都将目的指向"心",是显而易见的。"知情者能出之,知义者能内之"之论,正点明了心的功能在于"知"。此为智慧进出的渠道,认知贤愚的窗口,因此,"牛生而长,雁生而伸"之天性,只有通过"心"之学、之教,"待物而后作,待悦而后行,待习而后奠""志"之后,才能最终确立性情之好恶、善恶的价值观念。孔子曰:"唯仁者能好人,能恶人。"(《里仁》)此之谓也。"待物而后作",指的是外物与我的心灵发生了认识上的碰撞之后所唤起的灵感的生发,是心与物交接之后燃放起来的火花。"待悦而后行",是指心物交接之后激发起来心灵之交感、神明之喜悦之后的心术里程。这里的"行",当为"心之行",就是"心术为宝"的"心术",与简文《五行》相通,按杨儒宾先生的阐释,就是心灵流行的路径、现象和方法。②"待习而后奠",指的是人之"如切如磋,如琢如磨"的德性历练功夫以确定心性、心志的过程。后文"凡见者之谓物,快于己者之谓悦,物之势者之谓势,有为也之谓故。义也者,群善之蕰也。习也者,有以习其性也"(第12—14简),就是对这三句的进一步发挥与诠释,讲的是人伦物我的摩荡,没有一种情况是可以脱离"心志"而存有的。

由此可知,简文之"凡性,或动之,或逆之,或交之,或厉之,或出之,或养之,或长之"(第9—10简)的论述,都是直接在讲"心",而间接在讲"性"(或者说,以性为背景)。因此,"凡道,心术为宝。道四术,唯人道为可道也"(第

① 李学勤先生最近有一篇《郭店简与〈乐记〉》的文章,较为系统地论证了《性自命出》与《乐记》的关系,为了集中论题的思想,笔者对《性自命出》这方面的思想,置放到《乐记》一章中去阐述,在这里只是专论文本中的性情思想。

② 参见杨儒宾著:《儒家身体观》,"中研院"文哲所筹备处1999年修订版,第62、267—271页。

14—15 简）的判断深得孔门礼乐教化的精髓,后天的教养、修习,既重心术又重凡俗的人道伦理,这更接近孔子,①而离孟子、荀子都很远。下面的这段话尤其令人深思:

> 《诗》、《书》、《礼》、《乐》,其始出皆生于人。《诗》,有为为之也;《书》,有为言之也;《礼》、《乐》,有为举之也。圣人比其类而论会之,观其先后,而逆训之,体其义而节度之,理其情而出入之,然后复以教。教,所以生德于中者也。(第 15—18 简)

如果不看上下文,也许我们会以为,这是出自《荀子》的某个篇章,把一切的希望都寄托给圣人之"教":"君子之学也,入乎耳,著乎心,布乎四体,形乎动静。端而言,蝡而动,一可以为法则。"(《劝学》)"神固之谓圣人。"(《儒效》)按照这段话的理路,如果没有"圣人比其类而论会之,观其先后而逆训之,体其义而节度之,理其情而出入之,然后复以教"呢? 再向前推一步,似乎就可能是性恶论了。然而,荀子隆礼义而杀《诗》、《书》,显然又不是荀子。但是,这段话同样不能归之思孟,因为它并没有性善论的主观建构。如果作者果然持性善论的主张,何以要通过"教"才能"生德于中",而不去扩充善端、收取放心呢? 不过,不可忽视的是,《性自命出》也提出了具有性善论倾向的思想,这就是"反善复始"。郭齐勇师曾以"正声雅乐,启导人们返回人性本始之善"来界定这一思想。② 走笔至此,我们已经发现,《性自命出》提出了一个尖锐的问题,而且展示了原始儒家人性论思想中深刻的矛盾,孟子与荀子在性善性恶上的对立,似乎在这里已经显示了某种倾向,或者可能。

心志之由物而作,由悦而行,由习而定的过程,也就是"喜怒哀悲之气"不断"外见"的过程,因为在心志之由"作"而"行"而"定"的心理进程中,不可能没有情感的因素,因此,以情气论性,必然会导致以情气论心。在《性自命出》的心性结构中,"情"始终都是一个核心性的成分,它依托于"性"(始者近

---

① 孔子"性相近也,习相远也"的判断,事实上可以推演出"性可以为善,可以为不善"的结论,而这正是《性自命出》的理路,与孟、荀都不相同。

② 郭齐勇著:《郭店楚简身心观发微》,见武汉大学中国文化研究院编:《郭店楚简国际学术研讨会论文集》(《人文论丛》特辑),湖北人民出版社 2000 年版,第 200 页。笔者受此启发,曾在《江汉考古》2002 年第 1 期上发表过一篇题为《从"反古复始"到"反善复始"》的文章。

情），开发于心志（终者近义）。简文作者看得很清楚，没有情感作为动力，一切的道德的认知都是不可能的。所以，"喜怒哀悲之气"虽然直接生发于人的性，但是，它是"物取之"的直接对象，它直接左右着人们的价值取向。于是，在中国哲学史上，理性的心志认知始终与情感的喜怒哀乐纠结在一起了，它导致的结果必然是，一切认知的结论都是道德情感性的、价值性的结论，它消融了人与物的对立，也消融了理性与感性的对立，同时还消融了天、命、物、我彼此分割的状态。休谟的话也许对于我们理解先秦原始儒家先哲们的思想大有裨益："熄灭一切对德性的火热的情和爱、抑制一切对恶行的憎和恶，使人们完全淡漠无情地对待这些区别，道德性则不再是一种实践性的修行，也不再具有任何规范我们生活的行动的趋向。"①这不仅说明了先秦儒家的性情学说在心理学上的合理性，而且也间接地透露了先秦儒家人学的普适性。

"始者近情，终者近义。知情者能出之，知义者能内之"（第3—4简）的思想明显与《礼记·礼运》之"何谓人情？喜怒哀惧爱恶欲七者，弗学而能。何谓人义？父慈、子孝、兄良、弟弟、夫义、妇听、长惠、幼顺、君仁、臣忠十者，谓之人义"的论述有思想上的关联。人道始于人情，而终于人义。始于人情者，谓人道的贯彻必须依据人之所以为人者，要尊重人之喜怒哀惧爱恶欲的正常欲求和情感之实；终于人义者，谓人道的最终指向，是儒家人伦之职、位、德的落实，是礼乐、人文价值的归依。对以"出"、"内"（纳）为文眼的"知情者能出之，知义者能内之"的诠释，廖名春先生认为："这是说了解喜怒哀乐之情，就能表现'道'，知道义，就能深入到道的本质。"②丁原植先生认为："只有通晓人存之实情者，能发起[人道的规划]，也只有能通晓人文价值之本义者，能包容[一切人存事务的处置]。"③但是，笔者以为，二位先生的高论都是值得商榷的，因为这两句是上承前文"心无定志，待物而后作，待悦而后行，待习而后奠"而来的，整段文章都只是在讲人之心性情志的作、性、悦、定，故只有"心"之"知"情者，才能"出之"；只有"心"之"知"义者，才能"内之"。这里的所

---

① 休谟著：《道德原则研究》，曾晓平译，商务印书馆2002年版，第24页。
② 廖名春编：《清华简帛研究》（第一辑），清华大学思想文化研究所2000年版，第30页。
③ 丁原植著：《楚简儒家性情说研究》，（台北）万卷楼图书有限公司2002年版，第52—53页。

"出"、所"内"的对象，就是下文的"好恶"、"所好所恶"；"善不善"、"所善所不善"。因此，这里的情，是建立在"知"之上的道德之情，这是理性化的情。这又不能不使人想起简文"义也者，群善之蕝也。习也者，有以习其性也"的论述，《性自命出》特别强调心之"知"，强调的是针对性情的礼乐教化，更强调现实伦理生活中的道德践履与性情磨炼，理性的精神十分浓厚。所以，笔者以为，与其说《性自命出》近似于思孟心性扩充，倒不如说它更接近于孔子本人实践理性的思想。

深究先秦时期儒家哲学的发展，笔者发现，先秦儒家的性情思想并不是一个孤立的问题。从历史文化发展的纵向角度来看，它实际上是由殷商之主宰性的天命观向西周义理性的天命观逐渐转化的投射。主宰性的天命观，意味着人与人之间先天性的阶级对立与天生的不平等关系；而义理性的天命观，则意味着"把传统的阶级上的君子小人之分，转化为品德上的君子小人之分，因而使君子小人，可由每一个人自己的努力加以决定，使君子成为每一个努力向上者的标志，而不复是阶级上的压制者。"①孔子继续着西周开国者的思想轨迹，发扬光大，在这一点上为中国文化史的发展做出了卓越的贡献。但是，孔子自己就说过："若圣与仁，则吾岂敢?"(《述而》)他自己是从来不以圣、仁自居的。他还说："十室之邑，必有忠信如丘者焉，不如丘之好学也。"(《公冶长》)自己并非道德上的楷模，但一定是勤奋努力，"发愤忘食"(《述而》)的典范。由此可见，圣也好，仁也罢，都只是孔子在人学的境界上提出的奋斗目标，并非常人能够抵达。因此，贤达睿智如孔子者，也不能无过。孔子的性情思想一方面是往古历史的继承，另一方面又是对历史的超越，过去与未来，保守与创新的各种因素在孔子身上是彼此纠结在一起的。事实上，在人类历史的任何一个横切面上，我们都可以看到，新与旧，古与今之间是不可能一刀两断，截然地划出一个泾渭分明的界限来的，在《论语》中，孔子的性情思想，就同样地存在着这种历史性的逻辑矛盾。孔子一方面说："中人以上，可以语上也；中人以下，不可以语上也。"(《雍也》)"生而知之者上也，学而知之者次也，困而学之，又其次也；困而不学，民斯为下也。"(《季氏》)"唯上智与下愚不移。"

---

① 徐复观著:《中国人性论史》(先秦篇)，台湾"商务印书馆"1969 年版，第 65 页。

（《阳货》）把人天生地定格为"中人以上"、"中人以下"，"上知"、"下愚"，而且他们之间，是不可能转化的，这明显是主宰性的天命观的遗迹。但是，孔子是伟大的，他并没有沉溺于历史厚重的惰性而不能自拔，他提出了一个在中国文化史上划时代的思想，这就是"性相近也，习相远也。"（《阳货》）孔子思想的矛盾是难免的，但是，孔子却在思想体系里显示了他理论的指向。孔子的意思是说，所有人的天生之性都是差不多的，只有通过后天的学习、习染，来修养他的性情，加强人之所以为人的精神意涵，并且进而以一个人性情的好与坏、道德修养之高与低、掌握知识的多与少来决定他生命的质量以及在社会上的地位。

这实在是中国性情思想史上的革命性命题。① 一个思想，或者命题之是否具有革命性，不仅可以从它本身的思想内容和表述形式中看到，而且还可以从哲学家的后学思想发展中领略到它的光辉。郭店楚简《成之闻之》云："圣人之性与中人之性，其生而未有别之。"这里的表述方式明显脱胎于孔子的"中人之性"云云，但是，它发展了孔子，试图将孔子本来含有矛盾的地方弥合起来；《性自命出》更是来得简单明了："四海之内，其性一也。其用心各异，教使然也。"（第9简）完全是孔子思想的扩展与诠释，礼乐教化的思想指向已经相当明确。其后，孟子曰："圣人之于民，亦类也。出于其类，拔乎其萃，自生民以来，未有盛于孔子也。"（《公孙丑上》）"尧舜与人同耳。"（《离娄下》）"故凡同类者，举相似也，何独至于人而疑？ 圣人与我同类者。"（《告子上》）圣人的性与常人的性是一样的，但是，圣人之所以成为圣人，完全是他们努力学习，像孔子一样，切磋琢磨，"出于其类，拔乎其萃"的结果。荀子亦曰："凡人之性者，尧、舜之与桀、跖，其性一也；君子之与小人，其性一也。"（《性恶》）都

---

① 徐复观先生指出：它"打破了一切人与人的不合理的封域，而承认只要是人，便是同类的，便是平等的理念。此一理念，实已妊育于周初天命与民命并称之思想原型中；但此一思想原型，究系发自统治者的上层分子，所以尚未能进一步使其明朗化。此种理念之所以伟大，不仅在古代希腊文化中，乃至在其他许多古代文明中，除了释迦、耶稣，提供了普遍而平等的人间理念以外，都是以自己所属的阶级、种族来决定人的等差；即在现代，在美国，依然闹着有色人种的问题；而由人性不平等的观念所形成的独裁统治，依然流毒于世界各地。由此当可了解孔子在二千五百多年以前，很明确地发现了，并实践了普遍地人间的理念，是一件惊天动地的大事。"（见氏著：《中国人性论史》（先秦篇），台湾"商务印书馆"1969年版，第64—65页）

是祖述孔子,推崇礼乐教化的走向。这应该是先秦儒家人学理论的重心,也是《性自命出》注重心志教化,以情气论性的理论背景。

有了这样的认识,我们再来阅读《性自命出》的时候,也许就会对该文的主题有了更加牢靠的把握:

> 凡性,或动之,或逆之,或交之,或厉之,或出之,或养之,或长之。凡动性者,物也;逆性者,悦也;交性者,故也;厉性者,义也;出性者,势也;养性者,习也;长性者,道也。凡见者之谓物,快于己者之谓悦,物之势者之谓势,有为也之谓故。义也者,群善之蕝也。习也者,有以习其性也。道者,群物之道。凡道,心术为主。(第8—14简)

动性者,为物。何谓物?简文云:"凡见者之谓物。"见,读为"现"。在《性自命出》中,物之现,是性之出的先决条件。"喜怒哀悲之气,性也。及其见于外,则物取之也。"(第2简)以"喜怒哀悲之气"来界定性,为"物"之"取"的前提。但是"见于外"的原因,却是"物取之"的结果。之所以有这样的结果,原因还在于简文以气论性。把"喜怒哀乐"界定为"气",而气又是一种可以出入、吞吐、运动的存在,相对于性而言,本来是一种外在的存有。所以这里的"气"实际上就是"情"。相对于天命而言,性为"中体"(程伊川言《中庸》语,笔者借用于此)之性,是人的本质存在。"见于外",虽仍然是性之质,但是,其存有的形式已经发生了变化,是之谓"情"。故简文曰:"凡性为主,物取之也。金石之有声,[弗扣不][鸣。人之]虽有性,心弗取不出。"①说的实际上仍然是"情"。"动性者,物也"的判断之理论价值,也许还在于简文作者立足于性情的现实修炼与境界提升,对"物"本身可能提出要求。这样一来就为先秦儒家的性情思想之发展的走向,设置了很多可能性。值得再说几句的是,郭店楚简《语丛·一》中有"有天有命,有物有名。有物有容,有家有名"(第2—3

---

① 赵建伟《〈性自命出〉校释》认为这里的"心"为衍文。李零先生则将"心"安置在"弗取不出"的前一句句末,成为:"[人之]虽有性心,弗取不出。"(见李零著:《郭店楚简校读记》,北京大学出版社2002年增订版,第105页)在先秦的典籍中,笔者似乎从来没有碰到以"性心"为序的,故不从。陈来先生将"心"放在"弗取不出"一句的开头,并且说"这个说法,很近于宋儒所说的'心主性情'"。(陈来:《荆门竹简之〈性自命出〉篇初探》,见姜广辉主编:《中国哲学》第二十辑,辽宁教育出版社1999年版,第305页)是否近于宋儒,不敢妄论,但是陈先生将"心"置放在"弗取不出"之前,无疑是正确的,故从。

简）的句子，这就是说，"物"也是由天命下贯定命定性而成，因此，《性自命出》中的"物"也许与此是相通的，它有名、有容，也是天之所命，因而也具有神性，与现代汉语中的"物"应该是有区别的。它所"取"的"性"是不是也具有神性呢？回答应该是肯定的。

逆性者，为悦。逆，郭店简读为"逢"，黄德宽、徐在国和李零等先生均释为"逆"。上博简读为"逆"。逆，《尔雅·释言》曰："迎也。"悦，简文自释曰："快于己者之谓悦。"（第 12 简）《广韵·夬韵》云："快，称心。"《韩诗外传》第九卷载："见色而悦为之逆。"在交接的过程中，心性具有这种称心如意的感受，是因为内在之性通过心志与外物的交接，"外物"在主体的心志之中引起了一种特殊的心理反应，此之谓"逆"。这种"逆"，是人人具有的，但是，要充分利用这种"逆"的机缘，磨砺"性情"，就不是那么容易的事情了。只有刻意地锤炼自己的人才会有所提高。

交性者，为故。交，裘锡圭先生读为充实之"实"。① 故，简文自释曰："有为也者之谓故。"（第 13 简）《说文·支部》云："故，使为之也。"所以，有为也者，指的是人为了达到一定目的，用作教化内容的《诗》、《书》、《礼》、《乐》等文化典籍，就是孔子"文、行、忠、信"的"文"。以传统的文化典籍丰富人的内涵，拓展人的性情空间，并且把它们视为人性的一部分，使之成为"天生人成"的重要途径。这是对人类精神文化传统的正面肯定。另外，实性就是充实性，或使性变得充实、丰富。这里的潜台词是，人的天性与"故"并不矛盾，先天之性是基础，是前提，是宗教性的天道预设，后天的教化是充实、是磨砺、是现世人道的定位与提升。

厉性者，为义。厉，为磨砺。本来万事万物都可以磨砺心性，何以独"义"为然？简文云："察，义之方也。"（第 38 简）仔细鉴别、审查、选择是非、善恶的过程本身就是对人的性情的一种最好的锻炼；简文又云："义也者，群善之蕝也。"（第 13 简）义，为群善之表征，是各种美德的集大成者，是儒家人学价值的标准，因此，学者必须"如切如磋，如琢如磨"（《大学》引诗），"博学之，审问

---

① 参见裘锡圭：《谈谈上博简和郭店简的错别字》，见《新出楚简与儒学思想国际学术研讨会论文集》，清华大学，2002 年，第 19—20 页。

之,慎思之,明辨之,笃行之"(《中庸》)把"实性"与"厉性"联系起来,把"故"与"义"整合起来,就是仁与智的统一,德性与知性的统一,这正是孔子知行并重的实践理性。

出性者,为势。势,是针对物而言的,其目的是为了锻炼性情的出入。简文自释曰:"物之势者之谓势。"第一个"势",李零先生读为"设",廖名春先生读为"制",即为制约,控制。廖说似可从。① 第二个"势",为处势义。《论衡·率性》云:"人间之水污浊,在野外者清洁,俱为一水,源从天涯,或浊或清,所在之势使然也。"这个"势",是一种社会礼仪的位势,它可以是历史的时势,也可以是现实的境遇,在很多情况下它是不以人的意志为转移的一种外在的力量。先秦儒家称之为"遇",《唐虞之道》谓之"圣以遇命,仁以逢时"(第14简)。内在之"圣"与"仁"与外在之"势",是一种互动的关系。李零先生说:"'势'是由外物构成的环境和环境具有的态势,可以屈挠其本性。"②屈挠其本性,大约指的是对本性发展的一种合乎社会习俗、价值观念的一种限制。所以,李零先生与廖名春先生的解说是相通的。屈挠,实为修炼,是指在各种具体的境遇中何以把握性情的恰如其分,所以屈挠也是一种疏导。

养性者,为习。势,指的是人,作为一种社会的动物所受到的人文制约,因此,其"所善所不善"的对象,是不以个人的意志为转移的、被动的趋势、态势;而习养,却与"势"刚好相反,是有目的的、主动的心性锤炼。"习也者,有以习其性也"(第13—14简)的判断,在很大程度上是对"动之、逆之、实之、厉之、出之"的全面总结。"习"是先秦儒家教化之学最根本的落脚点,就是孔子"造次必于是,颠沛必于是"(《里仁》),以"仁"为性的基本功夫。后面简文"察,义之方也。义,敬之方也。敬,物之节也。笃,仁之方也。仁,性之方也。性或生之。忠,信之方也。信,情之方也"(第38—40简)所展示的实际上是一个习练、修养性情的不断推演的过程。但是,《礼记·月令》中有"习合礼乐"之

① 见李零著:《郭店楚简校读记》,北京大学出版社2002年增订版,第106页。又见廖名春:《郭店楚简〈性自命出〉篇校释》,见氏编:《清华简帛研究》(第一辑),清华大学思想文化研究所,2000年,第34页。

② 李零著:《郭店楚简校读记》,北京大学出版社2002年版,第117页。

谓,也就是说,所谓"养性"就是用礼、乐之习来养性情之正。《尊德义》云:"德者,莫大于礼乐焉。治乐和哀,民不可惑也。"(第29—30简)以德治性,莫大于礼乐,以礼乐治性理情则民不惑。

长性者,为道。长,刘昕岚、郭沂、李天虹均视为增长、进益,①是说可从。因为儒家的"道",承《周易》"天道"之生化流行而来,是一个开放的创发体系,因此,廖名春先生将此"长",释为"统率、率领"之义,②是值得商榷的。人与道之间、天与人之间,在真正的"君子儒"那里,了无关碍,通体透明,不是统率与被统率的关系,而是彼此涵括、彼此冥合的关系。这应该是先秦儒家学说的基本要义之一。长性之"道",为人道。简文诠释曰:"道者,群物之道。凡道,心术为主。"(第14简)"道者",即指"长性之道",亦即"人道",人道就是下文的《诗》、《书》、《礼》、《乐》,为什么说"道者,群物之道"呢? 因为简文作者认为,《诗》、《书》、《礼》、《乐》已经全面概括了世界上万事万物的真理,是世界的总相,所以认真地修德敬业,增进《诗》、《书》、《礼》、《乐》的知识,就可以扩大心性的内涵、完善整个的生命。实性,是指充实其性;长性,则是扩充其性,通过"心术"与天地之道同体。二者相关,但是并不相同。

"凡道,心术为主"之谓,据笔者所知,"心术"之说至少见于《庄子·天下篇》与《管子·心术》(上下)。《庄子·天下篇》云:"接万物以别宥为始。语心之容,命之曰:'心之行'。"《汉书·艺文志》曰:"夫民有血气心知之性,而无哀乐喜怒之常,应感而动,然后心术形焉。"颜师古注曰:"述,道径也;心术,心之所由也。"郭沫若先生据此指出:"可见'心术'二字的解释也不外乎是'心之行'。而《心术下篇》言'心之行'如何如何,《内业》则言'心之刑',或言'心之情'刑与形字通,情与形义近,故'心之刑','心之形','心之情',其实也就是'心之容'了。"③把这种诠释与《性自命出》的论题联系起来,我们才恍然大悟,"凡道,心术为主"的判断是又将论述的笔触引回到了"凡人虽有性,心亡

---

① 参见李天虹著:《郭店竹简〈性自命出〉研究》,湖北教育出版社2002年版,第145页。

② 廖名春:《郭店楚简〈性自命出〉篇校释》,见廖名春编:《清华简帛研究》(第一辑),清华大学思想文化研究所,2000年,第33—34页。

③ 郭沫若:《宋钘尹文遗著考》,见氏著:《青铜时代》,科学出版社1957年版,第251页。

定志,待物而后作,待悦而后行,待习而后定"之上。① 简文始终紧扣性情、心志的论题,文章结构相当严密,起承转合,错落有致,前后照应有方,是值得我们注意的。

综上所述,对性动之、逆之、实之、厉之、出之、养之、长之的系统思想是承接上文探讨了心志、性情的出入之后,利用性情"心弗取不出"(第 6 简)的特性,而精心设置的磨砺套路。简文的真正用意是要拓展出"心术"("心之行"、"心之刑"、"心之情")的具体内容与走向,把儒家的德性、心性、性情修养的途径与方法落到实处。

第二节　礼乐人生

根据《礼记·明堂位》,我们可以推知,周公制礼作乐,曾对此前的礼乐资源进行过集大成式的加工与改造。至孔子,明确提出"兴于诗,立于礼,成于乐"(《泰伯》)的人格修养、提升理路,由是而确定了先秦儒家人学的基本模式。西周时期的礼乐文化,文质相成,"郁郁乎文哉"(《八佾》),依托于上古巫史传统,神话与历史不分,史诗与乐舞不分,天与人亦不分,是先秦儒家礼乐

---

① 郭店楚简《五行》云:"德之行五,和谓之德,四行和谓之善。善,人道也。德,天道也。君子无中心之忧则无中心之智,无中心之智则无中心之悦,无中心之悦则不安,不安则不乐,不乐则无德。(君子无中心之忧则无中心之圣,无中心之圣则无中心之悦,无中心之悦则不安,不安则不乐,不乐则无德。)"透过《五行》篇的上述思想,我们对《性自命出》应该有新的认识:第一,《性自命出》的所谓"心术",说到底,就是《五行》篇的"五行"、"四行";《性自命出》中的"道四述"就是《诗》、《书》、《礼》、《乐》。由此我们进而相信,《性自命出》与《五行》在思想上具有深层理念上的相关性。第二,本章第三节笔者将论述到《性自命出》"情"的绝对圣洁性,由此我们发现,《性自命出》的情,并不是天生的"血气心知"之"情",而是与《五行》之忧、悦、安、乐一样,在经过了各个方面、各个层面的艰苦磨炼之后,对原始自我的超拔,"是最高的智慧,是理性的愉悦,是超善恶的忧乐,是内在的极致之安。这是圣贤的境界。"(郭齐勇:《郭店楚简身心观发微》,见武汉大学中国文化研究院编:《郭店楚简国际学术研讨会论文集》,湖北人民出版社 2000 年版,第 203 页)第三,《性自命出》之性情思想的最高、最深处,是形而上的性命超越,它是礼乐教化的"反善复始",身心互正的天道范本,无不是回归到"性自命出,命自天降"的源头上去。其理论的本质在于建设人之所以为人的贯通天人的"神性"。

文化的根本源头。① 是故《礼记·乐记》有云："及夫礼乐之极乎天而蟠乎地，行乎阴阳而通乎鬼神，穷高极远而测深厚。乐著大始，而礼居成物。著不息者，天也。著不动者，地也。一动一静者，天地之间也。故圣人曰'礼乐'云。"道出了先秦礼乐思想的本质。

《性自命出》的礼乐思想与此一贯而下，植根于性情，依托于天命，最后"闻道反己"（第56简），身心互正，回应天命，历史性地丰富了儒家人学的内涵。《性自命出》的身心观之最大的特点，在于把身体当成了一个情感的符号，始终是磨砺性情的一个重要的对象。对"作"于"情气"（"喜怒爱悲之气，性也"）的"礼"（"礼作于情"）的作用，《性自命出》说得很清楚："当事因而制之，其先后之序则义道也，或序为之节，则文也，致容貌所以文，节也。"（第19—20简）丁原植先生的诠释是："当面对事物的发生，就人道（的指向）而约制（人情的作用）。对礼施以上下先后次序的安排，就是人道之价值性（的要求）。（礼）有上下先后的顺序，对此加以约制铺陈，即形成礼仪的盛美。致力容貌（以呈现礼容的端庄），这是文饰着礼仪的制约。"②用后天之礼制约情气，就是以天道为范本，以人道的复杂关系作为锻炼自己性情的熔炉，置身其中而如切如磋，如琢如磨，以达到个体与群体的统一、天与人的统一。

但是，《性自命出》的礼仪化制约，是依托于心性的磨砺之上的，以"心"的认知规律为中轴，在心与物交接的过程中，从心之各个层面、各个阶段的实践出发，积土成山地练就性情的真纯，积善成德，"生德于中"，并且进而焕发在容貌、身体、举止、言行之上。故简文又云：

　　察，义之方也。义，敬之方也。敬，物之节也。笃，仁之方也。仁，性之方也。性或生之。忠，信之方也。信，情之方也。情出于性。（第38—40简）

---

① 杨向奎先生说："自王国维先生起到阴法鲁先生以甲骨文解上古史，旁征博引，遂使《天问》《山海经》中的神话故事，得以复现历史的真实。这些神话，还属于'神'职的历史时代。中国古代史职的演变，可分三期，即：一，'神'职历史时期，这时未'绝地天通'，人人通天为神，神话与历史不分。二，'巫'职历史时期，颛顼时代，重、黎'绝地天通'，是为巫的开始。三，春秋时代，'诗亡然后《春秋》作'，是为'史'的历史时期开始。"（见氏著：《宗周社会与礼乐文明》，人民出版社1997年版，第351页）

② 丁原植著：《楚简儒家性情说研究》，（台湾）万卷楼图书有限公司2002年版，第112页。

内在的仁、笃之性，必然要在纷繁复杂的人伦交际过程中，通过敬、忠、信之类的美德表现出来，溶解于颜色、容貌、辞气、体态等身体的语汇之中。这就是孔子所说的"君子义以为质，礼以行之，逊以出之，信以成之"(《颜渊》)的进一步扩展，它特别强调的是内心的端正诚悫，质朴信实(柬柬之信)。只有具备了"柬柬之信"(第66简)的人，才能消除巧言令色、污缦虚浮的言行，以达到内在的心性道德与外在表现的统一。所以《性自命出》又曰："君子美其情，贵[其义]，善其节，好其容，乐其道，悦其教，是以敬焉。"(第20—21简)丁原植先生就此释"敬"曰："'敬'是一种肃穆庄重的情态，是透过'美'、'善'、'好'、'贵'的取择与领会，'乐'、'悦'的心服感受，而产生一种道德的尊崇情怀。它具有原始宗教的神圣，而表现出人文价值创造的庄严。"[1]《墨经》曰："礼，敬也。"敬，为内在心性、情气之诚，是人之所以为人之主体上的内在要求；礼，为外在的节度，是人伦化的社会之各种关系在人的视听言动之仪表曲折的反应。敬是礼的内因，礼是敬的结果；有礼而无敬，谓之乡愿，有敬而无礼，则无人文之徵。[2] 敬、礼结合，表里如一，形神兼备，才能在身与心的高度统一的状态下显发天道的精神。

由于《性自命出》有"性自命出，命自天降"的天命源头，因此，"敬"的庄重之诚，实际上生发于天命，仰承天道，与性情相表里，具有超越的意涵，表现出了一种宗教的情怀。先秦儒家的思想体系中的人，之所以没有让人的主体流于偏枯、干瘪，关键还在于，与"敬"相表里的"礼"还有更为丰富的内涵支撑，这就是"乐"。礼乐之间相辅相成的内在张力，是先秦儒家礼乐人生的根本。杨向奎先生说：周初到春秋时代的"礼乐文明在西周初以'德'为核心，到春秋末，孔子提出，以仁为核心。孔子是一位大思想家、教育家、也是音乐家。他改革了礼，修正了乐。周公开始，使礼乐从原始的地位，走向人类社会；孔子开始，丰富了社会中的礼乐内容，礼不再是苦涩的行为标准，它富丽堂皇而文

---

① 丁原植著：《楚简儒家性情说研究》，(台湾)万卷楼图书有限公司2002年版，第115—116页。

② 孔子曰："人而不仁，如礼何？人而不仁，如乐何？"(《八佾》)又云："礼云礼云，玉帛云乎哉？乐云乐云，钟鼓云乎哉？"(《阳货》)

采斐然,它是人的文饰,也是导引人生走向理想境界的桥梁。"①但是,孔子哲学的主要目的,是要创发一种人生的境界。孔子"志于道,据于德,依于仁,游于艺"(《述而》),"兴于诗,立于礼,成于乐"(《泰伯》)的思想已经把先秦儒家人学带入了既善又美的艺术境界,这对中国的生命哲学产生了深刻的影响。

杨向奎先生还指出:"'礼'有广义、狭义之分。广义的礼,风俗信仰、礼仪制度无所不包;狭义的礼,包括礼物、礼仪两部分。'乐'属于与'礼'结合在一起的'仪',所以我们往往是礼乐合称。"②郭店楚简《六德》亦云:"礼乐,共也。"(第26简)所以,《性自命出》的"乐"也是属于"礼"的。它说得很清楚:"笑,礼之浅泽也;乐,礼之深泽也。"(第22—23简)案:泽,水聚会处。《释名·释地》云:"下而有水曰泽。"谓教化之恩泽,朱熹注《孟子·离娄下》"君子之泽,五世而斩"云:"犹言流风余韵。"(《孟子集注·离娄下》卷八),笑,丁原植先生释为"礼仪容貌的一种表现",很有道理。亦即,"和悦柔顺的态度,体现了礼义节度。聘问时致送璧帛,以作为表达诚信的证物,其馈赠体现着义道。欣然发笑,是和谐教化所产生的浅显影响。"③那么,为什么"乐",就成了礼的"深泽"?《礼记·乐记》可谓一针见血:"先王本之情性,稽之度数,制之礼义,合生气之和,道五常之行,使之阳而不散,阴而不密,刚气不怒,柔气不慑,四畅交于中,而发作于外,皆安其位,而不相夺也。然后立之学等,广其节奏,省其文采,以绳德厚,律小大之称,比终始之序,以象事行,使亲疏、贵贱、长幼、男女之理,皆形见于乐,故曰:'乐观其深矣。'"艺术(诗、乐、舞三位一体)的生发,本来深刻地植根于人的心灵之中,是"情动于中"(《乐记》)的直接产物。先王"稽之度数,制之礼义,合生气之和,道五常之行"的原因在于既符合艺术审美本身之发挥的规律,又不违反人之所以为人的血气心知之原则,故"使之阳而不散,阴而不密,刚气不怒,柔气不慑,四畅交于中,而发作于外,皆安其位,而不相夺也",完全是人发自内心的自然表现,没有丝毫的违拗之处。因此,"广其节奏,省其文采,以绳德厚,律小大之称,比终始之序,以象事行,

---

① 杨向奎著:《宗周社会与礼乐文明》,人民出版社1997年版,第381页。
② 杨向奎著:《宗周社会与礼乐文明》,人民出版社1997年版,第385页。
③ 丁原植著:《楚简儒家性情说研究》,(台湾)万卷楼图书有限公司2002年版,第119页。

使亲疏、贵贱、长幼、男女之理",全面阐发了人类社会的人伦情怀。在这样的前提下,艺术"清明象天,广大象地,终始象四时,周还象风雨。五色成文而不乱,八风从律而不奸,百度得数而有常。大小相成,终始相生,倡和清浊,迭相为经。故乐行而伦清,耳目聪明,血气和平,移风易俗,天下皆宁"。(《乐记》)《乐记》一文,虽不是孔子亲自所作,但是,祖述了孔子的礼乐思想,是其"乐论"思想的发挥,则是无疑的。从文本来看,《乐记》的最终成文年代,明显比《性自命出》晚。也就是说,《性自命出》中许多还处于蒙昧、萌芽状态下的思想,在《乐记》中就发展得十分丰满了。由此看来,《乐记》也许是先秦儒家"乐论"思想的集大成者。

参照先秦儒家的传世文献,笔者以为,《性自命出》中关于"乐"的思想,有以下几点值得我们珍视:

第一,"游"是一种中国的艺术精神中特有的自由状态。《礼记·乐记》专门对音、声进行过区别:"凡音者,生于人心者也。乐者,通伦理者也,是故知声而不知音者,禽兽是也;知音而不知乐者,众庶是也。"而《性自命出》的"声",却是包含了哭声、笑声和琴瑟之声。简文作者承接上文"喜怒哀悲之气,性也"的判断,紧扣人之喜与怒、哀与乐的两极,深究它们与人性的关系:"凡至乐必悲,哭亦悲,皆至其情也。哀乐,其性相近也,是故其心不远。"(第29—30简)上一句讲情,说的是哀乐相生,交互影响,虽各有不同的心理走向,是不同的情感表现,但都是人之主体性的纯真表达。后一句言性,讲的是哀与乐虽然表现形式截然相反,但是心性的认知,情感的流露,在依托于"性"这一点上,却是一致的。如果与上文"四海之内,其性一也。其用心各异,教使然也"(第9简)结合起来读,我们就会发现,这一句与孔子之"性相近也,习相远也"(《阳货》)也许有承继上的关系。

"至乐必悲"之谓,似乎与《淮南子·道应》之"夫物盛而衰,乐极而悲,日中而移,月盈而亏"的自然辩证法思维模式有关,但是,笔者以为,这里透露了儒家与道家在理论指向上的不同。《孔子家语·六本》有"志之所至,诗亦至焉;诗之所至,礼亦至焉;礼之所至,乐亦至焉;乐之所至,哀亦至焉。诗礼相成,哀乐相生,是以正明目而视之,不可得而见;倾耳而听之,不可得而闻,志气塞于天地,行之充于四海,此之谓五至矣"之论,这是生命与性情的存有辩证法,由此我们可以知道,儒家的性情思想实际上是人生哲学、生命哲学,归根结底,将是对生与死的探索:"生与来日,死与往日。知生者吊,知死者伤。知生而不知死,吊而不伤。知死而不知生,伤而不吊。"(《礼记·曲礼下》)只有深知生死、贯通天人的人,才能真正养性情之正:"敖不可长,欲不可从,志不可满,乐不可极。"(《曲礼下》)所以,"凡至乐必悲"的真实用意在于阐明,人的真情实感是极为珍贵的,但是,"直情而径行"非君子之行也,因为它不合生死之道,天地之节,故"辟踊,哀之至也。有算,为之节文也"(《檀弓下》),才能哀戚有节而不伤性。因此,简文"吟,游哀也;噪,游乐也;啾,游声[也];呕游心也"(第33简)之谓,仍然上承孔子"游于艺"、"成于乐"的思想,试图以礼乐化的艺术之审美来锤炼、节制人的性情。吟,为浅叹;噪,为欢呼;啾,忧愁之声;呕,为歌唱。关于"游",异体做"遊",这个字上海简写作"芓",濮茅左先生释曰:"芓,亦遊字,《集韵》曰:'遚、迂、遊,行也。或从子,从斻,通作遊。'有放纵、放任义。"①如果我们把这个"遊"视为与孔子"遊于艺"、庄子"逍遥遊"之"遊"具有相关性,那么,吟、噪、啾、呕,都可以理解为各种歌唱的艺术表现形式,并且用以"遊哀"、"遊乐"、"遊声"、"遊心",其本质就是"有算,为之节文也",与上文之"贵其义,善其节,好其容,乐其道,悦其教"(第20—21简)是一致的,都是养心、节情,所以说到底,《性自命出》之"喜斯陶,陶斯奋,奋斯咏,咏斯犹(摇),犹斯作(舞)。作(舞),喜之终也。愠斯忧,忧斯戚,戚斯叹,叹斯辟,辟斯通(踊)。通(踊),愠之终也"(第34—35简),虽然与《礼记·檀弓下》一样,具有丧葬之礼的语汇背景,但在本书中,却最终是在论述人之内心的喜怒哀乐何以选择一个相应的、恰当的方式表达出来,既不受压抑,不至于情感无以宣泄,又有所节制而不伤其性,以艺术的形式来调节身心以达到性情的和谐和精神的自由境界。对此《孟子》、《礼记·乐记》②中都有相关的思想,此不赘述。

---

① 马承源主编:(上海博物馆藏)《战国楚竹书》(二),上海古籍出版社2002年版,第251页。

② 《孟子》曰:"仁之实,事亲是也;义之实,从兄是也。智之实,知斯二者弗去是也;礼之实,节文斯二者是也;乐之实,乐斯二者,乐则生矣;生则恶可已也,恶可已,则不知足之蹈之、手之舞之。"(《离娄上》)《乐记》亦云:"故歌之为言也,长言之也。说之故言之。言之不足,故长言之,长言之不足,故嗟叹之,嗟叹之不足,故不知手之舞之,足之蹈之也。"

第二，"凡声，其出于情也信，然后其入拨人之心也厚。"（第23简）借助艺术的形式，施行道德教化可以收到令人意想不到的效果。孟子曰："仁言，不如仁声之入人深也。"（《尽心上》）荀子曰："夫声乐之入人也深，其化人也速。"（《乐论》）都与此思想一致，不过，《性自命出》的这个判断，是一个假设复句，是说如果音声"出于情也信"，那么，"其入拨人之心也厚"，如此，则在文意上相对孟子、荀子而言，更注重性情本身之论题的探讨。也就是说，"凡声，其出于情也信"，是作者对艺术，对情感表达的一个根本性的要求。感情真挚是一切动人的情感、动人的艺术作品的生命所在。于是，简文作者从人之情感的喜与悲两极入手，来探讨情感出入、交汇的表现形式，以求找到其中的规律与本质："哭之动心也，浸杀，其央恋恋如也，戚然以终。乐之动心也，濬深鬱陶，其央则流如也悲，悠然以思。"（第30—31简）浸杀，指悲痛到极点之后，心如刀绞的状况；"濬深鬱陶"，欢乐之情内涵于人体而未发的状态。丁原植先生指出："'乐'与'哀'作为人存之情的两种极致，均动撼着人心，各自表现出不同的情态。喜乐之情，感人深刻，在心中激荡而奋发，蕴积至极处，则顿然感伤人存之有无，茫然而生悲，忧然以哀思。丧痛之哭，哽咽声急，渐转深沉，而声嘶力竭，残音不断，尽情以悲戚。"①笔者倒以为，《性自命出》在这里展现出来的最精睿的思想也许并不仅仅在"皆至其情也，哀、乐，其性相近也"，而在于人之主体性的存有，在哀与乐（实际上是指各种复杂的情感）之间互相转化，借助艺术的形式，摇荡性情，悲喜交加而陶冶人生，此为美的净化，这实际上正是孔子"成于乐"的展开。关于这一点，本书在孔子一章"无与点也"一节中有专论。

李光地的《论语札记》在诠释《论语》"子温而厉，威而不猛，恭而安"时写道："温，春生之气。威者，秋肃之气。恭者，内温外肃，阴阳合德之气也。三句就一时想象亦可，然亦有迭见者。"天造地设，天生人成，生化不息，则人之情与天地之节相似，春夏秋冬四时代序，诚如人的喜怒哀乐之气彼此激发而摇荡性情的状态一样。"诗礼相成，哀乐相生"的支撑背景，是天人合一，是天地宇宙与人生性命之关系的深入思考，触及人之天命性情最实质的问题，因此，

---

① 丁原植著：《楚简儒家性情说研究》，（台湾）万卷楼图书有限公司2002年版，第155页。

简文从天地宇宙之发展规律处,回答了情感何以可能,以及情感起源的重大问题。

正因为人之喜怒哀乐皆至其情,所以才能"入拨人之心也厚"。"圣人比其类而论会之,观其先后而逆训之,体其义而节度之,理其情而出入之,然后复以教"(第16—18简)。如此,则"闻笑声,则鲜如也斯喜。闻歌谣,则陶如也斯奋。听琴瑟之声,则悸如也斯叹。观《赉》《武》,则齐如也斯作。观《韶》《夏》,则勉如也斯俭(敛)。永思而动心,喟如也。其居次也旧(久),其反善复始也慎,其出入也顺,司其德也。郑卫之乐,则非其听而从(纵)之也。凡古乐动心,益乐动指,皆教其人者也。《赉》《武》乐取,《韶》《夏》乐情"(第24—28简)。《汉书·礼乐志》云:"夫乐本情性,浃肌肤而藏骨髓。虽经乎千载,其遗风烈韵,尚犹不绝。"之所以经乎千载,而遗风烈韵不绝的原因,正在于本乎情性,浃肌肤而藏骨髓,感人至深的真实情感足以打动人、深入人心。由于"《诗》《书》《礼》《乐》,其始出皆生于人"(第15—16简),都是出于人的真情实感,所以才能收到使人"斯喜""斯奋""斯叹"的效果,圣人之教也才能达到"斯作""斯俭","乐取""乐情"的目的。所以,《乐记》云:"德者,性之端也。乐者,德之华也。金石丝竹,乐之器也。诗,言其志也。歌,咏其声也。舞,动其容也。三者本于心,然后乐器从之。是故情深而文明,气盛而化神,和顺积中,而英华发外,唯乐不可以为伪。"

第三,乐教的形上超越。结合《性自命出》的上下文以及先秦儒家的相关思想,笔者以为,"喜斯陶,陶斯奋,奋斯咏,咏斯摇,摇斯舞。舞,喜之终也。愠斯忧,忧斯戚,戚斯叹,叹斯辟,辟斯踊。踊,愠之终也"(第34—35简)这段话,始终没有脱离孔子"慎终追远,民德归厚"(《学而》)以及"大报本反始"(《礼记·郊特牲》)的思想。所以,"性自命出,命自天降"为生发之源的性、情,在这里一直具有不可忽视的形上性。理查德·贝克指出:"从有生命时起,音乐就一直是同生命的目的、生命的奥秘紧密联系在一起的。"[①]用《乐记》的话来说,就是"穷本知变,乐之情也。著诚去伪,礼之经也。礼乐偩天地之情,达神明之德,降兴上下之神。"乐舞之情,生发于人情,却也贯乎性情,始

---

① 理查德·贝克著:《音乐的魅力》,宋鸿鸣、路莹译,人民音乐出版社1986年版,第4页。

终没有脱离人的性情。如果说,《檀弓下》的丧葬之舞、之踊,是为了"有算,为之节文"的主题,那么,在《性自命出》的上下文中,我们就应该从性情之出入,身与心的互正关系上来诠释。《性自命出》着重于"喜"与"愠"之生发和终结的心理过程,由喜而陶、而奋、而咏、而摇、而舞;由愠而忧、而戚、而叹、而辟、而踊的过程,就是人的情感摇荡心志,逐渐显发至身体,并通过身体表达出来的过程。

但是,正如我们所知道的,不论是摇,是舞,是辟,是踊,对儒家来讲,实际上都属于"礼"的范畴。先秦儒家的性情思想始终都是离不开"礼"的。因为礼是仁的显现,所以礼就始终以性情为内核。在很多情况下,礼,是通过身体的举止来表达的,但是,并不仅仅如此,礼还有超越的层面,它同样要回证天命,天人合一。故《释名·释言语》云:"礼,体也。"也就是说,儒家的礼,就是要通过身体的礼仪化修炼贯通天人。故《荀子·修身》云:"礼者,所以正身也。"摇、舞、辟、踊,实际上就是礼,用以正身、修德的重要法门。《论衡·本性篇》云:"情性者,人治之本,礼乐所由生也。故原情性之极,礼为之防,乐为之节。性有卑谦辞让,故制礼以适其宜;情有好恶喜怒哀乐,故作乐以通其敬。礼所以制,乐所为作者,情与性也。"礼乐的本质,在于根基于人的性情,然后返其情,和其志,对人之所以为人者进行德性化的规范。

不过,在《性自命出》中,身心性情的交往通达有两个走向:第一,是由真挚的喜怒哀乐之情,激发而为摇、舞、辟、踊,通过身体化艺术的表达,"游"情、"游"性,天人合一,身心合一。第二,礼仪化的摇、舞、辟、踊,象天象地,化天化地,修身反己,修身近至仁,以德性化、礼仪化的身体来统领心志、性情,此之谓"君子执志必有夫广广之心,出言必有夫柬柬之信,宾客之礼必有夫齐齐之容,祭祀之礼必有夫齐齐之敬,居丧必有夫恋恋之哀。君自身以为主心"(第65—67简)。这是性情世界的理性化,是更高层次的快乐,是德性化的身与心的统一。《礼记·大学》曰:"诚于中,形于外。"孟子云:"有诸内,必形诸外。"(《告子下》)《大戴礼记·文王官人》还有"诚在其中,志见于外"之说,诸如此类,不一而足,都是讲内在之诚,显发到身体的理路,而《性自命出》却明白地提出"身以为主心"由外而内的思想,这是身心互正,内外双修,最终又身心统一,内外统一而又仰承于天的理论。由此,《性自命出》就与孟子,或者思孟学派,化出了一道明确的分界线。

第三节 凡人情为可悦也

《性自命出》"性自命出,命自天降。道始于情,情生于性"(第2—3简)的组合判断展示了一个由天而命,由命而性,由性而情,再由情而道的下贯模式。在这个模式中,按照目前学界的常规理解,天与命是源,性、情、道是流,但是,笔者以为,本着荀子"善言天者,必有征于人"(《性恶》)的原则,根据上文分析之《性自命出》注重"心"的教化思想来看,性、情、道,实际上是这个组合判断的主体。特别是这个"道",表面上与上文所说的"心"相应,指的是人道,可是这个组合判断由上而下的条贯理路之本身,即含有"天道"的暗示。"道始于情",一方面是说,"道"源自于人之情的激发,符合人之常情,是人性的最高体现;但是另一方面,这个"情"生于由天命下降之"性",由本书第一章的分析,我们知道,"情"的前身写作"青",而且在《性自命出》的原始文本中,这个"情"字还时而写作"青"(卅),时而写作"情"。从心从青,上青下心的"情"(卅),实际上是儒家的发明,反映了先秦儒家试图将仁义礼智的教化融化到人的天生性情之中去的思想。但是,情字毕竟来自"青"字,由本书孔子一章第二节"纯情挚性",我们知道,即便是极为重视学习、教化的孔子,也是同样极为珍视天生的敦笃之性、之情的。因此,这里"情生于性"的背后,是笔者在本书第一章中说过的话:"'生'是'青'的本体,'青'是'生'的表现形式;青为生质,生由青显,生、青互证。"换言之,这里的性与情,都具有形上的意味。也就是说,始于情的"道",同样含有形上的意味,无不含有天道的成分。而且不仅如此,儒家的人道,亦即《诗》、《书》、《礼》、《乐》,虽然"其始出皆生于人",但是最终的归宿,却又无不是要与天道合一,这就是本书第一章所说的自然之天与义理之天的合而为一。"道"的意涵的双重性,正说明了"情"的意涵,也具有向人与向天的两个指向。

于是,我们惊奇地发现,在这个组合判断中,"情"实际上具有向上与向下,双向撑开的张力。也就是说,虽然它生于由天命贯注的性,但同时,它又是一个对"性"的规约,是"生(性)"之原质的体现,因此,这个"情"就与"性"一样,具有由天命贯注的宗教性质。《性自命出》中"凡人情为可悦也"(第50简)的"情",是一个形容词,意指真诚、敦笃。"悦"说的是一种与人沟通的状态,是说人只要真诚敦笃,就可以打动人,使人产生快乐的情感。但是,在先秦儒家"天生人成"的总框架之下,笔者以为,"可悦",并不仅仅只是指人与人之间,实际上还包括了人与天之间、人与物之间。因为道→情→性→命→天,在先秦儒家那里,每一个环节是不能够独立存有的。这是先秦儒家的天人合一的思想。

早在《尚书》中,儒家的"情",就是依托于"天"的,或者说,是在与"天"相磨合的运动中而存有的。《尚书》关于情感的叙述是很多的,例如,"允":"钦明文思安安,允恭克让,光被四表,格于上下。"(《尧典》)"浚哲文明,温恭允塞,玄德升闻,乃命以位。"(《舜典》)"人心惟危,道心惟微,惟精惟一,允执厥中。""祗载见瞽瞍,夔夔斋栗,瞽亦允若。至诚感神,矧兹有苗。"(《大禹谟》)"尔克敬典在德,时乃罔不变。允升于大猷。"(《无逸》)《尚书》中"允"字凡32见,其中绝大多数是"诚信、真诚"的意思。《尔雅·释诂》云:"允,孚、亶、展、谌、亮、询、信也。"也就是说,允,在《尚书》中与"诚、亶、忱"等在表达真情挚性的意向时,实为同一概念:"鬼神无常享,享于克诚。"(《太甲下》)"诞告用亶。"(《盘庚中》)"敬哉! 天畏棐忱;民情大可见,小人难保。往尽乃心,无康好逸,乃其乂民。"(《康诰》)值得注意的是,这些表述的背后都有"天"的支撑,或者说是"天"的本质属性的投射,所以《尚书》中才会有"格于上下"、"玄德升闻"、"允升于大猷"、"天畏棐忱"等诸如此类的思想,这是周革殷命之后,天人思想的必然归宿。

孔子的一生不离天、不离命,是谓"与命与仁"(《子罕》)。《论语》中的"天"主宰性、义理性兼而有之,是直接上承西周而来的"天"。由于近年来简帛的考古发现,人们已经认识到,孔子与《周易》的关系是相当密切的,因此,孔子的"天"、"命"与《周易》,特别是《易传》中的"天"、"命",有相通之处:"天何言哉? 四时行焉,百物生焉,天何言哉?"(《阳货》)表现的是一种生化流行,生化万物,而又博厚高明的品质。《论语》又载:"子在川上曰:'逝者如斯夫,不舍昼夜!'。"(《子罕》)与《易传》"日新之谓盛德,生生之谓易,成象之谓乾,效法之谓坤……,阴阳不测之谓神"天命生化的精神是相通的。因此,孔子曰:"大哉,尧之为君也! 巍巍乎! 惟天为大,惟尧则之。"(《泰伯》)天,就成了义理上的范本,性命的源泉,精神上的归宿。

笔者曾经撰文指出:"《性自命出》曰:'凡人情为可悦也。苟以其情,虽过不恶;不以其情,虽难不贵。苟有其情,虽未之为,斯人信之矣。'(第50、51简)这里的'情'是一个比现代汉语'情感'之'情'更为深刻、宽泛的概念。由于在笔者看来,郭店楚简可能已经受到了《周易》的影响(《语丛·一》有:'《易》,所以会天道人道也。'),因此,这个'情'与《周易》的'孚',《中庸》的'诚'有相通之处,与《大学》的'正心''诚意'具有同样的品格,都是在追求上文麦克斯·缪勒所说的'绝对的圣洁'。① 在有志于君子道的儒家学者看来,真挚诚悫,是宇宙精神的本质,是至善至美、至大至神的榜样。因此,要在心性上达到天人合一的境界,内圣也好,外王也罢,都必须首先正心诚意,正直无欺。《性自命出》写得很清楚:'笃,仁之方也。仁,性之方也。性或生之。忠,信之方也。信,情之方也。情出于性。'(第39、40简)②人的性情是天的自我彰显和自我实现的形式,我们只有真诚地在人伦关系中尽心、尽性,才能够最终完成'天'赋予我们的使命。"③情并不直接与天、命交接,它必须通过性与天、命发生关系,但是,情是性的表现形式,没有情在具体的操舍存亡中发挥作用,性就不可能回证天命。所以,情的内涵与天、命,实际上仍然具有不可斯须分离的关系,至少它无时无刻地都在天、命的笼罩之中。先秦时期的天与命,并不仅仅只是具有宰制性,特别是在先秦儒家的性情思想体系中,它在更多的情况下,是一种博厚高明的境界。对此,笔者已经在本书第一章中反复加以论述,这里就不多说了。

---

① 麦克斯·缪勒说:"宗教是一种知识。它给人以对自我的清澈洞察,解答了最高深的问题,因而向我们转达一种完美的自我和谐,并给我们的思想灌输了一种绝对的圣洁。"(见氏著:《宗教的起源与发展》,上海人民出版社1989年版,第10页)

② 《尔雅·释诂三》云:"方,类也。"用现代汉语的说法,就是"属于……的范畴"。李天虹博士将这一段引文译为:"敦厚,是仁的表象。仁爱,是性的表象。性则人生而有之。忠诚,是信实的表象。信实,是真情的表象。真情出于人的本性。"(见氏著:《郭店楚简〈性命出〉研究》,湖北教育出版社2002年版,第178页)基本符合原意,正直无欺,忠诚信实,是《性自命出》之"情"的首要内涵。

③ 欧阳祯人:《郭店儒简的宗教诠释》,《中国哲学史》2001年第3期。

　　文章走笔至此，就不得不提及《中庸》"诚者，天之道也；诚之者，人之道也"，《孟子》"诚者，天之道也；思诚者，人之道也。至诚而不动者，未之有也；不诚，未有能动者也"（《离娄上》）的表述了。这里的"诚"已经明确地被子思子与孟子界定为"天之道"与"人之道"双向互通的概念。可惜资料太少，我们不能详细地知道，这个丰满、圆融，涵括天地人世的"诚"是怎样发展而来的，但是，在这个"诚"的形成过程中，肯定有《性自命出》中"情"的积累与铺垫，因为，《性自命出》中也有与子思子、孟子的表述相一致的地方："凡人情为可悦也。苟以其情，虽过不恶；不以其情，虽难不贵。苟有其情，虽未之为，斯人信之矣。未言而信，有美情者也。未教而民恒，性善者也。未赏而民劝，含福者也。"（第50—52简）这与孟子"至诚而不动者，未之有也；不诚，未有能动者也"的思想在思路上实际上并没有多大的差距。

　　《中庸》、《孟子》的"诚"，学界公认是具有形上性的。《性自命出》的"情"也具有形上性。李天虹博士说：《性自命出》"上篇的重点在于讨论情的根源以及情与礼、乐的关系，这里的情，主要是指真挚的情感。延及下篇，论情的重心有所转移，情的情感因素下降到了次要地位，突出强调的是情的诚、实、真的本质，在此基础上，情的地位、价值都得到了高度弘扬。"①这种理解基于文本本身文理，是正确的。但是，丁四新博士最近撰文指出：在郭店楚简之《性自命出》与《语丛·二》中，"情、欲、爱、慈、恶、喜、愠、智、瞿、强、弱十一者皆生于性，是平行、并列的关系；特别是'情'、'欲'这些概念的内涵古今有较大的改变，如欲用它们来概括以上内容，似乎必须十分谨慎才是。如喜、怒、哀、悲、哀、慈、愠，甚至好恶等，今天都可以说是感情的情，但在简文中则没有直接的证据，证明简文之'情'就是感情之情，因此应将'情'与喜、怒、哀、悲等情感概念区别开来。"②很显然，这种理解似乎更有说服力，因为它挖掘得更深，更富有哲学的思想分量。对此，笔者在本书第一章第四节里已有详论，此不赘。

　　从郭店竹简原始的简文照片中，我们可以看到，"情"有时写作"青"，有时又写作"情"（参见本书第一章），透露了"青"字的本义，一开始本来是与性情

　　①　李天虹著：《郭店楚简〈性自命出〉研究》，湖北教育出版社2002年版，第57页。
　　②　丁四新著：《论郭店楚简"情"的内涵》，待刊。此文为丁四新博士从美国哈佛大学给笔者寄来的E-mail文本。

的"性"（眚）裹挟得非常紧的。既然人之"性"是承天命而生，而情又是性之所以为性者，所以，这个"青"（情）原本就不是任何具体的喜、怒、哀、悲、哀、慈、愠等，"青"（情）高于它们，与"性"（眚）是孪生的姐妹。这一现象实际上已经解答了，在孔、孟、荀笔下，为什么性情的归宿中都不可避免地最终进入了宗教性的境界，对此，在本书有关孔、孟、荀的三章里，笔者都有阐述。值得一提的是，《性自命出》也毫不例外地也有宗教性的层面，一是"反善复始"，讲的是礼乐教化对人本性之善的复归。二是"身以为主心"，讲的是圣人"践形"的身心合一论。礼乐教化为什么能够使人回归自己的本性之善？它的理论前提不是别的，就是"性自命出，命自天降"中的"天"。"天"，虽然在《性自命出》中仅此一见，但是，它的整个行文以"天"为背景，是毋庸置疑的。这不仅有整个郭店楚简的儒家文献中大量涉及"天"的思想的支持，而且也有众多传世文献的支持，离开了天的支撑，《性自命出》的思想研究，是不可想象的。由于性自命出，命自天降，因此，至高至大的天之范本，必然就从根本上限定了"性"的性质——善。由天而降的性，只能是善的，否则，天何以谓之天？由于有了由天而性的源头，所以，人之性情的归宿也就由此而得以确立——"反善复始"。仅仅依据"反善复始"，就说《性自命出》具有性善论的思想，是明显错误的；但是，从整个先秦儒家的思想发展轨迹来看，我们却也不能不说，这里面隐含了性善论的萌芽。笔者在《郭店儒家论略》中有《从〈尚书〉中走出来的哲学流派》一节，就是想揭示这种发展的轨迹。[①] "身以为主心"，有学者以为是字句顺序抄写有误，应该为"君子身以心为主"。[②] 笔者以为，根据《性自命出》与此句相关的上下文意，笔者以为，这是一个以身正心，最后又身心互正的判断。郭齐勇师曾撰文指出："所谓'身以为主心'是强调以端正身形来端正吾人之心，或者说'以身正心'。居恭色庄是用以涵养心性，端正内心的。修内与修外，正心与正身，于此达到完满的统一。"[③] 把问题已经阐释得相当清楚。

---

① 欧阳祯人著：《郭店儒简论略》，台湾古籍出版有限公司 2003 年版，第 169—188 页。

② 刘钊：《读郭店楚简字词札记》，见武汉大学中国文化研究院编：《郭店楚简国际学术研讨会论文集》，湖北人民出版社 2000 年版，第 89 页。

③ 郭齐勇：《郭店楚简身心观发微》，见武汉大学中国文化研究院编：《郭店楚简国际学术研讨会论文集》，湖北人民出版社 2000 年版，第 201 页。

需要附带说明的是,与"反善复始"一样,"君子身以为主心"的思想背景仍然是天,没有天,身心的统一就没有任何意义。而有了天,身心的统一,就有了超越提升的可能,后来孟子说得很直接:"形色,天性也;惟圣人,然后可以践形。"(《尽心上》)只有圣人才能真正达到身心的合一,也就是天与人的合一。

《礼记·礼运》有"何谓人情? 喜、怒、哀、惧、爱、恶、欲,七者弗学而能"的表述,"情",已经发展成了能够概括喜怒哀惧恶欲等各种具体情感的范畴。笔者在本书第一章就针对《语丛·二》之"情、欲、爱、慈、恶、喜、愠、智、瞿、强、弱"与"性"的关系指出过,欲、爱、慈、恶、喜、愠、智、瞿、强、弱,这些有关情感的字,都是指的具体的情感。有关它们的叙述都是统领在"情生于性"这样一个总纲之下的。可见,在先秦时期,"情",在很长的一段时间里可能都写作"青",为"情"之抽象言之者(因而它不需要心字旁);而其他的具体情感则为具体的"情"目,有即时性的心志活动的参与。李天虹博士在《郭店竹简〈性自命出〉研究》一书中,对郭店楚简之《性自命出》与上博简《性情论》中"心"字旁、或"心"字底的字进行过统计,她认为上博简之"《性情论》从'心'之字特别多。像《性自命出》中的'青(情)'、'萬(厉)'、'諁'、'舀'、'亙(恆)'、'猷'、'箺(笃)'、'采'、'叟(矜)',《性情论》分别作'情'(简二、二一)、'蕙'(简四、五)、'悸'(简一五)、'慆'(简一九)、'恒'(简二三、三七)、'憨'(简二六)、'篤'(简二三)、'悉'(简三七)、'矜'(简三九)……,另外也有少量《性自命出》从'心',而《性情论》不从'心'的字。……,但总的来看,《性情论》从'心'之字明显多于《性自命出》。"①这是否为先秦儒家性情思想,通过儒家的教化对社会的渗透加强,而反映在文字上的变化呢? 这显然值得将来进一步的研究。

通过上面的论述,笔者似乎可以从三个方面对《性自命出》中"情"的思想内涵及其存有形态作出以下的总结:

第一,简文曰:"凡人情为可悦也。苟以其情,虽过不恶;不以其情,虽难不贵。苟有其情,虽未之为,斯人信之矣。未言而信,有美情者也。未教而民恒,性善者也。未赏而民劝,含福者也。未型(刑)而民畏,有心畏者也。贱而

① 李天虹著:《郭店竹简〈性自命出〉研究》,湖北教育出版社 2002 年版,第 202—203 页。

民贵之,有德者也。贫而民聚焉,有道者也。"(第50—53简)因为"情"直接依托于由天命贯注而成的"性"("情生于性"),所以,在《性自命出》中它始终是一个正面的、具有积极、肯定意义的范畴。这在中国思想史上,可以说具有石破天惊的人学意义,因为它把人之"情"推崇到了极端。庞朴先生指出:"情的价值得到如此高扬,情的领域达到如此宽广,都是别处很少见到的。特别是,有德与有道,在这里竟也都被拉来当做有情,当做有情的某种境界,这种唯情主义的味道,提醒我们注意:真情流露是儒家精神的重要内容。真情流露就是率性。'率性之谓道',后来《中庸》开篇的这第二句话,大概是应该以楚简的思想来解释,方才可以捉住要领的。"①"唯情主义"的提法未必能让所有的人接受,但是,这个"情"字,诚如上文所言,其内涵比现代汉语之"情感"的"情"宽广得多,寓意深刻,因此,我们可以将这个"情"字视为先秦儒家对有志之士的信念以及精神状态上的要求,它一方面来自天的至真至纯,另一方面,又要求道德的践履者以此为范本,并且回证天命。

所以,这种"唯情主义"的真正价值,在于把"天"的纯洁性、神圣性,纳入了人性的世界里面来,使人之"情",也纯洁起来、神圣起来了。为此,人的自身价值着实得到了提高。吕大吉先生说:"一切宗教中神的神性就是人的人性,神的本质就是人的本质。神灵观念之所以产生,是人通过想象力把人的人性和本质异化或对象化为一个神圣对象的结果。""本质上是人自己的创造,是幻想的产物。不是神创造人,而是人创造神。"②所以我们可以把这种"唯情主义"视为人的主体性自我界定、自我崛起并且自我扩充的象征。

另一方面,"道始于情","礼作于情"的命题,实际上说的是"信,情之方也"(第40简),"唯人道为可道也"(第14—15简)。"情"具有天赋的、理所当然的诚信、资质之美。因此,"信,情之方也",明显是对"道"与"礼"的一种规定,道为人道,礼为人道之极(荀子言曰:"礼者,人道之极也"),所以,人道与礼乐本来相通,而礼乐的本质在于信,在于诚,没有诚信,礼乐人道,将不复存有。所以"圣人比其类而论会之,观其先后而逆训之,体其义而节度之,理

---

① 庞朴:《孔孟之间——郭店楚简中的儒家心性说》,见《郭店楚简研究》(《中国哲学》第二十辑),辽宁教育出版社1999年版,第31页。
② 吕大吉著:《宗教学通论新编》(上),中国社会科学出版社1998年版,第157页。

其情而出入之,然后复以教"的《诗》、《书》、《礼》、《乐》,"其始出皆生于人"之"情",是天道通过人之情性而显发出来的"道",它"始者近情,终者近义",所以,可以"生德于中者也"(第18简)。其根本的原因在于,"凡声,其出于情也信,然后其入拨人之心也厚"(第23简),触及了人之最深沉的灵魂,内外进出,都引起了连锁性的反应:"闻道反上,上交者也。闻道反下,下交者也。闻道反己,修身者也。上交近事君,下交得众近从政,修身近至仁。"(第55—57简)从社会伦理到个人修身,全面磨砺自己,不过从《性自命出》行文的层次划分上来看,简文作者的意见是个人的修身属于更高深的学问,因为它最终是"反善复始",是"君子身以为主心",因此也就更加重要。其理路与"君者,民之原也;原清则流清,原浊则流浊"(《荀子·君道》)是一样的。孔子曰:"二三子以我为隐乎? 吾无隐乎尔,吾无行而不与二三子者,是丘也。"(《述而》)孟子亦曰:"至诚而不动者,未之有也;不诚,未有能动者也。"(《离娄上》)朴素、质实的话语中,隐含了儒家教育思想的深刻内容,这是笔者在研读《性自命出》之前不曾料到的。

值得注意的是,"凡人伪为可恶也"(第48简)的"伪"与"凡人情为可悦也"(第50简)的"情",相对而出,简文作者明显是在对比之中阐述二者之间鲜明的差别。如果诚如上文所言,"情"是实、是真,是情实、质实义,那么,我们在阅读《性自命出》时,这个词就使我们看到了两方面的互动:一方面是宇宙精神的真诚,它是性命之源,性情之基;另一方面是人之所以为人者的自强不息之磨砺、奋斗的精神。这个"情"字,既是言天,亦是言人,天与人都隐括其中了。与"情"相反,"伪",在简文作者看来,是一种可耻的行为,《集韵·莫韵》云:"恶,耻也。"领略整个《性自命出》的文本,我们深刻地体会到,作者对"情"的推崇有多高,对"伪"的贬抑就有多深。作者对虚伪、做作、矫情的各种行为是深恶痛绝的,对他人来讲,"伪斯吝矣,吝斯虑矣,虑斯莫与之结矣"(第48—49简),避之唯恐不及。这个"伪"字是一个贬义词,与荀子之"伪"的"人为"义,大不相同,这说明在《性自命出》中,"伪"是一种宇宙精神以及人之性情的反动,它从反面昭示了先秦儒家所极力提倡和追求的是一种什么样的精神境界,而由此促使我们加深了对孔、孟、荀的理解。

第二,关于"凡人情为可悦也。苟以其情,虽过不恶;不以其情,虽难不贵。苟有其情,虽未之为,斯人信之矣。未言而信,有美情者也。未教而民恒,性善者也。未赏而民劝,含福者也。未型(刑)而民畏,有心畏者也。贱而民贵之,有德者也。贫而民聚焉,有道者也"(第50—53简)这段话,陈来先生的演绎是:"一个治民者,如果与人民有感情上的沟通,虽有过失,人民也不会嫌恶他。他若对人民有情,即使他没有做事,人民也相信他。为许诺而得到民的信赖,这是有美情的人;未施教化而使民有常心,这是性善的人;未行赏赐而民勉力,这是有福的人。他不做官,而民尊敬他,这是有德的人;他没有财富,而民聚集其周围,这是有道的人。这样的人,不喜欢他的人说不出他的过失,批评他的过失的人又不嫌恶他。这样的人就是修身近仁的人。总之,强调治民者内在情性的修养。"①陈先生引《国语·楚语上》指出,《性自命出》的内容都是"使明其德,而知先王之务用明德于民也。"抓住了先秦儒家人学思想的根本。

刘乐贤先生对《性自命出》与《淮南子·缪称》进行了比较研究,②认为《性自命出》的思想与《缪称》中的某些语句在思想上是一致的,为《子思子》佚文。刘先生所引用的片断中,有一段佚文十分醒目:"故舜不降席而天下治,桀不下陛而天下乱,盖情甚乎叫呼也。无诸己,求诸人,古今未之闻也。同言而民信,信在言前也;同令而民化,诚在令外也。圣人在上,民迁而化,情以先之也,动于上,不应于下者,情与令殊也。"③统治天下并不仅仅只是大呼小叫地发号施令,"无诸己,求诸人",什么事情都做不了,因此"信在言前","诚在令外",透彻地展示了《性自命出》重情、重信、重敬的秘密。

"未言而信,有美情者也。未教而民恒,性善者也。未赏而民劝,含福者也。未型(刑)而民畏,有心畏者也。贱而民贵之,有德者也。贫而民聚焉,有道者也"这一句群,紧承上文,其本质理路与孟子的"君子所性,仁义礼智根于心。其生色也睟然,见于面,盎于背,施于四体,四体不言而喻"(《尽心上》)是一致的。为什么这么说呢?"未言而信,有美情者也",纯朴真挚的"情",植根

---

① 陈来:《荆门竹简之〈性自命出〉篇初探》,见《郭店楚简研究》(《中国哲学》第二十辑),辽宁教育出版社1999年版,第302页。
② 刘乐贤:《〈性自命出〉与〈淮南子·缪称〉论"情"》,《中国哲学史》2000年第4期。
③ 何宁撰:《淮南子集释》,中华书局1998年版,第717—718页。

于性,咏涵于心,显发于视听言动,与天道为一,因此,"四体不言而喻"。"四体不言而喻",就是"未言而信"更加圆润的说法。"未教而民恒,性善者也",《大学》曰:"自天子以至于庶人,壹是皆以修身为本",君子修身,身教重于言教,以"善"的内涵润身而生辉,"其生色也睟然,见于面,盎于背,施于四体",一举一动,一言一行,无不在感化着周围的群众,所以,就可以达到"未教而民恒"的理想效果。"恒"在这里,笔者以为,就是孟子笔下的"恒心"之恒,这是一个表示德性之持久与专一的特殊名词。"未教而民恒,性善者也"一句,让我们不能不想到孟子的理论渊源,是不是与《性自命出》有什么关系。正是由于有了"未言而信,有美情者也。未教而民恒,性善者也",这种德性的、善的力量,所以"未赏而民劝,含福者也。未型(刑)而民畏,有心畏者也。贱而民贵之,有德者也。贫而民聚焉,有道者也",君子、贤人的德性修养,最终将以与群体的完美统一为最高的理想。由此可见,《性自命出》的"美情"论,与孟子的"性善论"一样,最终都成了现实政治的基础。《礼记·乐记》云:"礼以道其志,乐以和其声,政以一其行,刑以防其奸。礼乐刑政,其极一也。"又云:"礼节民心,乐和民声,政以行之,刑以防之。礼乐刑政,四达而不悖,则王道备矣。"受陈来先生、刘乐贤先生的启发,笔者以为,《性自命出》虽然舒畅性情之论,但是其骨子里并没有脱离"礼乐刑政"的总纲,其"赏"、"刑"、"德"、"道"的思想系统与《乐记》明显有深刻的联系。这种理路,在孔子那里被喻之为"圣",[①]在孟子那里,被发展成为"与民同乐"(《梁惠王下》)的仁政思想,因此,君子的"情"只有最终与广大人民的"美情、性善、有德"合而为一的时候,他的修养才能算得上真正的圆满。

第三,简文曰:"喜怒哀悲之气,性也。"(第2简)直接将"气"指定为"性",气依着于精血,成了生命的一部分,似乎是人的性情含中未发的一种状态,但是,性由心取而出以后,心之所之,情之所至也。因此,"节情",成了《性自命出》的一个重大的主题。节情,在《性自命出》中实际上表现为一放、一收,或者说,放中有收,收中有放。

---

① 《论语·雍也》载:
子贡曰:"如有博施于民而能济众,何如? 可谓仁乎?"子曰:"何事于仁,必也圣乎! 尧舜其犹病诸! 夫仁者,己欲立而立人,己欲达而达人。能近取譬,可谓仁之方也已。"

所谓"放",就是顺乎人之情,用《唐虞之道》的话来说,就是"夫唯顺乎肌肤血气之情,养性命之正"(第 10—11 简)。先秦儒者已经看得很清楚,如果不"顺乎肌肤血气之情",就不能"养性命之正"。这种认识无疑是相当人性化的,反映了原始儒家的真诚。《性自命出》的出发点,始终是建立在性情的"出之"、"内之"之上的,其"动性、逆性、交性、厉性、出性、养性、长性"的基础,正是把人当人看,就是"夫天生百物,人为贵"(《语丛·一》第 18 简)。因此,简文写道:"喜斯陶,陶斯奋,奋斯咏,咏斯犹,犹斯作。作,喜之终也。愠斯忧,忧斯戚,戚斯叹,叹斯辟,辟斯踊。踊,愠之终也。"(第 34—35 简)孙希旦在对《礼记·檀弓下》的相关文献下注时云:"愚谓喜者,外境顺心而喜也。陶者,喜心鼓荡于内而欲发也。咏者,喜发于外而为咏歌也。咏歌不已,则至于身体动摇;动摇不已,则至于起舞也。愠,怒意也。乐极则哀,故舞而随至于愠也。愠怒不已,则至于悲戚,悲戚不已,则发为叹息;叹息不已,则至于拊心;拊心不已,则起而跳踊。盖哀乐之情,其由微而至著者若此。"内在之情在与外物交接之后引起的喜悦之情,失去亲友之后的悲戚之情,逐步表现出来的过程,也就是"顺乎肌肤血气之情"的过程,此人之所以为人者。但是,孙希旦紧接着又说:"然情不可以径行,故先王因人情而立制,为之品而使之有等级,为之节而使之有裁限,故情得其所止而不过,是乃所谓礼也。此节言哀乐,各四句,一一相对:喜与愠对,哀乐之初感也。陶与戚对,哀乐之盛于中也。咏与叹对,哀乐之发于声音也。摇与辟对,舞与踊对,哀乐之动于四体也。"①这就是笔者在上文所说的"收"。节情,就是调节、调和情的"出之、内之",既不使之闭塞血气之情,又不纵其放荡,径行失礼。因此,简文云:"君子美其情,贵其义,善其节,好其容,乐其道,悦其教,是以敬焉。"(第 20—21 简)以恒久的礼乐修养,练就自己俯仰屈伸皆合于天地之性的视、听、言、动,来纠正、调节内在之心性、情志,这就是"君子身以为主心"(第 67 简)。

---

① 孙希旦撰:《礼记集解》(上),中华书局 1989 年版,第 271—272 页。

第五章 《乐记》的性情思想研究

《乐记》虽然把"乐"视为"天地之命,中和之纪,人情之所不能免也"(《乐化篇》)的神物,但是,它始终都没有脱离"人情者,圣王之田也。修礼以耕之,陈义以种之,讲学以耨之,本仁以聚之,播乐以安之"(《礼记·礼运》)的理路,它的理论目的仍然是调整性情的偏失、提升性情的境界,"乐"只是一种手段或途径。所以,其中蕴含了深厚的性情思想。尤其是,它一方面注重超验的"天之性",在阴阳大化流行、生生不息的天人之际把握人之所以为人者,另一方面又密切关注现实生活中的血气心知之性,在与外境(物)交接之后的各种反应,既避免了只注重天道而造成的虚玄和空想,也避免了只重视经验层面而带来的性情偏枯,谈天而不离人,说性而不离欲,"血气心知"与"易直子谅"互补,德性之端与英华之气并茂,回旋互动,天人冥合,是先秦儒家性情思想领域中的一篇杰作。

第一节　人生而静,天之性也

在《乐记》具体的文本中,"人生而静,天之性也"的命题,是相对于"感于物而动,性之欲也"(《乐本篇》)而言的,因此,"静",就是性"未感"的状态。[①]"感于物而动"之后,"天之性"就发生了变化,就再不是"静"的了。所以,这个"人生而静"的"静",是人性的一种超验性的理想状态,说得具体一点,就是

---

① 戴震著:《孟子字义疏证》,中华书局 1961 年版,第 34 页。

孟子所说的"仁义礼智"四端,在《乐记》中被表述为"德者,性之端"(《乐象篇》)的"德"。

德为"性之端",是相对于告子"生之谓性"而言的。这是中国人性论史上的飞跃,对此,为了便于论题的展开,本书将这一论辩的内容安排在"孟子"一章中。蒙文通先生云:"老聃以'仁义,人之性欲'难孔子,此虽不必即孔、老之事,要为道家之难儒家,则后之儒者,必思所以答老而申孔,然后始足以救儒。哲命之说既邻于宗教之谓,故儒者纷纷然起而言性。"①以德言性最突出的代表,是孟子:"无恻隐之心,非人也;无羞恶之心,非人也;无辞让之心,非人也;无是非之心,非人也。恻隐之心,仁之端也;羞恶之心,义之端也;辞让之心,礼之端也;是非之心,智之端也。人之有是四端也,犹其有四体也。"(《孟子·公孙丑上》)现在看来,孟子可能是先秦儒家中把"德者,性之端"的思想全面展开阐述的最重要的人物之一。根据理论发展的一般规律,在孟子之前应该有一个长期铺垫、积累的过程,《乐记·乐象篇》中"德者,性之端也"的命题就应该是一个典型的代表。

"德者,性之端也",是"人生而静,天之性也"的另一种表述的方式。从上引孟子之四端的表述,我们可以清楚地看到,人之所以为人者,就在于他有恻隐之心,羞恶之心,辞让之心和是非之心,这是儒家对现实生活中的人的一个基本界定,虽然人禀承于天,因血气心知不同而"习相远也"(《论语·阳货》),但是,人必须要有这四种起码的性情基础和德性情怀,否则就是非人而行同禽兽。然而,四端之心在孟子的体系中,乃是从仁、义、礼、智中流出。朱熹云:"情者,性之动也。"又云:"恻隐、羞恶、辞让、是非,情也;仁义礼智,性也。心,统性情者也,因其情之发,而性之本然可得而见。"②所以,仁义礼智在孟子那里属于"性之本然"的状态,也就是《乐记》的"天之性"。

《乐记》用了一个字来概括"天之性"的特点,这就是"未感"之"静"。静,用《易·乾·文言》的话来讲,就是"大哉乾乎,刚健中正,纯粹精也"!这是先秦儒家道德理念的一种理想的本然状态。或者说,它是一种应然的道德境界,

---

① 蒙文通:《儒学五论》,见刘梦溪主编:《中国现代学术经典·廖平 蒙文通卷》,河北教育出版社 1996 年版,第 517 页。

② 戴震著:《孟子字义疏证》,中华书局 1961 年版,第 40 页。

是吾人终生努力奋斗的目标,而并非实然的境况。在"物至知知,然后好恶形焉"(《乐本篇》)之后,"性之欲"所激发出来的就是一个极为繁复、丰富,随境迁化的状态了。

由于《乐记》的文本表明,它已经全面吸收了《易传》"所以会天道、人道"(《郭店楚墓竹简·语丛·一》第36简)的思想资源,因此,其"天之性"的内容,就应该有更为深厚的理论内涵。戴震曰:

> 道,犹行也;气化流行,生生不息,是故谓之道。《易》曰:"一阴一阳之谓道。"《洪范》"五行:一曰水,二曰火,三曰木,四曰金,五曰土。"行亦道之通称。举阴阳则赅五行,阴阳各具五行也;举五行即赅阴阳,五行各有阴阳也。《大戴礼记》曰:"分于道谓之命,形于一谓之性。"言分于阴阳五行以有人物,而人物各限于所分以成其性。阴阳五行,道之实体也;血气心知,性之实体也。有实体,故可分;惟分也,故不齐。古人言性惟本于天道如是。①

在《乐礼篇》中,《乐记》将我们置身的世界描述成了一个"地气上齐,天气下降,阴阳相摩,天地相荡,鼓之以雷霆,奋之以风雨,动之以四时,煖之以日月,而百化兴焉"生化万物的流行运动之体,故"乐由天作"(《乐论篇》),乐之兴,乐之化,皆为"天地之命,中和之纪",会通天人,"傧天地之情,达神明之德,降兴上下之神"(《乐情篇》)。没有天地精神的激励,这种"乐化"的思想是不可能产生的。朱熹云:"'天高地下'一段,意思极好,非孟子以下所能作。其文似《中庸》,必子思之辞。"②是不是子思子之辞,笔者无法判断,但朱熹的话说明了《乐记》、《中庸》以及《孟子》之性情思想的内在关系,更说明了上引戴震的论述与《乐记》神形相通。

相对孟子而言,戴震的性情思想更注重"血气心知"之"形于一";相对于荀子而言,他更注重天道"气化流行,生生不息"之"命"。很明显,戴震在《乐

---

① 戴震著:《孟子字义疏证》,中华书局1961年版,第21页。
② 转引自孙希旦撰:《礼记集解》,中华书局1989年版,第992页。《乐记·乐礼篇》云:"天高地下,万物散殊,而礼制行矣。流而不息,合同而化,而乐兴焉。春作夏长,仁也。秋敛冬藏,义也。仁近于乐,义近于礼。乐者敦和,率神而从天;礼者别宜,居鬼而从地。故圣人作乐以应天,制礼以配地。礼乐明备,天地官矣。"

记》中吸取了充足的营养。戴震云："就孟子之书观之,明理义之为性,举仁义礼智以言性者,以为亦出于性之自然,人皆弗学而能,学以扩而充之耳。荀子之重学也,无于内而取于外;孟子重学也,有于内而资于外。"[①]由是观之,《乐记》虽然将"乐"纳入了礼、乐、刑、政一体化的模式,坚信"礼以导其志,乐以和其声,政以一其行,刑以防其奸。礼乐刑政,其极一也,所以同民心而出治道也"(《乐本篇》),但由于它的整个思想体系都是建立在"有于内而资于外"的基础之上,把"人生而静,天之性也"视为乐之施,礼之报,(《乐象篇》)反躬修德,"率神而从天"、"作乐以应天"(《乐礼篇》)的内在灵明前提,因此《乐记》虽然与荀子学派享有了一些共同的思想资源,在理论走向上也有重叠之处,但是它毕竟从根本上划出了一道与后者的分界线。

这一分界线之最为分明处,并不仅仅在于上述的"人生而静,天之性也",由天而下,降衷于民的下贯理路,而且还在于通过"乐"之强化重铸而呈现的"易直子谅之心"包孕着"德之性"超越的成分,是对"天之性"的回归与上达:

> 致乐以治心,则易直子谅之心油然生矣。易直子谅之心生则乐,乐则安,安则久,久则天,天则神。天则不言而信,神则不怒而威,致乐以治心者也。(《乐化篇》)

"致乐以治心"当然有"强学之糜"的内容,但是,"易直子谅之心油然生"的原因,在《乐记》中还有人之所以为人的内在动力:"情深而文明,气盛而化神。和顺积中而英华发外,唯乐不可以为伪。"这一组判断的根基在于"情深"。没有情之深,就没有文之明;没有文之明,就没有气之盛;没有气之盛,就没有化之神。化之神,正是情之深的根本追求。"和顺积中,而英华发外,唯乐不可以为伪",是说,诗言其志,歌咏其声,舞动其容,"阳而不散,阴而不密,刚气不怒,柔气不慑,四畅交于中而发作于外"(《乐言篇》)风雨周还,和顺之至,积发于中的根本原因,只是在于"乐"率直、本真,天人冥合地表达了"情之深",同时也就下学上达地超拔了"情之深"。所以"易直子谅之心生"则"乐"的原因,正在于这种下学上达的情怀油然而生的缘故。沿着这样的一条理路,来品味"乐则安,安则久,久则天,天则神"的意蕴,我们就发现,这确实是一条"天

---

① 戴震著:《孟子字义疏证》,中华书局1961年版,第32页。

生人成"的超越之路,与孟子善、信、美、大、圣、神,人格的境界提升甚为相近。

第二节　夫民有血气心知之性，
而无哀乐喜怒之常

在分析《大戴礼记》之"分于道谓之命,形于一谓之性"的命题时,戴震云:"分于道者,分于阴阳五行也。一言乎分,则其限之于始,有偏全、厚薄、清浊、昏明之不齐,各随所分而形于一,各成其性也。"①所以,先秦儒家,特别是《乐记》十分重视"血气心知之性"的事实本身,就说明先秦儒家之性情思想中把人的主体性置放到了一个突出的位置。故《礼记·礼运》云:"故人者,其天地之德,阴阳之交,鬼神之会,五行之秀气也。"郑玄注云:此"言人兼此气性纯也。"孔颖达《正义》又疏曰:"故人者天地之德,阴阳之交,是其气也;鬼神之会,五行之秀,是其性也。"②这是在说,人的性情是天地鬼神、阴阳五行之交会的结果,因而至尊至贵,至灵至明,这应该也是《乐记》之性情思想立论的一个前提。

如果没有了这样的一个前提,《乐记》的思想体系是不能建立的。戴东原云:"使饮食男女与夫感于物而动者脱然无之,以归于静,归于一,又焉有羞恶,有辞让,有是非? 此可以明仁义礼智非他,不过怀生畏死,饮食男女,与夫感于物而动者之皆不可脱然无之,以归于静,归于一,而恃人之心知异于禽兽,能不惑乎所行,即为懿德耳。故贤圣所谓仁义礼智,不求于所谓欲之外,不离乎血气心知,而后儒以为别如有物凑泊附著以为性,由杂乎老、庄、释氏之言,终昧于《六经》、孔、孟之言故也。"③仁义礼智,不求于欲之外,不离乎血气心知,这应该是以孔子为首的先秦儒家之"成于乐"思想的精髓,也是《乐记》的性情思想最大的特色之一。

血气,谓人之气性,禀赋;心知,谓人之"感于物"的智愚能力。"人生而有

---

① 戴震著:《孟子字义疏证》,中华书局 1961 年版,第 25 页。
② 《礼记正义》卷三十九(见阮元校刻:《十三经注疏》,中华书局 1980 年版,第 1423 页)。
③ 戴震著:《孟子字义疏证》,中华书局 1961 年版,第 29 页。

知,知而有志"(《荀子·解蔽》),用《乐记》的话来讲,就是"应感起物而动,然后心术形焉"(《乐言篇》),颜师古注《汉书·礼乐志》中的这两句话时云:"术,道径也;心术,心之所由也。""心术",按郭沫若先生的解释就是"心之行,心之形,心之情,心之容",①都属于情气的范畴。换言之,亦即在"性之欲"的感动下,"好恶"之志所表现出来的心理轨迹。戴震曰:"有血气,夫然后有心知,有心知,于是有怀生畏死之情,因而趋利避害。"②"趋利避害"是性情的心志的一种极端的表现形式,在一般情况下,主要是情感的选择。《乐本篇》曰:

> 乐者,音之所由生也,其本在人心之感于物也。是故其哀心感者,其声噍以杀;其乐心感者,其声啴以缓;其喜心感者,其声发以散;其怒心感者,其声粗以厉;其敬心感者,其声直以廉;其爱心感者,其声和以柔。六者非性也,感于物而后动。(《乐本篇》)

天之性,在"分于道"各成"血气心知之性"之时,谓之命,此为天道大化流行之下贯于人,而人又禀承于天者;"血气心知"交会天地鬼神、阴阳五行之性而显形为"一",此"性"在未感之时,仍是"纯粹"至精之体,然一旦与外境交接,感于物而后动,则心志摇荡,其存有的模态即刻发生了变化。蒋伯潜先生云:孟子之"性"与"情","分言则别,混言则同。"③这对《乐记》也是有效的。孔子云:"唯仁者能好人,能恶人。"(《论语·里仁》)人的哀心、乐心、喜心、怒心、敬心、爱心皆无无缘无故而起之理,皆是人们在各自的价值观(心志)的影响下随境迁化而产生出来的情感走向。张守节《史记正义》引皇侃云:"夫乐之起,其事有二:一是人心感乐,乐声从心而生;二是乐感人心,心随乐声而变也。"④也就是说,哀心与噍以杀之间,乐心与啴以缓之间,喜心与发以散之间,怒心与粗以厉之间,敬心与直以廉之间,爱心与和以柔之间是一种互动的状态。一方面是"凡音之起,由人心生",另一方面则是"人心之动,物使之然也"。如果人有"情"而无"性"(此性以德为端),则人心不能生"音"(《乐本篇》云:"知声而不知音者,禽兽是也");正如人心之动,如果没有"好恶"的价

---

① 郭沫若著:《青铜时代》,人民出版社1954年版,第251页。
② 戴震著:《孟子字义疏证》,中华书局1961年版,第68页。
③ 蒋伯潜著:《十三经概论》,上海古籍出版社1983年版,第623页。
④ 《史记》(卷二十四),中华书局1959年版,第1179页。

值导向则"物"也不能使之"动",至少是"无哀乐喜怒之常。""无哀乐喜怒之常"的原因,《乐记》表述得很清楚:"夫物之感人无穷,而人之好恶无节,则是物至而人化物也。人化物也者,灭天理而穷人欲者也。于是有悖逆诈伪之心,有淫泆作乱之事。是故强者胁弱,众者暴寡,知者诈恶,勇者苦怯,疾病不养,老幼孤独不得其所,此大乱之道也。"(《乐本篇》)这当然是丧德败性,"天理灭矣"的结果。所以"先王慎所以感之者"(《乐本篇》),依托于天道,寒暑有时,风雨有节,全面施行礼乐教化:

> 是故先王本之情性,稽之度数,制之礼义,合生气之和,道五常之行,使之阳而不散,阴而不密,刚气不怒,柔气不慑,四畅交于中而发作于外,皆安其位而不相夺也。然后立之学等,广其节奏,省其文采,以绳德厚,律小大之称,比终始之序,以象事行。使亲疏、贵贱、长幼、男女之理皆形见于乐,故曰:"乐观其深矣。"(《乐言篇》)

这里的"情性"二字,就是上文"天之性"的意思。据郑玄注,"生气,阴阳气也。五常,五行也"①这正是"天之性"的内容,也是"先王"制礼作乐的天人依据。孙希旦云:"先王之性,天理浑然,其发而为情者无不中节,此中和之极,而作乐之本也。"②这种天之性之所以能够成为中和之极而为作乐之本,是因为阴阳五常之性涵融天道之阴阳刚柔、中和之纪,不散、不密、不怒、不慑,以此融于"血气心知之性"的流程之中,使之"四畅交于中而发于外":"诗,言其志也;歌,咏其声也;舞,动其容也"(《乐象篇》),以仁、义、礼、智之天德充足性情,以礼乐中和之精神疏导性情,"情深而文明,气盛而化神,和顺积中,而英华发外"(《乐象篇》),则哀、乐、喜、怒之"情""皆安其位而不相夺也。"

李学勤先生最近发表了一篇题为《郭店简与〈乐记〉》③的文章,认为《性自命出》的第一到第三十五号简的中心思想是论乐;第三十六至第六十七号简的中心思想是论性情。李先生还认为,在其"论乐"的部分里,有关音乐的起始问题、气性问题、心与物相感而"心术形焉"的问题、"郑卫之乐"的问题等,很多表达都与《乐记》的基本观点是相通的。诚如是,则《性自命出》之第

---

① 《礼记正义》卷三十九(见阮元校刻:《十三经注疏》,中华书局 1980 年版,第 1535 页)。
② 孙希旦撰:《礼记集解》,中华书局 1989 年版,第 1000 页。
③ 北京大学哲学系编:《中国哲学的诠释与发展》,北京大学出版社 1999 年版,第 23—28 页。

8 简至第 12 简的内容就与这里所引之《乐言篇》的表述可以互相发明：

> 凡性，或动之，或逆之，或实之，或厉之，或出之，或养之，或长之。凡动性者，物也；逆性者，悦也；实性者，故也；厉性者，义也；出性者，势也；养性者，习也；长性者，道也。

由于在《乐记》的作者看来，乐，为"天地之命，中和之纪，人情之所不能免也"（《乐化篇》），所以，它是先王矫正人性之偏，以"协于天地之性"①的重要手段与途径。从《性自命出》的这段引文的表述方式，我们就可以清楚地感到，先王"人情以为田"（《礼运》）以乐治心，调整性情的艰难程度。从这个角度上来理解上引《乐言篇》中"然后立之学等，广其节奏，省其文采，以绳德厚，律小大之称，比终始之序，以象事行。使亲疏、贵贱、长幼、男女之理皆形见于乐"的表述，我们仿佛就有了更加深入的领悟：第一，《乐记》将"礼"的内容熔铸于"乐"之中，一个现实的目的，就是要"乐在宗庙之中，君臣上下同听之则莫不和敬；在族长乡里之中，长幼同听之则莫不和顺；在闺门之内，父子兄弟同听之则莫不和亲。"（《乐化篇》）因此，"先王之制礼乐也，非以极口腹耳目之欲也，将以教民乎好恶，而反人道之正也。"（《乐本篇》）使民有哀乐喜怒之常，则治道备矣。第二，"广其节奏，省其文采，以绳德厚"之谓，是要开阔仁人志士的心胸，将"无哀乐喜怒之常"的"条畅之气"转变为基于仁义礼智之天德的"易、直、子、谅"德性化情气流行于心的"德之华"。"志微、噍杀之音作，而民思忧；啴谐、慢易、繁文、简节之音作，而民康乐；粗粝、猛起、奋末、广贲之音作，而民刚毅；廉直、劲正、庄诚之音作，而民肃敬；宽裕、肉好、顺成、和动之音作，而民慈爱"（《乐言篇》）直接将培养仁人志士之道德化的情性纳入"乐"的施化之中。第三，然而，在《乐记》中，礼与乐都蕴含着深厚的超越精神，"及夫礼乐之极乎天而蟠乎地，行乎阴阳而通乎鬼神，穷高极远而测深厚。乐著大始，而礼居成物。著不息者天也，著不动者地也。一动一静者，天地之间也。"（《乐礼篇》）因此，通过诗、乐、舞逐步的"英华发外"（《乐象篇》）而与"天"冥合为一："故歌者，上如抗，下如队，曲如折，止如槁木，倨中矩，句中钩，累累乎端如贯珠。故歌之为言也，长言之也。说之，故言之；言之不足，故长言之；长

---

① 《左传·昭公二十五年》。

言之不足,故嗟叹之;嗟叹之不足,故不知手之舞之,足之蹈之也。"(《师乙篇》)一些当代的文艺理论、美学史著作都只是说,这是"肯定了思想情感"对艺术的作用。① 但是笔者以为,《乐记》并不仅仅只是在讲情感借助艺术的形式何以表达的问题,更重要的是在讲人之所以为人的内在德性,以其巨大的原创力,从人的心中("三者本于心")显发出来而不可遏止的状态。这固然是一种情感的推动作用,但是,准确的表达应该是道德情感的推动作用。正是在道德力量的鼓舞下,诗、歌、舞,一方面要疏导、释放经验层面的"血气心知"之"性"给人的牵绊与阻隔,另一方面又要存养、涵咏天、地、人互参的天地之性,以一种超越血气心知的热忱,穿越感性杂多的凡俗世界而抵达"天"的博厚、高明、悠久,以完成对人性的重铸。

第三节 《乐记》的"践形"思想研究

帛书《五行》与楚简《五行》出土以来,思孟学派的"践形"思想再一次被凸显了出来,引起了学界的广泛关注。但是,笔者以为,第一,践形思想的根本是"天生烝民,有物有则","天生人成"(co-creator),天人合一的理路,没有这种理论的预设,践形思想的成立是不可能的。第二,践形思想与"乐"有关,《风俗通》云:"圣者,声也,通也,言其闻声知情,通于天地,调畅万物。"此之谓也。第三,"践形"思想与先秦时期的"养气"思潮有关,金声而玉振的境界如果没有"气"的推动,也是难以实现的。现存有关公孙尼子的一些资料以及他的《乐记》在这三个方面都可以与思孟对接。公孙尼子的践形思想虽然没有思孟的完备,但是至少可以视为思孟思想的一个准备阶段。蒙文通先生云:"'形色,天性也',即践形之谓圣人……,此《中庸》、《乐记》言之而未澈,至孟子乃推之于至精,此孟子之有进于子思者也。"②正是这个意思。

《乐记》的人性论很有特色,在《乐本篇》中它首先强调"人生而静,天之性

---

① 王运熙、顾易生主编:《中国文学批评史》,上海古籍出版社 1981 年版,第 41 页。
② 蒙文通著:《儒学五论》,见刘梦溪主编:《中国现代学术经典·廖平 蒙文通卷》,河北教育出版社 1996 年版,第 519 页。

也"。这个命题的第一个指向是在说"天之性"是一种"未感"的状态,它一旦"感于物而动"就变成了"性之欲"。"性之欲"就是"情",也就不再是"静"的了。它的第二个指向是在说,"天之性"的特征是"静"。静,用《易·乾·文言》的话来讲,就是可以发挥六爻、纯粹精也的"乾元"之性。这是先秦儒家道德理念一种理想的本然状态。或者说,它是一种应然的道德境界,是吾人终生努力奋斗的目标,而并非实然的境况。在《乐记》中,这种人之生而"静"又称为"性之端"。"性之端"是"人生而静,天之性也"的另一种表述,这种"性之端"是"乐"——"德之华"的根源。循着这条路经,整个《乐记》始终都在追求"血气心知之性"在"易、直、子、谅"的现实情怀引导下,消除"好恶无节于内"的迷失,通过"礼之报、乐之反"抵达"乐则安、安则久、久则天、天则神",逐层提升的道德境界,回归"天之性"的"性之端"。所以,从根本上来讲,《乐记》的人性论是上承《诗》、《书》、孔子天降衷于民的下贯理路。由于它既重视"人生而静"的"天之性",又重视"血气心知之性"的现实磨砺,所以在理论的路数上更接近于孔子的"性相近也,习相远也"(《论语·阳货》),亦即王充《论衡·本性篇》所云公孙氏谓人性"有善有恶"之论。蒙文通先生云:"老聃以'仁义,人之性欲'难孔子,此虽不必即孔、老之事,要为道家之难儒家,则后之儒者,必思所以答老而申孔,然后始足以救儒。哲命之说既邻于宗教之谓,故儒者纷纷然起而言性。"[①]以德言性最突出的代表是孟子:"无恻隐之心,非人也;无羞恶之心,非人也;无辞让之心,非人也;无是非之心,非人也。恻隐之心,仁之端也;羞恶之心,义之端也;辞让之心,礼之端也;是非之心,智之端也。人之有是四端也,犹其有四体也。"(《孟子·公孙丑上》)现在看来,孟子可能是先秦儒家中把"德者,性之端"的思想全面展开阐述的最重要的人物之一。根据理论发展的一般规律,在孟子之前应该有一个长期铺垫、积累的过程。《乐记》的人性论既有抽象的一面,又有现实的一面,富有实践理性的意味,而没有孟子的"性善论"那么细密、精致、圆润、深刻。因此,把《乐记》的人性论视为孟子之前无数"儒者纷纷然起而言性"的一家,对孟子"性善论"的形成有

---

① 蒙文通著:《儒学五论》,见刘梦溪主编:《中国现代学术经典·廖平 蒙文通卷》,河北教育出版社 1996 年版,第 517 页。

铺垫作用,是一点问题都没有的。

关于"践形",楚简《五行》曰:"金声,善也;玉音,圣也。善,人道也;德,天道也。唯有德者,然后能金声而玉振之。"(第19—20简)"金声而玉振"就是"践形"的理想状态,此之谓"圣":"仁之思也精,精则察,察则安,安则温,温则悦,悦则戚,戚则亲,亲则爱,爱则玉色,玉色则形,形则仁。智之思也长,长则得,得则不忘,不忘则明,明则见贤人,见贤人则玉色,玉色则形,形则智。圣之思也轻,轻则形,形则不忘,不忘则聪,聪则闻君子道,闻君子道则玉音,玉音则形,形则圣。"(第12—16简)故孟子云:"孔子之谓集大成。集大成也者,金声而玉振之也。金声也者,始条理也;玉振之也者,终条理也。"(《孟子·万章下》)"金声而玉振",从思孟的表述中,我们已经明确地看到,这是一个从音乐术语中直接提拔上来的表述,换言之,先秦儒家的践形思想也许直接受到了"乐"的启发,才得以形成。《乐记》认为:"德者,性之端也;乐者,德之华也",乐是内在之德的显发:"金石丝竹,乐之器也。诗,言其志也。歌,咏其声也。舞,动其容也。三者本于心,然后乐器从之。是故情深而文明,气盛而化神,和顺积中,而英华发外,唯乐不可以为伪。"(《乐象篇》)没有情之深,就没有文之明;没有文之明,就没有气之盛;没有气之盛,就没有化之神。化之神,正是情之深的根本追求。换言之,没有"性之端","德之华"就不可能有呈现的力量;没有"德之华","性之端"就不可能显发出它博厚高明的深邃与高远。"性之端"的深邃与高远之所以在《乐记》中能够扩充为现实中"易直子谅"的道德情怀,其中还有一个重要的原因,那就是"乐"的内容具有历史的厚重感:"宽而静,柔而正者,宜歌《颂》。广大而静,疏达而信者,宜歌《大雅》。恭俭而好礼者,宜歌《小雅》。正直而静,廉而谦者,宜歌《风》。肆直而慈爱者,宜歌《商》。温良而能断者,宜歌《齐》。"(《师乙篇》)《乐记》正是要通过《风》、《雅》、《颂》、《齐》、《商》,艺术与历史的交融来达到"乐则安,安则久,久则天,天则神","致乐以治心"(《乐化篇》)的目的。一方面是历史的积淀与深邃,另一方面是艺术的流畅与空灵;二者交互作用,才能真正使内在之德与"上如抗,下如队,曲如折,止如槁木,倨中矩,句中钩,累累乎端如贯珠",(《师乙篇》)行云流水般的乐舞融为一体。"天则不言而信,神则不怒而威",内在的德性与外在的体貌已经高度统一于天之"神"。如此,则"民瞻其颜色而弗与

— 232 —

争也,望其容貌而民不生易慢焉。故德煇动于内而民莫不承听,理发诸外而民莫不承顺"。这与孟子之"君子所性,仁义礼智根于心。其生色也晬然,见于面,盎于背,施于四体,四体不言而喻"(《尽心上》)虽然在理论水平上相去甚远,但是在理论的路径上却是一致的。

《乐记》通过乐的"德之华"来抵达践形的境界,始终没有脱离"气"。《乐记》以为,"奸声"是"逆气成象"的结果,"正声"则是"顺气成象"的表现。"君子反情以和其志","使耳目鼻口心知百体皆由顺正以行其义。然后发以声音,而文以琴瑟,动以干戚,饰以羽旄,从以箫管,奋至德之光,动四气之和,以著万物之理。是故清明象天,广大象地,终始象四时,周还象风雨,五色成文而不乱,八风从律而不奸,百度得数而有常,小大相成,终始相生,倡和清浊,迭相为经。故乐行而伦清,耳目聪明,血气和平,移风易俗,天下皆宁。"(《乐象篇》)在这里,公孙尼子充分吸纳了先秦时期的养气理论,将之融入了《乐记》之中。实际上,公孙尼子在当时本身就是一位"养气"理论的专家。《春秋繁露》载公孙尼子之养气曰:"里藏泰实则气不通,泰虚则气不足,热胜则气□,寒胜则气□,泰劳则气不入,泰佚则气宛至,怒则气高,喜则气散,忧则气狂,惧则气慑。凡此十者,气之害也,而皆生于不中和。故君子怒则反中而自说以和,喜则反中而收之以正,忧则反中而舒之以意,惧则反中而实之以精。夫中和之不可不反如此。故君子道至,气则华而上。凡气从心。心,气之君也,何为而气不随也。"(《循天之道》)这是在说,"泰实、泰虚、热胜、寒胜、泰劳、泰佚、怒高、喜散、忧狂、惧慑"均会导致"气"的失衡,有失于"中和之德",只有对过分、害气的怒、喜、忧、惧,"自说以和"、"收之以正"、"舒之以意"、"实之以精",才能反中复情,抵达"君子道",并且"气则华而上"。《庄子·人间世》借孔子之口释"心斋"曰:"若一志,无听之以耳,而听之以心;无听之以心,而听之以气。听止于耳,心止于符。气也者,虚而待物者也。唯道集虚。虚者,心斋也。"《文子·道德》亦云:"上学以神听,中学以心听,下学以耳听。"由耳而心,由心而气,由气而神,这从"耳→心→气→神"的理路正好解释了上引《乐象篇》之"耳目鼻口心知百体"之性何以"奋至德之光,动四气之和",一下子豁然开朗,升华为"清明象天,广大象地,终始象四时,周还象风雨",天地之性的原因。

公孙尼子的"践形"思想在中国哲学史上是一个不可忽视的发展环节,它既有独特的理论视点,又有雄厚的人性论基础,而且还为思孟践形思想的出现提供了丰富的滋养,因此,它的历史地位是十分重要的。

第四节　论《乐记》的理论紧张

从思想的主体来讲,《乐记》试图系统地表述孔子"志于道,据于德,依于仁,游于艺"(《论语·述而》)和"立于礼,成于乐"(《论语·泰伯》)的思想,是毋庸置疑的。但是,在传统经典口耳相传,不断释读的过程中,《乐记》经过了七十子裔与汉初儒士的改造,从而裹挟、涵化了原始儒家之外的很多思想资源,在发展和丰富孔子乐教思想的同时,也在很大程度上造成了理论上的紧张。刘鉴泉先生在其《道家史观说》一文中写道:"所谓儒者,大都不偏刚即偏柔,非中法家之毒,即受道家之风耳。"①这是一个值得我们认真考量的问题。

一

《乐记》的第一大理论紧张是"礼、乐、刑、政"并提。它明显是春秋时期孔子乐教思想的"正",到战国时期的"反"(指由荀子到韩非),再到汉初的"合",在思想上进行调和的结果。本来,这种"合"的融汇过程和调整功能是儒家意气风发、富有生命力的表现。但是,孔子是不讲"刑"的,他追求的是"无讼"(《论语·颜渊》)的德性境界;他也不在"刑"的基础上讲"政",他追求的是天人冥合基础上的"为政以德"(《论语·为政》)。在经历了战国时期剧烈的社会大动荡后,人们的性情世界发生了巨大的变化,"有悖逆诈伪之心,有淫泆作乱之事。是故强者胁弱,众者暴寡,知者诈恶,勇者苦怯,疾病不养,老幼孤独不得其所"(《乐记·乐本篇》),刑与政的结合对社会的管理来讲,是历史的必然趋势,在所难免,因此,《乐记》立足于新的理论基点,熔铸相关的内容以适应新的时代,就成了很自然的事情。也就是说,《乐记》的真正意图,

---

①　刘鉴泉著:《推十书》,成都古籍出版社 1996 年版(影印本),第 33 页。

是要站在孔子"志于道,据于德,依于仁,游于艺"、"立于礼,成于乐"的立场上,对新时代的"乐教"思想进行一次整合,或者说,是要将孔子的这些思想进行一次新时代的诠释和改造。"礼、乐、刑、政,其极一也"之谓,在于通过礼与乐不离不流的修养,一方面帮助"刑"与"政"达到管理社会的目的,另一方面也可以化解"刑"与"政"所造成的社会矛盾,在思想意识上培养"协和于天地"的中和精神。

"礼、乐、刑、政,其极一也"的理论基础是《乐记》形上与形下两个层面组成的人性论。可是,在笔者看来,"人生而静,天之性也"与"夫民有血气心知之性,而无哀乐喜怒之常"的划分方法实际上有违原始儒家至奇至常,在寻常之中见超越,在凡庸之中见天道,下学上达,上下一贯的思维路向,有违孔子"性相近"(《论语·阳货》)和孟子"性善论"以天命观为背景的整体理论构想。孔子"性相近"的意思是,人性都有上承天命而先天性存有的善质,是天赋予人的人之所以为人者。孟子的"性善论"发扬了孔子的天命思想,以仁义礼智为四端之性。所以,在孔子、孟子的话语系统中,"血气心知"均属于"情气"的范围,是人的后天教养所形成的差别,这就是孔子的"习相远",(《论语·阳货》)。知者,心之功能;心者,"形之君"、"道之工宰"(《荀子·正名》),是人认识、分析、把握万事万物及其规律的"知之体",因此,它是后天之"智",而不是先"天之性"。孟子以仁义礼智说人的天命之性,意在承孔子之志。它说明"在中国文化史上,由孔子而确实发现了普遍的人间,亦即打破了一切人与人的不合理的封域,而承认只要是人便是同类的、便是平等的理念。"①而"血气心知之性"之说,却有将孔子孟子的人性论经验化的趋向,它的归结点是荀子的"性恶论",至少是性善、性恶并存。这当然违反了孔子、孟子的天命思想,从而破坏了原始儒家天人一贯,物我一体的宇宙观、人生观所显发出来的和谐性。

所以,《乐记》把现实生活中显发为喜怒哀乐的人性都描述得十分丑恶,不离则流,不奸则诈,为什么呢? 因为"夫物之感人无穷,而人之好恶无节,则是物至而人化物也。人化物也者,灭天理而穷人欲者也"(《乐本篇》),如此,

---

① 徐复观著:《中国人性论史》,台湾"商务印书馆"1969 年版,第 64 页。

则极口腹耳目之欲,最终会导致天下大乱。于是,礼乐就成了维护社会稳定,防止丧德败性的重要手段:"心中斯须不和不乐,而鄙诈之心入之矣;外貌斯须不庄不敬,而易慢之心入之矣"(《乐化篇》)礼乐刑政成为一个钳制社会、宰制人心的统治之网:"礼以道其志,乐以和其声,政以一其行,刑以防其奸"(《乐本篇》)。在很大的程度上来讲,法家的影子已经若隐若现,阳儒阴法的思维定式已经在事实上形成了。子曰:"道之以政,齐之以刑,民免而无耻;道之以德,齐之以礼,有耻且格。"(《论语·为政》)孔子的意思是,"礼、乐"属于"德"的范畴,与《乐记》中的"政"、"刑"实际上是不能并存的两个概念。但是,《乐记》的作者(们)却将它们在新的历史背景与时代环境中硬性地拼凑到了一起。表面上是发展了孔子,实际上也是修改,甚至葬送了孔子。

　　相对于《周礼·天官冢宰》之《舞师》、《春官宗伯》之《大司乐》、《乐师》、《大胥》、《小胥》等与"乐"有关的篇章始终关注天神、地示、人鬼的祭祀活动,"乐以致其神"相比较,《乐记》更加关注人的性情,更加关注与人的性情有深刻联系的社会管理。前者充满原始儒家礼乐的宗教、祭祀气息,而后者在很大程度上加强了礼乐刑政的宰制力量。刘师培云:"三代以前之乐舞,无一不原于祀法。"①"祀法"之谓,实际上就是巫术、图腾式的祭祀活动,之所以称为"法",是因为在长期的祭祀活动中形成了一种习惯性的程式和制度。三代以前的乐舞,都是"鸟兽跄跄"、"凤凰来仪"(《尚书·益稷》),"百兽率舞"(《尚书·尧典》),模仿性、再现性很强,宗教的迷狂较为浓烈,而人的主体性又相当渺小、微弱,它是一种祈神、降神的活动。但是,郭沫若先生亦云:"大概礼之起起于祀神,故其字后来从示,其后扩展而为对人,更其后扩展而为吉、凶、军、宾、嘉的各种仪制。这都是时代进展的成果。愈往后走,礼制便愈见浩繁,这是人文进化的必然趋势,不是一个人的力量可以把它呼唤得起来,也不是一个人的力量把它叱咤得回去。"②在孔子那里,关于礼乐的界定是以中和之美为其本质的。但是,在孟子那里,"礼"的各种仪制受到了挑战。此后,荀子矫枉过正,把"礼"强调到了至高无上、无以复加的地步:"礼者,人道之极也。"

---

　　①　见《刘申叔先生遗书》第五十三册。现收入李妙根编:《刘师培论学论证》,复旦大学出版社 1990 年版。

　　②　郭沫若著:《十批判书》,东方出版社 1996 年版,第 96 页。

（《荀子·礼论》）置身于大一统的呼声逐渐高涨的战国晚期，荀子无法脱离他的时代，因此他的诠释在很大程度上就不得不脱离孔子"和为贵"的古训，使他的"礼"成为一种强制性的垂直统治手段，也是时势使然。但是，从荀子到韩非、李斯的理论递延和社会的管理实践，毕竟是一个可怕的路向。所以，虽然《乐记》始终提倡"清明象天，广大象地，终始象四时，周还象风雨"的中和之美，天地之德，但是，由于它的理论体系是建立在"夫民有血气心知之性，而无哀乐喜怒之常"的现实基础之上的，因此，它裹挟了战国时代以来思想潮流的印迹，法家宰制人心的倾向在《乐记》中得到了基于人性论理论体系的支持，《周礼》中"乐以致其神"的高远、神秘、虚无和原始的激情实际上已经在现实的人性层面丧失了。如果说《乐记》果真成书于汉代初年，那么，《乐记》的这种理论向度正好与汉代初年的政治理论界批判秦始皇而又吸收秦始皇的状态是一致的。

另外，孔子的哲学是"下学上达"，"成人成己"，因此，"立于礼，成于乐"就是"成于天"。但是，毕竟什么是"天"？天从何而来，向何而去？寻根问底，在《乐记》的文本中，实际上是问不出个所以然来的。在儒家看来，夺天地之造化、养万物之灵气、会五行之精神的人只要以天地为大父母，以父母为小天地，心怀孝道，"仁民而爱物"，认真践履，顺其自然，就可以达到天人合一的境界。但是，子墨子"问于儒者曰：'何故为乐？'曰：'乐以为乐也。'子墨子曰：'子未我应。今我问曰：何故为室？曰：冬避寒焉，夏避暑焉，室以为男女之别也。则子告我为室之故矣。今我问曰：何故为乐？曰：乐以为乐也。是犹曰：何故为室，曰：室以为室也。'"（《墨子·公孟》）原始墨家与儒家是有师承关系的。《淮南子·要略》云："墨者学儒者之业，受孔子之术，以为其礼烦扰而不说，厚葬靡财而贫民，服伤生而害事，故背周道而用夏政。"可见，儒、墨两家本来有一个由师承到分崩离析的过程。子墨子的问题在于没有认识到人之所以为人的形而上学的价值层面，因而认为儒家的乐是没有什么社会功用的。这当然是指的以孔子为核心的原始儒家。但是，我们在《乐记》中看到，"乐"的社会功用明显加强，它不仅可以"教民平好恶而反人道之正"，而且可以官天地，治人伦，移风易俗，"礼乐刑政，四达而不悖，则王道备矣"（《乐本篇》）。因此，《乐记》明显从反面吸纳了墨家"可用"即"善"（《兼爱下》）的思想，乐的社会作用已经明显提高。从《墨子》的文本来看,一开始,墨家与儒家还有一些共同的话语,越到后来分歧越大,对儒家的批评完全没有接受;但是,儒家在猛烈批判墨家思想的同时,却又正在接受、涵化对方的批评。《乐记》就是一个明证。这是不是在中国学术史上,墨家之所以衰竭,儒家之所以兴旺的原因所在呢?不过,坚持"无讼"、"德政"的孔子果真希望在礼乐刑政交相钳制的社会背景下发挥"乐"的现实功用吗?老子云:"祸,福之所倚;福,祸之所伏,孰知其极?"(帛书《老子》第五十八章)这实在是一件两难的事情。原始儒家被后代学者所误读、所篡改,并且最终为专制主义所利用,其理论教训无论如何是值得我们高度注意的。

二

《乐记》立论的思想背景显然与《易传》和《中庸》有关,这是众所周知的。萧萐父先生云:"儒家产生以前,中国文化已历史地形成若干文化区,各自创建又互相汇合,已蓬勃发展数千年。儒家产生以后,虽曾列为'显学',实与并世诸家(如阴阳、墨、法、名、道等)并行,且互为采获。"[1]萧先生又云:"《易》、《庸》之学的理论内容多采自《老》、《庄》。"[2]笔者深究《易》、《庸》,认为萧先生的判断是正确的。不过,叙述起来并不是一个轻松的话题。由于孔子是一位"君子不器"式的人物,他并不认为自己已经独立门户,为儒家开山之祖。而且,老子也未必就自诩为"道家"。所以孔子与老子在文化的资源上是共享的,关注的社会问题也是共同的。孔子不言"性与天道",并不等于孔子不研究性与天道。长沙马王堆的帛书《易传》已经证明了孔子曾在晚年长期研究《易经》,并且形成了传世本《易传》的思想主体。

冯友兰先生在其《中国哲学简史》中谓,《易传》的理论体系构成了儒家与道家完全不同的形上学、宇宙论的基础。[3]但是,笔者深以为,问题似乎并不那么简单。从形上学的角度上来讲,《乐记》的根本精神在于指出了"人生而静,天之性也",君臣、父子、夫妇都是"天高地下,万物散殊","流而不息,和同

① 萧萐父著:《吹沙集》,巴蜀书社1991年版,第131—132页。
② 萧萐父著:《吹沙二集》,巴蜀书社1999年版,第95页。
③ 冯友兰著:《中国哲学简史》,北京大学出版社1996年版,第147页。

而化",自然而然所形成的结果。如果人们违寒暑之时,风雨之节,"感条畅之气而灭平和之德"(《乐言篇》),则伤世无功,狱讼益繁而天下大乱。因此,《乐记》始终坚持孔子"礼,与其奢也,宁俭;丧,与其易也,宁戚"(《论语·八佾》)的道路:"乐至则无怨,礼至则无争。"(《乐论篇》)与《易传》"易简而天下之理得"的思想完全一致,追求的是"道"的整合与圆融。

这个"道"当然是被改造过的儒家的"道",是一种生生不息的"乾元"之"德":"地气上齐,天气下降,阴阳相摩,天地相荡,鼓之以雷霆,奋之以风雨,动之以四时,煖之以日月,而百化兴焉。"(《乐礼篇》)从《乐记》的整个文本来看,它试图强调人是宇宙的一部分,与宇宙相续相连,不仅礼乐与天地是一个整体,人与天地也是一个整体,因此,人与宇宙合同化一,无阻碍,无怙懘,一切都是自然而然的显发。《乐记·师乙篇》"上如抗,下如队,曲如折,止如槁木,倨中矩,句中钩,累累乎端如贯珠。故歌之为言也,长言之也。说之,故言之;言之不足,故长言之;长言之不足,故嗟叹之;嗟叹之不足,故不知手之舞之,足之蹈之也"就是"大乐与天地同和"的至高境界,其中充满了生生不息、大化流行的天道之美,终其极,仍然是回归自然而然的"天之性",也就是儒家人道与天道的统一。

但是,不论是孔子的"性相近",还是孟子的"性善论",应该说,都没有先天之"静"的向度。很明显,这个"静"来自《老子》"致虚极,守静笃。万物并作,吾以观复"(第十六章)、"不欲以静,天下将自定"(第三十七章)的"静"。我们似乎也可以把《乐记》中的这个"静"理解为依托于《易传》的"静",也就是"万物资始,乃统天"、"刚健中正,纯粹精也"的"乾元"之"静"。

但是,从《乐记》的整个文本来看,它的路径是由礼乐而鬼神,由鬼神而天地,由天地而道,最后不得不归于"无"。因为它在美学上依托于"天之性"的"静"是由"朱弦而疏越"、"尚玄酒而俎腥鱼","大乐必易,大礼必简"的途径达到的,所以这个"静"就依然与《老子》"无名之朴"的"静笃"十分接近。

不过,话要说回来,上引《老子》第十六章中的"静"是以静制动,静为躁君,是为了更大的"动",而且"万物并作,吾以观复"与《易传》的精神是没有两样的。换言之,《乐记》在思想的主体上,始终没有摆脱道家的阴影。它要通过易、简之德的修养，反古复始，"大乐与天地同和，大礼与天地同节"，协和于天地之性。换一个角度，我们也可以说它是《老子》的归真返璞。先秦儒家的初衷可能还是想涵化道家的思想资源，拿来为我所用，但是，从《乐记》的理论实践来看，道家思想以一种文本结构的形式，以一种思维的方式左右了《乐记》解决问题的出路，特别是其中的形上境界和理论归宿，最终只能是道家的虚无之静，而不是儒家的差等之爱。道家的虚无之静是从形而上的层面上说，儒家的差等之爱是从现实的修为上说，它们本来是不存在矛盾的。抑或，中国学术最理想的状态本来就是儒家与道家的整合，而不是各执一端，所以，《老子》中的"静"实际上也有它生机盎然的话语背景，并不是僵死的"静"。《老子》第十六章中的"静"是落脚到"复"字之上的。在这里，"静"虽然是"虚"，是"笃"，但是，它依托于"道"，具有大、逝、远、返的路向，它可以生养万物，因而"万物并作"。它有两个最重要的特点：第一，"复"；第二，"和"。深究《乐记》的文本，我们实在不能说《乐记》之"静"中没有这两种根本性的精神。不过，《乐记》与《老子》有根本的不同。《老子》追求的是"无为"："道常无为，而无不为。侯王若能守之，万物将自化。化而欲作，吾将镇之以无名之朴。无名之朴，夫亦将无欲。不欲以静，天下将自定。"完全否定人后天的现实修为。而《乐记》则强调通过长期的礼乐锤炼，由生疏到熟练，由乖戾到和谐，超越礼与乐之"不离不流"的数度，反复修炼，"如切如磋，如琢如磨"（《礼记·中庸》），最后抵达"累累乎端如贯珠"的自由境界。不过，无论如何，这仍然是一个深究不得的问题。因为，"累累乎端如贯珠"之后怎么样？其必曰"大乐与天地同和，大礼与天地同节"。而天地之性是"静"，礼乐之"情"是"易"与"简"。"易"要易到什么程度？"简"要简到什么地步？它与《老子》的"大音稀声"之"朴"到底有多大的距离？所以，必须要深究到底，答案就只能有一个，那就是先秦原始儒家与原始道家，不仅在资源上共享，而且在理论的归宿上也是一致的。既然如此，儒家哲学在一定程度上就成了道家哲学的一个注脚。

以这样的逻辑推之，道家哲学是"天之物生于有，有生于无"（《老子》第四十一章）的"无"，儒家哲学是"有生于无"的"有"，儒家哲学完全比道家哲学低了一个层面。但是，刘止唐先生在其《子问》一书中引苏东坡云："人皆入世,出世者谁? 人皆出世,世谁为之?"①在人类的哲学世界里,我们不可能没有"有"的、积极入世的哲学。《乐记》讲"事与时并,名与功偕"(《乐论篇》),就是隐含了《易传》"与时偕行"的深刻道理。如果把老子的哲学推到极致,就是不出户,不窥牖,"损之又损,以至于无"(《老子》第四十八章),进而再发展到《庄子》形如槁木,心如死灰,"堕肢体,黜聪明,离形去知",等是非、齐生死。从形而上的角度上来讲,这未必没有道理,而且有的时候还很深刻;但是,如果我们的现实世界真成了庄子所描述的这个样子,那么,人类的一切物质与精神的文明就没有存在的必要了。因此,儒家吸收、涵化,尤其是改造道家的哲学就是完全有必要的事情了,是对中国文化的一个重大的发展。

丹麦哲学家克尔凯郭尔(Soren Aaby Kierkegaard,1813—1855)在《人生道路的各种阶段》中把人的生命过程划分为三个不断递进的境界,即审美境界、道德境界和宗教境界。审美境界指感性境界,以感性需求为中心;道德境界指理性境界,承担义务与责任;宗教境界是忘我与献身。从《乐记》"乐者,音之所由生也,其本在人心之感于物也"的初级阶段来讲,它是一种感性的情感激发,"感于物而动,故形于声。声相应,故生变;变成方,谓之音。比音而乐之,及干戚、羽旄,谓之乐"(《乐本篇》),这是审美的阶段。《乐记》之"乐者为同,礼者为异。同则相亲,异则相敬。乐胜则流,礼胜则离。合情饰貌者,礼乐之事也",礼与乐彼此牵制,不离不流,使审美主体相亲相敬的状态,就是道德的阶段。其"清明象天,广大象地,终始象四时,周还象风雨,五色成文而不乱,八风从律而不奸,百度得数而有常,小大相成,终始相生,倡和清浊,迭相为经"(《乐象篇》)则描述的是富有神秘性的天人合一的境界,它实际上是人的一种特殊感受,带有强烈的宗教性,就是"忘我与献身"。根据上述萧萐父先生的说法,我们可以知道,如果没有吸纳道家的思想方法,儒家不可能达到这三个境界的圆满。

它山之石,可以攻玉,这本来是无可厚非的,问题在于,《乐记》是否真正妥善地处理了"有"与"无"的关系?"有"要"有"到什么程度? 是不是一定要"有"到"礼乐刑政,四达而不悖"? 以至于成为专制主义的帮凶,被人所利用?"无"要"无"到什么地步? 是不是一定要"无"到"朱弦而疏越","尚玄酒而俎

---

① 刘止唐著:《子问》,成都乐善堂藏版,光绪丙戌重刊,第15页。

腥鱼",并且达到"无怨"、"无争"、"暴民不作,诸侯宾服,兵革不试,五刑不用,百姓无患,天子不怒"的境界,最后干脆就是"大音稀声"之"朴"? 这确实是一个值得我们深思的问题。

总之,《乐记》作为一部较为全面地反映了孔子乐教思想的经典著作,具有别的经典无法替代的重要地位。但是,由于它流传于周秦之际,成书于汉代初年,各种复杂的思想掺杂其间,在很大程度上影响了思想的精纯。因此,立足于经典的实际,从学派的源流、文本的学理上探讨其思想上的差异,就是一件必要的事情了。

第五节 《乐记》的人学解读

从文本本身的行文来看,《乐记》不是出于一时、一人之手,是可以肯定的,编辑的痕迹十分明显,且重复、松散之处随处可见。[①] 但是,这并不能丝毫否定公孙尼子上承孔子,[②]集先秦儒家乐教之大成的原创地位。先秦时期的

---

① 蒋孔阳先生认为:"《乐记》的原书,应当是'先秦旧书'。河间献王与毛生等,'共采《周官》及诸子言乐事者,以作《乐记》'。这就说明了《乐记》所本的原书,是《周官》及先秦诸子言乐事者。它里面有孔、孟的言论,有荀况的《乐论》,还有《易·系辞传》、《左传》、《吕览》以至《礼记》中其他各篇有关的文章。正因为这样,所以,《乐记》有许多地方与它们相同。因此,《乐记》不是一人一时之作,而是汉初儒者搜集和整理了先秦谈乐的言论、特别是儒家谈乐的言论,综合起来,编辑成的一部著作。它的原作者,应当是先秦儒者,它的编辑者则是汉初儒者。"(见《先秦音乐美学思想论稿》,人民文学出版社 1986 年版,第 207—208 页)新近出土的简帛文献已经证明了蒋先生的论述并不完全正确,但是,蒋先生的观点吸收了梁启超在《古书真伪及其年代》中关于《礼记》成书的思想,是一种值得重视的、稳健的说法。

② 《汉书·艺文志》云:"《公孙尼子》二十八篇。"并注云:"七十子弟子。"《隋书·经籍志》云:"《公孙尼子》一卷",并注云:"尼,似孔子弟子。"《隋书·音乐志》引沈约奏答云:"《乐记》取《公孙尼子》。"张守节《史记正义》云:"其《乐记》者,公孙尼子次撰也。"郭沫若先生在《汉书·艺文志》、《隋书·经籍志》、《隋书·音乐志》以及《史记·乐书》中张守节的《正义》等各种史料基础上,把《乐记》与《论语》、《系辞传》和宋儒理学进行了比较研究,并得出结论指出:"由这些内证上看来,公孙尼子可能是孔子直传弟子,当比子思稍早。虽不必怎样后于子贡、子夏,但其先于孟子、荀子,是毫无问题的。"(《公孙尼子与其音乐理论》,见氏著《青铜时代》,人民出版社 1954 年版,第 187 页)当代学者中有历史学家李学勤先生持与郭沫若先生相同的观点,谓公孙尼子是孔门七十子之弟子,其学说倾向近于子思,又可能同韩非所说仲良氏之儒有关。(见氏著:《周易经传溯源》,长春出版社 1992 年版,第 86—90 页)

文献流传,由于受到了书写方式的限制,由于师徒之间口耳相传的授徒方式,还由于秦火的劫难,在在都使得先秦时期的很多文献很难做到百分之百的、一字不差地保存下来。所以,通行本《乐记》不论汇编于战国,还是汇编于汉初,其内核都高度集中地体现了先秦儒家关于"乐"的思想。其基本思想当直接传承于孔子,原著当形成于孔子与其及门弟子及再传弟子之间,这是一点问题都没有的。① 孔子之乐教,与《诗》、《礼》相提并论,是孔子人学的一个重要的组成部分,因此,结合先秦时期相关文献中其他的记载,对《乐记》中的人学思想进行必要的发掘,就十分必要了。

根据现在流行的先秦时期各种文献来看,中国先秦时期的"乐"(诗、乐、舞三位一体)是非常发达的,孔子就是一位超一流的音乐实践及音乐理论大师。由于书写方式的限制,乐谱的记载难以保存,人存则乐存,人亡则乐亡的存有状态,致使先秦时期流传下来的具体的演奏、表演资料极端贫乏。所以,从这个角度上来讲,《乐记》及其相关文献所提供的内容就非常珍贵了。郑玄云:"名曰《乐记》者,以其记乐之义。""乐之义"就是专门研究"乐"的理论,它是对"乐"之实践活动的提升与超拔。孔颖达《礼记正义》引《艺文志》云:"黄帝以下至三代,各有当代之乐名。孔子曰:'移风易俗,莫善于乐也。'周衰礼坏,其乐尤微,以音律为节,又为郑、卫所乱,故无遗法矣。汉兴,制氏以雅乐声律,世为乐官,颇能记其铿锵鼓舞而已,不能言其义理。武帝时,河间献王好博古,与诸生等共采《周官》及诸子云乐事者,以作《乐记》事也。其内史丞王度传之,以授常山王禹,成帝时,以谒者数言其义,献二十四卷《乐记》。刘向校书,得《乐记》二十三篇,与禹不同,其道浸以益微。"又云:"刘向所校二十三篇,著于《别录》。今《乐记》所断取十一篇,余有十二篇,其名犹在。三十四卷,记无所录也。其十二篇之名,案《别录》十一篇,余次《奏乐》第十二,《乐器》第十三,《乐作》第十四,《意始》第十五,《乐穆》第十六,《说律》第十七,

---

① 1998 年湖北荆门郭店楚简的整理出版,为人们重新认识《礼记》、特别是认识《乐记》提供了契机。李学勤先生最近发表了一篇题为《郭店简与〈乐记〉》(北京大学哲学系编:《中国哲学的诠释与发展》,北京大学出版社 1999 年版,第 23—28 页)的文章,认为《性自命出》的第一到第三十五号简的中心思想是论乐;第三十六至第六十七号简的中心思想是论性情。李先生还认为,在其"论乐"的部分里,有关音乐的起始问题、气性问题、心与物相感而"心术形焉"的问题、"郑卫之乐"的问题等,很多表达都与《乐记》的基本观点是相通的。

《季札》第十八,《乐道》第十九,《乐义》第二十,《昭本》第二十一,《招颂》第二十二,《宾公》第二十三是也。案《别录》:《礼记》四十九篇,《乐记》第十九。则《乐记》十一篇入《礼记》也,在刘向前矣。至刘向为《别录》时,更载所入《乐记》十一篇,又载余十二篇,总为二十三篇也。其二十三篇之目,今总目存焉。"孔颖达的行文似乎是在说,中国上古时期,诗、乐、舞极端发达,周衰礼坏之后,遗法皆乱,此篇《乐记》乃是"采《周官》及诸子云乐事"而成的重要著作,其理论的主体是先秦之物,记载的也是先秦的思想。虽然并非全貌,但是弥足珍贵。

一、乐本篇

凡音之起,由人心生也。人心之动,物使之然也。感于物而动,故形于声。声相应,故生变;变成方,谓之音。比音而乐之,及干戚、羽旄,谓之乐。

乐者,音之所由生也,其本在人心之感于物也。是故其哀心感者,其声噍以杀;其乐心感者,其声啴以缓;其喜心感者,其声发以散;其怒心感者,其声粗以厉;其敬心感者,其声直以廉;其爱心感者,其声和以柔。六者非性也,感于物而后动。是故先王慎所以感之者。故礼以道其志,乐以和其声,政以一其行,刑以防其奸。礼乐刑政,其极一也,所以同民心而出治道也。

注释:①噍杀,jiāoshài,声音急促貌。《史记·乐书》作"焦衰"。张守节《史记正义》云:"其乐音焦戚、杀急,不舒缓也。"②啴,chán,舒缓的样子。啴缓,宽绰舒缓。③廉,清白高洁,俭约正直。

解读:此一段为《乐记》大纲。第一,行文中十分注重人之心→物→乐(包括声→音→乐)之间的辩证关系,明确指出"乐"之"本",在"人心之感于物",是性情摇荡的产物。第二,将"人心"与"哀心、乐心、喜心、怒心、敬心、爱心"相提并论,视此六者为情气之属。然而,"心"并非"情"。《荀子·解蔽》云:"心生而有知。"故心为知之体。但是,知而有异,知而有志。心是情由以产生的前提,情是心之知导致的结果;心是情的载体,情是心的内容。第三,"六者非性"之谓,划出了性与情的分界线。在《乐记》中,"人生而静,天之性也",性为人仰承于天而与生俱来的禀赋;"感于物而后动"者,为"性之欲",是之谓"情"。值得特别注意的是,文本在声、音、乐之间,在心、物、乐之间,突出的是一个"感"字。它不仅显示了《乐记》将"乐"之"本"界定为"人心之感于物"是弘扬了孔子以来人本主义的传统,更重要的是,"《易》以感为体",(《世说新语·文学第四》)透露了《乐记》与《易传》的深层关系。这种关系在《乐记》中并不仅仅限于字句上的相似,思想上的涵化,更重要的是在思维方式上的潜移默化,通同为一。

凡音者,生人心者也。情动于中,故形于声,声成文,谓之音。是故治世之音安以乐,其政和;乱世之音怨以怒,其政乖;亡国之音哀以思,其民困。声音之道与政通矣。宫为君,商为臣,角为民,徵为事,羽为物,五者不乱,则无怗懘之音矣。

宫乱则荒,其君骄;商乱则陂,其官坏;角乱则忧,其民怨;徵乱则哀,其事勤;羽乱则危,其财匮。五者皆乱,迭相陵,谓之慢。如此则国之灭亡无日矣。郑卫之音,乱世之音也,比于慢矣。桑间、濮上之音,亡国之音也。其政散,其民流,诬上行私而不可止也。

注释:①怗懘,zhānzhì,《史记·乐书》作"惉懘",不和谐。②陂,bì,倾也。③迭,互相;陵,越。此谓五声不和,君臣民事物,上下皆乱,互相陵越,故谓之"慢"。慢,《易传·系辞传》有"上慢下暴"之谓,同此。

解读:此一段立论的前提是"情动于中,故形于声"。由于乐之"声"是人之"情"的显发,所以五音之乱,就是"国之灭亡无日"的征兆。它的意思似谓,国家的基础,不在于君臣民事物,而在于从根本上影响君臣民事物的"情"。治世之音、乱世之音、亡国之音,都是不同的"情"艺术化的表露。人之心"安以乐",则五音不乱,而"无怗懘之音";人之心"怨以怒"、"哀以思",则五音皆乱,"迭相陵,谓之慢"。这里的"情动于中,故形于声",就是承上一段"感于物而动,故形于声"而来,由此可证,上一段"六者非性也,感于物而后动"者,确实是指的"情",也就是"性之欲"。另外,此一段把政治、经济与性情的内在联系展示了出来,认为君骄、官坏、民怨、事勤、财匮之间有彼此牵制、促动的张力,由此而照应上文"礼乐刑政,其极一也"的乐教思想。这当然相当深刻。

凡音者,生于人心者也。乐者,通伦理者也。是故知声而不知音者,禽兽是也。知音而不知乐者,众庶是也。唯君子为能知乐。是故审声以知音,审音以知乐,审乐以知政,而治道备矣。是故不知声者不可与言音,不知音者不可与言乐。知乐,则几于礼矣。礼乐皆得,谓之有德。德者,得也。

是故乐之隆,非极音也;食飨之礼,非致味也。《清庙》之瑟,朱弦而疏越,一倡而三叹,有遗音者矣。大飨之礼,尚玄酒而俎腥鱼,大羹不和,有遗味者矣。是故先王之制礼乐也,非以极口腹耳目之欲也,将以教民平好恶而反人道之正也。

人生而静,天之性也;感于物而动,性之欲也。物至知知,然后好恶形焉。好恶无节于内,知诱于外,不能反躬,天理灭矣。夫物之感人无穷,而人之好恶无节,则是物至而人化物也。人化物也者,灭天理而穷人欲者也。于是有悖逆诈伪之心,有淫泆作乱之事。是故强者胁弱,众者暴寡,知者诈愚,勇者苦怯,疾病不养,老幼孤独不得其所,此大乱之道也。

是故先王之制礼乐,人为之节,衰麻哭泣,所以节丧纪也;钟鼓干戚,所以和安乐也;昏姻冠笄,所以别男女也;射乡食飨,所以正交接也。礼节民心,乐和民声,政以行之,刑以防之。礼乐刑政,四达而不悖,则王道备矣。

注释:①《清庙》,《诗经·周颂》有《清庙》篇,《诗大序》以为祀文王之歌;郑玄以为祀文王之宫。清,肃穆清静。②朱弦,指练朱丝为弦,练则声浊。越,瑟底之孔;疏越:疏通孔底,使声迟缓。声浊又迟,是质素之声,非要妙之响。③大飨,袷(xiá,祭名)祭先王,以腥鱼为俎实,不膞熟之。大羹,肉湆,不以盐菜和之。此皆质素之食,人所不欲也。④冠笄 jī,男子二十而冠,女许嫁而笄,成人之礼也。⑤射、乡,乡饮酒之礼。食飨,招待宾客之礼。

解读:"乐"为什么能通伦理?因为乐中有礼。所以"知乐则几于礼矣","是故先王之制礼乐也,非以极口腹耳目之欲也,将以教民平好恶,而反人道之正也"。"反人道之正",也就是"礼乐皆得,谓之有德,德者得也"的真正含义。"人生而静"的"静"指的是人的天生禀赋,是"天之性",也就是《乐记》中的"天理"。天之性,天理,在《乐记》中指的是一种纯净高洁的理想境界,应该与孟子的仁义礼智之"四端"有一定的联系,所以,《乐象》篇有"德者,性之端也"的命题。"人生而静,天之性也"的"静"与荀子"虚壹而静"的"静"有天壤之别。前者是天之性的纯静之质,是天所赋予人者;而后者则是人心之知的一种后天功夫,是要努力而为才能抵达的一种认知能力的修养。"反人道之正"的"正",指的就是人生而静的天之性,但是,与生俱来的天之性由于物至知知,好恶无节于内,知诱于外,物至而人化物,不能反躬,穷人欲而灭天理,于是有悖逆诈伪之心,淫逸作伪之事,"是故强者胁弱,众者暴寡,知者诈恶,勇者苦怯,疾病不养,老幼孤独不得其所,此大乱之道也"。这种通过乐来"反人道之正"的思想与《易传·乾象》之"乾道变化,各正性命,保合大和,乃利贞。首出庶物,万国咸宁"以及《左传·昭公二十五年》之"协于天地之性"是一样的理路。《乐记》的作者以为,"强者胁弱,众者暴寡,知者诈恶,勇者苦怯,疾病不养,老幼孤独不得其所,此大乱之道也"的根源乃是以"德"为中心的性情偏失导致的结果,这与帛书《易传·缪和》"夫《易》,刚者使知瞿,柔者使知刚,愚人为而不忘,慙人为而去詐。"(第15行)以及《孟子》"死徙无出乡,乡田同井。出入相友,守望相助,疾病相扶持,则百姓亲睦"(《滕文公上》)所思考的问题以及思考问题的方式都完全是一致的。

《乐记》十分强调心、性、情、物、志以及彼此之间的关系,新出郭店楚简《性自命出》也注重心、性、情、物、志以及彼此之间的关系。《乐记》以为"人生而静,天之性也",与《性自命出》之"性自命出,命自天降"是一致的,都持性善论。但是,仔细体味二者之间的异同,笔者以为,《乐记》的理论指向是"乐",而《性自命出》的理论指向则是"性情"。虽然它们都密切注意到了礼乐与性情的关系,也都认同孔子"成于乐"的理想,但是,《乐记》更加注重的是,乐在人文社群中、社会管理中的作用,它认为"感于物而动"的"性之欲",以"物至知知"、"物诱而好恶无节"为端,下开管子、荀子;而《性自命出》则更加注重人之所以为人的自我完善(动性、砺性、逆性、实性、出性、养性、习性、长性)及其个人价值的最终实现。提倡"凡人情为可悦也。苟以其情,虽过不恶"而下开孟子。

二、乐论篇

乐者为同,礼者为异。同则相亲,异则相敬。乐胜则流,礼胜则离。合情饰貌者,礼乐之事也。礼义立,则贵贱等矣;乐文同,则上下和矣;好恶著,则贤不肖别矣。刑禁暴,爵举贤,则政均矣。仁以爱之,义以正之,如此则民治行矣。乐由中出,礼自外作。乐由中出,故静;礼自外作,故文。大乐必易,大礼必简。乐至则无怨,礼至则不争。揖让而治天下者,礼乐之谓也。暴民不作,诸侯宾服,兵革不试,五刑不用,百姓无患,天子不怒,如此则乐达矣。合父子之亲,明长幼之序,以敬四海之内,天子如此,则礼行矣。大乐与天地同和,大礼与天地同节。和,故百物不失;节,故祀天祭地。明则有礼乐,幽则有鬼神。如此,则四海之内合敬同爱矣。礼者,殊事合敬者也;乐者,异文合爱者也。礼乐之情同,故明王以相沿①也。故事与时并,名与功偕。故钟鼓管磬,羽籥干戚,乐之器也。屈伸俯仰,缀兆舒疾,乐之文也。簠簋俎豆②,制度文章,礼之器也。升降上下,周还裼袭③,礼之文也。故知礼乐之情者能作,识礼乐之文者能述。作者之谓圣,述者之谓明。明圣者,述作之谓也。

乐者,天地之和也。礼者,天地之序也。和,故百物皆化;序,故群物皆别。乐由天作,礼以地制。过制则乱,过作则暴④。明于天地,然后能兴礼乐也。论伦无患,乐之情也;欣喜欢爱,乐之官也。中正无邪,礼之质也;庄敬恭顺,礼之制也。若夫礼乐之施于金石,越于声音,用于宗庙社稷,事乎山川鬼神,则此所与民同也⑤。

注释:①沿,犹因、述也。②簠簋俎豆,fǔ guǐ zú dòu,皆祭器之名。③裼(xī)袭,袒上衣而露体谓之裼,掩上衣谓之袭。④"乐由天作,礼以地制。过制则乱,过作则暴",孙希旦云:"礼以节行,非所以为乱也,然过制则不足以为节,而反至于乱矣。乐以道和,非所以为暴也,然过作则不足以为和,而反至于暴矣。"⑤伦,犹类也。患,犹害也。官,犹事也。质,犹本也。

解读:乐者,调和性情,君臣上下同听之,故谓之同;礼者,等尊卑之别,明长幼之序,故谓之异。但是,乐虽相亲,乐胜则流,过于同也;礼虽相敬,礼胜则离,过于异也。乐以合情,礼以饰貌,礼乐相得、相须,则性情得中和之美也。乐由中出,故静,故易。静、易之德,乃天乾纯粹至精之德也,此"乐由天作"之谓也。礼自外作,故文,故简。文、简之德,乃地坤含弘博厚之德也,此"礼以地制"之谓也。与上文的《清庙》之瑟、大飨之礼一样都是在表达《系辞传》"易简而天下之理得矣"的思想。"大乐与天地同和,大礼与天地同节。和,故百物不失;节,故祀天祭地"是《乐记》中的名言。但是,屈伸俯仰缀兆舒疾,簠簋俎豆,制度文章,都是要"事与时并,名与功偕",就是《易传》与时偕行、与时迁化在礼乐世界之中的扩展,其目的是要以身体协调于天地之性的舞蹈,反躬自求,身心互正,德艺相依,回归天之性的纯净高洁以及大化流行的易简、自然之道。"乐胜则流,礼胜则离",明显是中和的思想。公孙尼子为七十子弟子,则与子思子同时,如此,《乐记》与《中庸》当为孔子学说两部原典性的著作,绍述孔子而各有特色:《中庸》以"喜怒哀乐之未发谓之中"言性,《乐记》以"人生而静,天之性也"言性。都是天降衷于民,性善论的理路。《中庸》的功夫在"戒慎乎其所不睹,恐惧乎其所不闻,莫见乎隐,莫显乎微,故君子慎其独也"。《乐记》的功夫是"礼乐不可斯须去身。致乐以治心,则易直子谅之心油然生矣。易直子谅之心生则乐,乐则安,安则久,久则天,天则神。天则不言而信,神则不怒而威,致乐以治心者也。致礼以治躬则庄敬,庄敬则严威。心中斯须不和不乐,而鄙诈之心入之矣;外貌斯须不庄不敬,而易慢之心入之矣"(《乐化篇》)《中庸》讲"天命之谓性",《乐记》讲"德者,性之端也",都有形上层面的预设。而且子思子《五行》有"践形",《乐记》中也有"践形"思想,而且其中的"养气"理论(《春秋繁露·循天之道》载公孙之养气:"里藏泰实则气不通,泰虚则气不足,热胜则气□,寒胜则气□,泰劳则气不入,泰佚则气宛至,怒则气高,喜则气散,忧则气狂,惧则气慑。凡此十者,气之害也,而皆生于不中和。故君子怒则反中而自说以和,喜则反中而收之以正,忧则反中而舒之以意,惧则反中而实之以精。夫中和之不可不反如此。故君子道至,气则华而上。凡气从心。心,气之君也,何为而气不随也。")对孟子的"浩然之气"有启发作用。

三、乐礼篇

王者功成作乐,治定制礼。其功大者其乐备,其治辩者其礼具。干戚之舞,非备乐也;孰亨而祀,非达礼也。五帝殊时,不相沿乐;三王异世,不相袭礼。乐极则忧,礼粗则偏矣。及夫敦乐而无忧,礼备而不偏者,其唯大圣乎?

天高地下,万物散殊,而礼制行矣。流而不息,合同而化,而乐兴焉。春作夏长,仁也;秋敛冬藏,义也。仁近于乐,义近于礼。乐者敦和,率神而从天,礼者别宜,居鬼而从地。故圣人作乐以应天,制礼以配地。礼乐明备,天地官矣。

天尊地卑,君臣定矣。卑高已陈,贵贱位矣。动静有常,小大殊矣。方以类聚,物以群分,则性命不同矣。在天成象,在地成形,如此,则礼者天地之别也。地气上齐,天气下降,阴阳相摩,天地相荡,鼓之以雷霆,奋之以风雨,动之以四时,煖之以日月,而百化兴焉。如此,则乐者天地之和也。

化不时则不生,男女无辨则乱升,天地之情也。及夫礼乐之极乎天而蟠乎地,行乎阴阳而通乎鬼神,穷高极远而测深厚。乐著大始,而礼居成物。著不息者天也,著不动者地也。一动一静者,天地之间也。故圣人曰礼乐云。

注释:①辩,遍也。治辩,功治有大小,故礼乐有广狭,武王功治尚小,故其乐尽美而未尽善;尧、舜功广大而治辩,鼓乐备礼具,尽美亦尽善矣。②干戚之舞,限于声容,乐之末节也,而朱弦、疏越有遗音者也。孰亨(熟烹)之祀,限于牺牲,礼之末节也,而玄酒、腥鱼有遗味者也。③三王异世,不相袭礼,谓礼之事,三王不必相袭,以其非礼乐之本故也。④乐极则忧,礼粗则偏,谓乐失其本,而致饰于声容之盛,则反害于和乐之正而至于忧也。礼失其本,而徒务于仪物之粗,则不根于忠信之实而失之偏也。⑤升,成也。

解读:《乐礼篇》在这里的表述将我们置身其中的这个世界描述成了一个"地气上齐,天气下降,阴阳相摩,天地相荡,鼓之以雷霆,奋之以风雨,动之以四时,煖之以日月,而百化兴焉"的氤氲摩荡、生化万物的温馨世界,而"乐"就是"流而不息,合同而化"的"天地之和"。朱熹云:"'天高地下'一段,意思极好,非孟子以下所能作。其文似《中庸》,必子思之辞。"①是不是子思之辞,已无从考证,但是这段文字从思想史的发展逻辑来看,它深透地扩展了《诗经》、《尚书》、特别是孔子的思想,则是无疑的。由于长沙马王堆帛书《易传》的出土,一些学者已经看到,《易传》的思想核心来源于孔子,作为再传弟子的公孙尼子,当然可以顺理成章、堂而皇之地引述了孔子的思想而以为经典、正确。《易传》思想以"乾"之"生生"统天,以"坤"之"载物"承天的结构,认定六十四卦、三百八十四爻一切随时迁化、变动不居的最后根据是"天"。天是一切事物最后、至上的本源,当然也是人的性情的最后根源与根据。笔者以为,《诗经》、《尚书》和孔子的传统都是可以开出"性善论"来的传统,因为,"天"是先秦儒家理论的话语前提。《易传》毫无例外也是这一传统之链上的理论结晶。《乐记》的这一段表述在全面继承《诗经》、《尚书》和孔子的思想的同时,也化解了《系辞传》的天道人道思想,使之融化到它的理论机体之中去,与它的礼

---

① 转引自孙希旦撰:《礼记集解》,中华书局 1989 年版,第 992 页。

乐思想相结合,并且伸发开去,反本开新而蔚为大国。

《乐记》将《系辞传》中的大段论述移花接木地置放在《乐礼篇》中,无论如何,说明了整个《易传》与"礼"的关系。《乐记》全面涵化《易传》的思想,笔者以为有以下三个极端重要的方面:第一,它将天地、四时、日月、阴阳刚柔仁义,上下"一本"的观念完全引入了《乐记》理论构架之中,把乐之反、礼之报的归属指向了对"人生而静,天之性也";乐则安,安则久,久则天,天则神的本质,在于重铸自己的血气心知,使之涵化"天"与"神"的博厚与高明。第二,《易传》最重要的观念是"中",是"位"。从人学的角度上来讲,《易传》的最大秘密就在于用谨守中和之道的卦爻体系来矫正人的血气心知。《乐记》所倡导的"本之情性,稽之度数,制之礼义,合生气之和,道五常之行,使之阳而不散,阴而不密,刚气不怒,柔气不慑,四畅交于中而发作于外,皆安其位而不相夺也。然后立之学等,广其节奏,省其文采,以绳德厚,律小大之称,比终始之序,以象事行"(《乐言篇》)的思想毫无疑问遵奉了这一基本的规律,而且是贯穿始终的。第三,《易传》在思维方式上主张"易简之善配至德"。《乐记》也是推崇易简之善的。《乐本篇》说得很清楚:"是故乐之隆,非极音也;食飨之礼,非致味也。《清庙》之瑟,朱弦而疏越,一倡而三叹,有遗音者矣。大飨之礼,尚玄酒而俎腥鱼,大羹不和,有遗味者矣。是故先王之制礼乐也,非以极口腹耳目之欲也,将以教民平好恶而反人道之正也。"这应该是《乐记》纲领性的表述之意。它要回归的就是天之性的"静",就是人道之"正"。

四、乐施篇

昔者,舜作五弦之琴以歌《南风》,夔始制乐以赏诸侯。故天子之为乐也,以赏诸侯之有德者也。德盛而教尊,五谷时孰,然后赏之以乐。故其治民劳者,其舞行缀远;其治民逸者,其舞行缀短。故观其舞,知其德;闻其谥,知其行也。《大章》,章之也。《咸池》,备矣。《韶》,继也。《夏》,大也。殷周之乐,尽矣。

天地之道,寒暑不时则疾,风雨不节则饥。教者,民之寒暑也,教不时则伤世;事者,民之风雨也,事不节则无功。然则先王之为乐也,以法治也,善则行象德矣。夫豢豕为酒,非以为祸也,而狱讼益繁,则酒之流生祸也。是故先王因为酒礼,一献之礼,宾主百拜,终日饮酒而不得醉焉,此先王所以备酒祸也。故酒食者,所以合欢也。乐者,所以象德也。礼者,所以缀淫也。是故先王有大事,必有礼以哀之;有大福,必有礼以乐之。哀乐之分,皆以礼终。乐也者,圣人之所乐也,而可以善民心,其感人深,其移风易俗,故先王著其教焉。

注释:①《南风》,孝子之诗也。南风长养万物,言己得父母生长,如万物得南风生也。②"其治民劳者,其舞行缀远;其治民逸者,其舞行缀短",郑玄云:"民劳则德薄,鄷相去远,舞人少也。民逸则德盛,鄷相去近,舞人多也。"③《大章》,尧乐名。④《咸池》,黄帝乐名。⑤《韶》,舜乐名。⑥《夏》,禹乐名。⑦陶鸿庆先生曾言:"'其移风易俗',语意未了。《史记·乐书》作'其风移俗易',《汉书·礼乐志》作'其移风易俗易'。当以《汉书》为是。"①

解读:"观其舞,知其德;闻其谥,知其行"意谓观《大章》、《咸池》、《韶》、《夏》之乐舞,则知尧、舜、禹三代之德也。这一段最值得称道的地方在于"乐也者,圣人之所乐也,而可以善民心,其感人深,其移风易俗(易),故先王著其教焉"的表述。郭店楚简《性自命出》有"凡声,其出于情也信,然后其入拨人之心也厚。"(第23简)孟子曰:"仁言,不如仁声之入人深也。"(《尽心上》)荀子曰:"夫声乐之入人也深,其化人也速。"(《乐论》)借助艺术的形式,通过人们由"血气心知"激荡而出的真诚的情感,施行道德教化,可以收到令人意想不到的效果。我们从这里还是要看到,先秦儒家已经普遍地认识到了人之性情、特别是艺术情感的特殊作用。

五、乐言篇

夫民有血气心知之性,而无哀乐喜怒之常,应感起物而动,然后心术形焉。是故志微、噍杀之音作,而民思忧;啴谐、慢易、繁文、简节之音作,而民康乐;粗厉、猛起、奋末、广贲之音作,而民刚毅;廉直、劲正、庄诚之音作,而民肃敬;宽裕、肉好、顺成、和动之音作,而民慈爱;流辟、邪散、狄成、涤滥之音作,而民淫乱。是故先王本之情性,稽之度数,制之礼义,合生气之和,道五常之行,使之阳而不散,阴而不密,刚气不怒,柔气不慑,四畅交于中而发作于外,皆安其位

---

① 陶鸿庆著:《读诸子札记》,见《陶鸿庆学术论著》,浙江人民出版社1998年版,第263页。

而不相夺也。然后立之学等，广其节奏，省其文采，以绳德厚，律小大之称，比终始之序，以象事行。使亲疏、贵贱、长幼、男女之理皆形见于乐，故曰："乐观其深矣。"

土敝则草木不长，水烦则鱼鳖不大，气衰则生物不遂，世乱则礼慝而乐淫。是故其声哀而不庄，乐而不安；慢易以犯节，流湎以忘本；广则容奸，狭则思欲；感条畅之气而灭平和之德，是以君子贱之也。

注释：①心术形焉，颜师古注《汉书·礼乐志》"应感起物而动，然后心术形焉"云："言人之性感物则动也。术，道径也。心术，心之所由也。形，见也。"（班固撰、颜师古注：《汉书》，中华书局1962年版，第1037页）②志微，孙希旦以为纤微，为乐音纤细而微妙也。③猛起，谓乐之始刚猛。奋末，谓乐之终奋迅。广贲，谓乐广大而愤怒也。④肉好：以璧之肉好喻音之圆转而润泽也。⑤狄成，言乐之一成，节奏逖远，所谓"流湎以忘本"也。涤滥，如水之涤荡放滥，往而不返也。

解读："应感起物而动"的原因只是在于"血气心知"，是一种可以与外界万事万物不断交接的"感知之体"。心术之"形"，也就是心术之"显"。换言之，也就是内在之性，"应感起物"之后，表现出来的喜怒哀乐。《乐记》一方面称圣人制礼作乐是"本之情性"，这个"情性"当然是指"人生而静，天之性"的"性"；可另一方面又以"血气心知"来界定性。可见，《乐记》的作者以为，性，实际上有两个层面，一个是形而上者，谓之静，谓之天之性，也就是上文已经论说到的上承《易传》而来的"纯粹精也"的天之"乾"德。所以《乐记》云："德者，性之端也，乐者，德之华也。"这是从性的生发处讲。一种是形而下者，谓之动，谓之"血气心知"。血气心知，是人作为一个生命机体的基本功能，它们可以使人变成小人，也可以使人变成君子，这要看"物至知知"如何诱导，这种思想实际上就是孔子"习相远也"的发挥。它们是人之"哀乐喜怒"的基础和前提。所以，注重"血气心知"的后天之"性"，是《乐记》的重要特点之一。一方面，《乐记》承认人的现实生命的合理性，另一方面它又强调，现实生命的血气心知如果没有至高至善的提升，则随物迁化而流辟邪侈，放任自流，就会转化为"恶"。孟子论性言气，荀子论性也言气；孟子论性言知，荀子论性亦言知。但是二者的理路完全不同，孟子言气、言知，是从天命论的、形而上的层面上来讲;荀子言气、言知,是从后天的经验层面上来讲。故孟子之"善",不与"恶"对;而荀子之"恶"却终究只是在讲后天的习染。朱熹云:"论性不论气,不备;论气不论性,不明。"①可谓一箭双雕,涵括了孟、荀,而融通为一。这实际上是在说人的本性包含了先天的道德本性与人的生理气禀两个方面,或者说两个层面。先天之性是对人之所以为人的一种道德的、类属的规约,是至高的善,是对后天气、志的感召;后天的生理之性则是对人之所以为人的经验概括。《乐记》的作者相信,它可以通过教化来通达天道的全善。《乐记》能够兼顾形上、形下两个层面,既注重先天之性的生发,又注重后天之性的教化,天生人成,乃得性情之正。艺术的感染力是无穷的,民之"思忧"、"康乐"、"刚毅"、"肃敬"、"慈爱"、"淫乱"之"情"都可以在各种"乐"的引导下出现。因此,流辟、淫邪的"乐"就会使人失去中和之本。而先王之"乐",合生生之气,融"五行"②之常,阴阳相推,刚柔相济,使人的性情"四畅交于中而发作于外,皆安其位而不相夺也"。

六、乐象篇

凡奸声感人而逆气应之,逆气成象,而淫乐兴焉。正声感人而顺气应之,顺气成象,而和乐兴焉。倡和有应,回邪曲直,各归其分,而万物之理,各以类相动也。是故君子反情以和其志,比类以成其行。奸声乱色,不留聪明,淫乐慝礼,不接心术,惰慢邪辟之气不设于身体,使耳目鼻口心知百体皆由顺正以行其义。然后发以声音,而文以琴瑟,动以干戚,饰以羽旄,从以箫管,奋至德之光,动四气之和,以著万物之理。是故清明象天,广大象地,终始象四时,周还象风雨,五色成文而不乱,八风从律而不奸,百度得数而有常,小大相成,终始相生,倡和清浊,迭相为经。故乐行而伦清,耳目聪明,血气和平,移风易俗,天下皆宁。故曰:"乐者,乐也。"君子乐得其道,小人乐得其欲。以道制欲,则乐而不乱;以欲忘道,则惑而不乐。是故君子反情以和其志,广乐以成其教。乐行而民乡方,可以观德矣。德者,性之端也;乐者,德之华也。金石丝竹,乐

---

① 朱熹著:《答徐元聘》,见《晦庵先生朱文公文集》,《四部丛刊》本,第三十九卷。
② 孙希旦云:"五常,五行也。"(见氏著:《礼记集解》,中华书局1989年版,第1001页)

之器也。诗,言其志也。歌,咏其声也。舞,动其容也。三者本于心,然后乐气从之。是故情深而文明,气盛而化神。和顺积中而英华发外,唯乐不可以为伪。

乐者,心之动也。声者,乐之象也。文采节奏,声之饰也。君子动其本,乐其象,然后治其饰,是故先鼓以警戒,三步以见方,再始以著往,复乱以饬归,奋疾而不拔,极幽而不隐,独乐其志,不厌其道,备举其道,不私其欲。是故情见而义立,乐终而德尊。君子以好恶,小人以听过。故曰:"生民之道,乐为大焉。"

乐也者,施也。礼也者,报也。乐,乐其所自生;而礼反其所自始。乐章德,礼报情,反始也。所谓大辂者,天子之车也。龙旂九旒,天子之旌也。青黑缘者,天子之宝龟也。从之以牛羊之群,则所以赠诸侯也。

注释:①慝,tè,邪恶。②周还,谓舞者。③五色,无行之音,谓宫商角徵羽也。④八风,八方之风。律,十二月之律。奸,奸慝。⑤伦清,伦,类也,谓人道;乐施则伦类清美。

解读:这里"反情"的"反",就是"返";"情",就是《乐记》的"人生而静,天之性"的人之本初的善,非情感之"情"也。这样来理解,《乐记》的文本中也是有证据的:"乐也者,施也。礼也者,报也。乐,乐其所自生,而礼反其所自始。乐章德,礼报情、反始也。"这在《性自命出》中也有类似的表述:"凡声其出于情也信,然后其入拨人之心也厚。闻笑声,则鲜如也斯喜。闻歌谣,则陶如也斯奋。听琴瑟之声,则悸如也斯叹。观《赉》、《武》,则齐如也斯作。观《韶》、《夏》,则勉如也斯敛。咏思而动心,饿如也,其居次也久,其反善复始也慎,其出入也顺,始其德也。郑卫之乐,则非其声而从之也。"(第23—27简)从整体思想上来讲,由于《性自命出》与《乐记》都注重礼乐的超越,所以笔者以为,《乐记》的"报情反始",也就是《性自命出》的"反善复始",用《乐记》的话来讲,就是"礼之报,乐之反,其义一也"。(《乐化篇》)这种与"反善复始"的意蕴一致的"报情反始",在《乐记》中有一个由天而人,再由人而天的论证过程。它认为,乐由天作,乐著大始,是天之性的下贯;因此在"物至知知",人欲横流的世界里,只有"致乐以治心,则易、直、子、谅之心油然生矣。易、直、子、谅之心生则乐,乐则安,安则久,久则天,天则神。天则不言而信,神则不怒而威,致乐以治心者也。致礼以治躬,则庄敬,庄敬则严威"。(《乐化篇》)这种思想的理路不仅与"反善复始"的命题是一致的,而且与整个《性自命出》的全文构思(从头到尾,亦即从第1简到第67简)都是一致的。相对于《性自命出》而言,《乐记》对"乐"的描述更为细致。上引《乐象篇》中"然后发以声音,而文以琴瑟,动以干戚,饰以羽旄,从以箫管"的主语是"君子反情以和其志"的"情"与"志",正是由于有了情与志的内在精神,"乐"才能够"奋至德之光,动四气之和,以著万物之理"。由于"四气之和"指的是春夏秋冬四季之和气,故万物之理就既包括了天道的阴与阳,地道的柔与刚,也包括了人道的仁与义。情、志、乐三者互为激发,"动""和"、"著""理","奋"出来的"至德之光"就应与孔子所说的中庸之"至德"相去无几,也就是《易传·乾象》的"保合大和,乃利贞"。在这里,《乐记》的超越性表现得也许还不是很明显。但是,"清明象天,广大象地,终始象四时,周还象风雨,五色成文而不乱,八风从律而不奸,百度得数而有常,大小相成,终始相生,倡和清浊,迭相为经"的表述,在此基础之上由内而外,"奋至德之光,动四气之和",一下子就把天地之生气流行的宏大景象涵括进来了,它的潜在语言是,人已经通过现实德行的努力达到了至高无上的"天",也就是"善"。

七、乐情篇

乐也者,情之不可变者也。礼也者,理之不可易者也。乐统同,礼辨异,礼乐之说,管乎人情矣。穷本知变,乐之情也。著诚去伪,礼之经也。礼乐偩天地之情,达神明之德,降兴上下之神,而凝是精粗之体,领父子君臣之节。是故大人举礼乐,则天地将为昭焉。天地訢合,阴阳相得,煦妪覆育万物,然后草木茂,区萌达,羽翼奋,角觡生,蛰虫昭苏,羽者妪伏,毛者孕鬻,胎生者不殰,而卵生者不殈,则乐之道归焉耳。

乐者,非谓黄钟、大吕、弦歌、干扬也,乐之末节也,故童者舞之。铺筵席,陈尊俎,列笾豆,以升降为礼者,礼之末节也,故有司掌之。乐师辨乎声诗,故北面而弦;宗祝辨乎宗庙之礼,故后尸;商祝辨乎丧礼,故后主人。是故德成而上,艺成而下;行成而先,事成而后。是故先王有上有下,有先有后,然后可以制于天下也。

注释：①煦妪，覆育，抚养义。郑玄云："气曰煦，体曰妪"。孔颖达疏云："天以气煦之，地以形妪之，是天煦覆而地妪育，故言煦妪覆育万物。"②区萌，区，gōu，区萌，草木屈曲而生。③角骼生，谓走兽之属悉皆生养也。④羽者妪伏，谓飞鸟之属皆得体伏而生子也。⑤毛者孕鬻，谓走兽之属孕鬻而繁息也。⑥殰，dú，流产。⑦殈，xù，裂也，鸟蛋破裂而不孵化。⑧笾豆，以竹为笾，以木为豆，均为祭祀礼器。

解读："乐也者，情之不可变者也"的一个基本意思，应该是说，乐，直抒胸臆，是人的性情、情感的直接表达，是"德之华"，因此没有任何矫揉造作的成分，它上天入地，穷本知变，"偩天地之情，达神明之德，降兴上下之神，而凝是精粗之体，领父子君臣之节"，"天地訢合，阴阳相得，煦妪覆育万物"。之所以如此，就在于"乐者，非谓黄钟、大吕、弦歌、干扬也"关键是涵咏其中的道德情感。"草木茂，区萌达，羽翼奋，角骼生，蛰虫昭苏，羽者妪伏，毛者孕鬻，胎生者不殰，而卵生者不殈"，都是"天性"之"德"沛然广施四海表现出来的生生流行之机。从这里我们可以明显地感觉到，《乐记》确实在基本的人性理念上与《性自命出》、《中庸》是相通的。

八、魏文侯篇

魏文侯问于子夏曰："吾端冕而听古乐，则唯恐卧；听郑卫之音，则不知倦。敢问古乐之如彼何也？新乐之如此何也？"子夏对曰："今夫古乐，进旅退旅，和正以广，弦匏笙簧，会守拊鼓，始奏以文，复乱以武，治乱以相，讯疾以雅。君子于是语，于是道古，修身及家，平均天下，此古乐之发也。今夫新乐，进俯退俯，奸声以滥，溺而不止，及优侏儒，獶杂子女，不知父子。乐终不可以语，不以道古，此新乐之发也。今君之所问者乐也，所好者音也。夫乐者，与音相近而不同。"文侯曰："敢问何如？"子夏对曰："夫古者天地顺而四时当，民有德而五谷昌，疾疢不作而无妖祥，此之谓大当。然后圣人作为父子君臣，以为纪纲，纪纲既正，天下大定，天下大定，然后正六律，和五声，弦歌《诗颂》，此之谓德音。德音之谓乐。《诗》云：'莫其德音，其德克明。克明克类，克长克君。王此大邦，克顺克俾。俾于文王，其德靡悔。既受帝祉，施于孙子。'此之谓也。今君之所好者，其溺音乎？"文侯曰："敢问溺音何从出也？"子夏对曰："郑音好溢淫志,宋音燕女溺志,卫音趋数烦志,齐音敖辟乔志。此四者,皆淫于色而害于德,是以祭祀弗用也。《诗》云:'肃雍和鸣,先祖是听。'夫肃肃,敬也;雍雍,和也。夫敬以和,何事不行?为人君者,谨其所好恶而已矣。君好之,则臣为之;上行之,则民从之。《诗》云:'诱民孔易。'此之谓也。然后圣人作为鞉、鼓、椌、楬、埙、篪,此六者,德音之音也。然后钟、磬、竽、瑟以和之,干、戚、旄、狄以舞之。此所以祭先王之庙也,所以献、酬、酳、酢也,所以官序贵贱各得其宜也,所以示后世有尊卑长幼之序也。钟声铿,铿以立号,号以立横,横以立武,君子听钟声则思武臣。石声磬,磬以立辨,辨以致死,君子听磬声则思死封疆之臣。丝声哀,哀以立廉,廉以立志,君子听琴瑟之声则思志义之臣。竹声滥,滥以立会,会以聚众,君子听箫管之声则思畜聚之臣。鼓鼙之声欢,欢以立动,动以进众,君子听鼓鼙之声则思将帅之臣。君子之听音,非听其铿锵而已也,彼亦有所合之也。"

注释:①优,俳优也。②侏儒,短小之人也,用于插科打诨、调笑消遣。③獶杂,you zá,混杂。獶,又音náo,猕猴。言舞戏之时,状如猕猴,间杂男女,故奸声以滥,溺而不止也。④疢,chèn,热病。

解读:魏文侯为僭越诸侯者,故在儒家笔下为无德、纵欲,獶杂子女,不知父子之人也。《乐记》在此借子夏之口描述了理想的天人关系是"天地顺而四时当,民有德而五谷昌,疾疢不作而无妖祥"并且将"乐"视为"修身及家,平均天下"的途径,进旅退旅,和正以广,始文乱武,迅疾以雅,此为《大学》修身之理路。郑音、宋音、卫音、齐音皆淫于色,而害于德,纵性情,害心志,非宗教社稷、祀天祭地之乐也。因为"乐"可以穷本知变,著诚去伪,宜乎人情,所以金钟声铿,坚刚威严,壮气充满,听之则"思武臣";石声轻清,磬磬然明于节义,听之则"思死封疆之臣";丝声哀怨,而能立廉隅,不越其分,故廉以立志,故"听琴瑟之声,则思志义之臣";竹声会众,揽然有积聚之意,故听竽笙箫管之声,则"思畜聚之臣";鼓鼙亢奋,足以使人意奋起,迸发其众,故"听鼓鼙之声则思将帅之臣"。值得注意的是,上述五音、五器与阴阳五行之中和、综合的思维模式是一致的,故其出神入化、所感皆化,夺天地造化之响也。

九、宾牟贾篇

宾牟贾侍坐于孔子,孔子与之言,及乐,曰:"夫《武》之备戒之已久,何也?"对曰:"病不得其众也。""咏叹之,淫液之,何也?"对曰:"恐不逮事也。""发扬蹈厉之已蚤,何也?"对曰:"及时事也。""《武》坐,致右宪左,何也?"对曰:"非《武》坐也。""声淫及商,何也?"对曰:"非《武》音也。"子曰:"若非《武》音,则何音也?"对曰:"有司失其传也。若非有司失其传,则武王之志荒矣。"子曰:"唯!丘之闻诸苌弘,亦若吾子之言是也。"

宾牟贾起,免席而请曰:"夫《武》之备戒之已久,则既闻命矣,敢问迟之迟而又久,何也?"子曰:"居!吾语女。夫乐者,象成者也。揔干而山立,武王之事也;发扬蹈厉,大公之志也。《武》乱皆坐,周召之治也。且夫《武》,始而北出,再成而灭商,三成而南,四成而南国是疆;五成而分,周公左,召公右,六成复缀,以崇天子。夹振之而驷伐,盛威于中国也。分夹而进,事蚤济也。久立于缀,以待诸侯之至也。且女独未闻牧野之语乎?武王克殷,反商。未及下车而封黄帝之后于蓟,封帝尧之后于祝,封帝舜之后于陈;下车而封夏后氏之后于杞,投殷之后于宋,封王子比干之墓,释箕子之囚,使之行商容而复其位。庶民弛政,庶士倍禄。济河而西,马散之华山之阳而弗复乘;牛散之桃林之野而弗复服,车甲衅而藏之府库而弗得用,倒载干戈,包之以虎皮,将帅之士使为诸侯,名之曰'建櫜'。然后天下知武王之不复用兵也。散军而郊射,左射《狸首》,右射《驺虞》,而贯革之射息也。裨冕搢笏,而虎贲之士说剑也。祀乎明堂,而民知孝。朝觐,然后诸侯知所以臣。耕藉,然后诸侯知所以敬。五者,天下之大教也。食三老五更于大学,天子袒而割牲,执酱而馈,执爵而酳,冕而揔干,所以教诸侯之弟也。若此,则周道四达,礼乐交通,则夫《武》之迟久,不亦宜乎!"

注释:①宾牟,姓;贾,名。②咏叹,长言而唱叹。淫液,流连而羡慕也。③苌弘,周大夫。④揔干,持盾。山立,正立也。⑤始(成)、再成、三成、四成、五成、六成之"成",舞之一终也。

解读:此篇以武王伐纣克商之功德解释《武》乐何以"迟之迟而又久也"。《武》相传是周公创作的歌颂武王克殷的大型历史性乐舞。在舞蹈演员还未登场的时候,首先是一段长长的鼓声,然后是舞队手持兵器屹立戒备,背景是一段徐缓、悠长的歌声,表现出决战前积聚心理力量和志在必胜的决心。"且夫《武》,始而北出,再成而灭商,三成而南,四成而南国是疆;五成而分,周公左,召公右,六成复缀,以崇天子",是说第一段是舞队从北面上场,描写出兵的情形;第二段表现消灭商朝的胜利场面;第三段描写军队乘胜前进,挥师南下的情形;第四段描写的是平定南方边疆;第五段描写舞队分列,歌颂周、召二公的英明统治;第六段,舞队重新集合整齐,表示对武王的崇敬。通过这样的描述,我们可以看到,第一,这已经完全是英雄传奇式的史实再现;第二,通过意象化的舞蹈可以推进史实情节的前进;第三,通过舞蹈性的场面再现武王之德(以至仁伐不仁)的盛大。《论语·八佾》载曰:"子谓《韶》,'尽美矣,又尽善也。'谓《武》,'尽美矣,未尽善也'。"《武》之所以"未尽善",可能是因为只是展示了伐取天下之威武雄壮的一面,而没有像《韶》一样,曲尽仁德之至。可是《乐记》为什么要把"未尽善"的《武》拿出来作重点分析呢?笔者以为,是因为它章法分明,乐中含礼,在表现武王功德的时候,把武王之事、大公之志刻画得很深刻,以"乐"这一特殊的艺术形式,充分地表现了它恢宏、壮美而又悠远的气象。

十、乐化篇

君子曰:礼乐不可斯须去身。致乐以治心,则易直子谅之心油然生矣。易直子谅之心生则乐,乐则安,安则久,久则天,天则神。天则不言而信,神则不怒而威,致乐以治心者也。致礼以治躬则庄敬,庄敬则严威。心中斯须不和不乐,而鄙诈之心入之矣;外貌斯须不庄不敬,而易慢之心入之矣。故乐也者,动于内者也;礼也者,动于外者也。乐极和,礼极顺,内和而外顺,则民瞻其颜色而弗与争也,望其容貌而民不生易慢焉。故德辉动于内而民莫不承听,理发诸外而民莫不承顺。故曰:致礼乐之道,举而错之,天下无难矣。乐也者,动于内者也;礼也者,动于外者也。故礼主其减,乐主其盈。礼减而进,以进为文;乐盈而反,以反为文。礼减而不进则销,乐盈而不反则放,故礼有报而乐有反。礼得其报则乐,乐得其反则安;礼之报,乐之反,其义一也。

夫乐者,乐也,人情之所不能免也。乐必发于声音,形于动静,人之道也。声音动静,性术之变尽于此矣。故人不耐无乐,乐不耐无形,形而不为道不耐无乱。先王耻其乱,故制《雅》、《颂》之声以道之,使其声足乐而不流,使其文足论而不息,使其曲直、繁瘠、廉肉、节奏足以感动人之善心而已矣,不使放心邪气得接焉。是先王立乐之方也。是故乐在宗庙之中,君臣上下同听之则莫不和敬;在族长乡里之中,长幼同听之则莫不和顺;在闺门之内,父子兄弟同听之则莫不和亲。故乐者,审一以定和,比物以饰节,节奏合以成文,所以合和父子君臣,附亲万民也,是先王立乐之方也。故听其《雅》、《颂》之声,志意得广焉;执其干戚,习其俯仰诎伸,容貌得庄焉;行其缀兆,要其节奏,行列是正焉,进退得齐焉。故乐者,天地之命,中和之纪,人情之所不能免也。

夫乐者,先王之所以饰喜也,军旅鈇钺者,先王之所以饰怒也。故先王之喜怒,皆得其侪焉。喜则天下和之,怒则暴乱者畏之。先王之道,礼乐可谓盛矣。

注释:①易为和易;直为正直;子为慈爱;谅为诚信。②德煇,颜色润泽也。③耐,能。

解读:易直子谅属于心,为情气、认知的范畴,故不是天生的禀赋,不是"天之性",而是通过礼乐教化、后天修习之后形成的道德情感。道德情感的产生是乐、安、久、天、神,人格境界赖以产生的人性基础。从人生的道德践履来讲,礼乐不可斯须去身,此如切如磋,如琢如磨,拳拳服膺,认真修炼之谓也。然"内和而外顺"的目的首先在于回归"天之性"的本原,故乐主其盈,盈而反;礼主其减,减而进,进而文。礼之报、乐之反,都是在人格精神由安而久,而天,而神之实现过程中所产生的作用。虽然此篇之"天则不言而信,神则不怒而威"的真正动机在"民瞻其颜色而弗与争也,望其容貌而民不生易慢焉",但是,客观上它却将先秦儒家的身心观、天人观凸显了出来。

十一、师乙篇

子赣见师乙而问焉,曰:"赐闻声歌各有宜也。如赐者,宜何歌也?"师乙曰:"乙,贱工也,何足以问所宜? 请诵其所闻,而吾子自执焉。爱者宜歌《商》,温良而能断者宜歌《齐》。夫歌者,直己而陈德也。动己而天地应焉,四时和焉,星辰理焉,万物育焉。故《商》者,五帝之遗声也。宽而静、柔而正者宜歌《颂》,广大而静,疏远而信者宜歌《大雅》,恭俭而好礼者,宜歌《小雅》,

正直而静,廉而谦者宜歌《风》。肆直而慈爱,商之遗声也,商人识之,故谓之《商》。《齐》者,三代之遗声也,齐人识之,故谓之《齐》。明乎商之音者,临事而屡断;明乎齐之音者,见利而让。临事而屡断,勇也;见利而让,义也。有勇有义,非歌孰能保此? 故歌者,上如抗,下如队,曲如折,止如槁木,倨中矩,句中钩,累累乎端如贯珠。故歌之为言也,长言之也。说之,故言之;言之不足,故长言之;长言之不足,故嗟叹之;嗟叹之不足,故不知手之舞之,足之蹈之也。"——子贡问乐。

注释:①师乙,师,乐官名;乙,人名。②上如抗,谓歌声高亢,感动人意,犹如抗举。③下如队,谓音声低落,触动人心,如似坠落。④止如槁木,谓乐音静止,无而胜有,感动人意,似枯槁之木,止而不动。⑤倨中矩,谓旋律曲雅,如中当矩。⑥句中钩,谓歌声大曲,如中当于钩。⑦累累乎端如贯珠,如行云流水,连系不绝,妙曼空灵,奔放舒畅之状也。

解读:《颂》可以渲导、培护"宽而静,柔而正"的性情,《大雅》可以渲导、培护"广大而静,疏远而信"的性情,《小雅》可以渲导、培护"恭俭而好礼"的性情,《风》可以渲导、培护"正直而静,廉而谦"的性情,《商》可以渲导与培护"肆直而慈爱"的性情。这一种双向的艺术感染作用,是《乐记》将孔子"成于乐"的思想发挥到极致的一段具体化的表述;也是《乐记》对以"乐"修身、成人之最佳状态极为精彩的概括。《乐记》正是要通过《风》、《雅》、《颂》、《齐》、《商》,艺术与历史的交融来达到"乐则安,安则久,久则天,天则神","致乐以治心"(《乐化篇》)的目的。一方面是历史的积淀与深邃,另一方面是艺术的流畅与空灵;二者交互作用,才能真正使"上如抗,下如队,曲如折,止如槁木,倨中矩,句中钩,累累乎端如贯珠",(《师乙篇》)行云流水般的境界中充满礼与乐互补,理性与自由共存的内涵。牟宗三先生认为,先秦诸子兴起于周文疲弊。① 儒家与道家、墨家、法家不同,以克己复礼为仁而孜孜以求。但是,从解释学的角度来看,孔子及其先秦儒家的作为都永远不可能真正回归到周代的礼乐繁盛,只能是一种地地道道的精神价值的重构。以孔子为首的先秦儒家对这一理论的实质是有深入了解的,所以才有"温故而知新"(《论语·为

---

① 转引自王菡著:《〈礼记·乐记〉之道德形上学》,台湾文史哲出版社2002年版,第13页。

政》)、"苟日新,日日新,又日新"(《礼记·大学》引汤之盘铭)的思想。因此,《师乙篇》给我们表达的真正含义则是,《乐记》要将"天之性"、"性之端"在"血气心知之性"的基础上扩充为宽而静、柔而正,疏达而信、恭俭而礼,正直而廉谦、肆直而慈爱……,广大而高远的人学世界,在人的音容笑貌之中,显发出"郁郁乎文哉"(《论语·八佾》)的精神。对"歌之为言也,长言之也。说之,故言之;言之不足,故长言之;长言之不足,故嗟叹之;嗟叹之不足,故不知手之舞之,足之蹈之也"的这段表述,很多当代的文艺理论、美学史著作都只是说,这是"肯定了思想情感"对艺术的作用。① 但是笔者以为,《乐记》并不仅仅只是在讲情感借助艺术的形式何以表达的问题,更重要的是在讲人之所以为人的内在德性,以其巨大的原创力,从人的心中("三者本于心")显发出来而不可遏止的状态。这固然是一种情感的推动作用,但是,准确的表达应该是道德情感的推动作用。用《孟子》的话来表达,就是"闻一善言,见一善行,若决江河,沛然莫之能御也"(《尽心上》)。正是在道德力量的鼓舞下,诗、歌、舞,一方面要疏导、释放经验层面的"血气心知"之"性"给人的牵绊与阻隔,另一方面又要存养、涵咏天、地、人互参的天地之性,以一种超越血气心知的热忱,穿越感性杂多的凡俗世界而抵达"天"的博厚、高明、悠久,以完成对人性的重铸。

(《乐记》正文及章序,据阮元影印本《十三经注疏》,
中华书局 1980 年版校勘定稿)

---

① 王运熙、顾易生主编:《中国文学批评史》,上海古籍出版社 1981 年版,第 41 页。

第六章 《中庸》的性情思想研究

程伊川曰:"《中庸》之书,是孔门传授,成于子思。"①朱熹亦曰:《中庸》"乃孔门传授心法,子思恐其久而差也,故笔之于书,以授孟子。"②由此可见,《中庸》虽并非出自孔子亲笔,但是它却系统而完整地阐扬了孔门"中庸"的思想,是一篇极为重要的文章。自汉代至清代,各种《中庸》的单篇注释大约150多种,足见中国古代学人对《中庸》的高度重视。至南宋朱熹,成《四书集注》,将《中庸》归入"四书",成为中国古代士人必读的经典。朱熹曾经说过,青少年读"四书",应该先读《大学》,再读《论语》、《孟子》,最后才能读《中庸》,因为《中庸》不仅重要,而且也是最难读懂的一部典籍。所以,伊川曰:"《中庸》之书,其味无穷,极索玩味。"③这句深有感触的话,给人的启示是深刻的。为什么呢? 从先秦儒家性情思想的角度来考量这句话,笔者以为,《中庸》的性情之学,"莫见乎隐,莫显乎微","放之则弥六合,卷之则退藏于密",实在是一篇值得我们认真研读的奇文。

第一节 由中庸而中和

"中庸"一词,从先秦传世文献中的证据来看,大约出自孔子的创造。因为孔子说过:"中庸之为德也,其至矣乎! 民鲜久矣。"(《论语·雍也》)《中

---

① 程颢、程颐撰:《二程遗书》,上海古籍出版社 2000 年版,第 207 页。
② 朱熹撰:《四书集注》,中华书局 1983 年版,第 17 页。
③ 程颢、程颐撰:《二程遗书》,上海古籍出版社 2000 年版,第 272 页。

庸》又引孔子曰:"君子中庸,小人反中庸。"由此看来,孔子的时代,"中庸"之德已经成了先秦儒家性情思想的重要原则。但是,中庸作为一种成体系的思想的生发,却是非常久远的事情。《论语》载:"尧曰:'咨!尔舜!天之历数在尔躬,允执其中,四海困穷,天禄永终。'舜亦以命禹。"(《尧曰》)《中庸》又引孔子之言称舜:"执其两端,用其中于民。"其后,孟子又有:"汤执中,立贤无方。"(《离娄下》)这都说明,早在孔子之前,有关中庸的一些思想已经出现了。在《尚书》中,这方面的证据也是很多的:

1. 人心惟危,道心惟微,惟精惟一,允执厥中。(《大禹谟》)

2. 呜呼!今予告汝:不易!永敬大恤,无胥绝远!汝分猷念以相从,各设中于乃心。(《盘庚中》)

3. 丕惟曰尔克永观省,作稽中德,尔尚克羞馈祀。尔乃自介用逸,兹乃允惟王正事之臣。兹亦惟天若元德,永不忘在王家。(《酒诰》)

4. 周公若曰:"太史!司寇苏公式敬尔由狱,以长我王国。兹式有慎,以列用中罚。"(《立政》)

5. 穆穆在上,明明在下,灼于四方,罔不惟德之勤,故乃明于刑之中,率乂于民棐彝。(《吕刑》)

6. 呜呼!敬之哉!官伯族姓,朕言多惧。朕敬于刑,有德惟刑。今天相民,作配在下。明清于单辞,民之乱,罔不中听狱之两辞,无或私家于狱之两辞!(《吕刑》)

第一例,将"中"已经上升到"人心"、"道心"的高度,将人道的教化与天道的幽远看成互动的关系,把"精一"与"中"看成一对相辅相成的概念,这在后来的中国哲学史上,特别是宋明理学时期,这四句所谓的"十六字心传",产生了重大影响。第二例,当作"公正"解,要求臣民以"中"对待殷先君。这个"中",可以视作一种美德,实际上是后代"忠信"、"端悫"、"诚"等德性的前身或基础。第三例,语出周公告诫康叔的一段话,直接将"中"归于"德"的范畴,从当时的历史背景来看,应该是一大飞跃。从孔子对周公的崇敬态度来看,我们不妨将孔子"中庸之为德也"的语句看成是化解了周公"中德"的表述。第四、第五、第六例,都是政治统治的方法论,应该是当时天地翻覆的政治形势使统治者不得不作出的选择。不过应该引起注意的是,即便是这三例中,三个

"中"都有被"德"化的倾向。笔者以为,可以将此视为"中庸",作为一种哲学范畴,或思想萌生的证据。

但是,从更加宽广的视域来看,《周易》"一阴一阳之谓道"的本质,从思维方式来讲,其实都是涵括在"中庸"的思想方法之下的。它两两相重而得六十四卦,每一卦的中爻(二、五)统摄整个卦义。二二相耦,非复即变,刚柔相济,阴阳互正,参和统一。这便是尚中。六十四卦的整体排列和起伏变化规律,在某种程度上说,始终都只是在围绕着"中"与"和"来做文章。其中,中为体,和为用,中为经,和为权,以乾卦、坤卦始,以既济、未济结,彼此衔接推动,彼此牵制约束,彼此相辅(反)相成,以已之所有,济对方之所无,既是成终成始,也是成中成和。据郑玄《易赞》及《易论》云:"夏曰《连山》,殷曰《归藏》,周曰《周易》。"三者源远流长,一脉相承,可知中、和,作为一种观念的起源,当始于上古、三代,是中华民族积淀深沉的古老性格之一。它是中国先民长期从事农业生产,从具体的劳作中绅绎出来的经验的总结。从笔者这篇论文的思想体系来讲,它当脱胎于自然之天与义理之天的生化流行,是中国三代时期哲学思想发展的必然产物。从这个角度上来讲,《国语》之"夫和实生物,同则不继。以他平他谓之和,故能丰长而物归之;若以同裨同,尽乃弃矣。故先王以土与金木水火杂,以成百物"(《郑语》),《左传》之"和如羹焉,水火醯醢盐梅以烹鱼肉,燀之以薪。宰夫和之,齐之以味,济其不及,以泄其过。君子食之,以平其心"(《昭公二十年》)云云,就都是这种朴素经验的总结了。

从上述各种例证来看,中庸的观念大约始发于统治者稳定压倒一切的御人之术,在逐步的实践过程中,渐渐被引进到心性、性情的世界中来。正因为如此,"中庸"一词,郑玄释为"以其记中和之为用也。庸,用也。"释庸为用,抓住了先秦儒家"中庸"思想中"用中"理念的实质,这在先秦儒家典籍中是有证据的:"明试以功,车服以庸"(《尚书·舜典》),"勿庸以次汝封"(《康诰》),"齐子庸止,既曰庸止"(《诗经·南山》),"庸勋亲亲"(《左传·僖公二十四年》),"不能庸先君之庙"(《左传·昭公二十五年》),"则庸宽惠"(《荀子·王制》),这些"庸"字都可以归属于《说文解字》"庸,用也,从用庚","用,可施行也"的范畴之中去。"中庸",就是"用中",就像《礼记》之《学记》、《服问》、《经解》诸篇之名,就是记学、问服、解经一样。用中的结果,在《中庸》中,

就是中和:

> 喜怒哀乐之未发谓之中,发而皆中节谓之和。中也者,天下之大本
> 也。和也者,天下之达道也。致中和,天地位焉,万物育焉。

这段话,是《中庸》一文之性情思想的核心性表述之一。朱熹曰:"喜怒哀乐,情也。其未发,则性也,无所偏倚,故谓之中。发皆中节,情之正也,无所乖戾,故谓之和。"这是一段非常正确而且深刻的注文。子贡问子张与子夏孰贤,孔子曰:"师也过,商也不及。"又曰:"过犹不及。"(《论语·先进》)孟子曰:"杨子取为我,拔一毛而利天下,不为也。墨子兼爱,摩顶放踵利天下,为之。子莫执中,执中为近之。"(《孟子·尽心上》)杨子与墨子都走上了"过犹不及"的不归路,只有子莫取二者之中,"执中为近"。孔子的无过不及和孟子的执中之论,如果从性情思想的角度来思考问题,那就是指的"喜怒哀乐之未发谓之中,发而皆中节谓之和"。孔子论师与商之贤,虽然指的志、德、才,但是不能不包括性情。杨子取为我,一毛不拔利天下而不为,墨子兼爱,摩顶放踵利天下,有违当时中国社会文化心理的基本习俗,故不近人情。这在先秦儒家看来,就是不能"守中"。程伊川对《中庸》中的这段文字诠释得更为透辟:

> "喜怒哀乐未发谓之中",只是言一个中体。既是喜怒哀乐未发,那
> 里有个甚么? 只可谓之中。如《乾》体便是健,及分在诸处,不可皆名健,
> 然在其中矣。天下事事物物皆有中。"发而皆中节谓之和",非是谓之和
> 便不中也,言和则中在其中矣。中便是含喜怒哀乐在其中矣。①

"只是言一个中体",指的是"天命之谓性",因此,"天下事事物物皆有中",亦即天下事事物物皆有性也。中是性的存有中体之中的形式,或存有特征,性是中所持有的内涵,或天命源泉(先验性的规定),二者不可斯须分离。它上秉承于天命,下开启于人事,因此孔颖达《中庸》疏曰:"未发之时,澹然虚静,心无所虑而当于理,故'谓之中'。"②正是这种"澹然虚静",由天而下贯的"未发之时"的"中体"状态,映射着天命的高远与生化的源泉。所以《中庸》曰:"中也者,天下之大本也。"朱熹注曰:"大本者,天命之性。"与程伊川以《乾》体释

---

① 程颢、程颐撰:《二程遗书》,上海古籍出版社 2000 年版,第 229 页。
② 《礼记正义》(卷五十二),见阮元校刻:《十三经注疏》(下册),中华书局 1980 年版,第 1625 页。

"中体"一样,力透纸背!

　　但是,笔者以为,郑玄的释语似乎更为朴实:"中为大本者,以其含喜怒哀乐,礼之所由生,政教自此出也。"①这里明确将"中"之所以为"大本"的原因与"礼"联系起来了,进而与政教联系起来,这就打通了由"天命之谓性",到"率性之谓道,修道之谓教"的脉络,把天、命、性、情贯通起来了。郭店楚简《性自命出》"《诗》、《书》、《礼》、《乐》,其始皆出于人"(第 15—16 简)的思想,与此一样,也有这种贯通的意识。"发而皆中节"的"节",指的是天地之节,人伦之礼,也是性情之度。朱熹之"发皆中节,情之正也"之谓,是相对于性来说的,或者说得更明确一点,是相对于情本是与性同根同源,植根于性,不可斯须离性而存有而言的。朱熹之"无所乖戾",指人与天地、群体(人伦)在性之情释放之后,呈现的状态——"故谓之和"——,这当然是一种理想的状态。这种理想的状态,用伊川的话来说,即是"既发时,便是和矣。"②也就是孔子的"时中"(《孟子·万章下》称之为"圣之时者"),应当喜则喜,应当怒则怒,应当哀则哀,应当怒则怒,便是合于时宜,就是"和"。应当喜则怒,应当怒则喜,应当哀则乐,应当乐则哀,便是不合于时宜,那就是"不和"。《论语·先问》曰:"夫子时然后言,人不厌其言;乐然后笑,人不厌其笑;义然后取,人不厌其取。"所描述的正是这种境界。由此可见,《中庸》提出的中和境界,实际上是一种理想的圣人境界,它的真正用意在于以圣人的境界,昭示天命的生化不息,还有待于每一个人自强不息的努力,中和性情,发皆中节,才能够回证天命,与天地相参。

　　《中庸》之所以称"和"为"达道",是因为,"中"(中体),发而为"和","性"(天命),发而为"情",必须端正而时中,节度而畅达,上合天地鬼神之灵,下合人伦事物之理。朱熹曰:"达道者,循性之谓,天下古今之所共由,道之用也。此言性情之德,以明道不可离之意。"③所以,张岱年先生释"达道"

---

　　① 《礼记正义》(卷五十二),见阮元校刻:《十三经注疏》(下册),中华书局 1980 年版,第1625 页。

　　② 程颢、程颐撰:《二程遗书》,上海古籍出版社 2000 年版,第 250 页。

　　③ 朱熹撰:《四书章句集注》,中华书局 1983 年版,第 18 页。

之"达"为"普遍",①可谓意蕴深刻。因为,循性而往,天下古今之所共由者,"性情之德"也。性情之德,当然指的是子思子的"五行":仁、义、礼、智、圣,也就是后来孟子的"四端"。应该指出的是,不论是子思的"五行",还是孟子的"四端",其中都是含"情"的。"五行"、"四端"为天命下贯而形成的"中体",是人之所以为人者;但是施发出来,便是子思的"温、悦、戚、亲、爱"(郭店简《五行》第13简),"金声而玉振"(郭店简《五行》第19简),孟子的"恻隐之心,羞恶之心,辞让之心,是非之心"(《孟子·公孙丑上》),因此,简书《五行》说得好:"善,人道也;德,天道也。唯有德者,然后能金声而玉振之。"(第19—20简)《中庸》的"达道",就是指的人道之善,这个"善",只能从有德者的心中,显发出来,是之谓《中庸》之"和"——而"和"当然是以性之情为主体内涵的。

"致中和,天地位焉,万物育焉",实乃画龙点睛之笔。"致",朱熹释为"推而极之",用现代汉语来解读,就是充分的发展。这是正确的解释。"致中和"的表述,是说中和的境界并非一蹴而就能够抵达,它是一个"推而极之"的过程,是一个逐层提升的境界。朱熹的注释深得"易庸之学""天行健,君子以自强不息"的精神:"自戒惧而约之,以至于至静之中,无少偏倚,而其守不失,则其中而天地位矣。自谨独而精之,以至于应物之处,无少差谬,而无适不然,则极其和而万物育矣。"②精确地将"致中和"而"天地位"、"万物育"的过程逻辑性地次第展开。致中和的境界是主体的内在精神不断提升的进程,也是人与人、人与物、人与天的高度统一。高度的冥合使人涵摄了天地的精华与神韵,因此而神性贯注,由是而上下与天地同流,生发出无穷的创造力来,这就是"万物育"的真精神!与《周易·象传》之"乾道变化,各正性命,保合大和",《周易·乾》之"与天地合其德,与日月合其明,与四时合其序,与鬼神合其吉凶",涵养天命之性,而显发为创发万物的生机是完全一致的理路。

---

① 张岱年著:《中国哲学大纲》,中国社会科学出版社1982年版,第330页。
② 朱熹撰:《四书章句集注》,中华书局1983年版,第18页。

第二节　天命与性情的流转

　　研究《中庸》，不能不把它与《易传》联系起来。张载、程颐、朱熹讨论《中庸》的最大特点，就是将孔子、《易传》、《中庸》、孟子打通，在融会之中贯通天人。蒙文通先生曾经指出："《易传》析义之精，为儒宗之正。"①过去，人们往往因为《易传》"析义之精"而误以为晚出，冯友兰先生在 30 年代初出版的《中国哲学史》中，就把《易传》与《淮南鸿烈》放在一起讨论。徐复观先生在其《中国人性论史》（先秦篇）中，将《中庸》放在孟子之前，而将《易传》放在孟子之后。但是，李学勤先生根据传世文献以及长沙马王堆出土的帛书资料，综合研究指出："孔子晚年对《周易》十分爱好，而且自己撰成了《易传》（至少其中一部分）。"李学勤先生还说："（我）当然不是认为先秦的《易传》和今天我们看到的完全相同。古书的定形总是有一个较长过程的，但《易传》的主体结构形成应和《论语》处于差不多的年代，其与孔子的关系是很密切的。"②对这个问题，笔者在本书第一章第二节《说命》中已有论述，此不赘述。但是，笔者在此应该特别指出的是，李先生的推论是有道理的，结论是审慎的，值得参考。

　　由是可知，长期以来人们大多有意无意总是把《易传》与《中庸》放在一起来思考问题的举动，就得到了有力的支援。萧萐父先生说："《易传》与《中庸》，义理互通。《易传》强调道兼三才，由'弥纶天地之道'推及于人事之'崇德广业'；《中庸》则强调'道不远人'，由'庸德庸言'之具体实践出发而上达于'无声无臭'的天道。"只是"二者致思的侧重点稍异"而已。③ 现代新儒家大师级人物熊十力先生也曾指出："《中庸》本演易之书。"④语似绝对，但实际上，非常深刻。笔者在认真比对《易传》与《中庸》的文本思想异同之后，不仅

---

①　蒙文通著：《古学甄微》，巴蜀书社 1987 年版，第 85 页。
②　李学勤著：《古文献丛论》，上海远东出版社 1996 年版，第 5—6 页。
③　萧萐父著：《吹砂二集》，巴蜀书社 1999 年版，第 95 页。
④　熊十力著：《原儒》（下卷），见萧萐父、郭齐勇主编：《熊十力全集》（第六卷），湖北教育出版社 2001 年版，第 555 页。

深感《中庸》以《易传》为立论的天道前提,在思想上确有相通之处,而且发现二者的字句也多有相通之处。①

《中庸》开宗明义写道:"天命之谓性,率性之谓道,修道之谓教。"第一句以"天命"来界定"性",是从天命、天道的生化流行处着眼,从而激活了"性"由天而降、天人冥合,进而回应天命的内涵。② 很显然,这与《系辞》之"一阴一阳之谓道,继之者善也,成之者性也",在天道生化流行的背景上是一致的。正因为如此,《中庸》才有"中也者,天下之大本也"、"致中和,天地位焉,万物育焉",中和之性涵括天道的命题。《中庸》又曰:"诚者,天之道也;诚之者,人之道也。诚者不勉而中,不思而得,从容中道,圣人也。诚之者,择善而固执之者也。博学之,审问之,慎思之,明辨之,笃行之。""诚者不勉而中",似乎化解了孔子"天何言哉? 四时行焉,百物生焉,天何言哉"(《论语·阳货》)的思想,明明是上承"诚者,天之道"而来的句子,为什么落脚到"不思而得,从容中道,圣人也"呢? 原来只有圣人才能达到中和的境界,"天地位焉,万物育焉"的境界,就是诚者,就是天,就是天人合一的理想状态。也就是说,"天命之谓性",还隐含着人之"性"在现实的践履中,通过率性而求道,修道而受教,以回证天命的上达理路。这种理路开启了进一步的"率性之谓道,修道之谓教"的人道践履阶段。不认识到这一层,孟子"尽其心者,知其性也。知其性,则知天矣"(《孟子·尽心上》)的心性理路就体会不出来。不过,由天而性,再由性

---

① 为了节省篇幅,笔者不打算在此详细列出《易传》与《中庸》的相通之处。但是可以抄一段冯友兰先生早在 1944 年就出版了的《新原道》中的一段相关论述,作为证据,为笔者下面的行文提供支持:"《中庸》的主要意思与《易传》的主要意思,有许多相同之处。例如《中庸》说中,《易传》亦说中。《中庸》注重时中,《易传》亦注重时。不但如此,《中庸》与《易传》中底字句,亦有相同者。如乾'文言'云:'不易乎世,不成乎名,遁世无闷,不见是而无闷。'《中庸》亦云:'君子依乎中庸,遁世不见知而不悔。''文言'云:'庸言之信,庸行之谨。'《中庸》亦云:'庸德之行,庸言之谨。''文言'云:'夫大人者,与天地合其德,与日月合其明,与四时合其序,与鬼神合其吉凶。'《中庸》亦云:仲尼'辟如天地之无不持载,无不覆帱,辟如四时之错行;如日月之代明。'这些字句,都是大致相同底。《易传》的作者不只一人,《中庸》的作者亦不只一人,《易传》的作者,也许有些就是《中庸》的作者。至少我们可以说,他们的中间,有密切底关系。"(见冯友兰著:《新原道》,《贞元六书·下》,华东师范大学出版社 1996 年版,第 779—780 页)

② 有人将"天命之谓性"的"命"释为动词,笔者以为不可,与"率性之谓道,修道之谓教"两句在句式上相违,这是一个常识性的错误。(见金景芳、吕绍纲:《论中庸——兼析朱熹"中庸"说之谬》,《孔子研究》1994 年第 2 期)

而天的关键,在天的生化流行,也在于天被视为"诚者",就是被拟人化的构思。没有天的这种生化以及涵化的功能,性的涵持者就不可能知天、立命。

"诚之者,人之道也"一句,透露了"率性之谓道"的秘密,"诚"就是"率性"。郑玄、程颐、朱熹均释"率"为"循"、"顺",郑玄曰:"循性行之,是谓道。"①朱熹曰:"人物各循其性之自然,则其日用事物之间,莫不各有当行之路,是则所谓道也。"②这是正确的解释。金景芳、吕绍纲两位先生将"率"释为先导、率领,③这是没有从先秦儒家天人之学的角度,特别是没有从先秦"易庸之学"贯通天人、大化流行、"肫肫其仁,渊渊其渊,浩浩其天"之本质的角度来思考问题而导致的结果。以天节制人、率领人、宰制人,是在大一统专制主义社会形态之下产生的畸形诠释,是对《中庸》的曲解,它的直接后果是形成了天与人之间的阻隔,人的主体性、独立性和创造性就由是而被窒息了。这当然违反了先秦儒家天地神人彼此涵括、贯通的基本精神。

"率性之谓道"的"道",指的是人道,也就是《中庸》第一章中的"和"之"达道",与"天命之谓性"相对而出,是"感仁行仁,感义行义之属,不失其常,合于道理,使得通达"④的道。《说卦传》有:"昔者圣人之作易也,将以顺性命之理。是以立天之道曰阴与阳;立地之道曰柔与刚;立人之道曰仁与义。兼三才而两之,故易六画而成卦。分阴分阳,迭用柔刚,故易六位而成章。"所以,在《中庸》之中的"道",既是天道,也是人道,二者是彼此贯通的。这样来理解"率性之谓道"的"道",其意义并不仅仅是一个汉语语义的理解问题,更重要的是我们正在给先秦儒家性情思想中"性"的范畴定位。也就是说,"率性"之"性",就是贯通天人的神性,就是通体透明的"天下之大本"。它涵括万物,因此"天地位焉";它生化不息,因此"万物育焉"。从学脉上来讲,这正是孟子性善论的基础。

但是,对于以"修道之谓教"为己任的先秦儒家来说,道,并不是一个轻松

---

① 《礼记正义》(卷五十二),见阮元校刻:《十三经注疏》(下册),中华书局1980年版,第1625页。

② 朱熹撰:《四书章句集注》,中华书局1983年版,第17页。

③ 金景芳、吕绍纲:《论中庸——兼析朱熹"中庸"说之谬》,《孔子研究》1994年第2期。

④ 《礼记正义》(卷五十二),见阮元校刻:《十三经注疏》(下册),中华书局1980年版,第1625页。

的话题：

> 子曰："中庸其至矣乎,民鲜能久矣。"(第三章)

> 子曰："道之不行也,我知之矣,知者过之,愚者不及也。道之不明
> 也,我知之矣,贤者过之,不肖者不及也。人莫不饮食也,鲜能知味也。"
> (第四章)

> 子曰："道其不行矣夫!"(第五章)

这里的"道",就是"中庸"之道。落实到现实的生活中,就是由内在之"中"、之"性"显发出来的"时中"、"中和"之"情"。它"造端乎夫妇,及其至也,察乎天地","尊德性而道问学,致广大而尽精微,极高明而道中庸",在平俗中见博厚,在凡庸中见高明,在细微中见悠久。虽然人人日用,但是却很少有人知道它,因此是一种"至德"。上面的三段浩叹,应该是孔子对有志之士的激励与感召,更是对中庸之至德的一种推崇,它昭示了一种理想的人生境界。

《系辞上传》曰:"在天成象,在地成形,变化见矣。是故刚柔相摩,八卦相荡。鼓之以雷霆,润之以风雨。日月运行,一寒一暑。乾道成男,坤道成女。乾知大始,坤作成物。乾以易知,坤以简能。易则易知,简则易从。易知则有亲,易从则有功。有亲则可久,有功则可大。可久则贤人之德,可大则贤人之业。易简,而天下矣之理矣;天下之理得,而成位乎其中矣。"王弼注云:"象况日月星辰,形况山川草木,悬象运转以成昏明,山泽通气而云行雨施,故变化见矣。"①人是万物之灵,"天地之心也,五行之端也"(《礼记·礼运》),故"乾道成男,坤道成女"的核心是"天命之谓性"。"可久则贤人之德,可大则贤人之业。易简而天下矣之理矣",就是"率性之谓道"。"天下之理得,而成位乎其中"就是在凡俗人伦的教化历练中,由性而情,达到了中和的理想境地之后的"道"的实现,这就是"天命之谓性,率性之谓道,修道之谓教",一个完整的逻辑圈循环上升与回归。

朱熹曰:"道者,率性而已。"而性为天命之下贯而成,故人道与天道本来就彼此渗透,互相映照。君子之道,"庸德之行,庸言之谨,有所不足,不敢不勉;有余,不敢尽;言顾行,行顾言",以爱己之心爱人,以责人之心责己,这当

---

① 《周易正义》(卷七),见阮元校刻:《十三经注疏》(上册),中华书局1980年版,第76页。

然是一种道德的力量,在个人与群体的互动中实现自己的人生价值。子、臣、弟、友,瑟琴和乐,此"取人以身,修身以道,修道以仁"。康德指出:"道德不应当是一种如何使我们快乐的原则,而是一种如何使我们具有享受幸福的资格的学说"①《中庸》曰:"君子不可以不修身,思修身,不可以不事亲,思事亲,不可以不知人;思知人,不可以不知天。"这是一段非常深刻的表述。一方面它认为人不能没有现实的道德践履,在现实的道德践履中实现人之所以为人者,也就是以"三达德"实现"五达道",从性情的至诚、至纯出发,做到父子有亲,君臣有义,夫妇有别,长幼有序,朋友有信。知、仁、勇是实现这五个方面价值的三个德性基础,被朱熹称为"知此"、"体此"、"强此"的保障。知此,须好学;体此,须力行;强此,须知耻。好学为知,力行为仁,知耻为勇。以百倍之功,困而知,勉而行,博学、审问、慎思、明辨、笃行,无疑、无惑,知人之后,进而知天。知天就是知性,进而知命。并且与天命融为一体。知的过程,也就是行的过程,就是一种人生价值的实现过程,这就是上面引述康德人之所以为人的,并且"享受幸福的资格"。

更为重要的是,"知天",还是对道德的超越。因为"知天"的过程,就是力行的过程,就是在"诚"的道路上永不停息的跋涉,就是对天命的回归和证悟。《中庸》的文本说得最为透彻:"仲尼祖述尧舜,宪章文武。上律天时,下袭水土。辟如天地之无不持载,无不覆帱,辟如四时之错行,如日月之代明。万物并育而不相害,道并行而不相悖。小德川流,大德敦化,此天地之所以为大也。"这就是"修道之谓教"以"达天德"的极致。天地之所以为大者,完全是因为人的主体性情参与到了天地的生化流行之中来了,是"人"大,所以"天地"才大。正是由于有了"天地",有了人"性"所由生的天命之源,现实践履中道德的超越与提升,也才有了立论的基础与前提。

至此,我们看到,《中庸》一文,将人的性情归宿,设置在与天地"川流"、"敦化"的摩荡之中,把人的性情置放在天、命、性、情、道、教,由天而人,又由人而天,彼此互动流转的过程之中,"辟如天地之无不持载,无不覆帱,辟如四

---

① 康德著,托马斯·K.阿博特译:《实践理性批判》,伦敦:朗曼斯、格林图书有限公司 1909 年版,第 227 页。

时之错行,如日月之代明",最终实现人的终极实在。这当然是人的性情得到了充分发展和阐扬之后的境界,就是天人合一,与天地互参。

第三节 合外内之道的真精神——"诚"

诚,是一个贯通整个《中庸》哲学思想体系中的核心性概念。"天命之谓性",无天德生生之诚,必无"性"。"率性之谓道",无率性中和之诚,必无"道"。"修道之谓教",无刻苦修道之诚,更无所谓"教",无所谓"化"。是故,"诚者,物之终始,不诚无物"。朱熹曰:"诚者,真实无妄之谓,天理之本然也。""天理之本然",是过度诠释;但是,以"真实无妄"释"诚",却是对"诚"之最基本意义的准确概括。它不仅将"诚"这一重要的哲学范畴界定在性情思想的领域,更为重要的是,它深得"诚者,天之道也;诚之者,人之道也"的精神,将先秦儒家性情思想之天道与人道、个人与群体互相激发、相辅相成的价值取向,言简意赅地表达了出来。

与上述其他方面的思想一样,《中庸》"诚"的思想,仍然可以在《论语》、《周易》,特别是《易传》中找到渊源。子曰:"天何言哉? 四时行焉,百物生焉,天何言哉?"(《阳货》)"子在川上曰:'逝者如斯夫,不舍昼夜!'"(《子罕》)这两段文字不仅说明了天道不言而生化万物的特性,并且对我们理解"诚",是一种"不舍昼夜"的追求精神、生化精神,具有深刻的启发作用。另外,《周易》曰:"无妄,元亨利贞,其匪正有眚,不利有攸往。"(无妄卦卦辞)《象传》释曰:"无妄,元亨利贞","天之命也"。《易传》又有:"日新之谓盛德,生生之谓易,成象之谓乾,效法之谓坤……,阴阳不测之谓神。""精义入神,以致用也。""穷神知化,德之盛也。"诸如此类的表述不少,实际上,与《中庸》之"诚"均有相通之处。

《中庸》曰:"诚者,天之道也;诚之者,人之道也。诚者不勉而中,不思而得,从容中道,圣人也。"本来,这是一段立足于何以成为圣人,何为圣人的表述。但是,我们换一个角度则发现,《中庸》的作者,首先视天道的本质为诚,诚是天道的最大特征。然而它又说:"诚者不勉而中",是说"诚"的天然本性就是中。没有"中",就没有"诚"。因此,诚者之"中","不思而得"。由此才导致"从容中道,圣人也"的结论。从上文笔者的叙述中,我们已经知道,虽然周公已经视"中"为"德",孔子更是把它推崇为"至德",但是他们并没有将"中"与"诚"明确地联系在一起。从先秦的学术发展脉络来讲,把它们联系在一起,应该有一个形成的过程。又根据笔者在上面的行文,我们已经看到,既然熊十力先生已经指出"《中庸》本演易之书",而《周易》,特别是《易传》又都兼有"中"及"诚"的思想,因此,将"中"视为"诚"的特性,虽然是《中庸》的创造,但是,这与《周易》思想传统的积淀恐怕不无关系。

"中",在《中庸》之中是"天命之谓性"含而未发的存有状态。仅就性与情的关系来讲,性是中的内容,中是性的存在形式,因此,"中也者,天下之大本也。""天下之大本",《中庸》将其描述为博厚、高明、悠久,当然只能用至高无上的"诚"来概括其特征。性既然是中的内容,则因"天命之谓性"的命题,我们可以说"天命"的基本性格也是中,顺理成章,就有了"诚者,天之道也"的根本性命题。换言之,《中庸》立论的前提,或者说,全文的支撑点,都在"天命之谓性","诚者,天之道"这两句上。因为,没有天,就没有人之性;没有天道之诚,就不可能有"率性"之道。没有"率性"之道,就不可能有"成己成物"、"赞天地之化育"的教化境界。把"天道"的属性命之曰"诚",虽然是言天道,究其实,终究是言人道,其最终的目的在于给人的现实践履,树立一个可以博学、审问、慎思、明辨、笃行而达到目标,使天下所有仁人志士与天地相参化的价值得以实现,成为可能。

"诚者,天之道",是相对于人来说的,而"诚之者,人之道"则是相对于天来说的。人的天命之性,不能无诚;无诚,则不能"率性"。率性就是顺性、循性以往,以成就人道之极。人道之极就是"五达道":君臣、父子、夫妇、昆弟、朋友。为了实现君臣之义,父子之亲,夫妇之别,长幼之序,朋友之信,就必须以"三达德"贯穿始终:知、仁、勇。《中庸》曰:"知、仁、勇三者,天下之达德也,所以行之者一也。"朱熹注曰:"一则诚而已矣。"又引程子曰:"所谓诚者,止是诚实此三者。三者之外,更别无诚。"把知、仁、勇之所以能贯彻到五达道之中去的心理、德性基础,揭示了出来。"知",是"仁"与"勇"的基础和前提;"仁"是"知"的结果,而"勇"则是由"知"与"仁"焕发起来的道德勇气。因此,作为人道之诚,首先是指的一种诚纯专一的心理状态,它是一种由天而降的赤子之情的天然显现:"践其位,行其礼,奏其乐,敬其所尊,爱其所亲。事死如事生,事亡如事存,孝之至也。"孝之至,推而极之,就是诚之至。作者的用意很明显,正是要通过类似"事死如事生,事亡如事存"的情感提炼,养成人之性情的至真至纯,上合天心,下合人伦,"肫肫其仁,渊渊其渊,浩浩其天":第一句,言其敦厚;第二句,言其深沉;第三句,言其阔大而与天地相参。

细读《中庸》,笔者深以为,《中庸》之"诚",所展示出来的并不是一个人生的目标,而是一个实现人的终极价值的奋斗过程。《中庸》曰:"自诚明,谓之性;自明诚,谓之教。"自诚明,天生圣人之性也;自明诚,学善而固执之者也。自诚明,天道对人道,是圣人化育天下的理路;自明诚,由教而入,先明乎善,然后至于诚。是故"诚则明矣,明则诚矣",指出的是圣人与贤人两条化育的道路:第一条,是"唯天下至诚,为能尽其性;能尽其性,则能尽人之性;能尽人之性,则能尽物之性;能尽物之性,则可以赞天地之化育;可以赞天地之化育,则可以与天地参矣"。这是一条由诚而明的圣人化育之道;第二条,是"其次致曲,曲能有诚,诚则形,形则著,著则明,明则动,动则变,变则化,唯天下至诚为能化"。这是一条由明而诚的贤人变化之道。这两条道路的取向完全不同,但是,彼此之间相辅相成,极富内在的张力,而且,最终又殊途而同归,都是化育天地,与天地相参。这是《中庸》的作者全面而深刻地提炼孔子关于"生而知之者"与"学而知之者"(《季氏》)的重要思想,同时也隐含着对"困而不学"的批评,对有志之士的激励。

更为重要的是,《中庸》之"诚",并不仅仅是一个奋斗的过程,而且还是一种感召人"至诚无息"的奋斗精神:

> 诚者自成也,而道自道也。诚者物之终始,不诚无物。是故君子诚之为贵。诚者非自成己而已也,所以成物也。成己,仁也;成物,知也。性之德也,合外内之道也,故时措之宜也。故至诚无息。不息则久,久则徵,徵则悠远,悠远则博厚,博厚则高明。博厚,所以载物也;高明,所以覆物也;悠久,所以成物也。博厚配地,高明配天,悠久无疆。如此者,不见而章,不动而变,无为而成。天地之道,可一言而尽也:其为物不贰,则其生物不测。天地之道:博也,厚也,高也,明也,悠也,久也。

"诚者自成",并不是有如道家的"无为",不为而成,而是指先秦儒家之"诚",是一种上承于天,生发于心,不假外求的精神状态;"道自道",也不是"道家"的纯任自然,而是指依托天命"率性"而为,"中体"外发,发而皆中节,谓之"中和"的一种境界。"诚",是一种涵括天下所有事事物物的品质,而且也体现在这些事物本身发展的自始至终,因此,没有"诚",我们这个世界上,便没有一切。君子以"诚"为贵,但是,"诚者",却又绝非只是为了"成己",还要"成物",还要"成人",就是孔子"博施于民而能济众"(《雍也》)的理论提升。故"性之德也,合外内之道也,故时措之宜也"。性之德,诚也;合外内之道,天道人道也;时措之宜,圣人之时中也。合而言之,诚,为天命之性最显著的特征。它贯通天人,变化无方,应之以时,则至诚动人、动物、动天。

　　"故至诚无息。不息则久,久则徵,徵则悠远,悠远则博厚,博厚则高明。"不假外求的"诚",显发而为"道",长期持久,始终不渝,就会"徵",就会"悠远",就会在人的性情世界中引发质的变化:"博厚,所以载物也;高明,所以覆物也;悠久,所以成物也。博厚配地,高明配天,悠久无疆。"这是对圣人性情的比喻性描述,像大地一样博厚,像苍天一样高明,像时空一样悠远。以这样博厚高明悠久的性情,照临世界,面对人生,自然是"不见而章,不动而变,无为而成",因为"其为物不贰,则其生物不测"。于是《中庸》的作者采取了一种更为贴切的手法来形容,在"诚"贯注之后的性情,所显发出来的创造性:

　　　　今夫天,斯昭昭之多,及其无穷也,日月星辰系焉,万物覆焉。今夫地,一撮土之多,及其广厚,载华岳而不重,振河海而不洩,万物载焉。今夫山,一卷石之多,及其广大,草木生之,禽兽居之,宝藏兴焉。今夫水,一勺之多,及其不测,鼋鼍、蛟龙、鱼鳖生焉,货财殖焉。《诗》曰:"惟天之命,於穆不已!"盖曰天之所以为天也。"於乎不显,文王之德之纯!"盖曰文王之所以为文也,纯亦不已。

这是一种与天地合其德,与日月合其明,天人合一,於穆不已的创生精神。这种精神既来自生生流行的天道感召,也来自"於乎不显"的"文王之德"的人道感召。《中庸》的作者相信,通过"尊德性而道问学,致广大而尽精微,极高明而道中庸,温故而知新,敦厚以崇礼",就可以"为天下国家"之"九经",由修身为政,治理国家,到拯救天下苍生;另一方面,通过"至诚无息"的追求,还可以

"立天下之大本,知天地之化育","辟如天地之无不持载,无不覆帱,辟如四时之错行,如日月之代明。万物并育而不相害,道并行而不相悖,小德川流,大德敦化,此天地之所以为大也"。"洋洋乎,发育万物,峻乎极天!"这是个人与群体的统一,更是人道与天道的统一。这种人与万物的高度统一与融合,在《中庸》的作者看来,就是人的性情得到了锤炼和提升,自己的人生价值也由是而得到了最终的实现。

第四节 论《中庸》的精神实质

《中庸》是中国文化中最具代表性、最具影响力的重要圣典之一。但是,长期以来,关于《中庸》的理解,尤其是在世俗的眼光和观念中,一直存在严重的问题。由此而导致的结果和影响是恶劣的,这直接影响了人们对中国文化,尤其是对先秦原始儒家精神的正确理解。误解的产生,最直接的原因来自我们当代的有些人凡事不追本穷源,人云亦云,以讹传讹的社会风气。什么是"中庸"? 人们惯常的说法,就是"取其两端,用其中于民"。"中"就是中间的"中","庸",就是"用"。于是乎,中庸,就是"用中"。这样一来,"中庸"成了一种不折不扣的明哲保身的处世原则,成了全社会为人处世和稀泥的方法。由于人们一般并不认真地阅读文本,对《中庸》的精神实质没有实际生活的需求,于是我们社会上的大多数人,都对"中庸"的概念以及《中庸》圣典本身,抱有严重的误解。所以,我们有必要对这一本来不是问题的严重问题,进行必要的阐述。

一、"天"是人之所以为人的大本大原

《中庸》一文的最关键处,在"天"。它是在展示人之所以为人的至高无上性。"天命之谓性"的意思在于,我们每一个人都具有"天"的背景,我们的"性情",我们的本质都是由"天"通过"命"的显豁,下贯给我们每一个个体的。因此,在任何时代,任何民族,任何国度,人都是最尊贵的一种存在。我们每一个人都应该受到所在国家、政府的关心和帮助。孟子曾经引用《尚书》的话说

过:"天降下民,作之君,作之师,惟曰其助上帝宠之。"(《孟子·梁惠王下》)意思是说,天孕育、哺育了人,就为他们设置了政府机构,树立了官吏和教师的榜样,让广大的人们向他们学习。换言之,这些政府机构和官吏、教师的唯一责任,就是帮助上帝来爱护人民。孟子又说"民为贵,社稷次之,君为轻"(《孟子·尽心下》)等,都与《中庸》中的这一重要的思想有密切的关系。

所以,任何时候,在谈到人之所以为人的时候,我们都不能离开"天"。在《中庸》的作者看来,"天",春夏秋冬、云行雨施,滋润万物,无私不覆。它下贯于人的时候,具有主宰之天、命运之天的意涵。于是,人的概念之中就具有了宗教的性质。宗教的性质,对于人来讲,并不是可有可无的。它是一种圣洁的境界,既是人的来源,也是人的归宿。在相关的历史文献中,只有《周易·乾·彖》的表述能够与《中庸》的思想相媲美:"大哉乾元!万物资始,乃统天。云行雨施,品物流形。大明终始,六位时成,时乘六龙以御天。乾道变化,各正性命,保合大和,乃利贞。首出庶物,万国咸宁。"《中庸》全书的思想都与《周易》的这段话紧密相关。因为《中庸》基于古老的五行学说(见下面的论证),融入《周易》的"乾元之天"创生万物的思想,参赞天地,化育万物,都是要解决人之所以为人的人大本大原、终极关怀的根本问题,都是要解决现实的政治管理使人的个性和个体价值得到充分实现的根本问题。

"喜怒哀乐之未发,谓之中。发而皆中节谓之和。"这两句讲的当然是人的性情的存有状态以及释放出来的礼仪规约。未释放出来之前,就是"性";释放过程之中的喜怒哀乐及其已经释放出来之后的状态就是"情"。这个"中"就是天命之性涵咏于我心中的"天下之大本",这就是世界上万事万物的根本。由于它来自"天"与"命",因此它具有不容置疑的圣洁性、公正性和完善性。我们应该敏锐地看到,在这里,《中庸》的作者,并不仅仅只是为了歌颂"天"的阳光雨露,无私不覆,至高无上,他真正的用意在于强调人之所以为人的尊贵根源和高远的背景。他潜在的言语是,不论你出身贫贱还是高贵,在"天"的面前都是人人平等的,任何时代、任何民族、任何政府、任何国家都无权剥夺你天赋的权力。从你生命的来源上来讲,任何时候你都是尊贵的。你如果要努力向善,如果要达到你正确的理想,没有任何人能够阻拦你。孔子云:"我欲仁,斯仁至矣!"(《论语·述而》)又云:"三军可夺帅也,匹夫不可夺志也"(《论语·子罕》)就是这个意思。

如果说,"喜怒哀乐之未发"的"性"是长江之水,那么,释放出来之后的"情"就是水上之波。如果说,"喜怒哀乐之未发"的"性"是隐性的大树之根,那么,释放出来之后的"情"就是在阳光雨露下摇曳多姿的树干、枝叶和果实。但是值得注意的是,首先,由于性与情都来源于"天",因此,它们之间是完全不能分离的,时时刻刻你中有我,我中有你。其次,"性"与"情"始终具有不同的表现形式。"性"具有天赋的各种品质,它需要人竭尽一生的努力来开发"性"的美德,这就是《中庸》说的"性之德"。这个"之"字是动词。也就是《中庸》一开始就已经说过的"率性之谓道"。"率性",就是循着天命之"性"的博厚、高明、悠久,表现出来的"道"。这个"道"就是孟子所说的仁、义、礼、智,就是著名的天命之"性"的"四端"。但是,对任何人来讲,都有一个"性之德"的转化过程。这个过程就是孔子所讲的"习相远也"(《论语·阳货》)的学习过程。不同的人有不同的成长环境,不同的人生际遇,不同的学习条件,于是,每个人在他的"性"中所挖掘出来的仁、义、礼、智的程度、人生体验、体悟的深度就大相径庭。正是由于这种程度、深度的大相径庭,于是,每一个人在他的生命体验过程中,其恻隐之心、羞恶之心、辞让之心、是非之心,四种善端之"情",所释放出来的过程、原则、效果,就大不一样了。失之毫厘,谬以千里,此之谓也。这样一来,人与人之间,天壤之别的"命"就大不相同了。

人与人之间"命"之所以不同的原因,在先秦儒家看来,并不是"天"限制了你的命运,而是你自己学习、向善的程度与别人大不相同。因此,《中庸》说:"道也者,不可须臾离也,可离非道也。""道"是人生的根本,也是整个社会的政治原则和伦理底线,因此,它是人之所以为人的道德标准,是不可以丝毫懈怠、离开的。离开了,你就不是人了。所以,人与人之间的差别,何止霄壤,有的时候,比人与猪之间的差别还要大。说的就是人的内在涵养大相径庭的问题。

由此看来,先秦儒家异常地强调学习的重要性。先秦儒家的逻辑是,"天"是十全十美的。人虽然是"天"下贯的结果,但是,它只是"天"的分体,是"天"之一偏。因此,人不可能是十全十美的。没有人没有天生的缺陷,没有人不在后天的成长过程中触犯错误。因此,《中庸》说得很彻底:

诚者,天之道也;诚之者,人之道也。诚者不勉而中,不思而得,从容中道,圣人也。诚之者,择善而固执之者也。博学之,审问之,慎思之,明辨之,笃行之。有弗学,学之弗能弗措也;有弗问,问之弗知弗措也;有弗思,思之弗得弗措也;有弗辨,辨之弗明弗措也;有弗行,行之弗笃弗措也;人一能之己百之,人十能之己千之。果能此道矣,虽愚必明,虽柔必强。

从这段文字,我们已经很清楚,《中庸》强调的学习,就是学习"天",因为"天"的本质是"诚"。"至诚不息","不诚无物",离开了"诚",人的一生将一事无成。学习就是从缺陷的你向完美的你迈进的过程,"诚"是"天"的根本美德,因此,就是"天下之大本",就是"天"之"中"的具体体现。"天"之"中"就是"道",就是"命",就是"天"。所以,"诚"是离不开"天"、"命"、"性"、"情"、"道"等基本概念的。

关于"诚",陈荣捷先生说过:"在这部经典著作中,对这个概念的广泛讨论,使它同时成为心理学的、形而上学的和宗教的概念。诚不只是一种精神状态,而且还是一种能动的力量,它始终在转化事物和完成事物,使天和人在流行过程中一致起来"。① 所以,"诚"对一个有志于君子道的人来讲,既是现实生活的动力,又是生命的大本大源和终极的观照,而且还是宗教性和审美性相交织的人生境界。《中庸》的表达十分到位:"故至诚无息。不息则久,久则征,征则悠远,悠远则博厚,博厚则高明。博厚,所以载物也;高明,所以覆物也;悠久,所以成物也。"它把人之所以为人之成己成物,设计成了不但可以感化世界,同时也感化自己,"乐善不倦"的过程,这个过程就是不断回归"中"的过程,就是人的价值不断实现,不断接近"天"的博厚、高明、悠久的奋斗过程,最后的结果就是身心互正,金声玉振,"践形"象天,天人合一,"天人冥合"。

二、人一能之己百之,人十能之己千之

之所以如此地强调学习的力量和作用,原因在于,"三句教"的落脚点在"修道之谓教"上。在《中庸》的作者看来,由"教"而"道",是我们每一个人由上天下贯而来的天生使命。因此,每一个人都应该修身养性,回归天道的

---

① 陈荣捷著:《中国哲学资料》,普林斯顿大学出版社 1973 年版,第 96 页。

"诚"。用孟子的话来讲就是："尽其心者,知其性也。知其性,则知天矣。存其心,养其性,所以事天也。殀寿不贰,修身以俟之,所以立命也。"(《孟子·尽心上》)

孟子在这里把《中庸》之"修道之谓教"的动因和全过程都说得很清楚。孟子的意思是,由天命而来的"性",是潜在的,是波涛下面的"水",是大树下面的"根",所以,只有通过"尽心"才有可能知"性",才能够开发"性"的内容,使之发生由形而上到形而下的作用。只有"知性"才有可能"知天"。仁义礼智之性,由知而行,无不体现在恻隐、羞恶、礼让、是非等各种情感的表达之中,我们什么时候拥有了"天"的博厚、高明、悠久,我们什么时候就接近了"天"的至圣大全。"尽心、知性"的目的是修养自己,此谓之"存心、养性",目的是"事天"。"事天"的过程,就是人生成人、成己的过程,并且不论是发达还是穷困,我们都应该坚持到底,"殀寿不贰",说的是人之所以为人的对天的信义,更是百折不挠,始终如一的精神。这种精神既是对"天"的感恩的情感,也是对自己的生命百般呵护,由缺陷的血气心知,走向完美的"仁义礼智"的过程。最后的理想境界,是"从心所欲,不逾矩"(《论语·从政》),高度理性化的自由。

因此,君子不能不随时随地认真地修炼自己,用《中庸》的话来讲,就是"是故君子戒慎乎其所不睹,恐惧乎其所不闻。莫见乎隐,莫显乎微,故君子慎其独也。"先秦儒家把"修身"看成了世界上一切事物的始点。做人做事,成家立业,都不能不从修身开始。值得注意的是,君子人格的"戒慎"与"恐惧"并非一种孤独的内在紧张与约束,这是错误的理解。因为他过分地注重内在的情感和心理体验,就势必会对外在的情势不太介意。实际上,"慎独"是把人的心灵向外界敞开,他是在不断地提高抵制外在诱惑的内在道德力量,在漫长的人生道路上执行并完成自我修身的任务。"慎独"的人始终保持着高度的敏感性和明察的能力,使他能够随时保持高度的自我警觉,通过持续的、不断自我批判的自省,才得以把握在通常情况下,别人"不闻"、"不睹"的事物在自己心灵之中产生的影响,迅速觉察出自己内心情感的细微征兆。所以,时刻保持自我反省的心理状态,是君子人格的重要特征之一。

在先秦儒家的思想体系中,人始终是人际关系中的人,所以他越是深入自我,就越能够实现人与人之间相关性的真实本性。因此,"慎独"之学绝对不是独立的个体，不是追求孤独本身的内在价值，而是要把自我的心理感受整合到社会关系之中去，他的人生价值才能够真正实现。这就是孟子从性善论、与百姓同乐到自由论理论体系的本质。① 与《礼记·大学》正心诚意、格物致知，修齐治平的八大纲领也是一致的。君子人格在不断深化、完善主体性的过程，并不是外在动因决定的。不论这种动因是外在环境的驱动还是礼治的制约。《中庸》始终憧憬一种自我生成的力量源泉的孕育和"天地位焉"之后大化流行、於穆不已之后的道德推动。关键是君子的"自得"。孟子云："仁义礼智，非由外铄我也，我固有之也，弗思耳矣。"（《孟子·告子上》）"万物皆备于我"。君子人格的创造之处、超越之处，并不仅仅停留在"自得"的自我控制，以及置身困境而能消极地调整，而是在于面对逆境而能积极地转化。这就是《周易》之"否"卦、"损"卦、"困"卦的真正精义。他不仅能对环境适应，而且更在于对自我的认同。他始终在实现着他心中的道德原则："素富贵，行乎富贵；素贫贱，行乎贫贱；素夷狄，行乎夷狄；素患难，行乎患难；君子无入而不自得焉。"越是环境恶劣，越是能够坚持理想，独立寒秋，特立独行。

君子人格"上不怨天，下不尤人"，随时随地"正己而不求于人"。这一方面是彻底的对别人的"恕"，另一方面则是，正因为我"不求于人"才有可能同他人进行有意义的交往。结果，君子的"正己"，为和谐而讲信修睦的社会环境产生了积极的作用。"君子居易以俟命，小人行险以侥幸。"这里的俟命之谓就是不断地践履人道与天道之"诚"。子曰："不仁者不可以久处约，不可以长处乐。仁者安仁，知者利仁。"（《论语·里仁》）也就是说，不仁的人不可以长久地居于穷困中，也不可以长久地居于安乐中。有仁德的人安于仁实行仁德便心安，不实行仁德心便不安；聪明人利用仁，因为他认识到仁德对他有长远而巨大的利益，他便实行仁德。小人对这样的想法连想都想不到，就不要说做到了。子曰："君子固穷，小人穷斯滥矣。"（《论语·卫灵公》）此之谓也。

由此可见，要做一名儒家的君子，并不是一件容易的事情。《中庸》的相关表达，令人十分吃惊：

---

① 欧阳祯人著：《先秦儒家性情思想研究》之"孟子的性情思想研究"一章，武汉大学出版社 2006 年版。

子曰:"人皆曰予知,驱而纳诸罟攫陷阱之中,而莫之知辟也。人皆曰予知,择乎中庸而不能期月守也。"子曰:"回之为人也,择乎中庸,得一善,则拳拳服膺而弗失之矣。"子曰:"天下国家可均也,爵禄可辞也,白刃可蹈也,中庸不可能也。"子路问强。子曰:"南方之强与? 北方之强与? 抑而强与? 宽柔以教,不报无道,南方之强也,君子居之。衽金革,死而不厌,北方之强也,而强者居之。故君子和而不流,强哉矫! 中立而不倚,强哉矫! 国有道,不变塞焉,强哉矫! 国无道,至死不变,强哉矫!"

这一段文字已经反复说明,"中庸"并不是和稀泥,更不仅仅是各打五十大板了事,而是一种"勇"的品德,而是一种坚强不屈的追求过程。阅读这一段文字,给我们的感觉是,要做到"中庸"实在是太难了,根本就不仅仅是"执其两端,用其中于民",这么简单。这是为什么呢? 因为,我们阅读任何文章都不能够断章取义,读《中庸》就更是如此。《中庸》的潜在语言是,由"天命"下贯于我们每一个个体的天命之"性"涵咏于我们心中,那就是"喜怒哀乐之未发,谓之中",就是"天下之大本"。这就是世界上最根本的中庸的精神。这种精神就是孟子所说的"仁义礼智",就是人之所以为人的"恻隐之心、羞恶之心、辞让之心、是非之心"。这从表面上来看,好像只是人的性情问题,实际上这是人的性命问题,终极关怀的问题。试想,颜渊为了"择乎中庸"只要"得一善",就"拳拳服膺而弗失之矣",是多么不容易达到的理想啊,它是需要我们竭尽全力,终其一生的热情、勇气和智慧来追求,来完善,都不为过的至高的精神境界。正因为如此,《中庸》引孔子的话说:"天下国家可均也,爵禄可辞也,白刃可蹈也,中庸不可能也。"前三者都是需要巨大的勇气才能做好的事情,但是,要做到"中庸"却是更加困难了,需要付出更大的代价和勇气了,并不是随便哪个,不作任何努力都能够达到的至高目标。"国有道,不变塞焉,强哉矫! 国无道,至死不变,强哉矫"为了追求这种美好的人生目标,很明显,有的时候还要与黑恶势力战斗到底。《中庸》的表达使我们看到了先秦儒家哲学和君子人格的伟大与崇高。

三、维天之命,於穆不已

要实现《中庸》展示的理想,非常必要,对于一个要成就自己美好人格,进而成就一番功名的人来讲,对于一个要成就一番伟大事业的国家来讲,在《中庸》的作者看来,没有中庸的精神简直是没法想象的。因为,中庸是"即凡即圣"的。"庸"就是平常、恒常的意思。但是,在《中庸》的作者看来,即便是要做一个平凡的、一般的人,也是不容易的,因为他提出了一个看似简单,而实际上却又高深的要求,那就是"发而皆中节,谓之和"。这当然是讲的"礼"。是视、听、言、动的约束,更是回归天道的"性之德"的不懈的追求。问题在于,这里面潜藏着极端深刻的道理。

孟子云:"夫物之不齐,物之情也。或相倍蓰,或相什百,或相千万。"(《孟子·滕文公上》)孟子作为一代圣人,对这个问题看得非常清楚。物与物之间、人与人之间大相径庭的程度超出我们的想象。但是他们都来自天,都有天赋的、不可剥夺的权力。因此,每一个个体都有尊贵的生命依据。正因为如此,"发而皆中节,谓之和"的根本前提就是接纳不同的意见,在错综复杂的各种意见中走"时"、"中"之路。《国语·郑语》的表述很清楚:

（郑桓）公曰:"周其弊乎?"对曰:"殆于必弊者也。《泰誓》曰:'民之所欲,天必从之。'今王弃高明昭显,而好谗慝暗昧;恶角犀丰盈,而近顽童穷固。去和而取同。夫和实生物,同则不继。以他平他谓之和,故能丰长而物归之;若以同裨同,尽乃弃矣。故先王以土与金木水火杂,以成百物。是以和五味以调口,刚四支以卫体,和六律以聪耳,正七体以役心,平八索以成人,建九纪以立纯德,合十数以训百体。出千品,具万方,计亿事,材兆物,收经入,行姟极。故王者居九畡之田,收经入以食兆民,周训而能用之,和乐如一。夫如是,和之至也。于是乎先王聘后于异姓,求财于有方,择臣取谏工而讲以多物,务和同也。声一无听,物一无文,味一无果。物一不讲。王将弃是类也而与剸同。天夺之明,欲无弊,得乎?"

这是中国哲学史、思想史上非常有名的一段有关于"和"与"同"的论述。史伯说"和实生物"。这是在说,只有在"和"的状态下,万事万物才能够兴旺发达。那么什么是"和"呢,就是"以他平他谓之和",同时看到一件事物的多个方面利害得失,充分地广开言路,充分地让人们表达思想,才有可能在政治上"高明昭显",避免"谗慝暗昧"。在这里,史伯提出了金木水火土在政治上的精妙运用,进而指出"和五味以调口,刚四支以卫体,和六律以聪耳,正七体以役心,平八索以成人,建九纪以立纯德,合十数以训百体"的比喻性阐述,如果不这样做,其必然的恶果就是"声一无听,物一无文,味一无果。物一不讲。王将弃是类也而与剨同。天夺之明。"这是一段十分珍贵的、政治哲学的高论。孔子对这样的观点毫无疑问是十分认同的,曾经还说过:"攻乎异端,斯害也已。"(《论语·为政》)这个"攻"字,是他山之石,可以攻玉的"攻"。就是学习、成就的意思。这个"害"就是刚愎自用导致的政治性灾难。所以《论语·子罕》载:"子绝四:毋意,毋必,毋固,毋我。"说的就是不断向外在世界不断学习的开阔胸襟。

有了这样的思想背景,我们再来理解《中庸》的文本的时候,就会发现,《中庸》在这方面的提升与深化,是登峰造极的:

> 今夫天,斯昭昭之多,及其无穷也,日月星辰系焉,万物覆焉。今夫地,一撮土之多,及其广厚,载华岳而不重,振河海而不洩,万物载焉。今夫山,一卷石之多,及其广大,草木生之,禽兽居之,宝藏兴焉。今夫水,一勺之多,及其不测,鼋鼍、蛟龙、鱼鳖生焉,货财殖焉。诗云:"维天之命,於穆不已!"盖曰天之所以为天也。"于乎不显! 文王之德之纯!"盖曰文王之所以为文也,纯亦不已。

从《郑语》的角度来理解《中庸》,这段话就是进一步把史伯的"五行"思想推向了至高无上的境地。《中庸》把史伯的五行之"以他平他"的"和"与天道的博厚、高明、悠久联系起来,实际上真正的、平实的表述是,"以他平他"之后,在君子的心中就产生了"天地位焉"的效果:"日月星辰系焉,万物覆焉","载华岳而不重,振河海而不洩,万物载焉","草木生之,禽兽居之,宝藏兴焉""鼋鼍、蛟龙、鱼鳖生焉,货财殖焉。"《中庸》引用了孔子的话作为论证:"愚而好自用,贱而好自专,生乎今之世,反古之道。如此者,灾及其身者也。"这其中的"反古之道",也许就是指的史伯的高论,也未可知。

正是要从接受不同政治见解的角度来理解《中庸》,我们才有可能把握《中庸》的思想实质:

> 仲尼祖述尧舜,宪章文武;上律天时,下袭水土。辟如天地之无不持载,无不覆帱,辟如四时之错行,如日月之代明。万物并育而不相害,道并行而不相悖,小德川流,大德敦化,此天地之所以为大也。

这是史伯高论"声一无听,物一无文,味一无果。物一不讲"反其道而用之,只不过是裹上了一层《周易·系辞传》的外衣。萧萐父先生曾经在《吹沙二集》中指出:"《易传》与《中庸》,义理互通。《易传》强调道兼三才,由'弥纶天地之道'推及于人事之'崇德广业';《中庸》则强调'道不远人',由'庸德庸言'之具体实践出发而上达于'无声无臭'的天道,二者致思的侧重点稍异。而二者一些立论的基本点采自道家的形而上学意蕴,则恰然自相会通。"①毫无疑问,"辟如天地之无不持载,无不覆帱,辟如四时之错行,如日月之代明。万物并育而不相害,道并行而不相悖"的表达模式与《周易·系辞传》的"在天成象,在地成形,变化见矣。是故刚柔相摩,八卦相荡。鼓之以雷霆,润之以风雨;日月运行,一寒一暑。干道成男,坤道成女","显诸仁,藏诸用,鼓万物而不与圣人同忧,盛德大业至矣哉!富有之谓大业,日新之谓盛德。生生之谓易,成象之谓乾,效法之谓坤,极数知来之谓占,通变之谓事,阴阳不测之谓神","参伍以变,错综其数,通其变,遂成天地之文;极其数,遂定天下之象。非天下之至变,其孰能与于此"的表达方式和思维方式确实形神兼备,如出一辙。都是要让世界上所有的事物与天地同行,并行而不相害,充分地把各自的性份展现出来,"小德川流,大德敦化",百花齐放,百家争鸣,全面发展。

所不同的是,《中庸》提升了史伯的表述方式,把这种容纳不同意见的为人处世胸怀、政治管理思想,置放到了天道与人道的磨合之间,把涵容世界万事万物的政治理想融入了"时"与"中",错综变化的微妙之中。所以,《中庸》说:"唯天下至圣,为能聪明睿智,足以有临也;宽裕温柔,足以有容也;发强刚毅,足以有执也;斋庄中正,足以有敬也;文理密察,足以有别也。溥博渊泉,而时出之。溥博如天,渊泉如渊。见而民莫不敬,言而民莫不信,行而民莫不说。是以声名洋溢乎中国,施及蛮貊,舟车所至,人力所通;天之所覆,地之所载,日月所照,霜露所队;凡有血气者,莫不尊亲。故曰配天。"文章的笔锋始终落脚在君子的修身之上,始终把人之所以为人的自我修养安置在天地人我的最关键的位置。

"天"是浩瀚的,无所不包,无所不有。物之不齐,是万事万物的基本存有

① 萧萐父著:《吹沙二集》,巴蜀书社 2007 年版,第 95 页。

状态。但是,由"诚"而来的涵化万物的心胸,最终达到了涵容天地的圣贤境界,他可以容纳一切,因而也就可以养育一切,赞天地之化育,而与天地相参:"唯天下至诚,为能经纶天下之大经,立天下之大本,知天地之化育。夫焉有所倚? 肫肫其仁! 渊渊其渊! 浩浩其天! 苟不固聪明圣知达天德者,其孰能知之?"这就不仅仅是政治的民主了,更不仅仅是君子人格的修养问题了,更在于整个世界的天人合一,用《中庸》的话来表达,那就是"维天之命,於穆不已",生生不息,无声无臭。

第五节　论《大学》与《中庸》的天人关系

《大学》、《中庸》是中国人的圣典。在中国古代,是中国人名副其实的精神家园和灵魂归宿。从这两部经典的文本中,我们可以看到,宗教性是其核心的、根本性的、基石性的内容之一,天人关系始终是这两部经典的重中之重。这一思想不仅是两部圣典的精神原点,而且也是它们理论的依托。本来,从世界范围来看,宗教性是任何古代经典都必然存在的一种基本现象,但是,由于当代的中国人生活在一个没有宗教的时代,对这两部经典的宗教性解读,一直没有得到应有的重视。因此,本书在这个方面做一点基础性的工作,以就教于相关专家。

一

《大学》一文为儒家经典《四书》之一,出自《礼记》,是先秦儒学的圣典。虽然它是南宋以后读书人的必读书目,是科举考试的基本教材之一,地位十分崇高,但是,关于"格物、致知"的解释,根据明末大儒刘宗周(1578—1645)的说法,"格物之说,古今聚讼者有七十二家"①之多。由此可见,这是千百年来聚讼不已的一个大问题。笔者在系统了解相关的论点之后,深以为,虽然古代

① 戴琏璋、吴光主编:《刘宗周全集》第一册,"中研院"文哲研究所筹备处 1996 年版,第771 页。

学人的学术功底深厚,研究态度也很严谨,但是,毕竟受到了时代的局限,知识视域的局限,尤其是对史前文明进入文明时代的过程完全没有了解,因而终究没有得到"格物,致知"的正解,进而对先秦儒家的真谛没有透彻的领悟,因此,这个重大的问题还需要进一步研究。

在训诂学界的前贤时彦看来,"格物,致知"的理解应该都不成问题了。他们的相关资料以及论证过程如下:《说文解字》:"止,下基也,象艸木出有址,故以止为足。"甲骨文中的"止"都象脚板形。"夊","夊,行迟曳夊,夊象人两胫有所躧也",就是倒"止"的形状。"各"是脚趾向居所走来。所以,有到达的意思。在注释《大学》"致知在格物,物格而后知至"的时候,郑玄注:"格,来也。物犹事也。其知于善深,则来善物。其知于恶深,则来恶习物。言事缘人所好来也。"(《礼记正义》卷第六十)。章太炎认为,古代各家的相关注释都成问题,唯独郑玄的注释"其义乃至卓","盖孔子曰我欲仁,斯仁至矣"之义;在学术史上意义重大。只有郑玄的注释,"上契孔子,而下与新建知行合一之义适相会"。(见《章太炎全集》第五卷的《致知格物正义》,上海人民出版社1985年版)

由于"格物"的"格"本是"各","各"是客人脚趾向主人居所走来,所以古人的解释是:"至也、来也",清徐灏《说文解字注笺》云:"各,古格字,故从夊。夊有至义,亦有止义;格训为至,亦训为止矣。"《尔雅·释诂》云:"格,至也。"《释言》云:"格,来也。"《礼记·月令》云:"则蝗虫为灾,暴风来格。"郑玄注:"格,至也。""各"又作"彳各",《方言》卷一云:"彳各,至也。"郭璞注:"古格字。"则"各—彳各、格"为古今字,"彳各—格"为通用字,就"到达"义而言,从"彳"(半边路)比从"木"更合造字本义。然经典习惯用"格"。"致知"的"致"本是"至","至"的本义是来到、到达,《说文·夊部》"致,送诣也,从夊从至",则"至"是自动的"来到、达到","致"是使动的"送到、使到达"。"格物"与"致知",明显是一个并列的结构,但是,前者是条件,后者是结果。只有"格物"才能够"致知"。"物"来了,"知"就会来。这个解释对不对,笔者认为,至少从字面的意义上来讲,应该没有太大的错误。

在《大学章句》中,朱熹也依据郑玄的注释,把这个"格"字理解为"至","格物"就是"穷尽事物之理,欲其极处无不到也"(朱熹语。见《四书章句集注·大学章句集注》)。但是朱熹再进一步:"物格者,物理之极处无不到也。知至者,吾心之所知无不尽也。"把"格物"引到了"理学"之中,因此遭到章太炎的批评。章太炎在《致知格物正义》一文评论司马光、朱熹、颜元、惠栋、傅玄、王艮的观点时道:

> 古今说格物者甚众,温公言格拒外物,则近于枯槁。徽公言穷至事物之理,则是集众技而有之,于正心、修身为断绝阡陌矣。颜易直举乡三物,而六艺于古为小学,非大学之务。惠天牧说矩,是乃平天下事,又非从入之途。盖四说无一合者。昔《仓颉篇》训格曰量度,魏晋或取斯义。《魏志·管宁传》引《傅子》曰:邴原性刚直,清议以格物,是则子贡方人之术也。孔子且不暇,而以教庠序鼓箧之士,亦大泛矣。新建之弟子王汝止曰:格物即物有本末,致知即知所先后,是则近拾本记,不以它说参之,据文若最安稳者。然若是遂可以诚意邪? 本记言本末先后者,为下八目起本。八目有先后,故逆言是以引之,借令致知格物举不出是,则于文为重沓也。①

对朱熹观点的评价是:"言穷至事物之理,则是集众技而有之,于正心、修身为断绝阡陌矣",这当然是否定的态度。

王阳明站在自己的心学角度,对这个问题有了全新的解释。他把这个"格"字理解为"正"。他受到了道家、佛教的影响,认为世界上一切有相无相都是变动不居的,只有心灵是正确的,而人的心是来自天的良知,所以,"格者,正也。正其不正,以归于正也。"(《王阳明全集·语录一》)王阳明完全不讲"格"字本身的训诂,但王阳明说,"格"是诚意的功夫,也未尝没有受到郑玄的影响。由于朱熹与王阳明是中国古代儒家思想史上的两大高峰,所以,他们的诠释影响非常大。他们都是为了完善他们自己的哲学体系的,无可厚非,但是,他们的根本问题是出生得太早。对人类史前史的历史史实没有认知、理解的条件,进而对"格物、致知"的历史渊源和深层理解就失去了穿越历史的洞见。

笔者的意思是,从郑玄到朱熹、王阳明,他们有一个共同的缺点,就是对上

---

① 章太炎著:《章太炎全集》(五),《致知格物正义》,上海人民出版社1985年版,第121页。

古时期原始文化的巫术传统没有基本的认识。原始文化研究是伴随着人类学、民族学、民俗学、原始宗教学等相关学科，从十九世纪逐步发展起来的一种新型学科，产生了英国人类学之父 E.B.泰勒的《原始文化》，苏格兰詹姆斯·乔治·弗雷泽的《金枝——对巫术与宗教的研究》等一大批经典作家作品，对现代人类社会，尤其是人文社会科学研究界产生了深远的影响。它们从一个完全意想不到的领域对中国先秦儒家经典的诠释拓展了全新的研究视野。

阅读了 E.B.泰勒和弗雷泽的大作之后，我们才能够真正体会到，如果不把上古时期的宗教传统、巫术传统结合起来，如果不看到先秦儒家经典与它们之前的上古社会历史与思想发展的关系，我们就不可能看到先秦儒家经典中深刻而弘大的宗教背景，就不可能把《大学》的"明明德"、"格物致知"的"格物"与《中庸》的"天命之谓性"整合起来，因此也就不可能对先秦儒家原始经典著作拥有正确的理解。

所以，现在我们首先要讨论的问题是，"格物"到底指的是什么？"致知"指的是什么呢？难道真的是"致，推极也。知，犹识也。推极吾之知识，欲其所知无不尽也"（朱熹语。见《四书章句集注·大学章句集注》）吗？应该说，这是千古之谜。笔者认为，在上古宗教的视域下，它是"莫见乎隐，莫显乎微"的隐微世界的启示与显豁。当我们站在全新的视角对这一公案进行诠释之后，我们会发现，自秦汉以后的两千年来的中国古人一直都生活在迷失的黑暗之中。当然，秦汉以后从郑玄开始的这种诠释，在朱熹、王阳明以及众多学者那里找到共鸣，也是与中国中古、近古，以及近现代以来去宗教化的社会现实不无关系。

换言之，不论是郑玄、朱熹还是王阳明，都犯了一个失之毫厘、谬以千里的错误。这个错误也许在常人看来，只是一个小小的错误，但是在笔者看来，这个"小小"的错误，却使儒家的经典蒙受了巨大的损失，使中国文化的传承蒙受了巨大的损失，不仅思想深度大打折扣，而且，他们的理解使《大学》、《中庸》文本的思想没有了历史的传承性，更没有了人之所以为人的深刻性，而且也无法在两部经典之间建立起思想的连贯性了。

二

笔者的意思是,在这篇文献中,"格物"的"格"字应该是"挌"的通假字。它的意思是用手摆弄算筹(小棍儿),是占卜、卜卦、算命的意思。我们知道,繁体字的"學"字,上面是老师的两只手正在摆弄卦爻,或占卜的算筹,学生正在学习这种沟通天人的学问。孔子为什么要说:"学而时习之,不亦说乎"(《论语·学而》)呢?大家都知道读书、学习是一件苦差事,为什么孔子就与众不同,在读书、学习之中找到了这种快乐("悦")呢?关键是孔子已经是"知天命"的人,所以,他说:"人不知而不愠,不亦君子乎。"(同上)。没有"天"下贯到人之所以为人的天生的"灵虚不昧"的良知良能,人是不会有这种不断努力读书、学习的动力的。

正是基于这种思考,笔者对"格物,致知"就有了全新的理解。当然,这种理解的本身是完全可以站在文字学的角度来论证的:

从通假字的角度来讲,"挌"与"格"本来相通。《管子·地员》有:"五粟之土,乾而不挌,湛而不泽。"《管子·国蓄》有"夫国之君不相中,举兵而相攻,必以为捍挌蔽围之用",这个"挌"与"格"相通,郑玄注《法言》云:"捍格,坚不可入之貌。"《睡虎地秦简》中有"求盗追捕罪人,罪人挌杀求盗"。《前汉纪·武帝纪》中有"主人公挌斗死"。在先秦的文献中,"格"的义项要比"挌"多得多,"挌"字为提手旁,是一个表示用手来做的动作。只是人们用"格"字的机会较多,所以《大学》的抄写者抄写成了"格"字而已。"挌"是指用手做的一个动作。当然,其中依然还包含着"来"的意思,因为它依然有一个"各"字做偏旁。上面已有交代,这里就不赘述。"物"的本义是指杂毛牛,引申为杂色,再引申为万物。上古时期的算筹可能是用牛骨头做的居多。用牛骨头做算筹的原因,可能是第一,富有神圣感;第二,便于保存,经久耐用。而且在使用的时候为了便于区别,可能还涂上了不同的颜色,以便于区别不同的算筹。所以,这个"物",就是指的杂色的算筹。于是,"挌物"的意思,就是拨弄卦爻、算筹,进而运筹算命、起数用的签。也就是说,"挌物"就是要通过起数等巫术来算命,来知道天人之际的自己,知道他人,知道社会历史之大势,进而知道相关的吉凶祸福。如果我们从这样的角度来理解"格物",那么"致知",就是知道我自己是从哪里来的,我是谁,我要向哪里去,就是要知道"天命",

就是在"天"与"人"的关系之中来探究"人"的实质。这是一个人之所以为人的大本大原的问题。

《大学》整个文本的文眼、文根在"明明德"的这个"德"（悳、^德、德）字上。在甲骨文中的"悳"中，"十"，就是与天通话的意思；"⊥"，是无所不见的意思。整个字就是用心的眼睛与上天通话而无所不见，究天人之际的意思，这是先秦儒家哲学思想的精髓。所以，离开了宗教性，《大学》中的"格物，致知"是无法理解的。这个"悳"字后来加了一个双人旁，许慎的《说文解字》训为人走路时的小腿，这个"悳"成了"德"，表示要把"天"的美德，落实在人生的视、听、言、动之中。所以，《大学》的八大条目，怎么讲都是离不开这个"天"之根源的。

从《大学》上下文的来理解"格物"，如果仅仅按郑玄、朱熹这样来解释，无论如何是说不通的。为什么这么说呢？因为我们知道，春秋战国时期，是一个各国领导贪欲膨胀，"争地以战，杀人盈野；争城以战，杀人盈城"，"率土地而食人肉"（《孟子·离娄上》）的时代，将心比心，在那样险恶的环境下，谁还能够"正心、诚意"呢？人人都在作奸犯科，巧取豪夺，我为什么还要正心、诚意？所以，从上下文的意思来说，没有依托于"天"的"格物、致知"，不知道自己的"天命之谓性"（《礼记·中庸》）的终极关怀，没有"明明德"的内在超越，任何人都不可能有真正的"正心、诚意"。我们可以设身处地地想一想，我们身边，如果人人都是贪官，人人都在贪欲横流，而且已经成为一种社会的潮流和风尚，你还能够出淤泥而不染，正心、诚意吗？这是不可能的。孔、曾、思、孟实际上早就想到了这一点，预料到了人之所以为人，随波逐流、贪得无厌的特点，所以，他们保留住了自上古流传下来的、巨大的宗教力量，来搞定我们每一个人根本的灵魂世界。正如《中庸》讲："道也者，不可须臾离也，可离非道也。是故君子戒慎乎其所不睹，恐惧乎其所不闻。莫见乎隐，莫显乎微。故君子慎其独。"要随时随地克服七情六欲的侵扰，对我们每一个人的道德修养来说，都是一件十分艰难的事情。环顾左右，别人并没有像我这样严格要求自己，并没有"慎其独"，那我为什么一定要这样洁身自好，孜孜以求呢？原因是"明明德"，也就是《中庸》里面的"天命之谓性"。"明明德"的第一个"明"字，是动词，是通晓、明白的意思；第二个"明"字是通体透明、空明澄澈的意思，是日月之明,是一个形容词。《殷周金文集成》中,"悳"字凡110见,其中,称"明悳"者多达20余处。① 所以,根据《殷周金文集成》文献的上下文,笔者可以确信,"悳"为心上之见,是一个体认天命的宗教性动词,指人心与天神冥合的状态,其中的宗教意蕴,显而易见。

从E.B.泰勒的《原始文化》、弗雷泽的《金枝》、列维·布留尔的《原始思维》、朱狄的《原始文化研究》等等相关著作,我们知道,在我们人类的初期,都是有万物有灵观念的。中国是世界的一部分,所以,我们的早期也是一样的。恩格斯在其《家庭、私有制和国家的起源》一文中说过:"摩尔根的伟大功绩,就在于他在主要特点上发现和恢复了我们成文史的这种史前的基础,并且在北美印第安人的血族团体中找到了一把解开希腊、罗马和德意志上古史上那些极为重要而至今尚未解决的哑谜的钥匙。"正是基于恩格斯通过摩尔根《古代社会》的启发,我们从上述著作中,确乎看到了中国史前史的某些特征。换言之,不论是我们早就已经发现的殷墟甲骨文,后来湖北发现的曾侯乙墓,还是刚刚发现的成都三星堆文化遗址(这种遗址其实非常多),已经足以证明,在中国文明的早期,巫术活动,祭祀活动,在那个时代是非常普遍的一个基本的日常生活内容。

当时的人类在伟大的自然面前不能不拜倒在神的脚下、"天"的脚下。自古以来的文化传统,也使得当时的人们不能不代代相传地通过"格物"来"致知"。郑玄、朱熹的局限不仅仅是文字训诂的局限,而且更重要的是没有这种原始文化研究的视野和诠释的维度。由于时代的原因,我们掌握了更多的知识,历史的视野更辽阔了,这是前人不如我们的地方。正是从这种独特的历史传承视域来考察《大学》,我们可以从它的思想深处,洞见到这篇重要著作对"天"的依赖。"三大纲领"、"八大条目"的每一个思想递进都是以"天"作为动力、作为根源的。没有"天",没有了宗教性的动力,没有了从上古一以贯之的人文传统和思想脉络,《大学》就不成其为《大学》了。

三

关于《礼记·中庸》的理解,也是具有同样的思维向度。如果我们把《中

---

① 张亚初编著:《殷周金文集成引得》,中华书局2001年版,第491—492页。

庸》的思想置放到天人之际来讨论，那么，我们的收获也许就大不一样了。实际上，没有"天"，就没有《中庸》立论的基础。没有人，《中庸》就没有了理论的方向。而且两者完全不能分离。只有把两者结合起来，究天人之际，"尊德性而道问学，致广大而尽精微，极高明而道中庸"，"鸢飞戾天，鱼跃于渊"，即凡即圣，"造端乎夫妇，及其至也，察乎天地"，《中庸》思想的深刻性才能够被我们所充分认识。

关于《中庸》的宗教性问题，关键在于"中"与"庸"这两个字的理解上。由于我们当代已经没有了宗教，所以，1979 年版的《辞海》的"中庸"词条的解释是："儒家伦理思想。指处理事务不偏不倚、无过不及的态度，认为是最高的道德标准。"①1983 年版的《辞源》的解释是："不偏叫中，不变叫庸。"②孤立地从字面来看，这种借不能算全错。但是如果从整个《中庸》的文本上来看，至少我们可以说这种解释是断章取义，以偏概全。

"中庸"的"中"在先秦时期的文献中，有十多种意思。根据笔者的了解，"中间"的意思只是其中的一个引申义。相关的研究前贤时彦已经有了很多，笔者在此不再全面阐述"中"的意涵。笔者在此要特别表述的是，站在原始文化万物有灵的角度，站在生殖崇拜的角度来理解"中庸"的"中"字，我们就会发现《中庸》中的"中"的概念与《周易·系辞上传》有着深刻的联系。其文曰："夫《易》广矣大矣！以言乎远则不御，以言乎迩则静而正，以言乎天地之间则备矣。夫乾，其静也专，其动也直，是以大生焉。夫坤，其静也翕，其动也辟，是以广生焉。广大配天地，变通配四时，阴阳之义配日月，易简之善配至德。"这应该是我们把握《中庸》之"中"本义的钥匙。"其静也专，其动也直"是"乾"的特性；"其静也翕，其动也辟"是"坤"的特性。由此可见，在这里"乾"与"坤"的特性就是对男人与女人之特殊性的形象概括。所以，"乾"就是男人之阳，"坤"就是女人之阴，最终在汉字中就直观化为"中"。在《系辞下传》中说得更加简单明了：

　　　　乾坤其易之门邪？乾，阳物也。坤，阴物也。阴阳合德，而刚柔有体。

---

① 《辞海》，上海辞书出版社 1979 年版，第 1408 页。
② 《辞源》，商务印书馆 1983 年版，第 87 页。

以体天地之撰,以通神明之德。

这里的表述很有意思,"阴阳合德,而刚柔有体",明显是对男女交媾的一种诗化的表达,是上古先贤对生命起源的直观猜测。在具象上,中国文化就采用了"中"字来描绘。"乾坤其《易》之门邪",即六十四卦之门,就是通向天地宇宙之奥秘的大门,因此能够"以体天地之撰,以通神明之德"。这两句体现了《系辞传》的作者对男女之"阴阳合德"与"刚柔有体"的进一步提升性思考,最终的结果,引向了"天地"和"神明"。用《中庸》的话来讲,就是"天命之谓性"。

由此可见,"中"的外表形式就是"一阴一阳之谓道"的摩荡,就是"刚柔相摩,八卦相荡。鼓之以雷霆,润之以风雨"(《系辞传》)的概括。其生物不测,万物生化,难以把握的状态,正是古人由生殖崇拜,推而广之,而引发的对世界宇宙发生过程,特别是人的来源的一种猜测。在这里,我们已经看到了"中"的原始意义,在《连山》、《归藏》和《周易》漫长的发展历史之中,十分朴实、十分直率、十分刚猛。那个"口"就是女阴,那个中间的"丨"就是男人的阳物。它是对人之所以为人之来源的过程表述,它讲的是人的性命之根源。由此而可以断言,目前我们在出土简帛中看到有旒线飘动的"中"只是一个引申义,《中庸》之"喜怒哀乐之未发,谓之中"的"中","中也者,天下之大本也"的"中",都是引申义。后世中间的"中",就更是引申义了。

而且《系辞传》还说,"乾"与"坤"是六十四卦之门。"门"既可以进,又可以出。换言之,世界上的一切事物,都要从这里进,都要从这里出。因为它是天地之"根",万物之"源",是大生、广生的不二法门。六十四卦,三百八十四爻,阴阳变化,起伏跌宕,都是"乾"与"坤"不断推动、摩荡的结果。《系辞传》描述这种"刚柔相推而生变化"的过程所体现出来的哲理十分形象:"阖户谓之坤,辟户谓之乾。一阖一辟谓之变,往来不穷谓之通。见乃谓之象,形乃谓之器,制而用之谓之法,利用出入,民咸用之谓之神。"《系辞传》的高妙之处就在于通过乾与坤的摩荡,超拔出来一套深刻的思想,从"一阖一辟"的过程中寻找万事万物的变化,从"往来不穷"的运动中探寻世界的真谛。然后出神入化,推广到万事万物,"民咸用之谓之神"。"乾"的"大生"和"坤"的"广生",彼此结合与摩荡,构成了天地之间最高的至善,沟通男女,协调阴阳,联通神明、冥合天地的根本性大本大原。这就是《周易》"时"与"中"的精髓,也就是

"中"字的精神实质。所以,《系辞传》云"广大配天地,变通配四时,阴阳之义配日月,易简之善配至德"。这是对"中"之精神的精确概括,天地、四时,无所不包,阴阳、日月,无所不有,博大精深。这就间接地从根本上揭示了《中庸》的内涵。

从人学的角度上来讲,在笔者看来,《中庸》的首要理论贡献,在于在天与人的关系之中,界定了人之所为人的定义。《中庸》的"天命之谓性"与《大学》的"明明德",异曲同工,可以彼此丰富,彼此诠释。从人学的角度来讲,至少指出了五个方面的内容,值得我们注意:

第一,我们每一个人都是有神性的。我们每一个人都有一个来自天的博厚、高明、悠久的天的背景。所以我们要自尊,珍惜自己,爱护自己,使自己的生命显发"天"的光辉,因此而变得高尚,把天的博、厚、高、明、悠、久融化在自己的视、听、言、动之中。正因为人具有这样的神性,因此,我们每一个人都应该受到他人的尊重,尤其是要得到社会和政府的尊重,甚至是一切政府工作的出发点。《郭店楚简》云:"天生百物,人为贵。"此之谓也。

第二,正由于我们每一个人都是有神性的,因而我们每一个人都具有不可替代性。我们每一个人都是独一无二的,是与众不同的个体,所以,我们每一个个体,必须特立独行,精神独立,意志自由,才能够与天地精神独往来。有了人之所以为人的独立性,人才有可能面对天的圣洁。才有可能针对自己的七情六欲生发反省之心,忏悔之意。中国的耻感文化,其实就是建立在个人的独立性上的。"是故君子戒慎乎其所不睹,恐惧乎其所不闻",就是人的独立性。没有独立性,人是不可能有世界观的。在一个社会之中,如果我们只有集体性、群体性,那就只是一个庞大的群氓,如果没有人之所以为人的独立性,这个社会也就没有创造的原体、发展的基因。

第三,人之所以为人者是生生不息的,他像天一样,周而复始,自强不息,厚德载物。所以我们每一个个体,必须要有前进的理想,前进的方向。没有理想的人就不仅会活得猥琐,而且不知所终,甚至危害社会。最终是害人害己。正确的理想,有来自正确的信仰和世界观。信仰的内容由感恩、敬畏、责任三个富有内在逻辑性的内容构成。一个真正的人,没有感恩、敬畏和责任,其实是不可能树立正确的理想的。即便是有了所谓的理想,最终也会走向邪路。

没有理想的人,就没有高远的人生目标。没有高远的人生目标,就不可能拥有人的恕道。一个没有恻隐之心、悲悯之心、礼让之心、是非之心的人,是不可能真正从人的意义上产生正确理想的。只有熔铸了"天"的阳光雨露、雨雪风霜、至诚无息的人,才有可能拥有真正的理想。

第四,"天命之谓性"的核心思想之一,就是人之所以为人者,不是工具,不是机器,而是一个具有神性的、顶天立地的人,他具有无限的创造力。所以,创造性,是人的最根本的特性之一。因为"天"是周流六虚的,是创生万物的,所以"天命之谓性"的人,也必须具有创造性。创造性就是站在前人的肩膀上,站得更高,看得更远。要达到这样的效果,唯一的办法是学习。所以,不断努力学习,是人之所以为人的天职。努力学习,就可以扩充我们的生命内涵,超越阶级、国界和时代,就能够进入到人类文明的顶峰。孔子"发愤忘食,乐以忘忧,不知老之将至"的精神,正是一种创造性的基石。习近平总书记指出:我们的民族是伟大的民族。在五千多年的文明发展历程中,中华民族为人类文明进步作出了不可磨灭的贡献。之所以有这种效果,关键是中华民族从来就是一个喜欢读书、尊重知识的民族。没有学习,没有对真理的追求,就不可能有人生的超越和创造。

第五,"天命之谓性"之中包孕着在"天"的面前人人平等的意涵。根据笔者的体会,这里至少有"有教无类"、"学而优则仕"和"王子犯法与庶民同罪"等三个层级。"有教无类"当然说的是我们没有一个人都是"天民",都应该受到良好、公平的教育。"学而优则仕",说的是政府在干部的选拔、监督、轮替上必须公正。否则这个政府就会万劫不复,最终导致整个社会道德沦丧。因为任何社会,权力没有关进笼子,领导干部为所欲为,那就是全社会反面的旗帜,危害之惨烈,无以复加。"王子犯法与庶民同罪",说的是司法公正。在一个司法不公正的国度里,人民就不可能拥有任何的安全感。进而,这个国家的一切,与广大的平民百姓已经没有多大的关系了。用《中庸》的话来讲,就是"和也者,天下之达道也",就是人人都可以享受这个国家的一切福利,享受一切政治和经济的权利。尤其是他必须拥有参政权。

本书试图把《大学》的"明明德"与"格物致知"以及《中庸》的"中"与"天命之谓性"整合起来,对先秦儒家天人之际的"人"的概念进行一些思考,以便于我们真正面对先秦儒家经典的真正内涵。这是我们把握经典思想和精神的必须,更是我们承前启后、继往开来、走向未来的一项必修课。笔者的观点也许浅薄,但是本书提出的问题可以是抛砖引玉。笔者翘首以待来者的高论。

第七章 孟子的性情思想研究

孟子,是中国哲学史上一位伟大的思想家。他说:"待文王而后兴者,凡民也。若夫豪杰之士,虽无文王犹兴。"(《尽心上》)豪杰作豪语,分明是说的他自己。孟子的师承在中国古籍中有三说,①虽然都与子思子有关,但是笔者以为,作为一代伟大的思想家,孟子的思想积淀是相当深厚的,他对以往历史和同时代的思想资源之吸收和消化是多角度、多层面的,因而我们对孟子的思想渊源之把握就不能过于狭窄。深究孟子哲学的历史文化背景,笔者认为孟子的性情思想至少有三个重要的理论来源:第一,孔子。《孟子》一书最推崇的人是孔子,孔子是"可以仕则仕,可以止则止,可以久则久,可以速则速"的"圣之时者",(《公孙丑上》、《万章下》)"自有生民以来未有孔子也"。(《万章下》)孟子自己更是以孔子的继承者自居:"乃所愿,则学孔子也。"(《公孙丑上》)并且因为没有得到孔子的亲自教诲而深为遗憾:"予未得为孔子徒也,予私淑诸人也。"(《离娄下》)孟子在孔子那里继承的最珍贵的东西是以天下为己任的担待情怀,是傲世独立、天地神人上下贯通、任何现世权力都不可撼动的人学精神。朱熹云:"自尧舜以下,若不生个孔子,后人去何处讨分晓?孔子后若无个孟子,也未有分晓。"(《朱子语类》卷九十三)《孟子》一书,"孔子"一词凡81见,从善恶之辩、义利之辩、王霸之辩等各个方面、各个层面继承并发展了周文王、周公以及孔子的思想,使先秦儒家的性情思想达到了一个前所未有的高峰。人们之所以把孟子推尊为"亚圣",并不仅仅是说孟子的才

---

① (1)司马迁《孟子荀卿列传》说孟子受业于子思之门人;(2)《孟子外书·性善辩》说孟子受业于子思的儿子子上;(3)刘向的《列女传》、赵岐的《孟子题辞》则指称孟子师承子思。第(2)、(3)说法都靠不住,第(1)可能性最大。

— 301 —

能和成就开辟了儒家学说的新境界、新纪元,同时,也是道出了孟子与孔子一脉相承的关系。第二,孟子的哲学,深得曾子、子思一系之精髓,而成一贯之统绪。① 笔者深究这一统绪的思想发展,甄考文献学脉,认为孟子的性情思想似乎与《大学》之明明德、亲民、止于至善三大纲领有直接的对应关系。作出这样的判断,并不仅仅在于孟子的性情理论在思想的幽微艰深之处可以在《大学》中找到确凿的端倪,也在于前人及时贤的高论。司马迁《孟子荀卿列传》曰:"惟孟轲师子思,而子思之学出于曾子。"朱熹《四书集注·大学章句》亦写道:《大学》第一章,"盖孔子之言,而曾子述之。其传十章,则曾子之意而门人记之也。"王阳明有《大学问》一文,②文字不多,却富有内在的张力,以孟子的思想阐释《大学》之"明明德"、"亲民"以及"止于至善",字面上在讲为学之道,但客观上却把孟子思想的来龙去脉交代得比较清楚,对笔者研究孟子的性情思想启发尤深。③ 所以,陈澧《东塾读书记·孟子》称:"孟子传曾子之学","孟子称述曾子者最多。"④《大学》的作者,历来方家众说纷纭,冯友兰先生云:"朱熹以为系曾子所作,王柏以为系子思所作。"⑤考之《论语》、《孝经》以及《大戴礼记》的"曾子十篇",笔者以为,曾子撰写《大学》的可能性是很大的,但是,与其将《大学》的著作权归之于曾子,倒不如归之于子思,因为毕竟有《中庸》、《表记》、《坊记》、《缁衣》之史影与之相映;⑥然而,与其归之于子思子,倒不如暂付阙如,因为终究毫无足资证明的确凿依据。但是,胡适先生的论述足以发人深省:

> 大概《大学》和《中庸》两部书都是孟子、荀子以前的儒书。我这句话,并无他种根据,只是细看儒家学说的趋势,似乎孟子、荀子之前总该有

---

① 例如,孟子曰:"言近而指远者,善言也;守约而施博者,善道也。君子之言也,不下带而道存焉,君子之守,修其身而天下平。人病舍其田而芸人之田,所求于人者重,而所以自任者轻。"(《尽心下》)《大学》之三纲领八条目的思想由此可知早已融会在孟子的心中,而且,这里的"芸人之田"的"人田",似应与《礼记·礼运》之"人情之田"同脉。

② 见四部丛刊本《王文成公全书》卷之二十六。

③ 刘述先先生说:"王阳明之《大学问》正是本着孟学的精神发挥出来的道理。"(见氏著:《儒家思想开拓的尝试》,中国社会科学出版社2001年版,第92页)

④ 陈澧著:《东塾读书记》,生活·读书·新知三联书店1998年版,第49页。

⑤ 冯友兰著:《中国哲学史》(上),华东师范大学出版社2000年版,第26页。

⑥ 《隋书·音乐志》载沈约云:"《礼记·中庸》、《表记》、《坊记》、《缁衣》皆取《子思子》。"

几部这样的书,才可使学说变迁有线索可寻。不然,那极端伦常主义的儒家,何以忽然发生了一个尊崇个人的孟子? 那重君权的儒家何以忽然生出一个鼓吹民权的孟子? 那儒家的极端实际的人生哲学,何以忽然生出孟子和荀子这两派心理的人生哲学? 若《大学》、《中庸》这两部书是孟子、荀子以前的书,这些疑问便都容易解决了。所以我以为这两部书大概是前四世纪的书,但是其中也不能全无后人加入的材料。①

胡适先生的话囿于时代的局限而有瑕有瑜,但毕竟瑕不掩瑜,开创之功犹在。他道出了思想史上应该而且也一定存在的赖以自身发展的基本逻辑。所以笔者以为,《大学》即便不是曾子、子思子所作,也肯定是孔子之后,孟子之前,曾、思一系的某个(些)人物所作。对《大学》一文的作者,虽然大家歧说较多,但是我们至少很难说这篇文章一定与思孟没有关系。而且朱熹将《大学》编入《四书》,为中国广大学者所接受,在中国数百年之间奉为经典而不改变它的地位,正说明了它在思想上的传承性质得到了中国古代经师们的认可。第三,孟子对当时各种先进的科学知识(其中特别是中国医学之血气、精气、经络、身心等相关理论②)有并非肤浅的了解、学习,甚至研究,对儒家学派内、外的哲学思想(儒家的子夏③、道家的老子、稷下学宫中的研究动态等④)都有不

---

① 胡适著:《中国哲学史大纲》,东方出版社 1996 年版,第 248 页。

② 已经有学者指出,孟子的养气理论事实上是战国时期诸子百家"公共论述"(common discourse)下的一个案例。(参见 B. I. Schwartz, *The World of Thought in Ancient China*, Cambridge Mass. 1985, pp. 173-185)

③ 《礼记·孔子闲居》、《孔子家语·论礼》以及马承源主编:上海博物馆藏《战国楚竹书·民之父母》中的一些思想,反映了从孔子弟子或再传弟子发展到孟子的某些学术上的线索,这应该是孟子与子夏学派有关系的重要证据,这也从一个侧面说明了孟子学术思想的主流是由儒家学派内部延展出来的。

④ 张岱年先生的《中国哲学大纲》(中国社会科学出版社 1982 年版,第 234 页)、侯外庐先生的《中国思想通史》(第一卷,人民出版社 1980 年版,第 398 页)、郭沫若先生的《稷下黄老学派的批判》(载《十批判书》,东方出版社 1996 年版)、《宋钘尹文遗著考》(载《青铜时代》,人民出版社 1954 年版)、白奚先生的《稷下学研究——中国古代的思想自由与百家争鸣》(生活·读书·新知三联书店 1998 年版)等著作均认为孟子全面涵化了《管子》、《心术》(上、下)、《白心》、《内业》四篇的身心学说。但是,蒙文通先生,作为一位历史学家,却在其《古学甄微·儒家哲学之发展》一文中指出:"孟子言心之后,莫美于《内业》、《心术》之言也。……其言学以心为主,同乎孟氏,而以意言心,其义益精,为足发明孟氏者也。"(见氏著:《古学甄微》,巴蜀书社 1987 年版,第 79 页)与上述诸位学者持相反的观点。现在,李存山先生又有《中国气论探源与发微》(中

同程度地学习和吸收,并且恰当地把它们运用到了他的哲学思想之中)(当然,有的是借鉴,有的是批判,有的是反其道而用之),使他站在时代思想的巅峰,完成了他前无古人的哲学创造,为中国历史文化的发展作出了重大的贡献。

孟子的性情思想,笔者以为,可以从"与百姓同乐"、"性善论"、"自由论"三个方面来总结。从《孟子》一书之先后顺序以及体系上的重要性来说,孟子显然把"仁政"基础之上的"与百姓同乐"思想放在首位,这是孟子以天下为己任、拯救人民于水火之中的担待情怀所决定的必然选择;但是,如果从其理论的内在逻辑而言,笔者以为,"性善论"当为"仁政"理论的基础与前提。孟子曰:"以善养人,然后能服天下。"(《离娄下》)要实现"仁政"理想的人首先自己必须是"善"的,然后才能以"善"养人、齐家、治国、平天下,用孔子的话来讲就是,只有首先做到了"忠",然后才有可能做到"恕"。所以孟子明确指出:"凡有四端于我者,知皆扩而充之矣,若火之始然,泉之始达。苟能充之,足以

国社会科学出版社 1990 年版)一书以及《〈内业〉等四篇的写作时间和作者》(见《管子学刊》1987 年创刊号)指出:"《管子》四篇受到了孟子人性本善和'浩然之气'说的影响。"孟子专家杨儒宾有《论〈管子〉四篇的学派归属问题——一个孟子学的观点》(见《鹅湖学志》1994 年第 13 期)一文以及《儒家身体观》("中研院"中国文哲研究所筹备处 1999 年版)一书,把《管子》中《心术下》与《内业》中之"全心说"归属于孟子后学。在目前双方都没有确凿史料证据的前提下,笔者根据各方面的情况研究以为,李存山、杨儒宾二位先生的观点值得信从。笔者认为,孟子在当时已经是"后车数十乘,从者数百人,以传食于诸侯"(《滕文公下》)的著名人物了,学识之渊博是不言而喻的,以至于荀子还专门著文批评孟子为"略法先王而不知其统,然而犹材剧志大,闻见杂博"(《非十二子》)云云。张、侯、郭以及白奚等诸位先生对文本的分析也并不是完全没有道理,只是他们没有想象到当时中国医学高度发达的盛况、百家争鸣之自由空气极端浓厚、思想多元的战国时期,各种学术繁荣昌盛的状况,以及孟子作为一代伟大的思想家之宽阔的胸襟、丰厚的知识和高远的追求。历史太久远了,抓住一点点资料就以为有了重大的发现,这本来是学界的通病或无奈。实际上,只要仔细地想一想下面《孟子·尽心上》中的这段对话,我们也许谁都不会说什么了:

　　公孙丑曰:"道则高矣,美矣,宜若登天然,似不可及也。何不使彼为可几及而日孳孳也?"

　　孟子曰:"大匠不为拙工改废绳墨,羿不为拙射变其彀率。君子引而不发,跃如也。中道而立,能者从之。"

这里的"道",肯定包含了由生理、心理到精神、人格等(气心志精神等)全方位的修炼。对历史人物的认识不能简单化,资料不足,就不能硬挖,勉强而为,误解古人,贻误后人,倒不如存疑,以待来者。

保四海。"(《公孙丑上》)只有内圣才能外王,只有四端"扩而充之"者,才能够"保四海"。这说明了"性善论"与"与百姓同乐"孰先孰后的理论关系,以及孟子性情思想的整个理路。孟子的"自由论"是"性善论"与"与百姓同乐"的提升,或者说是"性善论"与"与百姓同乐"思想的超越,它深刻地展示了孟子性情思想中个人、群体与"天"之间的相互关系。没有人的善性,人不可能获得真正的自由;没有与老百姓同忧同乐的情怀,人的自我实在是不能实现的。孟子的人是个体与群体的统一。然而没有人之所以为人的自由性,以善性为内核、以天道为皈依的"践形"境界就无法显现,"至大至刚"的"浩然之气"也就无法真正充"塞于天地之间",并且最终与天道合而为一。孟子曰:"君子之于物也,爱之而弗仁;于民也,仁之而弗亲;亲亲而仁民,仁民而爱物。"(《尽心上》)朱熹《四书集注》引程子云:"仁,推己及人,如老吾老以及人之老,于民则可,于物则不可。统而言之则皆仁,分而言之则有序。"又引尹氏曰:"何以有是差等? 一本故也,无伪也。"程氏之言拘泥,尹氏之言笼统,有欠通透。笔者的意思是,孟子在这里的思想是一以仁为本,以诚为化,真实无伪,感动天地万物的提升过程,其中蕴含着对道家相关思想的纠正,但是其目的是通向"上下与天地同流"(《尽心上》)的自由境界。① 有鉴于此,笔者下面就首先叙述"性善论"。

第一节　性　善　论

司马迁曰:孟子之世,"天下方务于合从连衡,以攻伐为贤,而孟轲乃述唐、虞、三代之德,是以所如者不合。退而与万章之徒序《诗》、《书》,述仲尼之意,作《孟子》七篇。"(《孟子荀卿列传》)我们可以换一个角度来理解,第一,孟子的学术专长是精通《诗》、《书》,对《诗》、《书》有深刻的研究。众所周知,《诗经》是由周人收集、撰写、整理并最后删定而成,《尚书》中德性化的天命思

---

① 徐复观先生也有同样的见解:"亲亲而仁民,仁民而爱物的根据是'万物皆备于我',即我与万物,同展现于无限的价值平等的世界。这是孟子性论的真正内容,也即是孟子性论的起点与终点。"(见氏著:《中国人性论史》先秦篇,台湾"商务印书馆"1969 年版,第 186 页)

想,大致都属于周人,①二者都是渗透了周人的时代风尚和思想精华的传世巨著。从哲学思想的角度来说,《诗》、《书》的最大价值,莫过于反映了周人在殷人基础之上的天命观的重大改变。对此笔者在本书第一章中已有涉及。第二,孟子在思想的传承上直接继承了孔子的精神。孔子之性情思想的核心是"与命与仁"(《子罕》),在命与仁、天与人的交汇点上述"天生人成"(co-creator)之道。所以,孟子"性善论"的真正源头是直接上承《诗经》、《尚书》和孔子的天命观。这在《孟子》一书中是有迹可循的:

> 《诗》曰:"天生烝民,有物有则。民之秉彝,好是懿德。"孔子曰:"为此诗者,其知道乎!故有物必有则,民之秉彝也,故好是懿德。"(《告子上》)

> 《书》曰:"天降下民,作之君,作之师。惟曰其助上帝宠之,四方有罪无罪惟我在,天下曷敢有越厥志?"(《梁惠王下》)

> 孔子曰:"大哉尧之为君!惟天为大,惟尧则之,荡荡乎民无能名焉!君哉舜也!巍巍乎有天下而不与焉!"(《滕文公上》)

孔子"惟天为大,惟尧则之",把天视为义理上最完美的范本。② 孟子依据

---

① 洪湛侯先生指出:"(1)当时(周朝)各诸侯国以及周王朝的太师和乐工是诗的搜集者和保存者,自然只有他们才有条件从音乐角度进行整理并编选成书。在当时要掌握全国各地那么多诗歌,并把它集中起来,也只有朝廷的太师(乐师),才有条件做到。(2)从《左传》'季札观乐'的记载来看,各国风诗,已被称称为'周乐',可见这些诗篇已为周王朝集中掌管。(3)周太师不仅是诗的保管者、教习者、演奏者、整理者,而且是《诗三百篇》的最后编订者。《周礼》述'太师'之职,《乐记》师乙答子贡问乐之言,皆可印证。他如《国语·鲁语下》'正考父校商之名颂十二篇于周太师'的记载,也是周太师在《诗三百篇》的整理、编订工作中有举足轻重的地位的一个旁证。"(洪湛侯著:《诗经学史》,中华书局 2002 年版,第 18 页)《尚书纬》曰:"孔子的黄帝元孙帝魁之书,迄于秦穆公。凡三千二百四十篇。断远取进,定其可为世法者百二十篇,以百二篇为《尚书》。"此说不可全信,但是,孔子深受《尚书》影响,并以《诗》、《书》为教,则是肯定的。陈梦家先生指出:《尚书》中的周书部分,有不少是西周初期的原始史料。"(见其《尚书通论》,河北教育出版社 2000 年版,第 6 页)所以,陈来先生指出:"今文《尚书》商书中的'天'与'上帝'都只是一种作为自然与人世的主宰的神格观念,这种纯粹的主宰神格观念,未曾涉及德、民、人等,应属早期。""古文商书虽未必出于汉晋的杜撰,但一定不是殷商时代的原始典册,基本上是周人传述并加以修改而形成的。""天命无常是周人的典型观念,保天命也是在天命靡常的观念基础上提出来的,都体现了周人天命观的特色。天的道德化明显是周人的思想,与卜辞所反映的商人信仰完全不同。"(见其《古代宗教与伦理——儒家思想的根源》,第 167—168 页)

② 笔者同意张岱年先生将"惟尧则之"之"天"划归自然之天的意见,但是,我们不能不说这个"天"中有主宰之天的余威,更不能不说这里面还有道德的意涵。故笔者在前面也已经说了,义理之天与自然之天的高度统一,才是先秦儒家的最高理想。

《诗》、《书》,祖述孔子,①把由天命下贯而生成的人民称为"天民",并以此为中心,从各个层面推出"天爵"、"天性"、"天然"、"天职"、"天吏"、"天位"、"天禄"等相关概念,铺设了一条天降"衷"于"民",而"民"又在现实的道德践履中"尽心"、"知性"进而"知天"下学上达的天命观道路,为性善论的圆满设置了一个博厚高明的天命依据,进而也为孟子自己的"民权论"找到了一座顶天立地、牢不可破的靠山,为他的自由主义思想奠定了基础。

孟子说:"仁也者,人也。合而言之,道也。"(《尽心下》)孙奭疏曰:"此章言仁恩须人,人能弘道也。孟子言为仁者,所以尽人道也,此仁者所以为人也。盖人非仁不立,仁非人不行。合仁与人而言之,则人道尽矣。"②孙奭没有讲透,人道尽处是什么境界呢?在儒家,实际上就是人道与天道的合而为一。孙奭在这里并没有真正抓住孟子尽人道而上达天道,最后又"上下与天地同流"(《尽心上》)的本质。在与《庄子》的比较中,我们也许对孟子有更加清醒的认识:"古之真人,不知说生,不知恶死;其出不訢,其入不距;翛然而往,翛然而来而已矣。不忘其所始,不求其所终;受而喜之,忘而复之,是之谓不以心捐道,不以人助天。是之谓真人。若然者,其心志,其容寂,其颡頯;凄然似秋,暖

---

① 《孟子》一书引《诗经》论《诗经》的地方凡38处,引《尚书》论《尚书》的地方凡20处。据清代陈启源之《毛诗稽古编》云:"三百十一篇皆古乐章。""十三国变风之乐历历可据。"马瑞辰《毛诗传笺通释》亦云:"《诗三百篇》未有不可入乐者!"皮锡瑞《诗经通论》以云:"论《诗》无不入乐,《史》、《汉》与《左传》可证。"顾颉刚先生还专门撰写了一篇题为《论〈诗经〉所录全为乐歌》的文章,收入《古史辨》第三册中,证据充分,论证翔实,令人信服。《论语·子罕》也载孔子言曰:"吾自卫反鲁,然后乐正,雅颂各得其所。"声称自己"乃所愿,则学孔子也"(《告子上》)的孟子也一定精通音乐,其艺术修养之深是可以想见的。不过,由于《孟子》一书道德的担待感、针对性太强,而无暇顾及这方面的内容,此诚为可惜。但是,《孟子》一书专门提出过一些关于音乐的观点,都是讲音乐欣赏方面的,例如:第一,独乐乐,不若与人乐乐;少乐乐,不若与众乐乐。(《梁惠王上》)第二,"闻其乐而知其德"。(《公孙丑上》)第三,"仁言,不如仁声之入人深也。善政,不如善教之得民也。善政民畏之,善教民爱之;善政得民财,善教得民心。"(《尽心上》)足以说明孟子精通音乐艺术,换句话说,足以说明孟子对情感在艺术中的作用以及艺术对人性的提升作用是了如指掌的。由于本章没有机会专门研究孟子与艺术(音乐美学及情感)的关系,因而在此一笔带过,从简处理(对这一问题的理论探讨,可参见本书第二章《吾与点也》一节的相关内容)。不过需要着重指出的是,孟子的"美、大、圣、神"里面应该是包括了艺术人生的成分,而且与孔子的"游于艺"、"成于乐"相通,也是情理之中的事情。

② 《孟子注疏》(卷十四上),见阮元校刻:《十三经注疏》(下册),中华书局1980年版,第2774页。

然似春,喜怒通四时,与物有宜而莫知其极。"(《大宗师》)气聚而生,气散而死;既冥变化,顺应天道。死往生来,终始无端,无喜无悲,翛然而忘。故不以心捐道,不以人助天,通四时之性,心志容寂,是归于大朴。有趣的是,孟子的思想与庄子的精神有相通之处,都有"不以心捐道,不以人助天"的一面,但是理论的指向不同:孟子之道,则是仁与人合而为一。孟子的意思是,天地宇宙的真精神是"仁",是天的大德下贯于人,而人之承受于天者。人只有努力追求仁与圣的境界,与天道之"仁"合而为一,才能成就其人之所以为人的神性。《大宗师》之道的最终归宿是老子的归真返璞、恬淡虚无、归根复命,以求性命之情的永恒自然、自由、自主,"乘天地之正,而御六气之辩,以游无穷。"(《逍遥游》)而孟子的道则是以人伦亲亲之爱为出发点,通过身体力行之仁、义、礼、智、圣的逐层践履,由人道而上达天道,①故"仁义礼智根于心。其生色也睟然,见于面,盎于背,施于四体,四体不言而喻",(《尽心上》)布施教化于四海,拯救人民于水火,仁民而爱物,以实现主体的实在,由此而与道家划开了根本性的界限。

据《孟子》以及相关书籍提供的各种史料,我们可以确知,在儒家七十子及其后学,一直到孟子之世,性善性恶的理论众说纷纭,②原因在于"老聃以'仁义,人之性欤'难孔子,此虽不必即孔、老之事,要为道家之难儒家。则后

---

① 孟子曰:"口之于味也,目之于色也,耳之于声也,鼻之于臭也,四肢之于安佚也,性也,有命焉,君子不谓性也。仁之于父子也,义之于君臣也,礼之于宾主也,智之于贤者也,圣人之于天道也,命也,有性焉,君子不谓命也。"(《尽心下》)

② 《孟子·离娄下》:"天下之言性也,则故而已矣。故者以利为本。所恶于智者,为其凿也。"《告子上》:"告子曰:'性无善无不善也。'或曰:'性可以为善,可以为不善;是故文武兴,则民好善;幽厉兴,则民好暴。'或曰:'有性善,有性不善;是故以尧为君而有象,以瞽瞍为父而有舜;以纣为兄之子且以为君,而有微子启、王子比干。'今曰'性善',然则彼皆非与?"王充《论衡·本性篇》:"周人世硕,以为'人性有善有恶,举人之善性,养而致之则善长;(恶)性,(恶)养而致之则恶长'。如此,则(情)性各有阴阳,善恶在所养焉。故世子作《养(性)书》一篇。密子贱、漆雕开、公孙尼子之徒,亦论情性,与世子相出入,皆言性有善有恶。"故章炳麟《辨性上篇》云:"儒者言性有五家:无善无不善,是告子也。善,是孟子也。恶,是孙卿也。善恶混,是杨子也。善恶以人异殊上中下,是漆雕开、世硕、公孙尼、王充也。"关于人性之到底是善还是恶的问题,现代先进的心理学已经有充足的条件来科学、准确地回答这个问题,所以笔者认为没有必要在本书中讨论这个具体的问题,本书的目的是要通过先秦儒家的性善性恶之论来挖掘其中人学的哲学意蕴。

之儒者,必思所以答老而申孔,然后始足以救儒。哲命之说既邻于宗教之谓,故儒者纷纷然起而言性。"①问题在于,为什么偏偏孟子就对这一场争论非常感兴趣,并且将自己整个的理论大厦都建立其上呢?他的理论用心真的是要像别人一样讨论性善性恶吗?抑或他是要借性善性恶之论来作一篇担待天下的文章?孟子说得很清楚:"颂其诗,读其书,不知其人,可乎?是以论其世也。"(《万章下》)所以我们还是来看一看孟子所处时代的特征,分析一下孟子营造所谓"性善论"的真实目的和理论用心。

具有强烈的担待精神,以天下为己任的孟子,置身于"争地以战,杀人盈野;争城以战,杀人盈城",统治者"率土地而食人肉"(《离娄上》)的战国时期,非常清楚地看到,孔子曾经所面对之"滔滔者天下皆是也"(《微子》)的混乱局面并没有结束,而且更有甚者:

> 为之斗斛以量之,则并与斗斛而窃之;为之权衡以称之,则并与权衡而窃之;为之符玺以信之,则并与符玺而窃之;为之仁义以矫之,则并与仁义而窃之。何以知其然邪?彼窃钩者诛,窃国为诸侯,诸侯之门而仁义存焉,则是非窃仁义圣知邪?(《庄子·胠箧》)

> 古之所谓仕士者,厚敦者也,合群者也,乐富贵者也,乐分施者也,远罪过者也,务事理者也,羞独富者也。今之所谓士仕者,汙漫者也,贼乱者也,恣睢者也,贪利者也,触抵者也,无礼义而唯权势之嗜者也。古之所谓处士者,德盛者也,能静者也,修正者也,知命者也,著是者也。今之所谓处士者,无能而云能者也,无知而云知者也,利心无足而佯无欲者也,行伪险秽而强高言谨悫者也,以不俗为俗、离纵而跂訾者也。(《荀子·非十二子》)

仁义道德都已经成了统治者窃取名利的工具,污秽卑鄙、自私放荡、贪图私利、巧言令色,无所不为。为了自己汙漫贪欲之心,"人之所以求富贵利达者,其妻妾不羞也,而不相泣者,几希矣。"(《离娄下》)例如,公孙衍、张仪之徒走妾妇之道,已经变得寡廉鲜耻。社会的良心,公众的道德,人类的未来都成了极

---

① 蒙文通:《儒学五论》,见刘梦溪主编:《中国现代学术经典·廖平　蒙文通卷》,河北教育出版社 1996 年版,第 517 页。

大的问题:"圣王不作,诸侯放恣,处士横议,杨朱墨翟之言,盈天下,天下之言,不归杨则归墨。杨氏为我,是无君也;墨氏兼爱,是无父也。无父无君。是禽兽也。"(《滕文公下》)所以,孟子以继承历代先圣遗志自居,①要收拾人心,整顿天下。

《礼记·礼运》载:"昔者仲尼与于蜡宾,事毕,出游于观之上,喟然而叹。仲尼之叹,盖叹鲁也。言偃在侧,曰:'君子何叹?'孔子曰:'大道之行也,与三代之英,丘未之逮也,而有志焉。大道之行也,天下为公,选贤与能,讲信修睦。故人不独亲其亲,不独子其子,使老有所终,壮有所用,幼有所长,矜、寡、孤、独、废、疾者皆有所养,男有分,女有归。货恶其弃于地也,不必藏于已;力恶其不出于身也,不必为已。是故谋闭而不兴,盗窃乱贼而不作,故外户而不闭。是谓大同。今大道既隐,天下为家,各亲其亲,各子其子,货力为已……。'"导致这样的结果,在孔子看来完全是人心出了问题,所以孔子倡导的是"一以贯之"之道。(《卫灵公》)这句"一以贯之"的话被曾子释为"夫子之道,忠恕而已矣。"(《里仁》)皇侃《论语义疏》引王弼曰:"忠者,情之尽也。恕者,反情以同物者也。未有反诸其身而不得物之情,未有能全其恕而不尽理之极也。"陈淳《北溪字义》又曰:"一贯是天道一以贯之,圣人此语向曾子说得甚亲切。曾子忠恕,即所以形容此一贯,借人道之实以发明天道之妙,尤为确定切实。盖忠即是一,恕即是贯。"这些论述,深刻地揭示了曾、思、孟与孔子的关系,或者说,清楚地道明了,孟子是怎样从思想的内核深处继承孔子思想的秘密。孟子反复说道:好人与恶人,人与禽兽之间本来就相差一点点,如果我们不时时刻刻修养自己的德性,就很快会沦为恶人、沦为禽兽。② 正是在这一特定的理论角度上,孟子充分地吸收了前人的相关成果,借海扬波,设置了性善论的理论框架。不过值得注意的是,孟子具有高远的理论视域,他并不仅仅把眼光局限于当代,他说得很清楚:"圣人复起,必从吾言矣",(《公孙丑上》)他要成就的

---

① 孟子曰:"五百年必有王者兴,其间必有名世者。由周而来,七百有余岁矣。以其数,则过矣;以其时考之,则可矣。夫天未欲平治天下也;如欲平治天下,当今之世,舍我其谁也?"(《公孙丑上》)《孟子·离娄下》又载:"储子曰:'王使人瞷夫子,果有以异于人乎?'孟子曰:'何以异于人哉? 尧舜与人同耳。'"

② 《孟子·告子上》:"其好恶与人相近也者几希,则其旦昼之所为,有梏亡之矣。梏之反覆,则其夜气不足以存;夜气不足以存,则其违禽兽不远矣。"

是具有普适性的千秋功业。

为了弄清孟子性善论的实质，我们现在还是从文本出发来作一些具体的分析：

> 告子曰："性犹杞柳也；义犹桮棬也；以人性为仁义，犹以杞柳为桮棬。"

> 孟子曰："子能顺杞柳之性而以为桮棬乎？将戕贼杞柳而后以为桮棬也？如将戕贼杞柳而以为桮棬，则亦将戕贼人以为仁义与？率天下之人而祸仁义者，必子之言夫！"（《告子上》）

笔者以为，《告子上》第一章，透露了孟子"性善论"的理论秘密，就是《告子上》的大纲。"性犹杞柳"，即后文的"食色性也"。告子的意思是，把自然之性改变为仁义之性，就像戕贼杞柳而为桮棬也。故告子主张任其自然，就是《告子上》第二章的"性犹湍水也，决诸东方则东流，决诸西方则西流。人性之无分于善不善也，犹水之无分于东西也。"但是，孟子却深不以为然："人性之善也，犹水之就下也。"就像水要往下流一样，人性本来都是善的，"人无有不善，水无有不下"也。但是现在的世道，物欲横流，陷溺人性，就像水一样，"搏而跃之，可使过颡；激而行之，可使在山。是岂水之性哉？其势则然也。人之可使为不善，其性亦犹是也。"人性变得丑恶不堪，就像"牛山之木"，"斧斤伐之"，"牛羊又从而牧之"，"人见其濯濯也，以为未尝有材焉，此岂山之性也哉？"（《告子上》蒋伯潜先生云："'才'同'材'，亦质也。材与才互用。"①）因此，我们看到，孟子的"性善"与世硕、漆雕开等人专门谈"性善性恶"在理论的视域，或者说，理论的指向上明显不同，孟子强调的是后天的环境、习染对人性的影响以及人自身后天的修炼、存养，上承孔子"性相近，习相远"，下开荀子"强学"之"靡"。

孟子又曰："乃若其情，则可以为善矣，乃所谓善也。若夫为不善，非才之罪也。恻隐之心，人皆有之；羞恶之心，人皆有之；恭敬之心，人皆有之；是非之心，人皆有之。恻隐之心，仁也；羞恶之心，义也；恭敬之心，礼也；是非之心，智也。仁义礼智，非由外铄我也，我固有之也，弗思耳矣。故曰：'求则得之，舍

---

① 蒋伯潜著：《十三经概论》，上海古籍出版社 1983 年版，第 623 页。

则失之。'或相倍蓰而无算者,不能尽其才者也。诗曰:'天生烝民,有物有则。民之秉彝,好是懿德。'孔子曰:'为此诗者,其知道乎! 故有物必有则,民之秉彝也,故好是懿德。'"(《告子上》)"乃若其情",历来众说纷纭。杨泽波先生解为"实际情况",①与现代新儒家学者牟宗三、刘述先的观点一致。② 此承清人戴震的《孟子字义疏证》。戴氏云:"孟子举恻隐、羞恶、辞让、是非之心谓之心,不谓之情。首云'乃若其情',非性情之情也。孟子不又云乎:'人见其禽兽也,而以为未尝有材焉,是岂人之情也哉?'情,犹素也,实也。"③张岱年、李景林先生解为性情之情,④此说承汉代赵岐、南宋朱熹以及清代焦循的观点而来。赵岐释"乃若其情"曰:"若,顺也。性与情相为表里,性善胜情,情则从之。《孝经》云'此哀戚之情',情从性也。"朱熹的观点尤其引人注目:

> "乃若其情,则可以为善。"性无定形,不可言。孟子亦说:"天下之言性者,则故而已矣。"情者,性之所发。节

> 问"乃若其情"。曰:"性不可说,情却可说。所以告子问性,孟子却答他情。盖谓情可为善,则性无有不善。所谓'四端'者,皆情也。仁是性,恻隐是情。恻隐是仁发出来底端芽,如一个谷种相似,谷之生是性,发为萌芽是情。所谓性,只是那仁义礼智四者而已。四件无不善,发出来则有不善,何故? 残忍便是那恻隐反底,冒昧便是那羞恶反底。"植⑤

朱熹的观点无疑是正确的。为什么呢? 第一,在孟子笔下,"乃若其情"的"情"字,在语义上就是"非才之罪"的"才"。与后文之"或相倍蓰而无算者,

---

① 杨泽波著:《孟子性善论研究》,中国社会科学出版社 1995 年版,第 31 页。

② 牟宗三曰:"'乃若其情'之情非性情对言之情,情实也,犹言实情(real case)。其字指性言,或指人之本性言。'其情'即性体之实,或人之本性之实。"(见氏著:《心体与性体》下卷,上海古籍出版社 1999 年版,第 377 页)刘述先亦云:"先由章句本身来说,孟子所谓'乃若其情'乃是情实之情,根本没有朱子所说的情的意思,显是误解。"(见氏著:《朱子哲学思想的发展与完成》,台湾学生书局 1995 年增订版,第 220 页)

③ 戴震著:《孟子字义疏证》,中华书局 1961 年版,第 41 页。

④ 张岱年先生云:"孟子对情的态度,与孔子大致相同。孟子认为恻隐之心、羞恶之心、辞让之心、是非之心,是仁义礼智之端。恻隐,羞恶,辞让,可以说都是情,这几种情乃是道德的基本,可见情是应当有的。"(见氏著:《中国哲学大纲》,中国社会科学出版社 1982 年版,第 470 页)又见李景林著:《教养的本原:哲学突破期的儒家心性论》,辽宁人民出版社 1998 年版,第 240 页。

⑤ 黎靖德编,王星贤点校:《朱子语类》(四),中华书局 1994 年版,第 1380—1381 页。

不能尽其才者也"的"才"是一样的。"尽其才"就是"显其才"、"尽其能",于是"尽才"就是"尽心",目的都是"知性、知天"。因此,从哲学思想的体系来看,孟子的"才",本来就与心、性、情通为一物,①蒋伯潜先生在其《十三经概论》中也指出:

> 按《春秋繁露·深察名号篇》曰:"如其生之自然之资谓之性。性者,质也。"又曰:"天地之所生,谓之性情。……情亦性也。"是"情"与"性",分言则别,混言则同。"才"同"材",亦质也。《告子篇·牛山章》曰:"人见其濯濯也,以为未尝有'材'焉,此岂山之'性'也哉?"又曰:"人见其禽兽也,而以为未尝有'才'焉者,是岂人之'情'也哉?""材"与"才","性"与"情"互用,是其证。②

"分言则别,混言则同"的断语,把孟子心、性、情、才(材)彼此之间的关系,分梳得相当透彻。但究其实,才,是领属于性的,用朱子的话来讲,"发挥得便是才","不会发挥得"便不是才。③　由于此段文章是"性不可说,情却可说",讲

---

①　朱熹有一段关于"性、情、才三者是一物"的文字,是正确的诠释,发人深省:
　　问:"乃若其情,则可以为善矣。"曰:"孟子道性善,性无形容处,故说其发出来底,曰'乃若其情,可以为善'则性善可知。'若夫为不善,非才之罪也',是人自要为不善耳,非才之不善也。情本不是不好底。李翔灭情之论,乃释老之言。程子'情其性,性其情'之说,亦非全说情不好也。"
　　德粹问:"'孟子道性善'又曰'若其情,可以为善'是如何?"曰:"且道性、情、才三者是一物,是三物?"德粹云:"性是性善,情是反于性,才是才料。"曰:"情不是反于性,乃性之发处。性如水,情如水之流。情既发,则有善有不善,在人如何耳。才,则可为善者也。彼其性既善,则其才亦可以为善。今乃至于为不善,是非才如此,乃自家使得才如此,故曰'非才之罪'。"(见黎靖德编、王星贤点校:《朱子语类》,中华书局1994年版,第1381页)
张岱年先生也曾指出:"关于心与性之关系,孟子似以为性在于心;作为人之本性的仁义礼智四端,都含于人之心中。"因此,"性根于心,尽心则能知性。"张先生又云:"恻隐,羞恶,恭敬,是非,孟子都认作是心之内涵;可见孟子所谓心,又包括后世所谓情。"(见氏著:《中国哲学大纲》,中国社会科学出版社1982年版,第234页)诸如此类的论述,在张先生是很多的,这与朱熹、蒋伯潜先生的表述在精神上都是一致的。
②　蒋伯潜著:《十三经概论》,上海古籍出版社1983年版,第623页。
③　在孟子的文本中,"才"又通"人见其濯濯也,以为未尝有材焉,此岂山之性也哉"(《告子上》)的"材","尽其才"的"才",就是"尽其能",也就是朱熹说的能不能"发挥"的"才",而"未尝有材"的"材",却是讲的"材质",与"此岂山之性也哉"的"性"是相通的。本来,"尽其才"的"才"也是与"性相通"的,但是,"才",是就其"才气"而言;而"材"却是就其"质性"而言。运用与表述的角度毕竟不同。

的是"恻隐、羞恶、恭敬、是非",由仁义礼智"发"出来的情。所以,以情论性,是孟子这段文章的主要特征之一。第二,孟子为心性合一论者,这是学界的公论。他不仅讲尽其心,就可以知性、知天,而且由此就可以尽其才、发其情,适可而止,心与物、人与我、人与天都最后会融通为一。但是,孟子还说"仁义礼智根于心",根于心,就是朱熹"情是这里(原注:以手指心)发出,有个路脉曲折,随物恁地去。才是能主张运用做事底。同这一事,有人会发挥得,有不会发挥得。同这一物,有人会做得,有人不会做。此可见其才。"①这段话可以视作是在分析心、性、情、才内部的事,换句话说,心性情才四者,只有"性",是直接禀受于天者,它涵括天道、人道,也涵括心、情、才。诚如明道所言:"禀于天为性,感为情,动为心"。伊川亦曰:"自性之有形者谓之心,自性之有动者谓之情。"②故《礼记·乐记》亦有:"人生而静,天之性也。感于物而动,性之欲也"(欲,性之情也)之谓。朱熹"仁是性,恻隐是情"的话,正是发明该旨。第三,"仁是性,恻隐是情"的判断,可谓独具慧眼,把孟子的人学讲得有血有肉了。陈淳的《北溪字义》又进一步的解说,对我们理解孟子也是有启发的:"孟子论情,全把做善者,是专指其本于性之发者言之。禅家不合便指情都做恶底物,却欲灭情以复性。不知情如何灭得? 情既灭了,性便是个死底性,于我更何用?"③这个解说,把孟子与朱熹一以贯之,抓住了中国哲学最根本的特征。如果说孟子"四端"学说中只有天命之性,天生之质,而无仁义礼智生发出来的喜怒哀乐之情,个体与群物之间没有了衔接的纽带,那孟子的思想就流于偏枯了,"情既灭了,性便是个死底性",中国哲学也就失去了继续向前发展的活头源水,这当然十分深刻。

从文章的条贯性来讲,恻隐、羞恶、恭敬、是非之"情"像一泓清泉一样,从仁、义、礼、智之"理"(《告子上》:"理义之悦我心,犹刍豢之悦我口。")中流出。孟子把仁、义、礼、智视为"非由外铄我也,我固有之"的天命之性。此"性"是由天贯注于人,而人之仰受于天者,因此,它是无不善的。这是一种先验性的、所谓"此善不与恶对"的"善"。它最大的特点就是由天命贯注,天赋

---

① 黎靖德编,王星贤点校:《朱子语类》(四),中华书局1994年版,第1387页。
② 黎靖德编,王星贤点校:《朱子语类》(四),中华书局1994年版,第1384页。
③ 陈淳著:《北溪字义》,中华书局1983年版,第15页。

予人的一种"良知"、"良能",扩而充之,足以保四海,不扩而充之,无以保妻子。荀子的"性恶论"与孟子的不同,更注重经验的层面:"人之性恶,其善者伪也。——今人之性,生而有好利焉,顺是,故争夺生而辞让亡焉;生而有疾恶焉,顺是,故残贼生而忠信亡焉;生而有耳目之欲,有好声色焉,顺是,故淫乱生而礼义文理亡焉。然则从人之性,顺人之情,必出于犯分乱理,而归于暴。"(《荀子·性恶》)张岱年先生指出:"孟子所谓性善,并非谓人生来的本能都是善的,乃是说人之所以为人的特殊要素即人之特性是善的。孟子认为人之所以异于禽兽者,在于生来即有仁义礼智之端,故人性是善。""荀子所谓性,与孟子所谓性,实截然两事。孟子言性,用端字用才字,具见萌芽可能之意;据荀子界说讲,须'扩而充之','如不充之,则不足以事父母'那便是'虑积焉,能习焉而后成',自然不是性。所谓端也不能说是伪,但绝不在性中。""据荀子的性伪界说看,当然可以说孟子不知性伪之分;其实也可以说荀子不知孟子所谓之意谓。"①导致这样的原因,关键在于两者并不是在一个层面上来阐述问题。但是,笔者应该指出的是,孟、荀虽然不同,可却也并不相反。第一,孟子的扩而充之,就是收放心,就是加强自身道德的修炼,荀子的"性恶论"的主旨在于强调儒家教化的不可斯须离身,注重学习,注重道德的修养与践履,理论的面向不同,但修持的内容实际上却是相同的;第二,孟、荀都认为任何人都可以通过学习、达到与尧、舜同类的境界,这实际上是先秦儒家天赋人权之平等思想的深刻体现;第三,不论孟子的性善论,还是荀子的性恶论,在最终的归宿上,都有超越的宗教层面,虽然二者表现的特征不一样。

孟子倡导"性善论",本来是对传统思想的发展,具有深刻的理论意蕴。告子没有理解孟子的深意,仍然用传统的"生之谓性"来批驳孟子。告子的"生之谓性",从心理学的角度上来讲,实际上比孟子的"性善论"更站得住脚,但是,孟子在这里并没有讲心理学,而是讲的哲学,是一种创造性的人学思想建设,这当然是告子不能理解的,因此攻击起来也就不遗余力,把孟子的理论视为对人性的戕害:"性犹杞柳也;义犹桮棬也;以人性为仁义,犹以杞柳为桮棬"。但是,孟子的反击却是意味深长,而且非常具有理论的力量:

① 张岱年著:《中国哲学大纲》,中国社会科学出版社1982年版,第189—190页。

告子曰:"生之谓性。"

孟子曰:"生之谓性也,犹白之谓白与?"

曰:"然。"

"白羽之白也,犹白雪之白;白雪之白,犹白玉之白与?"

曰:"然。"

"然则犬之性,犹牛之性;牛之性,犹人之性与?"(《告子上》)

孟子在这里的真正意思是,人并不是禽兽,人有人性,兽有兽性,"生之谓性"
讲的是兽性,并非人性。① 而"人之所以异于禽兽者几希",但是,为什么"庶
民去之,君子存之"(《离娄下》),最后导致了人与人之间很不相同的分野呢?
就是因为"君子"充分地扩充了人性之中人之所以为人的"善端",而有些人却
不能洁身自好,日积月累,终于在德性上沦为恶人、禽兽。对此,孟子有一段比
喻性的论说,足以发人深省:

口之于味,有同者也;易牙先得我口之所者者也。如使口之于味也,
其性与人殊,若犬马之与我不同类也,则天下何者皆从易牙之于味也? 至
于味,天下期于易牙,是天下之口相似也。惟耳亦然。至于声,天下期于
师旷,是天下之耳相似也。惟目亦然。至于子都,天下莫不知其姣也。不
知子都之姣者,无目者也。故曰,口之于味也,有同者焉;耳之于声也,有
同听焉;目之于色也,有同美焉。至于心,独无所同然乎? 心之所同然者
何也? 谓理也,义也。圣人先得我心之所同然耳。故理义之悦我心,犹刍

① 对告子的观点,笔者可以引用一段费希特批评卢梭的话,作进一步的评判,以便于我们
更清楚地认识到告子观点的危害以及孟子性善论的价值:"在卢梭的自然状态中,人的特殊天资
还不可能得到发展,还不可能一下预示出来。人除了自己的动物性需求,不可能有任何别的需
求;他应当像动物那样,同动物一起生活在草地上。毋庸置疑,在这种状态下不会发生任何引起
卢梭那样愤懑的罪恶;人饿的时候就要吃,渴的时候就要喝,这就是摆在他眼前的首要事情;当
他吃饱的时候,他就没有兴趣从别人的手里掠取他自己不能再吃下去的食物。当他吃饱的时
候,每个人都可以在他面前安静地吃喝东西,想吃想喝什么就吃喝什么,想吃想喝多少就吃喝多
少,因为他现在恰恰需要安静,没有时间去打扰别人。人类的真正特点是在于对未来的希望;这
种对未来的希望同时也是一切人类罪恶的根源。排除这个根源,就不再会有罪恶;卢梭确实是
借助自己的自然状态来排除这类罪恶的。但是,人确实是人,而不是动物,他一定不会停留在这
个状态中,这一点也同样是毫无疑问的。自然状态诚然会消除罪恶,但同时也会消除德行和整
个理性。这样,人就会变成没有理性的动物,就会出现一个新的动物物种;于是,人就根本不再存
在了。"(费希特著:《论学者的使命》,梁志学、沈真译,商务印书馆1984年版,第52—53页)

豢之悦我口。(《告子上》)

理、义之于心,就像味之于口、声之于耳,色之于目一样,每个人都有同样的爱好。不同的是,口之味,耳之声,目之色属于人的感官之欲,好逸恶劳、流连荒亡者很容易就陷溺其中;而"理出于性命,天之所为也;义出于道德,人之所为也。"①它们是理性的产物,故非物欲横流者所能涉及。② 圣人之所以成为圣人,并不是因为他们在天生的资质上比我们每一个人都好,"圣人,与我同类",(《告子上》)完全是因为他们不舍昼夜,努力向善而"出于其类,拔乎其萃"(《公孙丑上》)的缘故。

孟子又说:"仁,人心也;义,人路也。舍其路而弗由,放其心而不知求,哀哉!人有鸡犬放,则知求之;有放心,而不知求。学问之道无他,求其放心而已矣。"(《告子上》)"放心",就是被丢失了的本心,就是被充斥在我们的生活中的各种诱惑,牵引、玷污了的"良知良能"。所以,"求其放心"就是孟子的"学问之道"。据此,我们可知,孟子已经把孔子"学"的思想,完全实践化,其本质在于放纵的情欲与天赋的理义的较量,并且最终以理性的、道德情感为乐。③由是而为陆、王心学,程、朱理学的生发埋下了伏笔。孟子之"求其放心"亦即修养善性的"学问之道"有以下几条路数:

第一,"先立乎其大者,则其小者不能夺也。"(《告子上》)这句话,可以说是《孟子》一书的灵魂,所以,后来被陆子静奉为圭臬。对这一思想的解释,笔者认为,赵岐最为透彻:"此乃天所与人情性,先立乎其大者,谓生而有善性

---

① 《孟子注疏》(卷十一上),见阮元校刻:《十三经注疏》(下册),中华书局 1980 年版,第2750 页。

② 所以孟子曰:"养心莫善于寡欲。其为人也寡欲,虽有不存焉者,寡矣;其为人也多欲,虽有存焉者,寡矣。"(《尽心下》)

③ 孟子的性善论始终都贯穿着一种冷峻的自我克制的气息。说到底,置身于那个特殊的时代,孟子所强调的就是仁义礼智与放辟邪侈、流连荒亡的斗争。从另一个角度上来讲,孟子是一位真正的哲学家,因此冷峻的义理的思辨,本来就是他的天职,他所追求的是理性战胜情欲之后的道德性愉悦。在古典哲学的领域,追求理性的、道德的超越之乐,中西皆然。柏拉图就曾在《斐多篇》中记载苏格拉底的话道:"即使从通俗意义上来理解,自制就是不受欲望的驱使,对欲望保持一种体面的冷漠。这种品质不是只有那些极端漠视身体、终生献身哲学的人才拥有吗?"(《柏拉图全集》第一卷,王晓朝译,人民出版社 2002 年版,第 66 页)孟子同样拥有这种哲学的高贵。

也。小者,情欲也。善胜恶,则恶不能夺之而已矣。"①所谓"善性",就是孟子所谓"恻隐之心,仁之端也;羞恶之心,义之端也;辞让之心,礼之端也;是非之心,智之端也。人之有是四端也,犹其有四体也。"四端与生俱来,所以是天命之性,但是发而施为,则为可感可触之情。在《告子上》中,根据上下文,孟子之具体的"大者",就是阐扬"天爵":"有天爵者,有人爵者。仁义忠信,乐善不倦,此天爵也。"(《告子上》)"仁义忠信",其思想的根源来自《论语》之"主忠信"(《学而》、《子罕》、《颜渊》)"子以四教:文,行,忠,信。"(《述而》)"与命与仁。"(《子罕》)但是,具体在《孟子》的文本中,则为天之所赋予我的"善端"。值得注意的是,孟子在这里说得很清楚,天生之质,并非"天爵"本身。并非人人都具有天爵。孟子之所谓"天爵",是一个追求的过程、修炼提升的过程、是一个不断通过自己的努力而逐渐形成完美人格的过程:"仁义忠信,乐善不倦,此天爵也",这个"此"字,指代的是"仁义忠信,乐善不倦",而这八个字在孟子思想的体系中,却是一种天与人之间摩荡、磨合的过程。所以,孟子"天爵"理论的本质,在于人生的追求、道德的实践和上承天命,无所畏惧的"大仁"、"大勇"的行动。《滕文公上》曰:"孟子道性善,言必称尧舜。"这二者是互动的。性善的提升,必要达到尧舜的境界,方可称为"大仁";尧舜必以性善为基础,为民请命,"一怒而安天下之民",才可以称为"大勇"。② 至此,我们已经十分明了,孟子的性善论,实际上是一个性情的提升、充实论,孟子孜孜以求的,是一个人格境界的提升问题,而不是一个心理学的问题:

　　孟子曰:"牛山之木尝美矣,以其郊于大国也,斧斤伐之,可以为美

① 《孟子注疏》(卷十一下),见阮元校刻:《十三经注疏》(下册),中华书局 1980 年版,第 2753 页。

② 费希特在耶拿大学《论知识学或所谓哲学的概念》演讲中说:"我们的一切研究都必须以达到人类的最高目标,即达到人类的改善为归宿。""现在学者缺乏的往往不是知识,而是行动。"所以,他又在《试论卢梭关于艺术与科学影响人类幸福的主张》一文中说:"行动! 行动! ——这就是我们的生存目的。"(见氏著:《论学者的使命》,梁志学、沈真译,商务印书馆 1984 年版,第 57、58 页)无独有偶,先秦儒家不仅是学者,而且也是行动者。杜维明先生指出:"儒家知识分子是行动主义者,讲求实效的考虑使其正视现实政治(realpolitik)的世界,并且从内部着手改变它。他相信,通过自我努力人性可得以完善,固有的美德存在于人类社会之中,天人有可能合一,使他能够对握有权力、拥有影响的人保持批评态度。"(见氏著:《道·学·政——论儒家知识分子》,上海人民出版社 2000 年版,第 11 页)

乎？是其日夜之所息，雨露之所润，非无萌蘖之生焉，牛羊又从而牧之，是以若彼濯濯也。人见其濯濯也，以为未尝有材焉，此岂山之性也哉？虽存乎人者，岂无仁义之心哉？其所以放其良心者，亦犹斧斤之于木也，旦旦而伐之，可以为美乎？其日夜之所息，平旦之气，其好恶与人相近也者几希，则其旦昼之所为，有梏亡之矣。梏之反覆，则其夜气不足以存；夜气不足以存，则其违禽兽不远矣。人见其禽兽也，而以为未尝有才焉者，是岂人之情也哉？故苟得其养，无物不长；苟失其养，无物不消。孔子曰：‘操则存，舍则亡；出入无时，莫知其向。’惟心之谓与？”（《告子上》）

孙奭曰：“凡此（指这里所引用的文章）孟子所以言人心性本善，但当有常操而存之者矣。”①人之心性虽然上承于天，有“善端”“萌蘖之生”，但是我们每一个人都必须静养修德，洁身自好，存夜气，远利欲，收放心。如此，“凡有四端于我者，知皆扩而充之矣，若火之始然，泉之始达”，（《公孙丑上》）也就成就了我们每一个人的善性之美。否则，“夜气不足以存，则其违禽兽不远矣”。（《告子上》）

第二，“尧舜之道，孝弟而已矣。”（《告子下》）孝弟，在先秦儒家那里，从来就是一个性情的问题：《论语·学而》载有子言曰：“其为人也孝弟，而好犯上者，鲜矣；不好犯上，而好作乱者，未之有也。君子务本，本立而道生。孝弟也者，其为仁之本与！”又载曾子言曰：“慎终追远，民德归厚矣。”与《孝经》、《大戴礼记》之《曾子本孝》、《曾子大孝》把“孝”宗教化、泛化不同，②孟子敏锐地看到，人天生的“赤子之心”，灵明天然，本身就是善性中的一个重要的组成部分：“人之所不学而能者，其良能也；所不虑而知者，其良知也。孩提之童，无不知爱其亲者；及其长也，无不知敬其兄也。亲亲，仁也；敬长，义也。无他，

① 《孟子注疏》（卷十一下），见阮元校刻：《十三经注疏》（下册），中华书局1980年版，第2751页。

② 《大戴礼记·曾子本孝》：“是故未有君，而忠臣可知者，孝子之谓也；未有长，而顺下可知者，弟弟之谓也；未有治，而能仕可知者，先修之谓也。故曰：孝子善事君，弟弟善事长，君子一孝一弟，可谓知终矣。”《曾子大孝》：“身者，亲之遗体也。行亲之遗体，敢不敬乎？故居处不庄，非孝也；事君不忠，非孝也；涖官不敬，非孝也；朋友不信，非孝也；战陈无勇，非孝也。五者不遂，灾及乎身，敢不敬乎？”《大戴礼记》之“曾子十篇”明显为《孝经》之流，从文本的风格和思想的深度来看，似非曾子本人所作。

达之天下也。"(《尽心上》)不学而能,不虑而知,由小及大,由己及人,推而广之,就可以唤醒天命之性(仁、义、礼、智)。因此,孟子以舜帝为榜样,大力提倡孝弟的精神:"帝使其子九男二女,百官牛羊仓廪备,以事舜于畎亩之中。天下之士多就之者,帝将胥天下而迁之焉。为不顺于父母,如穷人无所归。天下之士悦之,人之所欲也,而不足以解忧;好色,人之所欲,妻帝之二女,而不足以解忧;富,人之所欲,富有天下,而不足以解忧;贵,人之所欲,贵为天子,而不足以解忧。人悦之、好色、富贵,无足以解忧者,惟顺于父母,可以解忧。人少,则慕父母;知好色,则慕少艾;有妻子,则慕妻子;仕则慕君,不得于君则热中。大孝终身慕父母。五十而慕者,予于大舜见之矣。"(《万章上》)世界上的一切荣华富贵,都不足以解我心中的忧愁,因为只有顺从于父母,我的心灵才能够感到和乐安康,我的性情才能找到安身立命的世界,因此,人也才能够真正成其为人。

值得特别注意的是,孟子笔下的"孝弟之道",从根本上来讲,只是一个手段,或者说只是性情修养的一个阶段,绝不是最终的目的。孟子性善论的理论目的就是要超越"孝弟之道",只有从道德上克服了"天下为家,各亲其亲,各子其子"的状态,仁政的理想才能够真正实现。孟子确乎说过:"仁之实,事亲是也;义之实,从兄是也;智之实,知斯二者弗去是也;礼之实,节文斯二者是也;乐之实,乐斯二者,乐则生矣;生则恶可已也,恶可已,则不知足之蹈之手之舞之。"(《离娄上》)仁、义、礼、智似乎都没有脱离"宗法血亲"的藩篱。但是,言非一端,这里的叙述实际上只是孟子性情思想链条中的一个环节,我们应该从思想的整体处着手来把握孟子。《孟子·滕文公上》"世子谓然友"章突出的就是曾子"生,事之以礼;死,葬之以礼,祭之以礼,可谓孝矣"的思想,但是,孟子的用意在于通过发明君主的善端,良心,倡导德化的世风:"上有好者,下必有甚焉者矣。君子之德,风也;小人之德,草也。草上之风,必偃。是在世子。"落脚点在"是诚在我",以我的哀恸之"诚"来达到移风易俗的效果:"五月居庐,未有命戒。百官族人可,谓曰知。及至葬,四方来观之,颜色之戚,哭泣之哀,吊者大悦。"所以在孔子师徒之间,就超越了各子其子、各家其家的血亲状态,非常注重师友之间的情谊:"昔者孔子没,三年之外,门人治任将归,入揖于子贡,相向而哭,皆失声,然后归。子贡反,筑室于场,独居三年,然后归。"(《滕文公上》)人与人之间的关系是纯情挚性的互动。刚好是尊为天子却"窃负而逃,遵海滨而处,终身䜣然"(《尽心上》)的舜,恰恰是一位"善与人同,舍己从人,乐取于人以为善"、"与人为善"(《公孙丑上》),超越了亲亲之爱的圣者。所以,孟子对见死不救的人,对别人的灾难无动于衷的人深恶痛绝:"不仁者可与言哉?安其危而利其灾,乐其所以亡者。"(《离娄上》)于是孟子就特别推崇圣王商汤,他以"乐以天下,忧以天下"的情怀,"为其杀是童子而征之","非富天下也,为匹夫匹妇复仇也",因此,全国人民都支持他,"十一征而无敌于天下"。(《滕文公下》)郭齐勇师指出:"儒家伦理是普遍主义的,但同时又是建立在特殊主义的基础上且要落实到具体的伦理场景中去的。仁义忠恕的原则和诚实、正直等德目有普遍的意义,又有特殊的内涵,是具体特殊的亲爱亲人之情感的推广。道德的知识、情感、意志有着不解之缘。道德的情感如四端等,是道德实践的动力。抽掉了特殊亲情,就没有所谓普遍的儒家伦理准则;抽掉了道德情感,就没有道德理性。父慈子孝、兄友弟恭等亲情,四端之心等道德情感,正是仁义礼智信等道德规范的发源地。"①舜视天下为草芥、敝屣的原因关键在于他是儒家理想中的天子,他不仅是这个国家的最高行政长官,而且也是最高的道德教化的楷模。他首先要做一个"得乎亲"、"顺乎亲"的人,才有可能从一家之孝、一身之情,养成天下之"大孝",化成天下苍生的道德之情。所以,孟子所要造就的一方面是至亲至孝的孝子,另一方面又都使这些孝子升华为为民请命,拯救人民"于水火之中"的"圣者"。孟子的性善论是其民本主义的基础,仁政的基础,但是,在性善论基础之上的民本主义、仁政理想,最终会演化为没有国界、没有阶级、没有时空限制的人道主义。

第三,持之以恒,掘井及泉。早在《论语》中,孔子就强调"恒德":"善人,吾不得而见之矣;得见有恒者,斯可矣。亡而为有,虚而为盈,约而为泰,难乎有恒矣。"(《述而》)先秦儒家并不仅仅把持之以恒的学习、修炼看作一种方式或方法,而是把它看作一种真正高尚的品德。与荀子专心致志之"神一好"(《劝学》)不仅是学习方式的专精,学习内容的纯正,而且也是既全且粹的人格境界一样,孟子把学习专一、持恒的精神与善性的提升紧密地结合在一起

---

① 　郭齐勇:《也谈"子为父隐"与孟子论舜》,《哲学研究》2002 年第 10 期。

了。孟子以为,修养善性首先是要专心致志,他举了一个生动的例子来说明这个问题:"今夫弈之为数,小数也;不专心致志,则不得也。弈秋,通国之善弈者也。使弈秋诲二人弈,其一人专心致志,惟弈秋之为听。一人虽听之,一心以为有鸿鹄将至,思援弓缴而射之,虽与之俱学,弗若之矣。为是其智弗若与?曰:非然也。"没有专心致志,一切学习与修养都将一无所获。

在此基础之上才是持之以恒,绝不可一曝十寒。孟子说,人之善性的培养,就像植物的生长一样本来是很容易的事情,但是,如果不持之以恒,"一日暴之,十日寒之。未有能生者也。"(《告子上》)要生不生,要熟不熟,反倒为害:"五谷者,种之美者也;苟为不熟,不如荑稗。夫仁亦在乎熟之而已矣。"(《告子上》)为什么呢?孙奭疏曰:"功毁几成,成人在慎终,五谷不熟,荑稗是胜,是以为仁以其成也。孟子言五谷者,是天下种之美者也,苟五谷不成,则不胜荑稗之所奋。夫仁者,亦天下道之美者也,苟为仁不成,则不胜不仁之所害。"①故君子修仁,务在成功:"羿之教人射,必志于彀;学者亦必志于彀。"(《告子上》)所以孟子最终的要求是:"有为者辟若掘井,掘井九轫而不及泉,犹为弃井也。"(《尽心上》)绝不可半途而废,犹如孔子所言之"亡而为有,虚而为盈,约而为泰",则"犹以一杯水,救一车薪之火也;不熄,则谓之水不胜火,此又与于不仁之甚者也。亦终必亡而已矣。"(《告子上》)为了"掘井及泉"的功夫而提出必须"专心致志",而"专心致志"实际上又提出了两个相关的重要概念:第一是"诚",第二是"寡欲"。不寡欲,不足以诚;要诚,就必须寡欲。孟子的"寡欲"并不是排情,更不是生活中的绝情,而是为了心中的"道"的追求,不为外物所动的精神状态,此之谓"至诚":"至诚而不动者,未之有也;不诚,未有能动者也。"(《离娄上》)在孟子的哲学中,要养就性善的品格,并非短时间的一蹴之功:"是集义所生者,非义袭而取之也。"(《公孙丑上》)需要长期日积月累的磨炼,诚心意,存夜气,正可谓"无终食之间违仁,造次必于是,颠沛必于是",(《里仁》)"如切如磋,如琢如磨",(《大学》)才有可能达到修养的目标。诸葛武侯有一段诚训足以发明孟子思想:"夫志当存高远,慕

---

① 《孟子注疏》(卷十一下),见阮元校刻:《十三经注疏》(下册),中华书局 1980 年版,第 2754 页。

先贤,绝情欲,弃凝滞,使庶几之情揭然有所存,恻然有所感,忍屈伸,去细碎,广咨问,除嫌吝,虽有淹留,何损于美趣?何患于不济?若志不强毅,意不慷慨,徒碌碌滞于俗,默默束于情,永窜于凡庸,不免于下流矣。"(《诸葛忠武书》卷九)可见,孟子存养夜气、平旦之气,扩充善端的过程中,"诚"与"寡欲"是互为表里、互相支持的。

陈澧云:"'性善'之说,与'性相近,习相远',正相发明。'心之所同然者何也?谓理也,义也',性善也。'圣人先得我心之所同然耳',性相近也。'富岁,子弟多赖;凶岁,子弟多暴;非天之降才尔殊也,其所以陷溺其心者然也',习相远也。'所欲有甚于生者,……所恶有甚于死者',性善也。'非独贤者有是心也,人皆有之',性相近也。'贤者能勿丧耳',习相远也。'虽存乎人者,岂无仁义之心哉?'性善也。'平旦之气,其好恶与人相近也者几希',性相近也。'梏之反覆,……则其为禽兽不远矣',习相远也。孔孟之言,若合符节也。"①可惜陈澧只说对了一半,孟子性善论对孔子的相关思想绝对有长足的提升与发展,其真正目的,在于昭示民权、人权和人之主体的独立性、天赋性和创造性,它的潜在思想是,世界上的每一个人都具有天命赐予的善端,只要专心致志,自我修炼,这个人在人格上就是顶天立地的,"居天下之广居,立天下之正位,行天下之大道;得志,与民由之;不得志,独行其道。富贵不能淫,贫贱不能移,威武不能屈,此之谓大丈夫。"(《滕文公下》)有仁义礼智之德涵纳于胸中,人就具备了天地宇宙之博、厚、高、明的品质,也就成就了真正大丈夫的人格。

第二节 与百姓同乐

孟子曰:"人有恒言,皆曰,'天下国家'。天下之本在国,国之本在家,家之本在身。"(《离娄上》)这应该是与孔子"夫仁者,己欲立而立人,己欲达而达人"的忠恕之道(《雍也》)、"修之以敬"、"修己以安人"、"修己以安百姓"

① 陈澧著:《东塾读书记》,生活·读书·新知三联书店1998年版,第42页。

的提升境界(《宪问》)以及《大学》"修身、齐家、治国、平天下"等八条目之"明明德于天下者"的路向是一致的。也就是说,孟子的性善论是其推行仁政、王道的基础,是孔子忠恕之道、《大学》"自天子以至于庶人,壹是皆以修身为本"的创造性转化。但是,孟子的性善论包容了他的仁政思想,或者说,孟子之仁政思想本来就是他性善论的自然延伸,在孟子笔下,"圣贤"的心中,"不忍人之心"一定会扩展为"不忍人之政",这是孟子之担待情怀渗透在他的人性论中,并扩充到整个理论体系的必然走向。作为一代"亦欲正人心,息邪说,距诐行,放淫辞,以承三圣"(《滕文公下》)的思想家,面对着骄奢淫逸的统治者流连荒亡,草菅人命的局面,孟子站在人民的立场上对统治者的暴行进行了无情的揭露:"今夫天下之人牧,未有不嗜杀人者也。"(《梁惠王上》)他们"率兽而食人"、(《滕文公下》)"率土地而食人肉",(《离娄上》)导致广大人民"老弱转乎沟壑,壮者散之四方",(《梁惠王下》)孟子无不义愤填膺,感到他所置身其中的时代,"王者之不作,未有疏于此时者也;民之憔悴于虐政,未有甚于此时者也。"(《公孙丑上》)在这样的历史背景之下,孟子人学之个体的"性善"就一定会扩充为拯救天下苍生的"大仁"、"大勇":

> 王请无好小勇。夫抚剑疾视曰,"彼恶敢当我哉!"此匹夫之勇,敌一人者也。王请大之!《诗》云:"王赫斯怒,爰整其旅,以遏徂莒,以笃周祜,以对于天下。"此文王之勇也。文王一怒而安天下之民。《书》曰:"天降下民,作之君,作之师,惟曰其助上帝宠之。四方有罪无罪惟我在,天下曷敢有越厥志?"一人衡行于天下,武王耻之。此武王之勇也。而武王亦一怒而安天下之民。今王亦一怒而安天下之民,民惟恐王之不好勇也。
> (《梁惠王下》)

孟子所追求的正是这种文王、武王式的"乐以天下,忧以天下"(《梁惠王下》)的仁者情怀。孟子以为,这个世界上每一个生命的个体,都是宝贵的,都有上天赋予的生存权利、精神自由的权利以及人格独立、至尊的权利。英国哲学家约翰·洛克(John Locke 1632—1704)说:"上帝既创造人类,便在他身上,如同在其他一切动物身上一样,扎下了一种强烈的自我保存的愿望,也在这世界上准备了适于人类衣食和其他生活必需的东西,俾能照着上帝的旨意,使人类能在地面生存相当的时期,而不要让一件如此奇妙的工艺品由于其自身的大意和必需品的缺乏,在生存不久之后便宣告死亡——我以为上帝创造了人类和世界之后,这样对人类说——即是,指示人类通过他的感觉和理性(正如上帝通过扎根在下等动物身上的感觉和本能来达到同一的目的那样)来利用那些可供生存所需的东西和给予他以'自我保存'的手段,因此我毫不怀疑,在上帝宣布这些话以前(纵然如果这些话一定要理解为是用文字说出的),或者连这种文字的'赐予'都没有的时候,人类根据上帝的旨意和特许就已经有了使用万物的权利。"①洛克以为,人既然是上帝创造的,那他就天赋地享有各种生存需要的权利。孟子笔下的"人"具有天地神人贯通的神性,这是洛克不曾具备的内在超越性;洛克笔下的"人"具有现代的契约性,从中可以开发出"自由、平等、博爱"的精神以及立法、行政和对外三权分立的学说。② 在这里我们看到了东西方哲学关于"人"的概念中各自明显的优缺点。令人吃惊的是,不论是孟子还是洛克,走的都是由"人"(不忍人之心)而"政"(不忍人之政)的路线,而且其学说的起点都是人之所以为人的天赋权利。"先圣后圣,其揆一也",(《离娄下》)这是值得我们深入反思和认真总结的。

正因为人具有天赋的权利,孟子就不可能容忍"独夫"、"民贼"对人民的敲诈勒索,故"一人衡行于天下,武王耻之",因为"四方有罪无罪惟我在","予,天民之先觉者也"(《万章上》)我有替天行道的责任和义务,所以,真正的善者、仁者、圣者在这样的时候,都不得不除暴安良,替天行道,"一怒而安天下之民"。朱熹《四书集注》引张敬夫曰:"小勇者,血气之怒也。大勇者,理义之怒也。血气之怒不可有,理义之怒不可无。知此,则可以见性情之正"也。养性情之正的人,只有与广大人民休戚与共,唇齿相依,"乐以天下,忧以天下",才能真正称得上具有人的性情。因此,孟子"与百姓同乐"的思想内核,就是天下的仁人君子只有在老百姓安居乐业了,鳏寡孤独都有所依靠,"颁白者不负戴于道路","善者"、"仁者"、"圣者"才能够真正地快乐起来。

关于"与百姓同乐"的思想,孟子有一段较为条贯的论述,现引述于此:

> 乐民之乐者,民亦乐其乐;忧民之忧者,民亦忧其忧。乐以天下,忧以

① 约翰·洛克著:《政府论》(上),瞿菊农、叶启芳译,中华书局1982年版,第74—75页。
② 此论参考了全增嘏主编:《西方哲学史》(上),上海人民出版社1983年版,第574页。

天下，然而不王者，未之有也。(《梁惠王下》)

朱熹《四书集注》云："乐民之乐而民乐其乐，则乐以天下矣；忧民之忧而民忧其忧，则忧以天下矣。"这是孟子性情思想中一切喜怒哀乐的最终落脚点。这是一代"亚圣"性情思想的原动力，它导致了孟子以及后代中国千百万知识分子与黑暗时期的统治者分庭抗礼、势不两立的根本态度，在中国思想文化史上产生了深远的影响。

在孟子游说诸侯的过程中，经常在字面上是站在统治者的角度来叙述他的"仁政"学说。面对着利欲熏心的统治者，孟子的游说方法是很讲策略的。表面上看，总是落脚在统治者的称霸天下(王)上："然而不王者，未之有也"，但是，从孟子整个的思想体系来看，孟子的思想基础是性善论，仁政的真正支撑点是天生、天赋的"民权"思想。所以，我们可以肯定地说，反复出现在《孟子》中之所谓"然而不王者，未之有也"的话是孟子丢给欲壑难填、贪得无厌、昏妄无耻的诸侯们的诱饵，因为孟子在整个的思想体系上与当时"未有不嗜杀人者"的统治者们始终是坚决对立的。所以，孟子始终抱定的态度是，东周不得人心的"天子"，已经衰弱了，天下各路诸侯，谁施行了"仁政"，谁能够拯救人民于水火之中，谁就可以"王"，谁就可以为天子，即便只是"方百里"(《公孙丑上》)的小国。孟子的思想在宋代王安石变法的改革中，引发了激烈的"孟子不尊周王"的论争，留下了李觏、郑厚叔、司马光、叶适等人士的大量文字，①就是一个有力的佐证，它说明了孟子以人民的权利高于一切，至于谁担当天子，只是一件可以权变的事情。怎么才能够维护人民的利益，以达到与百姓同乐的境界呢？孟子大约有以下几点是值得我们总结的：

第一，孟子深刻地看到，要使广大人民都幸福安康，圣人的德泽施于四海，关键在于要打造一个良好的社会环境，要建立一个合理的社会制度："离娄之明、公输子之巧，不以规矩，不能成方圆：师旷之聪，不以六律，不能正五音；尧舜之道，不以仁政，不能平治天下。今有仁心仁闻而民不被其泽、不可法于后世者，不行先王之道也。"(《离娄上》)既然孟子性情思想的内核是仁德的精

---

① 黄俊杰著：《孟学思想史论》(卷二)(第四章"宋儒对孟子政治思想的争辩及其蕴涵的问题——以孟子对周王的态度为中心")，"中研院"中国文哲研究所筹备处1997年版，第126页。

神,孟子就必然会极力地在社会上营造一个以先王之道为轨范,以仁德为最高道德标准的人文氛围。而创造这种氛围的首要环节,就是建立完善的吏制:

> 圣人既竭目力焉,继之以规矩准绳,以为方员平直,不可胜用也;既竭耳力焉,继之以六律正五音,不可胜用也;既竭心思焉,继之以不忍人之政,而仁覆天下矣。故曰,为高必因丘陵,为下必因川泽;为政不因先王之道,可谓智乎? 是以惟仁者宜在高位。不仁而在高位,是播其恶于众也。上无道揆也,下无法守也,朝不信道,工不信度,君子犯义,小人犯刑,国之所存者幸也。故曰,城郭不完,兵甲不多,非国之灾也;田野不辟,货财不聚,非国之害也。上无礼,下无学,贼民兴,丧无日矣。(《离娄上》)

焦循《孟子正义》就此引荀悦曰:"人不畏死,不可惧以罪;人不乐生,不可劝以义。故在上者先丰民财以定其志,是谓养生。礼教荣辱,以加君子,化其情也。"[1]从性情论的角度上来讲,孟子提倡"先王之道"的本质原因,在于先王之道涵罩、滋润下的民性、民情纯朴、厚道、率直、坦诚,"先王"是人民道德上的楷模。"是以惟仁者宜在高位。不仁而在高位,是播其恶于众也",不仁而在高位,简直就是性情世界的一场巨大的灾难:"上无道揆也,下无法守也,朝不信道,工不信度,君子犯义,小人犯刑",可谓一语戳穿了当时诸侯各国礼崩乐坏、道义不存的要害! 高层政府机构中都充斥着一些丧德败性之人,那么,其他任何试图提升广大人民之修养性情、实施社会教化的努力,都失去了制度上的保障。"城郭不完,兵甲不多,非国之灾也;田野不辟,货财不聚,非国之害也。上无礼,下无学,贼民兴,丧无日矣"。为了物欲的满足,人心污漫偏险,肮脏卑鄙,人与人之间钩心斗角,互相倾轧,社会实际上就已经进入动荡的境地,社会的是非善恶之标准随之丧失,人之所以为人的价值,也就根本谈不上了。在这里,孟子已经触及人类自身物质的发展,绝对不可以以牺牲人民的性情纯良为代价的永恒主题。这对我们至今都有警示作用。

孟子曰:"规矩,方圆之至也;圣人,人伦之至也。"(《离娄上》)虽然注重方圆规矩,但是这些方圆规矩来自圣人的情怀;而《管子》却说:"虽有巧目利手,不如拙规矩之方圆也。故巧者能生规矩,不能废规矩而正方圆。虽圣人能

---

[1]　焦循撰:《孟子正义》(下),中华书局1987年版,第488页。

生法,不能废法而治国。"(《法法篇》)法家尊物而无情,儒家尊圣缘情而治法,这最终导致了两种完全不同的社会制度和管理模式。由于尊圣尊贤,所以君主必须修身养德,提高自己的工作能力,要"乐以天下,忧以天下",认真地关心人民的疾苦。由于自己流连荒亡而导致"四境之内不治"(《梁惠王下》)、饿殍遍野的君主,就应该毫不犹豫地罢免。然而,君主的领导固然重要,官员的提拔与选用也同样重要,因为"枉己者,未有能直人者也。"(《滕文公下》)那么何以把正直的人提拔上来呢? 在孟子看来,其一,要广泛、慎重地挑选人才、慎用人才:"国君进贤,如不得已,将使卑踰尊,疏踰戚,可不慎与? 左右皆曰贤,未可也;诸大夫皆曰贤,未可也;国人皆曰贤,然后察之;见贤焉,然后用之。左右皆曰不可,勿听;诸大夫皆曰不可,勿听;国人皆曰不可,然后察之;见不可焉,然后去之。左右皆曰可杀,勿听;诸大夫皆曰可杀,勿听;国人皆曰可杀,然后察之;见可杀焉,然后杀之。故曰,国人杀之也。如此,然后可以为民父母。"(《梁惠王下》)其二,要充分发挥人才独特的长处,要尽力地保护人才的天性。孟子形象地说:"为巨室,则必使工师求大木。工师得大木,则王喜,以为能胜其任也。匠人斲而小之,则王怒,以为不胜其任矣。夫人幼而学之,壮而欲行之,王曰'姑舍女所学而从我',则何如? 今有璞玉于此,虽万镒,必使玉人雕琢之。至于治国家,则曰,'姑舍女所学而从我',则何以异于教玉人雕琢玉哉?"(《梁惠王下》)其三,君臣之间要建立在工作上互相协调,在人格上互相尊重的良好关系,君主对臣属要信,臣属对君主要忠,彼此信赖,唇齿相依,以诚相待,国家才能长治久安,人民才能安居乐业。也只有这样,仁政的景象才能逐步出现:"尊贤使能,俊杰在位,则天下之士皆悦,而愿立于其朝矣;市,廛而不征,法而不廛,则天下之商皆悦,而愿藏于其市矣;关,讥而不征,则天下之旅皆悦,而愿出于其路矣;耕者,助而不税,则天下之农皆悦,而愿耕于其野矣;廛,无夫里之布,则天下之民皆悦,而愿为之氓矣。信能行此五者,则邻国之民仰之若父母矣。率其子弟,攻其父母,自生民以来未有能济者也。如此,则无敌于天下。无敌于天下者,天吏也。然而不王者,未之有也。"(《公孙丑上》)人民不分国家、种族的限制,只要哪里施行仁政,就可以毫不犹豫地奔向哪里。所以,孟子仁政的理想国之兴衰存亡,完全是建立在人民的喜怒哀乐之上的。君臣均为贤者、能者、仁者,朝政清明,待老百姓如子弟,一切政策、法规都充满了慈祥、体恤的精神，富之与教之互为表里，道德教化与性情修养相互激发，以成就民众的人格。对仁政中的统治者，人民也仰之如父母，事之如青天，人民与政府之间洋溢着彼此信任、温暖的情谊。黄俊杰先生说："在孟子政治思想中，政治领域并不是一个诸般社群、团体或阶级的利益互相冲突、折中以及妥协的场所；相反地，孟子认为政治领域是一个道德的社区（moral community），它的道德性质依靠人心的价值自觉之普遍必然性来保证。"①如果不是这样的话，"君之视臣如犬马，则臣视君如国人；君之视臣如土芥，则臣视君如寇雠。"（《离娄下》）人君贪得无厌，独断专权，纯为独夫贼子，臣子胁肩诌笑，犹如妾妇之逢迎邀宠，君臣之间狼狈为奸，率兽食人，则民不聊生矣。

第二，为人民创造富足的物质生活："五亩之宅，树之以桑，五十者可以衣帛矣；鸡豚狗彘之畜，无失其时，七十者可以食肉矣；百亩之田，勿夺其时，数口之家可以无饥矣；谨庠序之教，申之以孝悌之义，颁白者不负戴于道路矣。"（《梁惠王上》）作为仁政的理想，第一步就是要解决人民的温饱问题，"视民如伤"，（《离娄上》）人民才能够具备努力向善的前提和社会条件。为什么这么说呢？孟子的认识很透彻："无恒产而有恒心者，惟士为能。若民，则无恒产，因无恒心。苟无恒心，放辟邪侈，无不为己。"（《梁惠王上》）所以，统治者如果没有及时解决人民的生活，让他们安定下来，"谨庠序之教，申之以孝悌之义"，进行道德上的教化，"及陷于罪，然后从而刑之，是罔民也。焉有仁人在位，罔民而可为也？是故明君制民之产，必使仰足以事父母，俯足以畜妻子，乐岁终身饱，凶年免于死亡。然后驱而之善，故民之从之也轻"。（《梁惠王上》）这种思想使人想起《管子》中"仓廪实而知礼节，衣食足则知荣辱"，（《牧民》）"凡治国之道，必先富民"（《治国》）的论述。不过先富后教的思想早在《论语》中就已经有了。② 制民之恒产之后，道德教化就有了先决的条件，兴办学校，使人民学习人伦规范，养成尊老爱幼、和睦融洽的社会风尚："死徙无出乡，乡田同井。出入相友，守望相助，疾病相扶持，则百姓亲睦。"（《滕文公

① 黄俊杰著：《孟学思想史论》（卷一），（台北）东大图书公司 1991 年版，第六章。又见，黄俊杰著：《儒学与现代台湾》，中国社会科学出版社 2001 年版，第 264 页。

② 《论语·子路》载："子适卫，冉有仆。子曰：'庶矣哉！'冉有曰：'既庶矣。又何加焉？'曰：'富之。'曰：'既富矣，又何加焉？'曰：'教之。'"

上》)于是,一幅先秦儒家理想的社会生活蓝图就展现在我们面前。

应该说明的是,孟子"五亩之宅,树之以桑"的理想,实际上是建立在井田制的前提之下的。孟子曰:"夫仁政,必自经界始。经界不正,井地不钧,谷禄不平。是故暴君污吏必慢其经界。经界既正,分田制禄可坐而定也。"仁政必自经界始,当然首先指的是解决老百姓的温饱问题,但是,仁政的内涵中却又不仅限于温饱问题,或者说,在孟子看来,还有比温饱更为重要的东西,否则他就不会为了他的道义终身追求而不止息。"经界不正,井地不钧,谷禄不平"会导致什么后果呢?当然是引发老百姓心中的愤怒,进而引发社会的动荡,危及社会的安定。是社会现实的"不正"、"不钧"、"不平",直接导致人的性情的"不正"、"不钧"、"不平"。它们之间的因果关系是不言自明的。但是,为什么"暴君污吏必慢其经界"呢?因为他们有了绝对的权力,就必然走向绝对的腐败。他们欲壑难填,整天以掠夺兼并为事,所以,他们必然要"慢其经界",扰乱世界,混淆视听,以便浑水摸鱼。这表面上看起来是一个经济的问题、政治的问题,但是,究其实,却也是一个基本的性情问题。孟子对此已经有了深入的认识,所以他说"经界既正,分田制禄可坐而定也"。荀子有一段话可以拿来诠释孟子的思想:

> 人主者以官人为能者也,匹夫以自能为能者也。人主得使人为之,匹夫则无所移之。百亩一守,事业穷,无所移也。(《荀子·王霸》)

井田制以平均分配份地的办法,安定人们的生活,使之不要颠沛流离;然后"百亩一守",定情定性,"无所移之",则安居乐业的前提就确定了。孟子认为,只有这样从经济建设入手,才能建立起一种老百姓彼此相友的村社制度。它以井田制为出发点,以人与人之间"出入相友,守望相助,疾病相扶持"为理想状态,然后"谨庠序之教,申之以孝悌之义",辅之以道德教化,社会的秩序得以建立,国家稳定得到保障。但是,更为重要的是,老百姓的性情也就可以由此而日臻于淳厚、纯净、端悫的境界。要达到这样的境界,必须在乡村中形成一种行之有效的制度,这就是:"方里而井,井九百亩,其中为公田。八家皆私百亩,同养公田。公事毕,然后敢治私事,所以别野人也。"(《滕文公上》)孟子笔下具体的井田制度的准确内涵,有待于历史学家的考证,笔者的重点是在探讨由此而导致的老百姓的性情变化。以"方里"为一"井","里"字从田从土，肯定是一个与土地有关的字，而且这个"里"字当是一个明确的量词。"井九"为一"百亩"，而百亩中间还有"公田"。"八家"共享"百亩"私田，但是同时还得"同养公田"，公事在前，私事在后，把百姓规划在"王道"教化的范围之内，并且一次将百姓区分为"野人"还是"非野人"，这就把井田制与儒家的教化紧密地联系起来了。在此基础之上，再大力推行适可而止的税息政策："请野九一而助，国中什一使自赋"，保农、抚农，以农为本，进一步从制度上保障农民的正常生活和生产。

结合《孟子》全文，我们可以看到，孟子认为，战国时期在无休无止的欲望驱使之下，各个国家，君臣一气，上行下效，辟田野、聚货财，"争地以战，杀人盈野；争城以战，杀人盈城"，统治者"率土地而食人肉"（《离娄上》）的暴行是对整个社会之性情修养的毁灭性摧残，贪欲无限，你争我夺，兼并土地，"井地不均"，必然导致"谷禄不平"，贫富不均，而"谷禄不平"、贫富不均则是广大老百姓流离失所的根源。所以，孟子把"正经界"当成"仁政"的开始，核实田亩，调整"恒产"，减免租税，这不仅可以使政府官员俸禄合理，而且使人民的负担有法可依，不轻不重。孟子的意思是，对广大人民来说，富裕的程度要恰当，不要因此而引起全社会投机取巧、尔虞我诈的斗争，绝对不能在全社会助长骄奢淫逸、般乐怠敖、丧德败性的民风；孟子是反对贫穷的。他认为绝对不能使人衣食无着，困顿无依而放辟邪侈，无所不为。老百姓的性情教化，必须从基本的衣食住行入手。所以，孟子的真正用心是要把整个社会的管理建立在以提升人的道德水准，完善人的性情修养这一中心点上来。

孟子的井田制思想，多年以来，一直都遭到中国学界众多非议。笔者以为，孟子的井田思想，是针对战国时期残酷的土地兼并而发的。焦循《孟子正义·滕文公上》曰："圣人缘情。"郭店楚简《性自命出》曰："道生于情。"《礼记·礼运》曰："人情以为田。"所以从性情思想的角度上来讲，孟子提倡井田制，实际上有性情教化上的深刻用意。因为，人的欲望是无止境的，地球上的资源是有限的，与其尔虞我诈，你争我夺，以至丧尽天良，无所不用其极，使无数的人陷溺于无休无止的物欲之中而不能自拔，物物而物于物，性情放失，往而不返，使人成为非人而沦为禽兽，倒不如回归到"出入相友，守望相助，疾病相扶持，则百姓亲睦"的世界中去。

蒙文通先生指出:"中国的学者,尤其是儒家,周代不用说了,汉唐宋明的经师和理学家,都是尽量地歌颂井田。"①儒家的经典作家的观点,不论是在战国时期,还是在后来的各个时期,井田制的设想在现实的世界里,应该说是不合历代贪得无厌的统治者的"时宜"的;但是,大约这些经典作家们从来就没有想去"合"这个污泥浊水的"时宜"。面对人欲横流的世界,他们似乎是要通过井田制,提出一个性情思想中的尖锐问题,试图逃出他们所面对的困惑,这反映了先秦儒家与"大道既隐"之衰世之间的深刻矛盾。② 所以,先秦儒家提出的并不仅仅是一个经济的问题,而是一个深刻的人性塑造的问题,而且数千年过去了,社会在前进,生产力在发展,但是问题不仅没有得到真正的解决,反而在世界的每一个角落里面愈演愈烈。这是不是值得我们认真地反思一下作为"亚圣"的大思想家孟子所孜孜以求的理想境界呢?

第三,从"我"本人的修身做起。"爱人不亲反其仁,治人不治反其智,礼人不答反其敬。行有不得者,皆反求诸己,其身正而天下归之。"(《离娄上》)外部世界的一切是非成败,实际上都取决于你自己的"仁"、"智"、"敬",所以,"诚者,天之道也;思诚者,人之道也。至诚而不动者,未之有也;不诚,未有能动者也。"(《离娄上》)以自我的修身为中心,以"诚"为人之内在的基本动力,层层推进、扩展,由亲而友,而民,"沛然德教溢乎四海"。(《离娄上》)对此孟子曾有非常深刻的表述:

> 天下大悦而将归己,视天下悦而归己,犹草芥也,惟舜为然。不得乎亲,不可以为人;不顺乎亲,不可以为子。舜尽事亲之道而瞽瞍厎豫,瞽瞍

---

① 蒙文通著:《古史甄微》,见《蒙文通文集》第五卷,巴蜀书社 1999 年版,第 170 页。

② 当代青年学者刘小枫博士在叙述到德国浪漫精神时指出:"对法国大革命的失败的反思,加上本民族的历史和思想史上的一些特殊机缘,德国浪漫精神自始就显得深沉、内向、含蓄而又富有厚重的内在激情,表现出一种沉重得像背负着十字架的沉郁气质。世界历史上充满暴力、庸俗、道德败坏、追求功利的现象,而人的内心又失去了持重的虔诚感和古希腊人式的灵性,这一切使浪漫派诗哲们深感苦恼。于是,他们不得不转向柏拉图的诗意般的理想世界,转向基督教的上帝之邦。正如阿多尔诺曾说过的:'施勒格尔的断片作品以一种绝对否定性的陈述追寻着乌托邦。'(阿多尔诺著:《新音乐哲学》,1949 年德文版,第 83 页)这样一来,生活现实与理想世界的尖锐对立就突出出来,成为浪漫美学焦思的一个无法逃避的实在的矛盾。"(见刘小枫著:《诗化哲学》,山东文艺出版社 1986 年版,第 12—13 页)这对我们理解先秦儒家的井田制思想,是不无启发意义的。

> 厎豫而天下化，瞽瞍厎豫而天下之为父子者定，此之谓大孝。(《离娄
> 上》)

笔者在上文曾反复称，孟子是一位担待精神极强的思想家，可是为什么在这里
却"视天下悦而归己，犹草芥"呢？表面上来看，这似乎是一个悖论。但是，这
段文章必须从性情教化上来理解，才能够得其真谛。"天下大悦"，是说老百
姓为"舜"承受天命而为天子而"大悦"，作为一代圣王的"舜"本可以施展自
己的才华，治理国家了；从个人理想上来讲，"视天下悦而归己"，也是所有诸
侯国王梦寐以求的目的。但是，舜视之"犹草芥也"。为什么呢？修身养德，
当自孝始。孝者，仁之本也。"不得乎亲，不可以为人；不顺乎亲，不可以为
子"，不能做一个心胸坦荡的人，不能做一个顺乎其亲的孝子，何以兼养天下？
何以给天下人一个道德的楷模？所以天子做的唯一的事情，就只需要修身，身
教重于言教，他的德性、德行唤醒的是天下百姓的性情之纯，从而在最大限度
上化成了天下。弃天下而事亲，却在最大程度上得到了天下；同时也是在最大
程度上治理了天下。孔子曰："德之流行，速于置邮而传命。"(《公孙丑上》)
此之谓也。

当然，这里提到了一个境界的问题，就是"惟舜为然"，别人是很难做到这
一点的。对一般的人来讲，首先要做的是"推恩"。舜之所以视天下犹草芥，
本质上正是为了更大程度上、更透彻地"推恩"。在上面的行文中，笔者引用
过孔子在《礼记·礼运》中针对当时的积弊，发出的喟叹："今大道既隐，天下
为家，各亲其亲，各子其子，货则为己……"很明显，先秦儒家一直都是反对只
尊重自己的父母、爱护自己的亲人，无视社会公德，而不顾天下老百姓的死活
的，认为这是"大道既隐"的衰世表现。从孟子仁政理论的角度上来说，先秦
儒家的孝悌之道，其本质在"推恩"：

> 老吾老，以及人之老；幼吾幼，以及人之幼。天下可运于掌。《诗》
> 云："刑于寡妻，至于兄弟，以御于家邦。"言举斯心加诸彼而已。故推恩
> 足以保四海，不推恩无以保妻子。古之人所以大过人者，无他焉，善推其
> 所为而已矣。今恩足以及禽兽，而功不至于百姓者，独何与？权，然后知
> 轻重；度，然后知长短。物皆然，心为甚。王请度之！(《梁惠王上》)

孟子的推论是，如果你不能够做到"老吾老，以及人之老；幼吾幼，以及人之

幼"，不能"举斯心加诸彼"，就下"无以保妻子"，上不"足以保四海"，说出了不"推恩"的严重后果，下语是相当重的。并且指出，"古之人所以大过人者，无他焉，善推其所为而已矣。今恩足以及禽兽，而功不至于百姓者，独何与？"辛辣的讽刺之中浸透了沉痛而强烈的抗议！

孟子的逻辑始终遵循着《论语·学而》中有子的话："其为人也孝弟，而好犯上者，鲜矣；不好犯上，而好作乱者，未之有也。君子务本，本立而道生。孝弟也者，其为仁之本与！"所以，孟子注重的是"恻隐之心、羞恶之心、恭敬之心、是非之心"的发明、觉醒与扩充，始终是抓住"四端"之情来做文章的。如果"四端"之情无，则人形同禽兽，无"恩"可"推"，那问题就更大了。关于这个问题，孟子在《滕文公上》与墨者夷子的思想交锋中有很好的表达。夷子坚持墨子"兼爱"的思想："儒者之道，古之人若保赤子，此言何谓也？之则以为爱无等差，施由亲始。"孟子回应说：夷子"信以为人之亲其兄之子为若亲其邻之赤子乎？彼有取尔也。赤子匍匐将入井，非赤子之罪也。且天之生物也，使之一本，而夷子二本故也。盖上世尝有不葬其亲者。其亲死，则举而委之于壑。他日过之，狐狸食之，蝇蚋姑嘬之。其颡有泚，睨而不视。夫泚也，非为人泚，中心达于面目。盖归反虆梩而掩之。掩之诚是也，则孝子仁人之掩其亲，亦必有道矣。"理论的建立不能违背民间风俗的起码习惯，更不能违背人之所以为人的自然天性。先秦儒家哲学的聪明之处就在于根据中华民族的文化传统，依山点石，通过父母之养、父母之丧，唤起子女的"不忍人之心"，再由"不忍人之心"，推向"不忍人之政"。于是统治者之"好勇"、"好游"、"好乐"、"好货"、"好色"等，均能与人民同之。只有这样，"发政施仁，使天下仕者皆欲立于王之朝，耕者皆欲耕于王之野，商贾皆欲藏于王之市，行旅皆欲出于王之涂，天下之欲疾其君者皆欲赴愬于王"，(《梁惠王上》)只有当你本人的善性扩充、泽及四海苍生，只有你这个国家的仁爱之德让天下所有的黎民百姓都受到了恩惠，你自己也才能从中得到了最大的快乐，你人之所以为人的价值也才能够在最大的程度上实现。

因此，孟子提出了"民为贵，社稷次之，君为轻。是故得乎丘民而为天子，得乎天子为诸侯，得乎诸侯为大夫。诸侯危社稷，则变置。牺牲既成，粢盛既絜，祭祀以时，然而旱干水溢，则变置社稷"(《尽心下》)的重要思想，一切政治上的活动都必须以人民的利益为最高的标准和归宿。所以，没有得到人民支持的天子，就不能做天子；危害社稷的诸侯，"则变置"；人们诚心祭祀，却"旱干水溢，则变置社稷"。在这样的一条理论的指导下，孟子的思想中始终洋溢着一种强烈的批判精神。由此而对传统性情思想中的一些重要的概念进行了重新定位：

　　　　责难于君谓之恭，陈善闭邪谓之敬，吾君不能谓之贼。（《离娄上》）
就像郭店楚墓竹简文献《鲁穆公问子思》之"恒称其君之恶者为忠臣"一样，孟子把中国文化中批判昏庸君主、控诉腐败政府、斥责乱臣贼子的丑言秽行，强调到了一个前无古人的高度。朱熹《四书集注》在上面所引述的这三个命题时引范氏曰："人臣以难事责于君，使其君为尧舜之君者，尊君之大也；开陈善道以禁闭君之邪心，惟恐其君或陷于有过之地者，敬君之至也；谓其君不能行善道而不以告者，贼害其君之甚也。"[1]赵岐、焦循的注也都大同小异，无非都是"尊君之大也"，这是对孟子的误解，至少不是完整的诠释。黄俊杰先生指出："中国儒家的经典如《论语》、《孟子》皆成书于大一统帝国形成之前，因此《论语》、《孟子》书中所呈现的政治思想，基本上是一套封建制度已崩而未溃、政治局面处于多元化的时代的价值体系。但诠释这些经典的儒者，都是生活在大一统帝国一元化的政治格局之下的人物，而且有些人还是帝国的官员。这种时代背景的差距，使经典注释者的'自我'分化而为二，并处于紧张的状态中：（1）经典诠释者之作为经书价值的传承者；（2）经典诠释者之作为大一统帝国的臣民。"[2]这无疑是具有深刻的启发性的论述。我们阅读《孟子》，应该从思想的整体处入手，深究文本，融会贯通，既不能断章取义，也不能过度诠释。换言之，孟子思想的根本在于从"性善论"激发出来的"仁政"学说。一切有关孟子的研究都不能不从这个中心点上出发。准此，这里的"恭"、"敬"、"贼"三个概念就有了不同的理解。

　　在性情思想上，孟子的某些概念是随着个体的"不忍人之心"扩充为"不忍人之政"，然后再由社会的"仁政"回归到个人主体价值实现的转化过程中，

---

[1]　朱熹撰：《四书章句集注》，中华书局 1983 年版，第 277 页。
[2]　黄俊杰著：《孟学思想史》（卷二），"中研院"中国文哲研究所筹备处 1997 年版，第 64 页。

是忠与恕、个人与群体的统一。例如,"勇"就有小勇与大勇之分,小勇是匹夫的血气之勇,大勇则是心怀仁义,"一怒而安天下之民"的文王、武王之勇。由于孟子的理想是要布施教化于四海,拯救人民于水火,"民贵","君轻",所以,他"恭"、"敬"、"贼"的概念实际上是站在人民的立场上提出来的。从《孟子》文本的内在精神来讲,孟子从来没有"恭敬"过君主:"彼以其富,我以吾仁;彼以其爵,我以吾义,吾何慊乎哉?"(《公孙丑下》)"说大人,则藐之,勿视其巍巍然。堂高数仞,榱题数尺,我得志弗为也;食前方丈,侍妾数百人,我得志弗为也;般乐饮酒,驱骋田猎,后车千乘,我得志弗为也。在彼者,皆我所不为也;在我者,皆古之制也,吾何畏彼哉?"(《尽心下》)他们彼此之间在人格上至少是对等的,在思想境界上,孟子更是自认为要比达官显贵高尚得多。

正因为如此,"责难于君谓之恭"就是随时随地地对君主的所作所为提出批评的意见,就是对人民的"恭";"陈善闭邪谓之敬"申述善德,禁闭邪恶,以免君主作出戕害人民的事情,就是对人民的"敬";"吾君不能谓之贼",你的君主不能使人民过上幸福的生活,哀鸿遍野,民不聊生,那你本人也罪责难逃,故谓之"贼"。这三个命题即便字面上确乎是对"君主"本人的"恭"、"敬"、"贼",在孟子的思想体系中,也是通过对君主的批评、限制来达到拯救广大人民于水火的目的。对当权者冒死的抗争,就是对人民大众置生死于度外的"大恭"、"大敬"。从这个层面上来讲,孟子"与百姓同乐"的思想,就真正成了一种犹如陆子静所言之"刀锯鼎镬底学问"。① 苏格拉底说:"一个人如果刚正不阿,力排众议,企图阻止本邦作出很多不公道、不合法的事情,他的生命就不会安全,不管在这里还是在别的地方都是这样。"② 由此我们可知,孟子以德抗位、为民请命的精神,是把他自己的生命置之度外的。孟子自己的论述最为透彻:"鱼,我所欲也;熊掌,亦我所欲也,二者不可得兼,舍鱼而取熊掌者也。生,亦我所欲也;义,亦我所欲也,二者不可得兼,舍生而取义者也。生亦我所欲,所欲有甚于生者,故不为苟得也;死亦我所恶,所恶有甚于死者,故患有所不辟也。"(《告子上》)这些我们早就耳熟能详的话,才是"恭"、"敬"、

---

① 陆九渊著:《陆九渊集》,中华书局1980年版,第453页。
② 北京大学哲学系编:《西方哲学原著选读》(上卷),商务印书馆1981年版,第70页。

"贼"最佳的诠释。

值得注意的是,这些概念的新的诠释,实际上是孟子基于人的良知对儒家"礼学"的改造。本来作为一个人的性情修养来讲,《中庸》的观点应该是"喜怒哀乐之未发谓之中,发而皆中节谓之和。中也者,天下之大本也;和也者,天下之达道也。致中和,天地位焉,万物育焉"。但是,从《孟子》的行文中,我们可以在很多地方看到,孟子为了老百姓的疾苦嬉笑怒骂,投枪匕首,都成文章的性情表达方式。他以儒家亚圣的情怀,突破了世俗性情的四平八稳的"陋儒"模式,替天行道,为民请命,无所不用其极。这实际上是孔子"博施于民而能济众"(《雍也》)思想的超常发挥。

观念的转变是因为立场的转变,立场的转变是因为思想的转变。人民的利益高于一切的思想,使孟子的批判精神始终保持着旺盛的斗争气概。《孟子》的文风气势充沛、感情强烈、嬉笑怒骂皆成文章,关键原因就是孟子是站在"天爵"的立场上,站在人民的立场上,以舍我其谁的凛然正气,铮铮铁骨,向平庸、无能、腐朽而又贪得无厌、草菅人命的统治者进行了不遗余力的批判。《大学》曰:"无情者不得尽其辞。"孟子对统治者的批判中始终饱含着对人民的慈爱、体恤:"今之诸侯取之于民也,犹御也。"(《万章下》)目前的诸侯们对人民的敲诈勒索就和拦路抢劫的土匪差不多。孟子与他的学生公孙丑在下面的这段对话是令人回味无穷的:

> 公孙丑曰:"伊尹曰:'予不狎于不顺。'放太甲于桐,民大悦。太甲贤。又反之,民大悦。贤者之为人臣也,其君不贤,则固可放与?"

> 孟子曰:"有伊尹之志,则可;无伊尹之志,则篡也。"(《尽心上》)

在君主贤明,努力向善,体恤人民,爱民如子的正常情况下,臣属的"谋篡"之心是孟子反对的;但是,在君主昏庸、流连荒亡,并且已经蜕变成"独夫"、"民贼"的时候,臣属对君主的"异位"、"变置"行动就成了孟子极力主张的事情了。然而,不仅仅是在孟子置身其中的战乱年代,即便是后来数千年大一统的中国封建社会里又有几个君主是贤明、向善、体恤人民的? 于是,孟子的理想就成了中国广大知识分子和人民"永恒的乡愁"①所以,孟子的批判锋芒,始终

---

① 黄俊杰著:《儒学与现代台湾》,中国社会科学出版社 2001 年版,第 271 页。

是对准最高层的君主的。

在这样的前提下,才批判君主的帮凶。犀利、辛辣,一针见血,不留丝毫的情面:

> 戴盈之曰:"什一,去关市之征,今兹未能。请轻之,以待来年,然后已,何如?"

> 孟子曰:"今有人日攘其邻之鸡者,或告之曰:'是非君子之道。'曰:'请损之,月攘一鸡,以待来年,然后已。'——如知其非义,斯速已矣,何待来年。"(《滕文公下》)

> 孟子曰:"今之事君者曰,'我能为君辟土地,充府库。'今之所谓良臣,古之所谓民贼也。君不向道,不志于仁,而求富之,是富桀也。'我能为君约与国,战必克。'今之所谓良臣,古之所谓民贼也。君不向道,不志于仁,而求为之强战,是辅桀也。由今之道,无变今之俗,虽与之天下,不能一朝居也。"(《告子下》)

"顺天者存,逆天者亡",(《离娄上》)"天视自我民视,天听自我民听",(《万章上》引《尚书·泰誓》)孟子已经深刻地、隐隐约约地看到了六国败亡的前兆。所以,那些为了奉迎君主的贪欲之心而"争地以战,杀人盈野;争城以战,杀人盈城。此所谓率土地而食人肉",给广大的人民带来了无穷的灾难的人,"罪不容于死","故善战者服上刑"。(《离娄上》)国家必须长治久安,人民必须安居乐业,否则,"虽与之天下,不能一朝居也"!

徐复观先生指出:孟子"所主张的政治,实际是以人民为主的政治,而并非如一般人所说的只是以人民为本的政治。他代表了在中国政治思想史中最高的民主政治的精神,只是缺乏民主制度的构想。而他的政治思想,是与他的性善说有不可分的关系。在他所构想的政治社会中,乃是发出个人内心之善的互相扶助的社会;即是把个人与群体,通过内心的善性,而不是仅靠强制的法律,以融合在一起的社会。在这种社会中,才能真正使自由与平等合而为一。"①需要进一步指出的是,仁政学说固然是孟子性善论的发展与提升,但是,对圣贤来说,不惜以生命为民请命,倡导仁政的学说,喜怒哀乐与老百姓同

① 徐复观著:《中国人性论史》(先秦篇),台湾"商务印书馆"1969年版,第186—187页。

之,这正是孟子最激荡的"情",最强大的"善"。所以,仁政的实施过程,也就是圣贤本人性情修养的一个重要的过程,这就是为什么孔子、孟子周游列国,忙忙如丧家之犬,凄凄惶惶而乐此不疲,人不堪其苦,而我并不改其乐,广收天下英才而教育之,著书立说绍述真理以为千秋计的根本原因。

第三节　自　由　论

按美国自由主义思想家查尔斯·佛兰克对"自由"一词的界定,"自由"至少应该从以下六个方面去理解:第一,与地域观念和宗教狂热相对立的文化自由主义;第二,政治自由主义,"对于将和平变迁加以合法化的程序加以强调";第三,经济自由主义,"为纠正经济力量的不平衡而制定的政策";第四,哲学自由主义,"理论理性探究方法的优先性";第五,由中庸、自制与妥协所表现出来的自由性格或风格;第六,自由的教育,"对于长远的道德理想、文化理想及文明理念抱有实践的信念"。① 在人类文化史上产生过重大影响的约翰·洛克(John Locke,1632—1704)的自由论,属于政治自由主义,但是,以上六条中的任何一条,却是很难与孟子的自由论真正挂上钩。很明显,查尔斯·佛兰克是想以"中庸、自制与妥协所表现出来的自由性格或风格"来概括先秦儒家的自由思想,这肯定是失之偏颇的。

与洛克建立在保护个人财产权之上,并生发出言论与出版自由、分权与制衡、民主选举与法律面前人人平等为特征的自由主义不同,孟子的自由论,是建立在天命贯注的"性善论"基础之上,追求自我内心之"万物皆备于我"的主体圆满,以"诚"的超越贯通天人,以个体的身心性情显发天道,逐步将人之所以为人的境界(圣)向上提升到"天"(神)之无限的人格境界自由论。其表现形态与提升过程是尽心、知性,从而知天;存心、养性,进而事天。长期坚持不懈,"夭寿不贰,修身以俟之,所以立命也。"《尚书·召诰》曰:"王其德之用,祈

---

① 转引自狄白瑞:《中国的自由传统》,李弘祺译,香港中文大学出版社1983年版,第8—9页。

天永命。"孔子曰:"不知命,无以为君子也。"(《尧曰》)子思子曰:"君子居易以俟命。"(《中庸》)在笔者看来似乎都不能与孟子以存心养气之功为主体"立命"来得直截了当、通体透明。它与它以前的各种相关命题相较,更加强了主体自身的主宰性、创造性。《广雅·释诂三》曰:"命,名也。"故为彰显义。所以这里的"命",就是孟子之德气充塞于天地之间,主体精神顶天立地、至大至刚的显发。朱熹《四书集注》对此引张子注曰:"由太虚,有天之名;由气化,有道之名;合虚与气,有性之名;合性与知觉,有心之名。"这无不有过度诠释之嫌,但是,也不能不说它指出了孟子德气彰显、生化流行、天人冥合的自由论特征。

郭齐勇师以为,孔子的自由论是一种人格境界论,它是由人道层面的道德境界之君子、贤人向天道层面的圣人至上境界的提升。孟子与孔子的人格境界论相一致:"可欲之谓善,有诸己之谓信,充实之谓美,充实而有光辉之谓大,大而化之之谓圣,圣而不可知之之谓神。"(《尽心下》)肯定了六种人格的提升境界:善、信、美、大、圣、神。"圣"是指"有光辉表现且能感化万众","神"是"圣"之神妙不测的境界。[①] 孟子的创造在于,第一步,将自己的理境由孔子"夫仁者,己欲立而立人,己欲达而达人"的务实思想,提升到"博施于民而能济众"(《雍也》)的圣境,将自己的人格境界自由论,建立在"与民同乐"的基础上,亦即,人民没有过上幸福的生活,"君子"的心中就不可能有自由的感觉。这当然是伟大的思想。第二步,超越"仁"与"圣",由人道的层面,通过尽心、知性,进而知天,通过身心与天道合一的方式(践行),进入天道之"神"。"所过者化,所存者神,上下与天地同流"(《尽心上》),这无疑是一种"参赞天地之化育"的精神自由的境界。

孟子人格自由论的诞生,有其深刻的社会历史根源。罗素针对希腊被马其顿征服之后,在城邦政治中实现道德理想的希望破灭之后,哲学家之追求的论述对我们研究孟子是有启发意义的:"希腊的哲学家们,下迄亚里士多德为止,尽管他们可以埋怨这埋怨那,但在大体上对于宇宙并不绝望,也不觉得他

---

① 郭齐勇著:《孔孟儒学的人格境界论》,见氏著:《儒学与儒学史新论》,台湾学生书局2002年版,第161、164—165页。

们在政治上是无能的。他们有时候可以是属于失败的政党,但如果是这样,他们的失败也只是由于冲突中的机缘所致,而不是由于有智慧的人之任何不可避免的无能为力。……但当政权转到马其顿人手里的时候,希腊的哲学家们就自然而然地脱离了政治,而更加专心致意于个人德行的问题或解脱问题了。他们不再问:人怎样才能够创造一个好国家? 而是问:在一个罪恶的世界里,人怎样才能有德;或者,在一个受苦受难的世界里,人怎样才能够幸福?"①因为孟子所置身的是"天下方务于合从连衡,以攻伐为贤"的时代,面对的是"述唐、虞、三代之德,是以所如者不合"的局面,不得已"退而与万章之徒序《诗》、《书》,述仲尼之意,作《孟子》七篇",所以,究其实质,孟子的一切哲学活动,正是要追问,何以在一个罪恶黑暗的世界里,成就自我之"德"、之"善"、之"性"、之"情",进而成就人生之"乐"。当仁人志士人生坎坷,"道"不能施行于天下,不能兼养天下的时候,就只能穷则独善其身,居以俟命了。在中国数千年的黑暗时期,广大的"淳儒"们不就是靠的这种人格的信念,才得以将中国文化的精神世代相传吗?

在《孟子》一书中,我们可以清楚地看到,孟子所处的时代,是各路诸侯利欲横流而不顾人民死活的时代,是统治者争城以战,杀人盈成;争地以战,杀人盈野,"王者之不作,未有疏于此时者也;民之憔悴于虐政,未有甚于此时者也。饥者易为食,渴者易为饮",(《公孙丑上》)人民陷溺于水深火热之中的时代,因此,孟子的思想在各个方面始终与统治者之间具有尖锐的对立,在人之所以为人的人学思想上更是显得极端尖锐:

> 孟子见齐宣王曰:"为巨室,则必使工师求大木。工师得大木。则王喜,以为能胜其任也。匠人斫而小之,则王怒,以为不胜其任矣。夫人幼而学之,壮而欲行之。王曰'姑舍女所学而从我',则何如? 今有璞玉于此,虽万镒,必使玉人雕琢之。至于治国家,则曰'姑舍女所学而从我',则何以异于教玉人雕琢玉哉?"(《梁惠王下》)

孟子在这里展现的矛盾是知识分子独立的人格尊严、道德理想与专制权势之间,人的天性、才性与君权之间永远不可协调的紧张关系。在客观上,我们已

---

① 罗素著:《西方哲学史》(上),何兆武、李约瑟译,商务印书馆1982年版,第292—293页。

经分明地看到,孔子、子思子以及孟子,身怀旷世大德、大才而终身未遇的根本原因,在于知识分子(贤士)在精神上的独立性上承于天,是天赋良知、良能的自然显发,要保持它们的博厚高明,就不可能依附于任何专制性的政治势力而存有,否则就会像"大木"、"璞玉"一样被雕琢、被扭曲、被抹杀。① 苏格拉底说过:"一个真想为正义而斗争的人如果要活着,哪怕是活一个短暂的时期,那就必须当老百姓,决不能担任公职。"② 从孔子、孟子的人生实践中我们看到,一个真想为正义而斗争的人,即便是想担任公职,也终究不能如愿,因为他不可能卑躬屈膝地舍弃自己所学之"道",以便从专制统治者那里换取一点点可怜的赏赉,从而丧失自己精神上的独立性、完整性、至尊性。

因此,孟子特别注重人的独立性:"古之贤王好善而忘势,古之贤士何独不然? 乐其道而忘人之势。故王公不致敬尽礼,则不得亟见之。见且由不得亟,而况得而臣之乎?"(《尽心上》)在孟子理想的世界里,君主与贤士都是仁义好学的饱学之士,道德修养极高之人,所以按荀子的说法,就是"从道不从君,从义不从父,人之大行也。"(《子道》)乐道而忘势,乐善而忘君,君与臣之间的纽带是"道"、是"善",而不是权势和物质的利益。贤士的品德是"穷不失义,达不离道。穷不失义,故士得己焉。达不离道,故民不失望焉",(《尽心上》)政治上穷途末路,也绝不像苏秦、张仪那样寡廉鲜耻,巧言令色,以妾妇之道,趋炎附势以求富贵,如此则丧失了人之所以为人的仁义德性,迷失了我的本心。丧失了本心的人,就是丧失了四端之性的禽兽。所以孟子曰:"天下有道,以道殉身;天下无道,以身殉道。"(《尽心上》)真理高于一切。在无道的政治权力面前,有道之士绝不以"妾妇之道"歪曲道的精神,毁损道的形象,以奉迎当世的王侯公卿,宁为玉碎不为瓦全,表现了孟子"至大至刚"的凛然正气。

孟子人格的独立精神来自天赋的不假外求的"天爵",因而"万物皆备于

---

① 司马迁《史记》载曰:"楚威王闻庄周贤,使使厚币迎之,许以为相。庄周笑谓楚使者曰:'千金,重利;卿相,尊位也。子独不见郊祭之牺牛乎? 养食之数岁,衣以文绣,以入大庙。当是之时,虽欲为孤豚,岂可得乎? 子亟去,无污我。我宁游戏污渎之中自快,无为有国者所羁,终身不仕,以快吾志焉。'"庄周与孟子在认识当时社会的黑暗以及对人才的扭曲及异化上,同样深刻。

② 北京大学哲学系编:《西方哲学原著选读》,商务印书馆 1981 年版,第 70—71 页。

我，反身而诚，乐莫大焉。"(《尽心上》)我的精神以天之"诚"为归依，万物我自俱备，天人合一，生化流行，生机盎然，因而"乐莫大焉"。

孟子曰："悦亲有道：反身不诚，不悦于亲矣；诚身有道：不明乎善，不诚其身矣。是故诚者，天之道也；思诚者，人之道也。至诚而不动者，未之有也；不诚，未有能动者也。"(《离娄上》)

在孟子的思想体系中，这段话代表了孟子自由思想的核心性表述，因而笔者在此做一重点分析。在先秦儒家思想史上，"诚"的观念早在《尚书》中就已经有了，虽然未必就以"诚"字的形式出现，例如：

钦明文思安安，允恭克让，光被四表，格于上下。(《尧典》)

浚哲文明，温恭允塞，玄德升闻，乃命以位。(《舜典》)

人心惟危，道心惟微，惟精惟一，允执厥中。(《大禹谟》)

祗载见瞽瞍，夔夔斋栗，瞽亦允若。至诚感神，矧兹有苗。(《大禹谟》)

尔克敬典在德，时乃罔不变。允升于大猷。(《无逸》)

鬼神无常享，享于克诚。天位艰哉！德惟治，否德乱。(《太甲下》)

诞告用亶。(《盘庚中》)

钦念以忱动予一人。(《盘庚中》)

敬哉！天畏棐忱；民情大可见，小人难保。往尽乃心，无康好逸，乃其义民。(《康诰》)

经历了殷周之际振聋发聩的革命，西周人深刻地看到了人民的力量，所以经过了他们删改、编定的《尚书》，极为重视对天、对人民的真诚。从哲学思想的角度上来讲，主体的"诚"的心态，自始至终都是《尚书》的作者们所尽力追求的。但是，《尚书》（特别是经过了周人删改过的部分）的根本性主题是"天不可信"(《君奭》)，所以，《尚书》至少没有明确地声明天的本质在于"诚"。很显然，孟子"诚者，天之道也；思诚者，人之道也"的命题，在孟子之前应该经历了一个由人自身的"诚"投射到"天"，然后又以天道之"诚"下贯到人的主体，再由人的主体之道德践履上达天道之"诚"的过程。从孟子点儿不描的行文方式上看，孟子之前，"诚"的概念内涵与外延可能早就已经确立了。但是，在孟子的笔下，"诚"已经演变成了人的主体之心贯通天人的桥梁，是人与上天对话，或者说，与天冥合为一的精神状态。这种精神状态由于与天道的本质相渗透，既是起点又是终点，因此，它具有十分丰富的思想内涵。

首先，孟子的"诚"是一种主体的诚实、真实、真诚的精神状态、思想状态和为人的风格。所以它从形而下的层面上来讲，应该是在《尚书》之"允"、"亶"、"忱"人学思想的基础之上展现出来的人的实在。在《孟子》一书中，"诚"就是性善论的另一种表现形式，它是一种人之所以为人的真实存在和显现，也是"思诚者，人之道"的基础和前提。但是，这只是基础，只是前提，而不是天道与人道融会之体的本身。"赤子之心"（《离娄下》）固然纯洁得像冰肌玉骨一样令人神往，可并不意味着"我"之主体就不需要奋斗、学习了。在上文，笔者已经反复申明，孟子的性善论乃是一个不断提升的过程，是孔子"学而不厌"之思想的进一步发展，所以孟子才有"求则得之，舍则失之"，（《尽心上》）操舍存亡之论。孟子的"思诚"过程，就是在现实的凡俗的世界中，通过人伦道德的践履，扩充仁义礼智，"诚身"、"明善"的"人之道"的过程。

"诚身"，是一个相当深刻的概念，因为当时的"仁"，写作"㥈"，"诚身"的意思应该是对身体进行合乎天道之"诚"的训练、修养，使之与心中之仁义道德相与为一。身与心完全冥合，才能够真正称得上"仁"。这种思想猛一看，有点像 A.怀特海、R.培里和 G.摩尔等新实在论者的身心合一论，[1]实际上两者完全没有可比性，因为前者强调的是天生人成式的神性贯通。在先秦儒家的身心观中，身体只是一个情感的符号，属于气的范畴，只有身心的修炼臻于完善的人，才能够通过凡俗的身体见出天道的精神。

"明善"，也是一个深刻的概念，因为它的思想根源应该是《大学》的"明明德"。朱熹在注释"明德"时写道："明德者，人之所得乎天，而虚灵不昧，以具众理而应万事者也。但为气禀所拘，人欲所蔽，则有时而昏；然其本体之明，则有未尝息者。故学者当因其所发而遂明之，以复其初也。"[2]对我们理解"明善"之谓有很大的启发作用，说到底，"明善"，并不仅仅是一个道德的修炼问题，更重要的是一个宗教性的提升问题。所以朱熹注曰："此章述《中庸》、孔

---

[1]　有关论述请参见高新民著：《现代西方心灵哲学》，武汉出版社 1996 年版，第 114—117 页。
[2]　朱熹撰：《四书章句集注》，中华书局 1983 年版，第 3 页。

子之言,见思诚为修身之本,而明善又为思诚之本。乃子思所闻于曾子,而孟子所受乎子思者,亦与《大学》相表,学者宜潜心焉。"①李学勤先生一再称,朱熹"目光确实犀利,能见他人之所未见",②良有以也。诚身,是从自己的身体着眼,明善,则是从天生的禀赋着眼,但是都是"诚"之所以为"诚"的根本。

然而,"诚身"、"明善"的道路是艰难而漫长的。不论是生而知之的圣者,还是学而知之、困而知之的凡人,都有一番"如磋如磨"的磨砺功夫。关键在于"至诚"的态度。胸中有"至诚"的学者,可以将天的"诚明"涵化为我的"明诚",天人相通,使我的性成为神性,使我的情成为圣情。"至诚"的情性,不仅可以动人,可以动物,而且还可以动天。动人、动物、动天的特性正是"诚"的本质性的飞跃,我的性情因为至诚、纯一,而参天化地,在更为广阔、深远的层面上成就了我之所以为我者。于是成己成物,仁民而爱物,"诚"的创造性最终因为主体的努力而被凸显了出来。

"诚"的创造性来自天与人之主体的统一性,来自天之道与人之道的摩荡、互渗。这种创造性就是天与人的"至诚"之德的混冥之体激发、唤醒、感化,并且最终成就万事万物生发、发展、提升与完善。因此,我的人性的完全实现就最终导致了世界上一切事物的实现。过化存神,生色睟然,见面盎背,施于四体,上下与天地同流。这正是孟子自由论的至高境界。

在实现这种至高的自由境界过程中,孟子贯通天地神人的养气理论起到了根本性的感发作用。孟子的养气理论比较集中地反映在"知言养气章"中。纵观"知言养气章"的结构,笔者认为,杨儒宾先生把此章的思想统领在北宫黝"以言养勇"、孟施舍"以气养勇"以及曾子"以志养勇"的条贯之下,③是正确的。因为这不仅有文本本身的支持,而且还有传世文献的佐证,说服力是很强的:

> 味以行气,气以实志,志以定言,言以出令。(《左传·昭公九年》)

---

① 朱熹撰:《四书章句集注》,中华书局 1983 年版。

② 李学勤著:《古文献丛论》,上海远东出版社 1996 年版,第 314 页。

③ 关于孟子"知言养气章",笔者参考了黄俊杰先生的《〈孟子〉知言养气章集释新诠》、徐复观先生的《孟子知言养气章试释》、杨泽波先生的《孟子气论难点辨疑》、郑晓江先生的《论"大丈夫"的人格与气节》等文章,以及杨儒宾先生的《儒家身体观》第四章。

食为味，味为气，气为志，发志为言，发言定名，名以出信，信载义而行之，禄不可后也。(《大戴礼记·四代》)

味入不精，不精则气佚，气佚则不稣，于是乎有狂悖之言……出令不信，刑政放纷，动不顺时，民无据依，不知所力，各有离心。(《国语·周语下》)

杨儒宾先生认为这三条文献都应该是在孟子之前就已经出现了，不仅反映了先秦儒家的一贯性思想，而且对孟子一定也有相当程度的影响。杨儒宾先生指出："当我们理解孟子的知言理论时，有必要考虑孟子这方面的想法并不是异军突起、恍然大悟下的命题。同样在'知言养气章'里，既有告子'言—心—气'的理论架构，又有'恶声至，必反之'及'守气''持志'的养勇方法；更重要的是，孟子又把'知言'与'养气'并列，这绝不是偶然的。孟子这些叙述事实上都反映了儒家的一种大传统，知言显然不能脱离气、志(心)的概念单独立论。"①实际上从性情思想的角度上来讲，言为心声，本来就是属于"情"的范围，所以，杨泽波先生所谓"'知言'与'养气'是两回事，二者之间没有必然的逻辑联系"云云，②就是值得商榷的了。

笔者认为孟子"知言养气章"的要点有以下三个方面值得注意：

第一，以志养勇，以德养气，"夫志，气之帅也；气，体之充也"，北宫黝"以言养勇"("恶声至，必反之")，为鲁莽的血气之勇；孟施舍"以气养勇"不求于内而求于外，而不能"守约"；曾子"以志养勇"，"持其志，无暴于气"。以心之志为帅，就是"仁、义、礼、智根于心"，意念先行，以德带气，以气充体，而左右逢源。是故孟子曰："君子深造之以道，欲其自得之也。自得之，则居之安；居之安，则资之深；资之深，则取之左右逢其原，故君子欲其自得之也。"(《离娄下》)心中有道则居之安，以气充体，气化流行，则左右逢源而自得。"自得"者，"持其志，无暴其气"也。"无暴其气"，并不是要取消一切喜怒哀乐之气，而是要在意志的有效控制之下合理地运用性情之气。焦循曰："暴，乱也。言志所想，气随之，当正持其志，无乱其气，妄以喜怒加人也。"③持其志，为曾子

---

① 杨儒宾著：《儒家身体观》，"中研院"中国文哲研究所筹备处1999年版，第178页。

② 杨泽波：《孟子气论难点辨疑》，《中国哲学史》2001年第1期。

③ 焦循撰：《孟子正义》(下)，中华书局1987年版，第197页。

之守约。志为主，气为次，志气相随、相须，故德气流行，浑然"一本"矣。

第二，浩然之气的本质，诚如杨泽波先生所言："道德离不开人，道德的主体是人，孟子关心的主题是人，所以他从不离开人单独讨论气的问题。由此可知，孟子所谓浩然之气的对象是人的浩然之气，而不是讨论浩然之气本身，更不是讨论宇宙间什么浩然之气。"①浩然之气的培养，首先要遵循"志壹则动气，气壹则动志"的规律，专心诚壹，注心于义与道上，注重主体性的实在本体，则"直养而无害"，"至大至刚"，神气充沛，没有丝毫的懈怠、堕馁，这是讲的"志壹则动气"；"气壹则动志"，从《孟子》全书来考察，笔者以为，讲了两个方面：其一，为"今夫蹶者趋者，是气也，而反动其心。"这是说的以气动心，以情使性，以喜怒哀乐动志，就一般而言，这是指没有德性根基的鲁夫之勇；其二，如果这种精神状态是发生在一位圣贤身上，他正当的、德化了的"气"，以"大慈"、"大悲"、"大恨"的形式将大仁、大勇之志鼓荡起来，此所谓"一怒而安天下之民"也。对这一层意思的理解，是非常重要的，因为孟子不是不要"气"，不是不要"情"的，他的"仁政"理想，对人民的体恤、对昏庸贪婪的统治者的批判，全部是建立在"情"上面的。《孟子》一书气势充沛，锋芒毕露，无处非情，正是这种"大仁"、"大勇"式的"气壹则动志"的显现方式之一。培养浩然之气需要遵循的第二个规律就是："是集义所生者，非义袭而取之也。"朱熹《四书集注》曰："集义，犹言积善。""袭，掩取也。"积善，在于心中有"诚"，长期积淀，修持不已，永不懈怠，绝不是投机取巧、拔苗助长者所能达到的境界。不论是孔子、孟子还是荀子，都十分重视德行修养的如切如磋，如琢如磨，这是先秦儒家性情思想中珍贵的实践性特征，它为儒家人格境界的提升产生了良好的影响。

第三，言为心声，属于情气的范围。《尚书·旅獒》曰："发气为言。"《国语·周语》曰："气在口为言。"《论衡·祀义》曰："言者，出气也。"《封氏见闻录》曰："气激于喉中而浊谓之言。"故《历代名臣奏议》有云："畋游恣乐，流清荡志；驰骋劳形，叱咤伤气。"修养言辞本来就是修身养德的一个途径："言辞动作，皆中术数。""无度之言，明主不许也。"（《管子·形势解》）孔子曾经也

---

① 杨泽波：《孟子气论难点辨疑》，《中国哲学史》2001 年第 1 期。

就言与德的关系问题进行过论述:"有德者必有言,有言者不必有德。仁者必有勇,勇者不必有仁。"(《宪问》)这不仅对我们理解孟子之"心—气—言"的关系有帮助,而且对我们把握整个"知言养气章"都有指导性的意义。德为内,言为外。言为心之声,声为德之表。口若悬河者不一定有德;而有德者一定有言语上的流露。与此相一致,仁为内,勇为外。勇分血气、小人之勇,与除暴安良的大人之勇。仁义在心,直道而行,必然舍生取义,为民请命,"一怒而安天下之民",此之谓大勇。应该说,孟子的"知言养气章"得到了孔子德与言、仁与勇思想的精髓。以孔子的思想为纲,孟子的"不得于心,勿求于气,可;不得于言,勿求于心,不可"就会有一个恰当的诠释。得者,知也。孟子正是通过"言、气"来洞察人之心、人之志:"诐辞知其所蔽,淫辞知其所陷,邪辞知其所离,遁辞知其所穷。"(《公孙丑上》)由辞之"诐、淫、邪、遁"来达知"蔽、陷、离、穷",从而戳穿"生于其心,害于其政;发于其政,害于其事"的本质。《礼记·孔子闲居》有"四方有败,必先知之,此之谓民之父母矣",说的就是圣人,勿听之以耳而听之以心,听之以身,听之以气的超绝功夫,①也对我们理解孟子"心—气—言"的关系大有帮助。

在此基础之上才能有"形色,天性也;惟圣人,然后可以践形"(《尽心上》)的理论。朱熹注曰:"人之有形有色,无不各有自然之理,所谓天性也。践,如践言之践。② 盖众人有是形,而不能尽其理,故无以践其形;惟圣人有是形,而又能尽其理,然后可以践其形而无歉也。""尽其理",明显是过度诠释,但是,这里的"践","乃意指人形体可以充分地实现(realize)、朗现(disclose)、甚至不妨称之为体现(embody)",朱熹没有"将形体视为中性的、物理意义的躯体,而是将形体视为不断成长、不断走向完善的一种有机历程之从事者。因此,形体之趋于完美,并非缘于外力之践履、居位,而是形体内在有一种动力,

---

① 《庄子·人间世》借仲尼之口释心斋曰:"若一志,无听之以耳,而听之以心;无听之以心,而听之以气。听止于耳,心止于符。气也者,虚而待物者也。唯道集虚。虚者,心斋也。"《文子·道德》亦云:"上学以神听,中学以心听,下学以耳听。"

② 朱熹将"践形"之"践",释为"践言之践",进一步诠释了孟子"心—气—言"的关系,这对我们理解"知言养气章"是很重要的,对我们从整体上把握孟子"收拾天下人心"的思想也是很重要的。没有认识到这一层重要的关系,可以说就没有弄懂孟子。

此种动力可将形体从一种欠缺的不完美状态,扩充到至善至美",①无疑是慧眼独具。孟子的践形说,也见于先秦儒家的其他文献:《礼记·大学》云:"诚于中,形于外。"《乐记》云"和顺于中,而英华发外。"《大戴礼记·文王官人》云:"诚在其中,志见于外。"所以,孟子自己也说:"有诸内,必形诸外。"(《告子下》)"有诸内,必形诸外",本质上,是指人之性(仁义礼智根于心)蕴含于内,人之情(恻隐、羞恶、恭敬、是非)显发于外。孟子曰:"存乎人者,莫良于眸子。眸子不能掩其恶。胸中正,则眸子了焉;胸中不正,则眸子眊焉。听其言也,观其眸子,人焉廋哉?"(《离娄上》)德与气、心与身、志与勇等各种互动、激发与被激发的关系,归根结底,都是性与情的关系。张载曰:"有形则有体,有性则有情,发于性见于情,发于情见于色,以类相应也。"(《性理拾遗》)说得是比较准确的。

当然,孟子的"形诸外",还有更为深刻的理论意义:

> 君子所性,虽大行不加焉,虽穷居不损焉,分定故也。君子所性,仁义礼智根于心。其生色也睟然,见于面,盎于背,施于四体,四体不言而喻。(《尽心上》)

朱熹注曰:"分者,所得于天之全体,故不以穷达而有异。""仁义礼智,性之四德也。根,本也。生,发见也。睟然,清和润泽之貌。盎,丰厚盈溢之意。施于四体,谓见于动作威仪之闲也。喻,晓也。四体不言而喻,言四体不待吾言,而自能晓吾意也。盖气禀清明,无物欲之累,则性之四德根本于心,其积之盛,则发而著见于外者,不待言而无不顺也。"②心中有善、有德,不假外求,万物皆备于我,这正是圣人的自由境界:"舜之居深山之中,与木石居,与鹿豕游,其所以异于深山之野人者几希。及其闻一善言,见一善行,若决江河,沛然莫之能御也。"(《尽心上》)这样的人,当然就达到了"所过者化,所存者神,上下与天地同流"(《尽心上》)的至圣至神的人格自由境界。

通观《孟子》全书,笔者以为,孟子的自由思想,是以性善论为基准和原动力,从三种矛盾冲突中合乎逻辑地、次第展开的:

第一层冲突,是从人的自然生命与人的德性尊严的对立出发,在善与恶的

---

① 杨儒宾著:《儒家身体观》,"中研院"中国文哲研究所筹备处 1999 年版,第 133 页。
② 朱熹撰:《四书章句集注》,中华书局 1983 年版,第 355 页。

尖锐矛盾中凸显人之所以为人的性情自由。此之谓善恶之辩。孟子自由论思想的关键在于，人之所以为人的特性，是在与生命的自然欲望的斗争中脱颖而出的。人是一种向往自由的主体，但是这种自由只能与"善"融为一体，德与气相随、相须，德气流行与天地相参，才能够最终收到功德圆满、博厚高明之功。孟子理想世界中的善性，始终是把凡俗的存心、养性与超越的知天、事天结合在一起的，因此，孟子把人的性塑造成了涵摄万物的神性，把人的情塑造成了包举世界的宇宙之情。它以一种至大至刚的精神充塞于天地之间，顶天立地，"居天下之广居，立天下之正位，行天下之大道。得志与民由之，不得志独行其道。富贵不能淫，贫贱不能移，威武不能屈。此之谓大丈夫"。（《滕文公下》）居广居，立正位，行大道者，仁义礼智根于心也，亦即"持其志"，心中有天赋之善德，充足我的性情，气化流行，施于四体，左右逢源，此之所以能够"富贵不能淫，贫贱不能移，威武不能屈"者也。

第二层冲突，是从个人的自然嗜欲之"利"引发的贪得之心与建立在德性基础之上的仁义之心的对立出发，在义与利的尖锐矛盾中凸显人之所以为人的骨气与傲气。此之谓义利之辩。孟子对战国时期人欲横流、尔虞我诈的世界看得非常准确，深知人类自身的各种无法满足的欲望，已经把人类自己拖向了一个什么样的罪恶深渊。人的性情就像牛山上的草木一样"斤斧伐之"、"牛羊牧之"，环境的影响已经使人不能成其为人。在这样的世界里，君主不像君主："望之不似人君，就之而不见所畏焉"，但是他们的欲望却比山高，比海深："天下恶乎定？"（《梁惠王上》）鳏寡孤独无所养，他们视若无睹；四境之内不治，他们却环顾左右而言他。臣子更不像臣子，以妾妇之道，钻穴窥缘，为他的主子开疆扩土，以邻国为壑，以人民为仇，为了自己的一得之私，丧尽天良而无所不为。在这样险恶的背景下，孟子指出了一条"养心莫善于寡欲。其为人也寡欲，虽有不存焉者，寡矣；其为人也多欲，虽有存焉者，寡矣"（《尽心下》）的修养道路。对于广大的知识分子，孟子的态度很干脆："士穷不失义，达不离道。穷不失义，故士得己焉；达不离道，故民不失望焉。古之人，得志，泽加于民；不得志，修身见于世。穷则独善其身，达则兼善天下。"（《尽心上》）不论人生的际遇怎么样，人之所以为人者，都要首先保持自己的人格和气节，不要让自己被世俗的污泥浊水所吞没。

第三层冲突,是从自由知识分子的"不忍人之心"生发出来的"不忍人之政"与"争地以战,杀人盈野;争城以战,杀人盈城。此所谓率土地而食人肉,罪不容于死"(《离娄上》)的统治者之间的对立出发,在"王"与"霸"的道德较量中来凸显人之所以为人的人格境界。此之谓王霸之辩。孟子王霸之辩的理论起点虽然只是一点心灵的善端"萌蘖",但是它的终点却是"仁民而爱物","上下与天地同流"的超越境界。孔子回答子贡的一段对话,可以使我们洞见孟子的思想赅要:

> 子贡曰:"如有博施于民而能济众,何如? 可谓仁乎?"子曰:"何事于仁,必也圣乎! 尧舜其犹病诸! 夫仁者,己欲立而立人,己欲达而达人。能近取譬,可谓仁之方也已。"(《雍也》)

"博施于民而能济众",就是"圣"之最高的人格境界,就连尧舜都未必做得到。所以"己欲立而立人,己欲达而达人"的原始意义,当是以拯救人民于水火为归宿和终极指向的,"博施于民而能济众",此之谓圣,此之谓仁。这就是孟子为什么不惜笔墨反复在书中申明"五亩之宅,树之以桑,五十者可以衣帛矣;鸡豚狗彘之畜,无失其时,七十者可以食肉矣;百亩之田,勿夺其时,数口之家可以无饥矣;谨庠序之教,申之以孝悌之养,颁白者不负戴于道路矣"的思想根源。

也就是说,孟子"上下与天地同流"是在收放心、存夜气、养浩然之气的基础上,首先"仁民",然后才是"爱物",爱物而不仁民,正是孟子之所以批评齐宣王者("今恩足以及禽兽,而功不至于百姓者,独何与?")。人民置身于水深火热之中,鳏寡孤独者走投无路,颁白者负戴于道路而无依无靠,饿殍遍野,民不聊生,"圣贤君子",何以"上下与天地同流"之有? 所以,在孟子的人格理想中,圣贤君子必须"乐以天下,忧以天下",以老百姓之忧而忧,以老百姓之乐而乐,才能够真正建立起自己博厚高明的自由思想。英国学者 J.B.Bury 说:"原来一个人无论思想什么,只要想在肚里秘而不宣,总没人能禁止他的。限制他的心的活动者,只有他的经验和他的想象力。但这种私自思想的天赋自由是无甚价值的。一个人既有所思,若不许他传之他人,那么他就要觉得不满足,甚至感到痛苦,而对于他人也无价值可言了。"[1]孟子的性善论如果只是停

---

[1]　J.B.Bury 著:《思想自由史》,吉林人民出版社 1999 年版,第 1 页。

滞于孟子自己的内心世界之中,那对于他的人民、他的民族来说,就没有什么价值可言了,他必须把"不忍人之心"推向"不忍人之政",其性善论才有可能产生应有的价值,其人格自由论也才有可能闪发出应有的神性,他自己的人格追求也才有可能真正上升到一个更高的境界。

所以,孟子"民为贵,社稷次之,君为轻"的命题,就并不是一个游离于圣贤境界之外的价值判断,而是交融于他的人格境界论中的一个不可斯须分离的重要的人学思想的组成部分。正因为如此,孟子"万物皆备于我矣。反身而诚,乐莫大焉。强恕而行,求仁莫近焉"(《尽心上》)一章的关键,在"强恕而行,求仁莫近焉"一句上,这是我们读者长期以来有所忽略的地方。历代注家,甚至赵岐、朱熹、焦循等大家,都没有看到"求仁莫近"的捷径,在"强恕而行";而"强恕而行"的思想根源是孔子的"夫仁者,己欲立而立人,己欲达而达人",这句话在孔子孟子等原始儒家那里,是与救济百姓,"博施于民而能济众"联系在一起的,这是应该引起我们高度注意的地方。

第八章　荀子的性情思想研究

　　庞朴先生指出："孔子以后,弟子中致力于夫子之业而润色之者,在解释为什么人的性情会是仁的这样一个根本性问题上,大体上分为向内求索与向外探寻两种致思的路数。向内求索的,抓住'人之所以异于禽兽者几希'处,明心见性;向外探寻的,则从宇宙本体到社会功利,推天及人。向内求索的,由子思而孟子而《中庸》;向外探寻的,由《易传》而《大学》而荀子。"①换言之,孔子本人,是兼有向内求索与向外探寻两方面的功夫的。本来,《论语》并不一定能够绝对全面代表孔子的思想,但是即便是仅就《论语》而论,孔子不仅重视内在的德性求索,而且也很重视外在的"礼",孔子曰:"兴于诗,立于礼,成于乐。"(《泰伯》)"不学礼,无以立。"(《季氏》)把"礼"当成了人之所以为人的根本的存有方式之一。可见,孔子对"礼"是非常重视的:

　　　　颜渊问仁。子曰:"克己复礼为仁。一日克己复礼,天下归仁焉。为仁由己,而由人乎哉?"颜渊曰:"请问其目。"子曰:"非礼勿视,非礼勿听,非礼勿言,非礼勿动。"颜渊曰:"回虽不敏,请事斯语矣。"(《颜渊》)

直接将"克己复礼"称之为"仁",把"克己复礼"视之为天下归仁的途径。没有落实到生活之方方面面的"礼",就不可能成就贯通天人的"仁"的德性,换言之,没有"礼"的"仁",完全是无法想象的,因为先秦儒家人学的真谛,在于让人一定是在复杂的、伦理的、社会的各种关系中修养自己的性情。章太炎先

---

　　①　庞朴:《孔孟之间——郭店楚简中的儒家心性说》,见姜广辉主编:《中国哲学》(第二十辑),辽宁教育出版社 1999 年版,第 23 页。

生指出:孟子"若其于六艺之学,独短于礼",①章先生的观点对孟子没有同情的理解,显得并不中肯,但是,孟子由于自己思想体系和意志追求的需要,对孔子思想中"礼"的思想之展开不够,也不能不说是事实。汪中又指出:"荀卿所学,本长于礼。"②因此,荀子思想的出现,是对思孟之学的重要补充,是新时期孔子"仁学"之原创性的显发,从先秦儒家学说之内在规律来说,确乎是其哲学体系之内在张力的自然发展。

第一节　天　人　论

荀子天人关系之论的秘密,可以以下面这段大家都耳熟能详的文字为契机,结合《荀子》全书的相关思想,甄别误解,阐幽表微而获得:

> 大天而思之,孰与物畜而制之! 从天而颂之,孰与制天命而用之! 望时而待之,孰与应时而使之! 因物而多之,孰与骋能而化之! 思物而物之,孰与理物而勿失之也! 愿于物之所以生,孰与有物之所以成! 故错人而思天,则失万物之情。(《天论》)

"物畜而制之"、"制天命而用之"、"应时而使之"、"骋能而化之"、"理物而勿失之"都只是相对于"大天而思之"、"从天而颂之"、"望时而待之"、"因物而多之"、"思物而物之"而言的,这是处于比较这两极,强调前者,并不是否定后者,前者与后者实际上是相辅相成的,不是不相容的,其理论的目的在于指出不能"错人而思天"。

另外,此段上承"在天者莫明于日月,在地者莫明于水火,在物者莫明于珠玉,在人者莫明于礼义"而来,就是说,"天有其时,地有其财,人有其治,夫是之谓能参。舍其所以参,而愿其所参,则惑矣"。所以,荀子只是在强调,人应该尽到自己相对于天的职分,完全没有否定天的形上性、创生性的意思。上

---

① 章太炎著:《章太炎学术史论集·孟子大事考》,中国社会科学出版社1997年版,第211页。

② 汪中:《荀卿子通论》,见王先谦撰:《荀子集解》(上),中华书局1988年版,第21页。

文还有"人之命在天,国之命在礼",《礼论》中又有"天地者,生之本也"之论,都是宗教性的、超越性的命题,况且荀子精通《周易》以及《春秋》公羊学,怎么可能有违学理,在思想体系上脱离既定轨道,而超越时代与学派的规定性,否定天的生化流行、创生万物的神性呢?

"人之命在天"的命题,明显没有脱离《论语》"死生有命,富贵在天"、(《颜渊》)"畏天命"(《季氏》)和《孟子》"君子行法,以俟命而已矣"(《尽心下》)的背景,但是,荀子强调必须要有人自身的治气养心、努力强学、实践修行之功,才有可能"制天命而用之"。对"制天命而用之"一句,历来被人误解,仿佛荀子已经提出了"人定胜天"的思想,这是望文生义导致的后果。《说文解字》曰:"制,裁也。"因此,"制天命"就是《王制》中的"序四时,裁万物"之义,其本质仍然在于人与天的和谐、协调,即"全其天功"(《天论》),而不是人与天的对立。荀子只是在讲,人不能把一切行为都束缚于"畏命"、"俟命"的模式之中,完全"大天而思之"、"从天而颂之"、"望时而待之",就会失去人的职分,就会失去了人之所以为人的独立性、自由性和创造性。所以荀子极力反对放弃现实生活中的"人为",而只是"错人而思天",因为"天行有常,不为尧存,不为桀亡。应之以治则吉,应之以乱则凶。强本而节用,则天不能贫;养备而动时,则天不能病;循道而不贰,则天不能祸。故水旱不能使之饥,寒暑不能使之疾,祆怪不能使之凶。本荒而用侈,则天不能使之富;养略而动罕,则天不能使之全;倍道而妄行,则天不能使之吉。故水旱未至而饥,寒暑未薄而疾,祆怪未至而凶。受时与治世同,而殃祸与治世异,不可以怨天,其道然也。故明于天人之分,则可谓至人矣。"(《天论》)其理论重心只是在强调人的主观努力,以回应"天"的生成、赐予,不可"本荒而用侈"、"养略而动罕"、"倍道而妄行","故明于天人之分,则可谓至人矣"一句是关键,意谓只有充分理解了天有天的职分,人有人的职分,才可谓"至人"。由此可见,荀子确实没有否定天的造化之"功"、生成之"神"的意思:

> 列星随旋,日月递炤,四时代御,阴阳大化,风雨博施,万物各得其和以生,各得其养以成,不见其事而见其功,夫是之谓神。皆知其所以成,莫知其无形,夫是之谓天功。唯圣人为不求知天。(《天论》)

我们知道,孔子水平最高并且最终作出了成绩的学生是曾子与子夏。曾子言心,子夏传经。子夏素有传《易》之说。子弓为子夏门人,而荀子的易学据说源于子弓。① 荀子的天是来自《周易》之大化流行、生生不息、创生万物的天,是"不见其事而见其功"的"神"者。所以,如果荀子否定了"天"的创生性,就不会说"唯圣人为不求知天"。这句话深刻地说明,荀子认为天道,是神妙莫测的,博厚高明的,所以圣人只能把认知、治理的有限精力放在人道的建设上,而不要去对天进行好高骛远的猜测。故荀子曰:"其于天地万物也,不务说其所以然。"(《君道》)并引《传》曰:"万物之怪,书不说。"为什么呢?"无用之辩,不急之察,弃而不治。若夫君臣之义,父子之亲,夫妇之别,则日切瑳而不舍也。"(《天论》)注重的是切身的道德修养、人伦风俗的提升、社会秩序的治理,把人的一切能力和精力都放在人伦道德的修养、提升之上,这实际上只是"子不语怪、力、乱、神"的发挥。

所以,在《荀子》一书中,有许多直接称"天"为有意志、有主宰性者的地方,笔者现转抄于次,以便我们对荀子的"天人论"有一个较为全面地了解:

> 老老而壮者归焉,不穷穷而通者积焉,行乎冥冥而施乎无报,而贤不肖一焉。人有此三行,虽有大过,天其不遂乎?(《修身》)
>
> 天生烝民,有所取之。(《荣辱》)
>
> 天非私曾骞孝己而外众人也,然而曾骞孝己独厚于孝之实,而全于孝之名者,何也? 以綦于礼义故也。天非私齐鲁之民而外秦人也,然而于父子之义,夫妇之别,不如齐鲁之孝具敬文者,何也?(《性恶》)
>
> 皇天隆物,以示施下民,或厚或薄,常不齐均。(《赋》)
>
> 弟子勉学,天不忘也。(《赋》)
>
> 天之生民,非为君也;天之立君,以为民也。(《大略》)

长期以来,学界一直以为荀子思想上的矛盾,是粗制滥造、编排错简所致,但是笔者却认为,荀子固然出入于经学,于哲学理论上没有孟子那么圆融,但是,他的"天"只不过发展了孔子"天何言哉? 四时行焉,百物生焉,天何言哉"(《阳

---

① 汪中《荀卿子通论》云:"荀卿之学,出于孔氏,而犹有功于诸经。"(见王先谦撰:《荀子集解》,中华书局 1988 年版,第 21 页)《史记·仲尼弟子列传》又云:"商瞿字子木。孔子传《易》于瞿,瞿传楚人馯臂子弓。"王先谦《荀子集解·考证下》引《郇卿别传考异二十二事》云:"郇卿善为《易》,得子弓之传也。"(见王先谦撰:《荀子集解》,中华书局 1988 年版,第 48 页)

货》)"大哉,尧之为君也!巍巍乎!惟天为大,惟尧则之。荡荡乎!民无能名焉。巍巍乎!其有成功也;焕乎,其有文章"(《泰伯》)中的自然性而已,并没有走出先秦儒家之根本的天人关系之外去。所以,《荀子》一书,不仅有上面摘抄的意志之天、主宰之天的句子,而且,从根本上来看,荀子整个的理论框架也没有脱离孔子、孟子之"天生人成"的苑围。《荀子》书中大量行文的思维方式、思维定式、大量隐喻与明喻的思想表达,都一直在孔子、孟子天地生化、摩荡的语境中游弋,此所谓"全其天功"。① 所以,深入研究过荀子的汪中指出:"盖自七十子之徒既殁,汉诸儒未兴,中更战国。暴秦之乱,《六艺》之传赖以不绝者,荀卿也。周公作之,孔子述之,荀卿子传之,其揆一也。"②因此,关于天人相分的思想,荀子也只是继承和发展了古人的思想而已,③只是"子不语怪、力、乱、神"、(《述而》)"六合之外,圣人存而不论;六合之内,圣人论而不议"(《庄子·齐物论》)的思想的发展。这种发展,当然意在提高人之所以为人的主观能动性。

徐复观先生说:"荀子虽然说'天地者生之始也;故天地生君子'(《王制》)但这种生,只是'不见其事而见其功'的自然之生。天除这点自然之生的作用外,它对于人,只是消极地自然地存在,反要待人而理。所以他说'君子

---

① 在《荀子》中这样的例子是大量的,现摘抄两段如此:"生乎由是,死乎由是,夫是之谓德操。德操然后能定,能定然后能应。能定能应,夫是之谓成人。天见其明,地见其光,君子贵其全也。"(《劝学》)"声乐之象:鼓大丽,钟统实,磬廉制,竽、笙、箫、和、筦、箫发猛,埙、篪翁博,瑟易良,琴妇好,歌清尽,舞意天道兼。鼓,其乐之君邪。故鼓似天,钟似地,磬似水,竽、笙、箫、和、筦、箫似星辰日月,鼗、柷、拊、鞷、椌、楬似万物。"(《乐论》)并没有脱离天道至教的思想背景。

② 汪中著:《荀卿子通论》(见王先谦撰:《荀子集解》,中华书局1988年版),第22页。

③ 《左传·庄公三十二年》云:"神居莘六月。虢公使祝应、宗区、史嚚享焉。神赐之土田。史嚚曰:'虢其亡乎!吾闻之:国将兴,听于民;将亡,听于神。神,聪明正直而一者也,依人而行。虢多凉德,其何土之能得!'"《左传·僖公十六年》又云:"十六年春,陨石于宋五,陨星也。六鹢退飞过宋都,风也。周内史叔兴聘于宋,宋襄公问焉,曰:'是何祥也?吉凶焉在?'对曰:'今兹鲁多大丧,明年齐有乱,君将得诸侯而不终。'退而告人曰:'君失问。是阴阳之事,非吉凶所生也。吉凶由人,吾不敢逆君故也。'"《左传·昭公十八年》载:"夏五月,火始昏见。丙子,风。梓慎曰:'是谓融风,火之始也。七日,其火作乎!'戊寅,风甚。壬午,大甚。宋、卫、陈、郑皆火。梓慎登大庭氏之库以望之,曰:'宋、卫、陈、郑也。'数日,皆来告火。裨灶曰:'不用吾言,郑又将火。'郑人请用之,子产不可。子大叔曰:'宝,以保民也。若有火,国几亡。可以救亡,子何爱焉?'子产曰:'天道远,人道迩,非所及也,何以知之?灶焉知天道?是亦多言矣,岂不或信?'遂不与,亦不复火。"

理天地……无君子,则天地不理'(《王制》)。道德性之天,虽没有人格神,但无形中,却承认其有意志;于是在传统上,即以灾异为天怒的表现;所以孔子是'迅雷风烈必变'(《论语·乡党》)。荀子之天,既为自然的性格,当然无意志可言;因而一般人所说的灾异,在他看来,依然不过是自然现象之一,而不成其为灾异。所以他说:'星队木鸣,国人皆恐,曰是何也? 曰,无何也,是天地之变,阴阳之化,物之罕至者也。怪之可也,而畏之,非也。'(《天论》)在前面曾经说过,祭祀到了春秋时代,已经开始从宗教范畴进入人文范畴;孔子则更赋予以道德的意义。但孔子的道德精神,有其超越的一面,所以孔子对于祭祀,还保留有宗教精神的意味。但到了荀子,则人文的意义,彻底显发成熟,而超人文的精神完全隐退了。"①由于数十年来,很多人都持有类似的观点,徐复观先生的观点极具代表性,故笔者拟就徐先生的观点试作分析。

笔者认为,徐复观先生的这段话是有问题的。第一,不应该用进化论的观点割裂先秦时期哲学家的思想发展,从孔子到荀子之间,真有一个从"从宗教范畴进入人文范畴"的发展过程吗? 这是值得怀疑的。人类文化的发展,为什么一定要把"宗教"排除在外,才能算作是"人文"的呢? 如果我们承认这种所谓的过程,那么荀子以后的中国文化多次掀起宗教主义的浪潮,怎么解释? 当今世界各地宗教思想蓬勃兴旺,又怎么解释? 宗教性在儒家的性情思想中,是讨论人之所以为人的终极关怀的,它丰富了人的性情世界,提升了人的精神境界,本来是一个与人不可斯须分离的重要的人学组成部分。徐先生似乎完全没有意识到这一点。第二,笔者承认荀子发展了周、孔、孟以来"天"的自然性、客观规律性,但是,值得指出的是,这种自然性与规律性,在中国文化中实际上早就古已有之,关于天的意涵,西周以来,一直有主宰性、义理性与自然性,三者交互渗透,难分难舍。孔子"天何言哉? 四时行焉,百物生焉,天何言哉",其实只是一个小小的例子,整个老子、庄子的天不就是充满了自然性、规律性的天吗? 但是,先秦时期的思想家中,不论是孔子、孟子、老子、庄子,还是荀子,都是不可能排除天的宗教性、义理性的。第三,荀子的天,绝不仅仅只是自然意义的天。关于"礼之三本"的论述,大家耳熟能详,荀子明确提出"上事

---

① 徐复观著:《中国人性论史》(先秦篇),台湾"商务印书馆"1969 年版,第 228—229 页。

天,下事地,尊先祖,而隆君师",我们完全无法想象,置身于一个尊先祖、隆君师、崇礼义的思想系统之中,而完全不考虑天的至高无上性。我们应该明白一个最基本的事实,那就是,没有天的博厚高明,荀子的理论是完全站立不起来的。我们在把握荀子的天的时候,应该尽可能地从他的整个文本出发,从他文本的内在精神出发,去感悟他对孔子以及整个先秦儒家思想的全盘继承和发展;从整个先秦儒家思想的语境中,去理解荀子天人关系的理论。同时我们还要同情地理解,作为经学家的荀子,或者作为一位大胆创新的思想家的荀子,可能出现的理论缺失(在此笔者主要是指"性恶论"及其相关问题)。

第二节　性·情·欲

弄清了荀子之天与人的关系,我们就在理解荀子性情思想之根源上找到了依托之处。换言之,荀子的"人"以及人的性情直接来源于天,生降于天:"天职既立,天功既成,形具而神生,好恶喜怒哀乐臧焉,夫是之谓天情。"(《天论》)"天情"的产生必须是在"天职既立,天功既成"的基础上才有可能的,这说明了荀子的性情思想并没有脱离孔、孟"天生人成"的总框架。荀子自己的话,说得更为清楚:"礼有三本:天地者,生之本也;先祖者,类之本也;君师者,治之本也。无天地,恶生?无先祖,恶出?无君师,恶治?三者偏亡,焉无安人。故礼,上事天,下事地,尊先祖,而隆君师。是礼之三本也。"(《礼论》)"天职既立,天功既成",是成立于人以及人之性情诞生之前,而"礼"之"上事天,下事地,尊先祖",却是修造于天生之后。准此,我们如果要完全排除荀子性情思想中的形上性,①恐怕是不那么容易的。"天情"之谓,就是承认人之"情"的天赋性。荀子性情思想的一个重要特征,就在于它不是"绝情"主义

---

① 徐复观先生论荀子人性论的标题就是《荀子经验主义的人性论》,并且指出:"欲了解荀子的思想须先了解其经验的性格。即是他一切的论据,皆立足于感官所能经验得到的范围之内。为感官经验所不及的,便不寄与以信任。"(见氏著:《中国人性论史》,第224页)杨儒宾先生也说:"荀子固然也讲到'神'、'化'之境界,但在荀子的语汇体系中,这样的字眼并不代表神秘或超越的意涵,它只是描述经验性的完美状态。"(见氏著:《儒家身体观》,"中研院"中国文哲研究所筹备处1999年版,第69页)

者,荀子是反对寡欲的:

> 空石之中有人焉,其名曰觙。其为人也,善射以好思。耳目之欲接,则败其思;蚊虻之声闻,则挫其精。是以辟耳目之欲,而远蚊虻之声,闲居静思,则通。思仁若是,可谓微乎? 孟子恶败而出妻,可谓能自强矣,未及思也。有子恶卧而焠掌,可谓能自忍矣,未及好也。辟耳目之欲,而远蚊虻之声,可谓危矣,未可谓微也。夫微者,至人也。至人也,何强? 何忍? 何危? 故浊明外景,清明内景,圣人纵其欲,兼其情,而制焉者理矣。夫何强? 何忍? 何危? 故仁者之行道也,无为也;圣人之行道也,无强也。仁者之思也,恭;圣者之思也,乐。此治心之道也。(《解蔽》)

其中的"觙",朱骏声《说文通训定声·临部》云:"即伋字也。"可能指的是子思。"角",《说文》曰:"角,兽角也。象形,角与刀鱼相似。"所以荀子是在骂子思"僻违而无类,幽隐而无说,闭约而无解",(《非十二子》)有似空石洞中之兽。讽刺的正是在荀子看来脱离社会生活、追求清心寡欲的子思与孟子。对思孟的批评,毫无疑问,在某种程度上是荀子对思孟的误解,在笔者看来,荀子自己的思想体系中在关于多欲寡欲方面的观点,实际上与孟子有相通之处,①并不能够截然分开。但是在这里,从荀子的主观意愿上来讲,"圣人纵其欲,兼其情,而制焉者理矣",却不能不是对孔子"七十而从心所欲,不踰矩"的回归,(《为政》)他的目的是想通过现实中的人的特性,更牢固地宰制社会。

荀子曰:"凡语治而待去欲者,无以道欲而困于有欲者也。凡语治而待寡欲者,无以节欲而困于多欲者也。有欲无欲,异类也,生死也,非治乱也。欲之多寡,异类也,情之数也,非治乱也。欲不待可得,而求者从所可。欲不待可得,所受乎天也;求者从所可,受乎心也。所受乎天之一欲,制于所受乎心之

---

① 《荀子·修身》载:

君子之求利也略,其远害也早,其避辱也惧,其行道理也勇。君子贫穷而志广,富贵而体恭,安燕而血气不惰,劳倦而容貌不枯,怒不过夺,喜不过予。君子贫穷而志广,隆仁也;富贵而体恭,杀势也;安燕而血气不衰,柬理也;劳倦而容貌不枯,好交也;怒不过夺,喜不过予,是法胜私也。《书》曰:"无有作好,遵王之道。无有作恶,遵王之路。"此言君子之能以公义胜私欲也。

孟子的寡欲,应该说,并不是不要欲,而是专心于志意追求的"诚",不为外物所诱惑。从"忠"的角度说,是对意志的涵持;从"恕"的角度上说,则可以表述为"以公义胜私欲"。

多,固难类所受乎天也。人之所欲,生甚矣,人之恶,死甚矣;然而人有从生成死者,非不欲生而欲死也,不可以生而可以死也。故欲过之而动不及,心止之也。心之所可中理,则欲虽多,奚伤于治! 欲不及而动过之,心使之也。心之所可失理,则欲虽寡,奚止于乱! 故治乱在于心之所可,亡于情之所欲。不求之其所在,而求之其所亡,虽曰我得之,失之矣。"(《正名》)荀子以为,"人生而有欲"(《礼论》),是"所受乎天"者,因此,"欲不可去","欲不可尽",是"性之具也"(《正名》),是人之所以为人的基本特征。从社会管理的思想角度来讲,因此,"语治而待去欲者,无以道欲而困于有欲者",正常的行政运作就成为不可能。从荀子整个的文本来把握,我们会发现,荀子的这段话是相对于道家、宋子、子思、孟子而发的。荀子认为,欲(情性)者,所受乎天,只要有生命就难免有七情六欲,如果把治理国家的希望完全寄托在寡欲之上,就是根本错误的,因为它否定了人之所以为人的基本特征,是不现实的。治理国家的根本,在人"心"而不在人"欲",因为"人有从生成死者","心使之也",所以必然的结论是,通过对心灵的礼义教化,达到礼义性的人性境界,才是治乱之道。

在荀子的性情生成论中,"形具而神生"的命题,是非常理性,十分珍贵的,深刻地说明了性情、知性与生理的关系,是较为合理的朴素性猜想。它不仅说明了天在生成人的"性、情、欲、心"等各个相关要素时的过程,而且更为重要的是,把"性、情、欲、心"的生成安置在"形具"之后,这就为血气心知的进出交接,特别是"性恶论"的出现,打下了生理上、心理上和逻辑上的基础。

荀子性情思想的最大创新在于,把性情与"伪"、"知"、"能"等知性方面的范畴结合起来相比较而言,"对心言性",[1]从而使我们可以在性情交接出纳的运动之中,来把握性与情何以提升、改造:

> 生之所以然者谓之性。性之和所生,精合感应,不事而自然谓之性。性之好、恶、喜、怒、哀、乐谓之情。情然而心为之择谓之虑。心虑而能为之动谓之伪。虑积焉、能习焉而后成谓之伪。正利而为谓之事。正义而为谓之行。所以知之在人者谓之知;知有所合谓之智。智所以能之在人者谓之能。能有所合谓之能。(《正名》)

---

[1] 唐君毅著:《中国哲学原论·原性篇》,新亚书院研究所 1974 年版,第 33 页。

与"伪"、"知"（智）、"能"的定义是从两个层面上来下的一样,在这里,"性"的定义也有两个层面:"生之所以然者谓之性",完全是告子"生之谓性"的语气,但生物性更强,"本始材朴",(《礼论》)纯任天然,是其最大的特点。故荀子曰:"凡性者,天之就也,不可学,不可事。"(《正名》)是人的天然本质、属性;"性之和所生,精合感应,不事而自然谓之性"是指天然之性在与外物交接之时所表现出来的性状。杨倞注曰:"精合,谓若耳目之精灵与见闻之物合也。感应,谓外物感心而来应也","和,阴阳冲和气也。事,任使也。言人之性,和气所生,精合感应,不使而自然。言其天性如此也。"①可见,荀子极为重视人性的动态功能,重视性的知性特征在性之所以为性的运作过程中,所发挥的至关重要的作用。

荀子曰:"性之好、恶、喜、怒、哀、乐谓之情。"(《正名》)。与郭店楚简以气论性、孟子心性才情相与为一不同,荀子的这个判断直接用"情"来界定"性",虽然这里并不是说性就是情,性与情在外延上并不能直接画等号,但是,性与情,从内在的血脉上来讲具有相通性。情是性的外在表现形式,从生命、生理的角度上来讲,性的内容是情(情者,性之质也)的各种质料构成的,而情的内容,在荀子看来,已经属于社会伦理的范围,为"好、恶、喜、怒、哀、乐"。"好、恶、喜、怒、哀、乐",实际上属于心理、情绪之表达过程中的三个层次,其内涵并不是完全相等的。"好恶",孔子曰:"唯仁者能好人,能恶人。"(《里仁》)所以,好恶,在先秦思想家的笔下,本来是一对由"仁"激发出来的伦理化、道德化的价值观名词,它涉及人的主体修养与道德观。喜怒,是好恶之情在人之情绪上的表达;故荀子曰:"民有好恶之情,而无喜怒之应则乱。"(《乐论》)好恶比喜怒明显要深一层。喜怒之进一步的显露,就出现了哀乐。在《性自命出》(涵化了《礼记·檀弓下》的相关思想与语句)中,有"喜斯陶,陶斯奋,奋斯咏,咏斯摇,摇斯舞。舞,喜之终也。愠斯忧,忧斯戚,戚斯叹,叹斯辟,辟斯踊。踊,愠之终也"的记载,情绪的表达,最终都会形诸舞咏,手之舞之,足之蹈之,此之谓哀乐之极也,人之常情也。由此可知,上述荀子关于性与情的判断,实际上是在说,性之情是一个由内而外逐层显发的过程,性与情

---

① 王先谦撰:《荀子集释·正名篇》,中华书局 1988 年版,第 412 页。

是不能相分离而各自独立存有的。但是有两点值得注意：其一，情属于性，是人的内在之质；其二，情，并不能绝对、完全地与"好、恶、喜、怒、哀、乐"画等号，它是各种情绪的抽象。

因此，在荀子的笔下，性与情二者，结合得最紧，荀子说："今人之性，饥而欲饱，寒而欲煖，劳而欲休，此人之情性也。"（《性恶》）情与性往往相提并论，合而言之，或谓性情，或谓情性，这说明了荀子对性与情的界定，是相辅相成，彼此发明的。

荀子亦云："说、故、喜、怒、哀、乐、爱、恶、欲以心异。心有征知。"（《正名》）王先谦曰："说者，心诚悦之。故者，作而致其情也。"故"心有征知"之谓，"言心能召万物而知之。"①所以，"心"是可以鉴别万物、治理五官、控制情欲的，因为"心居中虚，以治五官，夫是之谓天君"，（《天论》）"心也者，道之工宰也"。（《正名》）因此荀子特别重视"心"的认知作用，他在强调，以后天的礼义修习，以心灵的教化认知，形成道德理性的"礼法"，并以此来调节"性之好、恶、喜、怒、哀、乐"。所以，荀子的性情思想实际上是通过"治气养心之术"来达到调节性情的目的的。"君子大心则敬天而道，小心则畏义而节"，（《不苟》）此之谓也。

但是，荀子却更加重视情。情字在《荀子》中凡119见（下一节有专门的梳理，请参阅），它是圣王、君师礼义耕耘的田地："夫礼义文理之所以养情也。"（《礼论》）荀子继承了《礼记·礼运》"故圣人之所以治人七情，修十义，讲信修睦，尚辞让，去争夺，舍礼何以治之"的思想，把"七情"当成了"礼义文理"直接锤炼的目标和对象，因此，《荀子》中的情，始终与礼彼此胶着、彼此渗透在一起："文理繁，情用省，是礼之隆也。文理省，情用繁，是礼之杀也。"（《礼论》）其目的就是要以礼化情，礼然而然，情安于礼，追求的是礼义化的人生，礼义化的性情。

荀子又曰："性者，天之就也；情者，性之质也；欲者，情之应也。"（《正名》）性，是天生而成的。质者，材质也，填充料。故杨倞曰："情者，性之质体；欲又情之所应。"性显而为情，情显而为欲。性、情、欲三位一体，表现方式不

---

① 王先谦撰：《荀子集释》（下），中华书局1988年版，第417页。王氏曰："征，召也。"

一样,显发的层面不一样,范畴规定的角度不一样,但其实质是浑而为一的。故荀子曰:"人之情,食欲有刍豢,衣欲有文绣,行欲有舆马,又欲夫余财蓄积之富也;然而穷年累世不知不足,是人之情。"(《荣辱》)在这样的情况下,"生而有好利焉,顺是,故争夺生而辞让亡焉;生而有疾恶焉,顺是,故残贼生而忠信亡焉;生而有耳目之欲,有好声色焉,顺是,故淫乱生而礼义文理亡焉。然则从人之性,顺人之情,必出于犯分乱理,而归于暴。"(《性恶》)由此荀子得出了在他看来是天经地义的结论:"人之性恶,其善者伪也。"(《性恶》)

第三节 《荀子》"情"字解诂

与孔子、郭店楚简、孟子相比较,《荀子》的"情"字较为特殊,因此笔者在本书第一章中很少援引《荀子》中的例证,为的就是现在另辟此一专节,作专题讨论。荀子一方面继承了在他之前"情"字的各种义项,另一方面又将"情"视为"好恶喜怒哀乐"的抽象概括,更是把"情"视为"性之质"(质者,填充料),"欲"之源,是"恶"性的集中表现。所以,作为一位总结性的思想家,荀子笔下的"情"字,就比较复杂,对其进行必要的梳理,对我们认识先秦时期性情思想的发展,是有必要的。

第一类,《荀子》的"情"字主体,从性情思想的角度上来讲,是一个"性情欲"彼此纠缠在一起的概念,但是,这个字在各种义项上的一些基本前提和特征,荀子是保留了的:

1. 操弥约,而事弥大。五寸之矩,尽天下之方也。故君子不下堂,而海内之情举积此者,则操术然也。(《不苟》)

2. 古今异情,其所以治乱者异道。(《非相》)

3. 夫义者,内节于人,而外节于万物者也;上安于主,而下调于民者也;内外上下节者,义之情也。(《强国》)

4. 思物而多之,孰与理物而勿失之也!愿于物之所以生,孰与有物之所以成。故错人而思天则失万物之情。(《天论》)

5. 文理、情用相为内外表里,并行而杂,是礼之中流也。故君子上致

其隆,下尽其杀,而中处其中。(《礼论》)

　　6.万物莫形而不见,莫见而不论,莫论而失位。坐于室而见四海,处于今而论久远。疏观万物而知其情,参稽治乱而通其度,经纬天地而材官万物,制割大理,而宇宙里矣。(《解蔽》)

此一类为质实、情实义,基本上没有什么疑义。

　　第二类,为情感义。《荀子》中的"情"字因受"性恶论"的影响,绝大多数是贬义性的,但是,我们仔细品味,荀子在有些时候,并没有把"情"字当贬义词用:

　　1.祭者志意思慕之情也。(《礼论》)

　　2.非孝子之情也。(《礼论》)

　　3.三年之丧,称情而立文。(《礼论》)

　　4.其情之至也不贰。(《解蔽》)

　　5.凡同类同情者,其天官之意物也同。(《正名》)

第三类,为"真诚"、"诚信"义的"情"字,在《荀子》一书中,(至少)凡7见:

　　1.体恭敬而心忠信,术礼义而情爱人;横行天下,虽困四夷,人莫不贵。(《修身》)

　　2.长短不饰,以情自竭,若是则可谓直士矣。(《不苟》)

　　3.其敬一也,其情二也。(《臣道》)

　　4.下不欺上,皆以情言,明若日。(《成相》)

　　5.夫玉者,……瑕适并见,情也。(《法行》)

　　6.君者,治辨之主也,文理之原也,情貌之尽也,相率而致隆之,不亦可乎?(《礼论》)

　　7.君,曲备之者也,三年毕乎哉!得之则治,失之则乱,文之至也。得之则安,失之则危,情之至也。(《礼论》)

第一例中的"情",肯定是"真诚"、"诚信"义,但是,"术礼义"与"情爱人"相对并举,则此"情"此"爱"均由礼义发出,与《性自命出》之"性自命出,命自天降",由性而生的"情",从来历上讲,大相径庭。《性自命出》之"情"是由天而降之性显发之情,从人的主体性中表现出来的诚信善质,而荀子的这个"情爱人"的"情"字,则是长期"师云而云"、"礼然而然","情安礼"而化性起伪之后的"情"，是人通过"强学之靡"，由外而作者。第二例，以，介词，表凭借，故此言"自竭"以主体之"情"（诚）。这个"情"字，前面有"长短不饰"，后面有"直士"，都是对"情"字内涵的进一步显明，指的是不假修饰，直率、真诚的态度。第四例"以情言"的语法结构与第二例相同，而且还有"下不欺上"与"明若日"双重修饰，因此，语义也完全一样，都是表示主体"真诚"、"诚信"的心态。第三例全文围绕"情"字的语境是"敬人之道"、"仁人之质"，故"忠信以为质，端悫以为统，礼义以为文，化类以为理"，因此，这个"情"字只能是与"忠信"、"端悫"相关的诚信、真诚义。第五例言"瑕适并见"之"玉"的德性，是歌颂、赞美的对象，更是离不开真诚、无伪的本质。第六、第七例中的"情"字，讲的是与"貌"相对而举的主体心态，是"真诚"、淳厚的心理状态。荀子这七个"情"字的运用，与《性自命出》中的"凡人情为可悦也"之"情"在字面上的意义完全相同，但正如笔者在分析第一例时所指出的那样，荀子的这个"情"字，毕竟与《性自命出》的"情"字来历不同，这是我们应该十分小心的地方。

　　然而，《荀子》一书中的"情"字，绝大多数是在"性者，天之就也；情者，性之质也；欲者，情之应也"（《正名》）的语境下被使用的，因此，其语义与《性自命出》之褒义的"情"字完全相反，往往是贬义的：

　　1. 故人之情，口好味，而臭味莫美焉；耳好声，而声乐莫大焉。（《王霸》）

　　2. 夫人之情，目欲綦色，耳欲綦声，口欲綦味，鼻欲綦臭，心欲綦佚。——此五綦者，人情之所必不免也。（《王霸》）

　　3. 文理繁，情用省，是礼之隆也。文理省，情用繁，是礼之杀也。（《礼论》）

　　4. 苟情说之为乐，若者必灭。故人一之于礼义，则两得之矣；一之于情性，则两丧之矣。（《礼论》）

　　5. 不富无以养民情，不教无以理民性。（《性恶》）

很明显，这里的"情"，是可以激发起无穷欲望的贪欲之"情"，它系之于目、耳、口、鼻、心，纵欲于色、声、味、臭、佚，丧德败性，必由是而危也。故"一之于礼义，则两得之矣；一之于情性，则两丧之"，简直成了不可不小心设防的洪水猛兽。不过这一类"情"字又可以划分为两类，第一种是与"性"相离很近的，在

《荀子》中有时干脆用为"情性"（凡18见），或为"性情"（凡2见）：

1. 彼人之情性也虽桀跖，岂有肯为其所恶，贼其所好者哉！（《王制》）

2. 今人之性，饥而欲饱，寒而欲暖，劳而欲休，此人之情性也。（《性恶》）

3. 从人之性，顺人之情，必出于犯分乱理，而归于暴。（《性恶》）

4. 今人之性恶，必将待师法然后正，得礼义然后治，今人无师法，则偏险而不正；无礼义，则悖乱而不治，古者圣王以人性恶，以为偏险而不正，悖乱而不治，是以为之起礼义，制法度，以矫饰人之情性而正之，以扰化人之情性而导之也，始皆出于治，合于道者也。今人之化师法，积文学，道礼义者为君子；纵性情，安恣睢，而违礼义者为小人。（《性恶》）

另一类，是与"欲"字纠结在一起的：

1. 夫贵为天子，富有天下，是人情之所同欲也。（《荣辱》）

2. 夫贵为天子，富有天下，名为圣王，兼制人，人莫得而制也，是人情之所同欲也，而王者兼而有是者也。重色而衣之，重味而食之，重财物而制之，合天下而君之，饮食甚厚，声乐甚大，台谢甚高，园囿甚广，臣使诸侯，一天下，是又人情之所同欲也，而天子之礼制如是者也。（《王霸》）

3. 人之情，欲而已。（《正名》）

4. 欲养其欲而纵其情，欲养其性而危其形，欲养其乐而攻其心，欲养其名而乱其行，如此者，虽封侯称君，其与夫盗无以异。（《正名》）

与"性"字结合紧密，这正是人之"情"之所以为"情"者。笔者的意思是说，荀子"性情"与"情性"一词出现的频率大增，说明荀子性情思想中的"性"与"情"，与郭店楚简中的"性"与"情"一样，结合得相当紧密；更说明，即便是在荀子的笔下，"情"也并不是与一般的情绪表现处于同一个层面之上：

故情貌之变，足以别吉凶，明贵贱亲疏之节，期止矣。外是，奸也；虽难，君子贱之。故量食而食之，量要而带之，相高以毁瘠，是奸人之道，非礼义之文也，非孝子之情也，将以有为者也。故说豫、娩泽，忧戚、萃恶，是吉凶忧愉之情发于颜色者也。歌谣、謷笑、哭泣、谛号，是吉凶忧愉之情发于声音者也。刍豢、稻粱、酒醴，餰鬻、鱼肉、菽藿、酒浆，是吉凶忧愉之情发于食饮者也。卑絻、黼黻、文织，资麤、衰绖、菲繐、菅屦，是吉凶忧愉之情发于衣服者也。疏房、檖貌、越席、床笫、几筵，属茨、倚庐、席薪、枕块，是吉凶忧愉之情发于居处者也。两情者，人生固有端焉。若夫断之继之，博之浅之，益之损之，类之尽之，盛之美之，使本末终始，莫不顺比，足以为万世则，则是礼也。非顺孰修为之君子，莫之能知也。（《礼论》）

这一段文字，较为全面地交代了"情"，在各种情绪活动的交接出纳过程中的地位。这段文章，首先给了"情"一个与"貌"相对立的位置，情为体，貌为用；情为本，貌为末。因为它是属于"性"的。"说豫、娩泽，忧戚、萃恶"，是"吉凶忧愉之情"发出的"颜色"，而"情"本身并不是颜色。"歌谣、謸笑、哭泣、谛号"，是"吉凶忧愉之情"发出的"声音"，而"情"本身并不是声音。"刍豢、稻粱，酒醴，餰鬻、鱼肉，菽藿、酒浆"，"卑絻、黼黻、文织，资麤、衰绖、菲繐、菅屦"，"疏房、檖貌、越席、床笫、几筵，属茨、倚庐、席薪、枕块"，是在"吉凶忧愉之情"之"情"的驱动之下，发出的对"食饮、衣服、居处"的喜爱，而"情"本身并不是喜爱。

所以，"情"与"性"相提并论，是在人的根源处说"情"。由此可见，荀子的"情"，相对于各种具体的情绪表现方式来讲，仍然具有主体的内在涵持性。可是荀子笔下的"性"与"情"，在很多情况下，实际上就是人的生理之"欲"，"性"、"情"、"欲"是三位一体的，这就必然导致"性恶论"，对此，笔者在上一节里已有相关的论述，下面也还有更进一步的探讨。

第四节　性　恶　论

人之所以为人者，"生而有好利焉"，"生而有疾恶焉"，"生而有耳目之欲，有好声色焉"，这就是在荀子看来，"不可学，不可事"的"天之就"的性，它基于人的生理，"饥而欲饱，寒而欲煖，劳而欲休，此人之情性也。"（《性恶》）这种天生的与野兽毫无分别的情性，推广到社会，纵情性，安恣睢，必然是"争夺生而辞让亡焉"，"残贼生而忠信亡焉"，"淫乱生而礼义文理亡焉"，所以，"人之性恶，其善者伪也"。（《性恶》）仅就《荀子·性恶》首篇的文本而言，顺理成章,在论证上似乎是没有问题的。

从"性恶论"的生成来看,荀子明显受到了告子"生之谓性"的启发,但是荀子改造了告子。告子说得很清楚:"性犹湍水也,决诸东方则东流,决诸西方则西流。人性之无分于善不善也,犹水之无分于东西也。"(《孟子·告子上》)荀子接受了告子人性论的前提,但是,却改变了告子人性论的主体。荀子性恶论的理论目的有三个本来并不属于心理学的原因:第一,"故性善,则去圣王、息礼义矣;性恶,则与圣王、贵礼义矣"(《性恶》),"与圣王,贵礼义"正是他的目的,前文也说了,这是历史时代的必然。第二,是对当时社会现实中人性堕落的概括与批判,而矫枉过正。第三,有意要与子思、孟子针锋相对,标新立异。①"欲排二子而去之,以自继孔子之传也。"②深究《荀子》整个文本,笔者认为,这三条都是可以成立的。

有了这样的原因作为思想的根源,荀子的性恶论在理论上的缺失就是必然的了。荀子大概没有好好地想一想,"饥而欲饱,寒而欲暖,劳而欲休"固然是"人之情性"(欲),但是,"生而有好利焉","生而有疾恶焉","生而有耳目之欲,有好声色焉"之"好利"、"疾恶"、"好声色"并不是天生的,如果没有社会习俗风尚的诱导,没有后天的习染、学习,人是不可能去"好利"、"疾恶"、"好声色"的,至少所"好"所"恶"的对象是因人而异的。孔子就曾经说过:"唯仁者能好人,能恶人。"(《里仁》)说的就是"好"与"恶"只有在经过后天的道德、伦理的教化之后,才能真正去"好"、去"恶"。所以,荀子的性恶论,是从社会的教化角度论性而导致的结果。既然如此,荀子就没有真正抓住人之所以为人的内在天赋之性,以人的生理性、天生情欲代替了人的社会性,而且最终将人的天生情欲,与人的社会性混而为一。

荀子主观上意欲与孟子针锋相对,而实际上却是风马牛不相及也,因为他与孟子之论性,根本就不在同一个层面上。孟子讲的是天生人成、下贯上达的

---

① 《朱子语类》载:"或言性,谓荀卿亦是教人践履。先生曰:'须是有是物而后可践履。今于头段处即错,又如何践履?天下事从其是。曰同,须求其真个同;曰异,须求其真个异。今则不然,只欲立异,道何由明?'"(黎靖德编,王星贤点校:《朱子语类·八》,中华书局1994年版,第3254页)

② 陈澧著:《东塾读书记》,生活·读书·新知三联书店1998年版,第232页。引黄东发语,陈澧自己也持是说。

"神性",而荀子却是就人的情欲之性而立论。而且在很多方面来讲,荀子的理论远不如孟子的圆融、贯通。徐复观先生在进行了详细分析后指出:"荀子对性恶所举出的论证,没有一个是能完全站得住脚的。"①仔细想来,徐先生的话不无道理。荀子说:

> 繁弱、钜黍古之良弓也;然而不得排檠则不能自正。桓公之葱,太公之阙,文王之录,庄君之曶,阖闾之干将、莫邪、钜阙、辟闾,此皆古之良剑也;然而不加砥砺则不能利,不得人力则不能断。骅骝、骐骥、纤离、绿耳,此皆古之良马也;然而必前有衔辔之制,后有鞭策之威,加之以造父之驭,然后一日而致千里也。夫人虽有性质美而心辩知,必将求贤师而事之,择良友而友之。得贤师而事之,则所闻者尧、舜、禹、汤之道也;得良友而友之,则所见者忠信敬让之行也;身日进于仁义而不自知也者,靡使然也。今与不善人处,则所闻者欺诬、诈伪也,所见者污漫、淫邪、贪利之行也,身且加于刑戮而不自知者,靡使然也。(《性恶》)

荀子的散文浑厚、博大,学者以为"通才之文",这段文章可见一斑。不过,既然人天生的就是性恶的坏蛋,有如"繁弱、钜黍"根本就不是"弓","干将、莫邪、钜阙、辟闾"根本就不是"剑","骅骝、骐骥、纤离、绿耳"根本就不是"马",人本来就是禽兽,"性质美而心辩知"从何而来? 既然是禽兽,"贤师"、"良友"之"靡"又如何可以造就"尧、舜、禹、汤"呢? 荀子自己对这个问题也并不是没有意识到:

> 问者曰:"人之性恶,则礼义恶生?"

> 应之曰:凡礼义者,是生于圣人之伪,非故生于人之性也。故陶人埏埴而为器,然则器生于陶人之伪,非故生于人之性也。故工人斲木而成器,然则器生于工人之伪,非故生于人之性也。圣人积思虑,习伪故,以生礼义而起法度,然则礼义法度者,是生于圣人之伪,非故生于人之性也。若夫目好色,耳好听,口好味,心好利,骨体肤理好愉佚,是皆生于人之情性者也;感而自然,不待事而后生之者也。夫感而不能然,必且待事而后然者,谓之生于伪。是性伪之所生,其不同之征也。故圣人化性而起伪,

---

① 徐复观著:《中国人性论史》(先秦篇),台湾"商务印书馆"1969 年版,第 238 页。

伪起而生礼义,礼义生而制法度;然则礼义法度者,是圣人之所生也。故
圣人之所以同于众,其不异于众者,性也;所以异而过众者,伪也。夫好利
而欲得者,此人之情性也。假之有弟兄资财而分者,且顺情性,好利而欲
得,若是,则兄弟相拂夺矣;且化礼义之文理,若是,则让乎国人矣。故顺
情性则弟兄争矣,化礼义则让乎国人矣。(《性恶》)

荀子思想的人的本体中并没有顺乎礼义的天生诚明,没有人之所以为人者,礼
义何以焉附? 难道一头狮子,一头猪,也可以在接受所谓圣人的教化之后,产
生与人一样的结果吗? 荀子不从正面回答问题,而是一股脑将问题像皮球一
样,踢给了"圣人":"圣人积思虑,习伪故,以生礼义而起法度,然则礼义法度
者,是生于圣人之伪,非故生于人之性也","圣人化性而起伪,伪起而生礼义,
礼义生而制法度;然则礼义法度者,是圣人之所生也"。这实在是"于理未
融"①郭沫若先生指出:"以为人生下来就是坏蛋,这是违背事实的。假使真是
那样,那么善或礼义从何而出? 那就苦于解答了。要说礼义由圣人而出,那么
圣人又不是人吗?""无论如何是很难自圆其说的。"②劳思光先生也说:"此乃
荀子思想之真纠结所在,或十分糊涂之处。"③朱熹的批评可谓一针见血:"于
头段处即错",④遑论其他? 本来,诚如上文所指出的那样,荀子思想从整体上
来讲,并没有真正脱离周公、孔孟以来"天生人成"的总框架,但是,为了"性恶
论"的提出,荀子刻意标新立异,使自己的理论体系首尾不能相顾,产生了严
重的缺陷,这是令人十分遗憾的事情。

　笔者在"性·情·欲"一节里,曾经说过,荀子性情思想的最大创新在于,
把性情与"虑"、"伪"、"事"、"行"(智)、"知"、"能"等知性方面的范畴结合起
来相比较而言。实际上真正透彻的说法应该是,荀子一是以感官之欲望言性,
二是以感官的能力言性。对此,荀子有他自己的解释:"情然而心为之择谓之
虑。心虑而能为之动谓之伪。虑积焉、能习焉而后成谓之伪。正利而为谓之

---

①　王先谦撰:《荀子集解·考证上》(引《国朝四库全书总目·子部·儒家类》),中华书局
1988 年版,第 9 页。
②　郭沫若著:《荀子的批判》,见《十批判书》,东方出版社 1996 年版,第 226、230—231 页。
③　劳思光著:《中国哲学史》,(台湾)三民书局 1982 年版,第 280 页。
④　黎靖德编,王星贤点校:《朱子语类》(八),中华书局 1994 年版,第 3254 页。

事。正义而为谓之行。所以知之在人者谓之知;知有所合谓之智。智所以能之在人者谓之能。能有所合谓之能"。(《正名》)也就是说,知性,是包括在荀子的人性论中的。

"心为之择谓之虑",是指在知性之心的指导下,作出人之所以为人的选择,这是一种对人性的磨砺之功。杨倞云:"心有选择,能动而行之,则为矫拂其本性也。""虑积焉、能习焉而后成谓之伪",杨倞云:"心虽能动,亦在积久习学,然后能矫其本性也。"是指知性的反复指导与练习,而成就的礼义习性,其关键在于积渐、习养。"知之在人者谓之知;知有所合谓之智。智所以能之在人者谓之能。能有所合谓之能"杨倞注云:"知之在人者,谓在人之心有所知者。知有所合,谓所知能合于物也。""智有所能,在人之心者,谓之能。"①

如此,荀子把"圣人化性而起伪,伪起而生礼义,礼义生而制法度;然则礼义法度者,是圣人之所生也。故圣人之所以同于众,其不异于众者,性也;所以异而过众者,伪也"的人性改造工程之成功与否的希望完全寄托在人的"知性"之上:"水火有气而无生,草木有生而无知,禽兽有知而无义,人有气、有生、有知,亦且有义,故最为天下贵也。"(《王制》)所以,"有知"是"有气、有生"与"有义"的中介,"本始材朴"的人正是通过"知",才最终能够实现礼义化的人生,才能够最终找到人之所以为人的价值。

然而这也是有问题的。荀子说过:"形具而神生。"(《天论》)按照荀子的理论,性、情、欲,实际上直接植根于"形"之中,是"形"(官能)显发出来的欲望;而"神",才是指包括"知性"在内的精神成分。"形具而神生"就是说,"神"是由"形"生发出来的,换句话说,"知性",是后天形成的,并不是先天的。不论是其认知的水平,还是认知的好恶导向,都是受到了人后天纷繁复杂的习染之极为复杂的影响之后才形成的。所以,荀子把人性的改造之根,寄托在"知性"之上,完全是本末倒置,与他自己的理论预设是相矛盾的。

不仅如此,告子"性犹湍水也,决诸东方则东流,决诸西方则西流。人性之无分于善不善也,犹水之无分于东西也"的基础,毫无疑问,也是知性。但

① 这里的杨倞注,均见王先谦撰:《荀子集释》(下),中华书局 1988 年版,第 412—413 页。

是,告子人性论是"性无善无不善也"(《孟子·告子上》),其前提是一张"白纸",因人而异,可以画出最新最美的图画,也可以是一团污糟。善与不善,完全取决于"知性"之"心"的选择,而"知性"之"心"是后天学习、习染而来的,犹如东西南北之流。告子的理论,如果从心理学的角度上来讲,在其自身的体系上本来是圆满的。① 但是,荀子既不认同孟子所谓人具有天生的神明"善端",也不认同告子"性无善无不善",实际上是更加理性的结论,他只是接受了告子"生之谓性"的前提,而没有真正直面"性无善无不善"的"生命"之生理本质。由于并非来自人之所以为人本身的因素,荀子认为人的生理之性就是社会之性的"恶",由此一来,人的天生灵明与慧觉实际上就被铲除了。"皮之不存,毛将焉附"?荀子也就从根本上摧毁了他自己埋设的以知性进入礼仪化性情境界的人性思想的基础。因此,荀子性恶论,诚如徐复观先生所言:"并非出于严密地论证",②确乎是把立论的根据置放到了人的天赋性以外的地方去了,这是荀子人性理论缺失之产生的根本原因。苏轼针对荀子这种"与圣王,贵礼义"的人性论,批评得很沉痛:"昔者常怪李斯事荀卿,既而焚灭其书,大变古先圣之法,于其师之道,不啻若寇仇。及今观荀卿之书,然后知李斯之所以事秦者,皆出于荀卿而不足怪也。荀卿者,善为异说而不让,敢为高论而不顾者,其言愚人之所惊,小人之所喜也。"③话语中蕴藏着深厚的遗憾,实际上是指出了荀子的错误,对儒家学派来讲是一件悲哀的事情,对中国文化来说,更是一个不幸。从整个中国历史文化的发展轨迹来讲,他确实是助长了中国专制极权主义的气焰。

性恶论本身的理论缺失,我们是不应该忽视的。但是,性恶论在荀子时代的提出,却有相对的合理性,而且,现实的针对性强,在中国文化史上也同样产

① 冯友兰先生说:"告子的基本论点是认为,道德是社会的产物;人类生理基本欲望是自然的产物;自然是没有道德属性的。人的道德品质是后天的,从教育得来的,并不是天赋的,或生来就有的。他的这个主张,基本上是唯物主义的。孟轲的性善论把道德作为自然(自然界)的属性,这个主张是唯心主义的。告子与孟轲关于人性的辩论,也是当时唯物主义与唯心主义的斗争的一部分。"(见氏著:《中国哲学史新编》,人民出版社1998年版,第369页)冯友兰先生把唯物主义与唯心主义的对垒强加在孟子与告子身上,曲解了中国哲学史,这是不对的。但是,他毕竟正视了告子的价值。

② 徐复观著:《中国人性论史》(先秦篇),台湾"商务印书馆"1969年版,第238页。

③ 苏轼著:《荀卿论》,见《苏东坡全集·应诏集》(第九卷),中国书店1986年版。

生了深远、积极的影响：

第一，它为春秋、战国之分裂、战乱的局面走向全国统一，提供了人性论的基础。司马迁曰：荀子"年五十始来游学于齐。"其时，"田骈之属皆已死齐襄王时，而荀卿最为老师。齐尚修列大夫之缺，而荀卿三为祭酒焉。"①可见即便是在当时，荀子的思想已经成了显学。尔后，荀子的学生韩非、李斯、浮丘伯等，或著书立说，享誉后世，或身居高官，权倾天下，推波助澜，继往开来，发扬光大了荀学的传统，为荀学之深入中华民族的记忆里、融化到中国文化的血液中，为中国数千年的政治体制之形成，作出了重要的贡献。

第二，战国末年，诸侯各国的统治者利欲熏心，草菅人命，开疆辟土，杀人盈野，率土地而食人肉，礼崩乐坏，已经不可救药。人心偏险，流僈鄙贱，作为主流现象，统治者倡导在上，无耻之徒仿效在下，人们"辩说譬谕，齐给便利，而不顺礼义"，"知而险，贼而神，为诈而巧，言无用而辩，辩不惠而察"，"行辟而坚，饰非而好，玩奸而泽，言辩而逆"，"知而无法，勇而无惮，察辩而操僻，淫大而用之，好奸而与众"（《非十二子》），致使整个社会的性情世界已经日趋堕落："妻子具而孝衰于亲，嗜欲得而信衰于友，爵禄盈而忠衰于君"（《性恶》）。荀子在这样的时候提出性恶论，毫无疑问是具有强烈的批判精神的，它不仅对当时的道德建设极具价值，而且对整个中国的文化发展都产生了重要的推动作用。

第三，为人之所以为人之后天的自励、自学、自强、自立，真正在现实的土地上树立起不倚赖于天地的独立人格，指出了一条自我完善、自我发展、自我提升的道路。"天有其时，地有其财，人有其治，夫是之谓能参"（《天论》），把人视为与天、地三并而立的一个重要的因素，这是对先秦儒家性情思想的重要突破，更是中国人学思想史上的创举。相对于孟子来说，荀子不承认人的天生诚明之"良知"、"良能"，完全把"成人"的希望寄托在后天的"强学"之上，从某一个角度上来讲，也可以说是重视了人的主体性。由于其中没有神秘、玄虚的成分，因而就更加理性，更加富于实际的意义。

---

① 司马迁撰，裴骃集解，司马贞索隐，张守节正义：《史记》，中华书局1959年版，第2348页。

第五节　化性起伪

既然人性都是"恶"的,于是顺理成章,荀子就提出了"化性起伪"的思想:"故圣人化性而起伪,伪起而生礼义,礼义生而制法度;然则礼义法度者,是圣人之所生也。故圣人之所以同于众,其不异于众者,性也;所以异而过众者,伪也。夫好利而欲得者,此人之情性也。假之人有弟兄资财而分者,且顺情性,好利而欲得,若是,则兄弟相拂夺矣;且化礼义之文理,若是,则让乎国人矣。故顺情性,则弟兄争矣,化礼义,则让乎国人矣。"(《性恶》)与孟子相反,荀子以为,礼义并非天生的禀赋于人的心中,所以,纵性情,人为兽;化礼义,则兽为人。孟子讲由内而外,但是荀子则讲由外而内,一切心性的工夫都落实到圣人的化性起伪之上。圣人与众人有相同的地方,那就是性;圣人与众人有不同的地方,那就是伪。关键在于化道。化礼义之文理,则国人胜于兄弟;顺情性而好利欲得,则兄弟不如国人。

笔者以为,荀子性情思想的核心就是他的"化道"。他说:"神莫大于化道。"(《劝学》)"民之化道也如神。"(《正名》)很明显,作为深受子弓影响,对《周易》有深入研究的荀子,在这里涵摄了《周易》思想中关于"化"的思想:"观乎天文,以察时变;观乎人文,以化成天下。"(《贲卦》)"日月丽乎天,百谷草木丽乎土,重明以丽乎正,乃化成天下。"(《离卦》)"天地感而万物化生,圣人感人心而天下和平;观其所感,而天地万物之情可见矣!"(《咸卦》)根据荀子"始则终,终则始,若环之无端也,舍是而天下以衰"(《王制》)的历史循环论,笔者以为,荀子的化道思想,可能还受了道家的影响。庄子说得很明显:"天地虽大,其化均也。"(《天地》)"万物皆化。"(《至乐》)"万物皆种也,以不同形相禅,始卒若环,莫得其伦,是谓天均。"(《寓言》)但是,荀子却完全撇开了前人思想中大而不经的成分,把"化道"只是集中到人性的道德修养、锤炼与改造之上。荀子说,干、越、夷、貉之子,出生的时候,声音完全相同,长大以后的举止、习俗却大相径庭,这纯是后天的习养、教化不同导致的。(《劝学》)所以,荀子之"学",其实是"化","化"即是"学",就是在"强学"、"积靡"之功的导引下,积小流而成江海式的质的飞跃。

"伪"是由"为"生发出来的一个概念。"为"在甲骨文中就已经出现。《战国古文字典》"为"字条释曰:"从爪,从象,会人手牵象役使其劳作之意,引申有作为之意。""战国文字承袭春秋金文,或省象身,以 = 、一代替。"①在齐系、晋系、楚系文字中都有细微的变化。至《说文》,为,被释为"母猴也。其为禽好爪,爪,母猴象也。下腹为母猴形。"战国时期的"为"字,多为动词,《尔雅·释言》曰:"作、造,为也。"为字后来分化出"伪"义,伪为后起义。徐锴《说文系辞》曰:"伪者,人为也。非天真也。"《广雅·释诂三》曰:"伪,为也。"故人为为伪。在孟子为"为"("是不为也,非不能也"之"为"),为修为,为扩充,在荀子为"伪"。伪,最初为一中性词,专指人为,后来广泛地用于礼、义道德的修养锤炼。故《荀子·性恶》曰:"人之性恶,其善者伪也。"所以在荀子看来,人们的善行善举,都是后天的道德修养人为而成的。

化性起伪就其教化的次序与作用来讲,是不一样的,化性,指的是教化的措施和进程,主要是指学习与习染的过程。荀子曰:"性也者,吾所不能为也,然而可化也。"(《儒效》)人之性与生俱来,是人不能控制的;但是,人性是可以通过圣人的教化来改造的。起伪,指的是教化的作用与结果。荀子曰:"凡人之性,尧、舜之与桀、跖,其性一也;君子之与小人,其性一也。"但是,"化师法,积文学,道礼义者为君子,纵性情,安恣睢而违礼义者为小人。"(《性恶》)是故,"不可学,不可事而在人者,谓之性;可学而能,可事而成之在人者,谓之伪。"(《性恶》)所以,伪,在荀子,就成了知性化、道德化之后的礼义性情、伦理性情。

就其条贯统绪和内在的关系而言,化性与起伪实际上是彼此生成,你中有我,我中有你的,"积思虑,习伪故,以生礼义而起法度"的过程,既是圣人的礼义教化不断地取代天然情性的过程,也是天然的情性之欲逐步得到调整、调节的过程,更是圣人之"伪"不断积渐,"居楚而楚,居越而越,居夏而夏"(《儒效》)的由量而质的飞跃过程。② 化性与起伪是彼此渗透、彼此依持的,故"能

---

① 何琳仪著:《战国古文字典》(下册),中华书局 1998 年版,第 836—838 页。

② 《荀子》一开篇就讲《劝学》,"积土成山,风雨兴焉;积水成渊,蛟龙生焉;积善成德,而神明自得,圣心备焉。"讲的就是化性起伪。何琳仪先生说:"化","从一正人,从一倒人,会生死变化之意。"(见氏著:《战国古文字典》,第 835 页)可见化性就是起伪,彼此都带有质的突破,都是改造性情的"起死回生"之功。

化性"，才"能起伪"；"能起伪"，"化性"也才有动力，才能有教化的道德内涵和方向。故荀子曰："性者，本始材朴也；伪者，文理隆盛也。无性，则伪之无所加；无伪，则性不能自美。性伪合，然后成圣人之名，一天下之功于是就也。故曰：天地合而万物生，阴阳接而变化起，性伪合而天下治。天能生物，不能辨物也，地能载人，不能治人也；宇中万物、生人之属，待圣人然后分也。"就像天与地的磨合而生发万物、阴与阳的消长而变化世界一样，性与伪的结合，以成就人的性情之正为教化的目标，此所谓"操弥约，而事弥大。五寸之矩，尽天下之方也。"（《不苟》）"性伪合，然后成圣人之名，一天下之功于是就也"。教化性情是为了"一天下之功"，"一天下之功"又须以性情的教化为基础，相得益彰，相辅相成。

荀子对化性、起伪的教化途径规定了三条："凡治气、养心之术，莫径由礼，莫要得师，莫神一好。夫是之谓治气、养心之术也。"（《修身》）所以，笔者下面的行文就从礼义、师法和神一好三个方面来展开。

荀子认为："礼起于何也？曰：人生而有欲，欲而不得，则不能无求。求而无度量分界，则不能不争；争则乱，乱则穷。先王恶其乱也，故制礼义以分之，以养人之欲，给人之求。使欲必不穷于物，物必不屈于欲。两者相持而长，是礼之所起也。"（《礼论》）用外在之礼，来界定人之所以为人的血气、心知、情性，其结论只能是"恶"的。既然人性是恶的，就不能不用礼来规范，所以荀子的礼与其说是生发于物质的分配，还不如说是起源于人的情性之欲。

在这样的情况下，礼，就成了至高无上的准绳："礼也者，理之不可易者也。"（《乐论》）①也就是《左传》所言之"礼，上下之纪，天地之经纬也，民之所

---

① 笔者把《乐论》的所有内容视为荀子的思想。其根据就是本书在前面所引述余嘉锡先生的论述。笔者基本同意郭沫若先生的观点："论时代，荀子当后于公孙尼子，但荀子不至于整抄前人的文字以为己有。因此我认为今存《乐记》，也不一定全是公孙尼子的东西，由于汉儒的杂抄杂纂，已经把原文混乱了。但主要的文字仍採自《公孙尼子》，故沈约与皇侃云然耳。"（见氏著：《青铜时代》，科学出版社1957年版，第183页）另外，如果把《乐论》置放到整个《荀子》文本的思想体系中去仔细研读，我们会发现，《乐论》行文质朴而浑厚，简约而深刻，结构紧凑而一气呵成，特别是紧扣"乐合同，礼别异"的性情论题，层层批墨而不离"兵劲城固"的王霸思想，与《荀子》全书思想完全一致。因此，笔者以为，即便荀子真的参考，甚至抄袭了《乐记》，那也是当时传诵经书的习惯所致，与荀子的人格无关。况且荀子已经完全整合了他所引述的相关内容，因此，笔者在没有更好的办法之前，暂时将《乐论》中所有的思想，视为荀子的。

以生也，是以先王尚之。故人之能自曲直以赴礼者，谓之成人"（《昭公二十五年》）。因此，"凡用血气、志意、知虑，由礼则治通，不由礼则勃乱提僈；食饮、衣服、居处、动静，由礼则和节，不由礼则触陷生疾；容貌、态度、进退、趋行，由礼则雅，不由礼则夷固、僻违、庸众而野。故人无礼则不生，事无礼则不成，国家无礼则不宁。"（《修身》）这就把孔子"非礼勿视，非礼勿听，非礼勿言，非礼勿动"（《颜渊》）的思想推向了极端。

不过，荀子的礼学思想，同样继承了孔子"礼之用，和为贵"（《学而》）的中庸之道，其核心还是以礼养人："故礼者养也。刍豢稻粱，五味调香，所以养口也；椒兰芬苾，所以养鼻也；雕琢刻镂，黼黻文章，所以养目也；钟鼓管磬，琴瑟竽笙，所以养耳也；疏房檖貌，越席床第几筵，所以养体也。故礼者养也。"（《礼论》）由于礼之"养"是渗透到人之生活的各个层面之中了的，其本质在于礼法的条文、礼义的践履通过凡俗的道德实践融化在人的主体之中。因此，以礼养人就不能没有"师法"：

> 学莫便乎近其人。《礼》、《乐》法而不说，《诗》、《书》故而不切，《春秋》约而不速。方其人之习君子之说，则尊以遍矣，周于世矣。故曰：学莫便乎近其人。学之经莫速乎好其人，隆礼次之。上不能好其人，下不能隆礼，安特将学杂识志，顺《诗》、《书》而已耳。则末世穷年，不免为陋儒而已。（《劝学》）

《礼》、《乐》都只是一些生硬的制度条文，并不能够因时、因地、因人之宜细加详解，《诗》、《书》也只是记载了过去的历史故事而不切近社会现实，《春秋》文简辞约而不易迅速理解。所以，只有师从对圣人之学融会贯通的"君子"，才能够真正修养成崇高的品德、获得广博的知识，通晓何以处理复杂的社会实际事物。否则，"人无法，则伥伥然"（《修身》），"末世穷年，不免为陋儒而已"。

因此，身边没有以身作则、安守礼法的"师长"作为表率，随时指导，匡正谬误，对圣王的各种教义融会贯通，经权得当，应付裕如，学者是终究不能弃恶从善、修养成礼义之性的：

> 人之生固小人，无师无法则唯利之见耳。人之生固小人，又以遇乱世，得乱俗，是以小重小也，以乱得乱也。君子非得势以临之，则无由得开内焉。（《荣辱》）

人之生本来就是唯利是图的"小人"，再加上遇到污浊的"乱世、乱俗"，则是小上加小，乱上添乱了，混乱的情欲和偏险之心已经遮蔽了他们辨别善恶、鉴别是非的基本能力："私其所积，唯恐闻其恶也；倚其所私，以观异术，唯恐闻其美也。是以与治虽走而是己不辍也，岂不蔽于一曲而失正求也哉！心不使焉，则白黑在前而目不见，雷鼓在侧而耳不闻，况于使者乎！德道之人，乱国之君非之上，乱家之人非之下，岂不哀哉！故为蔽：欲为蔽，恶为蔽，始为蔽，终为蔽，远为蔽，近为蔽，博为蔽，浅为蔽，古为蔽，今为蔽。凡万物异则莫不相为蔽，此心术之公患也。"（《解蔽》）在这种恶劣的情况下，如果没有临之以势的君子因势利导，统治他们、教育他们，人们就不可能自己打开认知道德的大门，吸收"善"的思想，并且最终成就礼义之性。所以，只有礼与师法交互而行，才能使人们的性情安于礼，并且"礼然而然"："礼者，所以正身也；师者，所以正礼也。无礼何以正身？无师，吾安知礼之为是也？礼然而然，则是情安礼也；师云而云，则是知若师也。情安礼，知若师，则是圣人也。故非礼，是无法也；非师，是无师也。不是师法，而好自用，譬之是犹以盲辨色，以聋辨声也，舍乱妄无为也。故学也者，礼法也。夫师，以身为正仪，而贵自安者也。"（《修身》）礼然而然，情安于礼义，须有君师点化之功的密切配合，否则，学者不可能对分门别类的圣人之学融会贯通；但是，礼法条文以不可不"颂数以贯之"（《劝学》），否则，学者就不可能以礼正身。这实质上是礼义的实践性决定了性情习养之操舍存亡的现实性。这应该是荀子理论联系实际的光辉思想，在知行并重的修炼过程中的卓越体现。

化性起伪的第三条途径就是，人还必须持之以恒、专心致志，是为"神一好"。神一好，就是以"一好"为神。笔者的理解是，一好，就是专心致志，就是"诚"；神，就是"诚心守仁则形，形则神"，"神则能化"，就是由性之化，突变为性之"伪"，此所谓"变化代兴，谓之天德"：

　　君子养心莫善于诚，致诚，则无它事矣。惟仁之为守，惟义之为行。诚心守仁则形，形则神，神则能化矣。诚心行义则理，理则明，明则能变矣。变化代兴，谓之天德。天不言而人推其高焉，地不言而人推其厚焉，四时不言而百姓期焉。夫此有常，以至其诚者也。君子至德，嘿然而喻，未施而亲，不怒而威：夫此顺命，以慎其独者也。善之为道者，不诚则不独,不独则不形,不形则虽作于心,见于色,出于言,民犹若未从也;虽从必疑。天地为大矣,不诚则不能化万物;圣人为知矣,不诚则不能化万民;父子为亲矣,不诚则疏;君上为尊矣,不诚则卑。夫诚者,君子之所守也,而政事之本也,唯所居以其类至。操之则得之,舍之则失之。操而得之则轻,轻则独行,独行而不舍,则济矣。济而材尽,长迁而不反其初,则化矣。(《不苟》)

在此,荀子全面吸收并化解了曾子、子思子和孟子关于"诚"的思想而又不失其自己的特色("济而材尽,长迁而不反其初")。荀子的"诚"并不仅仅指的是书本的学习之"专一",他是在《劝学》之后,对社会各个阶层的人们在道德的"操舍存亡"各个层面都提出了"诚"的要求。从化性起伪的心态来讲,荀子与孔、曾、思、孟一样,讲"慎"、"独"、"形色"、"神",但是,荀子的路径是由外在的礼义、师法之教,强学于心:"君子之学也,入乎耳,著乎心,布乎四体,形乎动静。端而言,蝡而动,一可以为法则。"(《劝学》)长期竭尽才力地学习、迁化,就不会返回到自己唯利是图的情性上去了,而逐步显发出礼义化的美德懿行。这与孟子之"仁义礼智根于心","反身而诚,乐莫大焉",(《尽心上》)由内在之"善端"扩充推恩,"沛然德教溢乎四海"(《离娄上》)的路径完全相反:荀子注重的是外在的君师、礼义,孟子注重的是内在主体独立与自由,这是荀、孟之间最大的分水岭。

众所周知,"慎独"、"诚"、"形色"、"神"本来是属于曾、思、孟系统的概念,特别是《中庸》,世称"易庸之学"。所以,荀子在此明显地化用了《周易》阴阳变化、生生不息的创生性,并以此解释"化性起伪"的突变为"变化代兴,谓之天德"。由此可见,他的性情是依托于天的;而且"慎独"、"诚"、"形色"、"神",这些概念,最终把荀子带入了先儒的身体观,身心观和天人观之中,是对孔子、《大学》以及孟子的继承:"天地为大矣,不诚则不能化万物;圣人为知矣,不诚则不能化万民"。这其中不能不说有天人合一,以诚动人,进而动天的思想。诚如是,那么,在完成了个人德性修养之后,由于有先秦儒家哲学体系中的天人关系的涵盖,因此,荀子与孟子最终还是走到一起来了。

需要最后说明的是,荀子的所谓"神一好",既是对"强学"、认知的心理状态提出的要求,是对修习圣人之学在内容上的限制(这一点,在《非十二子》一篇中体现得十分明朗），更是荀子化性起伪之性情思想在人格追求上的纯正气象："井井兮其有理也，严严兮其能敬己也，分分兮其有终始也，猒猒兮其能长久也，乐乐兮其执道不殆也，照照兮其用知之明也，修修兮其用统类之行也，绥绥兮其有文章也，熙熙兮其乐人之臧也，隐隐兮其恐人之不当也：如是，则可谓圣人矣。此其道出乎一。曷谓一？曰：执神而固。曷谓神？曰：尽善挟治之谓神，万物莫足以倾之之谓固。神固之谓圣人。"（《儒效》）固，指的是学问深深地植根于心中，不能动摇；神，指的是圣学内涵于心，"布乎四体，形乎动静"（《劝学》），而显发出来的道德光辉。

所以，进而言之，一，就是人格境界上的"全"、"粹"、"美"："君子知夫不全不粹之不足以为美也，故诵数以贯之，思索以通之，为其人以处之，除其害者以持养之。使目非是无欲见也，使口非是无欲言也，使心非是无欲虑也。及至其致好之也，目好之五色，耳好之五声，口好之五味，心利之有天下。是故权利不能倾也，群众不能移也，天下不能荡也。生乎由是，死乎由是，夫是之谓德操。德操然后能定，能定然后能应。能定能应，夫是之谓成人。天见其明，地见其光，君子贵其全也。"（《劝学》）"诵数以贯之"，讲的是"积土成山"之学；"思索以通之"，讲的是融会贯通、举一反三之思想；"为其人以处之"，是指学与思之所得在实际事物中的运用；"除其害者以持养之"，排除情欲的杂念与浊世的干扰，以持养纯正的礼义性情。如此，则神而固，逐步臻于"使目非是无欲见也，使口非是无欲言也，使心非是无欲虑也"、"权利不能倾也，群众不能移也，天下不能荡"的纯一境地，这才能叫做"成人"。如此，荀子之"一"就是礼义践履的积靡之功，消除了礼义与主体的分离性，让礼义与天就之性融为一体，此之谓全、粹、美。

第六节　性情与礼乐

在《乐论》中，荀子认为，乐，依乎人心，"人情之所不免也，故人不能无乐。"不能无乐之谓，言乐根源于人的血气心知，与人的性情之欲，是不可分离的。具有"天之就"的性质。因此，持"性恶论"的荀子认为，"人不能不乐，乐则不能无形,形而不为道,则不能为乱。"形,为诗、舞、乐之"形于外",手之舞之,足之蹈之,情动于中而形于色的各种表现形态;道,为诱导、引导。此句意谓,天生的血气、情性之欲生发出来的乐,是邪恶的,它败坏人的性情,诱人堕落凶险,引发社群争端,所以,圣王是不能任其放诞自流的:"乐姚冶以险,则民流僈鄙贱矣。流僈则乱,鄙贱则争。乱争,则兵弱城犯,敌国危之。如是,则百姓不安其处,不乐其乡,不足其上矣。"(《乐论》)如此,则性情世界大乱,后果不堪设想。

荀子认为,只有将乐礼义化,才能够避免这些弊端:"先王恶其乱也,故制《雅》、《颂》之声以道之,使其声足以乐而不流,使其文足以辨而不諰,使其曲直、繁省、廉肉、节奏足以感动人之善心,使夫邪汙之气无由得接焉。是先王立乐之方也。"(《乐论》)"乐而不流","辨而不諰"就是孔子"乐而不淫,哀而不伤"(《八佾》)思想的发挥,荀子是要通过中庸、中和化、礼义化,质言之,实为道德伦理化的曲直、繁省、廉肉、节奏,来"感动人之善心",通过对先王之乐的习颂、舞蹈,弃恶而从善,化性而起伪,性伪合而天下治:

> 故乐在宗庙之中,君臣上下同听之,则莫不和敬;闺门之内,父子兄弟同听之,则莫不和亲;乡里族长之中,长少同听之,则莫不和顺。故乐者,审一以定和者也,比物以饰节者也,合奏以成文者也;足以率一道,足以治万变……,故听其雅颂之声,而志意得广焉;执其干戚,习其俯仰屈伸,而容貌得庄焉;行其缀兆,要其节奏,而行列得正焉,进退得齐焉。(《乐论》)

这种"先王之乐"不仅可以移风易俗,使广大人民彼此之间"和敬"、"和亲"、"和顺",而且可以修养、调整人的性情,使其"志意得广焉"、"容貌得庄焉"、"行列得正焉,进退得齐焉"。"志意得广焉",是指心灵情性的"大清明"境界;"容貌得庄焉",是指身心合一、天人合一的庄敬境界;"行列得正焉,进退得齐焉",是指乐舞中俯仰屈伸皆中天地之节的礼仪境界,这是先王之乐感动于心,然后逐步由内向外显发的三个层次。不同风格、不同内容的音乐可以对不同方面的情感实施净化、锤炼和提升,从而培养起人的善心,以养性情之正:"故齐衰之服,哭泣之声,使人之心悲。带甲婴胄,歌于行伍,使人之心伤;姚冶之容,郑卫之音,使人之心淫;绅、端、章甫,舞韶歌武,使人之心庄。"(《乐论》)因此,乐,是教化人心、端正人心的重要手段,"夫声乐之入人也深,其化人也速,故先王谨为之文"。

孔子曰:"人而不仁,如礼何? 人而不仁,如乐何?"(《八佾》)分明已经将仁规定为内,为体,为本,而将礼乐规定为外,为用,为末,礼与乐相对于仁来讲,属于同一层面的东西。荀子在强调乐对人之性情之矫正作用时,其导人向善的教化功能与其以"礼"养人的作用是完全一致的,也是完全融为一体的:

> 故礼者,养也。刍豢稻粱,五味调香,所以养口也;椒兰芬苾,所以养鼻也;雕琢、刻镂、黼黻、文章,所以养目也;钟鼓、管磬、琴瑟、竽笙,所以养耳也;疏房、檖䫄、越席、床笫、几筵,所以养体也。故礼者养也。君子既得其养,又好其别。曷谓别? 曰:贵贱有等,长幼有差,贫富轻重皆有称者也。故天子大路越席,所以养体也;侧载睪芷,所以养鼻也;前有错衡,所以养目也;和鸾之声,步中《武》、《象》,趋中《韶》、《护》,所以养耳也;龙旗九斿,所以养信也;寝兕、持虎、蛟韅、丝末、弥龙,所以养威也;故大路之马必倍至教顺,然后乘之,所以养安也。孰知夫出死要节之所以养生也! 孰知夫出费用之所以养财也! 孰知夫恭敬辞让之所以养安也! 孰知夫礼义文理之所以养情也!(《礼论》)

如此,则生活中一举手一投足,一颦一笑,都莫不与礼相摩相荡,通过口、鼻、目、耳、体之养身,养生,达到养心,进而养性、养情的目的,完全是孔子"非礼勿视,非礼勿听,非礼勿言,非礼勿动"(《颜渊》)的扩展。不过值得注意的是,荀子把礼深入了生活的各个角落、各个层面,其目的实际上是要通过切瑳琢磨之功,突破礼的客观性,使之成为人之主体的内在规定性。这是非常重要的思想,因为在荀子以为,如此一来,礼就不再是外在的社会规则、伦理条文,人也就不再是被动的各种规则、条文下的精神奴隶。荀子的意思是,人之所以为人者,就是修炼成了一种主动涵化礼(乐)的精神,将礼乐文理的精神融化在自己的血液、灵魂之中,积渐成德,化性起伪。这就是孔子所说的"文之以礼乐"的"成人"(《宪问》)。

更为重要的是,从上面这段文字,我们发现,荀子的乐,隶属于礼。乐只是礼的一个部分。在先秦时期,礼,毕竟包含了太多的内容。但是,乐,作为一种生发于人之心灵、性情的艺术,它的作用和巨大的感召力却又是任何其他的教化手段无法替代的。孔颖达疏《春秋左传》云:"乐之为乐,有歌有舞,歌则咏其辞而以声播之,舞则动其容而以曲随之。歌者乐器同而辞不一,声随辞变,曲尽更歌,故云为之歌风,为之歌雅。及其舞则每乐别舞,其舞不同。季札请观周乐,鲁人依次而舞,每见一舞,各有所叹。故以见舞为文,不言为之舞也。且歌则听其声,舞则观其容,歌以主人为文,故言为歌也;舞以季札为文,故言见舞也。乐有音声,唯言舞者,乐以舞为主。……是其以舞为主而被以音声,故鲁作诸乐于季札,皆云见舞也。礼法,歌者在堂而舞在庭,故《郊特牲》云:'歌者在上,匏竹在下,贵人声也。'乐必先歌后舞,故鲁为季札先歌诸诗而后舞诸乐。其实舞时,堂上歌其舞曲也。"①诗、乐、舞,三位一体,彼此补充,共同构成先秦儒家教人成人的教育手段,这就是孔子"兴于诗,立于礼,成于乐"的确解。这三者是以一种什么样的方式完成了对人的全面修养呢?专家的论述是极富启发意义的:"诗、礼、乐三者的关系又如何呢?首先它们都是修身的内容,也即是思想智慧的启迪,处世立身的实践,情性人格的培养。三者互为补充,互相制约,三位一体,缺一不可。但是,三者的地位并不是平行的,其中,礼是核心,诗乐都服从于礼,都要合乎礼的要求,都要体现仁的精神。……诗必须'止乎礼义',乐必须'通伦理'。其次从修身的过程来看,诗、礼、乐是三个不同层次的教育内容,就其顺序来说,始兴于诗,复守之以礼,最后完成于乐。这才算是修身的全面完成。就修身的内容要求而言,从志意的感发,启蒙,到礼法制度的学习和实践,直到情性的净化,才是自我人格修养的最后完成,才达到修身的最高境界。"②

正因为诗、礼、乐,内外交互而功,所以培养起来的就一定不是偏枯、干燥的人格,《论语》以"巧笑倩兮,美目盼兮,素以为绚兮"释礼,是说"素"是"仁",礼,是美妙动人、绚丽多彩的文饰。而这种绚丽多彩的核心,在于"贵贱有等,长幼有差,贫富轻重皆有称者也",所以,《礼记·礼运》云:"礼义也者,人之大端也。所以讲信修睦,而固人之肌肤之会,筋骸之束也。所以养生、送死、事鬼神之大端也。所以达天道、顺人情之大窦也。"《说文解字·示部》云:礼,"履也,所以事神致福也。"金景芳先生说:"我认为以履释礼是对的。因为

---

① 《春秋左传正义》卷三十九,见阮元校刻:《十三经注疏》,中华书局 1980 年版,第 2008 页。
② 张文勋:《以政教为中心的先秦儒家文艺思想》,《文史哲》1986 年第 4 期。

礼履二字音近,履是践履,是行动,而礼正是行动的准则。"①它表示行动,表示内在的善外发而为礼。杜维明先生指出,先秦儒家之礼,其本质"是'仁'在具体的社会环境中的外在表现,而且必须含有特殊性原则的'礼'在'仁'对自我实现的内在要求中才能肯定其含义。我认为相对'礼'来说,'仁'是居第一位的,'礼'是不能脱离'仁'的,认识到这一点至为重要。"内在的美德,以礼的形式表现出来,"基本上是与个人的自我更新、自我精进及自我完成的过程相联系的。"②因此,人之所以为人,就是只有在一切人际关系中表现出了自身之诚,俯仰屈伸皆合于天地之节,才能够最终达到自我实现的目的。

不过,孔子、孟子的"仁"有明确的上承天道的宗教背景,是天道贯注于人之主体的天生善质,它与外在、后天的礼乐调养相与为一,共同塑造情性"巧笑倩兮,美目盼兮,素以为绚兮"的丰富性,但是,《荀子》一书中,仁字,凡 133 见;而礼字则凡 343 见,大大超过了仁字出现的频率,直观地表明了荀子重礼而轻仁的倾向。杨向奎先生指出:"孟子不讲礼而发挥了'仁'的学说,荀子讲礼而转向法,都偏离了轨道,偏离了孔子的全面礼乐文明。"③荀子在特殊的时代,矫枉过正而有失偏颇,我们是不能忽略的,但是,诚如上文所言,并不是不能同情的理解。

就礼对人之性情的矫正本身来讲,荀子实际上并没有脱离孔子的老路,走的是中庸、中和的路线。荀子认为,礼是人的性情的外发,在纷繁复杂的人际关系中显发自我之诚,就不能不长期努力,以"强学"的"知虑渐深"之功,合以礼乐,开阔志意,调节性情,断长续短,时举而代御,阴阳消长,刚柔相济,"是礼之中流",合于天地之符节也:

> 血气刚强,则柔之以调和;知虑渐深,则一之以易良;勇胆猛戾,则辅之以道顺;齐给便利,则节之以动止;狭隘褊小,则廓之以广大;卑湿重迟贪利,则抗之以高志;庸众驽散,则劫之以师友;怠慢僄弃,则照之以祸灾;

---

① 金景芳著:《谈礼》,见陈其泰、郭伟川、周少川编:《二十世纪中国礼学研究论集》,学苑出版社 1998 年版,第 1 页。

② 杜维明著:《仁与修身》,见郭齐勇、郑文龙编:《杜维明文集》(肆),武汉出版社 2002 年版,第 26 页。

③ 杨向奎著:《宗周社会与礼乐文明》,人民出版社 1997 年版,第 379 页。

愚款端悫,则合之以礼乐,通之以思索。(《修身》)

礼者断长续短,损有余,益不足,达爱敬之文,而滋成行义之美者也。故文饰、麤恶,声乐、哭泣,恬愉、忧戚,是反也;然而礼兼而用之,时举而代御。故文饰、声乐、恬愉,所以持平奉吉也;麤衰、哭泣、忧戚,所以持险奉凶也。故其立文饰也不至于窕冶;其立麤衰也,不至于瘠弃;其立声乐恬愉也,不至于流淫惰慢;其立哭泣哀戚也,不至于隘慑伤生:是礼之中流也。(《礼论》)

这两段文字讲的都是礼乐之文对人的性情的中庸化调节,而众所周知,儒家中庸思想的本质,在于人的主体实在与天地阴阳生生不息、大化流行的同步性。用荀子自己的话来说就是:"无不爱也,无不敬也,无与人争也,恢然如天地之苞万物。"(《非十二子》)这实际上就是先秦儒家哲学的宗教性。

然而说到底,荀子礼学的始终,都无不贯穿着宗教性,道理很简单,荀子是不可能脱离历史的。礼,对于人来讲,不是可有可无的东西。荀子说:"礼有三本:天地者,生之本也;先祖者,类之本也;君师者,治之本也。无天地,恶生?无先祖,恶出?无君师,恶治?三者偏亡,焉无安人。故礼,上事天,下事地,尊先祖而隆君师。是礼之三本也。"(《礼论》)《荀子》一书的内容,多有见于《大戴礼记》者。王聘珍在注释《大戴礼记》之《礼三本》时写道:"《易》曰:'天地之大德曰生。'"又引孟子曰:"《书》曰:'天降下民,作之君,作之师,惟曰其助上帝,宠之四方。'"①王聘珍所引之《易》、《书》中的这两条材料,都是有关天命论的,这也可以从旁佐证,荀子之"礼三本"的思想具有宗教性。

荀子以礼来概括生之本、类之本、治之本,极为精到地指出了礼的本质。正如《礼记·礼器》对礼的界定是"合于天时,设于地财,顺于鬼神,合于人心"一样,荀子的礼,上达天道,下通人心,中合君师之法度,因而不能不是人之性情的归宿,"礼然而然",情安于礼。(《修身》)荀子要通过现实的道德践履,养生、送死,上达君师、先祖、天地:"故厚者,礼之积也;大者,礼之广也;高者,礼之隆也;明者,礼之尽也。"(《礼论》)厚、大、高、明,都是礼的超越精神贯注到性情之中而显发出来的人格境界,所以,荀子的"神性"都是随着礼的超越

---

① 王聘珍撰,王文锦点校:《大戴礼记解诂》(卷一),中华书局1983年版,第17页。

精神贯注在礼义化的性之"伪"中去了的。

因此,荀子又曰:"大飨,尚玄尊,俎生鱼,先大羹,贵食饮之本也。飨,尚玄尊而用酒醴,先黍稷而饭稻粱。祭,齐大羹而饱庶羞,贵本而亲用也。贵本之谓文,亲用之谓理,两者合而成文,以归大一,夫是之谓大隆。"祭祀之礼的本质,在于重视人之生,人之始,人之死,人之终,是对人之所以为人内在主体的超拔,所以,礼义文理之"大隆"的本质就是要将世俗之礼改造成宗教之礼,将世俗之性情改造成为"神性":

> 凡礼,始乎棁,成乎文,终乎悦校。故至备,情文俱尽;其次,情文代胜;其下,复情以归大一也。天地以合,日月以明,四时以序,星辰以行,江河以流,万物以昌,好恶以节,喜怒以当,以为下则顺,以为上则明,万物变而不乱,贰之则丧也。礼岂不至矣哉! 立隆以为极,而天下莫之能损益也。(《礼论》)

杨倞注曰:"礼能上调天时,下节人情,若无礼以分别之,则天时人事皆乱也。""立隆盛之礼以极尽人情,使天下不复更能损益也。"又引司马贞曰:"礼之盛,文理合以归太一,礼之杀,复情以归太一,是本末相顺也。"①人之情的终极之处,在于与天地万物相与为一,在于性情的终极归宿是复归"大一",在于"天地以合,日月以明,四时以序,星辰以行,江河以流,万物以昌,好恶以节,喜怒以当",合于天地之道,宇宙之流。这几句对性情的描述,与《周易》之"与天地合其德,与日月合其明,与四时合其序,与鬼神合其吉凶"(《乾卦》)以及《中庸》的"辟如天地之无不持载,无不覆帱,辟如四时之错行,如日月之代明"的相关语句,明显相通,所以荀子最终并没有真正走出由孔子、曾子、子思、孟子,一以贯之,所设定的既定轨道,他们的终极宗旨毕竟是一样的。

---

① 杨注见王先谦撰:《荀子集释》(下),中华书局 1988 年版,第 355—356 页。

结　语

　　本书首先对先秦儒家的天、命、性、情四个范畴进行了必要的考订与梳理。在第一章中本书阐述的第一个问题，在于指出殷商与西周初年在思想的发展史上，并没有一道不可逾越的鸿沟。殷商的"天"也并不都是主宰之天；而西周初年甚至包括此后的成、康、穆、孝、厉各代，尊崇祖先、上帝也仍然是其深层的信仰。从自然宗教到伦理宗教的发展趋势来讲，殷商之天与西周之天是有根本区别的，但是在具体的文本中，情况却相当的复杂，不能简单化。本书认为，殷商至西周时期的天命观思想是很复杂的，其丰富的内涵还有待于进一步的研究。

　　本书在比较朱熹、冯友兰、庞朴等前贤时彦关于划分先秦文献中天范畴的观点之后以为，冯友兰先生五个义项的划分较为全面、合理。但是，笔者站在自然宗教与伦理宗教的角度，对这一划分本身进行了理论上的进一步论证和补充。因而，划分的原则更加明确，划分的界限更加清晰，各个义项之间理论的来龙去脉也更加清楚。在此基础之上，结合以《论语》为中心的先秦儒家原典，对其中的"天"进行了分析性的再次划分，为笔者深入把握儒家原典的天命思想、性情思想，进而为本书论题的展开，创造了必要的条件。

　　本书在诠释命定论、命正论、命运论、俟命论的演变过程中，阐述了"德"与"命"的关系，凸显了以孔子为首的一批先秦儒家学者在天命观的转变上所作出的贡献，并且最终将各种命论归结到儒家的"俟命论"之上。而俟命论，隐居以求其志，行义以达其道，是一种地地道道的性情修养论。于是，在天、命、性、情、道、教的流转中，本书分析了命范畴在先秦儒家思想中的地位：它是一种流动的双向显发的过程，这个过程是一种由天而命、而性、而情、而物、而形、而道、而教的流转，一方面把天的博厚高明贯注于人性之中，贯注于万事万物之中，为万物定性、定名，另一方面又将人性的主体超拔显发给天，从而成就天的生机，此之谓天生人成。

本书对"性"字自甲骨文、金文到《诗经》、《尚书》、《左传》、《国语》，由形体到思想内涵的演变进行了系统的考订与阐述。本书认为，随着社会生活的发展，在甲骨文之后，从心从生的性字还没有出现之前，在生字的形体之下，人们可以随时地根据自己对生命、对性情、欲望的不同理解而赋予"生"以新的意义。因此，性字的考订一定是根据文献上下文具体的语境来厘定其内涵。在这样的原则指导下，笔者以为，金文中"用求考命弥生"之"生"，为"祈求长生之词"，是没有多大问题的，但是，《诗经·大雅·卷阿》之"弥尔性"的"性"却有了重大的变化。《尚书》今古文中"性"凡5见，天性、恒性、习性、节性、土性，从各个角度为其后的《左传》、《国语》中的"性"给定了理论上的预设，对孔孟荀的"性"论也有深刻的影响。

《性自命出》中的"眚"很有可能不是假借字，极有可能就是"性情"之"性"的本字，它是对原始的"生"字提升。情的本字是"青"，性的本字是"生"。生是青的本体，青是生的表现形式；青为生质，生由青显，生、青互证。因此，这两个原始的字，似乎从它们诞生的那一天开始，就已经奠定了日后"性"与"情"之间互动的基调，并且具有形而上的意味。本书以新出简帛与传世文献为基本材料，对"情"字字形的演变和各种义项生发、引申、运用的内在理据进行了详细的梳理，并且在先秦各家各派相互的比较之中，阐发了先秦儒家以德治情，以礼乐养情，以宗教性的境界提升情的流程。天、命、性、情四个范畴的考订与梳理，为后文的展开打开了思路。

先秦儒家的性情思想具有与众不同的历史背景。殷革夏命，周革殷命，天地翻覆的政治风云，春秋战国诸侯争雄，礼崩乐坏的纷争形势，在人们的心灵中引起了史无前例的巨大震荡，由此而导致了先秦儒家的先哲们依托于时代的思潮，对人的性情进行了前所未有的深入思考。王国维云："中国政治与文化之变革，莫剧于殷周之际。""殷周间之大变革，自其表言之，不过一姓一家之兴亡与都邑之移转；自其里言之，则旧制度废而新制度兴，旧文化废而新文化兴；又自其表言之，则古圣人之所以取天下及所以守之者，若无以异于后世之帝王;而自其里言之,则其制度文物与立制之本意,乃出于万世治安之大计,其心术与规模迥非后世帝王所能梦见也。"(《观堂集林·殷周制度论》卷十)因此,先秦儒家性情思想虽然属于古典哲学的范畴,但由于它研究的对象始终是人,它所关心的一些基本问题都涉及人之所以为人、人与社会以及与此有关的一系列相关的领域,并且始终以提升人的精神境界为最终的归宿,所以,其中蕴含着许多合理的、普适性的因素,值得我们认真地学习、反思。

先秦儒家的性情思想虽然源远流长,肇始久远,但是,作为一种精神的自觉,却生发于西周时期。《诗经》云:"天生烝民,有物有则。民之秉彝,好是懿德。"(《诗经·荡之什·烝民》)《尚书》云:"天佑下民,作之君,作之师,惟其克相上帝,宠绥四方。"(《尚书·泰誓上》)天命的关照意识极为浓厚,为此后儒家的性情思想之发展,设定了一条贯通天人的理论框架。孔子及其后学直接继承了《诗经》与《尚书》之注重天命的传统,并且在其性情思想的体系中,多层面、多角度地深化丰富了这一传统。从而使宗教性成了先秦儒家的性情思想中,最突出的基本特征之一。饶宗颐先生云:"无宗教之国家,即无精神文明。"①在经历了一个多世纪"摧枯拉朽"的近现代革命以后的当代中国,物质的相对丰富和社会的相对发展,掩盖了中国人"上不在天,下不在人",极为狭窄、偏枯、贫乏的性情境况。而先秦儒家的人学宗教性,融贯于哲学的思想之中,既熔铸了充足的道义热忱,又避免了极端教旨主义的迷狂;既不失哲理性的宁静与庄重,又最大程度地拓展了人之所以为人的性情空间。它借助于意志之天的惯性,以义理之天、自然之天作为性情的天赋源头,以博、厚、高、明、悠、久作为性情的宗教归宿,反善复始,上下与天地同流,是一笔值得我们认真吸取的精神财富。

孔子"性相近也,习相远也"的划时代命题虽然不脱"生之谓性"的背景,但是,"在中国文化史上,由孔子而确实发现了普遍地人间,亦即是打破了一切人与人的不合理的封域,而承认只要是人便是同类的、便是平等的理念。""打破了社会上政治上的阶级限制,把传统的阶级上的君子小人之分,转化为品德上的君子小人之分,因而使君子小人,可由每一个人自己的努力加以决

---

① 见氏著:《固庵文录·稽古稽天说》,辽宁教育出版社 2000 年版,第 64 页。

定,使君子成为每一个努力向上者的标志,而不复是阶级上的压制者。使社会政治上的阶级,不再成为决定人生价值的因素,这便在精神上给阶级制度以很大的打击。"①孔子一方面昭示人与人之间天赋人权的平等,把所有的人都安置在同一起跑线上,另一方面又将人与人之间社会地位不同的原因全部锁定在"习相远"之上,认定只要你认真学习,提高道德品质的修养,社会就会全面地承认你的价值。由此一来,就在全社会树立起了一个积极、正直、催人奋进的人文氛围。"性相近也,习相远也"的命题,实际上隐含着一个天命之性"无善无不善",后天之性又"可以为善,可以为不善"的理论预设。通过这一预设,把人的后天学习与修持强调到了空前的高度:"唯仁者能好人,能恶人。"(《论语·里仁》)没有道德原则的学习,就做不出正确的价值选择,当然就更不可能养性情之正:"好仁不好学,其蔽也愚;好知不好学,其蔽也荡;好信不好学,其蔽也贼;好直不好学,其蔽也绞;好勇不好学,其蔽也乱;好刚不好学,其蔽也狂。"(《论语·阳货》)孔子云:"学而时习之,不亦说乎? 有朋自远方来,不亦乐乎? 人不知而不愠,不亦君子乎"(《学而》),以"说"、"乐"、"不愠"为基点,提出了"教"的三个境界。"知之者不如好之者,好之者不如乐之者"(《雍也》)又把"教"划分为由"知之"到"好之",再由"好之"到"乐之"的三个层级,最后进入"一箪食,一瓢饮,在陋巷,人不堪其忧,回也不改其乐"(《雍也》),"饭疏食饮水,曲肱而枕之,乐亦在其中矣。不义而富且贵,于我如浮云"(《述而》)的境界。于是,"教"就不仅仅是一种抵达性情之正的途径,而且是一种人生性情的价值选择,是有志之士的一种存有方式。孟子的善端"扩充"论以及荀子的"强学"之"靡",都是在孔子"习相远"基础上的发展。这实在是源远流长的中国传统文化愈久弥新的根本原因。

　　长沙马王堆出土文献《要篇》之"夫子老而好《易》,居则在席,行则在橐"等相关记载,印证了《史记·孔子世家》中关于孔子"韦编三绝",晚年研究《周易》的真实性。由此一来,《易传》之《象传》、《彖传》、《系辞传》甚至包括帛书《易传》的思想核心,都直接来源于孔子,则是毋庸置疑的了。更为重要的是,对《易传》历史性的定位,又为《乐记》、《中庸》、《孟子》之间的传承关系找到

---

①　徐复观著:《中国人性论史》(先秦篇),第64、65页。

了至关重要的证据。把《易传》置放到先秦儒家性情思想的体系之中去认真考察其阴与阳、乾与坤、刚与柔、动与静等一系列概念,我们会发现,阳、乾、刚、动,可以理解为先秦儒家积极入世的情怀,是儒家思想的根本;即便是在逆境之中,在独善其身的时候,这种情怀仍然激荡于心中。阴、坤、柔、静,可以理解为先秦儒家处于逆境之中采取的性情表现方式;这两种相对的力量,在很多情况下,是儒家"经"与"权"的体现。"权"的程度取决于"卦爻"与"时"在具体的卦象中推移的程度。阴、坤、柔、静,包荒含弘,阳、乾、刚、动,纯粹精也。前者是独善其身、运筹帷幄的"隐居以求其志"(《论语·季氏》),后者是君子乾乾、拳拳服膺、"行义以达其道"(《论语·季氏》)的追求。由于每一个卦都是由爻组成的,因此,每一个爻的变化,在先秦儒家的眼里,就是生存环境和方式的变化,就不得不采取一种新的性情表达的形式。通过《易传》的理论,我们发现《周易》之卦爻体系的本质在于不阴不阳、不柔不刚,而为阴阳之宗、刚柔之主的"中庸"、"中和",这是先秦儒家依山点石,用卦爻体系矫正性情的根本原因。《象传》、《彖传》、《系辞传》以及帛书《易传》依托于孔子"性与天道"的立足点,从各个方面展开了儒家性情思想之元、亨、利、贞,贞下起元、天生人成的理路,其中有极为丰富的精神资源、人学思想值得我们认真研究。

在此基础之上,《乐记》、《中庸》在理论上系统借鉴了《易传》"所以会天道人道"的思想而各成伟构。《乐记》的根本在孔子"成于乐"的展开,但是,它一方面注重超验的"天之性",在阴阳大化流行、生生不息的天人之际把握人之所以为人者;另一方面又密切关注现实生活中的血气心知之性,在与外境(物)交接之后的各种反应,既避免了只注重天道而造成的虚玄和空想,也避免了只重视经验层面而带来的性情偏枯,谈天而不离人,说性而不离欲,"血气心知"与"易直子谅"互补,德性之端与英华之气并茂,回旋互动,天人冥合,是先秦儒家性情思想领域中的一篇杰作。

《论语》中的孔子是一位忠厚、真挚、慈祥、亲切的长者。颜渊死,乃天亡夫子之征,子哭之恸。从者曰:"子恸矣!"子曰:"有恸乎?非夫人之为恸而谁为?"(《先进》)孔子的一生,恶虚伪,尚质直,极端重视性情的简、约、厚、直,并且视此为仁学的根基:"人而不仁如礼何?人而不仁如乐何?"(《学而》)"礼,与其奢也,宁俭;丧,与其易也,宁戚。"(《八佾》)《性自命出》一文,一方面继承了孔子恶虚伪,尚质直的传统,提出了"凡人情为可悦也。苟以其情,虽过不恶;不以其情,虽难不贵。苟有其情,虽未之为,斯人信之矣"(第50、51简)的思想,另一方面又发展了孔子的思想,不仅有由天而命而性而情而道的下贯,而且还有由道而情而性而命而天的上溯,情本来就是天之所以为天者,因此,这里的"情"是一个比现代汉语"情感"之"情"更为深刻、宽泛的概念。由于郭店楚简已经受到了《周易》的影响,因此,这个"情"与《周易》的"孚",《中庸》的"诚"有相通之处,与《大学》的"正心"、"诚意"具有同样的品格,也就是麦克斯·缪勒所说的"绝对的圣洁"。① 由此可知,《性自命出》的"情"既指天,又指人。这种双向撑开的理路,被提升为子思子的"诚者,天之道;诚之者,人之道"(《中庸》),孟子的"诚者,天之道也;思诚者,人之道也"(《离娄上》),把天视为诚挚无欺的榜样,万事万物的生化源泉,同时又将人的性情的砥砺、提升、人格的健全、圆满,设置成了向"天"之博厚高明奋进的历程。此之谓"天命之谓性,率性之谓道,修道之谓教"。相对于"性自命出,命自天降。道始于情,情生于性"而言,子思子的这一组命题,周而复始,注重了性与道的统一性,注重了儒家的教化与天命的统一性,更加圆融,更加全面,更加准确,把天、命、道、教全部涵括在人性之中,从而拓展了人之所以为人的精神空间,提高了人的主体在天与人、物与我、人与我之间的人格独立性、精神自由性和万物皆备于我的自主性。

孔子之性情思想的核心是一以贯之的忠与恕的统一。所谓"忠"就是"直",就是忠直、忠诚、坦荡、诚信,就是内在之仁;所谓恕,就是孝,就是"己立立人,己达达人"、"己所不欲,勿施于人"的等差之爱,就是外在的礼。《大学》的八条目就是一个推衍了孔子由"忠"而"恕"的转化,是仁与礼的统一。真正对孔子的忠恕思想进行了重大拓展的学者是孟子。孟子的"性善论"依托于孔子的"忠",借助此前各种性善性恶众说纷纭的理论惯性,避免了世硕、漆雕开等人专门谈性善性恶的狭隘面向,上承《诗》、《书》与孔子,为君子的性情修养和仁政学说,设置了一个在当时的历史条件下毋庸置疑的天命依据,为其

---

① 麦克斯·缪勒说:"宗教是一种知识。它给人以对自我的清澈洞察,解答了最高深的问题,因而向我们转达一种完美的自我和谐,并给我们的思想灌输了一种绝对的圣洁。"(见氏著:《宗教的起源与发展》,上海人民出版社1989年版,第10页)

"民权论"找到了一座顶天立地的靠山。由于孟子强调的只是一种资质,一种禀赋,一种趋于性善的可能性,所以,此善不与恶对,完全靠后天环境的习染、圣人的教化以及自我的存养,才能够扩充、提升,以成就自由的人格。而荀子的性恶论,则主要是就性、情、欲,现实层面而言,其目的是要加强儒家教化的重要性。孟子由"忠"而"恕"的转化,在他所置身的"民之憔悴于虐政,未有甚于此时者也"的历史时期,就是将"善端"的扩充论,扩展到了仁政的领域,由"不忍人之心"推向"不忍人之政":"乐民之乐者,民亦乐其乐;忧民之忧者,民亦忧其忧。乐以天下,忧以天下,然而不王者,未之有也。"(《梁惠王下》)只有在老百姓安居乐业了,鳏寡孤独都有所依靠,"颁白者不负戴于道路","善者"、"仁者"、"圣者"才能够真正地快乐起来。这实际上就是孔子"博施于民而能济众"(《论语·雍也》),由仁而圣的创造性发挥。至为重要的是,孟子的仁政思想是从何以营造一个合理的社会环境、以井田制为基础的经济模式解决老百姓的温饱问题以及"民为贵,社稷次之,君为轻"三个方面着手贯彻的。从先秦儒家性情思想的角度来说,实际上这三个方面都没有脱离圣人德教"人情以为田",呵护老百姓的性情,这样一个基本的立足点。只有老百姓都安居乐业、出入相友、守望相助,疾病相扶持,彼此亲睦,性情安乐,有志于君子道的人也才能够真正成就性情之正的人格。这正是一代亚圣伟大的人格风范!

黑格尔云:"哲学是在发展中的系统,哲学史也是在发展中的系统。"①荀子作为先秦儒家学派的思想家,因为时代的推进,学脉的流衍,现实斗争的需要,其思想内容必然有所发展,有所创新,有时甚至是标新立异。但是,先秦儒家的性情思想是一个受到历史和逻辑限定的"系统",任何置身其中而想完全脱离它并且超越它的时代的想法,都是不可能存在的事情。因此,荀子没有"人定胜天"的思想。在先秦儒家"天生人成"的总框架笼罩之下,荀子的天人之学只不过是发展了周、孔思想的自然性的因素而已,其思想的主体并没有脱离孔子。天人并行不悖,"天人合一",仍然是荀子思想的本质。荀子提倡性恶论,一是故作高论,二是时代使然。隆礼重法是历史惯性导致的结果,荀子

① 黑格尔著:《哲学史讲演录》(一),商务印书馆1983年版,第33、40页。

的目的是加强儒家教化的作用。所以,化性起伪的本质仍然是儒家会天道人道的理路,其性情境界的最终归宿仍然是"厚、大、高、明",宗教性的意味十分浓厚。

总之,先秦儒家的性情思想,秉承于天,依托于命,忠与恕彼此激发,德与礼互为依持,修为于《诗》、《书》、《礼》、《乐》,躬身践履,下学上达,以提升人格博、厚、高、明的境界,是值得我们认真继承的一笔宝贵的文化遗产。

主要参考文献

一、古代

阮元刻本:《十三经注疏》(上、下),北京:中华书局 1980 年版。

国学整理社(世界书局版):《诸子集成》(8 卷本),北京:中华书局 1954 年版。

严可均校辑:《全上古三代秦汉三国六朝文》,北京:中华书局 1958 年版。

贾二强校点:《逸周书》,沈阳:辽宁教育出版社 1997 年版。

阮元主编:《经籍纂诂》(上、下),北京:中华书局 1982 年版。

阮元撰:《性命古训》(《揅经室一集·卷十》,北京:商务印书馆发行,四部丛刊本)。

司马迁撰,裴骃集解,司马贞索隐,张守节正义:《史记》(十卷本),北京:中华书局 1959 年版。

刘宝楠撰:《论语正义》(上、下),北京:中华书局 1990 年版。

程树德撰:《论语集释》(1、2、3、4),北京:中华书局 1990 年版。

杨伯峻译注:《论语译注》,北京:中华书局 1980 年版。

朱谦之撰:《老子校释》,北京:中华书局 1984 年版。

高明撰:《帛书老子校注》,北京:中华书局 1996 年版。

王利器撰:《文子疏证》,北京:中华书局 2000 年版。

焦循撰:《孟子正义》(上、下),北京:中华书局 1987 年版。

杨伯峻译注:《孟子译注》(上、下),北京:中华书局 1960 年版。

王先慎撰:《韩非子集释》,北京:中华书局 1998 年版。

孙希旦集解:《礼记集解》(上、中、下),北京:中华书局 1982 年版。

王聘珍撰：《大戴礼记解诂》，北京：中华书局1983年版。

孙星衍撰：《尚书今古文注疏》（上、下），北京：中华书局1986年版。

郭庆藩辑：《庄子集释》，北京：中华书局1961年版。

王先谦撰：《荀子集解》，北京：中华书局1988年版。

梁启雄著：《荀子简释》，北京：中华书局1983年版。

王利器著：《吕氏春秋注疏》，成都：巴蜀书社2002年版。

杨伯峻编著：《春秋左传注》，北京：中华书局1987年版。

苏舆撰：《春秋繁露义证》，北京：中华书局1992年版。

刘文典撰：《淮南鸿烈集释》，北京：中华书局1989年版。

何宁撰：《淮南子集释》，北京：中华书局1998年版。

王弼著，楼宇烈校释：《王弼集校释》，北京：中华书局1980年版。

张载著：《横渠易说》，见《张载集》，北京：中华书局1978年版。

程颐、程颢著：《二程集》，北京：中华书局1981年版。

程颐、程颢著，潘富恩导读：《二程遗书》，上海：上海古籍出版社2000年版。

黎靖德编：《朱子语类》，北京：中华书局1994年版。

朱熹撰：《周易本义》，武汉：武汉古籍书店1988年影印本。

陈淳著：《北溪字义》，北京：中华书局1983年版。

李光地纂，刘大均整理：《周易折中》，成都：巴蜀书社1998年版。

李鼎祚撰：《周易集解》，北京：中国书店1984年影印本。

荆门市博物馆：《郭店楚墓竹简》，北京：文物出版社1998年版。

马承源主编：《上海博物馆藏战国竹书》（一），上海：上海古籍出版社2001年版。

马承源主编：《上海博物馆藏战国竹书》（二），上海：上海古籍出版社2002年版。

上海师范大学古籍整理研究所校点：《国语》，上海：上海古籍出版社1998年版。

傅亚庶撰：《刘子校释》，北京：中华书局1998年版。

李翱著：《李文公集·复性论》（四部丛刊）。

韩愈著:《韩昌黎集·原性》(四部丛刊)。

戴震著:《孟子字义疏证》,北京:中华书局 1991 年版。

皮锡瑞著:《经学通论》,北京:中华书局 1954 年版。

皮锡瑞著:《今文尚书考证》,北京:中华书局 1989 年版。

陈澧著:《东塾读书记》,北京:三联书店 1998 年版。

中华书局编辑部编:《小学名著六种》(《玉篇》、《广韵》、《集韵》、《小尔雅义证》、《方言疏证》、《广雅疏证》),北京:中华书局 1998 年影印本。

朱骏声撰:《说文通训定声》,北京:中华书局 1984 年版。

桂馥撰:《说文解字义证》,北京:中华书局 1987 年版。

王筠撰:《说文解字句读》,北京:中华书局 1988 年版。

张亚初编著:《殷周金文集成》,北京:中华书局 2001 年版。

许慎撰、段玉裁注:《说文解字注》,杭州:浙江古籍出版社 1998 年版。

何琳仪著:《战国古文字典》,北京:中华书局 1998 年版。

二、现、当代

王国维著:《观堂集林》(附别集),北京:中华书局 1959 年版。

梁启超著,朱维铮校注:《梁启超论清学史二种》(《清代学术概论》、《中国近三百年学术史》),上海:复旦大学出版社 1985 年版。

梁启超著:《古书真伪及其年代》,见《梁启超国学讲录二种》,北京:中国社会科学出版社 1997 年版。

胡适著:《中国哲学史大纲》,北京:东方出版社 1996 年版。

王国维著:《王国维学术论著》,杭州:浙江人民出版社 1998 年版。

刘师培著:《刘师培学术论著》,杭州:浙江人民出版社 1998 年版。

陶鸿庆著:《陶鸿庆学术论著》(《读诸子札记》),杭州:浙江人民出版社 1998 年版。

马宗霍著:《中国经学史》,北京:商务印书馆 1936 年版。

朱自清撰:《经典常谈》,上海:上海古籍出版社 1999 年版。

周予同著:《中国经学史讲义》,上海:上海文艺出版社 1999 年版。

马一浮注:《老子注》,见王元化主编:《学术集林》卷五,上海远东出版社

1995 年版。

廖平著:《今古文考》,见刘梦溪主编:《中国现代学术经典·廖平　蒙文通卷》,石家庄:河北教育出版社 1996 年版。

蒙文通著:《古学甄微》,《蒙文通文集》第一卷,成都:巴蜀书社 1987年版。

蒙文通著:《古史甄微》,《蒙文通文集》第五卷,成都:巴蜀书社 1999年版。

蒙文通著:《经学抉原》,见刘梦溪主编:《中国现代学术经典·廖平　蒙文通卷》,石家庄:河北教育出版社 1996 年版。

蒙文通:《儒学五论》,见刘梦溪主编:《中国现代学术经典·廖平　蒙文通卷》,石家庄:河北教育出版社 1996 年版。

蒋伯潜著:《十三经概论》,上海:上海古籍出版社 1983 年版。

钱穆著:《先秦诸子系年》,北京:商务印书馆 2001 年版。

钱穆著:《国学概论》,北京:商务印书馆 1997 年版。

钱穆著:《国史新论》,北京:三联书店 2001 年版。

钱穆著:《孔子传》,北京:三联书店 2002 年版。

钱穆著:《论语新解》,北京:三联书店 2002 年版。

吕思勉著:《先秦学术概论》,上海:中国大百科全书出版社 1985 年版。

吕思勉著:《经子解题》,上海:华东师范大学出版社 1995 年版。

侯外庐著:《中国古代思想史》(一),北京:人民出版社 1980 年版。

张光直著:《中国青铜时代》,北京:三联书店 1999 年版。

张光直著,毛小雨译:《商代文明》,北京:北京工艺美术出版社 1999年版。

郭沫若著:《青铜时代》,北京:人民出版社 1954 年版。

郭沫若著:《十批判书》,北京:东方出版社 1996 年版。

张舜徽著:《周秦道论发微》,北京:中华书局 1982 年版。

陈梦家著:《尚书通论》,石家庄:河北教育出版社 2000 年版。

刘起釪著:《古史续辩》,北京:中国社会科学出版社 1991 年版。

杨宽著:《西周史》,上海:上海人民出版社 1999 年版。

杨宽著:《战国史》,上海:上海人民出版社 1998 年版。

洪湛侯著:《诗经学史》,北京:中华书局 2002 年版。

刘长林著:《中国系统思维》,北京:中国社会科学出版社 1990 年版。

金春峰著:《汉代思想史》,北京:中国社会科学出版社 1997 年版。

傅斯年著:《性命古训辨证》,见刘梦溪主编:《中国现代学术经典·傅斯年卷》,石家庄:河北教育出版社 1996 年版。

李学勤著:《古文献丛论》,上海:上海远东出版社 1996 年版。

任继愈主编:《中国哲学发展史》(先秦),北京:人民出版社 1983 年版。

冯友兰著:《中国哲学史》(上、下),上海:华东师范大学出版社 2000 年版。

唐君毅著:《中国哲学原论·原性篇》,台北:新亚书院研究所 1974 年版。

牟宗三著:《心体与性体》,上海:上海古籍出版社 1999 年版。

牟宗三著:《四因说》,上海:上海古籍出版社 1998 年版。

牟宗三著:《中国哲学的特质》,上海:上海古籍出版社 1997 年版。

牟宗三著:《中西哲学之会通十四讲》,上海:上海古籍出版社 1997 年版。

牟宗三著:《中国哲学十九讲》,上海:上海古籍出版社 1997 年版。

张岱年著:《中国哲学大纲》,北京:中国社会科学出版社 1982 年版。

张岱年著:《中国古典哲学概念范畴要论》,北京:中国社会科学出版社 1989 年版。

萧萐父、李锦全主编:《中国哲学史》(上),北京:人民出版社 1982 年版。

萧萐父、李锦全主编:《中国哲学史》(下),北京:人民出版社 1983 年版。

萧萐父:《船山哲学引论》,南昌:江西人民出版社 1993 年版。

萧萐父著:《吹沙集》,成都:巴蜀书社 1991 年版。

萧萐父著:《吹沙二集》,成都:巴蜀书社 1999 年版。

萧萐父、李锦全主编:《中国哲学史纲要》,北京:外文出版社 2000 年版。

萧萐父著:《萧萐父文选　思史纵横》,武汉:武汉大学出版社 2007 年版。

萧萐父著:《萧萐父文选　呼唤启蒙》,武汉:武汉大学出版社 2007 年版。

萧萐父著:《萧萐父选集》,武汉:武汉大学出版社 2013 年版。

萧萐父著:《中国哲学史史料源流举要》,北京:北京出版社 2017 年版。

萧萐父著:《大家小书　中华慧命续千年》,北京:北京出版社2018年版。

萧萐父著,郭齐勇编,汤一介名誉主编,王守常主编:《师道师说　萧萐父卷》,北京:东方出版社2019年版。

李泽厚、刘纲纪主编:《中国美学史》(先秦两汉),北京:中国社会科学出版社1984年版。

李泽厚著:《中国古代思想史论》,北京:人民出版社1985年版。

李泽厚著:《论语今读》,北京:中国社会科学出版社1998年版。

李泽厚著:《美的历程》,北京:文物出版社1981年版。

宗白华著:《美学散步》,上海:上海人民出版社1981年版。

杨向奎著:《宗周社会与礼乐文明》,北京:人民出版社1997年版。

庞朴著:《儒家辩证法研究》,北京:中华书局1984年版。

庞朴著:《竹帛〈五行〉篇校注及研究》,台北:万卷楼图书有限公司2000年版。

庞朴著:《一分为三》,深圳:海天出版社1995年版。

庞朴著:《一分为三论》,上海:上海古籍出版社2003年版。

杜维明著,段德智译:《论儒学的宗教性》,武汉:武汉大学出版社1999年版。

杜维明著,郭齐勇、郑文龙编:《杜维明文集》(肆),武汉:武汉出版社2001年版。

陈其泰、郭伟川等编:《二十世纪中国礼学研究论集》,北京:学苑出版社1998年版。

牟钟鉴、张践著:《中国宗教通史》(上、下),北京:社会科学文献出版社2000年版。

郭齐勇、吴根友著:《诸子学志》,上海:上海人民出版社1998年版。

郭齐勇著:《郭齐勇自选集》,桂林:广西师范大学出版社1999年版。

郭齐勇著:《儒学与儒学史新论》,台北:学生书局2002年版。

郭齐勇主编:《中国古典哲学名著选读》,北京:人民出版社2005年版。

郭齐勇编著:《中国哲学史》,北京:高等教育出版社2006年版。

郭齐勇著:《中国儒学之精神》,上海:复旦大学出版社2009年版。

郭齐勇主编:《简明中国哲学》,北京:高等教育出版社 2010 年版。

郭齐勇著:《中华人文精神的重建以中国哲学为中心的思考》,北京:北京师范大学出版社 2011 年版。

郭齐勇主编:《儒家文化研究　第 4 辑　心性论研究专号》,北京:生活·读书·新知三联书店 2012 年版。

郭齐勇、欧阳祯人主编:《问道中国哲学　中国哲学史研究的现状与前瞻》,北京:九州出版社,2014 年版。

郭齐勇著:《儒学与现代化的新探讨》,北京:商务印书馆 2015 年版。

郭齐勇著:《儒学新论　郭齐勇学术论集》,贵阳:孔学堂书局 2016 年版。

郭齐勇著:《中国思想的创造性转化　中国传统文化与当下》,上海:上海教育出版社 2018 年版。

郭齐勇著:《中国哲学简史》,上海:华东师范大学出版社 2018 年版。

郭齐勇著:《中国人的智慧》,北京:中华书局 2018 年版。

郭齐勇著:《中国文化精神的特质》,北京:生活·读书·新知三联书店 2018 年版。

郭齐勇著:《中国哲学史十讲》,上海:复旦大学出版社 2019 年版。

郭齐勇著:《儒者的智慧》,北京:北京出版社 2019 年版。

郭齐勇编:《中国哲学史》,北京:商务印书馆 2021 年版。

李维武编著:《中国哲学史纲》,成都:巴蜀书社 1988 年版。

李维武著:《中国哲学的现代转型》,北京:中华书局 2008 年版。

李维武著:《中国哲学的传统更新》,北京:人民出版社 2012 年版。

李维武著:《中国哲学的古今之变》,北京:人民出版社 2016 年版。

李维武著:《马克思主义哲学中国化与中国哲学的现代转型》,北京:北京师范大学出版社 2021 年版。

朱狄著:《原始文化研究》,北京:生活·读书·新知三联书店 1988 年版。

徐复观著:《中国人性论史》(先秦篇),台北:台湾"商务印书馆"1969 年版。

徐复观著:《徐复观论经学史二种》,上海:上海书店出版社 2002 年版。

徐复观著,李维武编:《徐复观文集》,武汉:湖北人民出版社 2002 年版。

徐复观著:《两汉思想史》,上海:华东师范大学出版社2001年版。

廖名春著:《孟子的智慧》,延吉:延边大学出版社1993年版。

廖名春著:《荀子的智慧》,台北:汉艺色研文化出版事业有限公司1997年版。

廖名春编:《清华简帛研究》,北京:清华大学思想文化研究所2000年。

廖名春著:《〈周易〉经传与易学史新论》,济南:齐鲁书社2001年版。

廖名春著:《郭店楚简老子校释》,北京:清华大学出版社2003年版。

朱渊清、廖名春主编:《上博馆藏战国楚竹书研究》,上海:上海书店出版社2002年版。

荆门郭店楚简研究(国际)中心编:《古墓新知》,香港:国际炎黄文化出版社2003年版。

李景林著:《教养的本原:哲学突破期的儒家心性论》,沈阳:辽宁人民出版社1998年版。

姜广辉主编:《郭店楚简研究》,见《中国哲学》第20集,沈阳:辽宁教育出版社1999年版。

姜广辉主编:《郭店简与儒学研究》,见《中国哲学》第21集,沈阳:辽宁教育出版社2000年版。

姜广辉主编:《经学今诠初编》(《中国哲学》第22集),沈阳:辽宁教育出版社2000年版。

姜广辉主编:《经学今诠三编》(《中国哲学》第24集),沈阳:辽宁教育出版社2002年版。

姜广辉主编:《中国经学思想史》第一卷,北京:中国社会科学出版2003年版。

国际儒学联合会编:《国际儒学研究》第1辑,北京:人民出版社1995年版。

李零著:《郭店楚简校读记》(增订本),北京:北京大学出版社2002年版。

刘笑敢著:《庄子哲学及其演变》,北京:中国社会科学出版社1988年版。

朱伯崑主编:《国际易学研究》第1辑,北京:华夏出版社1995年版。

朱伯崑著:《易学哲学史》,北京:北京大学出版社1986年版。

陈鼓应主编:《道家文化研究》第 3 辑,上海:上海古籍出版社 1993 年版。

陈鼓应主编:《道家文化研究》第 17 辑"郭店楚简专号",北京:三联书店 1999 年版。

陈鼓应主编:《道家文化研究》第 18 辑,北京:三联书店 2000 年版。

武汉大学中国文化研究院编:《郭店楚简国际学术研讨会论文集》,武汉:湖北人民出版社 2000 年版。

饶宗颐著:《固庵文录》,沈阳:辽宁教育出版社 2000 年版。

饶宗颐著:《中国史学上之正统论》,上海:上海远东出版社 1986 年版。

印顺著:《中国禅宗史》,南昌:江西人民出版社 1999 年版。

印顺著:《佛法概论》,上海:上海古籍出版社 1998 年版。

方立天著:《佛教哲学》(增订本),北京:中国人民大学出版社 1991 年版。

丁四新著:《郭店楚墓竹简思想研究》,北京:东方出版社 2000 年版。

丁四新主编:《楚地出土简帛文献思想研究》第 1 辑,武汉:湖北教育出版社 2002 年版。

吕大吉著:《宗教学通论新编》(上),北京:中国社会科学出版社 1998 年版。

单纯著:《宗教哲学》,北京:中国社会科学出版社 2003 年版。

杨国荣著:《善的历程》,上海:上海人民出版社 1994 年版。

代钦著:《儒家思想与中国传统数学》,北京:商务印书馆 2003 年版。

程水金著:《中国早期文化意识的嬗变》,武汉:武汉大学出版社 2003 年版。

田昌五、臧知非著:《周秦社会结构研究》,西安:西北大学出版社 1996 年版。

田文军著:《冯友兰新理学研究》,武汉:武汉出版社 1990 年版。

冯友兰著,田文军编:《极高明而道中庸 冯友兰新儒学论著辑要》,北京:中国广播电视出版社 1995 年版。

田文军著:《冯友兰传 1895—1990》,北京:人民出版社 2003 年版。

田文军编著:《珞珈思存录》,北京:中华书局 2009 年版。

田文军著:《近世中国的儒学与儒家》,北京:人民出版社 2012 年版。

田文军著:《冯友兰》,北京:群言出版社 2014 年版。

田文军、文碧芳、郭齐勇著:《中国哲学通史》,南京:江苏人民出版社 2020 年版。

杨儒宾著:《儒家身体观》,台北:"中研院"中国文哲研究所筹备处 1996 年版。

黄俊杰著:《孟学思想史论》(卷一),台北:东大图书公司 1991 年版。

黄俊杰著:《孟学思想史论》(卷二),台北:"中研院"中国文哲研究所筹备处 1997 年版。

黄俊杰著:《儒学与现代台湾》,北京:中国社会科学出版社 2001 年版。

蒙培元著:《中国心性论》,台北:台湾学生书局 1990 年版。

蒙培元著:《理学范畴系统》,北京:人民出版社 1989 年版。

蒙培元著:《心灵超越与境界》,北京:人民出版社 1998 年版。

蒙培元著:《中国哲学主体思维》,北京:人民出版社 1993 年版。

蒙培元著:《情感与理性》,北京:中国社会科学出版社 2002 年版。

陈来著:《古代宗教与伦理》,北京:生活·读书·新知三联书店 1996 年版。

陈来著:《有无之境》,北京:人民出版社 1991 年版。

陈来著:《朱子哲学研究》,上海:华东师范大学出版社 2000 年版。

陈来著:《古代思想文化的世界》,北京:生活·读书·新知三联书店 2002 年版。

黄寿祺著,张善文点校:《易学群书平议》,北京:北京师范大学出版社 1988 年版。

李镜池著:《周易探源》,北京:中华书局 1978 年版。

高亨著:《周易杂论》,济南:齐鲁书社 1979 年版。

高亨著:《周易古经今注》,北京:中华书局 1984 年版。

高亨著:《周易大传今注》,济南:齐鲁书社 1998 年版。

萧汉明著:《阴阳——大化与人生》,广州:广东人民出版社 1998 年版。

萧汉明主编:《大易性情》,武汉:湖北教育出版社 2002 年版。

萧汉明著:《周易本义导读》,济南:齐鲁书社 2003 年版。

萧汉明著:《传统哲学的魅力》,北京:中华书局 2008 年版。

萧汉明著:《易苑漫步》,上海:上海古籍出版社 2010 年版。

罗炽著、萧汉明著:《易学与人文》,北京:中国书店 2004 年版。

唐明邦、张武、罗炽、萧汉明著:《周易纵横录》,武汉:湖北人民出版社 1986 年版。

徐水生著:《近代日本の知識人と中国哲学》,东京:日本株式會社東方書店 2008 年版。

徐水生著:《大陆地区博士论文丛刊　中国古代哲学与日本近代文化》,北京:文津出版社 1933 年版。

徐水生著:《中国哲学与日本文化》,北京:中华书局 2012 年版。

唐明邦、程静宇主编:《中国古代哲学名著选读》,武汉:武汉大学出版社 1988 年版。

唐明邦主编,黄钊等撰:《周易评注》,北京:中华书局 1995 年版。

唐明邦著:《当代易学与时代精神》,武汉:湖北人民出版社 1999 年版。

唐明邦著:《周易通雅　唐明邦易学论文选》,武汉:武汉大学出版社 2010 年版。

唐明邦著:《天人之学　唐明邦自选集》,北京:中央编译出版社 2013 年版。

唐明邦、王继红著:《易学源流举要》,武汉:湖北教育出版社 2018 年版。

董光璧著:《易图的数学结构》,上海:上海人民出版社 1987 年版。

董光璧著:《易学科学史纲》,武汉:武汉出版社 1993 年版。

金景芳讲述,吕绍纲整理:《周易讲座》,长春:吉林大学出版社 1987 年版。

金景芳著:《〈周易·系辞传〉新编详解》,沈阳:辽海出版社 1998 年版。

刘正著:《周易发生学》,北京:中国社会科学出版社 1993 年版。

杨泽波著:《孟子性善论研究》,北京:中国社会科学出版社 1995 年版。

王博著:《易传通论》,北京:中国书店 2003 年版。

李天虹著:《郭店竹简〈性自命出〉研究》,武汉:湖北教育出版社 2002 年版。

齐佩瑢著:《训诂学概论》,北京:中华书局1984年版。

人民音乐出版社编辑部编:《〈乐记〉论辩》,北京:人民音乐出版社1983年版。

蒋孔阳著:《先秦音乐美学思想论稿》,北京:人民文学出版社1986年版。

丁原植著:《楚简儒家性情说研究》,台北:万卷楼图书有限公司2002年版。

玉菡著:《〈礼记·乐记〉道德形上学》,台北:文史哲出版社2002年版。

欧阳祯人著:《郭店儒简论略》,台北:台湾古籍出版有限公司2003年版。

欧阳祯人著:《从简帛中挖掘出来的政治哲学》,武汉:武汉大学出版社2010年版。

欧阳祯人著:《从心性到政治》,北京:中国社会科学出版社2017年版。

欧阳祯人著:《出土简帛中的政治哲学 出土文献与早期中国思想新知论丛》,北京:中国人民大学出版社2017年版。

欧阳祯人著:《思孟学派新论 欧阳祯人学术论集》,孔学堂书局2017年版。

聂保平著:《先秦儒家性情论》,长春:吉林人民出版社2007年版。

李明辉著:《四端与七情 关于道德情感的比较哲学探讨》,上海:华东师范大学出版社2008年版。

马育良著:《中国性情论史》,北京:人民出版社2010年版。

叶青春著:《儒家性情思想研究》,成都:西南交通大学出版社2011年版。

华军著:《性情与礼教 先秦儒学利人思想研究》,北京:中国社会科学出版社2016年版。

三、中译本

亚理斯多德著,罗念生译:《诗学》,北京:人民文学出版社1984年版。

马尔库斯·图利乌斯·西塞罗著,徐奕春译:《有节制的生活》,西安:陕西师范大学出版社2003年版。

布留尔著,丁由译:《原始思维》,北京:商务印书馆1981年版。

休谟著,关文运译:《人类理解研究》,北京:商务印书馆1957年版。

休谟著,关文运译、郑之骧校:《人性论》(上、下),北京:商务印书馆 1980 年版。

休谟著,曾晓平译:《道德原则研究》,北京:商务印书馆 2001 年版。

斯宾诺莎著,贺麟译:《伦理学》,北京:商务印书馆 2001 年版。

马赫著,洪谦、唐钺、梁志学译:《感觉的分析》,北京:商务印书馆 1986 年版。

黑格尔著,贺麟、王玖兴译:《精神现象学》,北京:商务印书馆 2001 年版。

黑格尔著,贺麟、王太庆译:《哲学史讲演录》(一),北京:商务印书馆 2001 年版。

黑格尔著,朱光潜译:《美学》(第一卷),北京:商务印书馆 1979 年版。

黑格尔著,朱光潜译:《美学》(第二卷),北京:商务印书馆 1984 年版。

黑格尔著,朱光潜译:《美学》(第三卷 上),北京:商务印书馆 1982 年版。

黑格尔著,朱光潜译:《美学》(第三卷 上),北京:商务印书馆 1984 年版。

约翰·罗尔斯著,何怀宏、何包钢、廖申白译:《正义论》,北京:中国社会科学出版社 1988 年版。

约翰·密尔著,许宝骙译:《论自由》,北京:商务印书馆 1986 年版。

尼科洛·马基雅维里著,潘汉典译:《君主论》,北京:商务印书馆 1985 年版。

苏珊·朗格著:《情感与形式》,北京:中国社会科学出版社 1986 年版。

安乐哲、罗思文著:《〈论语〉的哲学诠释》,北京:中国社会科学出版社 2003 年版。

伽达默尔著,洪汉鼎译:《真理与方法》,北京:上海译文出版社 1999 年版。

马克斯·韦伯著,王容芬译:《儒教与道教》,北京:商务印书馆 1999 年版。

亚当·斯密著:《道德情操论》,北京:商务印书馆 1997 年版。

洛克著,关文运译:《人类理解论》,北京:商务印书馆 1997 年版。

洛克著，瞿菊农、叶启芳译：《政府论》，北京：商务印书馆 1996 年版。

洛克著，吴云贵译：《论宗教宽容》，北京：商务印书馆 1999 年版。

费尔巴哈著，荣震华译：《基督教的本质》，北京：商务印书馆 1997 年版。

尼采著，周国平译：《悲剧的诞生》，北京：三联书店 1986 年版。

尼采著，张念东、凌素心译：《权力意志》，北京：商务印书馆 1996 年版。

恩斯特·卡西尔著，甘阳译：《人论》，上海：上海译文出版社 1985 年版。

高新民、储昭华主编：《心灵哲学》，北京：商务印书馆 2002 年版。

费希特著，梁志学、沈真译：《论学者的使命　人的使命》，北京：商务印书馆 1984 年版。

麦克斯·穆勒著，金泽译：《宗教的起源与发展》，上海：上海人民出版社 1989 年版。

杜·舒尔茨著，杨立能等译：《现代心理学史》，北京：人民教育出版社 1981 年版。

弗兰克·戈布尔著，吕明、陈红雯译：《第三思潮：马斯洛心理学》，上海：上海译文出版社 1987 年版。

埃德华·威尔逊著，方展画、周丹译：《论人性》，杭州：浙江教育出版社 2001 年版。

葛瑞汉著，张海晏译：《论道者》，北京：中国社会科学出版社 2003 年版。

四、论文

章太炎：《辨性》，见《章太炎文选》，上海：上海远东出版社 1996 年版。

章太炎：《〈易〉论》，见傅杰编校：《章太炎学术史论集》，中华社会科学出版社 1997 年版。

黄俊杰：《〈孟子〉知言养气章集释新诠》，见《孟子思想史论》（卷一），台湾：东大图书公司 1991 年版。

冯达文：《"性"与"情"》，《中国哲学史研究》1983 年第 4 期。

方立天：《中国哲学的"性情"范畴》，《中国哲学史研究》1984 年第 1 期。

郭沫若：《公孙尼子与其音乐理论》，见郭沫若：《青铜时代》，人民出版社 1954 年版。

庞朴:《天人之学述论》,见陈明主编:《原道》第 2 辑,团结出版社 1995 年版。

向世陵:《郭店竹简"性"、"情"论》,《孔子研究》1999 年第 1 期。

郭齐勇:《郭店儒家简与孟子心性论》,《武汉大学学报》1999 年第 5 期。

郭齐勇:《郭店楚简身心观发微》,见武汉大学中国文化研究院编:《郭店楚简国际学术研讨会论文集》(《人文论丛》特辑),湖北人民出版社 2000 年版。

陈昭瑛:《性情中人:是从楚文化论〈郭店楚简·性情篇〉》,见武汉大学中国文化研究院编:《郭店楚简国际学术研讨会论文集》(《人文论丛》特辑),湖北人民出版社 2000 年版。

刘昕岚:《郭店楚简〈性自命出〉篇笺释》,见武汉大学中国文化研究院编:《郭店楚简国际学术研讨会论文集》(《人文论丛》特辑),湖北人民出版社 2000 年版。

丁四新:《论〈性自命出〉与公孙尼子的关系》,《武汉大学学报》1999 年第 5 期。

丁四新:《论郭店楚简"情"的内涵》,《现代哲学》2003 年第 4 期。

陈伟:《郭店简书〈人虽有性〉校释》,《中国哲学史》2000 年第 4 期。

刘乐贤:《〈性自命出〉与〈淮南子·缪称〉论"情"》,《中国哲学史》2000 年第 4 期。

连劭名:《论郭店楚简〈性自命出〉中的"道"》,《中国哲学史》2000 年第 4 期。

李天虹:《从〈性自命出〉谈孔子与诗、书、礼、乐》,《中国哲学史》2000 年第 4 期。

庞朴:《天人三式——郭店楚简所见天人关系试说》,见武汉大学中国文化研究院编:《郭店楚简国际学术研讨会论文集》(《人文论丛》特辑),湖北人民出版社 2000 年版。

庞朴:《郢燕书说——郭店楚简中山三器心旁文字试说》,见武汉大学中国文化研究院编:《郭店楚简国际学术研讨会论文集》(《人文论丛》特辑),湖北人民出版社 2000 年版。

杨泽波:《孟子气论难点辨疑》,《中国哲学史》2001年第1期。

李天虹:《〈性自命出〉与传世先秦文献"情"字解诂》,《中国哲学史》2001年第3期。

余敦康:《夏商周三代宗教——中国哲学思想发生的源头》,见姜广辉主编:《中国哲学》第二十四辑,辽宁教育出版社2002年版。

石洪波:《论荀子的性情观》,《管子学刊》2006年第2期。

李景林、田智忠:《朱子心论及其对先秦儒学性情论的创造性重建》,《中国社会科学》2007年第3期。

陈来:《竹简〈五行〉篇与子思想研究》,《北京大学学报》2007年第2期。

陈来:《孟子的德性论》,《哲学研究》2010年第5期。

林启屏:《心性与性情:先秦儒学思想中的"人"》,《文史哲》2011年第6期。

程郁:《〈春秋繁露〉人性论与先秦性情思想》,《孔子研究》2012年第2期。

郭齐勇:《孟子性善论所涵道德理性与道德情感问题》,《湖北大学学报》2013年第5期。

李存山:《中韩儒学的"性情之辨"与"人物性同异之辩"》,《道德与文明》2017年第5期。

赵法生:《儒家性情论诠释的新模式》,《当代儒学》2017年第1期。

涂可国:《儒家性情的内涵、义理与当代转化》,《伦理学》2017年第9期。

李明辉:《韩儒金昌协的四端七情论与"性情经纬说"》,《思想与文化》2018年第1期。

赵法生:《存在、性情与工夫——生活儒学之性情理论的贡献与局限》,《社会科学家》2018年第1期。

邱楚媛:《郭店楚简〈性自命出〉与早期心性论的核心问题》,《中国儒学》2018年卷。

马腾:《儒家子思学派的性情论与法思想》,《文史哲》2019年第1期。

梁静:《上博〈性情論〉研究及與郭店本的对比》,《出土文献》2019年第1期。

赵法生:《性情论还是性理论? ——原始儒家人性论义理形态的再审视》,《伦理学》(人大复印)2019 年第 6 期。

赵法生:《论〈性自命出〉性情化的身体观》,《齐鲁学刊》2019 年第 6 期。

汪明磊:《浅谈庄子性情观》,《人文天下》2020 年第 1 期。

王耕:《"情"视域下的朱熹性情观新论》,《宋史研究论丛》2020 年第 1 期。

刘悦笛:《以"心统情性"兼祧孟荀——孟子"天性情心"与荀子"天情性心"统合论》,《孔学堂》2020 年第 2 期。

赵法生:《从性情论到性善论——论孟子性善论的历史形成》,《南京大学学报》2020 年第 4 期。

赵法生:《先秦儒家性情论视域下的〈中庸〉人性论》,《中国哲学史》2020 年第 5 期。

赵法生:《性理、心性与性情——牟宗三对程朱中和说的批评及其反思》,《国际儒学》(中英文)2021 年第 4 期。

刘悦笛:《"性生于情"而非"情生于性"——儒家"情本哲学"的根本翻转》,《探索与争鸣》2021 年第 11 期。

附录　关于作者博士学位 论文的审查报告

一、武汉大学哲学学院教授萧萐父先生的审查报告

张杰同学的博士论文是一项扎实、厚重的科研成果。由于他特别注重发掘新近出土的郭店楚简、上海博物馆藏竹简、马王堆帛书《易传》等考古资料，并将它们与传世文献打通，认真梳理，形成条贯的统绪，在海内外学术界有关科研成果的基础上，融通中西，推陈出新，对先秦儒家的性情思想进行了深入系统的研究，展示了一个意蕴深刻的人学体系，填补了学术界在这个方面的空白。

论文对天、命、性、情四个范畴的本义及其在各种元典性文献中流变、发展的状态，包括它们之间的关联互动，作了深入细致的阐释，从中国哲学原始状态的实际出发，多角度、多层面，动态地揭示了这些范畴的丰富性与深刻性，展示了一个天、命、性、情流转互动、极具内在张力的先秦儒家性情思想的理论构架。论文并以历史与逻辑相统一的方法深入先秦儒家哲学思想的内部，在与先秦乃至整个中国哲学史上相关流派思想的比较中，系统考察了孔子、《性自命出》、《中庸》、孟子、荀子性情思想的意涵及其发展的脉络，以"天生人成"为理论的背景，强调仁政、人格、境界等诸多方面与性情的互渗关系，既有哲学史研究本身的学术深度，也有重构中国现代人文精神的现实意义。在儒家的人学宗教性方面、人格修养的境界学方面、美学与人学彼此激发的内在机制建设方面等等诸多问题上提出了很多创造性的观点，为学术界提供了一项优秀的研究成果。

作者具有严格的学术训练，恪守学术规范。究天人之际而不流于虚玄，论

古今之变而力求拓新,体现了作者深厚的学术功底和独立进行创造性科学研究的能力。作者在答辩之后还将继续就《周易》、《礼记》的性情思想展开进一步的撰述,届时,无疑会更加完美、丰满。

萧萐父

武汉大学哲学学院

2003 年 10 月 8 日

二、中国社会科学院研究员庞朴先生的审查报告

性情问题,是中国传统文化中的一个古老课题。但是,它在历史上的屡屡引起人们重视,却总是饱含着时代的高亢呼声,昭示着人们对人道生活的不懈追求,对人格尊严的强力伸张。因此,性情问题,便不是一个单纯的理论题目,也不是一个逝去的古老传说,而是一个实实在在的关系到人文精神的培养和发扬的现实问题。

张杰同学在文中一再提到"天生人成",强调仁政、人格、民权、境界与性情学说的关系,否定那些仅仅把性情问题当做心理学问题的浅见,足证他在选题和作文时,是有着高度的自觉的。

谈性情而限定在儒家,谈儒家而又限定在先秦,这遂使得文章的难度成倍增加。因为先秦儒家有关性情思想的传世资料,是寥寥无多,且不甚齐全的。作者于此充分运用了出土文献,并从而推广开去,从现存的人们熟知的四书五经中,释读出许多性情思想,从而作出肌肤丰润、经络分明、凿凿有据、洋洋大观的文章来,这确实是作者驾驭材料、创说立言能力的最好表现。

于是,文章在许多方面多有创新。其最应称道的是,作者从研究中发现,先秦儒家的性情思想,自始至终既不是一个心理学问题,也不只是一个心性学问题,而是一个意蕴极深的人学体系。儒家在这个体系中所追求的性情世界,是宗教性与美学性相激荡的超越的精神境界。从而,先秦儒家的性情思想,极具道德的践履性,而且具有永恒的普适性。围绕着这一中心,作者做出了周密的博辩的考察和论证。

诸如此类的卓见,使得文章有着相当的学术价值与实践价值。至于逻辑

能力、文字能力、文献知识能力、思想表达能力等，都可不必多提了：摆在我们面前的，完全是一篇相当成熟的博士论著。

我所感到的不足之处是，文章在对荀子的分析中，认为荀子性恶论是"故作高论"和"时代使然"，似尚未曾注意到，性恶论的部分原因，正在性善论中。性善论与性恶论，乃性论的两个极端，相反而又相成；从性善论摆向性恶论，正是思想本身发展的必然轨迹，或所谓的辩证道路。如能指明这一事实，则又深入一步了。

大醇小疵。我相信，这篇论文必将顺利获得通过，并很快得到出版。

庞　朴

中国社会科学院

2003 年 10 月 9 日

三、中央民族大学哲学与宗教学系教授牟钟鉴先生的审查报告

张杰博士论文选题新颖而且有重要理论意义。以前讲先秦儒家心性学或者人性论的较多，虽也涉及性情关系，但多篇略。本著专论先秦儒家性情思想，深入揭示人性与情感活动的关系，弥补了学术研究的弱项，对于开发传统思想资源、推动人学的发展，做出了新的贡献。

作者在考察先秦儒家性情观时，使用了郭店楚简《性自命出》，把它作为儒学从孔子到孟、荀之间的中间环节，构成孔子、《性自命出》、《中庸》、孟子、荀子五个历史发展阶段，并且揭示了每一阶段儒家性情思想的特质及进展，形成逻辑与历史的统一。由于考古资料的引入，先秦儒家思想的脉络更为清晰，内容更为丰富，这是一项很重要的工作。

论文对天、命、性、情四个范畴的本义和它们之间的关联互动，作了极为深入细致的阐释，而且是创造性的，摆脱了惯常的西方哲学的理论和模式，能从中国哲学的实际出发，多角度地动态地揭示了这些范畴的丰富性和深刻性。例如，说先秦儒家的"情"，远不止西方心理学上"情感"的意义，它是人学体系的理念，具有哲学的高度，而且可以从宗教性与审美角度加以审视。

论文还有许多创新性见解。例如，指出先儒由"情"，经过《性自命出》的

"道始于情"，而提升为《中庸》的"诚"；将孟子的性情观概括为"性善论"、"与百姓同乐"、"自由论"三论；指出荀子的天人观并非通常所说的"天人相分"、"人定胜天"，其基本思路仍然是"天人合一"的，荀子的性情观仍是性、情、欲三位一体的。作者能够将先秦儒家性情思想研究与培养和发扬民族精神结合起来。指出先秦性情论蕴含着厚重的人生哲理和人文精神，使人格提升为博、厚、高、明的境界，是值得我们认真继承的一笔宝贵的文化遗产。这样论文便能够贯通古今，启迪智慧，具有了活的灵魂。

作者对古代文化经典和考古成果相当熟悉，又研究了历代学者有代表性的相关研究著作，还广泛借鉴了近现代学术大家的研究成果，如冯友兰、傅斯年、张岱年、徐复观及一批中青年学者的论著，因此论文资料基础扎实，推论严谨，言之成理，持之有据，资料与观点能有机结合，使论文既有许多创新，又平实可靠。

从论文中可以看出，作者在儒学研究领域有较坚实的理论基础和系统广泛的专业知识，也有较强的理论思考力、概括力和开拓精神，文字表述也比较出色，能够独立进行创造性学术研究。论文也有疏漏之处，如"中文摘要"开始讲楚简《性自命出》的性情观后来有三方面提升，下面不当引孔子，因为孔子最早。再如本论文未系统引述《礼记》和《易传》，应是一个缺憾。先秦儒家性情思想研究还有进一步丰富的余地。

牟钟鉴

中央民族大学哲学与宗教学系

2003 年 10 月 6 日

责任编辑:洪　琼

图书在版编目(CIP)数据

先秦儒家性情思想发微/欧阳祯人 著. —北京:人民出版社,2023.4
ISBN 978－7－01－025402－9

Ⅰ.①先…　Ⅱ.①欧…　Ⅲ.①儒家-哲学思想-研究-中国-先秦时代
Ⅳ.①B222.05

中国国家版本馆 CIP 数据核字(2023)第 023557 号

先秦儒家性情思想发微

XIANQIN RUJIA XINGQING SIXIANG FAWEI

欧阳祯人　著

人民出版社 出版发行
(100706　北京市东城区隆福寺街 99 号)

北京盛通印刷股份有限公司印刷　新华书店经销

2023 年 4 月第 1 版　2023 年 4 月北京第 1 次印刷
开本:710 毫米×1000 毫米 1/16　印张:27.75
字数:440 千字

ISBN 978－7－01－025402－9　定价:99.00 元

邮购地址 100706　北京市东城区隆福寺街 99 号
人民东方图书销售中心　电话 (010)65250042　65289539